发现人文 I

DISCOVERING THE HUMANITIES
2nd Edition

（美）亨利·M. 塞尔（Henry M. Sayre） 著

陈 萍 李海峰 席仲恩 译

重庆大学出版社

总目录

目　录

第1章 史前历史与早期文明

古代世界的河流文化

1994 年 12 月，一个寒冷的下午，让 - 玛丽·肖维和两位朋友正沿着法国南部的阿尔代什河大峡谷陡峭的崖壁进行山洞探险。穿过一条条狭长的通道，他们来到了一个巨大的山洞。在头灯的探照下，一组让这三位探险者，后来也让世界震惊的壁画映入他们的眼帘（图 1.1）。

19 世纪末以来我们就知道，在文字发明和有历史记载以前，史前人类就会在山洞的岩壁上作画。仅在阿尔代什河大峡谷 27 千米长的崖壁上，就已经发现了 27 个这样的山洞。但是，肖维和两位朋友所发现的这个洞窟却改变了我们对史前人类的一贯看法。之前发现的一些洞窟壁画在现代人看来相当幼稚，而这个洞窟中的壁画却足以与当代艺术家的画作媲美。我们只能推断，史前还有其他类似的艺术作品，只不过因为它们用的是木材或者其他一些易腐材料，所以没能保存下来。甚至有可能，在 3 万年以前，也许在距今 9 万~10 万年，人类开始在近东地区定居时，就已经创作出了艺术品。

最初，在旧石器时代，世界各地文化通过狩猎和采集野生植物持续发展。尽管有证据表明不同群体之间的交流业已出现，但文化群体本身很小，趋于分散，并多为游牧。约公元前 1 万年，覆盖着北半球的冰川开始向北消退，农业逐渐取代了狩猎和采集，游牧的生活方式也逐渐让位于定居的生活方式。这一转变的影响是巨大的，它预示着新石器时代的到来。

在中东和亚洲大河流域的一些人口聚居中心，人们因为共同的福祉追求，逐步形成了具有自己特色的、越来越复杂的文明（印度和中国文明的崛起将在第 3 章讨论）。文明是一个能够用图像和文字展现自我的政治、经济及社会实体。当某一地域的环境能够支撑不断繁衍的众多人口时，文明就会发展。人口的不断增长要求增加粮食和其他物品的生产，使其不但能满足自身需求、还能用于商品交换。要组织这样的生产和贸易，需要一个精英阶层来进行管理，确保事务能以一定的优先顺序来处理。因此，拥有这样一个精英阶层是文明的另一大特征。在世界范围内，文化发展的历史清晰地表明，战争是不同社会结构重组和资源再分配的一种重要方式。

下面，本书就先从史前时期文明的早期萌芽谈起。相关证据可以在距今 2.5 万年以前的洞窟壁画和小型雕塑上找到。在文字发明以前，大约在公元前 1 万年后的某个时期，这些文化创造了一系列神话和传说。这些神话和传说向后人讲述了它们自身的起源以及它们与世界之间的关系。到了公元前 4000 年左右，冶炼技术开始在整个古代世界发展起来。当人类试着从矿物中提取金属并用来铸造物品的时候，史前世界的石制、骨制工具和武器就逐渐被金属工具和武器所取代，一个被考古学家称为青铜时代的时期则正式拉开了帷幕。

◀ **图 1.1　群马壁画，位于法国南部阿尔代什河大峡谷的瓦隆蓬达尔克的肖维洞窟，约公元前 3 万年。**此画作于石灰岩上，高约 183 厘米。洞壁中央有四匹马，它们依次并肩排开，极富写实感。马的下方，两头犀牛正在角斗。

文化的滥觞

文化是一个群体所共有的、经过长期发展并代代相传的价值观和行为的总和，它通过该群体所共有的法律、习俗、仪式和艺术作品等展现出来。肖维洞窟的壁画表明，早在3万年以前，阿尔代什河大峡谷就已经是一个文化中心了，即群体价值能够找到其表现形式的核心聚居区。这样的文化中心还有1879年在西班牙北部阿尔塔米拉发现的第一个绘有壁画的洞窟；1940年由一群学生发现的（当时他们的狗正好在一个洞口走失）著名的拉斯科洞窟，该洞窟位于法国南部和阿尔代什省西部的多尔多涅河地区；1991年由一名潜水员在法国地中海沿岸马赛港附近发现的科斯奎洞窟（当时，这位潜水员在吃水线下发现了这个装饰精美的洞窟入口）。

代理人与礼仪：洞窟艺术

自从首次发现这些洞窟壁画以来，学者们就一直对其创作者们的精湛技艺惊叹不已，我们也同样因为它们的存在而浮想联翩。史前人类为什么要创作这些壁画呢？多数学者认为它们起着某种代理人的作用。也就是说，创作这些壁画是为了向那些与之接触的人施加某种权力或权威。到目前为止，人们普遍认为，这些作品同狩猎有关。可能的情况是，在食物匮乏时期，由于想要获得猎物，狩猎者们把猎物画在洞壁上，并寄希望于将它们召唤出来。或许，这些绘画是用来确保狩猎成功的某种魔法咒语。但在肖维洞窟，洞壁上绘制的动物中有60%完全不是，或者很少是可以当作猎物的，而是像狮子、犀牛、熊、豹子和猛犸象之类的动物。其中，有一幅画描绘的是两头犀牛正在角斗，而右上方的四匹马似乎在驻足旁观（图1.1）。

那么，这些壁画在创造它们的人的日常生活中扮演怎样的角色呢？这些山洞可能是作为某种形式的礼仪空间。仪式是由某一群体习惯性地举行的礼仪和庆典，常伴有宗教或准宗教的色彩。例如，山洞可能被

视作通往阴间和死亡的大门，也可被视作子宫和生育的象征，抑或被看成通往在漆黑夜里所经历的梦境之路，而与之过程相联系的典礼将会在这些山洞里举行。画中的动物按种群和性别分布在不同的洞窟里，从某种程度上暗示着这些画可能用作太阴历来预测动物的季节性迁徙。不管是哪一种情况，留存下来的人类足迹表明，这些山洞是仪式聚集之地，在某些方面为公众利益服务。

在肖维壁画中，颜色的使用暗示了这些绘画具有某种神圣和象征的功能。例如，靠近洞口处的壁画都着以取自富含氧化铁矿石中的天然红色颜料。在难以到达的洞口深处，大部分动物则着以取自富含二氧化锰矿石中的黑色颜料。这些颜色的转变似乎是别有深意的，但是我们仅仅是猜测它的意思。

肖维洞窟里的这些壁画绘制精妙，这让我们联想到一些更重要的问题。绘制者们似乎懂得并运用了某种透视画法。也就是说，他们会在二维的平面上表现出三维的空间感。从本章开头的那幅画中可以看到，几匹马似乎并肩依次排开（图1.1）。最上面那匹马的头与一道黑线部分重叠，好像盯着另外一只动物的腿部或背部似的。但是，在已发现的其他洞窟里的壁画中，都没有这样运用阴影或立体造型，好让马头看起来有立体感。然而，这些壁画大约创作于3万年前，比其他洞窟的壁画至少早了1万年，比有些甚至早了足足2万年。

在法国西南部的多尔多涅河地区的拉斯科洞窟所发现的几幅壁画中，有一幅里面有人。好像是一名男子，他戴着鸟头面罩，躺在一头肠子已经掉出来的野牛前面（图1.2）。在他的下方，有一个鸟头状的长矛投掷器。这种工具可以让狩猎者在投长矛时更省力，投得更远（有几件这样的投掷器保存了下来）。在男子的右侧，野牛的后臀及后腿被长矛刺穿了，一头犀牛向左边冲去。我们不知道这到底是一个真实的场景，还是假想的。我们觉得最有趣和最神秘的一点是，这些动物自然逼真，但其中的人却颇为抽象。难道，这个棍子模样的

图1.2　法国多尔多涅河地区拉斯科洞窟的鸟头人、野牛和犀牛壁画，约创作于公元前1.5万—前1.3万年。画在石灰岩上，长约274厘米。1963年，洞窟停止开放，以便管理人员能够处理侵蚀壁画的真菌。这些真菌很可能是游客呼出的二氧化碳导致的。二号洞按拉斯科洞窟原样复制，并对游客开放。

男子是后来哪个艺术天资较差的人加上去的？还是它在暗示人兽之间不同的生存法则？

在肖维壁画发现以前，史学家把壁画史划分成一系列连续的阶段，手法越来越趋于写实。但是，在迄今为止最古老的肖维壁画里，现实主义的运用也最先进，这就表明了艺术家对视觉自然主义有意识的追求，表现手法就是模仿动物的实际样子。不仅用红黑两色来勾勒动物，而且通过手工或者工具进行泼墨，用色彩渐变的形式来展现动物的立体感。这样的立体造型在其他地方极其罕见甚或未知。另外，艺术家们通过刮擦洞壁进一步画出了动物的轮廓，这样一来，这些野兽看起来就好像是站在白色空地的背景中一样。洞中的三个手印明显是放在洞壁上的手撒泼颜料时印出来的，并形成了模板印画。

肖维壁画表明，艺术并非一定是按照从笨拙手法到精致表现这种线性方式发展的。相反，在最古老的艺术作品里，人们就具备了高超的精湛技术。很明显，即使在最早的文明时期，人类已能够选择是否以自然的方式来表现世界；不以自然的方式展示世界并不一定就表明他们缺乏技巧和精湛技术，而是有其他原因，更多的是文化因素的驱使。

旧石器文化及其器物

2000年在南非发现的"脚印"以及2001年在埃塞俄比亚森林里发现的化石遗迹表明，约570万年前，最早的直立人（即古人类，区别于包括巨猿、黑猩猩和人类本身在内的更大的类属词"人科"）漫步在非洲大陆。早在1400万～1900万年前，位于非洲中东部的一支肯尼亚古猿（Kenyapithecus）就已经能制作石器，但是，在埃塞俄比亚的考古发掘表明，约250万年或者260万年之前，原始人才开始制作一些基本的石头工具。不过，产生文化的最早证据是智人（Homo sapiens）的石制器物。智人于10万～12万年前进化而成。与更早的古人类相比，智人的骨架更轻，脑容量更大。2009年对非洲人所作的一项遗传多样性研究表明，津巴布韦的萨恩族人的基因最具多样性，这表明萨恩族人最有可能是现代人类的祖先。萨恩族人中的有些人跨过亚洲，进入欧洲，最终抵达大洋洲和美洲，渐渐遍布非洲以外的其他地方。

智人是狩猎采集者，他们的生存依赖于猎杀的动物和采集的坚果、浆果、树根和其他食用植物。他们所制作的工具远比其祖先的复杂。这些工具中，有用燧石制作的砍刀、凿子、研磨器、手斧以及箭镞和矛头。

同时，燧石产生的火星也使他们得以生成另一种同样重要的工具——火。2004年，在约旦沿岸进行考古发掘的以色列考古学家们称他们发现了古人类用火的最早证据：破裂的和熏黑的燧石片（根据推测是用来生火的）和79万年前的木炭。在这些古人类生活的营地里，还发现了大象、犀牛、河马以及小型动物的骨头，显示了这些早期古人类用燧石工具切割肉食，并食用肉排和骨髓。智人用火烹食，以兽皮为衣，经常使用工具。他们举行仪式埋葬死者，并常常将他们与石制工具和武器一并安葬。

旧石器时代是智人的时代。这些旧石器时代晚期的人用石头制作工具和武器，帮助自己在恶劣的气候下生存。他们也制作小雕塑，这与我们前面所见的洞窟壁画一起，似乎是我们称为"艺术"的最早实例。在这些雕塑作品中，最引人注目的要数相当数量的女性雕像，在欧洲不同的考古遗址都有发现。其中最著名的要数在今奥地利的维伦多夫发现的女性石灰岩雕像（图1.3），它可以上溯到公元前2.4万—前2.1万年，

图1.3 维伦多夫的维纳斯，发现于奥地利的维伦多夫，约公元前2.4万—前2.1万年。用石灰岩制作，高10厘米。维也纳自然史博物馆藏。多年来，现代学者都把这个小雕塑称为《维伦多夫的维纳斯》。他们猜想，当时的雕塑家想要赋予它一种理想的美，这种美可以同维纳斯所代表的罗马时代的理想美相提并论。

通常被称为《维伦多夫的维纳斯》。《维伦多夫的维纳斯》和其他一些类似的雕像上的斑点表明他们原本是着了色的，但是这些小雕塑意味着什么，有何用途，我们仍不清楚。多数雕塑只有10～13厘米高，人的一只手刚好能握住，这表明它们可能带有仪式目的。她们夸张的乳房和肚子以及清晰勾画的生殖器官都证明它们与繁殖力和分娩有关。我们知道，《维伦多夫的维纳斯》最初是用红色的赭石涂抹的，让人联想到月经。而且她的肚脐并非是雕凿的，而是石头上一个自然的凹口。雕刻者似乎已经意识到，在天然石料里，有与生命起源的某种联系。但是这种雕像可能也有其他目的，或玩偶，或是监护者形象，甚或是一个美人形象，在寒冷与部落冲突频繁的世界里，身体丰满肥胖可能意味着不同的生死结局。

在旧石器时代，女性小雕像的数量远远多于男性，这表明妇女在旧石器文化中扮演着最重要的角色。最有可能的是，她们有着巨大的宗教和精神影响。女性雕像在数量上的优势表明旧石器文化可能已进入母系氏族，血统由母系来决定，男子要入赘，即入住女方部落或家庭。这样的传统在今天许多原始的社会中依然存在。

旧石器晚期的民族在夏季跟随兽群往北迁徙，尽管在冰河时期温度很少超过16摄氏度。之后，当冬季来临，他们又往南退到西班牙北部和法国南部的山洞地区。但是，山洞并非他们仅有的庇护处。在大约与阿尔代什河峡谷相同纬度以东的黑海北部的乌克兰境内，考古学家已经发现了约公元前1.6万—前1万年用猛犸象骨建造房子而形成的村落（图1.4）。在这一地区，旧石器时代的人们使用又长又弯的象牙支撑屋顶，用象的盆骨、肩胛骨和下颌骨、牙、头骨筑墙，而且极有可能使用兽皮包裹住这种结构。他们建造的房屋直径为4～8米，最大的可达到10米。建筑物中使用的骨头总量大约相当于95头猛犸象的骨头。这里我们可以看见最早的建筑样本，它至少带有一些艺术意向来构造生活区。这些建筑的遗址表明建造者聚居在类似于居住区的村落里。这一事实强调了他们的共

图 1.4　复原的猛犸象骨房屋，发现于乌克兰的迈兹里奇，可上溯至公元前 1.6 万—前 1 万年。该复原品现陈列于乌克兰迈兹里奇的基辅博物馆。猛犸象的下颚骨交错在一起，形成房屋的基座。用 36 根又大又弯的猛犸象象牙做成了支撑屋顶的圆拱。

同文化。他们一定共享资源，在日常事务中合作，相互通婚和抚养，并教给他们在乌克兰严酷的气候里生存的技巧。

农业的兴起

从公元前 10000—前 8000 年的 2000 年里，覆盖在北半球的冰川进一步往北退去。随着气候变暖，人们的生活方式也逐渐发生了改变。在这一过渡时期，曾经被大面积冰雪覆盖的地方变成了广袤的草原和茂密的森林。猎人们制造出弓箭，便于在开阔的平原上远距离射击。他们用原木制作独木舟，方便了捕鱼，而鱼也成为一种主要的食物。他们驯养狗，使打猎的历史可以追溯到公元前 11000 年。后来，他们也驯养其他动物，尤其是山羊和牛。也许最重要的是，人们开始种植更易于食用的稻类植物。在地中海东海岸，人们收割小麦；在亚洲，人们种植小米和水稻；在美洲，人们种植南瓜、豆类和玉米。渐渐地，农业取代了打猎，

成为基本的维持生活的方式。田野文化即农业发展起来，农业在英语里为 agriculture，该词源于拉丁语中的 ager，意为"农田""田地"，或者"富饶的地方"。

农业社会的兴起标志着新石器时代的到来。约公元前 8000 年，新石器文化开始集中于中东和亚洲的大河流域；随着气候变暖，新石器文化逐渐扩展至欧洲。到约公元前 5000 年，西班牙和法国南部兴起了农业，但直到约公元前 4000 年，种植业才在欧洲北部和英格兰出现（这些气候更寒冷的地区，直到约公元前 2000 年时，新石器时代才结束）。

同时，中东和亚洲的大河提供了稳定的水资源，那时人们就可以根据季节和水量的变化，发展灌溉技术，从而促进了农业和家禽饲养业的有序开展。随着产量超过了需求，群体的部分劳动力被解放出来从事其他事情，如复杂的烹饪（制作面包、奶酪等）、建筑、宗教，甚至是军事。很快，永久性定居的村落开始出现，并越来越像城市。

多文化的新石器制陶技术

以狩猎和捕鱼为主的文化逐渐过渡到以农业为主的文化，在此过程中，人们越来越多地使用陶器。陶器易碎，因此狩猎者和采集者不会认为可用它们携带食物，但是生活在新石器时代永久性定居点的人们则用陶器储水、烹饪和储藏某些食物。

有些最引人注目的新石器彩陶来自伊朗高原的苏萨城。约公元前5000—前4000年的一件特别的大口杯，杯身上的图案（图1.5）有极其抽象的动物。其中，最大的是一只野山羊，是伊朗史前陶器非常流行的装饰图案。与狩猎相关的是，野山羊很可能是富庶的象征。野山羊的前后腿都被表现成两个三角形，尾巴则像一片羽毛挂在其后，头很奇怪地与身体分离，而角以一个巨大的、夸张的弧形向上升起，围成一个巨大的装饰性的圆。猎狗绕着野山羊上方的环带条纹追逐着，涉禽则在大口杯顶部形成一圈装饰性的环状纹。

在欧洲，陶器的出现明显要晚得多，大约是在公

图1.5　野山羊、猎狗和涉禽大口彩绘杯　出土于伊朗西南部的苏萨城，约成于公元前5000—前4000年。这是件烧制陶器，表面绘有装饰图案，高约29厘米，巴黎卢浮宫藏。野山羊是古代中东地区最常见的猎物，这大体可以解释为何它在图案中处于中心位置。

元前3000年左右。那时，中东和中国已经使用陶轮技术了。陶轮作为专门用来生产陶制品的机械，代表了人类在机械技术上取得了第一大突破。随着技术熟练的匠人开始专门制陶，给陶制品上色，并用生产出的小商品换取其他物品和劳务，制造工业的雏形便开始出现了。

新石器时代的陶俑

在能够制作和烧制陶罐后，制作陶塑然后通过同样的程序来烧制它们就变得非常简单了。我们可以在某些最早的旧石器山洞遗址里找到泥塑模型，如在西班牙的阿尔塔米拉，远古艺术家把黏土添加到岩壁凸起的表面上，以此来强调岩石自然地与动物体形相似。在拉斯科南部的勒迪克多杜贝尔特，远古艺术家制作了两头61厘米长的泥塑野牛，仿佛它们倚靠在一个岩石山脊上。

但是，这些旧石器的雕像从来没有烧制过。新石器时的小件泥塑中，最有意思的是居住在今尼日利亚的被称为诺克人的作品。不知道他们怎样称呼自己，我们在诺克这个地方发现了他们制造的器物，于是就用这个地方的名字来给他们命名。事实上，我们对诺克人一无所知。对他们的文化组织形式、生活方式或者信仰，我们都不清楚。但是，在新石器时代，当非洲其他地方的大多数人类还在加工那些并非经久耐用的材料时，诺克人就已烧制大约与实物大小一致的动物和人的泥塑了。

这些陶俑最先是于20世纪初由矿工们在大约100平方千米的区域发掘出来的。碳同位素14和其他考古年代测定方法表明，其中某些物件最早制作于公元前800年，最晚于公元600年。这些只有头部完整地保留下来的陶俑展示了基于抽象的几何图形的艺术形式（图1.6）。这些头像有些呈椭圆形，有些呈锥形、圆柱形或者半球形。面部表情的表现手法则结合了椭圆形、三角形、优美的弧形和直线。这些极有可能是用稀泥浇注成型，经烧制后，再在变硬的黏土上刻出精细的图案来。有学者认为，诺克人以及几乎同一时期

图 1.6 诺克陶俑头，约成于公元前 500—公元 200 年。陶俑，高 36 厘米。这个比真人的头稍大一点的陶俑头很可能是完整陶俑的一部分，这向我们展示了诺克人用抽象几何图像表现面部表情和头部形状的旨趣。眼孔和鼻孔很可能用来调节烧制温度。

的其他族群所展现出来的复杂的工艺技术表明，西非还有我们尚未发现的更古老的艺术传统。当然，往东一直到苏丹撒哈拉以南的地区，埃及文化在此之前的若干世纪里早已产生了巨大影响，埃及高超的技术或许早已传向西非。

北欧的新石器巨石阵

在今天的英国和法国，新石器晚期出现了一种独特的宏伟的巨石艺术。这些被称为巨石阵的建筑，完全没有用砂浆就垒砌而成。它们代表了建筑构造最基本的艺术形式。有时，它们是仅仅由石柱组成（直立的石头插入地面）的竖石纪念碑（menhirs），在凯尔特语中 men 意为"石头"，hir 意为"长"。巨石阵究竟有何意义，学者们各执一词：有些人推测这些巨石可能标记着仪式队伍行进的路线，而另一些人则认为它们象征着肉体以及生长和成熟的过程。毋庸置疑，这些巨石阵被设计成了永恒的结构，而那时的民房建筑却还没有这样的设计。屹立的石阵，很有可能是用

来礼赞领导者的强大，因为这些领导者负责招募和供养建造巨石阵的劳役大军。

也许最著名的石阵建筑类型是环状列石（cromlech），在凯尔特语中，crom 为"环形"之意，lech 为"地方"之意。毫无疑问，世界上最著名的一种环状列石被称为"巨石阵"（图 1.7），位于今伦敦以西 161 千米左右的索尔兹伯里平原上。圆形石结构是一种特殊类型的环状列石，四周由建有堤坝的壕沟所环绕。据推测，这些壕沟可能用来加强防御。

斯通亨治巨石阵遗址反映了公元前 2750—前 1500 年的四个主要建筑时期。公元前 2100 年左右，我们今天能看到的巨石阵大部分已经修建好了。中间是个 U 形布局，由五组巨石组成，每组由两根石柱和一根加在上方的顶石组成，这在今天叫连梁柱结构。这个 U 形底部的石柱比其余石柱都要高，它高达 7 米，石柱顶上还有一根 5 米长、4.15 米厚的石梁。周围是一圈连续的砂岩石柱，每块约 50 吨重、6 米高，围绕着这五个巨石牌坊。在它们的上方是一个直径 33 米的石楣。这就是羊背石圈。羊背石圈里面又有一个由蓝灰砂岩形成的圈。蓝灰砂岩是一种蓝色的黏土，仅产于 193 千米外的威尔士南部山区。

巨石阵建造之因仍是一个谜，尽管最近在杜灵顿石墙附近的一个发现为破解谜团提供了一点线索。杜灵顿石墙位于巨石阵东北方向 3 千米处。它是由一条环形的沟渠组成，沟渠围绕着由许多洞形成的一个环，这些洞是为了插入巨大的木桩而留下的。这一圈在当时就是一个村落的中心，该村落由大约 300 间房屋组成。杜灵顿石墙遗址在规模上与巨石阵差不多。在巨石阵附近发现了大量人类遗骨，人们对遗骨进行了碳测定，从而提高了解释的准确性。种种迹象表明，巨石阵本身是一座墓地。谢菲尔德大学考古学家迈克·帕克·佩尔森推测当时村民们很可能把尸体移至通往艾汶河的大路，接着以一种象征通往来世的仪式沿河顺流而下，最后抵达从河畔通往巨石阵的大路。"巨石阵的建造并非与其他事情没有任何关联"，帕克·佩尔森说："但是，那只是这一宏伟建筑群的一半功能。

图 1.7 斯通亨治巨石阵，位于英国威尔特郡的索尔兹伯里平原，大约修建于公元前 2750—前 1500 年。像大多数新石器遗址一样，斯通亨治巨石阵修建的目的也引起人们的猜想。但是，我们可以确定的一点是：在一年中最长的一天，即夏至日，太阳会直接从脚跟石的正上方升起。这表明巨石阵很可能跟太阳的运行有着紧密的联系。

我们正在研究一组成对的事物的意义：木桩代表了生命的短暂，石柱则标志着先祖亡灵的永恒。"

史前文化生活中的神话角色

我们对史前文化的理解，大多是依靠世界各地文化中所流传下来的故事。这些故事不是以文字形式流传，而是以口头文化形式流传，如津巴布韦萨恩族文化以及南太平洋地区塔希提岛上的大洋族群文化。若干世纪以来，凭借口述，神话和历史得以在这些文化里代代相传。从时间上讲，尽管其中有许多文化与西方的中世纪、文艺复兴，甚至现代文化同时发生，但从社会习俗和组织形式来看，其实它们更接近新石器

文化，特别是其中的神话和礼仪。因此，这些文化有助于我们理解新石器人的世界观。

神话是一个文化信以为真的故事，也是该文化对所处世界的看法和认识的体现。因此，常常用它来解释各种神秘的自然现象。神话不同于对现实本质的科学解释，但作为一种理解和阐释模式，它一直是文化发展的最重要的推动力之一。尽管神话是凭想象揣测的，但并非纯粹的臆想。神话基于观察到的经验，试图据理解释未知领域，并向人们阐释宇宙及其居住环境的本质。

19 世纪以及近些年对萨恩族人所作的人类学研究表明，萨恩族人的信仰体系可以追溯到几千年以前。在今天津巴布韦的马托博国家公园的一处石崖下面有个露天洞窟，里面还保存着古人所留下来的岩画艺术

图 1.8　壁画，画有长颈鹿、斑马、大羚羊以及一些抽象图形，萨恩族人，津巴布韦马托博国家公园，公元前 1000 年。 摄影：克里斯朵夫和萨里·伽伯。画面中最下面的动物是羚羊中最大的种类非洲旋角大羚羊，看起来很像牛。

（图 1.8），有些可以追溯到距今 5000 至 10000 年前。如图所示，左上方有一只较大的长颈鹿，它的下面有硕大的白色菱形色块，色块中间是一些棕色的矩形，一群小一些的长颈鹿正试图从这些色块上面走过去。在画的右面有六个类似于人的图像，手牵手，大概是在跳迷魂舞。在萨恩族人看来，长时间的舞蹈将会激发出纳姆，这是一种整个社团都可以获取的个人能量或活力。在萨满巫师的带领下，迷魂舞可将纳姆完全从人的脊柱之中迸发出来，从而使跳舞的人进入一种迷魂状态。他们大汗淋漓、全身发抖、身体抽搐或变得全身僵硬，形态各异。他们或跑，或跳，或倒地。萨恩族人认为，在很多情况下，跳舞者的灵魂会脱离身体，云游远方，在那里同某些超自然的力量展开搏斗。无论怎样，迷魂状态都差不多能让跳舞者获得超自然的力量。在他们看来，跳舞者的纳姆可以治疗疾病，可以捕获猎物，还可以支配天气变化。

美国西南地区美洲土著人的神话

美洲西南地区的普韦布洛人认为，阿那萨齐人是他们的祖先。 大约在公元 900—1300 年，即差不多与欧洲中世纪晚期同一个时期，阿那萨齐人就繁衍栖息于此。普韦布洛人至今仍不断重复着古阿那萨齐人所践行的与外族人完全不同的宗教仪式和典礼。

阿那萨齐人没有给我们留下任何与其文化有关的文字记录，唯有废墟和人工制品。就像研究阿那萨齐人最杰出的两位学者威廉·M. 福格森和亚瑟·H. 罗恩所描述的那样："他们是新石器人，尽管没有利用畜力、轮子、金属和文字，但他们仍然建造了宏伟的砖瓦房和仪式建筑、灌溉工程以及水坝。"在今科罗拉多州西南部的梅萨维德国家公园，崖壁上有许多人类居住的洞窟（图 1.9），类似新石器时代中东的许多城市，如位于今约旦首都安曼市郊的艾因·格扎尔（意为"瞪

图 1.9　云杉树屋，梅萨维德国家公园。阿那萨齐文化，约公元 1200—1300 年。图中显示的院子是通过修复两个地下大地穴之上的屋顶后形成的。

羚之泉"）。尽管早在梅萨维德部落出现几千年前，艾因·格扎尔就已于公元前 7200—前 5000 年繁盛起来，两个地方的建筑群都是用石墙砌成的，石缝与石缝之间采用了灰泥加固。他们的屋顶上有木梁，木梁采用跨层设计，上面辅以细小枝条后，再用泥灰加固。就像其他新石器文化一样，阿那萨齐人的陶器制作技术十分娴熟，他们主要用一些几何图形和图案来装饰陶器。

也许是因为 1276—1299 年持续干旱，阿那萨齐人于 13 世纪晚期离弃了他们的村落。今天，他们的后裔包括霍皮人和祖尼人（阿那萨齐实际上是那瓦霍语中的一个词，意为"敌人祖先"，我们不清楚阿那萨齐人是怎样称呼自己的）。关于普韦布洛人，尽管他们讲多种不同的语言，但他们仍然共享非常明显的共同文化。引人注目的是，他们文化的许多方面流传至今，而且仍像遥远的古代那样遵循流传下来的文化习俗。对所有普韦布洛人而言，这个村庄不仅是文化的中心，也是世界的中心。这个村庄的文化中心叫基瓦（图 1.10），其中在云杉树屋（Spruce Tree House）遗址附近的两个基瓦得到了修缮，形成如图

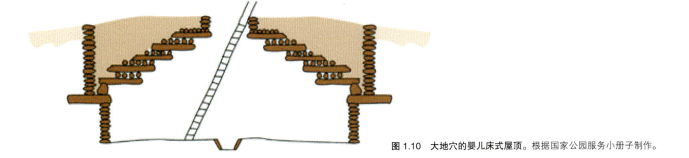

图 1.10　大地穴的婴儿床式屋顶。根据国家公园服务小册子制作。

发/现/人/文

1.9 中我们能见的那个平台。它们由水平放置的圆木构成，这些圆木搭建成圆屋顶，其中有一个可出入的孔。建立起来的屋顶是共同区域。在围起来的基瓦的下面是斯巴普（sipapu），即一个小圆洞，象征着阿那萨齐人的创世神话，它讲述了阿那萨齐人的祖先来自地球深处。在美国西南炙热的沙漠里，水与生命本身一样，同样从地球的狭缝中渗透而来。因此，似乎阿那萨齐部落以及与之生存相关的一切必需品皆源自地球母亲。

大部分普韦布洛人不允许外来访客拍摄他们的仪式舞蹈。这些舞蹈表演讲述了与普韦布洛人的经历有关的故事，涉及日常的种植、狩猎、捕鱼，以及人的出生、青春期、成年和死亡等重大的人生经历。还有些故事解释了世界的起源，普韦布洛人是如何来到世界的以及他们的历史。大多数普韦布洛人相信他们源于地球母亲的子宫，就像种子在春天破土而出，听到太阳父亲召唤而来到光明的世间。关于起源的信念反映在一种被称为**世源传说**的叙事诗里，即一种创世神话（阅读材料 1.1）：

阅读材料 1.1
祖尼人的"世源传说"，《关于太初之对话》

是的，的确如此。这个世界本来一个人都没有。总是太阳出来，又回去。没有人在早上给他圣餐；也没有人给他进香祈祷；日子过得非常孤独。他对两个孩子说："你将进入第四个子宫。你的父亲们，你的母亲们，喀物神、特物神、木物神、勒物神，所有的社会祭司，社会太阳祭司，社会弓箭祭司，你会出现在你太阳父亲发出的光芒之中。"

这就是祖尼人世源传说的开端，它体现了祖尼人宗教社会的基本精神原则。祖尼人，或者"太阳人"，被组织成不同群体，每个群体各司其职，皆对整个部落福利的某一方面负责，每一群体都有特别的物神（-eto·we）代表，物神把这个群体与地球子宫的精神基础紧紧联系起来。太阳祭司掌管着仪式历法，而弓箭祭司监督战事和社会行为。为了回报太阳父亲给予他们玉米和生命，祖尼人供奉他玉米餐祭品，给涂

了漆的祈祷棒粘上绒羽，祈祷棒象征着云层（雨源）和呼吸。之后的故事里，太阳父亲的两个孩子第一次把每一个都带入了白昼之中：

进入太阳父亲的日光中，他们站了起来。就在黎明之初他们来到了世上。在他们出来后，依次放下他们神圣的财产。这两人说道："你们的太阳父亲等会儿就要出来，当他站在他神圣位置旁边的时候，你要和他面对面地相视，不要闭眼。"因此，他同他们说着话。不久，太阳出来了。他一出来人们就看着他，泪水从他们的眼里滚落了下来。当他们看了他以后，很快他们的眼睛变强了。"天哪！"他们这样说道。他们全身都涂满了黏液。带着黏液的尾巴和有黏液的角以及有蹼的手指，他们看了看彼此。"哦，天哪！这就是我们所看起来的样子吗？"他们这样说着。

然后他们不能够说出哪些是他们神圣的财产。

从这个传说的这一时刻开始，这些人和祭司，由太阳父亲的两个孩子引领着，努力找寻神圣的"中部地带"，那里事情平衡而有序。此地被称为哈娄那—依蒂瓦那，在祖尼-普韦布洛人中是一个神圣的名字，意为"世界中间的蚁山"。在这个过程中，他们从未定形的像娃娃鱼一样的生物最终变成人形，他们的世界也由混沌变得有序。

在这个有关祖尼人的世源传说中，出现了这样一个时刻：令父母们惊愕的是，许多孩子都转变成了水生动物，如乌龟、青蛙等诸如此类的动物，而英雄双子（太阳父亲的两个儿子）则指导父母们把孩子重新投入河里。此时，他们成了克奇那神（Kachinas 或 katcinas），即公然违抗的神灵，他们解释道：

祝你们高兴地走。你将告诉我们的父母："不要担心。"我们没有毁灭。为了如此永远地留下来，我们待在这里。到依蒂瓦那只剩一天的路程。因此，我们待在附近……当水源枯竭，当种子用尽，你会送我们祈祷棒。在我们最开始的那遥远的地方，我们会俯身同他们说话。这样，这里一定会形成水域。因此，我们将在附近静静地待着。

普韦布洛人相信克奇那神在表演和舞蹈中会自我显现出来，这点与非洲萨恩人的纳母神一样。戴着面

具的男舞蹈者扮演克奇那神，展现出克奇那神的样子和他们超自然的特点。通过这些舞蹈，克奇那神到访了，尽管总是在"附近"，但能够给他们施加力量，为人们带来福祉。大约有250个不同个性的克奇那神体现了云、雨、植物、动物，甚至像成长与生育一样的抽象概念。普韦布洛人，尤其是他们当中的霍皮人制作克奇那小塑像（图1.11）的目的是把它们作为艺术品进行售卖，但在仪式中戴的真实面具并不被普韦布洛人看成艺术品，而是被看作人神之间传递力量与知识的催化剂，就像非洲波勒人的面具一样。实际上，市场上出售的克奇那玩具通常被认为不具有任何仪式意义。

普韦布洛人的世源传说以及与之相伴的礼仪反映了新石器人的主要信仰。这些信仰包括：

◆ 认为自然的力量都有灵魂，我们称为泛灵论。

◆ 认为自然的行为类似于人的行为（我们把赋予植物、

图1.11 克奇那木偶，霍皮文化，19世纪晚期。原料：木头、颜料、羽毛、纤维、线绳，尺寸：29厘米×6厘米。布鲁克林艺术博物馆藏。博物馆收藏室基金会，编号：04.297.5604. 这种木偶很有可能就是古老的克奇那人在晚上跳安格瓦舞时的样子，这种舞蹈的目的是祈求降雨和丰收。

动物和自然现象以人形或人类的特点的行为称为拟人论），以此来解释其他无法解释的现象。

◆ 认为人可以同自然的神灵进行交流，而且为了回报人类给他们祭品，神灵可以为人类说情。

日本及神话在神道教中的作用

宗教，即是对神的理解。一种文化的宗教与神话元素紧密联系在一起，同时为神话元素所渗透。体现在宗教、故事和神话之中的信仰，总是与四季的各种庆典和农业生产（尤其是种植与收割，也包括求雨）紧密相连。庆典和农业生产这些活动的成功通常被认为与部落的生活幸福紧密相连。从根本上讲，神话反映了一个民族群体的理想、历史和心愿。神话也往往反映作为文化的道德、政治制度、社会组织及其最根本的信念。

一个经典的例子便是日本的神道，它是日本的本土宗教。公元前200年，日本四分五裂，各个地区由大海和山峦分隔开来，各个诸侯国常年相互交战。根据成书于公元280—290年的中国经典史书《三国志》的记载，公元3世纪的前半叶，卑弥呼女王统一了大多数诸侯国。根据史书记载，这个国家之前由男人统治，但在随后的七八十年里，国事动荡，战事频繁。于是，人们决定由一个女王来统治。她的名字叫卑弥呼。她统治以后，日本基本上处在大和天皇统治之下，历代大和天皇效仿中国的统治模式，他们的宫廷在今奈良辖区，那时称为大和省。大和民族享有同一神话故事，这些故事大约于公元700年的大和晚期被收集起来，被称为《古事记》或者《日本编年史》。

根据《古事记》，组成日本的各个岛屿由两位神灵伊邪那岐和他的妻子伊邪那美创造。他们的后代是太阳女神，也叫天照大神，尔后的皇室声称都是她的后代。换句话说，日本历代天皇声称他们不仅仅处于神的位置，而且是神的直系后裔，因而是神圣的。

天照大神是后来被称为神道的土著宗教中的主神。她被供奉于日本伊势的神龛之中，这是一个从史前时期以来就很神圣的地方。在许多方面，神道与普韦布洛宗教有很多共同点。在神道之中，树、岩石、水、山川（尤其是位于东京市郊的富士山，这座火山常被认为是该国的护卫者）都是神灵的显现，就像克奇那神一样，是体现在自然世界中的神灵，甚至是那些艺术家所使用的自然物质，像陶泥、木头、石头，都被赋予神灵的色彩，受到人们的尊敬。在一年一度的节日庆典上，这些神灵受到崇拜。在节日庆典上，人们认为过去和现在融为一体，每天的现实都渐渐淡去，人与神面对面地交流。在节日里，人们摄取原始的宇宙能量，他们需要能量来恢复世界的秩序。鱼、米饭、蔬菜，以及音乐、舞蹈等用作供品献祭给神灵，供奉的食物在祭祀仪式结束后都要被吃掉。

位于伊势的主圣殿，由未加任何装饰的木梁和茅草屋顶组成（图 1.12）。伊势善于利用普通和简单建筑材料，不仅体现了神道对自然世界敬仰的教义，而且也有对传统的继承与发扬，主要的建筑材料是木材而非石料。伊势最有名的节日是式年迁宫典礼，这是每 20 年才举行一次的重大庆典活动，庆典的主要活动就是将神灵安放在一个新圣坛中。新圣坛建在与旧圣坛毗邻的空地上，人们将天照大神移入新的圣坛，旧圣坛将彻底夷为平地，为下一个新圣坛留出空地来。这一空地布满大量的白色大石，只留下一个能够容纳神圣木杆的棚屋。学者们认为，这种习俗可追溯到极其遥远的古代。毁灭和重建的循环把过去与现在紧紧联系在一起，也把人类社会与神和原始的能量联系在一起。

神道的三大圣物是宝剑、镜子和珠宝项链。据说，这些圣物是由天照大神给予第一位天皇的，历代天皇在加冕仪式中将这些圣物代代相传。镜子被放在伊势，宝剑被放在名古屋的热田神宫，而珠宝项链被放在东京皇宫。帝国王权的标志不仅被认为是神圣的象征，并被认为是神灵力量所在的神体。具体来说，镜子是智慧的神体，宝剑乃勇气的神体，珠宝项链是仁慈的神体。直到今天，成百上千万的日本人仍然信奉神道，他们每年都要去伊势朝圣。

图 1.12　日本伊势天照大神内殿，公元 5 世纪末—6 世纪。尽管此地自天武天皇（公元 673−686 年在位）以来已成为日本国教神道教的圣地，伊势神宫依照造替制度，每隔 20 年（有时可能会有不可避免的差错，如战争和其他因素）由日本统治家族把神宫焚毁重建，称式年迁宫典礼。最近两次重建是在 1993 年和 2013 年。

美索不达米亚：中东早期的权力和社会秩序

1922 年 9 月，英国考古学家 C.莱昂纳多·伍利乘上一艘汽艇，开始了伊拉克之旅。在那里，他和团队一起在乌尔古城的废墟中发现了考古史上最大的一笔财富。伍利把他的精力主要放在城市中心金字形神庙周围的墓葬区。金字形神庙由连续的平台和顶上的神庙组成，有通向平台的阶梯（图 1.13、图 1.14）。

图 1.13　乌尔金字形神庙（今伊拉克穆卡伊尔）。约公元前 2100 年。这座金字形神庙是迄今保存最完好的，也是修缮得最全面的古苏美尔人的神庙，它位于幼发拉底河和底格里斯河之间低地平原的乌尔市中心。

图 1.14　乌尔金字形神庙复原图（今伊拉克穆卡伊尔）。约公元前 2100 年。英国考古学家伍利于 20 世纪 30 年代承担了复原工作，顶上的神庙是城市的庇护神庙，居于三层平台之上，从下到上的第一层平台约 43 米 ×61 米。整个建筑结构高 26 米。在第二、第三层平台竣工前，伍利复原神庙的工作就结束了。

1927 年冬，伍利发掘了一系列坟墓，墓穴里有许多房间、人类遗骨和令人叹为观止的物品，如器皿、王冠、项链、神像和武器，还有珠宝以及一把由金银合金和一种叫天青石的深蓝宝石制作而成的里拉琴。像让-玛丽·肖维和他的同伴们第一次看到那个肖维洞窟壁画时候一样兴奋，伍利把此地命名为"皇家陵墓"，并非常小心地把它保护起来。1928 年 1 月 4 日，他用拉丁文给他的同事们发出一封电报，翻译过来就是：

> 我发现了完好无损的用石头建造的苏巴德女王［即后来广为人知的卜以阿比女王］的陵寝，墓顶用砖砌成。女王身着的裙子镶嵌着宝石，还编织着各种图案，有花冠和动物。陵墓雄伟，满是珠宝和金杯。
>
> ——伍利

当伍利的发现公之于众后，多年内一直是世界性的新闻。考古学家和史学家对伍利的发现特别兴奋，因为他打开了了解美索不达米亚平原的一扇窗口。美索不达米亚地处底格里斯河和幼发拉底河之间。在美索不达米亚南部的苏美尔地区兴起了三四十座城市，乌尔便是其中之一。2000 多年前，幼发拉底河改了河道，不再流经此城，乌尔人便离弃了这座城市。

苏美尔地区的乌尔

乌尔并不是美索不达米亚南部平原苏美尔地区最古老的城市，最古老的城市当属北方的乌鲁克。乌尔城中的庙宇引人注目，因为它保存得最为完好，而且得到了修缮。庙宇的设计可能用来唤起河谷周围的山脉，因为山脉是两条流经此地河流的水源地，因此也是生命之源。金字形神庙顶端有一个圣殿，象征着架在天地之间的桥梁。伍利监管着乌尔金字形神庙的第一个平台和阶梯重建，他推测平台最初并不是铺设出来的，而是上面覆盖着泥土，并种上了树木，但现代的考古学家并不认可这一看法。

几乎可以肯定地说，只有神职人员才有可能爬上阶梯，到达金字塔形顶端的庙宇。他们带着食物或动物，打算把它们供奉给居住在乌尔城的月亮女神。神职人员在庙宇中放置一尊塑像，这尊塑像代表神职人员本人，塑像呈现永远祈祷的姿势。我们是通过刻在众多塑像上的文字才得出了上述结论。［其中一个是供奉给吉尔苏城的守卫女神。吉尔苏城横跨底格里斯河，离乌尔城上游不远。］

1934年，在巴格达附近特尔阿斯玛遗址上一座神庙的神龛内发现了一组塑像，包括了七尊男塑像和两尊女塑像（图1.15）。男子身着带有皮带、镶着饰边的裙子。他们大大的眼睛里嵌着天青石（一种蓝色的半宝石）。弧形的眉毛和褶皱的胡须（只有右方的一尊塑像没有胡须）是典型的苏美尔雕塑。两名女子穿着袍子，所有塑像的双手都合在胸前，如果手是空着就表示他们在祷告，如果手里拿着一个杯子就表示他们在奉供品。有学者认为，由于最高的这尊塑像眼睛特别大，因而代表着阿布神，即植物之神，而其他塑像很有可能是崇拜者。

古美索不达米亚的宗教 在美索不达米亚平原上，各城邦之间战火不断，一种文明很快替代另一种文明，一个城邦或帝国都把自己信奉的神作为美索不达米亚诸神中的主神，但在若干个世纪里，这里的各个民族的宗教所信奉的教义都相对恒定。除希伯来人以外，美索不达米亚各民族的宗教是多神的，有多个男神和女神，分别代表不同的自然力量，如太阳和天空，水和风暴，大地和肥沃。我们知道诸神都有两个名字，一个是用苏美尔语命名的，另一个是用后来更加强大的阿卡德人使用的闪语来命名的。

对于美索不达米亚人而言，诸神统治的宇宙是更大的社会组织，人类社会只是其中的一部分。众神之父名曰安努，代表了权威，各城邦的统治者效仿他成为法律的制定者和实施者。空气（包括惬意的微风和猛烈的暴风）男神恩利尔代表了力量，它具有与安努神同样强大的力量，统治者则效仿他成为军事统帅。而繁殖、生育和农业富足等这些活跃的能力则为贝利蒂利女神掌控，而女神伊阿（在阿卡德人中被称为恩基）则是水神，水是生命力量和创造性的元素，伊阿同样也是艺术之神。贝利蒂利和伊阿则服从安努神的命令。伊什塔尔则服从恩利尔：在友爱的时候，微风惬意；在战争的时候，狂风猛烈。一些小神代表了一些自然现象，在某些情况下还代表了如真理和正义这样的一些抽象概念。

美索不达米亚的统治者，既是祭司，又是国王，通常被认为具有神的属性，是神与人之间的纽带。他的终极责任就是神的行为——不管水神伊阿保佑用雨水浇灌庄稼，还是伊什塔尔保佑军队获胜，等等。

图1.15　阿布神庙内供奉的雕塑，今伊拉克泰尔-阿斯马丘，约前2900—前2700年。材质：大理石、雪花石膏、石膏，最高塑像约76厘米。1934年2月13日由芝加哥大学东方研究所伊拉克考古发掘队出土。他们睁大双眼的表情很有可能是指他们永远敬畏地注视着神灵。

乌尔的皇家墓地　宗教在乌尔人的生活中占有重要地位。由莱昂纳多·伍利爵士于1928年发现的乌尔墓地，向我们展示了许许多多有关乌尔人信仰的本质。伍利发掘了大约1840个墓穴，大多可以追溯至公元前2600—前2000年。数量最多的墓穴是富人或者穷人的个人墓葬。但是，有的墓穴建有埋尸室，而不是只停放一口棺材，埋尸室里往往有多具尸体，其中一座竟然有多达80具尸体。多人墓葬和精心的葬礼仪式表明，王室的某些成员随统治者陪葬或殉葬。两座最豪华的陵墓毗邻，现已经探明是皇陵，一座属

于卜以阿比女王，另一座属于不知名的国王（但不是她的丈夫麦斯卡拉姆杜格，他被葬在另一墓穴里）。

伍利在皇家陵墓最重大的一项发现，就是所谓的乌尔王军旗（图1.16）。在这面军旗里，音乐扮演着非常重要的角色。乌尔王军旗是一个长方形的饰板，其功能不详，我们将它们称为"战争"与"和平"，因为在军旗的一面刻画了战争的胜利，另一面反映的则是胜利后的庆功宴，也可能是一个膜拜仪式。每一饰板都有三层独立的呈水平状的带，上面的人物站在水平基线上。

图1.16　乌尔皇家墓地779号墓出土的乌尔王军旗，军旗的正面（上）表示战争，反面（下）表示和平，约公元前2600年。由贝壳、天青石、红石灰石等制成，最初在木框内形成，宽20厘米，长48厘米。尽管设计复杂，但它并不比一张标准的纸大多少。尽管有人认为它可能是枕头，但它的作用依然是个谜。伍利爵士将它命名为军旗，乃纯属推测。

在军旗表现"战争"的一面，国王站在最顶层水平区域的中间。在底层水平区域，战车碾压着敌人（注意这些战车安装着实心轮，辐条轮直到约公元前19世纪才发明）。在中间水平区域内，穿着皮斗篷和戴着铜盔的士兵带着赤裸、被捆绑着的战俘到居于最上层水平区域中间的国王跟前，由国王来决定战俘的命运。在皇室陵墓发现的尸体有着同样的军事装扮。乌尔的军旗的重要性不仅在于它记录了苏美尔人的生活，同时也是最早的历史叙事。

在"和平"饰板的顶端右侧（图1.16的下半部分），一位乐师演奏里拉琴，在他的后面明显是一位在唱歌的女士。在左端的是国王，因为他比其他人都要高，而且穿着穗饰裙子，他的头顶超过了上层区域的界线。在这个社会等级或者说祭司等级中，最重要的人物画得要比其他人物都大。在军旗"和平"饰板其他水平区域里，仆人带来牛、山羊、绵羊和鱼参加节日庆典。这些代表了大地的慷慨馈赠，也许是源自大地的美味佳肴（注意在最下层的水平区域内，扛着袋子的人物的服饰和发型与另外两条水平区域的不同）。

图1.17　阿卡德国王头像，出土于尼尼微（今伊拉克库云吉克），约公元前2300—前2200年。铜合金，高36厘米。巴格达伊拉克博物馆藏。

阿卡德

当生活在美索不达米亚南部的苏美尔人的权力达到顶峰之时，有一个被称为阿卡德的民族迁徙而来，定居在今巴格达附近。他们的首都阿卡德从来没有被发现过，极有可能就埋在巴格达市的下面。在国王萨尔贡（约公元前2332—前2279年）的统治下，阿卡德人征服了美索不达米亚几乎其他所有城邦（也包括苏美尔的一些城邦），一跃成为该地区最强大的城邦国家。萨尔贡自称"天下四方之王"，并认为自己就是神。自萨尔贡时代起，阿卡德人就赋予他们统治者神一样的地位。几千年来，在这片土地上，就流传着有关萨尔贡神奇力量和权力的故事。事实上，关于他的出生就产生了一种延续至今的叙事风格：出身卑微的男孩，最后到达权力和力量的顶峰，即所谓"从穷人一跃成为富人"的故事。

据幸存下来的陶片记载，萨尔贡是一个私生子，母亲把他装在篮子里，放在幼发拉底河里。一个名叫阿基（Akki，阿卡德人就以此将其民族的命名为Akkad）的男子到河里去取水时发现了他，把他当亲生儿子抚养成人。被遗弃、成为孤儿，再到成为养父母的孩子，这样的故事在有关神话英雄的传奇里成为标准的叙事模式。

尽管阿卡德语与苏美尔语差异很大，但在公元前的第三个千年里（公元前3000—前2000年），两种文化和平共存，一直到萨尔贡王朝的野心改变了该地区的权力平衡，这种情形才得以被打破。阿卡德人接受了苏美尔的文化习俗，并使用他们的楔形文字。事实上，有许多阿卡德语-苏美尔语双语词典和配有阿卡德语的苏美尔语文本被保存了下来。阿卡德人的语言最初是闪族语，与该地区的其他语言如希伯来语、腓尼基语和阿拉伯语有许多共性。阿卡德语很快就成为美索不达米亚各民族的共同语言。在公元前的第二个千年里，这里各个民族都讲阿卡德语，或者该语的方言。

尽管阿卡德无疑是美索不达米亚最有影响的文化，但鲜有阿卡德的艺术品留存下来，很可能是因为阿卡德或者其他附近的阿卡德城市消失在今巴格达城下面，也可能被埋在幼发拉底河平原的冲积土壤里。但的确存在两件不同凡响的雕塑作品。一个是在尼尼微附近发现的阿卡德人铜头（图1.17），它曾被认为就是萨尔贡大帝本人，但许多现代学者认为他是萨尔贡的孙子那拉穆辛雕塑的一部分。或许两者都不是，但可以肯定的是，它是某位国王的半身雕塑。该雕塑用极强的现实手法，展现了一位强大威严的君主形象。它本是真人大小塑像的一部分，整个塑像早已破坏，而今残留的头像也受到了破坏。它眼睛原来镶嵌着宝石，但已被挖走。挖走眼睛的人或许是抢劫战利品的士兵，也或许是把该头像看成象征绝对王权的政治敌人。在雕塑的脸部周围的细节中，胡须和精巧的头饰以及缠绕在头上的辫子，证明了阿卡德人精通失蜡铸造技术，该技术早在公元前的第三个千年里就被美索不达米亚人所掌握。这是迄今我们拥有的最早的由失蜡铸造技术制造出来的伟大作品。

巴比伦

阿卡德人统治美索不达米亚只有150年，他们的统治在公元前2200年轰然倒塌。在以后的400年里，不同的城邦兴盛起来，各自为政。直到公元前18世纪，在巴比伦国王汉谟拉比控制了美索不达米亚大部分地区之前，还没有哪个民族能够像阿卡德人那样建立一个强大的政权。

在巴比伦，国家管理一度松懈，混乱无序，汉谟拉比却把这个城邦治理得井然有序。我们今天仍能看到一根巨大的竖立的石碑上刻着《汉谟拉比法典》（图1.18）。虽然它不是此类法典中出现最早的，但它绝对是最完整的。石碑上刻着汉谟拉比在近40年的统治期间所颁布的各种法令，其目的是庆祝他的正义意识和统治智慧。石碑上方，雕刻着浮雕像，汉谟拉比接受了太阳神沙玛什的祝福；光线从太阳神的肩膀发出。太阳神比汉谟拉比塑造得大得多；事实上，太阳神之于汉谟拉比就像汉谟拉之于他的臣民一样。即便汉谟拉比是神圣的，他仍然臣服于更大的神。石碑被设计

成男性的阴茎，昭示国王的威猛阳刚。美索不达米亚平原上还有许多这样的石碑，如那拉穆辛石碑。

在浮雕下面，282款法令刻在这个玄武岩纪念碑的两面。法律史有场巨大的辩论：这些条款是否构成了一部真正意义的法典。如果法典是全面地、系统地、有条理地对美索不达米亚法律的各个方面的编纂，那么它就不能称为法典。然而，在涉及法律问题时，它是选择性的，甚至略显古怪。它的许多条款似乎是对原有法律的修订，通过这种方式它们定义了正义的新原则。

这些条款中的一个主要原则是同态复仇法（talion）原则，即以眼还眼、以牙还牙。汉谟拉比将此原则引

图1.18　汉谟拉比法典石碑，出土于苏萨城（今伊朗境内）。约公元前1760年。闪长岩，整个石碑高约213厘米，浮雕高约71厘米。法国巴黎卢浮宫藏。与那拉穆辛王石碑一样，曾被入侵的埃兰人掳走至今伊朗的苏萨，1898年两块石碑同时在这里出土。

入了法典（乌尔城邦的早期法律条文规定用金钱补偿犯罪的受害者）。这一原则仅用于处罚一个自由民对另一个自由民施行的暴力和不公正，但是，当上层阶级对下层阶级施行暴力时，处罚就没那么严厉。奴隶（可能是战俘或者债务人）不享有任何法律保护。

《汉谟拉比法典》为我们讲述了许多有关美索不达米亚人的日常生活，包括大大小小的冲突。在美索不达米亚社会中，从管理家庭关系和阶级划分的法律条文中可以看出，不公现象十分严重。妇女比男人低下。尽管在受到丈夫摧残的情况下可享受法律的保护，但妻子就像奴隶，是丈夫的私有财产。严令禁止乱伦。父亲不能任意剥夺儿子的继承权，除非法律裁定犯了重罪的儿子应该遭受这种待遇。尽管法典非常关注贸易和财产权问题，但它最关心的还是对家庭和婚姻的保护。

下面是法典的节选部分，从法典一开始，汉谟拉比就声称自己是诸神的后代，是诸神的最爱（阅读材料1.2）。该节选部分让我们能够了解整部法典的全貌。或许正如汉谟拉比在法典的末尾清晰表明的那样，重要的是，该部法典或许是国王赐予臣民的礼物：

阅读材料1.2

《汉谟拉比法典》选段（公元前1792—前1750年）

威严的安努神、阿努拉库诸神的君主、主宰大地命运的天地之神恩利尔，把对人类统治的最高的权力交给了伊阿神的第一个儿子马杜克神，在勒吉古诸神中赞美他，赋予巴比伦以威严的名字，使它成为世界上该地区地位最高的城市，并为他在这座城市内建立了如天地一样牢固的、永久的王权。同时，安努神和贝尔神为了改善人民的福祉，委任我，即敬仰诸神的、虔诚的王子汉谟拉比在这片大地上使正义盛行起来，废除邪恶，防止以强凌弱，像太阳神沙玛什照临黔首，光耀大地……

1. 如果某人控告他人谋杀，但不能举证，控方会被处死。

8. 如果有人偷了牛、绵羊、驴、猪或者船，如果被盗之物属于神或者宫殿，他将以三十倍赔偿；如果被盗之物属于平民，则以十倍赔偿；如果小偷无力赔偿，则将被处死。

32. 如果士兵或渔民在为皇室的征战中被俘，商人要赎回他，并帮助他回到所居城市；如果他有充足的财产，则由本人将自己赎回；如果没有财力赎回自己，则由城市的寺庙赎回；如果寺庙中没有足够的财力赎回他，宫殿将赎回他；但是，他的土地、果园，或者房子将用以冲抵赎金。

143. 如果妇女不慎重，肆意挥霍家庭财产，蔑视她的丈夫，将被投入水中。

195. 如果孩子打父亲，则被砍手。

196. 如果某人（即法律自然人）弄瞎了另一个人的眼睛，肇事者的眼也将被弄瞎。

197. 如果某人打断了另一个人的骨头，肇事者也将被打断骨头。

229. 如果建房者为他人建造的房屋不牢固而造成坍塌，并造成房屋主人死亡的，将被处死。

282. 如果奴隶要对主人说，"你不是我的主人"，主人将指控他并提示证据，并明确宣布，他就是主人的奴隶，主人还将割掉他的耳朵。

以上就是汉谟拉比——一位有才能的君主所颁布的法令，据此，把这片土地引领至真理或者正确之路。

我是汉谟拉比，尊贵的国王……

愿未来在这片土地上出现的君主，在任何时候，都严格遵守我在石碑上所刻的对正义的宣告。愿他不要改变我对法律的裁决，也不要移去石碑上我的塑像。如果某位君王有辨别力，并能为国民找到正义之路，愿他留意到我刻于石碑上的声明，愿石碑为他展示我制定并颁布的传统、恰当的行为以及我对这片土地的判断，我对这片土地的裁决，愿他也为所有的人类提供正义的方式。

我是汉谟拉比，正义之王……

汉谟拉比的意图只是用正义来为其神圣的统治奠定基础，该石碑客观上在1000年的时间里确立了在美索不达米亚通行的一部统一法典，而且也确立了该地区的法治。公元前1157年，这块石碑和那拉穆辛石碑一同被埃兰人当作战利品运到苏萨。自《汉谟拉比法典》问世以来，统治者的权威与权力不再是任意武断的，也非突发奇想，也非君主个人的主观解释。此时，法律至少在表面上变得更加客观公正了。统治者也被要求遵循某种既定的程序。但是，以文字的形式制定出来的法律不那么灵活，难以改变，人情味又少，法典几乎没有例外条例，而且很难为例外条例找到正当的理由。最终，成文法免去了统治者自行决定的正义，取而代之的是一批精于法律的有学识的法官，他们被委以执行君主颁布的成文法的重任。

美索不达米亚文学和《吉尔伽美什史诗》

苏美尔人的文学通过大约10万块陶片留存下来。许多文学作品以诗歌、祷告和对神灵的咒文形式来谈论宗教主题。《吉尔伽美什史诗》作为美索不达米亚文化中留存下来的最伟大的手稿，也是迄今为止以文字记录的最古老的故事。史诗是一种用高雅语言写作的长篇叙事诗，它讲述了地位很高的人物如何经历了一系列的冒险，通常包含了对死亡世界的拜访。对许多文学学者来说，史诗是最高尚的诗歌形式。中心人物是具有英雄成分的传奇人物或历史人物，《吉尔伽美什史诗》的主角就是苏美尔国王吉尔伽美什。19世纪晚期，在尼尼微古城亚述巴尼拔国王图书馆中发现了《吉尔伽美什史诗》，亚述巴尼拔国王图书馆被认为是世界上第一家系统收藏文本文献的图书馆。在此之前，荷马史诗《伊利亚特》和《奥德赛》（见第2章）一直被误认为是世界上最早的史诗。

史诗涉及范围广泛。男女诸神的超自然世界通常在故事中起了作用，英雄展现出力量和勇气的战争也是这样。诗歌的语言符合英雄身份，是非常高贵的。诗中经常列举各路英雄的丰功伟绩。

史诗通常是在代代口口相传的神话故事和传奇的基础上编辑而成的，最终由一位史诗诗人组合成一个整体。故事的梗概通常已为它的听众熟知。诗人的贡献是通过大量运用绰号或称号、隐喻和明喻对这一主题进行艺术加工。绰号或称号是用来描写一个人的特性的单词或短语，如"恩克都，牧羊人的保护者"或者"恩克都，山之子"。隐喻是用来代替另外一个事物的单词或短语，以暗示两者之间存在的相似性，就像吉尔伽美什被描绘成"甚至能摧毁石墙的狂怒的洪水"。明喻就是使用"像……一样"对两类不同事物进行比较，如"国土像陶罐一样碎裂了"。

也许最重要的是，史诗为一个民族或种族的发展照亮了道路。这是民族的诗，描绘了一个民族共同的遗产，也颂扬了其文化身份。如此，我们也就不会对亚述巴尼拔保存《吉尔伽美什史诗》感到奇怪了。就像萨尔贡二世把自己描绘成头戴传统的阿卡德牛角王冠和留着苏美尔胡须站在豪尔萨巴德门前，体现了美索不达米亚所有历史一样，《吉尔伽美什史诗》保留着所有美索不达米亚国王的历史血统——苏美尔人、阿卡德人、亚述人和巴比伦人。这个故事体现了英雄人物的伟大，因而也是他们人民的伟大。

该诗由2900行诗组成，用阿卡德语楔形文字刻在11块陶片上，没有一块陶片是完整的。它很有可能是早在公元前1200年亚述巴尼拔统治之前由乌鲁克城邦一个叫辛勒奎尼尼（Sinleqqiunninni）的法师创作而成的。这使辛勒奎尼尼成为最早的知名作者。我们知道，吉尔伽美什是约公元前2700—前2500年乌鲁克城邦的第四代君主。他统治时期的大事记录在叫"苏美尔王列表"的陶片上，修复的陶片可以追溯他实际在位时间。我们手头现有的是该史诗的标准版本。

在诗的中间，即第六块陶片上记载着爱情与战争女神伊什塔尔主动向吉尔伽美什求婚。吉尔伽美什拒绝了，引起了伊什塔尔的愤怒。她派遣天之公牛去摧毁吉尔伽美什和恩克都，却反被屠杀（阅读材料1.3a）：

阅读材料 1.3a

《吉尔伽美什史诗》选段，泥板六（约公元前1200年）

被嘲笑的妇女

吉尔伽美什把王冠戴在头上，
伊什塔尔抬头望着英俊的吉尔伽美什，
"来吧，吉尔伽美什，做我的夫君吧，
请赐我您男性的阳刚。
做我的夫君吧，我将成为您的妻子。
我为您驾起由天青石和黄金打造的战车，
车轮也是黄金……
在您面前鞠躬的有国王、贵族和王子。
卢卢布人给您纳贡，带来山珍美味。
您的母山羊会一胎三子，母绵羊则生双胞胎。
您驮着重物的驴子会赶上骡子，
您战车前骏马疾驰飞奔，
您套上轭的牛举世无双。"
吉尔伽美什给伊什塔尔回复道：
你需要为你的身体涂抹或穿上服装吗？
你缺少食物和水吗？
我很愿意给你为神准备的食物，
也愿意给你斟上国王的美酒……
一扇半截门，未能阻挡你的和风与狂风，
……

永远伴你的新郎在哪里？……
你爱强大的狮子，
但你为它挖了七个然后又是七个坑，
你爱在战场上立下战功的千里马，
但你却用鞭子和刺棒抽打它，
让它七个小时七个小时地飞奔，
罚它在满是泥浆的水中饮水，
让它的妈妈希尼尼不断地衰号。
你爱牧羊人，爱牧羊大师，
他不间断地给你提供用火烬烤焙的面包，
每日为你杀一只羊羔。
但是你打他，把他变成一只狼，
结果被自己的牧羊犬追赶，
猎犬还咬了他的小腿。
你爱你父亲的园艺师伊书拉努，
他常常给你带来海枣，
每天把桌子擦得光亮，
你抬眼看着他，向他靠近：
"哦，我的伊书拉努，让我感受你的力量，
伸出你的手，抚摸我的'阴户'。"
伊书拉努说道：
"我？你想要我什么？……"
你听他讲话时，
你打了他，把他变成了一个矮人。
……

伊什塔尔的愤怒

当伊什塔尔听说此事后，
恼羞成怒，返回上天，
她来到父亲安努前，哭泣，
她来到母亲安图姆前，呜咽：
"父亲，吉尔伽美什一次次地侮辱我，
吉尔伽美什历数我的卑劣行为，
我的恶劣行径，并诅咒我！"
安努对公主伊什塔尔道：
"怎么回事？是你挑衅了吉尔伽美什国王？
于是他就历数了你的恶劣行径！"
伊什塔尔对父亲安努说：
"父亲，给我天牛，
它能把吉尔伽美什杀死在他的住所。
如果你不给我天牛，
我就会拆卸阴间的大门，
我就会把门柱击得粉碎，踏平大门，
而且让阴间的鬼魂去吃活人，
让它们在数量上超过活人！"
安努对公主伊什塔尔说：

"如果你要从我这里得到天牛，
乌鲁克城邦将在七年里颗粒无收，
你为人们储备好粮食了吗？
为了动物，你准备好让草生长了吗？"
伊什塔尔对父亲安努说：
"我已经为人们在粮仓里储满了粮食，
我为动物准备好让草生长，
以便它们在颗粒无收的七年之内能有草吃……"
安努听完了伊什塔尔的话，
把牵天牛的牛鼻绳交给了她，
伊什塔尔牵着天牛来到了人间。
当他们到达乌鲁克，
沿幼发拉底河顺流而下，
天牛打了一个响鼻，裂开了一个大洞，
一百名乌鲁克男人就掉了进去。
天牛打了第二个响鼻，又裂开了一个大洞，
两百名乌鲁克男人又掉了进去。
天牛打了第三个响鼻，又裂开了一个大洞，
恩克都掉了进去，上半身还露在洞外。
恩克都从洞里跳出来，抓住了天牛的犄角。
天牛朝他喷出唾液，
用粗大的尾巴把牛粪朝他身上甩去。
恩克都对吉尔伽美什道：
"我的朋友，我们会勇敢吗？
把剑朝牛角与颈部之间的地方刺去。"
恩都克悄悄走近天牛，把它掀翻在地。
他抓住天牛的尾巴，
双手紧紧地攥住它。
吉尔伽美什，就像熟练的屠夫一样，
大胆地走向天牛。
他把剑刺向了牛角与颈部之间。
伊什塔尔走到乌鲁克的城墙上，
黯然神伤，甩下了她恶毒的诅咒：
"愿诽谤我、杀了天牛的吉尔伽美什受难！"
恩克都听到了伊什塔尔恶毒的诅咒，
他拧下天牛的后腿，并把它扔到伊什塔尔的面前，
"如果我真能这么做的话，我也不会饶你，把你杀掉！
我会把天牛的内脏挂在你的手臂上！"
吉尔伽美什对宫殿的侍从说道：
"谁是最勇敢的男人？
谁是最无畏的男人？
吉尔伽美什是最勇敢的男人，
吉尔伽美什是最无畏的男人！
我们把无首天牛的死尸扔向愤怒的伊什塔尔，
没人能够让伊什塔尔高兴起来……"

但吉尔伽美什和恩克都引起了众神的愤怒。诸神决定，他们俩当中有一个必须死，于是恩克都遭受了一个漫长的死亡过程。他的朋友吉尔伽美什在场目击了可怕的惨景，他感到非常恐怖（阅读材料1.3b）：

阅读材料 1.3b

《吉尔伽美什史诗》，泥板十（约公元前1200年）

> 我的朋友……我深爱的恩克都，与我一同历经苦难
> 死亡已降临到他的头上，
> 六天七夜我都在哀悼他，
> 我不忍心他被埋葬。
> 直到他的鼻腔里生了蛆，
> 看到他的惨死，我非常恐怖。
> 我开始害怕死亡，于是漫游在荒野。
> 恩克都的死让我意志消沉，
> 我一直漫步在荒野中长长的小道上。
> 我怎能默不作声地坐着，我怎能如此安静？
> 我深爱的朋友已化作泥土。
> 我不会像他那样吗？我躺下后便一觉不醒吗？

知晓死亡恐怖的吉尔伽美什为了永生踏上了旅程，他要向乌特纳匹诗提——大洪水唯一生还者和永生者寻求永生的秘密。关于乌特纳匹诗提所讲的故事，有几点需要解释一下。首先，这是最早有关大洪水记事的版本，当然，这在希伯来《圣经》里也有记载。乌特纳匹诗提在此诗中的角色如同圣经中的诺亚一样。一对夫妻在神灵带来的大洪水中幸免于难的主题出现在中东各民族的文化里，这暗示着多个民族有着单一的文化起源或者有着共同的文化传统。在苏美尔人的版本中，伊阿通过对墙壁说话的方式警告乌特纳匹诗提诸神发洪水的秘密。伊阿告诉乌特纳匹诗提，在他为安然度过洪水进行准备的过程中，如何向他人解释自己的行为，以免泄露大洪水的秘密。史诗要非常有智慧，才能在技术上解决这一难题（阅读材料1.3c）。例如在苏美尔语中，面包是*kukku*，该词是一个双关词，也有"黑暗"（在苏美尔语为*kukkû*）之意。同样，在苏美尔语，"小麦"为*kibtu*，该词也有"不幸"的意思。因此，当伊阿说"早上他会降下满是面包蛋糕的粮雨；清晨，降麦雨"时，他真正的意思是：他会让黑暗降临，早上会有一场雨灾。

阅读材料 1.3c

《吉尔伽美什史诗》，泥板十一（约公元前1200年）

> 乌特纳匹诗提对古尔伽美什说：
> 吉尔伽美什，让我向你揭露，一个
> 秘密，让我告诉你诸神的天机，
> 舒鲁帕克城，你知晓这个城市，
> 这个城镇位于幼发拉底河岸——
> 这个古老的城镇，诸神皆居于此处。
> （当）伟大的诸神决定发起洪水时……
> （他们）对着芦苇墙重复他们的誓词：
> 芦苇墙，芦苇墙！砖墙，砖墙！
> 听着，噢芦苇墙！注意，噢砖墙！
> 噢舒鲁帕克城的子民，乌巴尔图图之子
> 毁掉房屋，建造船只！
> 放弃财富，保命去吧！
> 忘记财产，讨活去吧！
> 把所有生灵的种子装载上船！
> 你将要建造的船！
> 她的尺寸必须一致！
> 她的宽和长必须一致！
> 给她盖个船顶。如阿普苏一样
> 我心领神会，并对安，我的主人说：
> 我这就去做，我的主人，遵照你的指示
> 我会专注去做
> 可我如何回答城镇的人民和长老们？
>
> 安张口对我，他的仆人说道：
> 那么你就这样告诉他们：
> "毋庸置疑，恩利尔已经憎恨我了！
> 我不能再留在你们的城镇了！
> 我不能再涉足恩利尔的土地！
> [我要] 去往阿普苏，去和安，我的主人共处
> 他将降暴雨于你们！
> [很多] 鸟，很多鱼！
> [……] 财富（于）丰收的季节！
> 早上他会降下满是面包蛋糕的粮雨；
> 清晨，降麦雨"……
> 我为工人们宰了一头牛
> 每天我都要屠宰绵羊
> 啤酒、麦芽酒、香油和葡萄酒
> 我 [给我的] 工人们 [喝] 的酒，如一条流润的河！
> 他们欢庆，如在新年的节日上欢庆……
> 船完工了……
> [每次我] 给他装载物品

我装载我所有的白银，
我装载我所有的黄金，
我装上我所有尘灵的种子。每种每样，
我把我所有的亲戚同族送上船，
我把野生的动植物，身怀各种技能的人送上船。……

我关注天象，
天气异常可怕，
我进入船中，封上舱口……
迎着黎明的第一道曙光——
地平线上乌云涌起，
阿达德在云里不断怒吼……
阿达德，冷静的暴风神，经过天空，
所有明亮变得忧郁，
如一头公牛践踏着土地，如罐子一样把它摔得粉碎。

一整天，狂风 [……]，
它迅猛地刮过，[洪水……] 东风，
如战争一般，大洪水淹没人们，
人们无法认得彼此，
在这种毁灭中，人们也无法认得彼此，
甚至是天神们都惧怕这场大洪水！
他们撤回天堂找安努，
诸神蜷起身子如狗一样，露天蜷缩，
母亲之神如分娩中的女人般叫喊……
整整六天七夜，
狂风暴雨和大洪水 [侵吞了大地]，
第七天到来时，
狂风渐息，
如妇女挣扎打斗般的大海，
[……] 渐渐平静，
暴雨渐弱，大洪水终于过去。
我看了看天象，一片宁静，
但是所有的人都已葬身泥土，
洪水淹没过屋顶，
我打开舱门，阳光照耀我的侧脸，
我跪地而坐。开始哭泣，
泪水淌过我的脸颊，
我在海的边缘搜寻，
十四个地方露出了陆地，
船搁浅于尼什尔山上，
尼什尔山很快稳住船使其无法移动。

当众神发现乌特纳匹诗提在大洪水中幸存下来的时候，他们被激怒了。众神并不希望能够挺过大洪水。既然乌特纳匹诗提成功了，他们就给予他不朽的生命，让他永远住在遥远的地方。作为对吉尔伽美什努力的回报，乌特纳匹诗提告诉吉尔伽美什，有一种神秘的植物能够使他永葆青春。当船夫载他回家的时候，吉尔伽美什说："我会吃掉它，我会回到我青年时的样子。"但当他们停下来过夜的时候，吉尔伽美什打算在一个凉水池里洗澡。由于他俩的疏忽，没有看管好那种植物，植物的香气引来了一条蛇，蛇把它偷走了。《圣经》故事里的亚当和夏娃就是这一故事的翻版。亚当和夏娃不朽的生命被毒蛇耍的花招给盗走了。吉尔伽美什的心都碎了，历尽艰辛却两手空空地回到家中。

《吉尔伽美什史诗》是第一部已知的面对死亡这一概念的文学作品。死亡，在许多时候，恰好就反映了未知世界。尽管史诗中的英雄在探险过程中游历过世界的各个角落，但对自己和人类的理解有一定局限，付出了努力，却什么也没得到，黯然离去。吉尔伽美什是西方文学中的第一位英雄，他渴求着可能永远也无法获得的东西，他试图理解一直都是未解的谜团的东西。当然，在朋友恩克都死之前，吉尔伽美什在自信地与伊什塔尔斗争的过程中和在击败天牛的过程中，似乎更接近不朽的神而非凡人。总之，他代表了美索不达米亚这块土地上的英雄国王，甚至当这首史诗宣布英雄国王的神圣时，它也强调了他人性的一面和凡人的一面，尽管诗的开始把他介绍成三分之二是神、三分之一是人的角色。《吉尔伽美什史诗》用质朴的语言解释了《苏美尔王列表》中开头的那几个词的意义，"王权天授"（君权神授）。这部史诗承认了许多美索不达米亚诸位君王至少是在公众场合下皆不愿承认的东西：他们自身的、人性的局限性，在面对最终的未知即死亡时是多么的无能为力。

希伯来人

希伯来人原先居住在美索不达米亚平原，于约公元前 2000 年被赶出了家园。根据他们的传说，就是在两河流域的三角洲地带上帝在伊甸园创造了亚当和夏娃。在这里，诺亚幸免于一场大洪水，这场大洪水也就是《吉尔伽美什史诗》中乌特纳匹诗提所经历的那场洪灾。乌尔城邦的先知亚伯拉罕，为了逃避好战的阿卡德人和日益强大的巴比伦人，带领他的族人离开此地进入迦南。没有确切的历史证据支持以上传说。我们仅能从希伯来人的《圣经》中了解上述故事。《圣经》是一部集赞美诗、先知和法律为一体的经书，于公元前800—前400年誊抄编纂而成，经书中所叙之事发生在成书之前的1000年左右。近东的考古发现证实了抄写员和神职人员在《圣经》中所述之事，尤其是发生在同时代的事情，这些故事几经编辑和核对而成为我们今天见到的故事。这些故事详细叙述了以下三大史实：亚述人征服以色列；巴比伦国王尼布甲尼撒二世于公元前587年毁灭耶路撒冷后，犹太人颠沛流离到巴比伦；公元前538年波斯人征服巴比伦后，犹太人最终回到耶路撒冷。这些故事象征了希伯来人试图维护自己的历史和掌握自己命运的意识。但如果把希伯来圣经故事当作真实记述的历史记载，那无疑是错误的。像古代历史一样，它们也是口口相传、代代相传而成，因而也颇具有神话色彩。

希伯来文化不同于近东文化，因为前者的文化是一神论的，他们只崇拜一个神，而其他文化的宗族和城邦里往往有多个神。根据希伯来传统，上帝为希伯来人作好了安排：首先是大洪水之后的诺亚，然后是先知亚伯拉罕，最后是历代族长："我是全能的神。你要生养众多，将来有一族和多国的人民从你而生。我所赐给亚伯拉罕和以撒的地，我要赐给你与你的后裔。"（《创世记》35：11-12）为了回应上帝的承诺，希伯来人，也就是"上帝的选民"同意遵循上帝的意志。"上帝的选民"是指那些被选出来的能够树立更高道德标准的榜样（民族的灯塔）的犹太人，而不是人们通常误解的上帝根据自己的喜好而选出来的犹太人。

希伯来圣经的第一部书《创世记》讲述了世界是如何从"混沌空虚"之中被创造出来的。它讲述了上帝创造了世界和所有的生物，以及后来上帝对他所创造的这个世界所做的一切，诺亚的故事——上帝制造的大洪水差点毁灭了地上所有生灵。《创世记》还认为，人类容易被邪恶所引诱。它记录了这个宇宙最初有罪孽（和羞耻）的时刻，将这些与知识联系起来，因为知识能够把人和动物区别开来。通过诺亚的故事，《创世记》也表明了"跟随上帝走"这一盟约基础所带来的回报。

摩西和十诫 有关摩西和十诫的圣经故事反映了书面文字对犹太文化至关重要。希伯来圣经声称约公元前1600年，希伯来人因为干旱被迫离开迦南到埃及，他们在那里一度繁荣起来，直到公元前1300年左右埃及人奴役他们。犹太人的族长摩西违抗埃及法老的统治，带领族人离开埃及。摩西带领犹太人跨越红海（那时的亚非大陆奇迹般地分开来，形成了红海，方便了犹太人的逃亡）进入西奈半岛上的沙漠地带。这一故事成为《出埃及记》的基础。他们很有可能跨越了芦苇海的一大片潮滩，后来，这片水域被误认为红海的一部分。迦南当时被一支军事实力强大的部落占据，犹太人未能回到迦南，他们只好在靠近死海附近西奈半岛的一个干旱的地区定居下来，时间长达40年。考古学家推测此事大约发生在公元前1300—前1150年。

在西奈沙漠里，希伯来人制订了一种新宗教的基本原则，这种新宗教以崇拜单一神灵为基础。据说，希伯来神为自己展示一个新的名字耶和华（YHWH），这个名字是如此神圣以至于既不能说，也不能写。没人知道此神叫什么名字，耶和华只是神的密码。但在希伯来圣经里，神有许多个名字，其中有厄洛希姆（Elohim），在希伯来语里是复数形式，意为"众神"；阿顿奈（Adonai），即"上帝"或"我主"（Lord）之意；还有厄尔沙代（El Shaddai），字面意义为"田野之神"，但通常被翻译成"万能的上帝"（God Almighty）。一些作者据此认为《圣经》由多位作者编纂而成。另一些学者则认为，希伯来人最初与近东地区的先民一样是信仰多神的。还有一些学者认为，"上帝"之所以有如此多的名字，是因为不同的名字反映了他神圣的多面性，或者是他承担了不同的角色，如田间羊群的守卫者，或是万物之主。神的名字

图 1.19　约柜，这种镶嵌地板装饰源于以色列提比利亚附近的哈末，公元 4 世纪。耶路撒冷以色列文物管理局藏。两边各有两个多连灯烛台（各有七个枝状烛台）。多连灯烛台被认为是以色列民族的象征，其职责是"照亮整个民族"（《艾赛亚》42：6）。多连灯烛台的制作方法详见于《出埃及记》（25：31-40）。古代犹太艺术品存量稀少，大量的艺术品在犹太人被征服、被迫害和被流放的过程中惨遭毁灭。

在中世纪时译成拉丁语为 Jehovah，如今译成英语为 Yahweh。上帝给了摩西人十条训诫，它刻在石板上，《申命记》中 5:6-21 的内容就是这十条训诫。后来，希伯来人把训诫放入一个神圣的箱子里，这个箱子叫"约柜"（图 1.19），由两盏有七个分叉的枝状大烛台（也就是常说的多连灯烛台）照得通亮。上帝在《十条训诫》后所说的话，更明显地反映出这些书面文字对希伯来文化有多么的重要。

无论何时何地，只要希伯来人一交谈，他们都以上帝的训诫为中心。因而，他们一神论的宗教也源自无处不在的上帝的伦理与道德体系。《十条训诫》是托拉（Torah，意为"犹太法律"，字面意义为"教谕"）的核心内容，犹太律法包括《创世记》《出埃及记》《利未记》《民数记》和《申命记》。基督教徒后来把这些合成为《圣经·旧约全书》的前五本书。希伯来人认为这五本书赋予了神灵的感应，因而认为原作者就是摩西本人，尽管我们知道圣经文本的出现远在摩西所生活的时代之后。

犹太律法的内容与《汉谟拉比法典》的内容很不一样。后者本质上是对触犯法律的人采取处罚措施，它不是伦理规章。希伯来法律与美索不达米亚法律截然不同。或许是因为希伯来人曾经是异族或者奴隶，因而他们的法律把社会最底层的人仍然看成人。耶和华宣布："不要剥夺你身边穷人的法律权利。"（见《出埃及记》23:6）至少在法律面前，除了奴隶以外，希伯来社会是不存在阶级划分的，惩罚是平等的。最重要的是，无论是富人还是穷人，为了共同的利益团结起来，共同进取，按上帝的旨意追求生活。

一般认为，犹太人在西奈半岛上度过了 40 年后，族长约书亚带领他们回到了迦南，耶和华在盟约里曾说，迦南是一块"流着奶和蜜的乐土"，是希望之乡。在接下来的 200 年里，他们通过持久的系列战争，逐渐控制了这一地区。在《约书亚》《士师记》（又译成《民长记》）和《撒母耳记》中有这些战争的记载。上帝赐名雅各为以色列，因而这些人就称自己为以色列人。这个民族由 12 个部落组成，每个部落都是雅各的 12 个儿子中之一的后裔。约公元前 1000 年，扫罗自称以色列王，后来大卫也被拥戴为王。据《撒母耳记》记载，年少的时候，大卫利用投石器掷出石头，杀死了巨人歌利亚，从而把以色列从腓尼基人的统治中拯救了出来。后来，大卫将以色列和犹大（非耶稣的 12 门徒之一，而是一个地名）统一成一个国家。

所罗门、先知与离散各地的犹太人　所罗门完成了耶路撒冷城的建造任务，该城始建于其父大卫王时期。根据所有的历史记载，到所罗门统治末期，耶路撒冷已经是近东地区最漂亮的城市之一了。一座辉煌壮丽的宫殿，尤其是一座壮观的庙宇矗立在这座城市里。最初的几位王都声称耶和华亲眼见到了这座庙宇，并对它表示认可。

上帝与希伯来人之间的盟约可以说是希伯来国王与人民之间关系的模型。上帝和国王保护臣民，臣民就服从和忠诚于上帝和国王。家长与家庭的关系亦同此理。妻子和子女是他的财产，家长保护他们，他们则坚定不移地忠诚于他。

所罗门死后，由以色列和犹大联合而成的以色列联合君主国（United Monarchy of Israel）分裂成两个不同的国家。北边是以色列，定都撒玛利亚，南边是犹大，定都耶路撒冷。在两个王国并存时期，希伯来文化主要受先知的影响。先知们之所以是先知，是因为他们不仅能够预测未来，而且是耶和华意旨的代言人和阐释者。先知声称，他们对上帝的意旨有先见之明。先知们告诫人们要依照犹太律法生活，他们严正地面对有罪过的人，甚至是国王。如果富人的商业投机给他们带来了前所未有的无忧无虑的物质生活，而他们却迷失了方向，不再信奉一神论，不再崇拜迦南诸神，先知们就会严厉斥责他们。希伯来富人的道德沦丧让先知们很困惑，先知们强烈要求希伯来人重塑民族精神。

公元前722年，亚述人进攻北部的以色列王国，把国土上的人民驱散到各地，从此以色列人就被称为"失落的以色列部落"。南部的犹大王国又得以幸存了140年左右。公元前587年，尼布甲尼撒二世和巴比伦人征服了犹大王国，摧毁了耶路撒冷的所罗门神庙，把希伯来人驱逐到巴比伦。希伯来人不仅失去了家园和神庙，就连约柜也下落不明。在接下来的60年里，希伯来人忍受着沦为巴比伦囚虏的悲惨命运。据《圣约·诗篇》第137首的记载："我们来到了巴比伦的河边，我们坐在那儿哭泣，这时，我们想起了锡安山。"锡安山位于耶路撒冷以南，是基督徒的圣地。

最终，据说是由上帝耶和华派来的波斯人于公元前520年把希伯来人从巴比伦的铁蹄下解放了出来。他们第一次以犹太人（根据他们自己的家园来命名）的身份回到故土犹大。他们重新修建了一个耶路撒冷神庙，神庙的中心有一个专门为约柜预留的空房间，他们希望有朝一日能找回下落不明的约柜。他们欢迎地中海沿岸的其他犹太人回到家园，也包括早于200年前被亚述人驱离北部以色列王国的犹太人。但是，当时已有许多部落永远定居在其他各地，逐渐成为史上有名的"离散各地的犹太人"（Diaspora）。

希伯来文化对西方文明有着深远的影响。犹太人为基督教和伊斯兰教等西方宗教奠定了基本的伦理道德的基础，两大宗教都将犹太教义融入他们自己的思想与实践之中。在犹太律法里，我们发现了当今司法实践的基础。犹太律法里的故事是如此动人，如此具有普遍性，以至于若干世纪以来，他们激发了而且仍将激发无数的艺术、音乐和文学作品的灵感。更为重要的是，希伯来人向世界引入了道德一神论：只有一个上帝，上帝要求人类的举止必须遵循某种方式，并相应地作出奖赏或惩罚。几乎没有其他概念能够像它那样对历史和文化有更为深远的影响。

波斯帝国

公元前520年，原先占据伊朗高原的一支游牧部落征服了巴比伦人并解救了犹太人。公元前559年，随着阿黑美尼德王朝第一位统治者居鲁士大帝（约公元前559—前530年在位）的登基，王室便开始了军事扩张。"阿黑美尼德"这一名字取自阿黑美尼斯（Achaemenes），根据伊朗传说，阿黑美尼斯是一位勇士，同时也是一位国王，于公元前700年左右统治着伊朗高原一带。到居鲁士死时，波斯帝国已经控制了安纳托尼亚半岛西海岸爱奥尼亚地区的一些希腊城邦。在大流士统治时期（约公元前522—前486年），波斯人建立了一个南达埃及，包括整个小亚细亚，北至乌克兰的庞大帝国。帝国的首都在帕萨（Parsa），希腊人称为波斯波利斯（Persepolis，意为波斯人的城市），位于今伊朗扎格罗斯高地。帝国都城由来自波斯帝国各地的能工巧匠（也包括来自爱奥尼亚的希腊人）建造，它反映了大流士包容多样性文化的雄心。

帝国的统治者以浮雕的形式在波斯波利斯被雕刻出来，他们留着亚述人的胡须，戴着亚述人的头巾（图1.20）。这些雕塑具有典型的美索不达米亚的样式，

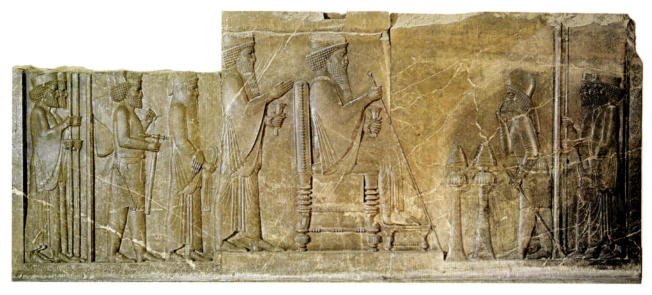

图1.20 大流士和薛西斯收贡图，通向古波斯宫殿中的大厅的石梯上的浮雕，位于今伊朗波斯波利斯，公元前491—前486年。石灰岩，高254厘米。德黑兰伊朗国家博物馆藏。这堵墙上的浮雕最初涂成了蓝色、猩红色、绿色、紫色和绿松色。大流士的项链和皇冠都镀上了黄金。

其雕塑作品要比其他民族的大一些。雕塑的装饰进一步反映了波斯人认为该地区的其他民族都效忠于他们。美索不达米亚、亚述、埃及和希腊各种不同的艺术都汇集在宫殿的建筑和装饰中。从图1.20的浮雕中可以看出，从宫殿的阶梯到大流士和他的儿子薛西斯召见各国使者的大殿，上面都雕满了共来自23个属国的臣民形象。这些臣民是来朝贡的，有爱奥尼亚人、巴比伦人、叙利亚人和苏西人等，我们通过他们留的胡须和着装可以辨认出他们的民族身份。可以看到，大流士在收贡品，薛西斯站在他的后面，似乎要继承父亲的皇位而成为波斯人的统治者。就是这两位波斯君主在公元前5世纪的第一个十年里（公元前499—前490年）入侵了希腊，薛西斯毁灭了雅典城（参见下一章），但雅典城的毁灭宣告了希腊黄金时期伟大土木建筑工程的到来。

古埃及的稳定：洪水与太阳

美索不达米亚文明于公元前发展并存续了3000年左右，几乎同时，埃及文明也兴盛起来。两大文明有许多共同点：都形成在大河流域，美索不达米亚文明在两河流域，埃及文明在尼罗河流域；都是依赖于灌溉的农业社会，在两大文明中，各自水系泛滥的洪水与农业经济的兴盛密切相关。与美索不达米亚平原一样，埃及人学会了如何通过修筑大坝来治理洪水，修建运河以利灌溉。很有可能正是在这些伟大的工程项目中相互合作的需要才帮助了美索不达米亚和埃及创造了属于各自的文明。

美索不达米亚人和埃及人都修建了巨大的建筑献给神灵：美索不达米亚的金字形神庙（图1.13）和尼罗河的金字塔（图1.21）。尽管前者看起来部分是敬献给水而后者是敬献给太阳的，但两者都将天与地结合成单一的建筑构造。埃及最早的金字塔是按照美索不达米亚金字形神庙的模型而修建的阶梯结构。两大文明都有书写的文字，但美索不达米亚的楔形文字风格与埃及社会的象形文字有很大的不同。有充分的证据表明，两大文明相互贸易，在某种程度上相互影响。

然而，两大文化也有区别，最明显的莫过于埃及文化的相对稳定。美索不达米亚几乎很少被统一成单一的实体，即便是统一，也是通过武力而不是人们为了寻求共同的利益而促成的。相反，埃及的政治过渡是王朝式的，即同一家族的成员继承王位，一个王朝有时会经历若干代人。然而，在美索不达米亚，统治

图 1.21　孟卡拉金字塔，约公元前 2470 年；**哈夫拉金字塔**，约公元前 2500 年；**胡夫金字塔**，约公元前 2530 年。吉萨有精心设计的建筑群落，寺庙、神殿、典礼仪式专用道路与这些金字塔紧密相连。

者的权威是通过他与神灵权威的结合来巩固的，他是地球上诸神的体现。

尼罗河及文化

与两河流域造就了美索不达米亚一样，我们可以说是尼罗河造就了埃及。尼罗河发源于非洲中部，一个源头是埃塞俄比亚高原山区的一条支流，另一源头是乌干达维多利亚湖。它从源头向北流经 6650 千米，注入地中海。埃及文明就在阿斯旺花岗崖壁到入海口之间 1207 千米长的沿河两岸发展起来。

几乎每年，汹涌的河水都会导致尼罗河河水猛涨。在绝大多数年份里，从 7 月到 11 月，埃及人可利用尼罗河的泛滥冲刷他们的农田，因为当洪水退去后，河床上就会淤积着厚厚的、肥沃的泥沙。人们在上面耕作，种植庄稼。如果多年不发洪水，就会导致饥荒。洪水的周期使得埃及成为古代世界中最灿烂多姿和最为稳定的文化之一。从公元前 3100—公元前 31 年罗马将军屋大维击败马克·安东尼的 3000 多年里，埃及政治组织和文化几乎没有发生过大的变化。

由于尼罗河每年都要洪水泛滥，于是埃及人把这片土地称为克米特（Kemet），意为"黑土地"。在上埃及，从阿斯旺大坝到尼罗河三角洲这一极其狭长的地带上，尼罗河带来了黑色的、肥沃的沉积物。在尼罗河冲积扇平原的四周是"红土地"，虽然那里的沙漠环境无法保证生命生存，但可在那里开采富含矿物的矿藏和建造采石场。在包括尼罗河三角洲的下埃及，即从吉萨往北大约 21 千米处，在现代开罗的对岸就是大金字塔所在地。

在这片富饶的土地上，农业发达，沼泽地上野生动植物也非常丰富。埃及人把沼泽与创世联系起来。在底比斯附近的尼巴蒙陵墓里装饰着展现狩猎场景的一幅画（图 1.22）。尼巴蒙打算将一根蛇形的抛棒向一群鸟扔去，他的妻子和女儿在一旁观看。这幅画在视觉上是一种双关，直接地指性繁殖。因为"扔抛棒"也意为"射精"，"抛棒"的意思是"创造"。尼巴蒙与妻子之间所书写的象形文字翻译过来就是：幸福生活，观看漂亮的……在生命生生不息的地方。

学者们把埃及的历史分为三大成就时期：第

一段历史时期即古王国（Old Kingdom）时期，几乎所有的埃及艺术传统都形成了；中王国（Middle Kingdom）时期，形成了后经典文学语言；新王国（New Kingdom）时期，则是艺术和建筑的鼎盛时期。在每一段时期，王朝或者皇室的更迭都为国家带来了繁荣与稳定。各时代之间是相对不稳定的"中间过渡期"。

埃及持续了3000多年的文化传统，是历史上和平与繁荣如何与文化稳定共存的最明显的例证。埃及文化基于民族和国家的统一，而美索不达米亚却是战争文化，城邦与城邦相互交战，帝国不断更迭。埃及属于神权统治的国家，即由太阳神或太阳神拉（Re）的代表（即国王或女王）统治国家。古代埃及是政教合一的国家，宗教自我体现于自然、尼罗河奔腾的河水、太阳的热量、太阳一年四季和星夜兼程的旅途之中。

在美索不达米亚，洪水主要是一种毁灭性的力量；在埃及，洪水则有多重复杂的意义。的确，洪水有时漫过堤岸，给沿岸地区造成巨大的破坏。但埃及人知道，如果没有洪水，他们的文化也延续下去。因此，在埃及的艺术和雕塑中，对自然以及对生活本身的思考方式都较为复杂。在埃及文化生活里，每个方面都会有与之对立的、相抗衡的力量。因此，事件是周期性发生的：富饶诞生于毁灭，而毁灭又与富饶紧密相连。同样，正如洪水每年都使尼罗河河谷重新焕发生机，埃及人相信死亡之后必定是重生。因此，在他们生命中扮演重要作用的宗教反映了河流本身的循环。

埃及宗教：循环的和谐　古代埃及与美索不达米亚的宗教一样，是信奉多神的，男神与女神皆与自然力量和某一自然领域密切相关。各路神仙都被描绘成这个样子：人身人头或者人身兽头，戴着皇冠或者头饰，以便能根据特点辨别其身份。埃及古老的宗教反映了秩序井然的宇宙，日月星辰、诸神和人类基本活动都被视为和谐宇宙的一部分。如果一个人没有破坏这种和谐，那他一定是不惧死亡的，因为他的灵魂将永生。

宗教的核心是创世故事，它讲述了神和世界是如何出现的。居于埃及诸神之首的是太阳神拉。根据埃及创世故事，在宇宙诞生之初，泛滥的尼罗河带来了大量泥沙，拉诞生于泥沙之中。拉与国王有着亲密的个人关系，国王被认为是拉的儿子。但国王的身份也有可能与其他神联系起来，国王同时也被视为天神的化身；如果当王权扩张到其他城市，人们甚至把国王等同于底比斯、孟菲斯等地的神。国王虽谈不上是全能的神，但他仍然算得上一个"小神"，通过供奉在庙宇里的圣像与众神接洽，因而是民众的代表。埃及

图1.22　尼巴蒙猎鸟图，出土于底比斯尼巴蒙陵墓。埃及第十八王朝时，约公元前1400年。干石膏上的壁画，高约81厘米。伦敦大英博物馆藏。鱼、鸟和猫都是现实的动物，但这并非是一个现实的场景。这是对死者尼巴蒙的传统表现法，尼巴蒙将矛投射鱼或者猎飞禽，这几乎是对陵墓必要的装饰。彩料直接涂在干石膏上，这种技术被称为干壁画。这种壁画非常脆弱，极易受潮而剥落，但埃及干旱的气候使它得以保存得非常完整。

人相信，众神可通过圣像显现出来。不仅是社会和政治事件的有序进行依赖于国王与神灵成功的沟通与交流，而且像河水涨落这样的自然事件也依赖于它。

与国王一样，所有其他的神都是拉的后裔，好像是家族的部分成员。前面我们讲过，许多神都可以追溯到王朝统治以前的埃及（即公元前3100年前的埃及），这些神后来在特定的地方具有了更神奇的意义，如底比斯的奥西里斯神、荷鲁斯神和爱西斯神三神就有特殊的意义。奥西里斯神是冥界之王和死亡判官，但它最初仅是东部三角洲一带的地方神。根据神话，他被邪恶的暴力之神，也就是自己的亲弟弟赛斯谋杀碎尸后抛进了尼罗河。但奥西里斯的妻子，以及妹妹，即生育之神爱西斯搜寻了埃及的各个角落，把碎尸收集起来，使他得以重生。奥西里斯神因此也就被看成尼罗河神，被看成一年一度的洪水泛滥与生命重生的象征。奥西里斯神和爱西斯所生的孩子就是荷鲁斯神，他打败了赛斯，成为埃及第一位神秘的国王。

在孟菲斯，普塔神、塞克美特和奈夫图三神占有重要地位。出土于孟菲斯的一块石头上有段文字，把普塔神描绘成最熟练的工匠和万物的创造者（阅读材料1.4）：

塞克美特是普塔的女伴。她被刻画成母狮的形象，无论是和平时期还是战争年代都是国王的保护者。她也是奈夫图的母亲。奈夫图相貌俊丽，他名字的意思就是"极致"，古埃及的人们常佩戴奈夫图神的小塑像，以求好运。

奥西里斯和爱西斯的神话故事表明，可通过与之对抗的力量实现周期性的循环，这是宗教与哲学思想体系最早的实例之一，对当代思想仍然有一定影响。生存与死亡、洪水与太阳、沙漠与绿洲都是自然大和谐的一部分。无论是在昼夜一天的循环交替中，还是一年四季的周而复始，这种和谐都能够预测：善良的奥西里斯神与邪恶赛特神形成对立的平衡；肥沃的尼罗河河谷与周围贫瘠的沙漠形成对立的平衡；尼罗河上游的狭长地带与尼罗河三角洲宽阔的沼泽也形成对立的平衡。根据两个对立面的回归与循环，就可以预测一切事情，正是事物的对立面才成就了完整的过程，才使得世间一切循环往复。

埃及艺术的绘画原则

这种双重性和对立面的意义使我们能够理解埃及最早的艺术品，如在上埃及的希拉康波利斯发现的纳迈尔调色板。从专业技术而言，调色板是用来研磨颜料并对身体和眼睛进行彩绘的一种日常用品。纳迈尔调色板上有浅浮雕。与乌尔王军旗一样，纳迈尔调色板上刻画的场景安排在不同的区域内，每个区域内都有条水平线，除了两名训狮员外，其余的人物都站在水平线上。尽管在通常情况下，图案的设计是对称的，左右均衡，如本例就是这样，但图案中的人物却面对着右边。艺术家用被埃及人认为是最特有的视角展现了人体的各个部位。脸、双臂、双腿、双脚均以侧面的形式表现出来，左脚在前，右脚在后。其中一只眼睛和双肩是正视图。嘴、肚脐、臀部和膝盖为四分之三侧视图。因此，观者看到的每个人物都是复合视图的效果。

在埃及艺术中，不仅人物而且场景都把两个矛盾对立的视角结合在单一的图像上。在纳迈尔调色板上，纳迈尔国王从侧面靠近，但即将被枭首的敌人是从俯视的视角跪在国王前面的地上。埃及艺术家通常也用同样的方式来表现建筑结构。在纳迈尔调色板最上面区域的中间，宫殿的正面外墙也是从俯视的视角来表现平面图，正面的底部有壁龛。设计还包括纳迈尔的守护神荷鲁斯的名字，一条鲇鱼和一把錾子。直到19世纪，史学家才解读了纳迈尔这几个象形文字，但仍然不太确信是否该读成Narmer，这只不过是后来史学界给这些符号确定的音值。

古埃及主要的神灵

A. 荷鲁斯，地狱判官奥西里斯之子，与王权相关联的天空之神，通常被刻画成一只鹰或者是鹰头人。
B. 赛斯，荷鲁斯和奥西里斯的敌人，风暴之神，通常被刻画成几乎无法辨认的怪物（有人认为是一只野猴）或者是长着动物的脑袋。
C. 透特，月亮之神、书写、计算、智慧之神，通常被描绘为朱鹭或者是朱鹭头的男人，头上常顶着一轮弯月。
D. 克奴姆，初为尼罗河源头之神，常被描绘成公牛，他在陶轮上用泥土创造了人，后来被尊为陶器之神。
E. 哈索尔，爱之女神，主管生育与死亡，常被描绘成有牛角的妇女，头顶上是一轮红日。
F. 索贝克，鳄鱼神，与尼罗河的肥沃有关，由于鳄鱼残暴的性情，也经常象征军队的力量。
G. 拉，太阳神，常被描绘成鹰头，头上顶着圆圆的太阳。

A B C D E F G

埃及古王国时期

尽管纳迈尔调色板很有可能纪念的是生活当中的一件事，但作为一件还愿的物品，也很有可能像其他艺术品和建筑一样，是献给葬礼和来世的。埃及人把死者葬在尼罗河西岸，即太阳下山的地方，象征着死亡和复活。金字塔是雄伟的皇家陵墓，它非常具体地展现了国王死亡的现实，同时也象征着国王永恒的生命。就像埃及人所认为的那样，那是国王的"喀"，将存续千秋万代。"喀"就是灵魂的意思，在其他许多宗教里也有"永恒的灵魂"和"生命的力量"这些概念。"喀"（灵魂）是人人都有的，它随人的肉体同时出现，是人的存在最基本的条件，因为它要给"喀"赋予一个个体身份；在人的个体身份里，"巴"（即"性格"）也有可能自我展现。这就意味着有必要在人死后保存好尸体，以便"喀"与"巴"可能永远地存在。来世中的一切必需品，从食物和家具到消遣娱乐，全都与国王尸体一起放在墓穴中。

古埃及人设计了高大威严的皇家雕刻，以体现皇室的"灵魂"一定会持久永恒。在古埃及语里，"雕塑"和"生育"用同一个词表示。的确，葬礼用的雕塑与金字塔有同样的作用，即保存尸体和保证国王死后能继续存在，因而就能让他重生。用来雕刻葬礼石像的石头必须最硬，必须最能经受抗击，就如同灵魂一样经久不衰。不能用易碎的砂岩和石灰岩，所选材料必须是闪长岩、片岩、花岗岩，必须是能够承受高强度打磨的岩石，因为它们不易破碎，因而在雕刻的时候就能够做到精雕细琢。大多数埃及塑像都是从整块石头雕琢而成的，即便是那些刻画多个人物的雕塑也是如此，如发现于吉萨金字塔（图1.23）的孟卡拉和一个女人的雕像，这位女人可能是皇后，也或许是他的母亲，又或许是他的庇护女神。为了充分显示国王的右侧，艺术家把他右侧的边料切削后就形成了深空间，似乎就把国王从中解脱出来了一样。国王站着，两只脚一前一后，呈传统姿势，这是立式雕塑的传统表现手法。他没有行走，两只脚坚定地站在地上（所以他的左腿应该比右腿稍长一点儿）。他的背部紧紧地贴

新王国时期与变革

在整个中王国一直持续到新王国时期，埃及艺术家和宗教传统一直未曾有过变化。但到了第十八王朝末期，埃及经历了历史上少有的危机。公元前1535年，阿蒙霍特普三世（公元前1391—前1353在位）驾崩，由其子阿蒙霍特普四世（公元前1353—前1337）即位。

尽管以前历代法老可能把自己与单一的、以人形显现的神联系起来，但埃及宗教却信奉大量的神，即便是尼罗河也被奉为神灵。阿蒙霍特普四世废除了供奉诸神的万神庙，建立了只信奉和膜拜日轮"阿顿"太阳神的一神教。这种形式的一神论也称单一主（即信奉一个主神但又不否认他神的存在）。阿蒙霍特普四世建立的新宗教可能影响了希伯来人，因为犹太人逃荒到埃及时正值阿蒙霍特普四世统治时期。

阿蒙霍特普四世相信唯有太阳才是一切生命的造物主，他对太阳神"阿顿"如此虔诚以至于他把自己的名字改为"阿肯那顿"（Akhenaten意为"阿顿"光辉的灵魂），同时也将埃及的都城从底比斯迁到数千米以北的新城阿肯塔顿（Akhentaten）。他的举措不仅改变了埃及的宗教生活，而且也改变了政治和文化生活。在新都城，他主持对太阳神阿顿的崇拜，在开放式庭院内为阿顿建立了许多神庙，神庙的祭坛吸收着来自太阳的光芒。

为什么阿蒙霍特普四世，即阿肯那顿改变埃及传统的多神教而改信一神教呢？许多埃及学家认为这一转变一定与提高法老的王权有关。法老代表唯一的主神，由信奉传统诸神的祭司来掌控宗教权力的时代结束了。我们在前面讲过，法老传统上与太阳神拉有关。现在，拉以日轮阿顿的形式出现，拉是主神，体现了其他诸神所有的特点，因而使其他神都是多余的。照此类推，阿蒙霍特普四世即阿肯那顿现在是主祭司，其他的祭司也是多余的了。同时，为其他神灵而修建的庙宇也失去了昔日的地位与影响。这一宗教改革把祭司变成了唱反调的人。

新艺术：阿玛那风格　宗教方面的巨大变革对埃

图1.23　法老孟卡拉（迈斯伦那斯）和王后，中王国时期第四王朝，蒙卡拉在位时间为公元前2490—前2472年。发现于吉萨孟卡拉河谷神庙。材质为硬砂岩，尺寸：142厘米×57厘米×55厘米，总重：677千克，哈佛大学波士顿艺术博物馆藏。注意女性贴身的服装是透明的，表明那个时候的亚麻纺织技术已达到很高的程度。

在背后的石板上，但他似乎比陪伴他的那名女性从更深远的地方走来，就好像是在强调他的力量。尽管妇女的身材与国王几乎差不多大小，但她的步伐要小一些。她的手臂从他的背部环绕过来搂住他。这种姿势让我们想起了荷鲁斯保护法老哈夫拉，但也暗示着两人的感情。这件雕塑最终产生出来的效果就是坚固与统一，给人一种果断的感觉，这也正契合了雕塑本来的目的，那就是恒久。

及的视觉艺术产生了重大影响。以前，埃及的艺术发展平稳，因为它被看成神灵的礼物，完美而永恒。但是，现在其他神灵的完美受到质疑，艺术的原则需要重新审视。以前的艺术遵循传统的比例准则，如人们非常熟悉的法老和王后的姿势，现在取而代之的是现实主义，给人一种直接性甚至是一种亲密性的感觉。因此，阿肯那顿让艺术家以新都城命名的阿玛那（即阿肯塔顿）风格来刻画他。

例如，在都城的一幅小型浮雕上，阿肯那顿非常瘦削，上半身非常瘦弱、腹部隆起，肚皮耷拉在裙子上；他的脸长而窄，头骨很长；他很随意地坐着（图1.24）（有一种观点认为阿肯那顿患了马凡氏综合征，这是一种基因紊乱症，易导致骨骼变形）。对人物形象的这种表现手法与早期对法老们理想的艺术表现方式形成了强烈的对比。阿肯那顿怀抱着孩子，似乎刚刚亲吻过他，另外两个孩子和对面王后坐在一起，其中一个孩子转过头和妈妈说着话，另一个则摸着妈妈的脸颊。王后纳菲尔提提坐的位置只是稍稍低一点儿，似乎分享着丈夫的权位。阿玛那风格中，最明显的一个特征就是在装饰法老阿肯那顿的神庙内突显了王后纳菲尔提提。例如，在其中一个神庙内，她正在屠杀战俘，而这种形象以前只能在国王身上体现。通过突

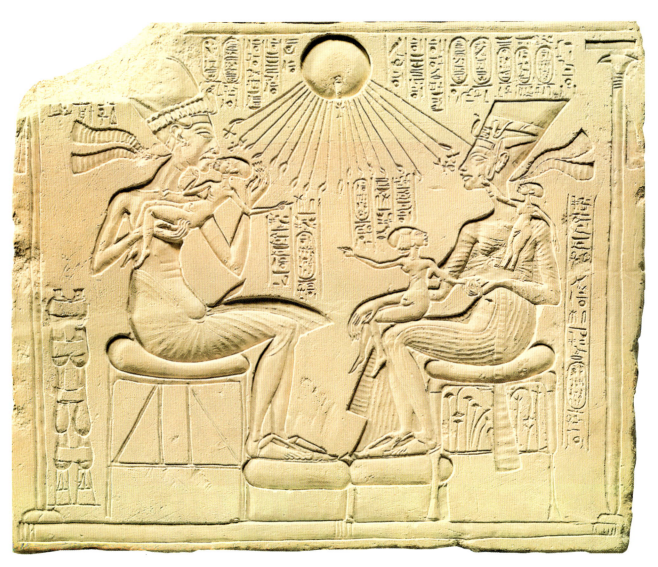

图 1.24　阿肯那顿和他的家人，发现于阿肯塔顿（今阿玛纳）。埃及第十八王朝时期，约公元前 1345 年。喷漆石灰岩浮雕，尺寸：32 厘米 ×38 厘米。开罗埃及博物馆藏。日轮阿顿的光和煦地照在国王阿肯那顿和王后纳菲尔提之间。

埃及人创造了一套文字符号，它与北方美索不达米亚平原的文字有很大区别。这就是象形文字（hieroglyphs），意为"神灵的书写"，该词源于希腊语 hieros，意为"神圣的"，gluphein 意为"刻印"。尽管在公元前 4000 年就开始出现象形文字，一直到公元 395 年埃及被拜占庭帝国征服的若干世纪内，这些符号由 700 多个增加到 5000 个左右，但这套交流的符号系统没有经历太大的变化。它包括三个符号：表意符号，即用程式化的图画表达事物，组合在一起就能表达某些意义；表音符号，即用来表达声音的象

形图；部首符号，即用来表明事物归类的符号。纳迈尔调色板就是那个时代已经发展起来的象形文字的一个例子。它主要由表意符号组成，尽管在顶端两边的中心部分纳迈尔的名字由表音符号表示。

调色板正面由两个狮子头缠结在一起所形成的圆圈就是用于调配颜料的碗，该调色板上反映的是庆祝纳迈尔在统一上埃及和下埃及的战斗中战胜敌人的场景。在纳迈尔统一埃及之前，上埃及和下埃及矛盾重重。因此，在调色板的正面，纳迈尔戴着红色的眼镜蛇王冠，而在调色板的背面，他戴的是白色的王冠。这反映了

顶端两边是戴着牛角的女神，这样的头饰表明人物的神圣性。后来，众神之母哈索尔拥有女性的一切特点，但这种早期的形象很有可能代表的是奶牛女神巴特。

权杖（狼牙棒）是国王杀死敌人的主要武器，这里的场景只是权力的象征而已。

与调色板另一端一样，此人提着国王的鞋，表明国王赤着脚站在神圣的地方，因而他的行为也是神圣的。

纳迈尔戴着上埃及的白冠，正在朵敌人的脑袋，此人很有可能代表的是下埃及。

鹰是荷鲁斯神的象征。国王象征人世间的荷鲁斯神。荷鲁斯有一只人形的手，抓住了连接象征被征服的土地和人民的绳子。

人头从长纸莎草花（象征下埃及）的地方长出来，每一朵花表示国王俘获的 1000 名战俘。

此处的象形文字表明了纳迈尔即将要砍杀的这个敌人的名字，否则，将无法识别这个敌人的身份。

底下的两个人是被战败的敌人。左边敌人的背后是设防城墙的俯视图；右边敌人的背后是瞪羚的陷阱。两者在一起表明了纳迈尔在城市和农村都获得了胜利。

纳迈尔调色板的反面，希拉康波利斯出土，埃及第一代王朝时期，约公元前 3000 年。片岩，高约 64 厘米。开罗埃及博物馆藏。

他有能力有责任调和对抗性的力量。

纳迈尔调色板并非为了实际用途而设计。相反，它是一个还愿的或者说是宗教仪式用的物品，是供奉给神庙里男神或女神的礼物。尽管埃及历史的开端以上埃及和下埃及统一为标志，但纳迈尔调色板记录的可能是也可能不是真实的历史事件。以后历代的法老们，尽管有可能根本就没有发动过类似的军事行动，几乎都无一例外地以同样的方式把自己表现为战胜敌人手执权杖的形象，甚至有可能到纳迈尔统治的时候，这些都已经变成程式化了的习俗，尽管史学家以纳迈尔的统治为埃及第一王朝的开端。刻画的这些场景无论具有什么象征意义，但埃及文化在后来的历史阶段中所遵循的绘画原则与风俗习惯在纳迈尔调色板上都已充分完整地展现了出来。

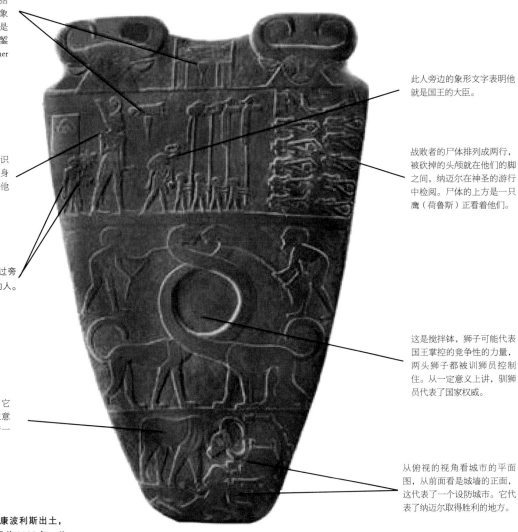

纳迈尔的象形符号有两例，包括一条鲶鱼和一把錾子。单个的象形符号是表意符号，但在此处是表音符号。鲶鱼的单词是 nar，錾子的单词是 mer，因而就有 narmer 一词。

不仅可以通过旁边的象形文字来识别纳迈尔的名字，也可通过他的身材来识别，国王的体形显然比其他任何一个人都要大。

在反面同样的位置上，可通过旁边的象形文字判断就是提鞋的人。

此处的公牛正在攻击受害者，它是国王力量和权力的象征。注意反面中迈纳尔的腰带上悬挂着一根牛尾巴。

此人旁边的象形文字表明他就是国王的大臣。

战败者的尸体排列成两行，被砍掉的头颅就在他们的脚之间，纳迈尔在神圣的游行中检阅。尸体的上方是一只鹰（荷鲁斯）正看着他们。

这是搅拌钵，狮子可能代表国王掌控的竞争性的力量，两头狮子都被训狮员控制住。从一定意义上讲，驯狮员代表了国家权威。

从俯视的视角看城市的平面图，从前面看是城墙的正面，这代表了一个设防城市。它代表了纳迈尔取得胜利的地方。

纳迈尔调色板的正面，希拉康波利斯出土，埃及第一代王朝时期，约公元前 3000 年。 片岩，高约 64 厘米。开罗埃及博物馆藏。

出王后的形象，阿肯那顿很有可能试图让人们尊重他的家庭，以此取代人们以前对传统的阿蒙－穆特－空恩苏家庭的尊重。

还都底比斯和回归传统 阿肯那顿的革命是短暂的。他死后不久，图坦卡顿（公元前1336—前1327年在位，此人很有可能就是阿肯那顿之子）继承王位，改名为图坦卡蒙，以示回归原有传统，信奉更多的神灵。新国王放弃了阿玛那，把王室迁到北方的孟菲斯，重新使底比斯成为宗教中心。但他英年早逝，被葬于尼罗河西岸底比斯附近，距哈特谢普苏特陵墓很远。

图坦卡蒙的陵墓是唯一逃过盗墓者劫掠的埃及皇家陵墓。霍华德·卡特和卡尔纳冯伯爵在"停灵庙"第二十代王朝法老拉美西斯四世的陵墓下面发现了他的陵墓。他们发现一个棺椁，一层包一层，总共三层的木椁（图1.25）。这些木棺又置于一个石英岩做成的石椁内，石椁由镀金的、盒子一样的神龛包裹着，也是一层裹一层，共四层。每层棺椁内所展现的国王形象非常刻板，让人回想起中王国时期的传统的埃及艺术。

精心设计的入葬程序不仅意味着让法老的灵魂（即"喀"）与肉体（即"巴"）得以永生，同时也为他准备了"最后的审判"，希伯来人的信仰里也有这一信念。仪式分两部分：首先神灵询问死者生前的行为，然后用鸵鸟的羽毛来称量死者的心脏，因为心脏是灵魂"喀"所在的地方，而鸵鸟的羽毛象征着真理、正义与秩序女神。埃及人认为心脏容纳了所有的情感、智力和人格等，因而它也就代表了一个人一生的善和恶。如果死者的心脏轻于羽毛的重量，那死者就会被

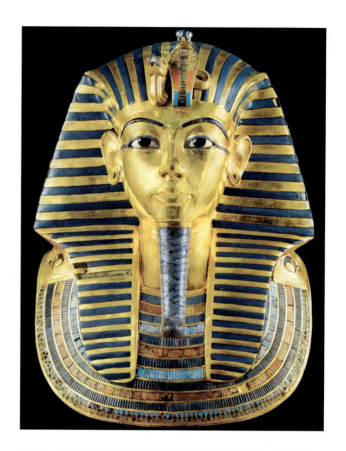

图1.25 第十八王朝之法老图坦卡蒙的丧葬面具。埃及第十八王朝时期，约公元前1327年。黄金，镶嵌有玻璃和较为贵重的宝石，高约54厘米。开罗埃及博物馆藏。死亡面具覆盖着木乃伊上半身，木乃伊由三层棺椁层层保护，最里面一层由纯金打造。

"最后审判"为不应继续存在而让阿米特的怪物食之。阿米特是邪恶的"饕餮死者"之神，它是一个长着鳄鱼头、狮子身和河马腿的怪物。地狱判官奥西里斯裹着木乃伊长袍，监督着最后的审判。在石椁内，图坦卡蒙被刻画成双臂交叉，一手执权杖，一手执冥界神鞭，其形象就是死神判官奥西里斯。

延续与变化　埃及与希腊雕塑

古风时期（约公元前600—前480年）的希腊雕塑因其风格与已有2000多年的埃及传统相关而闻名。在底比斯发现的公元前660年左右的雕塑蒙图厄姆黑特立式雕塑（图1.26）与在吉萨发现的中王国时期的雕塑（图1.23）几乎无异。图1.27的雕像是在雅典附近一处墓地发现的安那维索斯的青年男子立像，虽然它反映了自然主义表现手法的巨大进步，但它依然秉承了埃及雕塑的特点。更为明显的是，安那维索斯的青年男子立像雕成后的75年，《荷矛者》更加具有现实主义的表现手法。《荷矛者》（图1.28）是一尊罗马雕塑，它是按已失传的公元前5世纪时的一尊希腊铜像仿制而成的。尽管如此，我们依然认为它反映了原件的自然主义特征，因为原件的创作者波留克列特斯本人就因以自然主义来表现人体而著名。但是，具有雅典黄金时代特点的进步更多地反映了对自然主义的偏好。我们将在第2章看到，它也代表了对个人价值突显的文化敏感性，即我们重视共有的东西，共有的东西就会形成一种纽带，而正是这种纽带才创建了城邦国家，那样，我们每个人的贡献至少应该是等价的。到公元前5世纪时，希腊人明显意识到个人天才和成就可能是一个有关公民自豪感的问题。

图1.26　蒙图厄姆黑特，发现于底比斯卡纳克，约公元前660年。花岗岩，高137厘米。开罗埃及博物馆藏。

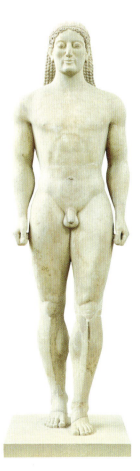

图1.27　青年立像，发现于雅典附近安那维索斯墓地，约公元前525年。大理石，残留有油漆，高193厘米。雅典国家考古博物馆藏。

图1.28　荷矛者，罗马人根据波留克列特斯于公元前450—前440年的青铜雕像复制而成。大理石，高198厘米。那不勒斯国立考古博物馆藏。

第2章 | 希腊世界

经典传统

公元前四五世纪时，雅典是希腊的中心。尽管仍以农村和农业为主，雅典已是 8000 个城邦中的一员。大大小小的城邦散布在希腊伯罗奔尼撒半岛、爱琴海诸岛，甚至远及地中海沿岸的意大利半岛和小亚细亚。事实上，由于各城邦彼此强烈的独立意识而相互孤立。希腊本土（即希腊在欧洲的大陆部分，不包括爱琴海诸岛）是一个崎岖的、多山的地区，各大山脉分割出了许多耕地。海洋也天然地将各个岛屿与希腊本土分离开来。在这种支离破碎的地理形态下，每个城邦都逐渐认为自己才是整个地区文化的中心。每个公民都必须对城邦效忠。他们依赖于军事并为城邦军队服役。最重要的是，他们是通过参与各自城邦的事务来声明其身份的。然而奇怪的是，他们仍然保持了作为希腊人的身份。

与大多数城邦一样，雅典城邦由两部分组成：一是市中心，尽管按现代标准来讲非常小；二是天然城堡，该城堡既可作为要塞，也可当作城邦的宗教中心（图2.1）。希腊人把这个要塞称为阿克罗波利斯（Acropolis，即"雅典卫城"），字面意思就是"最高的城市"。在地势低的一面，也就是卫城的脚下，是一片被称为"民众大会场"的开阔地，它既是公众集会场所，也是集市和市政中心。这个场所主要建筑特色是柱廊（图2.2），它是由一排排石柱廊支撑起来的连拱柱廊。尽管希腊人可以在里面购买到葡萄、无花果、鲜花以及

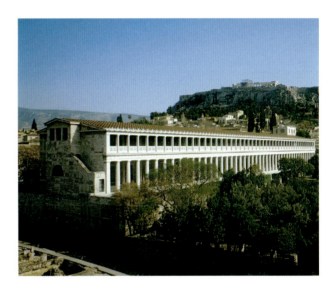

图 2.2　希腊雅典阿塔罗斯柱廊，公元前 150 年。这个柱廊重建于民众大会场东侧，仍然保留了传统形式。右边宽阔的公路就是雅典娜节日大道，它是节日庆典中仪仗列队通向远处雅典卫城的通道。民众大会场原址位于右侧更远的地方，俯瞰着雅典娜节日大道。

羊肉，但它远不止是一个购物中心。它是公民集会的场所，人们可以在此辩论时事、参与法律条款的讨论、解决争端和发表哲学演讲。总之，它是一个参与政治活动的地方。

古希腊的哲学家亚里士多德（公元前 384—前322）在其《政治学》一书中这样描述雅典城邦："一些村庄由于相互的合作伙伴关系最终组成了城邦，并且达到了完全的自给自足。因此，虽然它仅仅是因为生活而出现的事物，但是它的存在也是为了更好地生

◀ **图 2.1　希腊雅典卫城。重建于公元前 5 世纪下半叶。**公元前 479 年，波斯人蹂躏雅典之后，包括雅典卫城在内的整座城市不得不重建，这为希腊人提供了创造西方建筑史上一段不朽篇章的契机。

活。"按亚里士多德的理解，城邦的根本目的是防止灾难，保证全体人民都能过上繁荣昌盛的生活。亚里士多德在公元前 4 世纪的著作中回想起公元前 5 世纪时期的雅典，也就是所谓的黄金时代。在这一时期，亚里士多德追求一种他自称的幸福生活（eudaimonia，意即"美好、繁荣昌盛的生活"）。这种追求引发了一种令人惊叹的复杂多样的文化。这种幸福生活并不是简单的一种幸福或愉悦的存在，而是城邦创造了可供每个人追求"全面的卓越的精神活动"的条件。按照亚里士多德的说法，对"全面的卓越"的不断追求恰好就是黄金时代的雅典的一个鲜明特征。城邦产生的哲学思想极具洞察力且见解深刻，它提出的一系列问题，如个人自由与公民责任之间的关系、美的本质、自然世界与知识或精神领域和谐，以及得出的结论，主导了西方后来若干世纪的探究方向。

本章从最早的爱琴海前文学文化的根基——希腊人认为这正是他们伟大文化的起源——来追寻希腊文化崛起的足迹。经过黄金时期的发展，到公元前 5 世纪时，雅典一跃成为绝对的文化中心。然后，我们再追寻希腊文化对地中海东部各国及其更远地方文化的支配地位。直到公元前 1 世纪，罗马才挑战希腊文化在地中海盆地的中心地位。

爱琴海地区青铜时代的文化

位于地中海东部的爱琴海上镶嵌了许多岛屿。从公元前 3000 年开始，航海业文化就从这里兴起。岛屿一个紧挨着另一个，航海者在海上航行时总能见到陆地。在船员可以上岸的众多天然港口中，港口文化和港口贸易开始发展并日渐繁荣起来。

后来的希腊人把生活在青铜时代爱琴海地区的民族看成他们的祖先，特别是居住在基克拉迪群岛、克里特岛、迈锡尼以及伯罗奔尼撒半岛的人。他们把这些人的活动和文化视为他们自己史前时期的一部分。后来的希腊人甚至用 archaiologia（意为"了解过去"）

一词来专门指他们了解先祖的方式。他们不像我们现在以挖掘古代遗址并科学地分析出土的古器的方式进行考古。相反，他们从口头或文字记录的代代相传的传说故事来了解过去。有意思的是，现代的考古实践证明很多史实恰恰与古希腊的传说一致。

基克拉迪群岛

基克拉迪群岛由希腊本土与克里特岛之间爱琴海上的 100 多个小岛组成。它们大致呈环形分布，因而得名 kyklos，在希腊语中意为"圆圈"。尽管考古学家已经在山坡墓室以及周边发现了大量的艺术品，但没有发现有关早期基克拉迪人类活动的书面记载。最有名气的当属那些极具简约、抽象风格的大理石雕像，这些雕像也很符合现代的审美眼光（图 2.3）。由于这些基克拉迪群岛雕像被喷过漆，所以看起来很不相

图 2.3 基克拉迪小型人像。约公元前 2500 年。大理石，高 40 厘米。雅典基克拉迪艺术博物馆藏。尼古拉斯·P. 古兰德里斯第 206 号藏品。类似的大件作品可能是作为家庭祭拜用。

同。大多数雕像刻画的是女性风采，但是也有男性的人物雕像，包括坐着的竖琴师和杂技演员。这些雕像的高度从几厘米到真人大小不等，但从解剖学上讲，所有塑像的结构比例精确到极致。他们的脚趾朝下，头向后倾，双臂交叉抱于胸前，完全伸展开的雕像看起来就像死尸一样。这些雕像的用途尚不得知，但是一些学者认为他们是家庭祭拜用的，之后成为主人的陪葬品。

大约公元前2200年，基克拉迪群岛与南部较大的克里特岛有贸易往来，贸易使它进入了克里特岛的政治轨道，也彻底改变了基克拉迪人的生活。这种影响的证据充分体现在这里的壁画中。例如，《舟行图》即一组舟行图壁画，它被绘在至少是三面墙壁的顶端，形成了一条饰带，展现了举行海上庆典活动的繁荣的航海社会（图2.4）。人们懒洋洋地站在阳台和屋顶上，船只穿梭往来，海豚从海面跃起。这幅画于1967年在锡拉岛（现在我们所知的圣托里尼）阿克罗蒂里被发现。1000年来，阿克罗蒂里一直被埋在史上最大的一次火山爆发所喷出的火山灰之下。大约29立方千米的岩浆喷涌而出，在火山爆发后第一阶段所形成的火山灰云就达到了37千米的高度。巨大的火山喷发致使锡拉岛中心的火山崩塌，形成了一个形如盆地或洼地的充满海水的破火山口。现在的锡拉岛实际上是原来那座火山的东部边缘（锡拉岛月牙海中心的那些小火山如今依然很活跃）。

火山喷发的影响是如此巨大以至于它在全世界都留下了痕迹，在远至爱尔兰以及加利福尼亚发育不良的大树的年轮里，在格陵兰岛的冰芯样中取出的灰烬

里均发现了这次火山喷发的证据。通过这些证据，科学家推算出火山喷发是在公元前1623年。火山灰下依然保留了阿克罗蒂里这座城市。在这座城市里，居民家庭不仅装饰精美，而且个人卫生和公共卫生系统相当发达。居民家庭的墙壁上有《舟行图》，它是用水性颜料在石膏上作的画，被绘在至少三面墙壁的顶端，形成了一条饰带，这幅画表明当时的航海业非常发达。个人卫生和公共卫生系统在罗马时代以前的西方文化中鲜为人知：陶管蜿蜒曲折地从室内厕所以及浴室引到下水道，被铺在街道下面。他们用秸秆使他们修的房子的墙壁更加牢固，以防地震，同时免受地中海的酷热。

克里特岛的米诺斯文化

基克拉迪群岛南端坐落着爱琴海上最大的岛屿——克里特岛。早在公元前3000年，青铜时代文明就已经在那里兴盛起来了。从克里特岛出发的贸易航线建立了与不同地区的联系，如土耳其、塞浦路斯、埃及、阿富汗以及斯堪的纳维亚，克里特岛从上述地区进口铜、象牙、紫水晶、青金石、玛瑙、黄金及琥珀。克里特岛人从不列颠进口生产青铜器所必需的锡。从约公元前1900—前1375年，一种被称为米诺斯的独特文化在克里特岛繁盛起来。此名源于传说中的国王米诺斯，据说他曾经统治过该岛的古都克诺索斯。

在基克拉迪群岛，许多阿克罗蒂里壁画所反映的主题也出现在装饰克里特岛米诺斯宫殿（包括克诺索斯宫殿）的艺术作品上。种种迹象表明从公元前20世纪起，基克拉迪文化和米诺斯文化就相互影响了。然

图2.4 舟行图壁画，锡拉岛阿克罗蒂里西厢五号房，公元前1623年之前。高40厘米。雅典国家考古博物馆藏。壁画总长度超过7米。这样的港口为早在公元前3000年就穿梭于爱琴海岛屿之间的贸易商提供了避风港。

而克里特岛独特之处在于突显公牛，这是克诺索斯保存最为完好的壁画——斗牛士壁画（图2.5）——中的中心元素。三个几乎裸体的人物看起来像在戏耍正在发动进攻的公牛（与埃及的文化艺术一样，女性总被描绘为淡淡的肤色，而男性则为更深的肤色）。左边的女人抓住公牛的两只角，中间的男人跃到牛背上，右边的女人似乎也刚刚完成一个跳跃并且站定准备接住那个男人。目前，还不清楚这是否是一个仪式活动，或许只是仪式的一部分。我们所知道的是米诺斯文化通常以公牛和其他动物作祭品，并且公牛是男性生殖能力与力量的象征。

女神 锡拉岛人和克里特岛人似乎有共同宗教信仰和共同的艺术主题。充分的考古证据告诉我们，克里特岛的米诺斯人崇拜女神。对这些我们了解得还不是很多，但是一些研究古老宗教的学者认为，米诺斯人崇拜多个女神表明，在早期的文化中主神是女神而不是男神。

长期以来，人们一直认为米诺斯的女神之一是女蛇神，但是，近来学者们已经开始对大部分现存的女蛇神的真实性表示质疑。第一个发掘克里特岛的米诺斯宫殿的阿瑟·埃文斯爵士（1851—1941）证实，克

里特岛的女神像有"山女神""蛇女神""和平女神""洞穴女神""双斧女神""运动女神""母亲女神"。埃文斯认为，这些女神是同一女神或"伟大女神"不同侧面的反映。阿瑟·埃文斯是20世纪初第一位主要负责发掘克里特岛古迹的考古学家。在他提出玩蛇女郎（图2.6）说法之后的一个世纪里，学者们对其真实性仍然争论不休。肯尼斯·莱普顿在他的著作《玩蛇女郎》中举了一个相当有说服力的事例证明埃文斯雇用能工巧匠制作了一批赝品。他认为雕塑的身子是真正的古董，但是，我们看到的这个形状实际是埃文斯雇用的修复者根据自己的想象虚构出来的。雕塑出土的时候有大部分已经残缺，所以埃文斯雇的工匠就制作了新的部分并黏合在原件上。女神右手上的蛇少了一个头，这也给它是否是蛇留下了一个疑问。女神大部分左臂，包括她手中的蛇本来都是残缺的，是后来工匠虚构的。

当这尊雕像被发现的时候就头部残缺，这尊雕像完全是虚构出来的。尽管女神像头部的猫是原有的，但发现时没有与身子连在一起。莱普顿认为，埃文斯为了急于提出米诺斯宗教崇拜的是伟大女神这一理论，从来就没有质疑过塑像是如何复制出来的。有意思的

图2.5 跃起的公牛（斗牛士壁画），出于克里特岛的克诺索斯宫殿建筑群，约公元前1450—前1375年。壁画，高约62厘米。伊雷克利翁（Iráklion）考古博物馆藏。壁画颜色较暗的部分是原始的部分，颜色较淡的区域是现代修复部分。

图2.6 玩蛇女郎（祭司），出于克里特岛克诺索斯宫殿，约公元前1500年。彩陶，高30厘米。伊雷克利翁考古博物馆藏。彩陶是一种上了釉的陶器。近代彩陶色调普遍比古代的浅，因此很容易将两者区别开来。

是，玩蛇女郎的身份同塑像本身一样也受到了质疑。我们甚至连米诺斯文明的主神是否是女神都无法确信，更别说她是玩蛇女郎了。现存的克里特壁画、玉雕或者印章里，关于刻画玩蛇女郎像的所有雕塑，几乎都是根据想象而重塑的。

虽然如此，克里特的女神们也有可能是与植物崇拜和生育力紧密联系在一起的，而蛇具有重生和繁殖这两种普遍的象征意义。我们确实知道米诺斯人在山顶拜神，这与孕育生命的雨水是紧密相连的；他们也在深洞里拜神，山洞具有子宫这一特殊的象征意义，也具有起源这一普遍的象征意义。而在早期的文化中，地球本身的变化——山川和峡谷、洞穴和河床——都曾经而且当前仍然与女性身体的曲线以及外阴生殖器紧密联系在一起。但是，在米诺斯早期文字被破译之前，米诺斯宗教的确切本质将一直是一个谜。

米诺斯宫殿　玩蛇女郎与其他一些祭祀物品一同被发现于克诺索斯的米诺斯宫殿中的储藏室里。当埃文斯发现这座宫殿的时候，这个宫殿极其庞大，占地约2万平方米。原址上有两个宫殿：一个是可追溯至公元前1900年的"老宫殿"；另一个是公元前1750年大地震后在原有宫殿的废墟上建的"新宫殿"。这个"新宫殿"是埃文斯关注的重点。

复原图清晰地表明，克诺索斯的宫殿被松散地规划在一个中央开放式庭院周围（图2.7）。从庭院向四周辐射开来的是走廊、楼梯和廊道，它们把居住区、祭祀区、浴室和行政办公区连接起来。宫殿建筑群外有作坊环绕，巨大的储藏室可以为宫殿以及周围村庄的人提供所需。仅在一个储藏室，发掘人员就发现了许多陶罐，这些陶罐足以盛满91立方米的橄榄油。

宫殿内有成百上千的木柱。如今，幸存下来的只有一些残片，但从绘画和陶器房模型中，我们可以知道它们大致的模样。埃文斯用水泥复原了西柱廊和大楼梯（图2.8）。这些柱子的原件是用克里特岛的大树制作的，建造者们将砍伐的树木倒置过来，因而木柱

图2.7 克里特岛克诺索斯新宫殿建筑群的复原平面规划图。建筑群的迷宫式布局非常明显。

图2.8 克里特克诺索斯宫殿建筑群东侧壮丽的大楼梯，约公元前1500年。原为大圆木所建，本图中的大楼梯是阿瑟·埃文斯用水泥复原的模型。楼梯用作采光孔，通过大楼梯可上下这座宫殿的五层楼。

的顶部就比底部宽。木柱上喷了鲜红色的漆，顶上有黑色的柱头，柱头上有一些雕刻。柱头的形状像枕头或垫子（事实上，它们的形状与常青树的根球很类似，仿佛原来的设计就是为了暗示倒在暴风雨中的树）。时光荏苒，木柱腐烂了，也许在地震中被损毁，也许被侵略者烧毁，它们变得越来越难以修复，因为米诺斯的建造者们已经毁尽了岛上的树木。这也许是大约公元前1450年某个时候该宫殿建筑群被遗弃的原因之一。

双斧图像装饰在宫殿各处，甚至在古希腊时期，米诺斯宫殿就以双斧宫著称。事实上，古希腊表示宫殿的单词是labyrinth，来自labrys，即"双斧"的意思。后来，古希腊人渐渐地把双斧宫与不规则的复杂布局联系起来，labyrinth最终就成了"迷宫"之意。

米诺斯与弥诺陶洛斯的传说 希腊人通过一个神奇的传说巩固了迷宫一词的含义。米诺斯国王夸口说神灵会赐予他希望得到的任何东西。因此，他祈祷如果从海里出现一头公牛，他就将其献祭给海神波塞冬。而之后的确就有一头白色公牛在海里出现了，但是，它看起来太漂亮了，以至于米诺斯决定留下它，而他从自己的牛群中另选了一头代替打算给海神的祭品。他的行为惹恼了海神波塞冬，因此，海神决定报复。他让米诺斯的皇后帕西法耶爱上了那头牛。为了满足她的情欲，她让米诺斯的工匠代达罗斯建造了一头腹中被掏空的木制母牛，她可以钻进去吸引那头公牛。他俩结合生下了一个可怕的半牛半人怪：弥诺陶洛斯。

为了满足这个怪物对人肉的嗜好，米诺斯命令他统治的雅典城每年选送14个青年男女作为祭品。雅典国王埃勾斯的儿子忒修斯发誓要杀掉弥诺陶洛斯。当他与其他13个年轻人一起扬帆到克里特岛的时候，他向他父亲许诺他会乘着白帆船（黑帆代表罹难）回来宣告他的胜利。在克里特岛，忒修斯勾引了米诺斯的女儿阿里阿德涅。因为希望能够助忒修斯一臂之力，阿里阿德涅给了他一把可以杀死弥诺陶洛斯的剑，一根可以引导他走出弥诺陶洛斯迷宫的纺锤轴。胜利后的忒修斯带着阿里阿德涅驾船返航，但在半路上将她抛弃在纳克索斯岛。酒神狄奥尼索斯在岛上发现了她并让她做了他的皇后。忒修斯驾船进入了雅典港口，竟忘记了升起白帆，也有可能他是故意的。他的父亲，国王埃勾斯（Aegeus）看到船上依然是黑帆，就投海自尽了，从那时起，这片海也因此以他的名字命名为爱琴海（Aegean）。忒修斯理所当然地成为国王。

这个故事是一个关于创世或起源的神话，就像祖尼人的"世源传说"（阅读材料1.1）或者希伯来亚当和夏娃的故事一样。但有一点与它们明显不同：它并不讲述人类的起源，而是讲述文化的起源。这正是古希腊雅典人了解过去的方式，即我们之前所说的考古法（archaiologia）。迷宫的传说向后来的希腊人解释了文化的起源之地和起源方式。它正确地暗示了与克里特岛的紧密联系，也强调了希腊从神奇的克里特岛获得了文化的独立性，还讲述了希腊民族性格的形成，因为到公元前5世纪时，忒修斯成了民族英雄。无数伟大的古希腊悲剧是这样描述忒修斯的：足智多谋、雄心勃勃、勇敢无畏。没有什么能阻止他要做的事。如果他根本就不受人尊敬的话，古希腊人就会认为是神而不是他具有那些可贵的行为。不过，他完全不是什么理想化了的或赋予了神的特征的人物，几乎可以这样说，他就是一个彻彻底底的人。

正是这种对希腊文化起源的探究才使得阿瑟·埃文斯爵士发现了克里特岛的米诺斯宫殿。他肯定了弥诺陶洛斯传说的"真实性"。即使那儿没有真正的怪物，也肯定有迷宫，并且宫殿本身就是迷宫。

希腊本土上的迈锡尼文化

约公元前1450年，当米诺斯人放弃了克诺索斯宫殿，来自希腊本土的迈锡尼文明的勇士们迅速地占领了克里特岛。在前面我们已经讲过，克诺索斯被遗弃的原因是岛上森林被毁。另一种观点认为，在锡拉岛火山喷发之后，米诺斯文化被严重地削弱了，很容易遭受外敌入侵或者内乱。还有一种说法是，迈锡尼军队横扫了这座岛，迈锡尼人当然对南端与他们隔爱琴海相望的仅距148千米的米诺斯文化相当熟悉。

米诺斯的金属制品受到希腊本土的珍视。19世纪，在伯罗奔尼撒半岛斯巴达南部的瓦菲俄墓穴中发现一只金杯，我们称它为瓦菲俄金杯（图2.9），它本是两件套中的一个，品质非常精良。这只金杯采用的是凸文工艺。这种技术需要工匠从内部锤出图案样式。图案描绘了橄榄林里男人用绳索套住公牛后腿并将之捕获的情形。公牛主题是经典的米诺斯文化特征。然而，除此以外，迈锡尼人与米诺斯人并没有更多的不同。

图2.9　瓦菲俄金杯，出土于希腊斯巴达南部的瓦菲俄墓，约公元前1650—前1450年。黄金制品，高9厘米。伊雷克利翁国家考古博物馆藏。多个世纪以来，迈锡尼侵略者把克里特岛作为活动的根据地，可能就是在克里特岛窃取了此杯。

米诺斯的城镇没有要塞，艺术作品中没有战争场景，而迈锡尼人居住在山顶上，周围是要塞，战争与狩猎的场景在他们的艺术中占主要地位。米诺斯的文化趋于和平，而好战的迈锡尼人则是剑下生、剑下死。

19世纪晚期，在阿瑟·埃文斯爵士发现克诺索斯之前，德国的考古学家海因里希·施里曼（1822—1890）发现了迈锡尼古城，迈锡尼文化也因此而得名。古城城堡俯瞰着通向大海的广阔平原。城墙有6米厚、15米高，由一种被称为蛮石圬工（cyclopean masonry）的技术开凿出来的巨石砌成的，希腊人认为唯有西克洛（Cyclopes）这样的怪物才搬得动这么大的石料。来访者通过巨大的狮子门进入城内，狮子门外是一条陡峭的路，通向山下的河谷（图2.10）。矗立在大门门梁上的母狮约2.7米高。残缺的头原来可能是面向来访者的，像是在辟邪或者让来访者谦卑一些。狮头与狮身可能取自不同的石料，也或许是在后来被入侵者当作战利品掠走了。一条长长的石板路从大门外蜿蜒曲折地通向山顶上的城堡。国王的宫殿就在城堡上，可以俯瞰一切。

迈锡尼是希腊本土仅有的几个建有要塞的城邦之一，到公元前1500年时，这些城邦一片繁荣景象。迈锡尼文化是古希腊文化的先驱，具有封建本质。这种封建本质仅从政体而言，是一种通过效忠的关系把统治者与依赖统治者保护的人们结合在一起的政治组织体系。国王不仅统治着城市，也治理着周围的农村。商人、农民和手工业者都把他们的衣食归功于国王，为了得到国王的庇护，他们得纳高额的赋税。有权势的国王，就以迈锡尼历代国王为例，也很期待能得到他管辖的其他城市和贵族们的忠诚（和财政支持）。税吏、公务员和军事人员组成的一个庞大官僚机构保证了国家持续的繁荣。与米诺斯人一样，他们也从事贸易，特别是经营买卖制作青铜器所必需的铜和锡。

封建体系使迈锡尼的国王聚敛了巨额财富，施里曼的发掘也证实了这一点。他发现了英雄们在死后戴着金、银面具（图2.11），镶嵌着皇家猎狮场景的刀剑和匕首。他还发现了雕刻精美的象牙和河马牙，这

图 2.10　狮子门，希腊迈锡尼，约公元前 1300 年。石灰石浮雕，面板高约 290 厘米。雌狮被刻在三角形的石板内，减轻了门梁对整个狮子门的质量。残缺的狮头最初是用暗销连接的方法与狮身合为一体的，但目前下落不明。

些表明贸易不限于迈锡尼管辖的范围之内，还远及非洲。迈锡尼人似乎很好战，他们占领克里特岛的目的就是想控制通过该地区的贸易航线。

图 2.11　丧葬面具（阿伽门农面具），出土于迈锡尼 A 号圆形墓穴，约公元前 1600—前 1550 年。黄金制品，高约 31 厘米。雅典国家考古博物馆藏。施里曼发现这个面具的时候，认为它是国王阿伽门农死后所戴的面具，但它比特洛伊战争所发生的时间还要早约 300 年。近年来，有学者认为施里曼为了使面具更具有英雄形象，就给面具增加了八字胡和大耳朵。

荷马史诗

　　约公元前 800 年，古希腊人开始用文字把他们以往代代口口相传的故事记录下来，这也就是他们的考古学。其中一些最重要的故事由历史上被称为荷马的作家所著。荷马极有可能是一位吟游诗人，吟唱英雄和神灵的颂歌。他的故事是长期以来口头传诵的故事的一部分，这些故事可追溯至特洛伊战争时期，一般认为特洛伊战争发生在公元前 1800—前 1300 年。荷马根据流传下来的口头材料创作出了两部伟大的史诗《伊利亚特》和《奥德赛》。前者叙述了长达十年的特洛伊战争的一段经历。根据荷马的叙述，希腊人在迈锡尼国王阿伽门农的带领下，组成一支庞大的舰队，准备夺回他的哥哥也就是斯巴达国王墨涅拉俄斯的妻子海伦，她与特洛伊国王普里阿摩斯的儿子帕留斯一起私奔了。《奥德赛》叙述了古希腊领袖奥德修斯（又叫尤利修斯）在攻陷特洛伊战后归国途中十年漂泊的故事。

　　在海因里希·施里曼于 19 世纪 70 年代在土耳其西北部希沙立克附近的多层遗址中发现了真实的特洛伊遗址之前，大多数历史学家还都认为这些荷马史诗纯粹虚构。荷马史诗中的特洛伊被发现于第六层（施里曼还认为，他发现有很多宝藏的迈锡尼墓穴，就属于阿伽门农和他的王室。但是，现在的碳测定技术已经排除了这种可能性）。很快，人们认为，即使《伊利亚特》不是历史权威，也头戴历史事实的光环。

公元前6世纪的雅典，根据法令，每隔四年，人们都要丝毫不差地将《伊利亚特》背诵一遍。到公元前四五世纪时，在古希腊流传着许多抄写本。公元前4世纪末，在埃及的亚历山大城，抄写员们把它抄写在莎草纸卷轴上，他们把整个卷轴分成24个易于管理的单元，也就是我们今天提到的诗卷。

荷马史诗的影响力巨大，其创作标准被人们视为史诗创作的惯例，在后来的几个世纪一直被仿效。例如，诗歌一开始就直奔主题（拉丁语 in medias res，意即"在中间"）的方法。也就是诗歌一开始就要引人思考，就要陈述诗歌的主题。

《伊利亚特》只讲述了特洛伊战争的一个小片段。约公元前1200年，迈锡尼国王阿伽门农联合其他城邦发动对特洛伊的攻击。史诗一开始叙述的就是战争进程中的事件，叙述了大家熟知的"阿喀琉斯的愤怒"，这一短语就出自史诗的第一句"阿喀琉斯的愤怒是我的主题"。希腊军队在特洛伊平原上安营扎寨后，阿伽门农被迫放弃他在一次战斗中俘获的姑娘（太阳神阿波罗祭司的女儿），但是他夺走了分配给阿喀琉斯的战利品，即美丽的布里塞伊丝作为补偿。阿喀琉斯，这位最伟大的希腊勇士非常愤慨，虽然他抑制住了杀死阿伽门农的怒火，却退出了战争。他知道，没有他的希腊军队无法取胜，一怒之下，他认为希腊人应该遭受惩罚。于是，特洛伊伟大的王子赫克托很快就把希腊人驱回船上。阿伽门农派遣使节给阿喀琉斯送去礼物并请求他重新参战。阿喀琉斯拒绝了："他的礼物！我讨厌他的礼物……我不会为那家伙给你一草一木！即使他给我十倍、二十倍甚至更多。"战争继续，形势于希腊人极度不利。阿喀琉斯起了恻隐之心，允许他好友（也有恋人一说）普特洛克勒斯披上他的盔甲去吓破敌胆。在他的带领下，亚该亚人（Achaeans，荷马史诗中对希腊人的称呼）击退了特洛伊人。

史诗最显著的特点就是荷马自始至终对战争现实的描绘，不仅有战争的怯懦、恐慌和残暴，而且有扣人心弦的吸引力。在这个竞技场上，希腊士兵能够体现出希腊文化最重要的价值之一，即 areté，通常被翻译为"美德"，但是实际上这个词的意思更接近于"尽最大努力做最好的你"或者"激发人类最大的潜能"。荷马用这个词来描述希腊和特洛伊的英雄们，不仅指他们的英勇，而且指对战争的决定作用。

公元前6世纪，博特金·克拉斯双耳瓶上的彩绘体现了 areté 的概念，这种双耳瓶是一种陶罐，瓶身似鸡蛋，有双耳，用作储存油或酒（图2.12）。有两位武士，一人执剑，一人执矛，坚定不移地誓与对方战斗到底。荷马在《伊利亚特》描述了这样的两个武士，毫不退让，如同"享受战斗的喜悦"。他们喜悦是因为他们发现此情此景正好可以体现他们的 areté。在《伊利亚特》第24卷最后一节的一段诗行中表现了战争和史诗的另一面，即同情与人性，这是荷马史诗的显著特征（阅读材料2.1）。特洛伊国王的儿子赫克托在阿波罗神的帮助下打败了普特洛克勒斯。听到这个消息，

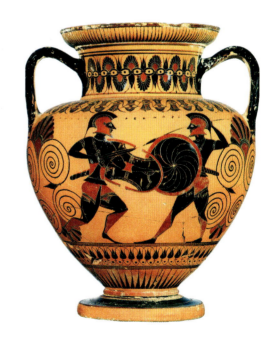

图2.12　黑绘风格陶罐，双耳瓶，约公元前540—前530年古风时期。希腊雅典阿提卡。陶瓷，黑色图案，高29厘米，直径24厘米。波士顿美术博物馆藏，亨利·莉莉·皮尔斯基金，98.923。瓶身上两个全副武装的勇士在搏击。

阿喀琉斯大为惊骇，于是重新投入战斗。直到这时，他对阿伽门农抢夺他女俘所遭受的侮辱仍然有一肚子的怨气，他已退出战争，拒绝展示他自己的 *areté*。他把对阿伽门农的怒火转移到了特洛伊勇士赫克托的身上，他去找赫克托算账，并杀掉了他。他把赫克托的尸体捆绑到战车上，然后拖回帐篷。这种行为纯粹是对特洛伊勇士尊严的亵渎。那个深夜，特洛伊的国王普里阿摩斯偷偷地越过敌军界线到了阿喀琉斯的帐篷，乞求带回他儿子的尸体。

阅读材料 2.1

荷马史诗，《伊利亚特》第24卷选段（约公元前750年）

"想一想你的父亲，神一样的阿喀琉斯，
他和我一样年迈，跨越苍黄的门槛，痛苦的暮年！
周围的同胞必然对他骚扰窘迫，
没有人挺身而出保卫他，使他免于灾难。
绝对没有人。然而，当他听说你还活在人间的消息，
心中会荡起喜悦的波澜，心日渐升起希望，
盼望心爱的儿子从特洛伊乘船返回家乡。
至于我，亲爱的神，我被诅咒的命运……
我在辽阔的特洛伊王国将每个儿子培养成英雄
我告诉你，我现在一个儿子都没有了。
当亚该亚入侵此地时，我有了五十个儿子，
十九个是同一个母亲生的，
其余的是宫殿其他女人们生的，
他们的大多数都被凶猛阿瑞斯战神砍掉了膝盖。
但有一个幸存下来，他守护我的城墙，我的子民，
保卫他的祖国——而那天你杀死了他，
我的赫克托！我现在来到船上是为了
要把他的尸体赎回去，我带了无法估价的赎金。
敬畏神明，阿喀琉斯！怜悯我这个老头，
想想你自己的父亲！我应得更多的同情……
我忍受了世间凡人从未做过的事，
用我的嘴唇亲吻杀我儿子的人的双手。"

老国王一番诉说，在阿喀琉斯心里催发了
对父亲的悲伤之情。他握住老人的手，
又轻轻地把他推开。往事不堪回首，
两人都很悲恸。普里阿摩斯为了杀人的赫克托而
痛哭流涕，心头阵阵惨痛，蜷缩在
阿喀琉斯的脚前，阿喀琉斯也痛哭着，
为了他的父亲，也再次为了普特洛克勒斯，
悲戚的哭声在营棚里起伏回转……

阿喀琉斯叫来了女仆，
"沐浴他的尸体，再施涂油礼——
先把他放到一边，不要让普里阿摩斯看见自己的儿子"
他担心，普里阿摩斯一看见自己的儿子
会悲恸欲绝，他的怒火会爆发，
那样的话，阿喀琉斯也会重新燃起怒火而
砍死这位老人，破坏宙斯的法律。
当女仆给赫克托沐浴之后涂抹上
橄榄油使他的尸体光洁，再把他
用编织的战服和帅气的斗篷包裹起来，
阿喀琉斯双手将赫克托举起来
把他放到一个棺里，他的战友帮他
将装尸体的棺材放在一辆四轮马车上……
一声叹息，他呼唤着他亲爱的朋友的名字：
"普特洛克勒斯，别再生我的气了，如果你听说，
死亡鬼屋，我会让他父亲
将王子赫克托接回去。他给了我相当可观的赎金，
你也会分得一份，与以往一样，
你的那一份，不菲的一份。"

荷马清晰地意识到，这些战士拥有超越凡人的能力，不仅能取得超凡的军事成就，而且能上升到慈悲情怀、高尚品德和荣耀至上的境界。人类精神具有双重性，既是残酷的，也是仁慈的；既是盲目的，也是睿智的。或许正是对人类精神这种双重性的探索，才能更好地定义荷马史诗的震撼力与远见之明。

荷马的另一部史诗《奥德赛》叙述的是奥德修斯国王在攻陷特洛伊后，归国途中十年漂泊的故事。奥德修斯国王在途中遇到过怪兽、巨人和性感的妖妇。他不仅被迫在一个漂浮的海岛上度过一段日子，还在一个地狱似的地方逗留了数日。但是，这部史诗的主题反映的是奥德修斯国王希望再见到妻子珀涅罗珀的强烈愿望和妻子对他的忠诚。《伊利亚特》体现的是愤怒和渴求，从阿喀琉斯的愤懑不平到海伦的变化无常；《奥德赛》体现的是爱情和家庭情感。珀涅罗珀被赋予了美德 *areté*，因为丈夫奥德修斯国王离开后的二十年里，许多人劝她说奥德修斯永远也不会回来了，企图娶她的人也络绎不绝，但是，她用尽计谋巧妙地避开了这些求婚者。

在后来的希腊文化中，《伊利亚特》和《奥德赛》为希腊教育奠定了基础。每个学童都必须将这两部史诗牢记于心。它们是希腊人了解历史的最重要的途径。通过了解历史，希腊人也认识了自己。这两部史诗体现了以前所谓的希腊文化，即在所有国家中成就卓越地位的愿望，这一点与纯粹的个人美德完全相对。但在界定广义的文化野心中，《伊利亚特》和《奥德赛》展示了个人价值和责任感。如果国家要实现其目标，希腊人懂得必须把个人价值和责任感理解为自己的使命和义务。

希腊城邦的兴起

希腊城邦兴起于荷马时代之前的公元前9世纪。殖民者从希腊本土的城市扬帆起航，打算另建新的定居点。最终，多达1500个希腊城邦散布在从西班牙、意大利到克里米亚的地中海周围和黑海地区（图2.13）。自迈锡尼于约公元前1100年衰落后，即特洛伊战争后的约100年里，希腊经历了一段较长时期的文化衰退。很多人称这段时期为希腊黑暗时代。希腊神话这样描述：来自北方的多利安部落蹂躏了希腊本土和伯罗奔尼撒半岛。

有史证表明，多利安人拥有铁质武器，轻易地打败了铜制装甲的希腊人。那时候的希腊人散漫而无秩序，他们似乎已经忘记了希腊文化的基本思想，读写也毫无用武之地。在很大程度上，希腊人居住在经常交战的农村地区。尽管这些条件于艺术和建筑发展不利，希腊人还是未被外族同化而保持了自己的民族身份，甚至还保留了希腊文化遗产的某些思想。

希腊的各个地区逐渐自发组织起来，利用山脉、河流和平原等自然边界所形成的有限地域内行使权力。即使在最大的群体组织里，人们主要从事农业，农业价值观——脚踏实地、辛勤劳作、自力更生的生活占据着主导地位。活跃于约公元前800年的希腊诗人赫西奥德创作了一首伟大的田园诗《工作与时日》就证实了一点。《工作与时日》作于底比斯城邦统治下的比奥西亚，几乎与荷马史诗同期创作。赫西奥德不仅让我们清晰地看到了希腊农业生产过程中的细节，也让我们了解了当时详细的社会情况。他提到，所有的地主都拥有奴隶（往往是战俘），奴隶人数占据了人口总数的一半以上。他也提到了众神之王、天之主宙斯和农业与谷物女神得墨忒耳，要博得众神的欢心就必须勤劳地工作。实际上，是赫西奥德第一次在他

图2.13　赫拉神庙I号（左），约公元前560年；右为赫拉神庙II号（右），约公元前460年。保存最为完好的两座希腊神庙，位于意大利那不勒斯南部的帕埃斯图姆，希腊人根据海神波塞冬的名字将此地命名为波塞冬尼亚。

的《神谱》(《众神的起源》)中详细述说了希腊的万神殿(字面意义即"众神")。

希腊诸神

希腊人的宗教信仰几乎渗透了日常生活的方方面面。每个个体从出生就一直被众神守护着。众神们养育着每个家庭,保卫着整个城邦。天气变化、季节更替、生老病死、婚姻前程都由他们掌控,他们具备预知未来的能力。每个城邦都可将其起源追溯到某位创始神,如雅典娜女神创建了雅典,宙斯神创建了斯巴达。庄严的神殿就是为诸神而建的。

希腊人认为,有12位主神住在希腊东北部的奥林匹亚山上。各位主神用非常人性化的方式治理希腊人。他们也会争吵,也会多管闲事。他们感受过爱情的甜蜜,也体验过失去的痛苦。他们有时候大义凛然,有时候也难免落入俗套。希腊人用人性的方式描述着这些主神。除了巨大的、让人感到恐惧的神力外,他们似乎也没有什么特别之处。但是,希腊人认为,只要他们不逾越应守的规矩,不抵触诸神的骄傲自大,众神一定会保护他们的。

以下介绍这些主神(括号中显示的是后来的罗马名):

宙斯(朱庇特):诸神之王,蓄有胡须,与鹰和雷电有关。

赫拉(朱诺):宙斯之妻、宙斯之妹。主管婚姻和生育的女神。

雅典娜(密涅瓦):宙斯之女,战争女神,创建雅典城邦而被称为文明女神。传说她是从宙斯的头颅跳出来的。经常披坚执锐。猫头鹰(象征智慧)和橄榄树(象征和平)在雅典娜女神心中具有神圣的地位。

阿瑞斯(战神):战神,宙斯和赫拉之子,常披铠甲。

阿佛洛狄特(维纳斯):爱与美之女神;赫西奥德说,天神乌拉洛斯的生殖器官被割断后,扔到了海里,从掀起的泡沫中诞生了阿佛洛狄特。厄洛斯是她的儿子。

阿波罗(福珀斯):太阳神、光明之神、真理之神、预言神、音乐神、医学之神;他随身配备弓箭,有时候还会带上七弦竖琴。经常被描绘为驾驶战车遨游天空的神。

阿尔忒弥斯(戴安娜):月亮女神,也是狩猎女神;阿波罗之姊,常带弓箭,有猎狗随从。

得墨忒耳(克瑞斯):掌农业,谷神。

狄奥尼索斯(巴克斯):葡萄酒之神,灵感之神,与繁殖和性有关的传说具有紧密的联系。

赫耳墨斯(墨丘利):诸神的信使,掌管繁殖、偷窃、梦想、商业和市场;他穿有飞翅的凉鞋,戴着飞翅的帽子,手持一根魔杖,魔杖周围有两条蛇环绕。

哈迪斯(普路同):冥界神,身边经常有三头狗怪物刻耳柏洛斯陪伴。

赫菲斯托斯(伏尔甘):火神与匠神;宙斯和赫拉所生,阿佛洛狄特之夫;他穿着铁匠的围裙,手持一把铁锤。

赫斯提(维斯塔):女灶神,宙斯之姊。

波塞冬(涅普顿):海神,宙斯之兄;手拿三叉戟(一种有三个尖叉的矛);马在他的心中具有神圣的地位。

珀尔塞福涅(普罗塞耳皮娜):丰饶女神,是得墨忒耳的女儿,每个冬天都会被她的丈夫哈迪斯绑架挟持到冥界,但一到春天都会获释,好让她去恢复大地的丰饶。

就像在荷马史诗《伊利亚特》中写到的一样,最有趣的是,众神像人类一样很容易被情感和欲望所影响。事实上,希腊众神有时候比人类更加人性化,很容易被人性的小弱点所影响。就像地球上的很多家庭一样,宙斯是一家之主,无所不能的风流男子。他的妻子赫拉警觉性极高,容易猜疑,为了自己的丈夫与别的女神争风吃醋,往往让情敌受尽折磨。他们的孩子们都城府颇深,为了得到父母的关注,各自为政,明争暗斗。在思维、行为和说话方式上,众神与人类一样。他们与人类的区别仅在于他们是不朽的神。与希伯来文化中的上帝不一样的是,希腊诸神没给人们提出明确的行为原则,负责仪式活动的男祭司和女祭司没有制订出经文或者教义。众神反复无常,经常改变主意,易与他人争辩,易受别人劝说的影响。他们时而顽固，时而随和。如果说是这些品质造就了宇宙的不确定性，那么，他们也体现了希腊特有的知识自由和哲学探究的精神。

希腊建筑传统

希腊的各个城邦在地理上彼此分隔，每个城邦有极强的独立性。为了争夺丁点丰饶之地，各城邦之间相互交战。有些城邦不可避免地变得比其他城邦更强大。公元前9世纪之前，很多雅典人移民到位于安纳托利亚（今土耳其）西南部的爱奥尼亚，由于与近东关系密切，雅典很快繁荣起来。科林斯坐落在希腊本土与伯罗奔尼撒半岛之间的地峡上，控制着早期南北的贸易线路。但是后来，科林斯建造了一条纤道，使船只可以通过滚轴越过地峡。从那以后，它又迅速地控制了连接东西的海上线路。伯罗奔尼撒半岛上的斯巴达人的祖先可以追溯到传说中的多里安人，多里安人为后代留下的遗产便是强大的军事实力。尽管存在诸多差异，但同样的建筑风格开始在各个城邦出现。这种风格不仅体现了城邦共有的文化遗产，而且一直影响着西方的建筑风格。

早在公元前8世纪，很多城邦就开始建造可供人们一起分享音乐、宗教、诗歌和体育运动的圣殿。这种圣殿很大程度上体现了希腊的另一个发明，就是座谈会（symposium），字面意义就是"聚会"（起初是同一个军事单位），人们在一起分享诗歌、美食和美酒。在这些圣殿里，不同城邦的人们齐聚一堂，共同朝拜他们的神灵。后来，经过发展逐渐演变成与竞争对手共同庆祝属于他们个人的辉煌成就。

特尔斐 圣殿是神圣的宗教场所。它们激起了所有城邦建造自迈锡尼文明以来第一个丰碑式建筑的热情，每个城邦都试图超越其他城邦。高高耸立在科林斯湾群山上的特尔斐是阿波罗神庙所在地。在那里，各个城邦秉承着一贯的竞争意识，建造了许多纪念碑和雕像，谨以它们献给太阳神阿波罗，还精心建造储藏所储存祭品。上面还建造了招待所，供前来朝圣的旅客居住。特尔斐是一个极其重要的地方。希腊人认为，在这里，地球的肚脐与天空相连。也是在这里，阿波罗通过一个名叫皮提亚的女神从神殿下面裂开的一条缝发出神秘的预言和消息，祭司们解释这些预言和消息后再宣布给人民。希腊作家普鲁塔克（约公元1世纪）写道，皮提亚进入神庙下面的一个小房间，闻到香甜的气味，然后就昏迷了。这个故事一直被认为纯属虚构。但是，地质学家近来发现特尔斐神殿下两个相互交错的断层使能够引起幻觉的气体透过裂缝上升，尤其是一种叫乙烯的气体，它具有香甜的气味，能使人产生飘浮、脱离肉体的飘飘然的感觉。

位于特尔斐的雅典人宝库，由两根背对着的圆柱组成，圆柱在两根方形石壁柱即壁角柱的中间。在它们的后面是一个门廊，即神庙内殿前的封闭式门厅。大门一直通向内殿，即整个建筑物最主要的内部空间（图2.14）。

我们可以在一个早期希腊神庙的小陶瓷模型上看

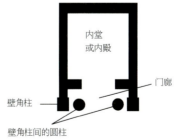

图2.14 位于特尔斐的雅典宝库，约公元前510年。 国库周围的雕刻（就在屋顶弧线正下方）描绘了两个伟大的希腊神话英雄——提修斯和赫拉克勒斯的冒险经历。

图 2.15 神庙模型，发现于阿哥斯附近的赫拉神庙，公元前 8 世纪中叶。赤土陶器，长 11 厘米。雅典国家考古博物馆藏。关于神庙的喷漆风格是否也与此模型一样，目前尚不清楚。

到这种建筑形式的原型。这个神庙模型可追溯至公元前 8 世纪，是在临近阿哥斯的赫拉神庙处发现的（图 2.15）。其入口处向前突出，由两根圆柱支撑，为雅典宝库的方形石壁柱和门廊留下了空间。入口处上方的三角区域是通过屋顶的高跨比来实现的，被称为山形墙，它的倾斜度没有雅典宝库那样大。

帕埃斯图姆的赫拉神庙 希腊大型神庙是以特尔斐的小型宝库的基本模型为基础发展起来的。公元前 500 年以前，神庙就出现了两种不同风格的立面图，神庙的台基、柱子和楣梁的构造、比例和样式都独具风格，这两种风格就是多立克柱式和爱奥尼亚柱式。后来，又出现了科林斯柱式。西福诺斯宝库是爱奥尼亚柱式风格，其圆柱上有涡卷装饰的柱顶。帕埃斯图姆的赫拉神庙（图 2.13）里的赫拉神庙 I 和 II 可以称得上是现存最古老的多立克柱式希腊神庙的典范。帕埃斯图姆是希腊的一个殖民地，于公元前 7 世纪在意大利建立，距今那不勒斯南部只有 81 千米。赫拉神庙 I 号的平面构造图清楚地表明，较早的庙宇是一个巨大的长方形造型，门廊中有三根圆柱（而不是两根），还有一个狭长形的内殿，内殿后面的神庙深处还有一间密室，那里是神庙传递神谕的地方。环绕在神庙内部结构周围是一个列柱廊，一排圆柱立在神庙的台基上。

奥林匹亚和奥林匹克运动会 希腊人把体育竞技的历史开端追溯到公元前 776 年举行的首届正式泛希腊体育竞技大会。起初，每届奥林匹克运动会在奥林匹亚举行。在那里，为赫拉和宙斯建造的神庙内有精心设计的运动设施。首次奥运会的第一个竞技项目是 183 米短跑，刚好是奥林匹亚场馆的长度，这个项目也被称为场地跑（图 2.16）。后来，一些个人竞技项目也加入了运动会的比赛中，包括战车赛、拳击和五

图 2.16 黑绘风格陶瓶，双耳细颈椭圆陶罐，画面是泛希腊体育竞技大会上正在赛跑的场景。悠菲拉蒂斯执政官时期的画师于约公元前 530 年所作。赤土陶器，高 62 厘米。1914 年以罗杰基金的名义收藏于大都会艺术博物馆。希腊运动员都裸体比赛。事实上，现代英语单词 *gymnasium*（体育馆）源自希腊语中的裸体 *gymnos* 一词。

项全能（掷铁饼、投标枪、跳远、短跑和摔跤）。各类比赛没有设立亚军和季军奖项。赢得冠军才是最重要的。古希腊奥林匹克运动会每四年在夏天举行一届，运动会只允许男子参加（禁止已婚妇女参加，未婚女子也很有可能不能参赛），古代奥林匹克运动会持续了1000多年。1896年，为了促进各国间相互了解和增进友谊，现代奥运会复兴了。

奥林匹克运动会只是在不同地方举办的众多体育节日之一。这些体育活动成了希腊形成自己民族身份的一个典型特征。作为一个民族，希腊人相信"为奖赏而战（agonizesthai）"。竞争意识激励了希腊人：陶工们吹嘘自己的作品比别人的都好；剧作家都想争夺"最佳戏剧"的头衔；诗人都想得到"最佳朗诵"的称号；而运动员为了获得"最佳表现"的荣誉而奋力拼搏。正如各个城邦之间为了至高无上的权力而战，希腊人也开始把竞争精神理解为民族的共有特性。

古希腊雕塑和对自然主义的审美

古希腊运动员赤裸身体参加比赛，体育竞技就成了"对身体的崇拜"，这并不足以为奇。身体健康的男性，不仅能在体育比赛中获得嘉奖，而且也能代表某个城邦的健身训练与军事力量的强大。男性身体以风行的"青年立像"（图2.17和图2.18）的风格而受到赞美。这种对身体的崇拜是古希腊特有的。其他地中海文化不会如此注重对赤裸男性的描绘与勾勒。仅在公元前6世纪就有20000多件"青年立像"被雕刻出来。它们可在神殿和墓地里被找到，这些雕像最多的是用于还愿时祭神的供品或是纪念墓碑。它们坚毅的容貌特征显示了它们作为时刻保持警惕守卫者的坚强决心。

我们绝不会把这种雕像和埃及雕刻家的作品混淆，两者之间明显的差异在于希腊雕像对身体赤裸的刻画，并更加充分地体现出了身体的解剖学特征。但是，埃及艺术对希腊雕塑的影响明显。把埃及晚期的雕塑和公元前525年出现的希腊青年雕塑进行比较就能证实这一点。其实，早在公元前650年，古希腊人就到过埃及，公元前6世纪早期，十二个互助的城邦在尼

图2.17　青年立像，约公元前600年。高度193厘米。纽约大都会艺术博物馆藏。弗莱彻基金，1932年（32.11.1）。希腊艺术中最早的著名的真人大小的站立着的男性雕塑。

图2.18　安纳维索斯男青年雕塑，出土于雅典附近的安纳维索斯墓地，约公元前525年。大理石雕塑，上有油漆残迹，高193厘米。雕塑代表着希腊75年（公元前600—前525）历史中对人体组织结构的探索。它紧闭嘴唇，"古典式微笑"是活力和生命力的象征。

罗河三角洲建立了贸易前哨。古希腊雕塑和古埃及雕像一样，都用于丧葬中。事实上，根据图2.17，雕塑的基座上刻着："驻足哀悼死者克罗伊索斯，他在战争前线被阿瑞斯杀死。这是一个死去的风华正茂的青年英雄的纪念碑。"

公元前6世纪，青年雕塑开始具有自然主义的典型特征。换言之，它们日益体现了艺术家对表现人体自然形态的渴望。这也可能反映了个人在古希腊政治生活中起到越来越重要的作用。我们不清楚为什么雕刻家想要实现人类形体的自然再现，但是我们可以推测，个中原因肯定与在古希腊社会中占主导地位的竞争精神即"为奖赏而战"有关。雕刻家肯定互相竞争，

近距观察： 经典柱式

　　希腊的经典建筑都包含三个纵向部位，即柱座、圆柱和柱上楣构，它们组成了建筑的立面图。这三部分的关系被称为立面图的柱式。通常有三种柱式：多立克式、爱奥尼亚式和科林斯式。每种柱式都有其独特的设计。

　　从古希腊一直到今天，希腊经典柱式成了建筑学中的基本设计要素。它们之所以具有如此大的影响力，一个主要的因素便是它们体现了建筑学中的有序性、预见性和均衡性。注意，每种柱式的上端（即构成柱上楣构的那一部分），随着支撑它们的柱身变得越来越窄和越来越高而发生变化。在多立克柱式中，柱顶过梁（柱上楣构的底端）和雕带（柱顶过梁与挑檐之间的那一部分）相对来说要大得多。爱奥尼亚式则轻一些，而且明显小很多。科林斯式看似小一些，而且看上去像只有几片树叶支撑着。

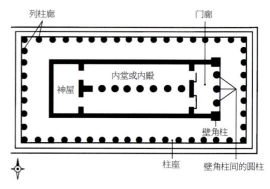

赫拉神庙 I 号的多立克式柱以及平面图，位于意大利的帕埃斯图姆，约公元 540 年。虽然多立克式建筑的最后两根圆柱之间的距离近了一点（这就是众所周知的拐角紧缩），三种建筑形式的平面图从本质上来讲是相同的。拐角收缩实际上产生了一种视觉上微妙的角落增大，同时使得柱上楣构的雕刻元素的间距齐整。

埃皮达鲁斯屋顶上的科林斯柱顶，建于公元前 4 世纪。高约 66 厘米。埃皮达鲁斯考古博物馆藏。科林斯柱是最后才发展出来的柱式，主要特点是有许多毛茛花叶纹装饰。

纳克索斯狮身人面像，爱奥尼亚式柱，特尔斐，约公元前 560 年。狮身人面像高约 231 厘米。特尔斐考古博物馆藏。

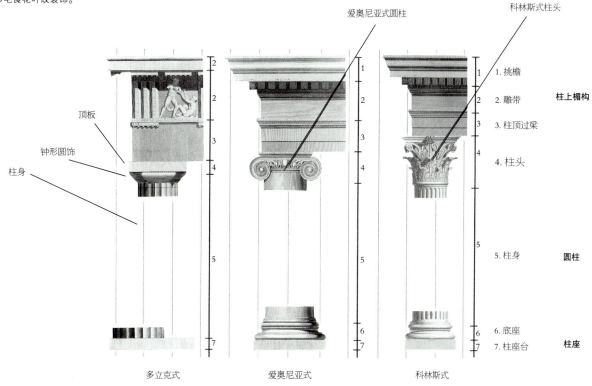

古典式柱形，图片来源于斯图尔特 - 詹姆斯的《雅典古迹》（1794 年伦敦出版）。每种建筑形式都赋予了建筑的整体性和结构完整性。公元前 6 世纪，希腊人发明了多立克式和爱奥尼亚式。多立克式建筑简单而坚固。爱奥尼亚式建筑较之更加轻巧，而且构造上更加讲究。爱奥尼亚式建筑的柱头是卷轴形，也就是所说的螺旋形。科林斯式起源于公元前 5 世纪后期。它是这三种建筑形式中最精良的，也将成为罗马人最钟爱的建筑形式。

试图完美表现人体结构。此外，据说太阳神阿波罗证实自己是一个很有天赋的运动员，雕像越栩栩如生和自然，它就越可能被理解为太阳神本身的再现。

同样，自然主义在少女雕像上得到明显体现。正如青年立像似乎与太阳神阿波罗有关一样，少女雕像似乎是用作祭祀给雅典娜的供品。很显然，它是送给女神的礼物。男性公民将少女雕像祭献给雅典娜，是虔诚和快乐姿态的表示。

与青年立像一样，少女雕像在这段时期里也越来越具有自然主义的特点。这种趋势在衣着上表现得尤为明显。从"穿披肩的少女"（图 2.19）就可以看出，解剖现实主义被女式大披肩这种厚实服装的直线所限制，因而显示不出女性的真正形体。女士长披肩通常由羊毛制成，其实就是将一块长方形的布折叠后搭在脖子上，别在肩膀上，然后束上腰带。另一座少女雕像上使用的各色颜料引人注目，它可追溯至公元前 520 年，发现于雅典卫城（图 2.20）。少女穿着希顿装（*chiton*，古希腊人贴身穿的宽大长袍），在公元前 6 世纪最后几十年里比女式大披肩更流行。希顿服由亚麻布制成，更贴合身体，易产生褶皱，这让艺术家能够大显身手，展现精湛的雕刻技巧。

图 2.19 穿披肩的少女和原件铸型，出土于雅典卫城，公元前 530 年。彩绘大理石，高 121 厘米。原件收藏于雅典卫城博物馆，重铸品收藏于英国剑桥古典考古博物馆。张开的手臂可能握着一个礼物，起初是一个单独的部件，后来才安装到肘部的圆形插座里。注意这些女性的雕塑，体型较小，比"青年立像"（图 2.17 和图 2.18）足足矮了 72 厘米。

图 2.20 少女雕像，出土于希俄斯岛（？），约公元前 520 年。彩绘大理石，高 53 厘米。雅典卫城博物馆藏。尽管残缺了一半，这尊雕塑仍然清晰地展示出公元前 6 世纪晚期的精美服饰。

雅典陶器

越来越显著的自然主义趋势也在古希腊陶器上的装饰绘画方面有明显的体现。到公元前 6 世纪中期，雅典已成为一个主要的陶器制作中心。在雅典存在一种非常高质量的黏土，遇火后会变成深橙色，雅典的陶工们因为这种黏土而受益匪浅。

和雅典雕塑艺术一样，雅典花瓶上的装饰绘画也越来越体现出自然主义，也越来越细腻。一般来说，花瓶的每一边都绘有完全不同的场景。之后，雅典人发展了两种风格的瓶画，其主要特征是体现图绘与底色的关联：黑红搭配彩绘瓶。黑绘花瓶上的图像被涂上黑漆，一种黏土和水的混合物，经过烧制之后，图像保持黑色，与没被涂上黑漆的红色底面形成鲜明对比。"喷泉屋里的女人"（图 2.21）就是个例子。这位艺术家，被学者称为普里阿摩斯时代的画家，将白色颜料混入黑漆中，为图像增添了几许白色。到了公

元前 6 世纪下半期，展现人们日常生活场景的全新图案，变得越来越受欢迎。在这种提水罐（古希腊一种大身细嘴、有两个小提环及一个大手柄的）或者水壶上，呈现了这样的场景：女人们提着相似的水壶，在一个由佩西斯特拉托斯建造的那种喷泉屋里闲聊。喷泉屋就在将水送入城里的水渠末端，女人们站在龙头旁接水。这样的喷泉屋在当时是极受欢迎的场所，给多半被关在家里的女人们提供了一个难得的机会聚在一起交谈。水从两端和场景背面的动物头形状的龙头里流出。这个作品中强烈的垂直和水平框架，加上多立克式柱子，因图中女人身体的圆形轮廓和她们携带的水壶而变得柔和。这个瓶画凸显了古希腊对现实场景和自然再现的日益喜爱。

很多壶上描绘的是诸神和英雄，其中包括对《伊利亚特》和《奥赛德》的描述。这种倾向可以从下面这个例子看到：在一个（古希腊和古罗马人的）双耳喷口杯或是盛装葡萄酒和水的混合物的容器上描述了萨耳珀冬（宙斯与欧罗巴之子）之死。该作品于公元前 515 年由欧夫罗尼奥斯绘画，尤希特奥斯制陶完成（图 2.22）。欧夫罗尼奥斯准确呈现人体解剖学的能

图 2.21　绘有《喷泉屋里的女人》的水罐，古希腊普里阿摩斯时代画师所作。**古风时期，约公元前 520 年**。产地：希腊阿提卡雅典。陶瓷品，黑色人物，高 53 厘米，直径 37 厘米。波士顿艺术博物馆藏。威廉·弗朗西斯沃顿基金。女士肤色描绘为白色，这一技法在埃及和克里特艺术中也有。

图 2.22　**特洛伊的掠夺，萨耳珀冬之死。约公元前 515 年**。在花萼陶瓶的红色装饰，陶瓷制品。陶瓶高度为 46 厘米。纽约大都会艺术博物馆藏。这种陶瓶被称为花萼陶瓶，因为它的把手像花萼花。

力得到了高度赞扬。图中萨耳珀冬刚被普特洛克勒斯杀死。鲜血从他的腿部、肩膀处以及精心绘制的腹部流出。带有羽翼的许普诺斯（睡眠之神）和桑纳托斯（死亡之神）正要夺去萨耳珀冬的身体，而诸神的信差，带领死者去阴间的赫耳墨斯在旁观看。但是，这个场景表现的自然主义并不是最吸引人的地方。相反，它完美平衡的结构将这个悲剧转化成把死亡作为尊严和秩序的实例进行刻画，这是十分罕见的。左右两边两个战士的长矛互相竖立在花瓶的边缘，形状如同萨耳珀冬的腹部肌肉的图案在瓶子顶部和底部的装饰花纹里不断重复，而瓶子的手柄与许普诺斯及桑纳托斯的躬背相互辉映。

萨耳珀冬之死是红绘瓶画的一个例子。这个过程与黑绘瓶画完全相反，也更加复杂。以此瓶为例，将黑漆涂在背景底面上，人物的轮廓凸显出来。欧夫罗尼奥斯使用相同的黑漆，拿一把刷子在人物身上画上细节（如萨耳珀冬的腹部）。然后花瓶分三个阶段进行烧制，每个阶段进入窑里的氧气数量都有所变化。在第一阶段，让氧气充分进入窑内，使整个花瓶烧得通红。然后，让窑内的空气减少到最低，将器皿变成黑色。这个时候，随着温度升高，黑漆变硬，或者可以变得像玻璃一样。最后，让氧气再次进入窑里，将没有涂黑漆的区域（这种情况下指的是红色的人物图案）又一次变回到红色的阴影中。涂有已经陶瓷化的黑漆的区域因为没有暴露在氧气里，所以它们仍然是黑色的。

萨福的诗歌

女诗人萨福（约公元前610—前580）在古希腊被人尊称为"第十位缪斯"，她的诗歌作为女性创造力的光辉典范而大受赞扬。我们对萨福一生非凡的生活知之甚少。她出身名门贵族，结过婚，有个女儿，后来放弃一切，定居在莱斯沃斯岛。在那里，她身边围绕着一群年轻的女孩，她们一起崇拜阿佛洛狄忒，即莱斯沃斯岛人狂热崇拜的神。她这个圈子里的很多人在出嫁前的短时间内会互相分享她们的生活。

萨福创作了九卷抒情诗，即由七弦竖琴伴奏来吟唱的诗，其主题多是爱情和人际关系，通常是她与其他女人之间的人际关系。萨福的诗歌在整个古典世界受人推崇，但仅有一些残篇幸存下来。如果翻译成其他语言，要把诗的微妙和意境美表达出来几乎是不可能的，但是，其中惊人的感情浓缩确实让人印象深刻。下面的诗歌（阅读材料2.2a），是保存下来最长的残篇之一，她表达了对一个有妇之夫的爱慕：

阅读材料 2.2a

萨福，抒情诗

他不仅仅是个英雄，
他是我眼里的神，
能够坐在你身旁
的男人，他
亲密地听着
你甜甜的低吟，
软语呢喃，迷人的
笑声使我的心狂跳不已，
如果我突然
与你邂逅，我不能
言语，——我的舌头凝住了；
一团火涌动在
我的内心，我什么也看不见
只听见耳朵嗡嗡鸣响，我浑身流汗；
全身都在战栗，
我变得苍白，
比草叶还要无力。此时，
死离我不远。

萨福的天赋在于她能将强烈的感情浓缩在单一的、永远不朽的气息里。正如下面的诗所表明的那样（阅读材料2.2b）：

阅读材料 2.2b

萨福，抒情诗

尽管它们，
只是气息，但词语
在我的笔下
永远不朽。

即使在如此短小的诗里，萨福也实实在在地实现

了古希腊人的信念：我们可以通过自己的言语和行动来获得永恒。

民主的崛起和来自波斯的威胁

公元前 6 世纪雕塑艺术日益增长的自然主义与雅典崛起的民主制度的精神不谋而合。两者都见证了古希腊日益成长的创新精神和伟大成就，两者也证明了当时古希腊对个人尊严和价值越来越坚定的信念。

公元前 508 年，雅典贵族克里斯提尼开创了雅典政治民主（democracy：来自希腊语 demokratia，希腊语中 demos 是"人民"之意，kratia 是"统治和权威"之意）。要不是雅典人曾经忍受了 50 多年的僭主政治，这种自治的创新或许对他们来讲是不可能的。

50 年前，即公元前 560 年，庇西特拉图统治了雅典，雅典城邦的城镇和乡村地区因分割而饱受摧残。来自平原的富有地主，住在山坡上的穷人，还有雅典的商人和贵族，都争权夺势。庇西特拉图用高压手段，对各个地区实行暴君统治，即不与人民商议而实行独裁统治。尽管他通过修建大规模的市政工程成功地为全体居民提供了工作岗位，但另一方面，他流放了那些不支持他的贵族，并把他们的儿子作为人质，以确保这些贵族家庭对他的忠诚。公元前 527 年，他的儿子希庇亚斯继位，新即位的君主更加暴虐，流放了更多的贵族，滥杀了更多的人。公元前 510 年，被放逐的贵族在斯巴达城邦的帮助下发动起义，希庇亚斯逃到波斯，贵族克里斯提尼接管了权位。

"对一个城市来说，没有什么比暴君统治更不幸的了"，古希腊剧作家欧里庇得斯的戏剧《请愿的妇女》中这样写道："由一人统治并由他制定法律，就没有平等可言。但是，如果当法律以书面形式写下来，富人和穷人都有相同的权力得到正义。这是自由的战斗口号：'什么人能为这个城市提出好的建议？将其公之于众，获得美名……为了这个城市的利益，还有什么比这更好的？当人民成了这座城市的领航员，他们就能主宰自己的命运。'"换句话说，政治——通过商议、共识和联合行动致力于为城邦谋取福祉，取

决于民主。在暴政下，因为不能有争议，所以不可能有政治。无论有什么样的分歧，城邦的公民可以就各种议题自由辩论，表达自己的看法。他们作为个体发言，而且他们非常珍惜自由思考的权利并为之欣喜。但是，只有当他们表示对公共利益的关心，对整个城邦利益的关心，才会首先给他们自由发言的权利。亚里士多德在其《政治学》里说道，"人是政治动物"，他的意思是说，人是城邦的动物，人束缚于城邦，奉献于城邦，取决于城邦，但人又由城邦解放出来，这一点看似矛盾，实则蕴含哲理。

克里斯提尼非常了解这些法则，他重组雅典政治体系，将其分成各个行政区，其大小与现代城市里的一个辖区差不多。只有男性才能在行政地区里登记入籍，地主和商人享有平等的政治权利。之后，克里斯提尼将这些行政单位分成 10 个政治"部落"，其成员资格跨越家庭、阶级和地域，从而有效地削减了贵族家庭的权利和影响。每个部落任命 50 名内部成员，组成 500 人议事会，可行使职责和权利 36 天。这样每年就有 10 个独立议事会，没有哪位公民可在他们有生之年任职于议事会超过两次。因为在议事会任职的公民很多，在职时间又非常短，很有可能每一个雅典公民有生之年在某种程度上都参与了政府管理。

古希腊兴起的民主很快受到了来自东部崛起的波斯帝国的威胁（见第 1 章）。处在波斯人残暴统治下的爱奥尼亚各城市可能意识到了雅典新政治民主的气象，他们于公元前 499 年发动起义，烧毁了波斯人在小亚细亚的都城萨迪斯城。公元前 495 年，大流士进行镇压。他烧毁了爱奥尼亚最重要的城市米利都，屠戮了那里的男人，将妇女和小孩带回波斯当奴隶。然后，可能受到正好逃亡到波斯朝廷的前希腊暴君希庇亚斯的怂恿，大流士将目光转向了曾派军队支持爱奥尼亚叛乱的雅典。

公元前 490 年，一支约 9 万人的波斯军队，在阿提卡北部的马拉松平原上登陆。他们与仅有 1 万人的由一名叫米太亚德的职业士兵带领的希腊军队遭遇。米太亚德曾在波斯效力过大流士，所以深知大流士军

事战略的弱点。米太亚德在拂晓时分进攻大流士的军队，以极小的伤亡歼敌6000，击溃了波斯人。费迪皮迪斯从马拉松一路跑了42千米到雅典，将胜利的消息告诉了焦急的雅典公民。他完成了原始的马拉松赛跑，这项赛跑后来很快就成为奥运会的一个项目。与以前人们普遍的看法完全相反，到达终点的费迪皮迪斯并没有死。

大流士虽然被打败了，但是波斯帝国并没有被打败。正当古希腊人沉浸在胜利之中，大流士和他的儿子薛西斯再一次巩固了他们在波斯波利斯的权力。公元前486年，大流士在征战埃及的战斗中死去，薛西斯（公元前486—前465年在位）继承了王位。到公元前481年，薛西斯作好了再次攻打希腊的准备。雅典的一位政治家和将军地米斯托克利（约公元前524—约前460）十年来一直认为波斯人会再次入侵。他说服雅典人与其他希腊城邦联合起来，以军事力量最为强大的斯巴达人为统帅。公元前483年，当一大批银被发现之后，地米斯托克利说服雅典人利用新发现的财富打造一支舰队迎击波斯，因为他认为波斯人在陆地上是很难被战胜的。

公元前480年，薛西斯率领一支庞大的军队入侵希腊。古希腊第一位历史学家希罗多德在其《历史》（共九卷，成书于公元前430年，即战争结束50年后）一书写道，薛西斯的军队有500万之众，当所有人停下来喝水时，整个河流都会干涸。这无疑是夸大之词，但薛西斯的军队可能是当时有史以来最庞大的军队了，现代估计至少有15万之众。希罗多德还告诉我们，特尔斐神谕预言了雅典将被摧毁，并建议雅典人依靠"木壁（木制军舰）"来战斗。地米斯托克利知道波斯军队在沿途希腊守军的顽强抵抗下会受阻，那样雅典人就有足够的时间弃城转移至海上。在位于大海与山脉之间一个叫塞莫皮莱的关隘上，一群由300名斯巴达勇士组成的军队在国王利奥尼达的带领下，英勇奋战，直至全部壮烈牺牲，才使雅典人安全逃离。

波斯军队洗劫了雅典城。正如地米斯托克利所希望的，波斯人将雅典人追击到海上。在雅典附近萨拉米斯海峡，希腊人在地米斯托克利的领导下，取得了惊人的胜利。海战中，由波斯人的800艘单层甲层大帆船对抗希腊人的370艘三列桨战船，希腊的舰船更小，更容易操作。地米斯托克利引诱波斯舰队到萨拉米斯海峡的狭窄水域。然后古希腊战船袭击拥挤的波斯舰队，用他们舰船的巨大弯曲的船首冲击，撞沉了大约300艘波斯船，而希腊只是损失了40艘舰船，薛西斯被迫撤退，后来再也没有威胁希腊本土。

黄金时代

波斯败退之后，雅典人回到了满目疮痍的雅典城。他们起誓让雅典卫城永远保持在废墟上的样子，以提醒人们战争带来的可怕代价。然而，政治家伯里克利（约公元前495—前429）说服雅典人重建雅典卫城，由此拉开了希腊"黄金时代"的序幕。

公元前5世纪，没有人比伯里克利更适合主导雅典的政治生活。伯里克利出身贵族，尽管如此，他却是民主的最有力的倡导者。公元前431年，在职业生涯的晚期，他发表了一篇演讲，纪念那些在伯罗奔尼撒战争早期倒下的战士们。这场战争是斯巴达和雅典之间的权力之争，公元前404年，在伯里克利死后多年，雅典最终战败。伯里克利在演讲开始这样说到，为了以恰当的方式纪念死者，他提出"我们该以什么样的行动原则来掌权，在什么样的体系下和通过怎么样的生活方式才能使我们的帝国变得更加强大"。在他的心里，雅典民主的重要性超过一切。伯里克利关心的不只是政治，他还赞扬雅典人"工作之余能够享受各种娱乐来放松我们的精神"。他承认，雅典的生活如此美好是因为"全世界的好东西都流入我们的国家"。并且他坚信，雅典人"喜爱一切美和美好的东西，使他们每天都感到愉悦，并驱散烦恼"来"陶冶身心"。"概括起来"，他总结道（阅读材料2.3）：

阅读材料 2.3

修昔底德，《伯罗奔尼撒战争史》，伯里克利葬礼演说（约公元前 410 年）

　　我想说雅典是全希腊的学校，我们每个公民，都有适应各种不同行为形式的能力，展现出多才多艺与温文尔雅。这绝非我信口雌黄，也非毫无意义的吹捧，这是真理与事实；优良的品质使这个国家提升到现有的地位，这完全能证明我上述断言……上面我详细叙述了雅典的伟大之举，因为我想向你们说明，我们所争取的目标比起那些没有我们优点的人所争取的目标要更为远大。因此，我想用实证来更清楚地表达我对阵亡将士的歌颂。关于对他们的颂歌，我已经说完了。我赞美城邦，我赞美勇士，我赞美像勇士一样的人，他们的英雄气概成就城邦的光辉灿烂。

当伯里克利说雅典是"希腊的学校"，他意思是指雅典是整个希腊学习的楷模。他坚持认为，这个国家的伟大是由每个人的伟大而成就的。雅典生活的质量取决于个人自由和公民责任之间的关系，西方世界大多数人认为这是政治理想主义的基石（如果不是政治现实的话）。

对重建雅典卫城，伯里克利认为，建造精美的建筑，雕刻精细的塑像，把雅典卫城浓墨重彩地装饰出来，不仅是对波斯战争的纪念，而且也是对雅典娜在保护雅典人民方面所发挥的重要作用的纪念。此外，在波斯波利斯，被击败的薛西斯和他的继任者即他的儿子阿尔塔薛西斯一世（公元前 465—前 424）正忙于扩张他们的宫殿，而雅典也不甘落后。伯里克利委任雕刻家菲狄亚斯全权负责雅典卫城的新建筑物的雕刻工程，或许他同时也负责了建筑工程。

雅典卫城的建筑工程

重建雅典卫城工程浩大，所费不赀。经费预算大多来自盟友向雅典的纳贡，尽管许多人对此表达了不同的保留意见，但是修建这个项目的好处在于招募了成千上万的雅典人，如公民、外邦人（不是雅典公民，来自雅典以外的其他城邦的自由之身）以及奴隶等，各行各业的人因此受益，因而广受民众欢迎。5 个世

纪以后，出身于希腊的传记作家普鲁塔克（约公元 46—119）在其《伯里克利传》中为我们提供了这一工程及其影响的看法（阅读材料 2.4）：

阅读材料 2.4

普鲁塔克，《伯里克利传》（公元 75 年）

　　要用到的材料有石头、黄铜、象牙、黄金、黑檀、柏木。而制造和加工这些材料的行业又要有木匠、铸工、铜匠、石匠、金匠、象牙雕刻师、画师、刺绣工，还有浮雕工。负责货运的分工也很精细：海路上有商人、水手和舵工；陆路上有打造车的、赶车的、喂牲口的。还有编绳子的、织布的、做鞋的、筑路的、开矿的。各行各业，就像统领军队的将军，都把自己雇来的工匠编成一支支队伍，每位能工巧匠，组织严明，就像高效运转的机器，都为自己的事业努力工作。全体公民都参与到各项任务中来，逐步推动了社会的繁荣发展。

帕特农神庙　雅典卫城的主体建筑是帕特农神庙（图 2.23）。历时 15 年的建设，神庙于公元前 432 年竣工。正如伯里克利生前所言，修建帕特农神庙是为了感谢在历次希波战争中拯救了雅典乃至整个希腊的雅典娜女神，同时它也宣示了雅典的权力与威严，旨在使来访的游客感到由衷的敬佩。它以早期的建筑地基和平台为基础，但是建筑师伊克蒂诺和卡利克拉特显然想让它以最完美的形式来表现多立克柱式。它两端各有 8 根柱子，两侧各有 17 根柱子。每根柱子，从柱座向上至柱身高度约三分之一处向外微微膨胀，这叫柱身微凸法。由于人眼在看挺立的柱子时，越往上显得就越细，这种方法就从视觉上矫正这种现象，以便人们能够看到连续平行的柱子，也给石柱注入了活泼的气息。这些柱子微微向内倾斜，给人的视角造成直线上升的感觉。柱子下面的平台，其中间部分比每个角落都高 13 厘米，以此矫正平面中部给人造成略微下沉的视觉差异。这个建筑物没有真正的垂直和水平，给呆板的几何结构注入了一丝活泼和生气。

它各个部分的清晰表现，它们之间的和谐，还有比例和平衡的总体感觉，无论从哪方面看，帕特农神庙都代表了古典建筑的缩影。它的古典美感体现在建筑师运用一种比例性体系来协调建筑进程，从而成就

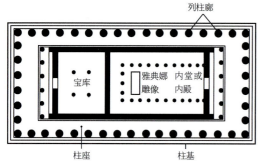

列柱廊

宝库　　雅典娜　内堂或
　　　　雕像　　内殿

柱座　　　　　　柱基

图 2.23　帕特农神庙及平面图，位于希腊雅典卫城。由伊克蒂诺设计，卡利克拉特协助完成。建于公元前 447—前 438 年。雕塑竣工于公元前 432 年。神庙坐落在最高台阶之上，长约 70 米、宽约 31 米。虽然曾经用作教堂和清真寺等，但直到 1687 年在威尼斯人与土耳其人作战中炮火击中了神庙内的土耳其火药库之前，它几乎完好无损。12 米高的雅典娜女神雕塑曾位于帕特农神庙的内殿中，也就是传统意义上寺庙内祭拜的雕像所在的中央内殿。

了一个和谐的设计。帕特农神庙设计的比例可通过一个代数方程式来表达：$x=2y+1$。例如，神庙的柱子就能反映这个方程式。它有 8 根柱子在宽边上，17 根柱子在长边上，所以代入以上方程就有等式：$17 = 2×8+1$。柱座的长宽比例是 9 比 4，因为 $9=2×4+1$。这个数学规律对建筑的整体和谐是至关重要的。

雅典卫城的其他建筑工程　另一建筑师穆尼西克里被委以负责设计入口，即从雅典娜节日大道通向雅典卫城的大型入口通道。穆尼西克里创造了一个伟大的建筑杰作，入口不是设计成单一的门，而是设计了 5 个入口，名为雅典卫城山门，山门两侧有多利安柱式门廊和柱廊。北翼包括了一个美术馆，里面有展示

古希腊历史和神话的绘画作品。与雄伟的山门形成强烈反差的，是远处显得柔美的雅典娜胜利女神庙（图 2.24），它坐落在海角以西，俯瞰入口。它因纤细的爱奥尼亚式柱子而显得非常雅致，这个小型建筑（经测量它长 8 米、宽 6 米）由卡利克拉特设计，于伯里克利死后不久建成，时值公元前 425 年。它可能是为了庆祝雅典人希望在伯罗奔尼撒战争中赢得胜利（实际上战败于斯巴达），因为 *nike* 这个词在古希腊语中表示"胜利"。战争结束前，公元前 410—前 407 年，它被一堵低矮的围墙围绕着，这堵墙面对着嵌板，嵌板上绘有雅典娜和她带有羽翼的同伴们。

图 2.24 雅典娜胜利女神庙，位于雅典卫城，约公元前 425 年。俯瞰通向卫城山门的大道，神庙细小的爱奥尼亚柱与入口的厚重结实的多立克柱形成强烈的对比。

在帕特农神庙的左边，游客会看到伊瑞克提翁神庙（图 2.25）。神庙不对称结构和多层次结构使它显得非常独特，原因在于它所在的位置有很多岩石。雅典卫城附近本来有些可利用的相对平坦的地区，因此，把这座神庙建在多岩石的地方是别有用意的。神庙围绕着一个献给伊瑞克提翁的喷泉。伊瑞克提翁是希腊神话中第一位传奇的雅典国王，神庙就是以他的名字

命名的。帕特农神庙落成后，公元前 430 年，就开始了伊瑞克提翁神庙的修建，历时 25 年才得以完成。这座神庙独具的特点就是正对着帕特农神庙的著名的少女像门廊。它由 6 根少女像柱（雕刻成少女的石柱）支撑。这些少女石像表明两个观点：一是神庙柱子就像人类一样，另一个就是城邦的稳定取决于女性的行为。所有少女像呈现了一个经典的对立式平衡姿态，左边的三个重心在右腿上，而右边的三个重心在左腿上。虽然每个少女像都很特别——她们身上希顿古装的褶皱落下的方式不一样，她们胸部的尺寸和形状也不一样——但将她们放在一起创造了一种平衡和谐的感觉。

帕特农神庙的雕塑工程

即便菲狄亚斯没有直接亲手参与雕刻用来装饰帕特农神庙的雕像，但大多数雕像的设计则一定出于他之手。公元前 6 世纪末期，人们对从雅典青年立像（图 2.17 和图 2.18）发展而来的自然主义的表现手法越来越有兴趣，而菲狄亚斯就是这种手法的继承者。有一尊被认为出自克雷提奥斯之手的雕塑就证明了公元前 5 世纪最初的 20 年里，希腊雕塑越来越彰显出自然主义的色彩。当年，雅典人对波斯人毁灭雅典卫城时留下的废墟进行了清理，他们把残片移到了别的地方，1865 年，人们在这些残片中发现了这尊克雷提奥斯男

图 2.25 伊瑞克提翁神庙，位于雅典卫城，公元前 430—前 405。伊瑞克提翁神庙采用不规则、不对称的设计，纤细的爱奥尼亚柱和精致的少女像门廊，刻意与雅典卫城南端的帕特农神庙传统的、非常规则的设计形成了鲜明的对照。

转移。古希腊雕塑家越来越渴望将反映神庙和圣殿的人物与故事进行戏剧化处理，对立式平衡这种艺术发展的灵感或许正源于此。尽力表现姿势和手势的生动活泼以及捕捉身体部位运动的意识已经成为他们的雕刻的主要目标，也成为对古典美的确切定义。

将对立式平衡表现得更加淋漓尽致的是雕像多律弗路斯或称《荷矛者》（图2.27）。人物的重心落在

图2.26 克雷提奥斯男孩雕像，出自雅典卫城，约公元前480年。大理石，高117厘米。雅典卫城博物馆藏。当我们将克雷提奥斯男孩雕像与本章先前讨论的青年男孩雕塑相比，可发现希腊雕塑越来越体现出自然主义思想的色彩。尽管更加自然，但这个人物仍然被作为许愿的对象。

斯男孩雕像（图2.26）。该雕像的头于25年后在另一个地方被发现。男孩的头微微侧向右边，身体重心放在左腿上，右腿向前伸着，膝盖处稍微弯曲。人物好像在围绕自己的轴（或者说是虚构的中央线）转动，这是靠一只腿支撑身体并保持身体平衡的自然结果。用来表达这个姿势的词语，在意大利文艺复兴时期被杜撰出来，就是 *contrapposto*，即对立式平衡，或质量

图2.27 多律弗路斯（荷矛者），罗马人根据约公元前450—前440年波留克列特斯的青铜原件制成的复制品。大理石，高198厘米。那不勒斯国家考古博物馆藏。波留克列特斯究竟采用什么样的测量方式来完成他理想中的人物形象，人们对此争执不休。有人认为，他的比例体系是基于塑像食指的长度。另一种看法是来源于公元1世纪的罗马作家维特鲁威后期对均衡的讨论，认为这种均衡基于脸颊与发际线之间的距离。很可能，维特鲁威对波留克列特斯早已失传的《法则》占有一手资料。

迈向前的右腿上。这是一位运动员或者勇士的理想化的肖像，最初由青铜制成。《荷矛者》这尊雕塑是罗马人对希腊黄金时代最伟大的艺术家之一的波留克列特斯的作品的一件复制品，原件早已失传。它是波留克列特斯在其专门论述比例的论著《法则》中的示范作品，因而在整个古代世界非常有名。根据波留克列特斯的体系标准，理想的形体是由从头顶到下巴的头部高度决定的。头是总高度的八分之一，肩膀的宽度是总高度的四分之一，诸如此类，总之每个度量都反映了这些理想的比例。对波留克列特斯来说，这些关系决定了作品的对称性，但波留克列特斯使用时的意思是"通约性"或"拥有共同的衡量标准"。因此，这座雕像被精美细致地表现出来，甚至连手背的纹理都能看出来。它反映了一个更高的数学秩序，并体现了自然世界与知识或精神领域之间的理想和谐。

我们确信菲狄亚斯亲自设计了置于帕特农神庙里的巨大的雅典娜神像（图2.28）。尽管很早以前就被毁坏了，但是，我们仍能通过文学作品对它的描述和微型复制品知道它的一些基本特性。她站立的身姿有12米高，由一个船桅支撑着。她的肤色是用象牙做的，衣服和盔甲是用黄金做的。她壮观的仪态不仅旨在庆祝女神的宗教力量，同时也是赞美她对保护这座城市的政治力量的赞美。她随时都可成为一名手执长矛和盾牌的勇士。她是古希腊女性和少女的典范，穿着标准的多利安式的女式长外衣。由于形成塑像表面的黄金是可以拆卸的，从本质上讲，她是真正的金库。

装饰帕特农神庙的雕像主要分布在三个区域：神庙每端的山形墙里；柱间壁上，即屋檐下端梁之间的方形嵌板上；柱顶过梁和挑檐间的饰带上（图2.29）。由于颜色非常鲜艳，这些雕像栩栩如生。1米高的饰带上刻画了一个庆典游行（图2.30）。传统上，饰带上所刻画的庆典就是泛雅典娜女神节，它是雅典全民的节日，为纪念雅典娜每四年举行一次。饰带长约160米，上面雕刻有骑兵、音乐家、挑水夫和少女，以及用来祭祀用的牲畜。所有这些都符合多律弗路斯雕像的理想比例（图2.27）。

图2.28　雅典娜女神像，菲狄亚斯，原件竣工于约公元前440年。 本件是依菲狄亚斯原件做成的模型，多伦多皇家安大略湖博物馆藏。皇家安大略湖博物馆授权。这件复制品使我们能够想象其原件是多么漂亮。

山形墙

饰带　　　柱间壁与三联浅槽花乡装饰

图2.29　帕特农神庙的饰带、柱间壁和山形墙立体剖面图。 该建筑非常明显的特点是，建筑设计师伊克蒂诺将多立克柱式和爱奥尼亚柱式巧妙地结合起来。多立克柱式常运用于带有厚重柱顶的柱子和建筑物外的柱上楣构，而轻巧一些的爱奥尼亚柱有连续的饰带，常用于石柱廊内的柱上楣构。

图2.30　马队，帕特农神庙北侧墙壁上的部分浮雕带，约公元前440年。大理石，高104厘米。大英博物馆藏。这只是围绕帕特农神庙整个浮雕带的一小部分。

神庙西侧的山形墙上的雕塑描绘了这样一幅场景：雅典娜和海神波塞冬为了争当雅典的守护神而进行对决。学者对神庙东侧山形墙上的人物身份存在争议，但似乎可以肯定的是，它总体上描述了雅典娜出生时诸神前来观看的场景（图2.31）。92个柱间壁相互间用三联浅槽花纹装饰（用凹槽将方形石块分成三部分）隔开，描述了古希腊人与四大敌人的战斗：一面是特洛伊；其他三面是巨人、亚马逊女神（可能象征着被击败的波斯人）和半人半马的怪物。柱间壁运用高凸浮雕的手法（图2.32），表现了古希腊人与未开化的野蛮的对手之间文化力量的冲突。这个裸体男性不仅反映了身体上的，而且还有精神上的优势，这是一个非常适合献给战争和智慧女神雅典娜的神庙的主题。

图2.31　斜倚的神（狄奥尼索斯或赫拉克利斯），帕特农神庙东侧的山形墙。约公元前435年。1801年，埃尔金勋爵、英国驻君士坦丁堡大使托玛斯·布鲁斯将神庙东侧的山形墙、西侧和南侧的部分山形墙的大理石饰带带回了英格兰，这也是埃尔金大理石名字的由来。当阳光照射在东西两侧山形墙上的三维高浮雕时，雕塑会随着光的改变以及投影的移动而富有生气。

图2.32　拉庇泰人与半人马怪的战斗，帕特农神庙南侧第27号柱间壁，公元前447—前438年。大理石浮雕，高135厘米。大英博物馆藏。拉庇泰人是希腊神话中的一个民族，在他们国王的婚礼上，他们打败了喝醉的人头马。希腊人把人头马比作波斯人，认为波斯人像人头马那样疯狂野蛮，是制造混乱的象征。

哲学和城邦

能够和雅典卫城非凡的建筑成就媲美的就是伟大的雅典哲学家苏格拉底的哲学成就。他出生于公元前469年，那时离希腊人击败波斯人已有十个年头了。他卒于公元前399年，可以说他的逝世标志着雅典黄金时代的结束。苏格拉底不是自然死亡的。公元前404年，在一个被斯巴达人击败的混乱城邦里，他被执行了死刑。这个城邦屈服于胜利的斯巴达人所组建的寡头政治，史称三十僭主，他们豢养了一伙"持鞭者"镇压人民，以维护他们的统治。

寡头政治剥夺了法庭的权力，发起了一系列针对富人的审判，尤其是外邦人和反对他们暴政的民主人士，有1500多名雅典人被处决。苏格拉底也受到了审判，他被指控从事颠覆政府的活动、腐化年轻人、信奉新神，尽管这些指控可能是出于政治动机。他向他的公民陪审团据理力争，坚持认为他的生活和其他人一样美好，坚称自己非但没有犯过法，反而让雅典受益。陪审团以微弱的多数判他有罪，让他喝下毒芹汁自杀。他拒绝在学生的帮助下从狱中逃走、愿意接受城邦陪审团的审判、喝下毒药的行为都证明了他对这个判决他有罪的城邦的信仰。他慷慨陈词，表示愿意接受法律的处罚这件事记录在《克里多篇》（*Crito*）里，这是苏格拉底和他朋友克里多的一段对话。《克里多篇》实际上是苏格拉底的学生、哲学家柏拉图后来写的。尽管雅典人在未来的很多年里可以继续享受相对的自由，但是苏格拉底的死标志着他们伟大的民主尝试的终结。苏格拉底不是民主的拥护者，因为他不相信大多人真的能够建立一个好的政府。尽管如此，他仍然是后来好几个世纪里的好公民和正确思想的杰出典范。

雅典的哲学传统 要理解苏格拉底的地位，最重要的是要认清楚公元前404年雅典面对的危机不仅仅是政治上的，从更深层的意义上讲还是哲学上的。更有甚者，哲学家和城邦之间存在着非常严重的分歧。我们可以通过苏格拉底的学生柏拉图的作品来了解苏格拉底学说，他相信好的政府是不可企及的，"除非哲学家成为我们城市的国王或者我们现在称之为国王或统治者的人，走向追求哲学的道路"。他非常清楚，两者都不可能发生，因此，好的政府只是一个梦想。使事情变得更复杂的是，古希腊哲学（*Philosophia*，字面意思是"对智慧的热爱"）有两种明显不同的传统：前苏格拉底哲学派和辩士学派。

前苏格拉底哲学派指的是在苏格拉底之前的古希腊哲学家，他们主要忙于描述自然宇宙，这种最古老的哲学传统是由米利都学派的泰利斯开启的。前苏格拉底哲学家们问："这个世界背后是什么样子？万物由什么构成？它如何运行？在这个物质的宇宙的中心有没有存在一个本质的真相或是核心呢？"从某种意义上说，他们是科学家，调查了事情的本质，而且提出了一些非凡的深刻见解。毕达哥拉斯（大约公元前570—前490）就是这样一个前苏格拉底的思想家。他设想的理念是，天体按照数学比率移动，而且这些比率也同样控制着音程，从而产生了后来的"天体和谐论"。另一位哲学家留基伯（公元前5世纪）率先提出了原子学说，即世间万物都是由不可分割的粒子和真空组成的。色雷斯的德谟克利斯（约公元前460—约前370）将这一理论深入应用到精神层面。德谟克利斯教导说，一切情感和想法，还有物质上的味觉、视觉和嗅觉都可以通过我们脑中原子的运动来解释。以弗所的赫拉克利特（约公元前540—约前480）提出世间万物的不稳定性。他说，尽管有一种基本的形式和导向力（理性或理念 *logos*）引导着事物的进程，但变化或者不稳定性才是现实的基础。这个概念后来出现在《圣经》中的《约翰福音》里，里面的 *logos* 常常被误译为"单词"。

苏格拉底是古希腊第二大哲学传统即辩士学派（*Sophists*，字面意思是"智者"）的继承者。苏格拉底不再问"我们知道什么？"而是问："我们怎么知道我们知道我们想什么？"还有更重要的，"我们如何能够相信我们知道我们想什么？"也就是说，辩士学派不仅关心自然世界，而且还有人类思想，充分承认了人类思想的许多缺陷。辩士学派致力于我们后来的人文主义，即对人类行为的关注，而政治行动就是其中最重要的一个。

普罗塔哥拉（约公元前485—前410），辩士学派的主要代表人物，提出了一个非常著名的古希腊格言："人是万物的尺度。"他的意思是说每个个体的人（不是神，也不是一些神圣的无所不包的力量）来定义现实。所有的感觉和信念，人感觉是真的，那么，他们就是真的。辩士学派相信，任何一个论据都有其两面性。典型的例子就是普罗塔哥拉对神的看法："我既不知道他们是否存在也不知道他们是否不存在。"

辩士学派是到处游历的老师，靠传授智慧来收费。伯里克利支持他们，鼓励最好的都到希腊来，在这里他们享有相当大的声望，尽管他们是外邦人。他们最终的目标是传播政治道德，强调对政治生活有用的技巧，尤其是修辞说服，善辩的、具有说服力的表达艺术。他们对修辞的强调（单纯为了争辩，他们显然愿意呈现论证的两面性）以及他们对神话、传统和惯例评判性的审问，为他们赢得了"愤世嫉俗"的声望。因此，他们论证的风格后来成为我们所知道的诡辩法，这是一种微妙的、狡猾的、表面上看似真实但其实是错误的、欺骗性的推理。

苏格拉底和辩士学派　苏格拉底藐视辩士学派代表的所有东西，除了他们对修辞辩论的倾向。苏格拉底一生致力于修辞辩论，他漫步在雅典街头，和他的同胞们对话，时常俏皮又犀利地攻击他们不合逻辑的定位。他运用辩证法，即为了诱导出应由理性的人毫无疑问地掌握的知识真理，以不断的问答形式而进行的一种探究和传授的过程。与辩士学派不同，他拒绝收取教学费用，但与他们相同的是，苏格拉底呼吁他的同胞们不要将他们的个人观点与真理混淆。他知道，我们的信念绝大部分是建立在偏见和历史条件的基础之上的。他与辩士学派之间最关键性的不同在于苏格拉底强调道德行为。对辩士学派来说，真的、善的和公正的都是相对的事情。随着条件和一个人观点的变化，任何事情都可能是真的，善的和公正的。这一点在本章将要谈到的许多希腊悲剧中体现得特别明显。

对苏格拉底来说，理解善的、真的和公正的事情的真正意义，是行为合乎道德的先决条件。这些东西的意义不是相对的。相反，他们的真正意义存在于灵魂里，灵魂乃是智力和品质的居所。通过归纳法，即从特定实例总结出一般原则或从特殊到普遍真理的一种推理方法，他相信，去理解人类努力所渴望的理想是可能的。无论是苏格拉底，还是辩士学派，如果没有城邦的民主以及伴随而来的自由演说，他们是没法存在的，甚至在伯里克利统治时期，雅典的保守派以不虔诚的罪名指控辩士学派。他们质疑一切事物，从神的权威到法治，他们挑战的正是保护他们的民主的稳定性。因此，我们不难理解，为什么当民主结束后，雅典将苏格拉底处决。苏格拉底是民主最伟大的捍卫者。他认为即便城邦已经抛弃了这一最伟大的发明，他自己也绝不会背叛它。所以，他宁可死亡。

柏拉图的《理想国》和唯心主义　据我们所知，苏格拉底自己没有写只言片语。我们都是通过他最伟大的学生柏拉图（约公元前428—前347）的作品来了解他的思想。因此，真实的情况或许是，我们所知道的苏格拉底也就是柏拉图想让我们知道的苏格拉底。当我们阅读有关苏格拉底所说的话时，我们了解的与其说是苏格拉底的思想，不如说是柏拉图的思想。

当柏拉图向我们叙述苏格拉底时，这两位哲人、大师和师生，有很多的共同之处。他们都认可灵魂是不朽的和不变的这一前提，他们都认可我们都有能力记住灵魂的纯状态。但是，柏拉图发展了苏格拉底的一些思想。柏拉图的哲学是一种唯心主义，它寻求没被物质现实所污染的纯理念的永恒完美。他相信人们日常生活之外，存在一个看不见的永恒形式或理念的世界，而且灵魂被束缚在物质世界和人类肉身里，只能捕捉到这个高层次的一瞬间。通过一系列的思维训练，从学习数学开始到深思正义、美丽和爱的形式，学生可以获得一定程度的理解，这相当于汲取了高深的知识。

苏格拉底的死深深地困扰着柏拉图——不仅是因为他不同意苏格拉底最后的决定，而且还因为对苏格拉底的处决不公平。柏拉图思想的结晶是《理想国》。在这部专著中，柏拉图概述了这个理想国的轮廓。只有受过最高等教育的精英才能统治——那些瞥见了柏拉图最终形式或理念的人——好人。在《理想国》里，有一篇叫"洞穴比喻"，苏格拉底对柏拉图的哥哥格劳孔发表演说，试图向他描述灵魂遇到的困难，使其努力明白更高层次的形式，即善良的形式。苏格拉底说，是"所有美丽的和正确的事情的总创造者，是光亮的来源和这个看得见的世界里光亮的上帝，是理性的直接来源和知识里的真理；而且……它是一种力量，能使他不管在公共场合还是私人生活里，都理性地行动。而他必须注意力集中"。因此，善良的形式是类似于对上帝的共识一样的东西（尽管不是上帝，从不完美的对象，如人类传承下来，但更像是理念的一方面，从它可以推断上帝一定有更出众的知识）。困难在于，一旦获得对善良的理解，聪明的个人在什么都不知道的人面前就显得愚蠢。然而，正如柏拉图认为，正是这些拥有足够智慧的人，必须统治这个理想共和国。

在很多方面，柏拉图的理想国是反动的——它很明显反对辩士学派个人主义的和自我扩张的世界。柏拉图对这样一个事实漠不关心，他的理智灵魂完全被一种相当于极权主义政权的东西所占据。他相信他们自己的善良的感觉将代替他们潜在的暴虐的位置，而且被一个聪明的哲学家国王统治总比被那些只为满足自己物质欲望的人统治更优越。

生活在柏拉图的"理想国"里，确实会觉得枯燥沉闷。性只会出于生育目的而被允许。每个人都要接受身体上和精神上的训练，不免让人想起公元前6世纪的斯巴达。虽然他信仰美丽的形式或理念的知识探索，但柏拉图不支持艺术。他谴责一切形式的轻快音乐，因为它们影响的不是听众合理的思维，而是身体情感和感觉的倾向（但是即使对柏拉图来说，一个不知道怎么跳舞的人是无知的——柏拉图仅仅喜欢形式比较拘谨的音乐）。柏拉图也谴责雕塑家和绘画家，他觉得，他们的作品只是摹仿的摹仿——因为如果一张"实

用床"是摹仿床的这个理念，那么画家画的床就是二次摹仿，最微弱的影子，而且绘画家和雕塑家创造的肖像只能触动感觉感知。因此，他将他们驱逐出理想国。由于诗人对国内的紧张局势发表意见，诗人也被禁止。

人民的剧院

宴会里狂欢的各种表现——喝酒、哲学对话、做爱特许——告诉我们关于古希腊戏剧的一些事情。戏剧最初是一种参与式的仪式，和酒神狄奥尼索斯的祭祀仪式有关。参加这个仪式的一个合唱队会和另外一个合唱队或是领导者相互致辞和互动，就如牧师可能代表着（扮演一个角色）狄奥尼索斯。这些对话经常发生在狂欢的歌舞环境中——献给酒神的适当狂欢。

这种行为诞生了古希腊三大戏剧形式之一，滑稽羊人剧（satyr plays），通常是一整天表演中的最后一出戏。滑稽羊人剧是一出闹剧，是露骨的讽刺喜剧。演员将自己伪装成半人半兽，把生殖器暴露在外，通常以不雅的行为表示对"暴政之君"狄奥尼索斯的尊敬。一部完整的羊人剧幸存下来了，就是欧里庇得斯的《独眼巨人库克罗普斯》，还有另外一部的一半也保留了下来，即索福克勒斯的《追踪者》。这些戏剧的精髓也许能够用《独眼巨人库克罗普斯》里奥德修斯登上波吕斐摩斯（回到阅读材料2.2）岛时说的话来很好地总结："什么？我没看错吧？我们一定是到了巴克斯城。这些是我在洞穴周围看到的半人半兽。"换句话说，这部戏剧是对传统的古希腊神话的戏弄和讽刺，将其设定在一个变得乱七八糟的世界里。在这个世界里，波吕斐摩斯比宙斯还要强壮，因为他放的屁比宙斯的雷声更响。

喜剧　与羊人剧密切相关的是喜剧，一种有趣的、轻松愉快的戏剧。其目的是让观众发笑。这个单词本身来自希腊语 *komos*，一种生殖器崇拜的舞蹈，任何东西在喜剧里都不是神圣的。它自由地诽谤、丑化，而且嘲讽政客、将军、公众人物，尤其是诸神。在古希腊文化里经常出现的外地人和妇女一样受到特别的

辱骂；事实上，以我们的标准，这些戏剧带有种族主义和性别歧视。大多数我们所知道的古希腊喜剧有两大根源：希腊瓶画和剧作家阿里斯多芬的戏剧。

公元前4世纪，在意大利的帕埃斯图姆，喜剧活动是瓶画画家最喜爱的主题之一。他们描绘的演员们戴着面具，穿着奇装异服，特别是他们塞满填充物的肚子、臀部以及放大的生殖器。这些瓶画展示了一个在很大程度上依赖视觉笑料的滑稽戏和闹剧的戏院（图2.33）。

唯有阿里斯多芬（公元前445—前388）的喜剧作品才幸存下来，而他44部戏剧中，留传下来的只有11部。《吕西斯特拉忒》是最著名的一部。两性关系在其中表现明显，就连现代观众也会感到惊讶。故事发生在伯罗奔尼撒战争时期，一位雅典妇女说服雅典和斯巴达的女人拒绝给丈夫以性爱，除非两地男子签署一份和平条约。这部戏剧首次演出是在公元前411年，此时离斯巴达击败雅典还有七年。它有其严肃的一面，那就是乞求雅典人和斯巴达人记住他们共同的传统，放下武器，和平共处。不管这个黑暗的背景，

图2.33 描绘一出喜剧的红色双耳喷口杯，发现于帕埃斯图姆，意大利，大约公元前350年。柏林国家博物馆藏。在一个有柱子支撑的舞台上，左边是背景幕，几个强盗试图将一个男人从他的保险柜上拉开。

这部戏剧的表演对雅典观众来说一定看起来很荒谬、很滑稽可笑，他们不知道他们未来会怎么样。

悲剧 古希腊剧作家更擅长悲剧创作。正如喜剧一样，悲剧的基础在于冲突，但是作品里的张力是悲剧的形式——谋杀和复仇、犯罪和惩罚、骄傲和谦卑、勇气和胆小——拥有更加严重的后果。悲剧经常探讨人类生活能够达到的身体上和道德上的深度。悲剧的形式也有其来自酒神祭祀仪式的起源——这个名字本身从希腊语 *tragoidos* 发展而来，它指半人半兽的"羊人歌"（goat song）——而且悲剧的目的严肃性并不与其根源相冲突。狄奥尼索斯也是不朽之神，而且之所以对他狂热崇拜，就是他承诺追随者死后会赋予新生，就像葡萄藤自己年复一年重生一样。如果说悲剧有一个主题的话，就是死亡——活着的人能从死去的人那里学到的教训。

最初在酒神祭祀仪式里的歌队结构保留下来了，成为悲剧的一个重要元素。泰斯庇斯（*Thespis*）于公元前6世纪首次登台扮演角色，他重新定义了歌队的作用，悲剧演员（*Thespian*）一词就源于该悲剧作家兼演员的名字。首先，演员会问歌队一些问题，可能是"告诉我下面发生了什么"诸如此类，但是当两个、三个而且有时候是四个演员出现在舞台上时，歌队开始评论他们之间的相互作用。这样，歌队起到了一个作为演员和观众之间纽带的经典功能。尽管到公元前4世纪，歌队的角色明显削弱了，但是它仍然是人们象征性的声音，表明他们的表演对整个团体来说非常重要。

古希腊悲剧经常关注个人和他或她的团体之间的摩擦，而且从一个更高的层次来说，是团体和诸神愿望之间的摩擦。这种冲突表现在戏剧里的主角或是主要的角色的弱点或是"悲剧性缺陷"，将这个角色带入代表相反意愿的团体，诸神或某个敌人的冲突里。表演发生在一天里，促成下面发生的危险的单一事件的结果。因此，观众感觉即时经历了这个表演，好像直接参与并受到了戏剧表演的影响。

在暴君佩西斯特拉托斯统治时期，所有戏剧的表演都正规化了。一年一度的悲剧表演的竞争节日，称

为"城市狂欢"，在每年的三月，葡萄藤又恢复生命的时候举行，为期一周。而喜剧的一个独立节日发生在一月。在"城市狂欢"上，戏剧表演四部一组——四联剧——都出于同一个作家，其中三部是悲剧，在白天表演，第四部是羊人剧，在晚上表演。现场观众有1.4万之多，而且观众的反应能够决定哪些戏剧可以获奖。奴隶、外邦人和妇女在公民旁边评判这些表演。

尽管很多古希腊剧作家都写了悲剧，但只有埃斯库罗斯、索福克勒斯、欧里庇得斯的作品才流传至今。埃斯库罗斯（约公元前525—前456）的三部戏剧称为《俄瑞斯忒斯》，形成了他四联剧里唯一完整的悲剧三部曲。这些戏剧讲述了迈锡尼国王阿伽门农被其通奸的妻子克吕泰莫斯克拉杀害后，他的孩子俄瑞斯忒斯和厄勒克特拉哀悼并为他复仇的故事。索福克勒斯（约公元前496—前406），剧作家、雅典城邦的财务主管、伯里克利麾下的一名将军、伯罗奔尼撒战争中雅典财政顾问，几乎是公元前5世纪雅典的一个传奇人物。他总共写过超过125部戏剧，只有7部现存完整，而且他在"城市狂欢"上得过18次奖。在《俄狄浦斯王》里，索福克勒斯戏剧化地向我们讲述了在古希腊中部东边的一个城邦底比斯的国王如何误杀他的父亲并娶了他的母亲，最后自残失明以补偿他犯下的弑父乱伦的罪恶。在《安提戈涅》里，他戏剧化地呈现了俄狄浦斯的女儿安提戈涅与其舅舅克瑞翁、继承俄狄浦斯王位的残暴国王之间的斗争。安提戈涅极力争取她享有的民主权利，作为个人履行其家庭职责，即使这违背了克瑞翁所辩护的城邦利益。她作为一个女人的地位使得她的困境加倍复杂。三位剧作家最年轻的一位，欧里庇得斯（约公元前480—前406），于伯罗奔尼撒战争期间创作了大量剧本，将舞台带到了一种标准的怀疑论的阶段。他共创作了90部作品，流传下来的有18部，但是他只在"城市狂欢"上得过4次奖。可能他的作品激怒了很多保守的雅典人，这就是为什么他在公元前408年离开雅典去马其顿的原因。《特洛伊妇女》于公元前415年被搬上舞台。例如，他在里面不以为然地描述了古希腊对特洛伊妇女的奴役，很明显地映射了那个时代雅典占领米洛斯后对那里的妇女进行的暴虐。

表演场地 在佩西斯特拉托斯暴政期间，所有戏剧都是在集会所（一个露天的区域）里表演，这块地方叫乐池或"舞池"。观众坐在可移动的脚手架上的木制长板上。在公元前5世纪，有时候脚手架会倒塌，很多人受了伤。雅典人建了一个新的剧院（theatron，指"观看场地"），献给狄奥尼索斯。雅典人将其建在远离集会所的雅典卫城边上，帕特农神庙下面的山坡上。从建筑结构上来说，它颇似公元前3世纪初在埃皮达鲁斯（图2.34和图2.35）建成的剧院，该剧院是迄今保存得最好的古希腊剧院。乐池已经被改造成一个圆形的表演场地，两边连着叫"背墙"的入口通道，歌队可以从这个通道进入乐池。在乐池后面是一个抬高的平台，叫"舞台前部"，即演员表演和悬挂幕布的地方。在舞台后面是"景屋"，字面意思是"帐篷"，最初是演员换服装和面具的房间。久而久之，它被改造成了一个建筑，有两层楼高。站在顶部的演员可以扮演成神看着下面的表演。到欧里庇得斯时期，它里面放了一个旋转的平台，能够突然把室内空间展现给观众。

艺术家一般会被雇用为舞台场景和道具布置绘画，而且证据显示他们至少得对透视画法有基本的了解（虽然直到公元前300年左右，欧几里得才在其《光学》一书里阐释了要实现透视空间所需的几何学知识）。就像在雕塑上一样，他们的目的在于尽可能地接近现实。我们从文学资料里了解到，画家宙克西斯在公元前5世纪"发明"了画出人物阴影或重塑人物的方法。传说有一次，他画的葡萄如此自然、逼真，竟吸引鸟儿前来啄食。戏剧的背景布置至少能够达到一种自然主义的程度。

图 2.34　埃皮达鲁斯剧场，公元前 3 世纪早期。这个剧院因他民主的设计出名——不仅每一个观看者平等地被安置在很好的位置上，而且空间的音响效果也是无与伦比的。一个坐在最顶端一排的人也可以在演奏这管弦乐时候，听到大头针掉到地面的声音。

希腊化的世界

古希腊剧院富有感情的戏剧和音乐的感官魅力体现在文学上，有时候相比于古典艺术的平衡和谐，更倾向于尽可能多地重视情感的表达。在公元前 4 世纪和 3 世纪的希腊化时期，文学上不断试图了解的真理不再是理想主义的和普遍的，而是越来越经验主义的和个人的。这种改变在亚里士多德（公元前 384—前322）的新经验主义哲学上表现得很明显。他深入探究那个排挤或至少挑战柏拉图的理想国的现实世界的运行方式。然而，在很多方面，这种新的审美标准的支配地位归因于这个大胆的、勇敢的、纯粹的让人敬畏的人物的力量，马其顿的亚历山大，即"亚历山大大帝"（公元前 356—前 323）（图 2.36）。亚历山大唤醒的不仅是戏剧观众，还有整个民族的，甚至是整个西方世界的情感和想象力，并且创造了一种财富，将希腊化时代树立成一个楷模，西方世界的所有文化都以它为权衡的标准。

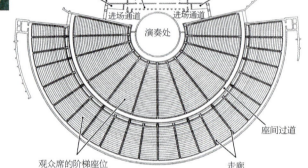

斜坡　　舞台　弧拱　　斜坡
进场通道　进场通道
演奏处
座间过道
观众席的阶梯座位　　走廊

图 2.35　埃皮达鲁斯剧场平面图，公元前 3 世纪早期。

图 2.36　亚历山大大帝头像，贝加蒙王国雕刻的头像，约公元前 200 年，**可能是依据留西波斯公元前 4 世纪的雕刻的原件仿制的。**大理石。高 41 厘米。土耳其伊斯坦布尔考古博物馆藏。传统上，亚历山大被描绘成超越于现世，着眼于更伟大事业的君主。

亚历山大帝国

亚历山大是马其顿腓力二世的儿子。马其顿是希腊北方一个相对落后的国家，居民讲的是一种希腊方言，雅典人完全听不懂。伯罗奔尼撒战争后，希腊城邦陷入混乱。公元前338年，腓力二世击败了雅典和底比斯联军，统一了除斯巴达以外的整个希腊。随后，他将注意力转向波斯。公元前336年，腓力二世被暗杀，但亚历山大很快控制了局势。

在征服底比斯的两年里，亚历山大越过了达达尼尔海峡到达亚洲，在伊苏斯（今土耳其伊斯肯德伦的北面）战役中击败了波斯帝国大流士三世。伯罗奔尼撒战争时期，波斯人与马其顿为敌，可以说，这场胜利延续了腓力二世复仇波斯并征服亚洲的计划。公元前332年，亚历山大征服了埃及，在尼罗河三角洲建立了以他的名字命名的亚历山大城。然后挥戈折回，进军美索不达米亚，再次击败大流士三世，之后未遇任何抵抗就攻陷了巴比伦和苏萨。他特地为阿卡德的神灵马杜克献上非常体面的祭品，因而得到了当地人的尊重。之后，他挥师直捣波斯帝国的首都波斯波利斯，在劫掠皇家财宝之后，纵火焚毁了王宫，然后率军侵入今巴基斯坦境内。

亚历山大的目标是印度，他认为这个国家很小。他坚信只要越过印度，就能找到他称为"瀚海"的地方，就很容易乘船沿着航海线回家。公元前326年，他的军队进抵印度旁遮普。在他的指挥下，军队远征共计1.8万余千米，所向披靡，一路灭掉许多古代帝国，但同时也建立了很多城市（公元前320年前后，无数以亚历山大命名的城市遍布他所征服的各个角落），并且建立了当时世界上最庞大的帝国。

公元前326年，亚历山大和他的军队抵达了印度河岸，邂逅了他以前一直痴迷的文化。传闻他的老师亚里士多德与以前的希罗多德一样，都把印度描述为东方最遥远的大陆，在它的尽头就是围绕世界的无边无际的"瀚海"。亚历山大第一站驻扎在塔克西拉（今巴基斯坦伊斯兰堡北32千米）。塔克西拉国王盎庇斯奉上白银200塔兰特、牛3000头、绵羊10000只、

大象30头欢迎他的到来，并支援他700名印度骑兵和5000名步兵。

亚历山大在塔克西拉的时候，他与印度哲学家卡拉努思相识。从卡拉努思和他同时代的印度哲学家的身上，亚历山大见识了他敬重的智慧与学识，这不禁让人想起古希腊的哲学成就。亚历山大与他们的相识代表了在漫长的历史长河中东西文化融合的先河。

但在印度，他的军队遭遇了战象，它们庞大的身躯让军队难以应付。不过，在塔克西拉的东部，亚历山大的部队还是设法打败了拥有200头战象的印度国王波鲁斯的军队。谣传亚历山大下一个要征服的对手就是更往东的恒河王国。这个王国拥有一支由5000头战象组成的军队。亚历山大恳求他的将士："生而神圣的狄俄尼索斯遭遇过艰难险阻，我们已经超越了他！前进吧，征服亚洲其他地区，将它纳入我们帝国的版图！"但他的军队拒绝服从命令。于是，他的征战到此结束，亚历山大独自一人，乘船沿印度河顺流而下，建立了一座城市，后来称为卡拉奇。在归途中，他在巴比伦发了高烧，于公元前323年病逝。亚历山大的一生是短暂的，但是他对艺术的影响恒久不衰。

迈向希腊艺术：古典主义晚期的雕塑

亚历山大时期，雕塑之风日益盛行。自公元前404年雅典被斯巴达击败以来，希腊艺术家继续传承菲狄亚斯和波留克列特斯的古典艺术风格，但是他们也以细微、新颖的方式对古典风格稍加修饰，尤其著名的就是他们越来越偏向于雕刻处于安静状态的男女雕像，所雕塑出的人物有时幻想，有时沉思。这样的风格不断替代了公元前5世纪时的古典主义的尊贵和超俗的特征，也逐渐转向对神的描绘。那时最负盛名的雕塑家有留西波斯、普拉克西特利斯、史诃珀斯。尽管史诃珀斯以雕刻生动、情绪饱满的浮雕闻名天下，但他的作品几乎都未能幸存下来。而前两位的作品就相对更为大众所熟知。

留西波斯的英雄雕塑 亚历山大聘任雕塑家留西波斯（活跃于公元前4世纪）负责他所有的肖像雕塑。

尽管亚历山大早年曾残酷迫害底比斯人民，但希腊人民还是广泛尊重他。当这位青年帝王还在世之时，颂扬他的雕塑就风靡起来，在他死之后，其风更甚。而这些雕塑均以留西波斯的原件为模型。亚历山大很容易辨认：凌乱、飘逸的长发，炽热炯炯的目光，微翕的嘴唇，微微倾斜的脖子，警觉的头脑（图2.36）。

留西波斯将他的英雄戏剧化。换言之，他不仅尽可能地通过自然主义的手法描绘亚历山大，还尽力使雕刻鲜活灵动起来，使其富有生机；他也竭一切所能把亚历山大理想化。亚历山大雕像虽多，但塑造得很类似，这是有意识地在宣传他。在他征战的早年，这位年轻的英雄就称自己为"亚历山大大帝"，留西波斯的工作就是体现这种伟大。留西波斯挑战波留克列特斯创造的有关比例的古典法则，用比例较小的头部，更修长的身躯让他的英雄雕塑更加伟岸。事实上，他将这种古典传统移植到雕塑中，并开始探究新的可能，这种新的艺术形式正是古希腊艺术的标志性特征：富有生气、浓厚的戏剧色彩、复杂的内心活动。留西波斯曾创作过雕塑《刮汗污的运动员》（图2.37），但已失传，而我们今天所见到的是后来罗马人的一件复制品：一位运动员正在用刮身板刮去身上的油和泥土。与波留克列特斯的《荷矛者》相比，《刮汗污的运动员》雕塑的男性身材更加修长，腿更细长，上身更短。因此，即使两个雕塑高度几乎一样，但后者似乎更高。《刮汗污的运动员》的胳膊抬离胸前，观看者从两侧和前面均可欣赏该雕塑。他看上去毫不在意周围的环境，好像还沉醉于刚才的竞技表演。总之，不管是生理上还是心理上，《刮汗污的运动员》都非常超脱，完全不受所处空间的限制。

普拉克西特利斯的性感雕塑　公元前4世纪，与留西波斯齐名的最伟大的雕塑家是雅典的普拉克西特利斯（活跃于公元前370—前330年）。精湛技巧使他成为雅典位列前300位的富人之一，但他也风流成性。尼多斯港位于小亚细亚，是斯巴达的殖民地，那里的市民请他为城市造一尊守护女神阿佛洛狄特，保佑海员和商人平安。普拉克西特利斯应允了，但塑的

图2.37　刮汗污的运动员，留西波斯，约公元前350—前325年，原始的希腊青铜制品的罗马复本。大理石，高203厘米。老普林尼在1世纪他的著作《自然历史》中写到，留西波斯"雕塑的这个陶瓷头比过去的雕塑要小一些"。事实上，与波留克列特斯的古典主义比例1:8相比，留西波斯的陶瓷头与身体的尺寸比例为1:9。

却是一尊爱之女神阿佛洛狄特,图 2.38 所展示的就是后来罗马人根据他的原件雕出的复制品。

她在淋浴,左手拿着浴袍。整个雕塑实则是在尽情地宣扬身体之美,通过女性的形体反映了对身体尊严的人文鉴赏(当时尼多斯港发行了一种硬币,上面就有这位女神的肖像。钱币上的姿势显然没有罗马复制品中的那么保守,她的右手没有遮盖住她的生殖器)。这尊雕像使尼多斯港名噪一时,游人纷至沓来,特地去看这尊雕像。据罗马学者老普林尼的历史记载,女神像被供奉在一个圆形的寺庙中,从任何一个方位都清晰可见,因而很快成了宗教关注的对象,也成了公开的性崇拜。人们为何如此这般,是很难根据非常机械的罗马复制品来推测的,毕竟原件早已遗失。

普拉克西特利斯的《尼多斯的阿佛洛狄特》是希腊雕塑史上第一尊全裸女性雕塑,这或许是它造成如此轰动的原因所在。它的名声大大提升了人们对女性裸体的认识——从低俗的符号到美甚至是真理的化身。荒谬的是,它也是早期旨在吸引被艺术史学家所称为的、视女性为性爱对象的"男性凝望"的艺术作品之一。普拉克西特利斯刻画女性裸体的标准成为古代遵循的标准:宽臀、小胸、椭圆脸、中分头发。

亚里士多德:遵循自然世界

究竟是什么促使了留西波斯和普拉克西特利斯的雕塑如此戏剧化和人性化,我们只能猜测,但很有可能是亚里士多德(公元前 384—前 322)的美学思想起到了关键作用。亚里士多德是柏拉图的学生。前面讲过,柏拉图认为,所有现实仅仅是更高深的、精神事实的反映,也是我们只能通过哲学思考才能瞥见的更高维度的"理想"(Ideal Forins)。

对此,亚里士多德并不赞同。现实不是理想的反映,而是存在于物质世界本身。遵循物质规律,就能逐渐发现普遍真理。因此,亚里士多德为了发现事物的本质,开始观察、描述世界的方方面面。他观察世界的方法被称为"实证调查"。尽管他没有创造出一种正式的科学方法,但是他和其他早期的实证主义者

图 2.38　尼多斯的阿佛洛狄特,普拉克西特利斯,由罗马人根据约公元前 350 年的原件复制而成。梵蒂冈博物馆藏。大理石,高 203 厘米。该雕塑的头部是罗马人的复制品,身体也是复制品。阿佛洛狄特的右前臂、右手、头、左胳膊以及小腿都是 17、18 世纪修复过的。有理由相信,原作中她的手不会如此端庄地摆在这样的位置。

确实树立了验证他们关于自然世界理论的步骤，经过岁月的洗礼，这也促成了培根、伽利略、牛顿等人伟大的科学发现。亚里士多德研究生物学、动物学、物理学、天文学、政治学、逻辑学、伦理学和各种文学流派。基于他对月食的观察，他早在公元前350年就得出结论，地球是球形的，这也可能是激励亚历山大越过印度然后乘船返回希腊的原因。在他的《动物志》中，他描述了500多种动物，包括很多他亲自解剖的动物。事实上，亚里士多德对海洋生物的观察日志直到17世纪也是无与伦比的，即使19世纪的达尔文仍然对此异常崇拜。

他也很明白建立合理的假说以解释各种现象的重要性。他的《物理学》就是要试图界定支配物质行为的基本原理——质量、移动、物质存在、自然多样性的本质。亚里士多德的哲学核心就是同一性与差异性的关系问题（碰巧，这也是本书的指导原则——人文艺术的延续与演变理念）。为了合理地探究这个世界，我们必须能够说清楚什么是一个事物，什么组成了它，什么使它与世界上的其他事物相分离。换言之，我们称其为物质或实体本质的原因是什么？举个例子，能否称之为"人"并非取决于头发是否变白了。这种偶然的变化无关紧要。同时，我们在自然世界的经验启示我们，任何合理的解释均需我们承认过程与变化——四季更替，随着年龄的增长，知识积累越丰富，理解也随之变化。对亚里士多德来说，任何事物的描述必须包括两方面：我们必须能够说明，在保持其本质属性的前提下，事物经历了哪些变化。按照这样的原则，亚里士多德开始研究各类事物的表现形式——从政治到人类环境——潜心探究是什么构成了事物的本质。

亚里士多德的诗学 构成文学艺术（尤其是戏剧）的本质是什么？这一问题让亚里士多德非常着迷。像所有希腊人一样，亚里士多德非常熟悉埃斯库罗斯、欧里庇得斯、索福克勒斯的戏剧。在《诗学》一书里，亚氏将文学艺术定义为"对整个情节的模仿"。一个完整的情节或是以危机结束的一连串事件，都给戏剧一种整体性。同时，他认为模仿使心灵更贴近普遍真理，这一观点与柏拉图相反，后者认为模仿是有失身份、屈尊人格的。

在《诗学》中亚里士多德表达的最重要的思想是情感宣泄，即洗涤、洁净灵魂。戏剧中的净化，不是悲剧英雄经历了净化，而是观众。观众的净化经历正是一种变化，这种变化常常伴有一种理解。在戏剧中，使观众心灵变化的是他们经历了人类环境的普遍性，即究竟是什么因素造就了人以及人的缺点和优点。一看到舞台上的情节，观众完全沉浸在"恐惧与悲悯"之中。柏拉图坚信，这两种情绪非常有害，但亚里士多德却认为观众对舞台上主人公的悲惨经历的情绪反应是他们战胜人类脆弱、性情不定的净化良药。悲剧中的故事情节是普遍的，观众明白这样的情节随时都可以发生在任何一个人的身上。

黄金中道 在亚里士多德的哲学里，诸如情节与时间的统一、零碎片段的有序编排、适当比例等古典主义美学元素都对伦理产生了影响。他的哲学论证方法的基础是三段论，即由大前提和小前提推导出一个结论。最著名的三段论推理如下：

> 所有人终有一死；
> 苏格拉底是人；
> 所以，苏格拉底终有一死。

在为儿子尼各马可编写并由其儿子编辑的著作《尼各马可伦理学》中，亚里士多德试图一劳永逸地解释，希腊社会从城邦时期开始就一直在追求好生活，这一论证的三段论推理如下：

> 获取幸福的方式就是要追求道德真理；
> 追求好生活就是获得幸福；
> 因此，好生活包括对道德真理的追求。

亚里士多德认为，好生活只能通过平衡行为才可获取。传统上，人们将这种平衡行为称为"黄金中道"（Golden Mean），大体相当于中国人所说的"中庸之道"。请注意，"黄金中道"并非亚里士多德的用语，而是出自后来罗马诗人贺拉斯，它的意思是指两个极端行为之间都有中间立场。亚里士多德用这一理念教诲他的学生亚历山大大帝：懦弱与蛮勇的"黄金中道"就是勇气。像文学艺术作品一样，人也是通过行为被定义的："正如一位笛子演奏者，或一位雕塑家，或一位工匠，甚或任何一个有特定才能的人，看上去似乎都与人类同在……人类的才能就是灵魂的'行为'，它与理性一致。"如同"好的艺术家……都会在他们的作品中体现艺术的黄金中道"，人的灵魂也在寻求道德的黄金中道。

尽管亚里士多德的思想里充满着权衡与节制，但是在希腊文化里并没有必然反映出这位举足轻重的哲学家的均衡策略。在他强调的情感宣泄（即经历"恐惧与悲悯"以促使观众改变的价值）中，亚里士多德引入的种种价值观可以说是从公元前323年至前31年期间希腊化时期的时代特征。那一时代以亚历山大之死为起点，以亚克兴海战为终点，在许多人看来，亚克兴海战标志着罗马帝国的开始。

亚历山大港

亚历山大所到之处建立了无数城市，最壮观的一座城恐怕要数埃及的亚历山大港市了。亚历山大大帝将其建立的所有城市都看作文化中心，它们后来成为贸易和人才汇聚的枢纽，希腊文化也从这里向四周传播。亚历山大港远远超出了亚历山大大帝的预期。

这个城市的统治家族是托勒密世家，托勒密是亚历山大的挚友和麾下将军托勒斯一世的继承人，他在这个城市建立了世界上第一个博物馆。英语中Museum一词源于希腊语mouseion，意为"缪斯神庙"，常被认为是学者和学生聚会的地方。附近有当时世界上最大的图书馆，馆藏70万册图书，规模超过了贝加蒙图书馆。据后来的史学家普鲁塔克记载，该图书馆毁于公元前47年，尤利乌斯·恺撒下令向托勒斯王朝的军舰开火，风助火势蔓延到仓库和造船厂。现在我们知道，图书馆还是幸存了下来，因为在公元前二十

几年的时候罗马地理学家斯特拉博就曾在此工作。这里收藏了希腊文明的伟大著作、柏拉图和亚里士多德的著述，以及伟大的悲剧家埃斯库罗斯、索福克勒斯、欧里庇得斯和喜剧作家阿里斯多芬的剧本。受到城市崇尚知识的激励，伟大的数学家欧几里得在此系统阐述了有关平面几何和立体几何的诸多定理。

整座城市都由亚历山大大帝的御用建筑设计师狄诺克拉底（出生于希腊罗得岛，公元前4世纪名噪一时）设计，城市呈网格状布局，有城墙环绕，在主要干道的尽头开有四个大门方便出入。亚历山大市得到上帝垂青，拥有三大良港，其中一个与尼罗河相连，它将尼罗河流域大量的农产品转运到世界各地。它还是一座大都市，就城中居民的民族多样性而言，远超希腊黄金时期的雅典。到公元前1世纪末，它的人口接近100万人，商业活动繁盛，银行进行各种交易。犹太人、非洲人、希腊人、埃及人以及来自小亚细亚的各个种族和部落，尽管民族背景不一，都为了赚钱而汇集于此。

希腊和埃及文化渐渐融合。当年亚历山大在班师回朝中病故，他麾下的将军，后来成为埃及国王的托勒密一世（公元前323—前285年在位）本打算率亚历山大大帝的送葬队伍和灵柩回到马其顿，后来却转向了埃及，这一事件更加推动了希埃文化的融合。无论是将亚山大大帝葬于孟斐斯或者亚历山大城（他的坟墓从未被发现），托勒密保证这个城市永远崇拜亚历山大大帝。在卢克索，坟墓上的装饰就是按埃及法老传统的角色和风格来表现亚历山大大帝的。

贝加蒙：希腊文化之都

亚历山大驾崩之时，没有指定任何继承人，他麾下的三位大将军将他的帝国一分为三：马其顿王国（包括整个希腊），托勒密王国（埃及）和西流基王国（今叙利亚和伊拉克）。但是在安纳托利亚西部，还有一个较小的王国贝加蒙（今土耳其帕加马）很快声名鹊起，成为希腊文化中心。在原马其顿帝国将军阿塔洛斯的后裔阿塔里家族的统治下，贝加蒙最初是按宝库而建的，里面收藏了亚历山大大帝在征战过程中积累的大

量宝物。从表面上看，贝加蒙由西流基王国控制着。但是，在欧迈尼斯（公元前263—前241年在位）领导下，贝加蒙获得了真正的独立。

贝加蒙图书馆　阿塔里家族创建了一个大型图书馆，收藏了20余万件作品，大多是古典时期的雅典之作。作品被抄写在羊皮纸上，"羊皮纸"（parchment）一词源于希腊语 *pergamene*，意思就是"来源于贝加蒙"，指鞣制皮革。贝加蒙积累的巨额财富使得阿塔里家族可以大把大把地花钱，用艺术和建筑来装扮他们的卫城，特别是在欧迈尼斯二世（公元前197—前160年在位）统治下，建筑项目盛极一时。正是欧迈尼斯二

世建立了图书馆、剧院和体育馆。现藏于柏林的宙斯祭坛（图2.39）的修建也可能与他有关。

新型的雕塑风格　宙斯祭坛上装饰有自帕特农神庙以来规模最宏大的雕塑，但与帕特农神庙不同的是，它的饰带高约230厘米，与观者的眼睛在视觉上处于同一水平高度。它的主题是神话中的诸神与巨人为了主宰世界而进行的战争。巨人们被描绘为像蛇一样的身躯，蜷缩在得意扬扬的胜利诸神的脚下（图2.40）。这些人物是希腊化时期雕刻艺术的典型代表，它依赖于表现主义烘托效果，试图引发观者情感上的共鸣。留西波斯雕刻的艺术效果大大提升了一种戏剧化的感

图2.39　宙斯祭坛前门（重建），贝加蒙，约公元前165年。大理石，柏林国立文物博物馆，贝加蒙博物馆藏。进入祭坛的石阶入口宽约21米，高约9米。台阶上层处有爱奥尼亚柱。与饰带位于柱廊顶端的帕特农神庙不同的是，观众面对宙斯祭坛时，第一眼看到的是饰带本身，近200个形态各异、活灵活现的人物形象相互交织，吸引着观者的注意力。

图2.40 宙斯祭坛东部雕带细部，贝加蒙，约公元前165年。 在这一形象塑造中，雅典娜抓住一个鸟翼蛇尾的怪物的头发。这个怪物被认为是大地女神盖娅之子阿尔基尼奥斯。右边的大地女神从地面上站起来，为她的儿子复仇。在大地女神身后，长着翅膀的胜利女神奈基（Nike）飞向雅典娜来助她一臂之力。

觉。古典时期的艺术家寻求平衡、秩序和比例，而在宙斯祭坛上的饰带中，身体扭曲、用力猛推、大步跳跃的各种人物雕塑强调了似乎要将他们相互推开的一种对角力。旋转的身体和帷帐来回穿行于雕塑空间内外，动感十足。浮雕也是三维的，光与影强烈对比更增添了戏剧化的效果。重要的是，饰带试图要激起亚里士多德在其《诗学》中所说的导致情感宣泄的恐惧和悲悯，而非古典传统中的理性秩序。

浮雕的设计主要是为了庆祝贝加蒙成为希腊文化新的中心，它的声望也就是"新雅典"的声望。为此目的，很多当局者都认为浮雕应该描绘阿塔里战胜高卢人和"野蛮"的中欧凯尔特人这一事件。高卢人不说希腊语，凯尔特人早在公元前300年，就越过马其顿，向南迁移，并最终在贝加蒙的东部加拉提亚定居下来。约公元前240—230年，阿塔洛斯一世（公元前241—

前197年在位）击败了高卢人。正如雅典人在帕特农神庙中暗示文明与残忍之间的较量以及野蛮的入侵者那样（图2.32），贝加蒙人也通过描绘无腿的蛇形巨人暗示高卢人的野蛮以及他们根本无法达到阿塔里胜利者的高度。

另一希腊化时代的雕塑萨莫特雷斯胜利女神（图2.41）也值得特别关注。尽管很多人都认为萨莫特雷斯胜利女神很可能是用来庆祝海战的胜利，但可信的证据表明，这尊雕塑可追溯至公元前300—公元前31年。它（除了一只手以外，没有头和胳膊）最初是放立在一艘船的船头上，这艘船戏剧地矗立在爱琴海北部萨莫特雷斯岛的峭壁顶部的一池清水中。大步向前飞奔的姿势、张开翅膀所形成的开放姿态、被海风吹拂的衣服所形成的流畅有力线条形成了戏剧化的平衡。当灯光透过这尊雕刻的女神时，更烘托出羽毛、

组织、肉体的对比结构。和宙斯祭坛一道，这尊雕塑反映了艺术的新方向。这种新型艺术不仅关注非希腊臣民，如高卢人和特洛伊人，而且古典主义艺术的冷静和矜持也已消失，取而代之的是探索人类经历的情感的自由。

图2.41 萨莫特雷斯胜利女神像，萨莫特雷斯岛诸神殿，约公元前300—前190年。巴黎卢浮宫藏。大理石，高246厘米。1863年，由一群法国探险家发现，胜利女神看上去如此亲近与鲜活，以至于观看者甚至可以感觉到强劲的海风吹拂过她的身体。

延续与变化　罗马与其希腊文化遗产

　　罗马的起源要追溯到特洛伊战争结束时，战争英雄埃涅阿斯远航为他的人民找到了新的家园。罗马诗人维吉尔（公元前70—前19）在他生命的最后十年撰写了史诗《埃涅阿斯纪》。史诗中，他歌颂了埃涅阿斯的征途，描述了众神是如何帮助希腊人民惩罚特洛伊祭司拉奥孔以警告特洛伊人不要接受希腊人的"礼物"——木马：

　　我现在回想起这件事都觉得毛骨悚然——沿着平静海面匍匐着一对巨大无比的水蛇，并排向海岸游来。两条蛇就直奔拉奥孔而去；先是两条蛇每条缠住拉奥孔的一个儿子，咬它们可怜的肢体，把他们吞吃掉；然后这两条蛇把拉奥孔捉住，这时拉奥孔正拿着长矛来救两个儿子，蛇用它们巨大的身躯把他缠住，拦腰缠了两圈，它们披着鳞甲的脊梁在拉奥孔的颈子上也绕了两圈，它们的头高高昂起。这时，拉奥孔挣扎着想用手解开蛇打的结，他头上的彩带沾满了血污和黑色的蛇毒，同时他那可怕的呼叫声直冲云霄，就像神坛前的一头牛没有被砍中脑袋而只砍中了肩头一样，把斧子从肩上抖掉，边跑边吼。

这很可能是因为维吉尔在写《埃涅阿斯纪》的时候已经看到了雕刻于公元前150年的《拉奥孔和他的儿子们》的雕塑（图2.42）（有些人认为该雕塑是一件复制品，原作已遗失，它是于1506年在古罗马皇帝提图斯［公元79—81年在位］的宫殿废墟里发现的）。无论是哪一种情况，雕塑的戏剧性和表现性都是纯粹的古希腊风格。因此，它复杂交织的元素和起伏的曲线让人联想到位于贝加蒙宙斯祭坛的雕带上的雅典娜与怪物激战的情形（图2.40）。

事实上，虽然罗马在公元前146年征服了希腊（大约是在《拉奥孔和他的儿子们》被雕刻的年代），但至少可以说希腊在文化上"统治"了罗马。罗马文化完全是希腊化的——几乎从一开始，它就模仿希腊塑造自己的形象。事实上，本书中再现的许多希腊艺术的作品根本不属于希腊，而是不久后，罗马人对希腊原始作品的模仿。国王奥古斯都（公元前27—14年在位）试图将罗马变成伯里克利统治的雅典的样子。留西波斯的雕塑深受国王提比略（公元14—57年在位）的喜爱，他把雕塑移到自己的卧室，不再公开展览。这一举动激怒了大众，人们认为雕塑是属于大家的，而不是国王一人的。国王被迫将雕塑重新放回公共场所。后来罗马帝国国王，特别是卡利古拉和尼禄，为了艺术作品，劫掠了特尔菲和奥林匹亚。

最终，令罗马人最引以为傲的并非他的艺术作品，维吉尔在他的史诗中写道："毫无疑问，这里还有其他一些人将铸造出充满生机的铜像，造得比我们高明。"

他总结道：

　　……但是，罗马人，你记住，你应当用你的权威统治万国，这将是你的专长，你应当确立和平的秩序，对臣服的人要宽大，对傲慢的人，通过战争征服他们。

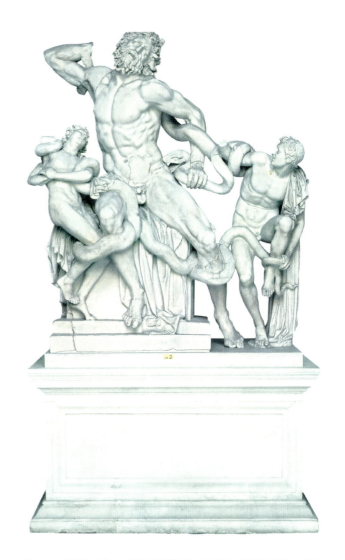

图2.42　罗得岛上的三位雕塑家桑德罗斯、波利多罗斯和阿塔诺多罗斯之作《拉奥孔和他的儿子们》，希腊化时代，公元前2—1世纪，原作的大理石复制品，罗马，公元1世纪。大理石，高21.6厘米。庇奥·克莱门提诺美术馆，梵蒂冈博物馆藏。老普林尼把此雕塑归功于罗德岛的三位艺术家。如果这是一件原作遗失后的复制品（学者仍各持己见），它可能是受到了维吉尔史诗的启发。

第 3 章 | 帝国

古罗马、古中国和古印度的城市生活与王权

萨穆加迪（今阿尔及利亚的提姆加德）是为数不多的被完整发掘出来的罗马帝国时代的城镇之一。与其他任何一个罗马时代的城市（包括罗马古城）一样，这座城市的遗迹向我们讲述了与罗马文明有关的大量史实。该城建于公元100年左右，是罗马帝国为征战非洲的罗马军团的退役军人建造的聚居地。在几百年的时间内，罗马城在历代皇帝的统治下无计划地随意发展着，而萨穆加迪却是个全新的城市，它是城市杰作的典范，具有罗马时代井然有序的布局意识。它正是基于罗马军营严格的方格式布局，横跨东西和纵贯南北的两条大街将城市分成四个部分，宽阔的大街两边是一排排圆柱（图3.1）。在两条大街的交会处是一个公共广场。该城有111个街区，生活设施一应俱全：14个公共浴室、一个图书馆、一个剧院和几个市场（包括一个只卖服装的市场）（图3.2）。

萨穆加迪是罗马帝国有意识地要将世界"罗马化"的产物。约公元前3世纪中叶，罗马已经开始寻求控制整个地中海盆地和那里的财富。帝国的军事征伐促成了这些城市的建设，市内有圆形大剧场、神庙、拱门、道路、要塞、高架引水渠、桥梁和各种纪念碑。从北部的苏格兰到南部撒哈拉沙漠的绿洲，从西部伊比利亚半岛到东部的小亚细亚以及更远的底格里斯河流域，各地的贵族接受了罗马的风俗。罗马法律管辖着每一个区域。罗马是文化的中心，周边各民族则效仿它。

罗马钦佩希腊的文化成就，从哲学到雕塑。罗马的艺术也源自希腊，但它也很欣赏自己的成就。在某些主要方面，罗马艺术不同于希腊前辈艺术。罗马艺术家表现的不是神话事件和神话英雄，而是真人真事，如将军和他们在军事上取得的丰功伟绩，还有领导人和已故公民的肖像画。他们认为国家是人民的守卫者，因而他们以艺术的形式歌颂国家的成就，以便让全世界都惊叹罗马帝国取得的辉煌成就。

本章把罗马文明的崛起追溯到公元前6世纪到公元313年左右的希腊和伊特鲁里亚（另译伊特拉斯坎）。

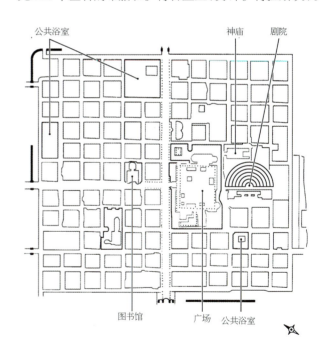

图3.2　萨穆加迪城市平面规划图，约公元200年。该城的设计象征了罗马人的理性与规划、高效与严密。

◀ 图3.1　萨穆加迪石柱廊大街，北非。远处是图拉真拱门，建于公元2世纪。萨穆加迪是公元1世纪为罗马第三军团的退役军人所建的聚居地。它表明罗马对其庞大帝国的各个角落都打下了深深的烙印。

公元313年，罗马皇帝把基督教定为国教。几乎与此同时，在中国和位于南亚次大陆的印度的河谷地区，也悄然兴起了中国和印度这样的大国。在这些地方，也诞生了民族文学、宗教和哲学。直到今天，这些宗教和哲学在世界范围都有很大的影响力。但在古代，东西方文化还没有碰撞。生活在地中海沿岸的、生活在黄河流域的和生活在印度河流域的人彼此隔绝。随着贸易路线越过亚洲大陆，不断到达更远的地方时，这些文化最终走在了一起。渐渐地，印度的思想，尤其是佛教，得以传入中国，而中国的商品也得以进入西方。中国和印度知识文化的发展，从道教到儒教再到佛教，都开始影响西方世界的文化实践。但本章所叙述历史时期上溯至公元200年左右，在这段时间内，中国、印度和西方的文化各自独立地发展着。

罗　马

罗马文化的起源来自两个方面：一方面源于希腊文化，早在公元前8世纪希腊人就控制了意大利半岛的南部海岸地区和西西里岛，他们的希腊文化为罗马人所汲取；另一方面源于伊特鲁里亚文化。伊特鲁里亚人是意大利本土人还是从近东迁徙过来的？对此问题，学者们仍在辩论，尚未形成定论。公元前9—前8世纪，伊特鲁里亚人因他们丰富的矿产资源为外界所知，公元前7—前6世纪，他们出口精致的彩陶（一种被称为buchero的黑色陶瓷器皿）、青铜器、珠宝、油和葡萄酒。到公元前5世纪，他们因其娴熟的青铜和彩陶雕刻技术而享誉整个地中海地区。

伊特鲁里亚人的家园伊特鲁里亚占据着意大利半岛的一部分，大致相当于今天的托斯卡纳地区。北有流经佛罗伦萨的亚诺河，南部紧邻流经罗马的台伯河。从地理上看，罗马文化本身就是从两种文化之间发展起来的，即南面台伯河地区的希腊殖民地文化和北方伊特鲁里亚定居点的文化。罗马城建在台伯河东岸的山上（准确地说，是七座山）。它低洼的地区多是沼泽，

易受洪灾，而山脊的高海拔之处并不易于建城。从地形上讲，在这里修建罗马城几乎是不可能的。而只有台伯河本身可以合理地解释为什么最初将罗马城选建于此，因为它是通往北方的贸易路线，向南可以通过奥斯提亚港出海。台伯岛也是如此，它紧邻波图努斯神庙，很早以来就是河流上的一个主要集散地。因此，罗马在地理上和文化上是伊特鲁里亚和希腊文化的交汇处。

关于罗马城的创建，有两个完全不相容的传说。第一个传说体现在维吉尔的史诗《埃涅阿斯纪》里。话说特洛伊战士埃涅阿斯在特洛伊战争后乘船漂洋过海，为他的人民建立了新的家园，于是就建立了罗马城（见第2章"延续与变化"）。另一说是伊特鲁里亚人修建的。相传有一对双胞胎婴儿罗穆卢斯和雷穆斯被丢弃在台伯河岸边，为一只母狼所救，母狼用自己的奶水喂养他们（图3.3）。由牧羊人养大后，双胞胎兄弟决定在它们被救的帕拉廷山上修建一座城（这个传说考虑了罗马城所建的位置，带有创世传说的色彩）。很快两兄弟为谁应当统治新城起了争执。在《罗马史》一书中，罗马历史学家李维（公元前59—17）简要地描述了随之而来的冲突：

图3.3　母狼，约公元前550—前480。青铜像，高约84厘米，意大利罗马市政博物馆藏。两位吮吸狼乳的小孩儿分别是罗穆卢斯和雷穆斯，是在文艺复兴的时候添加的。这是伊特鲁里亚青铜像，早已成为罗马的象征。它把野性的自然主义与用几何规则图形表现狼长鬃毛这种程式化的表现手法结合起来。

接着就是一场愤怒的争吵；狂怒导致了流血；在吵闹中，雷穆斯被杀。更普遍的说法是雷穆斯轻蔑地跳到新建的墙上，很快就被暴怒的罗穆卢斯所杀。罗穆卢斯声称："今后谁越我墙当同此下场。"罗穆卢斯因此成为唯一的统治者，而这个城市也以这位建立者命名。

根据传说，时值公元前 753 年。

共和时期的罗马

在维吉尔时代，希腊和伊特鲁里亚神话业已出现。因此，根据传说，埃涅阿斯的儿子在罗马南部建立了阿尔巴隆加城，相传在罗穆卢斯将其纳入罗马的控制范围内之前，它一直由世袭的国王所统治。

通常认为，罗穆卢斯开始把罗马人分成贵族和平民。贵族拥有土地，可以担任祭司、地方官、律师和法官，而平民则指手工业者、商人和劳动者。公元前 510 年，罗马人驱逐了最后一个伊特鲁里亚国王，并决定废除君主，由自己管理自己。贵族和平民的差异与公元前5 世纪的雅典的情形非常相似。贵族拥有大量良田和财产，享有公民权。

在罗马，每一个自由男子都是自由人，这与希腊模式是一样的。但在伊特鲁里亚人那里，并非所有公民都有平等的权利。在负责制定法律的政治集体元老院里，无一例外都由贵族担任职务。作为回应，平民也组成自己的立法机构平民议会，目的是保护自己的利益不会受到贵族的损害，但是贵族可以不受平民通过的法律的约束。公元前 287 年，平民议会法成为约束所有公民的法律，因而保证了人们享有平等公民权以及与之类似的一些权利。

伊特鲁里亚国王的驱逐以及公元前 509 年在卡比托利欧山修建朱庇特神庙，这两个事件标志着罗马有记录的历史正式开始。它们同样也标志着罗马共和国的开始，这种政权的政治组织形式是建立在公民是合法权利和国家主权的最终来源这一准则之上的。许多人认为伊特鲁里亚男子铜像（图 3.4）是罗马共和国的创建者和第一个执政官卢修斯·朱尼厄斯·布鲁特

图 3.4 伊特鲁里亚男子铜像，很有可能就是卢修斯·朱尼厄斯·布鲁特斯的头像，约公元前 300 年。铜像，高约 70 厘米，意大利罗马市政博物馆保守宫藏。他的目视微微偏离观众的目光，额上深深的皱纹使他具有一种视觉力量，似乎受到了留西波斯的影响（图 2.36）。

斯的头像。但是，这一铜像大致时间却是布鲁特斯死后 100~200 年的作品，因此更可能代表了高贵的"类型"，是假想出来的罗马共和国开国功臣的肖像。这一角色是通过人像坚毅的气质和意志的力量传递出来的。

在罗马共和国，每一个平民都选择一个贵族作为自己的庇护人。确实，多数贵族自身也是其他更高等级贵族的代理人，他们的责任就是在任何法律中代表平民，在各种事务，主要是经济问题上提供救助。这种家长式的关系反映了罗马文化中家庭的中心地位。父亲不仅保护他的妻子、家人，还有他的代理人，这些代理人为他的任免权负责。为了报答父亲的保护之恩，家人和代理人都要完全服从父亲，罗马人把这种服从称为"敬意"（pietas）（即"责任"）。这一认识根植之深以至于公元前 1 世纪末，共和国宣称自己为帝国之时，皇帝被称为"祖国之父"。

皇权下的罗马 公元前 3 世纪中叶，罗马共和国在布匿克战争中取得了一系列非凡的军事胜利，这堪与公元前 4 世纪亚历山大大帝的军事冒险媲美。罗马每征服一个地区，都要由退伍军人建立永久的定居点。这些士兵会得到大片土地，基本可以保证他们享有一

定程度的财富和地位。这些士兵是公民。如果这些被征服地区的人民愿意效忠罗马，他们就会获得完整的罗马公民权。另外，没有战事的时候，罗马军人变成工程师，修路、建桥、参与各项市政建设，极大地改善了在阿尔及利亚的萨穆加迪区域（图 3.1 和图 3.2）的生存条件。通过这种方式，罗马共和国弱化了它在被征服地区的敌对身份，而获得被征服者的效忠。

罗马扩张所带来的繁荣很快造就了一批新的罗马公民。他们称自己为"骑手"，与军队最精锐的骑兵联系起来，因为只有财富才能保证他们买得起马匹。骑手们是富有的商人，但未必是地主或者是贵族。贵族们把骑手们的商业扩张说成是愚蠢的行为，财富成为不义之财。很快，两类人公开对抗，骑手们加入了平民的队伍。

元老院是贵族的大本营，害怕丧失任何权力和权威。当庞培大帝（公元前 106—前 48）于公元前 62 年从小亚细亚的一次平叛中凯旋，元老院拒绝认可他在该地区所拟订的协议，同时拒绝授予他分给士兵的土地。出于愤怒，庞培与另外两个赫赫有名的军事将领联合起来。其中一位是于公元前 71 年镇压了斯巴达克斯奴隶起义的克拉苏，另一位就是出身贵族世家的卓越军事领导人盖乌斯·裘利斯·恺撒（公元前 100—前 44 年）。传说恺撒是埃涅阿斯和维纳斯的后裔。这就是罗马历史上的首次三头执政同盟。

四分五裂的帝国 三头执政同盟很快控制了共和国的政治生活，但是他们之间的关系十分脆弱。恺撒同意出任高卢（今法国一带）总督，任期五年。公元前 49 年，他控制了整个高卢地区。在《内战记》一书中，他总结了他的军事征服"我来了，我看见了，我征服了"（拉丁语 Veni, vidi, vici）。这句话非常有名，可能比其他任何一句话都更好地抓住了整个罗马政权的军事本质。他正打算从高卢打道回府之际，庞培却与元老院勾结起来对付他。他们提醒恺撒长期以来的一个传统，必须把部队留在卢比孔河的高卢一侧，不能率领自己的军队越过这条河回到罗马，但恺撒拒绝了。庞培逃到了希腊，一年以后恺撒率军追击，在

希腊将其击败。庞培又逃到埃及，恺撒又追到那里，埃及国王为了讨好恺撒，派人谋杀了庞培。而三头执政同盟的另一成员克拉苏早在几年前在讨伐安息帝国的征战中兵败被杀。

现在没有了政治对手，恺撒就开始了对罗马的独裁统治。他蔑视元老院，因此大部分成员都被他视为敌人。公元前 44 年的 3 月 15 日，一群 60 人组成的元老院议员接连向他刺了 23 剑，他恰好就死在元老院内一个纪念庞培的雕像的脚下。这一幕在莎士比亚伟大的戏剧《裘利斯·恺撒》中是这样描述的：当他看到他的政治同盟马古斯·朱尼乌斯·布鲁图斯（公元前 85—前 42）也在暗杀者之中时，他（戏剧中的角色）用一句有名的英语台词说道："You also, Brutus？"（你也参与了，布鲁图斯？拉丁语 *Et tu, Brute*？）。布鲁图斯等人认为他们把罗马从一个暴君中解放了出来，但人民愤怒了，元老院蒙羞，恺撒被人民视作英雄，追为烈士。

西塞罗和雄辩的政治 在这样的政治剧变中，如果说最有权势的一个人将是擅长政治劝服艺术的人，这一点丝毫不会让人奇怪。在奥古斯都之前，这个人就是雄辩家（作家兼公众演讲家，或者说演讲家）马尔库斯·图留斯·西塞罗（公元前 106—前 43）。首先，西塞罗认识到了用拉丁语与人交流的力量。尽管拉丁语最初基本上被专门用作商业用语，但到了公元 1 世纪时，人们认为，与虽然已成为上层阶级的文学语言的希腊语相比，拉丁语更有可能成为更为强大的劝说工具。西塞罗简洁而雄辩的风格很快就能被人们察觉到，即便是在翻译过来的文本中，这种风格依稀可见。请看《论责任》的节选（阅读材料 3.1）：

阅读材料 3.1

西塞罗，《论责任》，公元前 44 年

当然，我们在高尚而圣洁的心灵中所寻求的那种道德上的善，是由道德而不是靠身体的力量来获得的。不过，应当强身健体，因为有了强健的体魄，在处理事务和忍受艰辛时才能遵循判断力和理性。但是，我们论及的道德上的善，则完全取决于心灵给予它的思想和注意力。这样看来，处理国事的文官所起的作用，其重要性

并不亚于指挥战争的武官：很多时候，正是文官的治国之道才能避免战争或终止战争；有时，也因此而宣战……通过外交途径友好地解决争端比用武力在战场上一决胜负更可取。不过，我们的审慎行事，不要一味避战而不顾公众权益。然而，有一点必须明确，除了争取和平，战争不应该有其他任何目的。

致力于国家大事的重任有时会落到那些肩负这些大事的人的头上，有时会落到国家的头上。为了完成使命，有些冒着献身的危险，有些不惜冒着丧失自己名誉和国人善意的危险。因此，宁愿危及自己的福利也不愿危及公众的福利，宁愿名誉和荣耀受损也不愿其他人的利益受损，此乃我们之责任。

就哲学而言，西塞罗的论辩可追溯到柏拉图和亚里士多德；但就修辞（即论证的结构）而言，具有纯粹的罗马拉丁风格。在语气上非常慎重，它主要关心的是给予审慎的建议，而不是采用苏格拉底式的对话以引起这一建议。

半身塑像、对神与先祖的敬意、政治 以上历史的来龙去脉有助于我们理解公元前2—前1世纪古罗马半身塑像这一主要艺术形式。这些主要是贵族和希望仿效贵族的中上阶层的肖像而不是平民的肖像。罗马半身塑像与希腊前辈雕塑都体现出热衷于自然主义的表现，但前者甚至更趋于现实主义的手法，雕刻的每个人物的皱纹和身上的赘肉都被展现得淋漓尽致（图3.5）。这一现实主义的形式也就是有名的写实主义（verism，来自拉丁语的veritas，即"真实"之意）。

与希腊的半身塑像相比——这里就以我们在前一章中谈到的留西波斯的亚历山大的半身塑像（图2.36）为例，该半身塑像的复制品于公元前3世纪时在地中海一带大量出现，罗马半身塑像尤其在塑造的人物的年龄方面有所不同。希腊和罗马的半身塑像都主要是为了宣传，旨在颂扬所塑人物的美德，但亚历山大被塑造成正处于其权力顶峰的年轻人，通常罗马半身塑像描绘的人物都是接近生命终点的人。换句话说，希腊的半身像象征着年轻的可能性和志向，而罗马半身像则强调人物多年的智慧和经验。塑造的形象实际上表现了罗马人对神灵、祖国和父母的根深蒂固的、负

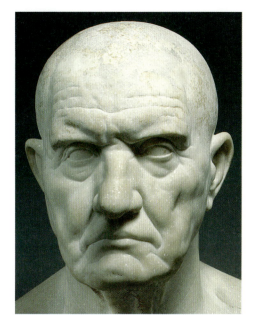

图3.5 **罗马男子**，约公元前80年。大理石，真人大小。岁月在他脸上刻下了深深的皱纹。他是父亲的形象，浑身透着男人的力量与庄重、高贵的人格魅力、诚实与责任心。

责任地表示敬意的美德。尊重父母，对罗马人而言，实际上就等于尊重自己对神灵的道德责任。实际上，一个人对其父母应有的敬意是一种宗教责任。

如果有必要考虑罗马半身塑像与亚历山大半身塑像的联系，尤其是对目光凝视力量的表现方面，罗马半身塑像表现的是一群受到攻击的阶层，他们的领导权受到了来自将军和骑士的威胁。换句话说，半身塑像描绘了保守政治的画面，他们紧皱的眉头代表了他们的智慧，他们的皱纹代表了他们的经验，他们极其自然的表现则展现了他们的个性。他们展现了元老院本身，应当受到尊敬，而不是鄙弃。

罗马帝国

公元前27年的1月13日，屋大维来到元老院，放弃了他所有的权力和行省。这是一个预演的事件。元老院求他重新考虑，并接管叙利亚、高卢和伊比利亚半岛（这些行省正好包含了26个罗马军团中的20个，确保了对他的军事支持）。他们也要求他保留罗马执政官的头衔，拥有可以向整个意大利以及后来罗马控制的所有地区发号施令和要求服从的绝对至高权

力。他"极不情愿"地接受了这些条款，为了表示感激，元老院赐封他半神的头衔——奥古斯都，即"德高望重之人"。奥古斯都（公元前27—前14年在位）之后把他自己描绘成神。奥古斯都雕像（图3.6）是比实际屋大维本人体形稍大的雕像，该雕像以奥古斯都的妻子利维娅位于罗马市郊的家乡普利玛波塔命名的。在《埃涅阿斯纪》第6卷中，埃涅阿斯的父亲告诫他

图3.6 奥古斯都像，约公元前20年。 大理石，高204厘米。罗马梵蒂冈博物馆藏。在他的护胸上，一位蓄着络腮胡子的帕提亚人正在移交罗马军队在公元前53年的一次战斗中遗失的罗马军旗。到公元前20年，也就是当这尊雕像的原件被雕塑出来之时，奥古斯都已将它赢了回来。很多学者认为该雕塑是后来的复制品。

要"以法治民，走和平之路"，可以说奥古斯都就是这句名言的化身。奥古斯都像埃涅阿斯一样，注定要表达敬意，向先祖表达"统治地球之民"的责任。

这尊雕像尽管可以辨别出是奥古斯都，却是理想化了的塑像。它采用了波留克列特斯的《荷矛者》（图2.27）的姿势和理想的比例。奥古斯都凝视的目光会使人想起亚历山大大帝，刻意唤起人们对死于300多年以前的马其顿帝王英雄的记忆。右臂以发表军事演说的姿势向前伸着。一身戎装宣告了他军事统帅的角色。在他的脚下骑着海豚的是女神维纳斯的儿子丘比特，声称裘利斯家族神圣的血统源自维纳斯和埃涅阿斯。尽管奥古斯都死时已经70多岁了，他却总是被描绘得年轻而富有活力，他也非常愿意把自己塑造成一个理想的领导者而不是有智慧的老者。

奥古斯都小心地维系着共和国权力。虽然元老院还发挥着原来的作用，但是奥古斯都很快消除了贵族和骑士之间的差别。他让每一个人，无论出身，只要有能力，都可以从事他个人的职业。有些他任命为地区长官或其他城市的执政官，甚至还鼓励其他人参与政治生活。很快元老院就满是许多从没想过进入政治权力的人。地区长官、市政官和政治家把一切归功于奥古斯都。他们的忠诚又进一步巩固了屋大维的权力。

家庭生活 奥古斯都很快地解决了罗马社会面临的另一危机：家庭生活败坏。通奸和离婚十分普遍。城里的奴隶和解放了的奴隶不仅远比贵族多，而且也多于城市公民。由于城市的生活成本高，家庭规模在缩小。奥古斯都很快通过立法，严惩通奸，同时还颁布其他法律以此促进家庭生活。20～60岁的男子和20～50岁的女子要求结婚。离婚妇女要在六个月内再婚，寡妇要在一年内再婚。没有子嗣的成人要被惩以重税或者剥夺继承权。贵族的家庭越大，他的政治优势越明显。并非巧合的是，当奥古斯都修建巨大的奥古斯都和平祈祷坛来纪念他成功地在高卢确立罗马法律并为罗马恢复和平的丰功伟绩之时，他在皇宫的南墙外装饰了他自己大家庭的随从，为所有罗马公民树立典范。这些人中有官吏、祭司、法官、元老院议员，

以及其他罗马公民代表（图3.7）。

艺术史家认为奥古斯都和平祈祷坛展现了一个真实的事件，也许是民众庆祝奥古斯都的统治（始于公元前13年，此时他50岁），也或许是公元前9年利维娅50岁生日之际对圣坛本身的献礼。这幅场景是典型的罗马式写实，浮雕的立体感非常明显。它以浅浮雕技法塑造远景中的人物，而以深浮雕的方式塑造近景中的人物，高浮雕技法非常突出，以至于浮雕中离我们最近的人物的脚超越了原来的建筑框架而出现在观看者所在的空间之中。这一技巧使罗马公众感到他们与雕塑本身中的人物处在同样的空间里。普通罗马公民享受着奥古斯都时期的和平，奥古斯都的家人是罗马公民整个大家庭的隐喻。

很明显，和平祈祷坛是对家庭的庆祝。奥古斯都家的三代人都刻画在浮雕中。它同样展示了罗马社会妇女越来越杰出。奥古斯都的妻子利维娅站在继女婿玛尔库斯·阿格里帕与两个儿子（蒂伯琉斯和德便索斯）

中间，意味着她将这个大家庭紧紧地联系在一起。

利维娅成了罗马人心中理想化的妇女形象。她是奥古斯都改革计划中的"女领导"，是建筑项目的赞助者，也是丈夫和儿子值得信任的顾问。尽管利维娅比起大多数罗马妇女而言有着更大的权力和影响，但其他所有妇女也都有公民权，虽然她们没有投票权，也不能担任公职。已婚妇女仍然保留着她们的法律身份。她们掌握着自己的财产，而且处理她们自己的法律事务。精英妇女以利维娅为榜样，通过她们的丈夫和儿子行使权力。

文学的罗马：维吉尔、贺拉斯和奥维德

奥古斯都统治罗马后，他使所有的艺术赞助必须通过他的许可。内战期间，当时两位主要诗人维吉尔和贺拉斯丧失了他们的财产，奥古斯都的赞助使他们能够继续创作。因为他们所写的主题必须征得奥古斯都的同意，所以他们倾向于对皇帝歌功颂德。他不支

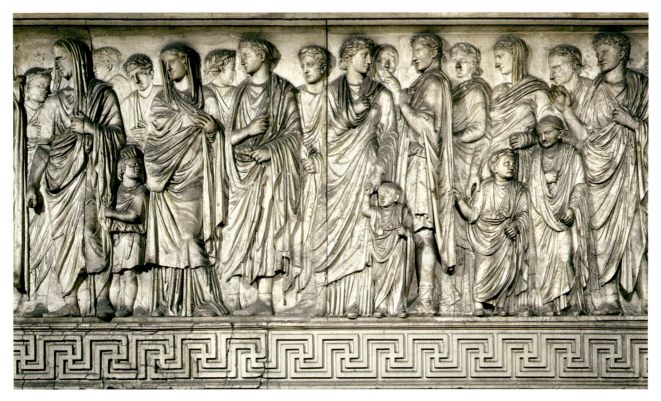

图3.7　奥古斯都和平祈祷坛，皇族人员庄严祭祀的行列细节，南端浮雕，罗马，公元前13—前9年。大理石，宽约10.7米。左边是奥古斯都的女婿、女儿朱丽叶的丈夫玛尔库斯·阿格里帕。其他人物身份不详，但学者们猜测，拽住奥古斯都衣服的男孩可能是他的孙子。这个小男孩经常和兄弟盖乌斯·恺撒一起跟随祖父奥古斯都游历各地。奥古斯都教他模仿自己的书法。小男孩转过头，抬眼望着奥古斯都的妻子利维娅，她是罗马帝国最有权势的人物之一。利维娅身后是她的儿子蒂伯琉斯，他后来继承了父亲的皇位。

持诗人奥维德，将他流放到托弥，永远不让他回到罗马。

维吉尔和《埃涅阿斯纪》　　公元前31年，奥古斯都在亚克兴海战中成功击败安东尼和克莉奥帕特拉，维吉尔隐退那不勒斯，着手写一首能与荷马的《伊利亚特》媲美的史诗，并为罗马政权尤其是奥古斯都创作一个宏大的建国神话。在此之前，他已经创作了两组田园诗集，《牧歌》（或《田园诗》）以及《农事诗》。后一组诗（阅读材料3.2）是效仿赫西奥德的《工作与时日》（见第2章）。这些诗歌赞美了辛勤工作的重要性，歌颂面对敌对的自然世界建立秩序的必要性，或许最重要的是，它们歌颂美好幸福的农业生活。

> 阅读材料 3.2
>
> **维吉尔的《农事诗》选段**
>
> 早春时节，当融化的积雪
> 从凝霜的山头涓涓而来，和风的气息
> 唤醒了沉睡中的破碎的土地；
> 就让我的耕牛在深扎的犁下开始呻吟，
> 垄沟把犁头磨得发亮。
> 那片田地两度承受阳光，
> 又两度承受寒冷；
> 终于回应了贪婪的农夫的愿望，
> 使丰盛的收成几欲冲破谷仓。

《农事诗》的政治观点是庆祝奥古斯都把农田赠送给国内战争的退伍将士，但从歌颂意大利神话和传统的意义上讲，它是《埃涅阿斯纪》的序曲。诗歌采用长短格六步诗写成，荷马曾在《伊利亚特》和《奥德赛》中使用过这种诗的韵律形式。据传，维吉尔写《农事诗》时，每天最多写一行，不断完善着他对韵律结构的理解，从而为创作更长的诗做准备。

《埃涅阿斯纪》以迦太基开场。特洛伊战争后，埃涅阿斯和他率领的军队被一场风暴吹到了迦太基，在那里他受到了腓尼基女王狄多的款待。在一场暴风雨中，埃涅阿斯和狄多同在山洞避难，女王爱上了这个特洛伊英雄，欣然委身于他。她假想已经和埃涅阿斯结婚，但埃涅阿斯知道，他不能留下来，必须继续他的旅程，因为父亲的鬼魂警告他，他有责任完成神事先安排给他的任务（这是表达对神灵和祖先敬意的经典例子）。狄多非常愤怒，满是责难，求他留下来。埃涅阿斯拒绝了，狄多发誓死后也不放过他，并使迦太基和他的子孙永远势不两立（直接指维吉尔参与了布匿克战争）。当他的船开走后，狄多爬到火葬用的柴堆上，然后掉到下面的剑上自杀了。地府的女神看到她非常惊讶，认为她的死既不值得，也不是注定的，纯粹是悲剧。维吉尔的看法几乎是冷漠无情的：所有个人的感情和欲望都应当奉献于对国家的责任，公民的责任先于个人生活。

这部宏大的史诗，在某种程度上记载了埃涅阿斯如何创建罗马的故事，但是也是一篇感人至深的、关于获得并维持文化——尤其是罗马文化，推而广之也就是所有文化——赖以存在的价值和原则时人类的命运和巨大的代价的华美诗篇。

史诗的第7卷，维纳斯给了埃涅阿斯一件由火神伏尔坎打造的盾牌。这面盾牌展现了罗马后来历史的重要事件，包括在亚克兴海战中的奥古斯都。但在全诗快要结束的那场毫无意义的杀戮中，就像埃涅阿斯和特洛伊人与图尔努斯和意大利人的战争一样，维吉尔表明，只有一件事情比不为亲友的死复仇更加糟糕，那就是为他们复仇。从这个意义上讲，该诗是对和平深深的渴求，而和平也正是奥古斯都毕生所追求的。

贺拉斯的《颂歌》　　昆塔斯·贺雷修斯·弗拉库斯，或者贺拉斯（公元前65—前8年），是维吉尔的好朋友。或许是为奥古斯都的改革所感动，或许也可能是受他赞助的感动，贺拉斯为皇帝的事业所折服。他写过许多颂歌，其中就有两首歌颂皇帝，这种颂歌是音步并不规则的抒情诗。贺拉斯的颂歌效仿希腊的前辈。下面的诗行开启了诗集第3部的第5颂歌，常简称为《颂歌》：

> 朱庇特神统治着
> 天上，听那雷电的霹雳；
> 从此，奥古斯都一定会拥有世界
> 现在不列颠敌人和波斯人
> 都在他的王座下称臣。

《颂歌》的主题广泛，从诗人的爱国宣言到私人事件，从乡间的喜悦（图3.8）到饮酒的快乐，等等。乡间的生活使他可以从罗马的日常琐事中摆脱出来。但是，没有哪一位罗马诗人能像他那样如此优雅地把希腊人对美的崇敬和罗马人对责任和义务的关心调和在一起。

奥维德的《爱的艺术》和《变形记》 奥古斯都对诗人的支持并没有惠及奥维德（公元前43年—17年）。奥维德的才能在于创作情歌以迎合罗马贵族臭名昭著的有关性的道德习惯。这些贵族某种程度上公开不认可奥古斯都和利维娅以家庭为中心的生活方式。他的《爱的艺术》（*Ars Amatoria*）激怒了奥古斯都。很可能更多是因为轻率不光彩的行为而不是因为《爱的艺术》，奥古斯都把他流放到帝国最遥远的、天气最恶劣的黑海边的托弥小镇。在他被放逐之前的几年

前，他创作一本故事集《变形记》，描写了各种离奇形状的超自然变化，从神到人，从有生命的到无生命的，从人到植物，等等。

在《爱的艺术》里，诗人描述了他对虚构的科林娜的渴望。奥维德简要描写了在罗马可以同女人邂逅的各种地方，从门廊到博彩馆，从赛马到各种聚会，特别是能够喝酒的、可以放纵的任何地方，都能遇到女人。他说，喜欢偷偷摸摸的爱情，就像男人一样；她们只是不追求男人，"就像捕鼠器不追求老鼠一样"。他建议同有妇之夫成为朋友。向她撒谎——告诉她你只想成为她的朋友。尽管如此，他说："如果你想一个女的爱你，就做个可爱的男人吧。"

奥维德很可能渴望能有维吉尔那样的名声，尽管他坦承，"我的生命值得尊敬，但是我的缪斯充满俏皮话"。他最早的作品《恋歌》一开始便是与维吉尔的史诗相比的自我贬低与解嘲"武器和我歌唱的人"：

武器，战事，暴力——我在努力创作
一部有规律的史诗，用韵文的形式与之匹配——
当然是六步格的诗。但是丘比特（他们说）在窃笑
每隔一个诗行都去掉了一个音步。
"卑鄙的年轻的顽童"，我对他说，
"谁让你成为音步检查员？"

不过，奥维德的《变形记》就采用了长短格六音步韵律。在这首诗的头几行里，作者就明确表明了该诗叙事的范围：

我的意图就是要讲述身体变成
不同的形式；做这些改变的诸神
将帮助我——或者我希望如此——用一首诗
从世界的开端至今日！

如果《变形记》表面看来更像一个故事集而不是史诗的话，那么在任何一种语言里几乎没有一首诗能对以后的文学产生如此重要的影响。它是如此完整地评论了最著名的经典神话，包括来自埃及、波斯和意大利的故事，以至于至今仍然是一部标准的参考书。同时，它以极其动人和让人难忘的方式讲述了一些故

图3.8 田园风景，庞贝古城附近博斯科特雷卡塞一座别墅的墙面，公元前1世纪。那不勒斯国家博物馆藏。这幅墙画描绘了对乡间生活的热爱，也体现了贺拉斯《颂歌》中理想化的自然世界。它与罗马的城市生活形成了戏剧化的对比。

事。如阿克特瓮的故事就是一个关于神的权力的劝诫故事。阿克特瓮有一天带着狗外出打猎，正好看见处女神狄安娜（阿耳忒弥斯）在林中沐浴。为了不让此事泄露，女神把他变成了一头牡鹿。这时，他自己的猎狗朝他扑来，把他咬得遍体鳞伤。他的朋友们并不知道那头鹿就是阿克特瓮，也放出恶狗来撕咬他，并为阿克特瓮未能亲自看见这场撕咬而悲叹，但他就是这场悲剧的牺牲品啊：

> 他多么不想在那里，却在，
> 他也多想看一看
> 而不是感受他的狗的暴行。

在纳西索斯美少年的故事里，伊可爱上了英俊的纳西索斯，他却拒绝了她。她从此形容消瘦而且身体完全消失，只有忧郁的声音在山谷回响。据奥维德所述，众神让纳西索斯注定只爱上自己在水里的倒影。他如此地自恋，最后死在了水池旁，他的身体变成了水仙花。在这样的故事里，身份和变化的二元一体，即亚里士多德对事物本质的定义，就变得很成问题。奥维德似乎不认可人的特点的本质属性，宣称一切都易于变化。奥维德对神话的诠释对以后历代读者，从莎士比亚到弗洛伊德，都提出了关于人的身份和心理的最核心的问题。

从砖块到大理石——奥古斯都建造罗马城

奥古斯都掌权后面临的最主要的一个问题是罗马的基础设施建设。这个城市完全是一团糟。奥古斯都号召建立一系列的公共设施，他很清楚，这些公共设施可以为罗马人也可以为自己服务。奥古斯都设计的这一伟大的公共改善项目将会是一种对帝国的宣传，不仅强调他的权力，同时也强调了他作为国父对子民的关心。公共设施也确实能够引起公众的忠诚。

罗马是随意发展起来的，没有任何中心计划。从最初占据的七座小山依山而建，一直往下延伸到台伯河河谷。与之相反，帝国的所有省会城市都是经过严格的布局设计的，有着柱廊大街通向行政中心，并配以浴场、剧院和凯旋门等公共设施。相比之下，罗马太寒碜。住房糟糕，水和食物短缺。罗马城在地理上被限制在一个狭小区域内，空间资源的价格不断上涨。

尽管他修建了高架引水渠，将更多的水引进罗马城，他却无力更多地改变住房状况。但他首先推行了一个雄心勃勃的修建计划，为城市居民提供优雅的公共空间，使他们可以从自己狭小的住房解脱出来。他曾宣称他在一年之内恢复了82座庙宇。但是，如果他夸耀说"我接受了一座用砖建造的罗马城，却留下一座大理石的城"，那是因为他在砖墙的外层镶上了很多大理石。到公元2世纪，这个城市可能是世界上最漂亮的城市，但是这种美却仅是表面的。奥古斯都从历代继承下来的住房情况几乎没有得到任何改善。

公共设施：水渠和拱门 奥古斯都开创了后来历代皇帝在修建公共设施和纪念碑上超越前辈的竞赛。他的雄心反映在建筑师维特鲁威艺术巅峰时期，公元前1世纪晚期到公元1世纪初期的作品。维特鲁威是裘利斯·恺撒的御用军事工程师，在奥古斯都的资助下，他写了10卷本的《建筑学》。这是唯一一本从古代幸存下来的建筑类书籍，1000年以后当文艺复兴时代的艺术家对古代设计产生兴趣之时，它仍然具有很大的影响力。在很大程度上，这部巨著与资助人（奥古斯都）的建筑雄心联系起来，内容涉及处理小镇的规划、建筑材料和建筑方法、神庙的修建、经典柱式及比例规则等。

维特鲁威泛泛地论及了罗马最紧迫的一个问题：如何满足城市对水的需求？事实上，裘利斯—克劳狄王朝时期，即从奥古斯都到尼禄皇帝（公元54—68年在位）这段时间，建筑上的重要贡献就是克劳狄高架引水渠。罗马人发挥出他们的聪明才智，把拱形门和拱顶的作用发挥到极致，高架引水渠利用拱顶和拱门把远在数千米之外的河谷水源的水通过管道输送到城里。克劳狄高架引水渠把水从64千米外的地方送到城市中心，与其说是为了喷泉、水池和公共澡堂，不如

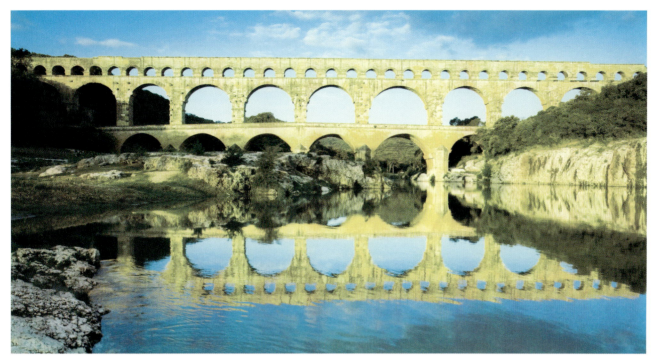

图3.9　法国尼姆市的加尔引水桥，公元前1世纪晚期至公元1世纪初。高55米。通过该水渠，每天能为尼姆市供应32000～45000升水。

说是为了居民用水。

　　水渠的修建很大程度上依赖了拱门。尽管美索不达米亚、埃及和希腊文化都熟知拱门，但只有罗马人才最大限度地发挥了它的作用，很明显，他们从伊特鲁里亚人那里学会了这些原理，然后又进一步发展了这些原理。法国南部尼姆市的加尔引水桥（图3.9）就是一个经典的例子。

　　罗马人懂得，与连梁柱结构相比，采用圆拱结构修建的桥的跨度会比伊特鲁里亚人修建的桥梁的跨度大。侧柱或门间壁减轻了拱上石头的质量。拱是利用支撑的脚手架建成的，脚手架用楔形石块建成，顶上压有巨大的拱心石。拱内的空间叫架间。拱廊（连续不断的拱结构，如加尔引水桥）结构中拱与拱之间的部分叫拱肩。

　　当圆拱延伸开来，就形成筒形拱（图3.10中）。两边修建了扶壁，目的是确保拱对下面产生的压力不会压塌这些墙体。当两个筒形结构以直角相交时，就会形成穹棱拱（图3.10右）。

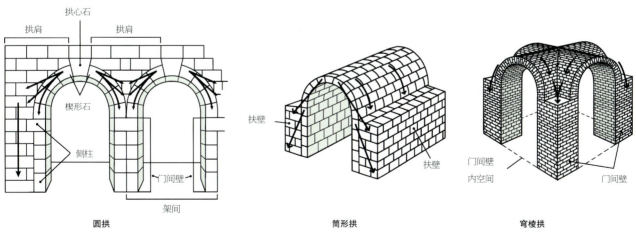

图3.10　拱门

罗马竞技场　罗马竞技场采用了筒形拱和穹棱拱的内廊式建筑。罗马竞技场（图 3.11）是由罗马皇帝维斯帕先（约公元 60—79 年在位）下令修建的。之前他在巴勒斯坦担任总督，在前任皇帝尼禄因奢华的生活被罢黜自杀后继承了王位。他继位后，就在尼禄豪华宫殿（即有名的黄金屋）的对面修建了竞技场。竞技场得名于尼禄巨型雕像（Colossus），它矗立于竞技场前面，高 37 米，被视作太阳神。这个巨大的椭圆形竞技场，长 188 米，宽 156 米，高 49 米。50000 名观众能在短短几分钟内从 76 个穹形拱廊中进进出出。

混凝土的发明使穹顶的建设成为可能，自公元前 2 世纪起，罗马人逐步在建筑中使用它。混凝土与附近的那不勒斯和庞贝火山混合物相混合后凝固得更快，而且比当时已知的任何建筑材料更坚固。罗马竞技场底层有迷宫一般的房间和隧道，里面住着角斗士和运动员，还有供娱乐消遣的野兽。这些建筑的顶层有套

遮阳系统，可通过滑轮组和绳索保护观众免受罗马太阳的酷热。每一层都有不同的建筑风格：底层是特托斯卡纳式，第二层是爱奥尼亚式，第三层是罗马人最爱的科林斯式。所有的这些柱子都是附墙柱，纯粹是装饰性的，没有任何建筑目的。竞技场外观从地基最厚重元素逐渐过渡到顶端单薄的装饰，体现了一种无论是从结构上还是从视觉上都令人满意的建筑逻辑。

罗马帝国广场　罗马帝国广场在竞技场的西端（图 3.12）。这项巨大的建筑工程是罗马最伟大的工程之一，于五贤帝时期修建。在五贤帝统治期间，罗马帝国盛极一时，这五贤帝是涅尔瓦（96—98 年在位）、图拉真（98—117 年在位）、哈德良（117—138 年在位）、安东尼·庇乌斯（138—161 年在位）和玛克斯·奥勒留（161—180 年在位）。帝国广场是罗马最主要的公共广场，是罗马宗教、礼仪、政治和商业中心。最初，罗马的广场相当于希腊的城中心广场。后来，广场也

图 3.11　鸟瞰罗马竞技场，罗马，公元 72—80 年。 公元 80 年，罗马竞技场内的公开表演持续了 100 天。在此期间，9000 头野兽被杀，2000 名角斗士战死。这些野兽是从庞大的罗马帝国的各个地方运来的，有狮子、熊、蛇、公野猪和大象。

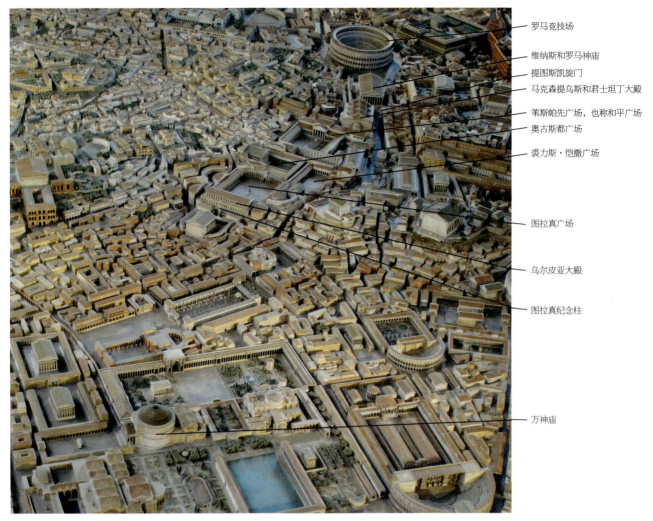

图 3.12　罗马帝国广场复原图

右侧标注（从上到下）：
罗马竞技场
维纳斯和罗马神庙
提图斯凯旋门
马克森提乌斯和君士坦丁大殿
韦斯帕先广场，也称和平广场
奥古斯都广场
裘力斯·恺撒广场
图拉真广场
乌尔皮亚大殿
图拉真纪念柱
万神庙

具有了其他象征功能，它既是帝王给国家带来繁荣的能力的象征，也是皇帝赐予罗马公民的和平的象征。裘利斯·恺撒首次于公元前 46 年在罗马帝国广场北部修建了广场。奥古斯都后来把他铺平，恢复了维纳斯神庙，接着也修建了广场，上面建有复仇之神玛尔斯神庙。这样就开启了历代皇帝修建广场的竞赛，他们都想修建更壮观的广场以超过前辈。这些广场位于罗马广场的北端并与之平衡。罗马广场后来历经多年都在不断地新建，其结果就是罗马城市中心极其拥挤。

最大的广场是图拉真广场，长 122 米，宽 61 米，由图拉真最喜爱的建筑师"大马士革的阿波洛道鲁斯"设计。广场上有图拉真纪念柱（图 3.16）、图拉真市场和乌尔皮亚大殿（图 3.13）。大殿是一个巨大的长

方形建筑，外侧有一圈柱廊，采用条形拱券作屋顶。虽然是公共建筑，但用途广泛。

城市的稳定和繁荣，至少应归因于这样一个事实：所有皇帝中，只有玛克斯·奥勒留有个儿子可以继承皇位。因此，在奥勒留的儿子继位之前，每位皇帝都是从元老院中最能干的人中挑选出来的。公元 180 年，当奥勒留那个堕落的，可能也是最不正常的儿子康茂德（约 180—192 年在位）执政后，帝国很快就意识到将皇权由父亲传给儿子于国不利。

凯旋门与凯旋柱　维斯帕先统治时期，巴勒斯坦的犹太人反抗罗马人对他们的宗教干涉，维斯帕先的儿子提图斯（79—81 年在位）率军打败了他们。提图斯的军队在公元 70 年洗劫了耶路撒冷第二圣殿。为了

图 3.13　乌尔皮亚中央大厅复原图，图拉真广场，罗马，公元 113 年。外部质朴而宏伟，内部空间巨大，后来成为一些基督教教堂的模型。

图 3.14　提图斯凯旋门，罗马，公元 81 年。凯旋门上錾刻着：元老院和人民敬献给无往不胜的提图斯·维斯帕西亚努斯·奥古斯都和他无往不胜的儿子维斯帕西亚努斯。

纪念此次胜利以及 11 年后提图斯的逝世，一个具有纪念意义的拱形门在圣路上建了起来。最初，提图斯拱门上面有一辆四轮马车和马夫的雕塑。这些拱门常被称为凯旋门，因为凯旋的军队要从中穿过。凯旋门由简单的筒形穹顶组成，并附上矩形、雕刻以及装饰性的附墙圆柱（图 3.14）。它们可能深深地影响了后来的建筑，特别是文艺复兴时期的大教堂的正面外墙。整个罗马帝国，这样的拱门有成百上千，但严格意义上讲，大多数并非凯旋门。但是，像罗马所有的纪念建筑物一样，它们旨在象征罗马的政治权力和军事力量。

提图斯凯旋门是由混凝土建造，表面镶上大理石，它的内墙上装饰着叙事浮雕。其中一组浮雕展示了提图斯的士兵拉着耶路撒冷第二圣殿的财宝向前行进（图 3.15）。在最前面，士兵们抬着据推测可能是黄金制成的约柜，之后是神圣的犹太烛台，也是用黄金做成的。由于黄金很重，他们弯着腰向前迈着步伐。雕刻雕得很深，相近的人物和元素给予凸雕，比更远的要凸出一些。这就创造了真实的空间感，当光和影在浮雕上跃动时，甚至会产生真实的动感。

罗马人喜爱的有着相似象征意义的另一种纪念碑是仪式柱，它不仅意味着权力，而且也是男性气概的表现。像凯旋门一样，它是砖石和混凝土结构，上面有叙事浮雕。弗拉维王朝以后五贤帝中的两个——图拉真和奥勒留——修建柱子以庆祝他们的军事胜利。图拉真纪念柱也许从艺术上真实完全地反映了罗马帝国军事征战的特点。它由一组螺旋而上的 150 个独立的场景组成，内容是图拉真在今匈牙利和罗马尼亚多瑙河地区的达契亚进行的军事征战。如果一个个地紧挨着陈列起来，完整的叙事浮雕将达到 191 米（图 3.16 和图 3.17）。在柱子的底端，镶边有 91 厘米宽，在顶部有 127 厘米，这样较高的雕刻元素更容易被看见。雕刻呈浅浮雕，目的是消除阴影，好让整个部分更容易被观众识别。柱子的底端，故事从罗马军队架浮桥跨过多瑙河开始。河神在一旁有趣地看着。战争场景只占了整个叙述的四分之一。相反，我们看见罗马人修建防御工事，收割庄稼，参与宗教仪式。总之，柱子上的 2500 个人物正在进行罗马人认为的那种使命——把文明的果实传向世界。

万神庙　哈德良万神庙与图拉真广场一同跻身于五贤帝最伟大的建筑工程。万神庙（Pantheon 来自希腊语 *pan*，意为"所有"，以及 *theoi*，意为"神灵"）

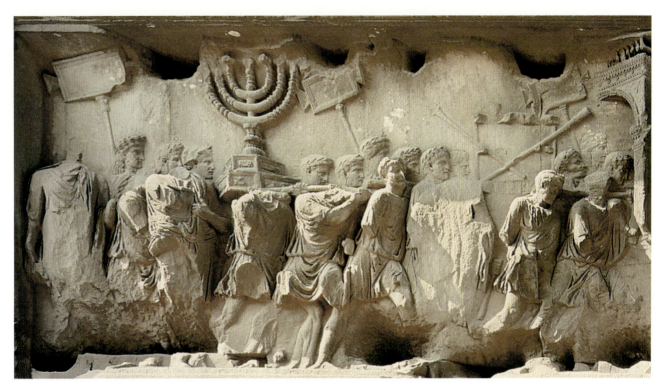

图3.15　从耶路撒冷神殿掠夺的战利品，提图斯凯旋门柱间板浮雕细部，公元81年。浮雕高约2.4米。浮雕中的人物均有真人大小。浮雕受损严重，主要是因为在中世纪，一个罗马家族以此凯旋门为要塞，在拱顶上又建了一层。该浮雕顶部的孔就是安装上层地楞横梁而留下的。

图3.16和图3.17　图拉真纪念柱（上）和柱身底端细部（右），图拉真广场，罗马，公元106—113年。大理石，连同柱坐共38米高。右图第二条带上，图拉真正向士兵训话。在这幅场景的右边，士兵们正在修筑要塞。

图 3.18 万神庙，罗马，公元 118—125 年。万神庙是建筑工程史上具有影响力的杰作，它激励了后来若干世纪的建筑设计师。罗马皇帝哈德良出于政治考虑，非常谦卑地拒绝了因重建这一神庙而给予他的荣耀。他把这一建筑看成公元前 27—前 25 年由奥古斯都屋大维最初的继承人玛尔库斯·阿格里帕在同一侧所建的神庙的复原建筑。在前门的柱顶过梁上刻有既具宣传作用也具装饰作用的文字：吕奇乌斯的儿子、三度执政官玛尔库斯·阿格里帕建造此神庙。

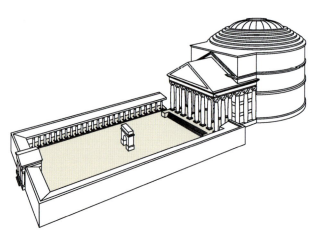

图 3.19 万神庙，罗马。该示意图显示了原有的前院。

是供奉"众神"的寺庙，里面安放了代表所有罗马神的雕像。正面的是罗马神庙，最初建在高高的墩座墙上，深深的门廊正面有 8 根巨大的科林斯圆柱，门廊的后面是巨大的青铜门（图 3.18）。万神庙高高立于长长的前院上面，摄影很难展示它不朽的意义（图 3.19）。如今，前院和台基都已消失在现代罗马城的地下。照片中显示的仅是万神庙现在的样子。

从神庙的正面看不出门外是什么。万神庙里面是圆柱形的空间，上面是圆屋顶，20 世纪前欧洲最大的圆屋顶建筑（图 3.20）。整体是一个完美的半球形，圆形大厅的直径是 44 米，与地板和屋顶的距离相当。圆屋顶的质量分散到 8 根巨大的支柱上，每根支柱都有 6 米多粗。圆屋顶的底部 6 米厚，但在顶端圆孔处仅 2 米厚，圆孔直径为 9 米。凹进去的嵌板被称为藻井，它进一步减轻屋顶的质量。圆孔是用作透光的，形成一个圆形的聚光灯，在一天的不同时辰绕着建筑移动，也让雨水进入，然后通过地面的小开口排出。对罗马人而言，这个光线也象征着朱庇特永远注视着的眼睛关注着国家的事物，照亮着前进的方向。

万神庙内部空间宽敞，它反映了宇宙，即天堂的穹顶。美索不达米亚和埃及的建筑以其恢宏的外部创造出了不朽；希腊建筑主要是雕塑，由和谐的多个部分组成。但是，罗马人关注绝对的大小，包括内部空

图 3.20 万神庙，罗马，神庙内景。阳光穿过屋顶圆形孔形成一个聚光灯，照亮整个内部空间，光影强度随着时辰的变化而变化。

间的宽敞程度。像图拉真广场的乌尔皮亚大会堂（图3.13）一样，万神庙关注的首要问题是实现一个单一的、整体的、连续的内部空间。

从这层意义上讲，万神庙是帝国的缩影。罗马帝国也是一个单一的、连续的空间，从英国北部的哈德良长城到南部的直布罗陀磐石山，横跨北非和小亚细亚，包括了除今天德国北部和斯堪的纳维亚地区以外的整个欧洲。像罗马建筑一样，整个帝国由作为一个和谐统一的整体的各部分组成，按比例和秩序进行管理。如果帝国为纪念自己所建之丰碑是宏大的，那么，帝国本身则更为强大。

庞贝城

公元79年，在罗马皇帝提图斯统治期间，那不勒斯东南部的维苏威火山爆发，把近海小镇庞贝城掩埋于厚达4米的火山灰和火山岩下面。临近城市赫库兰尼姆则为23米厚的紧贴地面的滚烫的火山灰所覆盖，后来这些火山灰凝固了。前罗马海军司令、当时所有知识的百科全书《自然史》的作者老普林尼正好在附近颐养天年。火山喷发的时候，他的侄子，小普林尼（约公元61—约113），正同他在一起。以下是他亲眼所见（阅读材料3.3）：

阅读材料3.3

《小普林尼书信集》选段

8月24日，正午后，我的母亲叫他看一朵出奇巨大和形状怪异的云。他已经出去过，回来洗了一个冷水澡，吃了午饭，正好躺着看书。他叫人给他拿鞋子来，然后就爬到一个最佳的位置，以便查看这个情况。在那个距离，并不清楚是哪座山冒起的云（这就是后来所熟知的维苏威火山）；云的外形可比作一棵伞松，因为它好像沿着某种树干到高处然后像树枝一样往四面散开，我想因为它第一次喷发时冲向天空，然后随着力量的削弱，毫无支撑，或者因为自己的重量沉降下来，以至于朝四面散开并逐渐散去。

他们讨论是否待在室内或者在户外试试，因为房子由于剧烈的冲击而震动，并似乎来回摇摆，仿佛拉离屋基。另一方面，在外面可能会有被浮石雨砸中的危险，即使浮石有气孔而很轻。考虑再三后，他们选择了后者。为了防止不被掉下的东西砸中，他们用布把枕头拴在头上。

我们也看到海水被吸走了，明显是因为地震：海水退至很远，大量的海洋生物搁浅在干燥的沙地上。在内陆一侧，可怕的黑云呈现叉状，令人颤抖的火焰，喷出了巨大的火舌，犹如晴天霹雳。

你可以听到妇女们的尖叫声，婴儿的哭泣声，还有男人们的喊叫；有些喊着他们的父母，还有些呼唤着自己的孩子或妻子，努力用声音把他们组织起来。人们为自己或者是亲人的命运而哀号，也有一些在死亡的恐惧面前祈求死亡。许多人恳求神灵的救助，但是更多的人认为神灵也没有了，整个世界将永远地陷入黑暗之中……

普林尼的叔叔，老普林尼，对发生的事情很感兴趣，只身前往维苏威火山，却因为毒烟窒息而死。小普林尼和他的母亲幸存了下来。庞贝城20000名居民中，2000人罹难，死者大部分是奴隶和穷人，富人在得到警告后不久就逃离了城市。

今天我们所了解的罗马人的日常生活大部分直接来自维苏威火山喷发后的废墟。幸存下来的人匆匆地离开了他们的家园，来不及恢复他们身后的一切。火山灰下面掩埋的不仅是家园和建筑，还有食物和绘画、家具和花园雕像，甚至是色情和涂鸦，有"萨克瑟斯到此一游""玛尔克斯爱斯本笃萨"，同样也有想不到的洞察力，如"我很惊讶，啊，这堵墙，你承受这么多涂鸦者乏味的荒唐，却不曾崩塌"。18世纪初，庞贝城发掘出来的时候，多数房屋和器物都保存得相当完整。凝固的岩浆和火山灰使它们免受时间的毁坏。但是，18世纪的发掘者同样发现了一些未曾预料之事。在喷发之时掩埋在凹陷之处的尸体已经腐烂，他们看到了死亡的恐怖。

当地的建筑：多姆斯 尽管庞贝城绝不是罗马时期意大利最繁荣的城镇，但它依然是一处度假胜地。它与附近城镇的别墅一起，幸存下来的建筑让我们领略了罗马的多姆斯建筑。多姆斯建筑是最富有的公民修建的一种连栋别墅。这种别墅沿着从前端入口到房屋后门的一个中心轴朝向街道。庞贝城的银婚之屋在设计上很典型（图3.21和图3.22）。敞开的屋檐下的一个大坝子叫中庭，庭中有一个收集雨水的浅池，中庭与前厅相连。中庭好比房屋的心脏：是盛放先辈半身塑像（图3.5）的地方和主要的待客处。除了一个主要的待客室以外，先人的半身塑像还置于其他房间。它们依次围绕着列柱围廊式庭院敞开，周围有走道，走道两边有柱廊。饭厅朝向院子，就像很多卧室一样。正对着院子的屋后，有一个大厅，里面陈列着椅子。仆人们很可能住在屋后楼上。

多姆斯可以衡量一个罗马人的社会地位，因为大多数人住在公寓楼。房屋本身设计用来强调屋子主人的名声。每天早晨，前门一直敞开。逐渐地，中庭渐

图3.21 中庭，银婚之屋，庞贝城，公元前1世纪。穿过中庭，可以看到主要待客区和列柱围廊式庭院。此院得名于1893年意大利国王亨伯特和王后萨沃伊的玛格丽特的银婚纪念。这一年庞贝城被人发现。国王夫妇俩积极支持庞贝城的考古发掘。庞贝城的考古发掘于18世纪中叶就开始了。

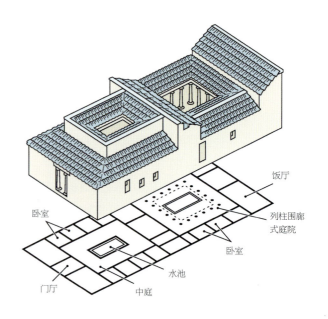

图3.22 庞贝古城的平面示意图，公元前1世纪。

渐聚满了客户——记住，罗马人一家之主是很多人的赞助者——他们前来表示对主人的敬意。过往的行人可以看到拥挤的中庭，而赞助人本身一般坐在里面，在中庭和列柱廊庭院之间的开阔地带，由庭院后面的光衬托出轮廓。在他的祖先的半身像的围绕下，象征着他的社会地位和权力，他审视着所有这些来寻求他庇护的人。

在罗马多姆斯的中心是列柱廊式庭院的花园，中间带有一个喷泉或水池。多亏了考古学家威尔赫尔敏那·雅舍姆斯基的长期研究，我们才对这些庭院花园有深入的了解。在庞贝城的波利比乌斯别墅遗址上，发掘者小心翼翼地把公元 79 年夏天火山喷发时土壤上的火山灰移掉，那时花园的花可能正盛开着。他们能够收集到花粉、种子和其他证据，包括根系（通过对存留的空洞灌入石膏发现）以及因此可以决定里面培植了什么植物。波利比乌斯花园的一端在花盆里种着柠檬树，未予以修剪，很明显是用来覆盖墙体以构成树墙。樱桃树、梨树和无花果树则占据了剩下的大部分空间。其他家庭的花园表明大部分种植的都是坚果类或者水果类树，包括橄榄树，在夏季可获丰收。有时，在多姆斯别墅的背后还可发现菜园，供应新鲜蔬菜。

花园同样也供家人观赏。在罗马相对温和的气候里，花园一年四季有四分之三的时间都是花叶繁茂。多姆斯别墅的很多房间都向花园开着，花园是这些房间的焦点。很明显这象征着肥沃、多产和家庭本身的兴旺，因为多数罗马花园都崇拜酒神狄奥尼索斯，屋内装饰着他的雕像。

墙画　多姆斯的很多地板都镶嵌着瓷砖，绘画装饰着列柱廊式的墙体、大厅、饭厅和别墅的其他接待室。艺术家们用石灰、肥皂同颜料和在一起，有时与蜡混合，用特殊的金属或玻璃抛光，然后用布擦亮，甚至卧室都装扮得富丽堂皇。

讽刺家和修辞家琉善（约公元 120—180）描述了他所认为的最好的房子："奢华，达到足以让一个谦虚美丽的女人来映衬她的美丽即可。"他继续描绘着墙画：

图 3.23　花园景色，利维娅家乡普利玛波塔别墅的墙画细部，公元前 1 世纪。罗马国立博物馆藏。通过在篱笆的后面竖起一堵墙，艺术家塑造了一种深邃的空间感。

装饰——墙体上的壁画，它们美丽多彩，每一处细节的美、严谨与真实——可以与春天的脸，可以与花团锦簇的田野相媲美……而这是永恒的春天，不会凋谢的田野，不会枯萎的花朵。

就在罗马城外，屋大维妻子利维娅的家乡普利玛波塔，利维娅的别墅区的墙面上画着花园，花园里栽满果树，满是太阳鸟和花朵（图3.23），可以说，这幅墙画反映了琉善对当时墙画的写照。墙画被描绘成房间本身的延伸，仿佛利维娅和奥古斯都和他们的访客在任何时间都可通过墙体进入他们"永不凋谢"的花园。因此，尽管画展现了自然主义的手法，但它也是一个理想化的画面。

中　国

华北平原地处辽阔肥沃的黄河流域。公元前7000年左右，黄河流域的气候比今天更温和，森林覆盖面积也更大，定居在这片肥沃区域的人开始耕作土地，种植小米。考古学家发现这一时期该区域至少居住着三个不同的文化群体，我们可以通过这些群体不同的制陶风格和玉器加工技术把他们区别开来。他们生活在新石器时代，能够使用石制工具；尽管他们很早就开始驯养动物，但他们仍然保持着萨满式的狩猎和采集传统。后来，这个地区的定居者把它称为"中原"，因为他们认为这是国家的中心。在接下来的几千年里，随着中国从一个农耕社会进入越来越以城市为中心的国家，中原地区的华夏文化不断融合，与同时期的中东地区的文化和希腊文化独立平行发展着。

公元前3世纪时——大约同一时期，罗马开始确立它对地中海地区的皇权，中国各个诸侯国已经被统一，这个统一的国家在中原北部的群山之间修筑了长城（图3.24），以保护王国不受来自北部游牧部族的侵犯。某些地段的长城早已存在，在此之前的几个世纪，长城起着保护当地的作用。各个地段的长城连接

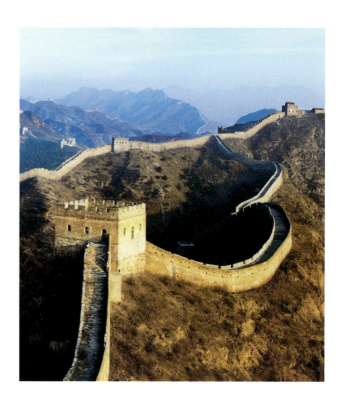

图3.24　万里长城，中国北京郊区，始建于公元前3世纪末。长约6600千米，城墙平均高度约7.6米。公元前3世纪末，秦始皇命令士兵重建长城，连接并巩固了横亘在中国北方边境的长城，形成了一道连绵不断的军事屏障，以保护帝国疆域不受北方匈奴蛮夷部族的入侵。

了起来并不断延伸，最后形成了一个从中国西北至东北绵延2400千米左右的边境线。新的道路和运河系统建立起来，使整个国家紧紧联系在一起；同时，一个大型的领俸的官僚机构也建立起来，而新的帝国政权由皇帝统领、征税、制定法律、控制着以前是敌对国家的土地。在整个中国历史的长河里，统一一直是这个民族最首要的问题。第一次统一是由秦朝完成的。

早期中国文化

古代早期中国文明的大型建筑物能够幸存下来的极少。我们知道在公元前2000年中期，中国君主修建了巨大的都城，在那里就可以管理广袤的领土，他们也创造了辉煌的文明，可以与同时期的西方文化媲美。在今天的郑州地下，沉睡着用巨大的土墙建成的早期城市中心。这一地区缺少石材，但是繁茂的森林带来了充足的木材，因此人们用木材建造城市。尽

管他们的建筑也非常壮观，但用木材建造的城市容易着火，而且易遭入侵敌军的毁灭，因而没什么遗迹能够幸存下来。不过，我们从它的书面文字和考古发掘出来的统治者的陵寝里能够了解有关古代中国的大量文化，发现于甲骨文和钟鼎上的中国最早的文字与现代中国文字紧密相连。考古学家发现，中国的皇陵与埃及法老陵墓一样都藏有一些装饰品、用具、奢侈品和服饰。这些与书面文字一道为我们勾勒了一幅有关古代中国的生动画面。

商朝（约公元前1700—前1045年） 据文字记载成汤建立了商朝。最初，商国是一个由许多村落连在一起的部族，散布在黄河下游河谷平原一带。但它并不是一个与他国有着明确界限的国家。王室里有一些巫师，他们很多具有高贵的身份。王室建立宫墙，内有贵族宫殿或寺庙。随着为商朝精英们生产的青铜器皿、精雕的玉石和奢侈品的大量出现，表明了组织有序的手工业生产中心就坐落在王城附近。商朝贵族把自己武装成军队（钟鼎文表明他们的军队多达13000人），控制着周围广大的农村地区，并保护王室。

中华文学的第一部经典《易经》是后人根据从商朝发展起来的观点编纂而成的，用以解释宇宙大道之源。中国古人用卦来占卜吉凶，预知未来。《易经》有64卦。根据传说，是发明了文字的文化英雄伏羲氏发明了象卦，然后成对地组合形成64卦。每一卦都描述了某个特定时刻的情况，如每一卦的名字所暗示的那样，总是从一种情况到接下来另一种情况的过渡时刻。《易经》规定了人们在某个特定的时刻应该具有的行为。因此，它是一本智慧之书。

智慧基于一个简单的原则，对立面会相互转化而形成平衡，这是中国人与古埃及人共有的观念。中国人认为随着时间的推移，通过一系列的变化，所有的事情朝着平衡的条件发展。因此，当事情失去平衡以后，占卜者如果能够理解宇宙万物能实现自我修复和校正，他就很有可能可靠地预测未来。例如，《易经》的第11卦，名为"泰"，意为"和"，指天与地的统一。象曰（卦象这样说）：

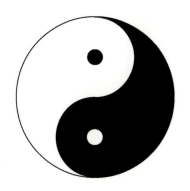

图 3.25 阴 - 阳符号

> 天地交，泰。后以财成天地之道，辅相天地之宜，以左右民。

事实上，宇宙基于"乾"（曾经是天堂和创造性的男性原则）和"坤"（地，或者善接受的女性原则）结合，分别由以"阴"和"阳"表示（图3.25）。阴是软的、深的、湿的和凉爽的；阳则是硬的、明亮的、干燥的和温暖的。两者结合创造了无止境的变化的循环，日日夜夜，一年四季。它们平衡五种元素（金、木、水、火、土）和五种创造的力量（冷、热、干、湿、风）。阴 - 阳符号是和谐统一的象征，一切事物都处于永恒的相互作用和相互关系之中。每一面，如果没有其对立面，彼此就都不能幸存。

阴 - 阳对立面能够融合，这也体现在商代伟大的艺术成就青铜铸件上。为了铸造青铜，首先要制造一个完美的阴性的模子，然后将熔化的金属注入生成一个阳性的模型。通过铸造一些仪式用的青铜器皿，如一种叫觥的酒器（图3.26）。商代发展了极其精湛的、有史以来最为先进的青铜铸造技术。在拜祭祖先的仪式中，这些青铜器置于祠堂，里面盛放食物、水和酒等祭品，它们也用于宴会之中。就像正式的餐具用品一样，每一种器皿都有独特的形状和用途。

祭祀祖先的活动是每个家庭之主最庄严的责任，有着明确的宗教和政治意义。这些器皿的形状最初来自新石器陶制品，用青铜制作以后它们逐渐被饰以奇异的、超自然的生物，特别是龙。对商朝而言，青铜

图 3.26　兽型觥，酒器，中国商代，公元前 13 世纪初殷商初年。青铜器，高约 22 厘米，纽约大都会艺术博物馆藏。器物周身装饰有盘绕的蛇和咆哮的狮虎。柄是一只长有角的鸟，后来演变成龙蛇。

器代表着政治权力和权威。统治者把青铜器当作政治庇护的标志，而且根据级别身份严格规定每个家庭拥有的青铜器的数量。

周朝（公元前 1027—前 256 年）　商朝人认为他们的统治者是唯一能与天堂的祖先对话的人。但是，公元前 1027 年，商朝的一个部落周发动暴乱，推翻了商王朝，声称商朝"德不配天"。周朝声称统治者的合法性由神认可，商朝之所以不再受神的眷顾是因为王室荒淫无道。即便如此，周朝还是采取措施与他们所推翻的精英阶层通婚，同时努力保留并且恢复他们崇拜的商朝文化。事实上，《易经》和阴 - 阳符号起源于商朝，但是由周朝规范下来。

周朝开辟了一个文化繁荣的时代。其中一个例子是中国最早的诗集《诗经》今天仍然是中国学生学习的素材。根据传统，统治者派官员到乡间记录和收集表现人们感情的歌谣。这部幸存下来的诗集，最先是由周朝编撰的，收集了公元前 17 世纪至公元前 11 世纪共 305 首诗歌。诗歌反映了生活的方方面面，有爱情诗，歌颂国君统治的诗，祭祀诗和民谣。诗歌中还有大量对自然的描述，共提及 100 多种植物以及 90 多种动物。婚姻生活、家庭生活、服装和食物都是诗歌的主题。最老的是一首丰收的诗，表达了家庭与自然界的和谐，象征着家庭的祖先们是生与死、播种与收获同一个自然循环中的一部分，如同宇宙是一个整体一样（阅读材料 3.4）。

阅读材料 3.4
《诗经》选段

丰年多黍多稌，亦有高廪，万亿及秭。
为酒为醴，烝畀祖妣。
以洽百礼，降福孔皆。

《诗经》中的歌谣与《道德经》中的诗是同时期的。《道德经》是中国玄学基本著作，用韵文写成。"道"，深深地根植于自然之中，为了获得它，每个人必须遵循"无为"的原则。这本书很可能写于公元前 3 世纪，普遍认为是老子所写，他生活在公元前 6 世纪。本质上，它指出自然世界的统一的原则，能量和物质的相互转化，这一原则中国人称为"气"。"气"可能只能被那些生活朴素的人所理解，为了实现这一目的，道家遵循严格的膳食、呼吸吐纳和冥想。正如下面这节诗所表达的形象，第一章的第一首，道家找到了他们的教化方式（阅读材料 3.5）：

阅读材料 3.5
《道德经》选段

道可道，非常道；
名可名，非常名。
无，名天地之始；
有，名万物之母。

故常无，欲以观其妙；
常有，欲以观其徼。

此两者，同出而异名，同谓之玄。
玄之又玄，众妙之门。

诗的最后一节似乎直接指的就是"阴-阳"原则，阴阳本身就是"气"的象征。但是，它主要的论点和道教作为一个整体的基本观点是：教化既不存在于可见世界中，也不存在于语言中，尽管找到这个"道"，人必须非常矛盾地通过可见世界和语言才能实现。道教因此代表了超越物质世界的精神愿望。

周朝发展起来的另一种伟大的教义则试图定义现世中正确的行为方式。从公元前771年至公元前221年秦灭六国550年的时间里，中国处于长久的政治混乱之中，敌对的政治集团之间争权夺利。对这一事态作出反应的是孔子，多数人都认为他是中国最伟大的哲学家和教育家。

孔子于公元前551年出生于鲁国的一个贵族家庭，这一年恰好是庇西特拉图执掌雅典权力的前一年。20岁左右的时候，孔子就开始传导一种现在被称为儒家的处世方式，这种处世方式基于自律和人与人之间的恰当关系。如果每个个体都奉行有道德的生活，那么家庭就会和谐。如果家庭和谐，则全村以它为道德楷模。如果各村能与邻村相处好，国家则得以和平与繁荣。

中国传统的价值观，如自律、守规矩和敬老等就是这一体系的核心。传统认为孔子汇编并编辑了《易经》《诗经》以及其他四部典籍：《尚书》包括了上古时期统治者的讲话和训令，《礼记》主要是行为规范，《春秋》记载了公元前5世纪之前的中国历史，以及一部已失传了的《乐经》。

孔子特别重视《诗经》：

> 子曰："小子何莫学夫诗？诗可以兴，可以观，可以群，可以怨。迩之事父，远之事君，多识于鸟兽草木之名。"

孔子于公元前479年死后，他的学生记下了他们与老师的对话，写成了《论语》一书。如果说《道德经》是一部精神食粮之书，《论语》则是一本实践指南。孔子教义的核心是礼，即在祭祀先祖仪式中的恰当行为。在仪式中需遵循的礼貌和尊严导致了第二种原则"仁"的出现。仁者，乃同情与怜悯，这是人与人之间的一种最为理想的关系。基于对个人的尊敬，"仁"把这种尊敬施以其他人，宣示着慈善、礼貌和最重要的"义"。德，即美德，它是个人，尤其是统治者在其一生中为了施行"礼"与"仁"而行使的道德榜样的力量。最后，人们才可以学好文化。诗歌、音乐、绘画以及其他艺术揭示了内在的秩序与和谐，而这种秩序与和谐则反映了国家的秩序与和谐。像希腊人的道德秩序（见第2章）一样，中国的道德秩序不依赖神的法令或权威，而依赖人的正确行为。它对敬老、权威和道德的强调使儒教在中国当权者和他们所庇护的艺术家中间颇受欢迎。它被认为反映了宇宙秩序的等级制度，把皇帝、国家和家庭都容纳到一个单一的道德系统中来。结果，汉朝（公元前206—220）"独尊儒术"，任何一个谋求仕途之人都需要对儒家经典有深厚的了解。

封建时期的中国

罗马帝国的发展源于对外扩张，而中国则通过中央集权一跃而成帝国。自孔子时代起，七国争霸。他们调动军队相互开战；铁制武器代替青铜武器；他们组织官僚政治、确立司法体系；商人获得政治权力；出现了"百家争鸣"的局面。

秦朝（公元前221—前206）：政府组织与管理

当西部强国秦国（Qin，这就是中国 China 一词的起源）横扫六国并于公元前221年统一于秦帝国时，战国时代宣告结束。秦始皇（公元前221—前210年在位）统一中国后，自称始皇帝，在他的统治下，社会很快稳定下来。为了阻止北方游牧民族的侵略，他下令修筑了万里长城（图3.24）。城墙由士兵修建，然后由犯人、流放的官员和乡丁扩建。每一个家庭每年都被要求选一名壮丁修建长城。长城由夯土建造后，外面再砌上石头。瞭望塔建在高处，军营则建在下面的山谷内。同时，中国人修建了约7000千米的驰道，把国家最偏远的地方与中原联系在一起。到公元2世纪末，中国已经在当时150万平方千米的范围内建有35400千米的道路。

如此巨大的工程只能由具有出色管理技巧的行政官僚来完成。确实，在秦朝统治中国的15年中，统一铸币，书同文，车同轨（便于贸易和旅行），统一度量衡，国家被划分为许多行政区域，这些省份的划分几乎一直延续至今。

或许只有秦始皇陵才能向我们准确讲述秦朝是如何实行有效的管理与治理的（见"近距观察"）。秦始皇死后，真人大小的陶俑军团以军事列阵的方式埋葬在他的墓旁（迄今为止，已有8000多个陶俑被发掘出来）。就像我们了解长城一样，我们知道秦朝统治者招募了大量的劳役从事这项工程或其他土木工程。但是，秦朝暴虐的统治、强加给人民的沉重赋税和徭役，迫使人民揭竿而起。秦朝仅统治15年，很快就灭亡了。

汉朝（公元前206—220）：文化的繁荣　汉朝取代秦朝以后，开辟了400多年的学术与文化发展。汉朝皇帝"罢黜百家，独尊儒术"，置儒教为官方哲学地位并建立太学以培训官吏。秦朝被剥夺权力的学者受到汉朝的尊敬，朝廷甚至给予他们管理国家的重要职位。

汉武帝统治时期，中国文学艺术繁荣。公元前120年，他设置乐府，即所谓的音乐局，雇用829人收集平民歌曲。在汉朝和整个中国诗歌史上，乐府的民间风格广泛地被宫廷诗人模仿。诗行长短不一，尽管通常有五种特点，但都强调日常生活的快乐和变迁兴衰。一个很好的例子是刘细君的诗。她是一位公主，因为政治联姻于公元前110年嫁给了乌孙国的头领，乌孙是一支生活在中国西北大草原上的游牧民族。当她到达的时候，她的丈夫已年老体弱，基本不会讲汉话，总体上与她没有任何关系，每六个月左右才与她见一次面。下面是她的"挽诗"（阅读材料3.6）：

阅读材料3.6

刘细君，《悲秋歌》

> 吾家嫁我兮天一方，
> 远托异国兮乌孙王。
> 穹庐为室兮旃为墙，
> 以肉为食兮酪为浆。
> 居常土思兮心内伤，
> 愿为黄鹄兮归故乡！

诗的最后两行可称为刘细君天马行空的想象，这是中国诗歌的典型特点，通过一种几乎超越自然美的形象克服了生活的悲剧环境。

正如刘细君的诗所表明的，女诗人和学者在汉朝非常普遍，而且也很受尊敬。但是，刘细君诗歌里描写的生存环境同样表明，妇女在社会中没有享有巨大的权利。传统的中国家庭围绕基本的儒家原则来组织：较老的家庭成员更睿智，因此比年轻人高一等，而男性比女性高一等。因此，祖母能够管理孙子，妻子必须无条件地对丈夫服从。妇女的情况其实非常窘迫，并不让人羡慕。后汉时期的多产诗人傅玄就以这类题材为主题，创作了许多优美的诗篇，其中流传下来的仅63首。以下是他的《豫章行苦相篇》（阅读材料3.7）：

阅读材料3.7

傅玄，《豫章行苦相篇》

> 苦相身为女，卑陋难再陈。男儿当门户，堕地自生神。
> 雄心志四海，万里望风尘。女育无欣爱，不为家所珍。
> 长大逃深室，藏头羞见人。垂泪适他乡，忽如雨绝云。
> 低头和颜色，素齿结朱唇。跪拜无复数，婢妾如严宾。
> 情合同云汉，葵藿仰阳春。心乖甚水火，百恶集其身。
> 玉颜随年变，丈夫多好新。昔为形与影，今为胡与秦。
> 胡秦时相见，一绝逾参辰。

这首诗因其敏锐和强烈的意象而著名，如"素齿结朱唇"，对"形与影"这种紧密关系的描写，以及"逾参辰"似的疏远甚至比"胡与秦"的距离还要遥远。人们不禁要问：谁更像野蛮的游牧部落，是男人还是女人？

我们对汉朝时期人民生活情况的了解大多来源于流传下来的描写日常生活的诗歌。但是，我们对民居的了解却来源于陶瓷模型。在一个汉代的墓家里发现了一个房子的模型，据推测，它是人死后在阴间使用的。这个房子的模型有4层楼高，顶上有塔（图3.27）。

图 3.27　多层塔模型，中国，公元 1 世纪，东汉（公元 25—220）。陶瓷，颜料未过火。尺寸：132 厘米 ×85 厘米 ×69 厘米。纳尔逊博物馆藏。这是迄今为止最大，也是最完整的汉代房屋模型。

人住在中间两层，牲畜（很有可能是猪和牛）饲养在安装有大门的底楼，底楼有一个伸出房屋结构的院坝。

　　从建筑学上讲，这种基本形式的房屋结构在世界上非常普遍：长方形的厅，柱子支撑屋顶和楼层。墙壁没有起到负重的作用，它仅仅把房子的内与外或者把房子内的各个房间分隔开来而已。中国建筑非常独有的特征是：它有很宽的屋檐，这是东亚建筑结构的标准特征。

　　除了军事价值外，马匹也促进了丝绸之路沿线贸易的发展。长达近 8000 千米的丝绸之路东起黄河流域，西迄地中海沿岸，汉人沿途售卖独家经营的高档商品——丝绸。我们可以从一件"非衣"窥见汉代丝绸的质量。这幅精美的 T 形帛画出土于今湖南长沙马王堆轪侯利仓之妻之墓（图 3.28）。画面上中下三部分分别表现了天上、人间与阴间的场景，体现了汉代人对宇宙的认识，表现龙尾、盘曲的蛇、长尾鸟和穗形飘带长而弯曲的线条使天界、人间和地界三个部分浑然

图 3.28　"非衣"，轪侯利仓之妻之墓。湖南长沙马王堆，汉代，公元前 160 年。丝绸颜画，高约 204 厘米。湖南省博物馆藏。该锦旗帛画于 1972 年在放置墓穴最深的地方发掘出土。

一体。在代表天上的右角处靠近"T"字横条的地方是太阳，里面有只乌鸦，与之相对的左边是一轮托着蟾蜍的新月。两者之间是一个神灵，由长长的红蛇的尾巴所缠绕。已逝的墓主人站在帛画中部的白色平台上。后面站着三个仆人，前面跪着两个仆人，手里拿着献礼。在下面一层中的白色平台上，青铜器皿盛着供奉给死者的食物和酒。

与《诗经》的诗相反，汉诗的一个重要特点就是他们不是来自口头传统而是起源于书面语体。在西方，莎草纸作为书写工具有很大的局限性，后来在希腊的帕加玛人发明了羊皮纸，而在中国，负责制造工具和武器的宦官蔡伦于公元 105 年发明了纤维纸，使中国比西方更早地实现了文化和识字能力的普及。亚麻制作的纸已经在汉朝生产 200 多年了，但是蔡伦运用树皮、麻和碎布等多种材料，既改进了技术又提高了纸的质量。尽管现代技术简化了造纸的流程，但是他的方法仍一直流传至今。这种基本方法就是：将软化的植物悬浮于水中，打浆、摊平、去水、烘干。

汉人非常善于发明创造。由于贸易的推动，汉人开始制作地图，他们是世界上最先制作地图的民族。他们发明了重要的农业技术，如手推车和马项圈。他们尝试用简单而实用的地震仪测定地震的强度。但是，与北方的匈奴连年战争，军费和行政支出巨大。沉重的赋税和徭役使得许多农民流离失所，叛乱四起。公元 3 世纪，汉朝灭亡了。中国再次进入了一个政治动荡的时期，从公元 220 年一直持续到公元 589 年。

古代印度

约公元前 2700 年，在位于印度次大陆西北角的印度河沿岸，今巴基斯坦境内的信德省诞生了印度文明。早期印度人主要居住在印度河流域的两个大城市：一是横跨印度河的摩亨佐 - 达罗，二是位于拉维河畔的哈拉帕。大城市的繁荣一直延续到公元前 1900 年，几乎与苏美尔平原的乌尔人、埃及古王国和爱琴海的米诺斯文明同时。

自这些城市于 20 世纪 20 年代初被偶然发现以来，发掘工作一直持续不断。保存得最好的遗址是摩亨佐 - 达罗。城堡之上有建筑群，很可能是个行政或宗教中心，由 15 米高的墙围绕着。城堡之上众多建筑之间有一个巨大的池子（图 3.29）。也许是个公共澡堂或仪式空间，精细砌成的砖块与石膏灰泥黏在一起使它不漏水，水池四周的墙上有一层厚厚的沥青（天然焦油），使水不能从墙体渗出。池子是露天的，周围有砖石柱廊。

在墙的外面和城堡下面，有一个面积为 15 ~ 18 平方千米的城市，城市有宽阔的大街和狭窄的小巷，设计较为规整，略似网格状，城市人口为 2 万~ 5 万人。大部分的房子有两层楼高，围绕着一个中心庭院修建。排水系统遍布各个街道，引着废水和雨水流入河中。房子都是由标准大小的烤砖修建而成，每一块的尺寸为 7 厘米 ×14 厘米 ×28 厘米，比例是 1∶2∶4。同样比例但尺寸更大一些的规格为 10 厘米 ×20 厘米 ×40 厘米的砖用于修建地基和城墙。与同时期的其他文化的用太阳晒干的土砖不同，摩亨佐 - 达罗的砖是用火烧制的，所以也更耐久。这些都表明了印度文明高度发达，拥有相当多的技术知识。

印度文明的艺术包括了用石头、陶瓷、青铜和其他一些材料制成的人物和动物小雕像，包括在摩亨佐 - 达罗发现的一件陶俑"僧侣国王"（图 3.30）以及各种风格的服饰品，如珠子和瓷镯。有两千多小印章被发掘出来。许多物件是用滑石雕刻出来的，涂上碱，然后用火烧制使其光洁透亮。它们的每处细节都刻画得非常细致，可以说它们表现出了惊人的自然主义手法（图 3.31）。这些具象派的艺术作品没有关于战争和被征服敌人的描述。按印章顶部所示，这一流域的民族已经有了文字，尽管尚未破译。

约于公元前 1500 年，北部的游牧民族雅利安人侵入印度河流域，征服了当地的居民，使他们为奴。然后就开始了世界历史上持续时间最长的严格的以阶级为基础的社会分工，即印度的种姓制度。公元前 10 世纪初，种姓主要由基于五个职业的群体组成：这种

图 3.29　浴池，可能是公共浴池或仪式沐浴区，摩亨佐 - 达罗，印度河流域文明，公元前 2600—前 1900 年。南北长约 12 米，东西宽约 7 米，最深处 2.4 米。

图 3.30　摩亨佐 - 达罗"祭司国王"的躯干雕塑像，印度河流域文明，公元前 2000—前 1900 年。滑石，高约 17 厘米。巴基斯坦卡拉奇巴基斯坦国家博物馆藏。半闭着的双眼可能表明它是死亡面具。胸部上的三叶草装饰最初涂有红色颜料。

图 3.31　印章，上面是一只有角的动物，印度河流域文明，公元前 2500—前 1900 年。滑石，尺寸：3 厘米 ×3 厘米。巴基斯坦卡拉奇巴基斯坦国家博物馆藏。这些印章的功能仍然是一个谜。

近距观察：秦始皇陵

1974年的一天，几位掘井的农民在距离中国陕西省北部的秦始皇陵封土堆以东约1200米的平原上发掘出了一个真人大小的陶俑士兵，有头、手和躯干。考古学家很快发现了地表下的巨坑，有6000名步兵，4人一排站在铺着砖块的战壕里。1976—1977年，在一号坑北面，又发现了另外两处略小但同样壮观的遗址，坑内有1400名武士和战马，全副武装，配有金属制武器。

秦始皇陵从来没有被发掘过。高大的封冢离地面达43米。史料表明，在陵墓下面是一个122米×160米的地下宫殿。据西汉史学家司马迁著的《史记》记载，秦始皇被安放在青铜棺里，由一条水银河环绕。中国

发/现/人/文

考古学家的科学测验证实了在陵墓的封土堆下面有大量的水银存在，对墓进行的磁（偏转）扫描也揭示了里面有大量的钱币，表明皇帝同他的财富一同埋葬在地宫内。

秦陵封土堆下发掘出的两个陶俑兵士。中国陕西省，公元前210年。上图是步兵，呈徒手格斗姿势，高178厘米；下图是屈膝的弓弩手，高122厘米。陵墓内发现的大多数兵俑，身体似乎都是通过模具批量生产出来的。在每种不同风格的身体被焙制出来以后，再装上头和手。所有的陶俑，头部都不一样。许多都具有独特的、个性的面部表情，发式多样。陶身喷有生动的颜色，许多兵俑还手执真正的武器，在遗址附近发现了大量的刀、矛、剑、箭镞等。

兵马俑，秦始皇陵附近的坑里发掘，位于中国陕西临潼。秦代，约公元前210年。赤陶，真人大小。陶塑的人形替代了活人殉葬。秦征用了70余万民工修建秦始皇陵。

社会等级制度的最底端是一群被认为是"不可接触的"人，为社会如此鄙视以至于不被视作一个种姓。接下来是首陀罗，也就是技术不熟练的工人。然后是吠舍，由手工业者和商人组成。再往上是刹帝利，即统治者和武士。最高等级的是婆罗门，即僧侣和学者。

印度教和吠陀传统

种姓制度受到雅利安人带来的宗教的认同，这种宗教以一整套对雅利安诸神的颂歌为基础。这些颂歌被收集在《吠陀》这部诗集里，用雅利安人的梵语写成，因此整个印度文明也就称为吠陀文明（约公元前1500—前322年）。根据诗集《吠陀》，又创作出了《奥义书》，该书大致成于公元前800年后，是一本关于神话和宗教的典籍。《吠陀》和《奥义书》两部典籍一起构成了以宇宙的灵魂婆罗门为中心的印度教的基础。该宗教没有一个单独的教义体系，也没有标准的践行原则。印度教的特点就是信仰和神灵的多样性。事实上，母亲女神就有许多形象，无论是以生殖崇拜形式的石头模样，还是以印度神湿婆为形象的印章，在印度河流域的多个遗址都有发掘。学者们相信，印度教的某些方面和概念源于印度河文明，然后再与吠陀教融为一体。

《奥义书》中称，一切存在皆由虚假的外表构造而成，感官所能感觉到的全是幻觉，只有婆罗门才是真实的。以上观点可由以下一则故事来加以阐释：一头成了孤儿的幼虎由山羊们喂养，这只虎也就自然地学会了吃草和学羊叫。但有一天，它遇到同类，同类把它带到一个池边让它看看池中的自己。从池中自己的影子，他看到了自己的本性。个人的灵魂也需要发现同样的真理，这个真理能把它从生、死和再生这种永无休止的循环中解放出来，与婆罗门一起进入极乐世界。在那里，没有忧愁，也没有痛苦，那是一块净土。

婆罗门、毗瑟挐、湿婆 随着印度教的发展，万物的神圣之源婆罗门的作用被分配在三个神灵身上：创造之神梵天；守护之神毗瑟挐；毁灭之神湿婆。毗

瑟挐是印度教里最受欢迎的神。他是守护之神，也是仁爱、谅解和爱之神。与另外两个神一样，人们认为他们都能显出人形，由于毗瑟挐对人类有博大的爱，因而较其他两个神显出肉身形象的时候就要多一些。毗瑟挐最著名的凡间形象是印度教中最古老的史诗《罗摩衍那》（意为"罗摩历险记"）中的罗摩。《罗摩衍那》于公元前550年左右由跋弥完成。跋弥收集了很多现存的传说和神话，然后再把它汇编成故事集，它叙述了王子罗摩和他的妻子悉多的生活。两人都是印度人生活的典范。罗摩是个理想的儿子、哥哥、丈夫、士兵和国王，而悉多代表爱和荣誉，对丈夫无条件地完全服从。这些人物遇到了道德两难困境，他们必须根据教规作出反应。教规乃是反映宇宙秩序的善意的和正义的行为，而宇宙秩序又是构成一切存在的基础。对印度人而言，正确的行为可以带来宇宙和谐；而坏的行为，即触犯了教规，就会引起宇宙悲剧，如洪水和地震。

毗瑟挐另一个同等重要化身是在完成于公元前400年至公元400年的印度史诗《摩诃婆罗多》中作为战车御者的克利须那。在《摩诃婆罗多》的第六卷《薄伽梵歌》里，克利须那拯救了阿朱那。阿朱那内心受到极大的煎熬，一方面他是一名武士，有责任到战场中去杀死他的宗亲；另一方面印度教又禁止杀戮。克利须那对阿朱那解释道，作为种姓制度中刹帝利（包括统治者和武士）的一员，他不受印度教规中关于禁止杀戮的约束。事实上，在战斗中勇敢杀敌并履行自己的职责，他能够把自己从生、死和再生这种永无休止的循环中解脱出来，并与婆罗门一道通往精神融合的世界。

毗瑟挐广受欢迎，很可能源于他对性爱的歌颂，对印度人而言，象征着自我和婆罗门的绝对精神融合。在约公元500年编辑的《毗瑟挐往事书》中写道，作为克利须那化身的毗瑟挐勾引女信徒。有则故事讲述了他引诱了一群挤奶女工："没有他，每时每刻她们都度日如年；丈夫、父亲、兄弟（徒劳地）禁止她们

晚上外出与克利须那调情，克利须那是她们朝思暮想的眷恋对象。"甘愿被引诱并不意味着这些女工不道德，而是展示了一个几乎不可避免的宣言：与神融合的灵魂追求。

如果说梵天是世界的创造之神，毁灭之神湿婆则接管了梵天所创造的世界，并体现了世界循环的节奏。因为在印度教里，旧世界的毁灭必然伴随新世界的产生，湿婆作为毁灭之神的角色是需要的而且也是积极的。从这个意义上讲，他拥有繁殖的能力，人们也常用这种艺术形式将他表现出来，如神庙广场和神龛边石头通常就被雕刻成阴茎的形式来表现他。

女神 女神崇拜在印度宗教中十分重要。各个村庄通常视女神为保护者，而女神在整个印度以许多形式被人膜拜。如果没有女神，则代表意识和鉴别能力的男性方面是无力的和空虚的。例如，在《女神颂》（与《毗瑟挐往事书》一样，成书于公元 500 年左右），毗瑟挐睡在巨大的宇宙海洋里，而且因为他的沉睡，大梵天无法创世。此时，女神干预了此事，杀死了导致毗瑟挐沉睡的魔鬼，叫醒了毗瑟挐。于是，生命得以继续轮回。

女神与性力女神沙克蒂同义。沙克蒂是原始的宇宙能量，代表了运行于整个宇宙空间的动态力量。性力派作为一种特别的印度信仰，认为女神是至尊婆罗门本身，相信所有其他形式的神，无论是男神还是女神，都是女神多种表现形式的一种简单的自我表现形式。但是，女神的表现形式是多样的。在 12 世纪的一个非同寻常的小雕件中，女神是以杜尔迦的形象表现出来的（图 3.32）。她有 16 只手臂，正在屠宰被恶魔玛希沙附体的水牛。玛希沙被认为刀枪不入，他威胁要毁灭整个世界，但杜尔迦前来拯救世界。在这一雕塑所体现的女神形象中，她已经割下了水牛的头；而恶魔玛希沙则以微小的胖乎乎的男子的形式从已经被砍掉头的水牛中出现，他的头发由蛇头组成。即便当他的脚趾正被杜尔迦的狮子啃咬着，战败的恶魔也充满敬意地看着杜尔迦。杜尔迦平静地笑了笑，优雅地踩在水牛头上，抓住玛希莎的头发把他提起来。

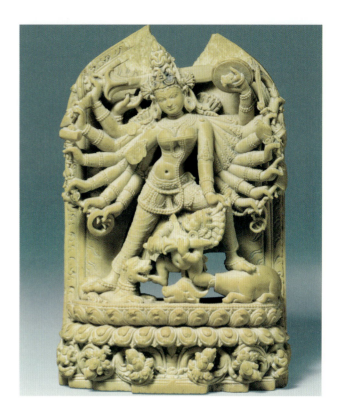

图 3.32 **女神杜尔迦，她正在屠宰被恶魔玛希沙附体的水牛。**孟加拉国或印度，帕拉时期，公元 12 世纪。泥岩，高约 14 厘米。纽约大都会艺术博物馆藏。杜尔迦代表了魔鬼勇士的一面。

佛教："真理之路"

因为自由的思想和实践是印度教的特点，所以其他宗教运动就吸收了它的精髓并逐步发展起来。佛教就是其中的一种。它的创立者释迦牟尼生活在大约公元前 563—前 483 年。他名叫乔达摩·悉达多，释迦家族统治者的王子，释迦牟尼意思是"释迦族人的圣人"。由于受到他认为是所有人类的苦难的问题的困扰，他放弃了在他父亲宫殿的奢侈生活而居住于野外。他在菩提伽耶（又称菩提道场）的菩提树下沉思 7 年，最终获得了完全的启示。很快，他就在鹿野苑初次演教，阐释了四圣谛说：

1. 人生即苦。
2. 苦有因，即无知。
3. 解脱与证果。
4. 离苦八圣道：正见、正思维、正语、正业、正命、正精进、正念、正定。

记住这些圣谛，一个人就能够克服佛教徒所认为的人类的苦难之源——物欲，即无知的主要形式。这样，人可以从世界的幻想中解脱出来，从生—死—再生的永无休止循环中解脱出来，并最终进入极乐世界。这些原则被总结在《法句经》里。《法句经》是佛教最流行的权威的规范文本，由423首佛祖法句（实乃箴言、警句）组成，并按主题分为26章。《法句经》的英文名Dhammapada是一个合成词，dhamma是标准梵语中dharma的方言词，意为"凡人的真理"，pada意为"脚步"。因此，《法句经》的意思就是"真理之路"。这些法句因为其中包含的智慧和精妙的表述广受人们推崇。

佛陀（意味着"觉悟真理者"）现身说法40余年，直至80岁时去世。他的信徒宣扬说，任何人都能得到佛性，能够看见世界的最终本质。那些接近完全"悟道"但发誓帮助其他人在进入极乐世界前获得佛性的人被认为是菩萨："他们的实质是智慧。"在各类艺术表现手法中，菩萨穿着印度王子的服装，而佛陀则穿着僧袍。

孔雀王朝　佛教后来成了孔雀王朝的国教，该王朝于公元前321年—前185年统治印度。这个帝国由游陀罗笈多（约公元前321—前297年在位）在东印度创建，都城是恒河畔的巴连弗邑（今巴特那），但是游陀罗笈多利用亚历山大大帝公元前326年入侵印度后在印度河流域留下的权力真空很快地将帝国版图向西推进。公元前305年，西流基一世成为西流基王国（亚历山大大帝建立的马其顿帝国后来分崩离析的三个王国之一，另两个王国是马其顿-希腊王国和托勒密王国）的统治者，试图再次征服印度。他和游陀罗笈多最终签署了和平协定，西流基王国和孔雀王朝最终建立了外交关系。希腊派遣的大使很快就在孔雀王朝的宫廷住下来，这是东西方建立实质关系的开端。游陀罗笈多把王位传给了儿子频陀莎罗（约公元前297年—前273年在位），他的宫中也有希腊大使，并把帝国往南扩张，征服了几乎整个印度半岛，使孔雀王朝成为当时最大的帝国。他死之后，王位由儿子

阿育王（约公元前273—前232年在位）继承。

阿育王定佛教为国教。在公元前261年的一场战争中，阿育王为他这个军事国王所造成的血腥屠杀而震惊。当他看见一个僧侣缓步于尸横遍野之间为亡魂超度，阿育王甚为感动，开始责难暴力和武力，并把佛陀的教化传播全国。从这一刻开始，"黑阿育王"开始被称为"白阿育王"。在罗马正在进行布匿克战争的时候，阿育王奉行非暴力政策。禁止对动物不必要的杀戮或毁尸。禁止狩猎运动，但可容忍出于消费目的的有限猎杀猎物的行为。阿育王提倡素食主义。他为人和动物修建医院，宣传对所有生物实行人道待遇，并视所有的子民都是平等的，不管政治、宗教或种姓。他大兴佛教建筑，整个帝国大约立有8400座神龛和佛塔。很快，佛教得以遍布整个印度，而中国佛教僧侣也来到印度学习取经。

佛塔：大舍利塔　阿育王建立的最著名的佛塔是桑吉的大舍利塔（图3.33），公元前2世纪时得以扩建。舍利塔是一种"圆冢"，就是存放舍利子（灵骨或遗物）的地方。它们中最早的8座塔修建于公元前483年左右，作为存放佛陀遗骨的圣地，这些遗骨本身被划分成了8份。公元3世纪，阿育王打开了最初的8座舍利塔，进一步分配了佛陀的遗骨，把他们分散到了更多的其他舍利塔中，包括在桑吉的舍利塔。

舍利塔作为一个形式完全是象征意义的。它是个半球状圆顶式的大土冢，由碎石和泥土建成，镶上石头，使人想起天堂的屋顶（图3.34）。屋顶之上有个小四方的平台，中间是根柱子，支撑着三个圆盘或者"伞盖"。这些象征着佛陀顿悟的菩提树以及三层佛教的意识——欲望、形式和无形——通过这些灵魂获得升华。圆屋顶建在了升起的基座上，在之上是绕行的走廊。当朝圣者绕着舍利塔的走廊行进时，他们象征性地沿着佛陀的路获得顿悟。整个被称为曼荼罗（字面意思是"圆圈"），佛陀的宇宙图表。

佛塔：柱子　阿育王也在整个帝国的疆域内，尤其是在与佛陀一生有关的遗址上，竖起了一系列的柱子。这些柱子由砂岩组成，通常安放在深入地面3米

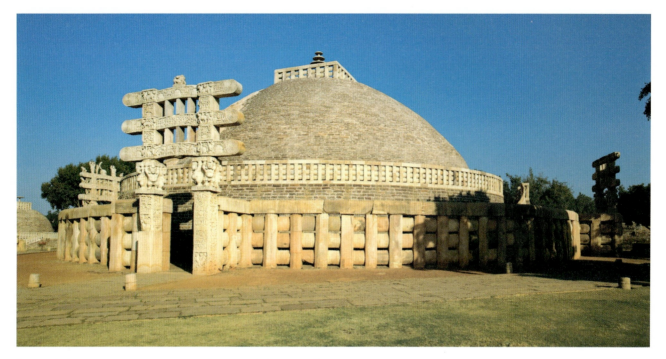

图 3.33　桑奇大塔，西门之景，该大舍利塔位于印度中央邦桑奇，始建于公元前 3 世纪，公元前 150—前 50 年扩建。高约 15 米，直径 32 米。在印度，舍利塔是纪念佛祖的主要纪念碑。它象征高山、天穹和宇宙子宫。

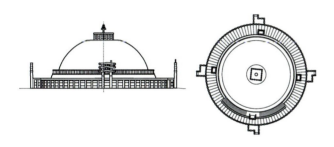

图 3.34　桑奇大塔的正面图和平面图。令人好奇的是，桑吉大塔的四道门与护栏上所开的四道门并不在一条轴线上。学者认为这种设计源于农场上的门，防止牲畜靠近农田。

下的石基座上。它们高约 15 米，上面刻着与 dhama 有关的铭文，dhama 就是教规，即《罗摩衍那》中要求吠陀国王们所倡导的良好的行为准则。但佛教徒们很快就把柱子上的文字解读为佛教教义。每根柱子的上方是柱顶，上面刻有动物。

　　在佛陀首次说法的遗址鹿野苑的柱子顶端，有四座狮子雕像面对着东南西北四个基本方向，背靠背地停在装饰有四个浅浮雕轮子的平板上，在每一个轮子之间有四种不同的动物，有狮子、马、公牛和大象（图 3.35）。在这些雕像下面，荷花瓣的花瓣是向下的，因为在这个并不完美的世界里，荷花出淤泥而不染，传

图 3.35　鹿野苑阿育王柱之狮子柱顶，印度北方邦。孔雀王朝时期，约公元前 205 年。高 213 厘米。鹿野苑考古博物馆。一些学者推测具有这种柱顶的柱子表示世界的轴心，把天与地连接了起来。

统上象征着神圣的纯洁（也就是说，佛陀和他的教义）。柱头上的所有其他元素有相似的象征意义。狮子很可能是指佛陀自己，因为他是王室公子，被称为"释迦的狮子"，他的说法如狮子的啸声一样四处传播。轮子，也具有了佛陀在鹿野苑传教时的普遍象征意义。据说，他在这里"他推动了法（即教规）轮的运转"。原件中有几只狮子支撑着一个大的铜轮，但铜轮已失传。

阿育王的传教伟业可以与其父亲和祖父的军事热情媲美，而且他们把佛教使者派往遥远的叙利亚、埃及和希腊。关于这些佛教传教活动未能在西方历史文献中幸存下来，因此，这些传教活动对西方思想的影响只是推测而已。

延续与变化　**基督教的罗马**

在历史长河之中，罗马帝国已经成为多神教的国家，它能容忍几十种宗教。但是，随着基督教在帝国成为越来越具有支配地位的力量，它威胁着罗马公民的政治和文化身份。最重要的是，罗马人已不再是之前的罗马人了。逐渐地，公民首先成了基督徒。

公元235年，塞维鲁王朝衰落，随后便是动荡不安的年代。其间，基督教传遍帝国各个角落，为了解除对帝国权力的威胁，基督徒被认为是罗马政局混乱的麻烦制造者而备受责难。公元3世纪末，罗马帝国约有500万基督徒，接近总人口的十分之一。由于那时的民众认为，基督教集会是由耶稣最初的门徒彼得和保罗领导的，因此，在罗马有大规模的集会，而且产生了极大的影响。公元303年，皇帝戴克里先（公元284—305年在位）开始了长达8年的对基督徒的残暴迫害。

戴克里先视罗马教廷是对他个人权力的直接威胁，于是在他的帝国内，对基督教以及他的主教教区近乎是君主式的控制。他禁止基督徒进行祷告，命令摧毁教堂、焚烧书籍，并逮捕了所有主教。在死罪的威胁下，基督徒们被迫向皇帝屈服，而非基督徒认为皇位为神圣的。但数千信徒拒绝了，他们的殉教不仅没有消除基督教的力量反而增加了它的力量。

公元305年，戴克里先因为健康原因退位，接下来便是政局动荡。最后，康斯坦丁一世，常被称为"康斯坦丁大帝"（公元306—337年在位），在通往罗马的必经之路米尔维安大桥战役中，取得了决定性的胜利。公元312年10月28日，他自立皇帝。早在两年前，当康斯坦丁从高卢进军罗马之时，就流传着一则故事，说他看见了太阳神阿波罗由胜利之神陪伴着，以及象征着他可能能统治罗马30年的罗马数字（即三个十字XXX）的幻境。然而，晚年的他却声称曾在太阳之上看到了一个十字，而那时十字已逐渐成为基督的象征符号，还有传言说"十字会助你[康斯坦丁大帝]征服世界"。无论如何，似乎可以确信的是康斯坦丁在米尔维大桥战役中，他命令部队在盾牌上镶上十字，也或许在盾牌上装饰上希腊字母χ（读作 chi）和ρ（读作 rho），尽管χ和ρ很久以来就有"吉祥"之意，但它们代表的是 Christos；康斯坦丁很有可能用它来表示"吉祥"而非"耶稣基督"。康斯坦丁自己重申对罗马国教的宗教热忱，一年之内，在公元313年，他颁布了《米兰法令》，给所有的人宗教自由，结束了罗马帝国的宗教迫害。

康斯坦丁在罗马的建筑规划可能对接下来的基督教建筑留下永恒的标记，特别是在帝国广场一线南端的长方形基督教堂（图3.12）。最初是由马克森提乌斯修建，该教堂是罗马城修建的最后的一个大型帝国建筑（图3.36和图3.37）。像所有的罗马大教堂一样，马克森提乌斯和康斯坦丁大教堂，被称为巴西利卡（Basilica Nova），它是一个巨大的长方形建筑，并有一个环形的延伸，称为后殿（apse），在一端或

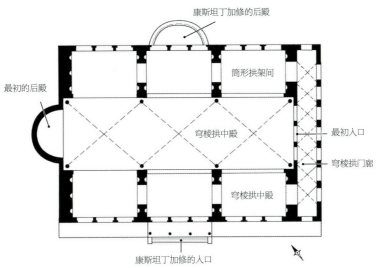

图 3.36 和图 3.37　马克森提乌斯 - 康斯坦丁巴西利卡及平面图。罗马，公元 306—313。康斯坦丁在马克森提乌斯修建的巴西利卡的西南边加修了一道门和一个后殿，该后殿或许是为了容纳更多的会众。

两端都有，很容易进出。同样，它是个管理中心，法庭、议会室和会议厅都设于此，它高耸的屋顶刻意模仿罗马澡堂的设计。它最大的中央区域是中殿，足有 35 米之高。从东南端的一个三重柱廊城可以进入巴西利卡，一眼就可以看见约 91 米长的中殿，中殿的另一头就是圆形的后殿。巴西利卡的平面设计以后殿作为它的焦点，对后来的基督教堂产生了巨大影响。后来的教堂把巨大的内部结构由管理的空间改造为宗教圣殿，宽敞的内部空间可以引起宗教的敬畏感。

发现人文 II

DISCOVERING THE HUMANITIES
2nd Edition

（美）亨利·M. 塞尔（Henry M. Sayre） 著

陈　萍　李海峰　席仲恩　译

重庆大学出版社

目　录

第7章 文艺复兴与北欧宗教改革
在财富与贫困之间 **225**

第 4 章　封地与修道院，朝圣与十字军东征

欧洲中世纪早期

萨顿胡位于今英格兰伊普斯威奇附近的东安格利亚的萨福克郡内。这里有座古墓，葬着一个富有、强大的盎格鲁-撒克逊人，很可能是 7 世纪时一位国王的遗体（遗址中发现的硬币可以追溯到 6 世纪 30 年代）。坟冢里有一艘 27 米长、4 米宽的船，略大于 1904 年在挪威奥斯陆郊外的奥斯堡出土的一艘类似的陪葬船（图 4.1）。当年，这艘陪葬船被拖到了位于得本河畔的一座 30 米高的小山上，然后置于一条深沟之内。船中间建有一座房子，房子里有棺材，陪葬品中有大量的精美装饰品、盔甲、法国金币、地中海东部的银匙和银碗以及一把木制竖琴。沟被填埋，上面隆起一个墓冢。1300 多年来，这座古墓未曾被盗过，一直耸立在得本河入海口，似乎是那位死亡的武士在眺望大海，永久地守卫着东安格利亚。

1939 年首次发掘时，仅发现的两样物品表明它与基督教文化有关，这两件物品是刻有用希腊文拼写的 Saulos 和 Paulos 的银匙。两个名字很有可能就是指使徒保罗，因为他在皈依耶稣前被称为大数的保罗（Saul of Tarus）。在罗马人于 406 年撤离苏格兰之后，基督教在英格兰几乎彻底消失。在接下来的 200 年里，罗马化的英国首领以雇佣兵形式招募的日耳曼人和斯堪的纳维亚人——包括盎格鲁人、撒克逊人、朱特人和弗里斯兰人——开始自我管理。他们的盎格鲁-撒克逊文化，浸染于日耳曼和斯堪的纳维亚的价值观和传统里，很快在英国的文化生活中起着主导作用。尽

管如此，在修建萨顿胡陵时，即 6 世纪 30 年代末，基督教在英格兰重新发展起来。据推测，精心设计的萨顿胡葬礼，由于使用火葬（基督教明令禁止的）和明显的人畜陪葬，表示了对基督教教义的公然蔑视。

7 世纪时，萨顿胡充其量是盎格鲁-撒克逊文化的一个偏远的边区村落，但是没有其他的考古遗址能更多地展现出盎格鲁-撒克逊人的文化。葬于此的都是领主或者首领，他们的追随者都绝对忠诚，这一封建社会的基础在后来中世纪的欧洲生活中起着支配作用。封建主义与罗马的庇护习俗有关（见第 3 章），充当保护人的通常是一个领主或者贵族，向为自己效劳的人提供保护以换取忠诚。中世纪，这一关系发展成为以农业为基础的经济体系：佃户租用贵族的土地（称封地或采邑）并得到贵族的保护，因而有责任为贵族服务甚或服军役、缴纳实物和农产品。

这一体系的雏形在 6 世纪的英国就存在了。盎格鲁-撒克逊人只占整个约 100 万人口的十分之一，其余的是古不列颠人（凯尔特人）。盎格鲁-撒克逊人控制了大部分凯尔特人劳作的土地，而他们从这一关系中获取的财富在萨顿胡发现的财宝中表现得非常明显。控制着他们不同封地的贵族转而对国王负责，因为国王是王国所有领地的最高领主。作为对他们忠诚的回报，国王奖励给贵族们黄金、武器及精细装裱的个人饰品——如在萨顿胡中发现的那些制品——以示对他们忠诚的回报。

◀ 图 4.1　陪葬船，挪威奥斯堡，约公元 800 年。木制船，船体长 23 米。挪威奥斯陆维京船博物馆藏。这艘陪葬船原先有个分隔间，两名女性分别躺在分隔间里两张不同的床上，里面有木箱（空的，但很有可能曾经放有宝物），还有几根兽头木杆。

当基督教重新被引入盎格鲁 - 撒克逊时期的英格兰时，教会改变了封建主义的原则。不是佃户对贵族效忠，贵族对国王效忠，而是所有的人都对基督上帝效忠。凯尔特人和盎格鲁 - 撒克逊人可能给教会准备礼物，但除了被救赎，却得不到教会给予他们的任何保护。结果，教会很快就富裕起来。为了装饰它的圣殿，教会——与以前的封建领主为了实现个人用途而追求艺术品一样——提高了精细复杂的工艺，把基督主题和意象融入日耳曼和北欧风格的动物与交错风格中。教会获得了大笔财富，这一财富由身为封建领主的神职人员看管。这些财产很快就用来修建修道院，志趣相投的个人聚在那里，追求宗教的完善。这些修道院转而就成了学问的中心。

这些修道院很快推行通过朝圣为自己的罪孽忏悔的观点。部分原因似乎是欧洲不断加快的城市化导致卫生条件恶化，疾病蔓延。朝圣者认为疾病与罪孽有关，因而试图赎罪，把他们从地球上的疾病和传染病以及死后的永久诅咒中拯救出来。政治和宗教动机也扮演了重要的角色。麦加朝圣在伊斯兰教传统中扮演了重要的角色，在阿拉伯半岛那个相对偏远的城市实现的经济效益在罗马并未消失。但是更重要的是，到耶路撒冷的基督朝圣的宗教价值——基督朝圣的最困难也是最有回报的——要求西方的教会根除伊斯兰教徒对该区域的控制，而这正是教会坦言的希望所在。到公元 1100 年，成千上万的朝圣者每年都前往耶路撒冷。

基督教的军队在 1099 年的第一次十字军东征的时候再次占领了该城，而圣徒彼得和保罗的遗骨在罗马得到供奉。大量的朝圣者从欧洲各地来到今西班牙西北角的圣地亚哥 - 德孔波斯特拉，圣长雅各伯的遗体就安葬于此。而在英国，朝圣者很快到坎特伯雷教堂来膜拜托马斯·贝克特，也就是坎特伯雷大主教。由于他坚定地维护教会权威胜于英国王权，于 1170 年被刺。

本章概述了封建势力的崛起，中世纪国王和皇帝以及基督教教会如何顺应封建秩序以加强统治。在这些统治者中，最重要的要数查理大帝，他打算编纂法典并以此法加强封建统治。他不仅梦想统一整个欧洲，也打算以单一的行政和政治官僚体制统一教会和国家。尽管查理大帝的帝国随着他于 843 年的去世而瓦解，但其后的统治者，如德国奥托王朝的历代国王都效仿他建立了一个紧密联系的政治官僚体制并支持艺术。但是，教会与国王争夺民众对各自的忠诚，在建筑、艺术和礼拜仪式的音乐上，教会试图迎合人们的情感，呼吁他们放弃世俗的权力欲望而寻求天堂的报偿。

盎格鲁 - 撒克逊艺术风格和文化

在萨顿胡发现的一个钱匣盖子（图 4.2）是非基督徒日耳曼文化艺术风格一个很好的示例。它采用掐丝珐琅制作，这个技术将金丝在胎上掐出图案，填上各

图 4.2　钱匣盖子，发现于萨顿胡沉船上，约公元 625 年。黄金，嵌有印度石榴石，掐丝珐琅，长 20.3 厘米。伦敦大英博物馆受托。该钱包套很有可能拴在持有者的腰带上。萨胡顿墓里出土的钱包里还有金币和金锭。

种颜色的珐琅质玻璃浆料，并贴上半珍贵的宝石片（如这个钱包套用的是石榴石）然后再经过若干工序而成。如钱匣盖子的顶部，中间是一个动物交织的图案，两边分别是一个六边形。这一设计里，两组面对面的虫鸟被拉长成蛇形的装饰丝带，这是很常见的斯堪的纳维亚图案。下端面，两只长着弯曲的喙的瑞典鹰正袭击一对鸭子。而这一图案的两边各站着一个男子。这一动物样式在基督教时代之前的日耳曼和斯堪的纳维亚地区的珠宝设计中非常普遍。注意它的对称设计，交错地有机组织起来的几何形状，当然，还有它的动物图案。在整个中世纪早期，这种风格无一不在手稿、石雕、教堂石墙和木雕中被模仿。

在许多方面，英语语言形成于盎格鲁 - 撒克逊人的传统中。我们一个星期的每一天的名字来源于撒克逊人的神的名字：周二和周三分别以两名撒克逊战神 Tiw 和 Woden 得名，周四以雷电之神 Thor 得名，周五以 Woden 之妻 Frigg 得名。同样，大多数英语地名也与撒克逊人有关。*Bury* 一词意为 fort（堡垒），因而坎特伯雷（Cantebury）就是指 Cantii 部落的堡垒。*Ings* 意为部落或家庭，黑斯廷斯（Hastings）是指酋长 Haesta 住的地方。*Strat* 是指一条罗马路；埃文河畔斯特拉特福（Stratford-on-Avon）表明了罗马路穿过 Avon 河。Dorchester（多尔切斯特）一词中的 Chester 意为罗马军营；Westminster（威斯敏斯特）一词中的 *minster* 意为大教堂；Nottingham（诺丁汉）一词中的 *ham* 是指家。

盎格鲁 - 撒克逊文化围绕着国王和他的领主们。国王像他的每个领主一样，也拥有自己的领地，国王和他的扈员从一个领地到另一个领地，领主们则盛情款待他们，表示效忠国王陛下。除了这些少数的特权阶层，封建社会主要由农民组成。有些是自由民，拥有 540 ～ 600 亩土地。其他农民则从领主那里租来土地，通常是 120 亩。他们向领主缴纳实物，如羊或谷物，每周在他的土地上劳作两三天。农民雇用农奴和奴隶（常为战俘）。有资料表明在 8 世纪时，盎格鲁 - 撒克逊人常常把奴隶贩卖到国外，特别是法国和罗马。

逃跑的奴隶将被处死，那些被判对领主不忠的人也会遭受同样处罚。

盎格鲁 - 撒克逊法律建立在 *wergeld*，即个人"命价"之上。领主的价值大约是自由民的 6 倍，而奴隶则毫无价值。如果一个领主被杀死（或受伤），他的家人（或他本人受伤）有权以最高的比例获得赔偿。但如果一个领主杀死或伤害了一个奴隶，则不会有任何买命钱。尽管孕妇的命价是非孕期的 3 倍，而且即便不是孕妇，女人潜在的生育能力也可以提高她的价值，男性和女性命价是等同的。

最古老的英语史诗：《贝奥武甫》

可能没有比最古老的英语史诗《贝奥武甫》更能反映封建社会等级森严的本质了。在这一史诗中，年轻的英雄贝奥武甫从远方赶来帮助一个地区除掉以格伦德尔为首的怪物。这些怪物一直侵扰这个地区。他返回故乡瑞典，统治了大约 50 年，直到他碰上了一条龙在威胁他的子民。贝奥武甫展示了他巨大的勇气和对臣民真正的忠诚，迎击火龙，却被火龙杀死。从他的命运得到的教训很简单："人人都必须顺应天命。"

《贝奥武甫》故事结尾，英勇的战士们将他与他的财宝一起火葬，也就呼应了故事开始的葬礼。当这首史诗描写到丹麦国王希尔德·希弗逊死时，用了 27 行描写了与萨顿胡墓中发现的极其相似的宝藏（阅读材料 4.1）：

阅读材料 4.1

《贝奥武甫》选段

希尔德已非壮年之豪情，寿数已满，
走过了一生，回到主的怀抱。
勇士们照他——
丹麦人敬爱的统治他们多年的族长——
制定的律令：
将他抬向大海汹涌的巨浪。
一只船首为涡旋形的木舟停泊在港口，
他们主公的灵船，
遍被冰霜，行将远航。

他们把他放入船舱，项圈的赐主
骄傲地靠着桅杆，
四周堆起从八方收归的无数缴获——
我从未听说，
世上的战舰，哪一艘
用胄甲和刀剑装饰得这般漂亮！
人们在他胸前缀满珠宝，让他们随主人
听凭大海的波浪，飘向远方。
他们没有吝惜部落的黄金，
没有辜负，当初他襁褓中
只身从惊涛来到丹麦人中间，
满满的一船礼品。
他们还在他头顶上，悬一面金丝绣成的战旗，
让浪花托起他，将他交还大海。
人们的心碎了。
大厅下的谋臣，乌云下的勇士，
没有人知道，小舟
究竟将驶向谁。

在萨顿胡以及奥斯堡发现的陪葬船（图4.1）表明，《贝奥武甫》准确地反映了中世纪在欧洲北方气候下生活的诸多方面。这首诗以盎格鲁 - 撒克逊语（或者说古英语）创作，诗成于公元700年至1000年，最初是口口相传，之后才被记录下来。全诗3000行，展现了一种较早的语言，这种语言比1066年诺曼公爵征服者威廉入侵英国后英语和法语融合后的语言还要早。10世纪时，它被保留在一份手稿上，而这份手稿又是从更早的手稿上传抄而来的，那份更早的手稿已于18世纪在一场火灾中受损。如今，这首诗之所以有这样的名气，很大程度上得益于《指环王》的作者约翰·罗纳德·瑞尔·托尔金。20世纪30年代，托尔金认为此诗具有一定的文学价值。对于任何熟知他三部曲的人而言，托尔金关注该诗的原因是非常明显的。

《贝奥武甫》是首英语诗歌，但它描写的事件却发生在斯堪的纳维亚。它最显著的一个创作特点是用复合短语（或称比喻复合辞）代替人或者事，这在古英语文学中非常普遍。请看下面的诗行：

Hwoet we Gar-Dena in gear-dagum
So. The Spear-Danes in days gone by

这首诗不用"过去"，而是用 gear-dagum 来指称"年"。它也不用 Danes（丹麦人）而用 Spear-Danes（像矛一样的丹麦人），暗示他们的战士特性。诗人称"海"为 fifelstréam，字面意思是"海怪之流"或"鲸鱼之路"，而国王则用"打铃人"。一个特别有诗意的例子是 beado-leoma，即"战时照明灯"，是指明晃晃的刀剑。这样，在某种意义上，这些复合短语是通过上下文才能解释的隐喻谜语。《贝奥武甫》里有很多这样的短语和词，在所有盎格鲁 - 撒克逊文学中只出现过一次。盎格鲁 - 撒克逊把它称为 hapax legomena，字面意思是"说或记录过一次"，上下文是我们唯一能弄明白比喻复合词含义的线索。

一些根据希尔德·西弗逊进入的"上帝之地"这样的短语，就把该诗视为基督教式的寓言。尽管贝奥武甫确实对"全能的神"表示感谢，并承认"如果神没有保护我"，他是不太可能战胜怪兽格伦德尔的，但是诗中没有其他任何地方表明这就是基督教中的上帝。诗中也没有任何提及基督教的地方。这首诗教育它的读者，一切权力、力量、名声和生活本身都只是稍纵即逝——与基督教的价值观一致的主题，但并不一定是基督教才有的。而且即使贝奥武甫，在诗结束时的那种可以说是有勇无谋的勇气，显示了像基督一样为了更大的善而甘愿牺牲的精神，他所展示出来的荣誉和勇气完全跟封建社会的军事文化价值观相符。

异教的合并与基督教风格

无论《贝奥武甫》与基督教传统有何联系，我们都很容易看出，即使在它自己所处的那个时代，该诗是如何以基督教的术语来解读的。但是，罗马人于公元406年撤离不列颠之后，基督教只在不列颠群岛的最西端，即在威尔士的康沃尔郡和爱尔兰才得以继续。从圣帕特里克于432年到达此地一直到他461年去世，他致力于使这里的人们皈依基督教。约563年，一名叫科拉姆巴的爱尔兰修道士在苏格兰的艾欧那岛建了一座修道院。他游遍整个苏格兰地区，并使北方许多皮克特人皈依了基督教。约635年，几乎与萨顿胡的

异教葬礼同时，艾欧那另一位修道士在位于英格兰东南部诺森布里亚海岸的一个叫林迪斯芳小岛上修建了一座修道院。英国掀起了"再基督化"的进程。

与此同时，公元597年，教皇格里高利一世（590—604年在位）派出由本笃会带领的40名修道士在奥古斯丁（卒于604年）的率领下前往英国布道，使异教徒的盎格鲁-撒克逊人皈依基督，此奥古斯丁不是写下《忏悔录》和《上帝之城》的彼奥古斯丁。格里高利敦促奥古斯丁不要在一夜之间消除异教传统，而要将它们渐渐融入基督教教义实践中。在公元601年写给奥古斯丁的一封信中，他说："肯定是不太可能一举根除顽固不化的错误思想，而且无论是谁，如果要爬上山顶，都得一步一步地攀登，而不可能一蹴而就。"这就是在我们前面提到的萨顿胡钱包保护套上的动物风格的基本元素（图4.2）为什么会出现在一份手稿《林迪斯芳福音书》的书页上的缘故，即它由林迪斯芳的主教伊德弗里斯于公元698年亲自设计（图4.3）。尤其要注意钱包保护套边缘的几何网格在林迪斯芳的地毯页面（"地毯页面"是现代人们使用的一个描述性的术语，在中世纪时是没有这一说法的，它用来指福音书的首页是一幅装饰画，很像土耳其或伊斯兰地毯）的中心圆中是如何描绘的。在钱袋保护套上相互交织的动物设计式样同样再次出现在角落设计中，里面两只鸟朝外，另外两只朝内面对着。钱袋保护套表面中部朝向彼此的野兽在地毯页面的上下左右边缘的图形设计上得到了回应。在萨顿胡墓葬中所使用的有关装饰方面的词汇都是英格兰还未广泛信奉基督教之前创造的，本以用来纪念非异教徒国王的，已转而表达对基督教中上帝的敬意。

这种融合的风格——各种风格里不同的实践和原则结合到一起——繁荣于中世纪早期的英格兰和爱尔兰，常被称为希伯诺-萨克林风格（*Hiberno-Saxon*，*Hibernia* 是爱尔兰的拉丁名）。希伯诺-萨克林风格手稿插图十分著名，特别是因为它将盎格鲁-撒克逊的视觉文化与基督教的文本传统统一起来。在修道院的藏经阁内（单个的藏经楼）——修道士们复制和装饰

图4.3　主教伊德弗里斯设计的《林迪斯芳福音书》地毯页面，英格兰诺森比亚王国，约公元698年。犊皮纸上的蛋彩画。尺寸：34厘米×25厘米。伦敦英国图书馆藏。从福音书手稿上的文字可以看出其设计者和誊写人均为伊德弗里斯，装订者为艾瑟瓦尔德。修道士比尔弗雷斯给它装饰上了宝石，阿尔德雷德将它译成了盎格鲁-撒克逊语。

圣经文本的大厅——艺术家很快开始自己装饰字体，在文件的重要章节的开头创造了精美的大写字母。其中最美观的大写字母是8世纪末在艾欧那岛编写的《凯尔经》（*Book of Kells*）中的一页（图4.4）。这一图案的基础是希腊字母 *X*、*P* 和 *I*，它们实际上是"基督（Christi）"一词的缩写（参见第3章"延续与变化"）。在这个例子中，文本以 Christi autem generatio 开始："这就是耶稣基督如何出世的"，引自《马太福音1：18》。重要的字体是希腊字母 *X*（Chi），左面比右面要大得多，两边比例极不平衡。在 *X*（Chi）的右下处是 *P*（rho），弯曲起来，以一个红头发的年轻人的头结尾，很可能是 Christ（基督）的描写，也给 *I* 加上了圆点。艾欧那修道士完成这份手稿后不久，维京人开始威胁着苏格兰的海岸，修道士们撤退到爱尔

图4.4　**X，P和I页面**，《马太福音书》，《凯尔经》，很有可能于8世纪末9世纪初在苏格兰的艾欧那设计。犊皮纸上的蛋彩画，尺寸：33厘米×24厘米。都柏林三一学院委员会藏。占据整个页面的是希腊字母X，P和I，那个时候，缩略词非常普遍，因为既节省了时间，也节约了空间，那时的誊写员也常被称为"使用缩写词"的人。

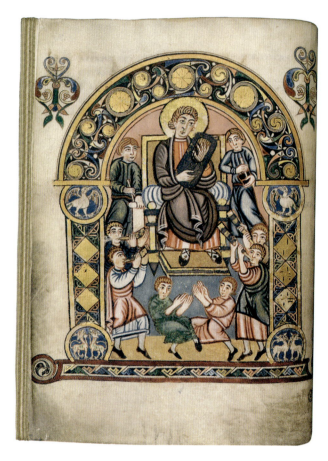

图4.5　**"大卫和宫廷乐师"页面**，曾经很有可能是8世纪上半叶在坎特伯雷设计的《维斯芭乡圣诗集》的卷首插画。英国图书馆藏。这幅插图最有趣的一点是，它表明早在12世纪之前，器乐在基督教礼拜仪式中就起着重要的作用，而普遍认为，直到12世纪时才开始引进器乐。

兰的内陆地区凯尔。《凯尔经》是如此有名，以至于在1006年这本书被称为"西方世界的主要遗迹"。

英国的基督教传教士的任务就是把人们对国王或领主的效忠转向上帝。他们不提供黄金或物质财富，只是提供救赎和精神满足。他们必须以更微妙的忠诚和希望的财富替代萨顿胡的巨大财富。传教士的策略很简单——他们在物质的光芒中沐浴精神。他们也展示他们的手稿，用丰富的修饰性的词语。他们用黄金和白银、珠宝和珐琅妆点基督教，把它放置于几乎最宏伟的建筑里面。他们把异教的庆祝方式移植到对基督教膜拜的内容里。

可能于8世纪前半叶在坎特伯雷大教堂完成的一个手稿的首页就揭示了上述移植异教庆祝元素这一事实（图4.5）。它描绘了登基的大卫——《旧约全书·诗

篇》的作者——由一群宫廷乐师围着。这一场景很容易揭示《贝奥武甫》中的一幕，即贝奥武甫打败怪物格伦德尔后在胡鲁斯加大厅里面举行盛大庆祝：

> 歌乐复起，他们为英雄歌唱
> 为武士王子奏响音乐
> 弹奏竖琴，咏唱传奇故事
> 他沿着酒席上一排排长凳，
> 御用诗人正在吟唱。（《贝奥武甫》第1062-1066行）

大卫是犹太教与基督教版本的"国王的诗人"，只是他的国王是基督教中的神。更一针见血的是，手稿插图中大卫弹奏的竖琴非常像萨顿胡发现的六弦木竖琴。如动物风格的框架和场景的边缘，表明这是任何一个盎格鲁-撒克逊贵族都能认可的庆祝。在接下来的数世纪里，基督教能够创造它自己的财产收藏，它

的庆祝音乐和本身的高墙（如大教堂），以及它自己的英勇作战的武士（十字军）。贝奥武甫的格伦德尔可能成为异教徒的穆斯林，而他的国王则是我主上帝。

加洛林文化

尽管在英格兰，基督化进程非常缓慢，但欧洲大陆却并非如此。公元732年，基督教在法国卢瓦尔河谷图尔斯市南部的普瓦捷牢固地树立起来了。公元711年，一批伊斯兰教的军队入侵西班牙并不断向北推进，但法兰克国王查理·马特在普瓦捷大败了这支军队。阿拉伯人往南退却，越过比利牛斯山，定居西班牙。法兰克人是众多日耳曼部落中的一支——就像英格兰的盎格鲁和撒克逊人一样——从公元4世纪起不断向西扩张。大多数部落接纳了他们所征服的罗马文化中的基督教观念，尤其是意大利的东哥特人，在西班牙和高卢（法国）南部的西哥特人，北非的汪达尔族，以及控制了今法国大部分地区的法兰克人。

在"查理大帝"（公元768—814年在位）的统治下，法兰克人在100年的时间里控制了西欧的大部分地区（图4.6）。历史学家正是以他的名字将这一时期称为卡洛林（Carolingian）王朝。查理大帝的英文名为Charles the Great 或 Charlemagne 源自拉丁语中的 *Carolus*，即 Charles）。查理大帝征服了一个又一个的异教徒部落，强迫他们服从于罗马的《尼西亚信经》。查理大帝的王国不断壮大，包括了今法国、荷兰、比利时、瑞士的全境，以及德国、意大利北部和科西嘉岛，还有西班牙南部的纳瓦拉。向他称臣纳贡的地区还远不止这些。由于在广大的地区推行基督教，公元800年，教皇利奥三世在圣诞之日为他加冕。

《罗兰之歌》：封建和骑士价值观

查理的军事力量可称为传奇。自他统治以后的数个世纪里，关于他的功绩的故事传遍整个欧洲，以诗

图 4.6　查理大帝骑马雕像，创作于 9 世纪初。铜镏金，高 24 厘米。巴黎卢浮宫藏。查理大帝实际身高 1.91 米。

歌的形式为民间游吟艺人反复传唱，他们往来于各国宫廷之间，吟诵英雄史诗（chansons de geste，即"颂歌"）。其中最古老，也是最著名的要数《罗兰之歌》，它将一个真实的历史事实转变成了一个传奇故事，进而美化成一首史诗。全诗 4000 行，每行 10 个音节，口头传诵了 3 个世纪，直到 1100 年左右才出现了抄本。此时，民间传说掺入了重要的意识形态，即便几乎没有造成严重后果的一场战斗，都会渲染成英雄史诗剧。吟游诗人们和着七弦琴吟诵这首诗。这首诗仅存的音乐记谱法是作为某些诗篇结尾的 AOI 字母。这一短语的确切意思还不清楚，但是很可能是音乐休止符，在整个吟唱过程中不断重复。很可能，这首诗

是按音节进行吟诵的，一个音节对应一个音符，就像今天多数乡村音乐所采取的那样。它的旋律很可能也是每节反复式的，即吟诵时，同一旋律反复运用于不同的诗节。

《罗兰之歌》讲述了公元778年发生的一件事。由查理的侄子罗兰和他的朋友奥利弗和其他几人带领的后卫军，在查理的军队入侵西班牙的返回途中遭到了穆斯林军队的伏击（事实上，是巴斯克基督徒伏击了查理，查理实际上是应穆斯林的撒拉森人之邀进入西班牙帮助他们对付其他穆斯林的。但是，随着时间的推移，出于政治宣传的目的，故事中的反派人物从巴斯克基督徒变成了穆斯林，因为要组织军队在中东地区将耶路撒冷从伊斯兰教的控制中解放出来）。

故事情节很简单：英勇的罗兰军队因加尼隆的变节而被出卖，后者向穆斯林的军队透露了罗兰军通过荆棘谷的路线。在荆棘谷，罗兰的20000名士兵遭到400000名穆斯林的伏击。罗兰吹起象牙号角，提醒查理附近有撒拉森人，但此时，法兰克王国的后卫军战败了。得知罗兰和他的军队阵亡的消息，查理处死了叛徒加尼隆，并随之开始了同穆斯林之间的史诗般的战争。查理最终胜利了——但并非没有神灵的庇佑。查理祈祷太阳不要落山，给他的军队足够的时间击败撒拉森人。

罗兰：理想的封建英雄　该诗体现了封建主义的价值观念，以讴歌罗兰对查理的忠诚来歌颂对统治者的英勇献身高过一切。尽管大臣对君主的封建义务在德国文化中确立已久——如在盎格鲁-撒克逊间，但两者之间的关系，最纯粹的形式可能要数卡洛林王朝时期。罗兰是一个理想的封建英雄，勇敢、忠诚，但是骄傲，不可避免地导致了他的死亡，就像贝奥武甫的自信导致了他最后的死亡。在下面这篇节选里（阅读材料4.2），罗兰的同伴奥利弗认为穆斯林（撒拉森）的军队人多势众，建议罗兰吹起象牙号角，呼唤查理回兵驰援，但是罗兰的骄傲占据了上风。

《罗兰之歌》选段

85　"罗兰，我的朋友，恳请你吹起号角！
　　此时，国王查理正穿越山隘，
　　他定会听到号角，带领法兰克人回援。"
　　"上帝也不会这么干！"罗兰伯爵答道。
　　"我不能让任何世人说道，
　　是因为我害怕异教徒才吹响了号角！
　　我不能让我的双亲受人耻笑。
　　当我投入这一场大战里，
　　就决心大战一千七百次，
　　你将看到达杜伦达被血染红，
　　我们的军队勇敢顽强，
　　撒拉森人会全军覆没。"

86　奥利弗说："不要怪我；
　　从山峰到山谷
　　都布满了西班牙撒拉森族
　　每座山丘上，每一开阔的平原，
　　都聚满了异教徒，
　　而我们只有极小的队伍。"
　　罗兰答道："我热烈希望战斗，
　　愿上帝和天使保佑。
　　不要因为我而使法兰西丧失威名，
　　我宁可死掉，耻辱绝不能容忍，
　　国王爱我们，因为我们勇于战斗。"

87　罗兰勇猛，奥利弗明智，
　　两人都是很出色的贤臣，
　　当他们骑在马上，刀剑在身，
　　他们宁死也不逃避斗争。
　　两位都是勇士，他们的话语壮怀激烈。

法兰克人，尤其是罗兰和奥利弗，对国王查理的忠诚体现在稍后罗兰说的话语里：

> 一个人要为领主辛苦备尝，
> 炎暑和严寒都要抵抗，
> 丢些血和肉也理所应当，
> ……
> 我即便战死，也要得到赞扬，
> 这把剑是一位忠诚的兵仗。

出于责任感，罗兰在与伊斯兰的战争中直面撒拉森人——这是对他的君主查理的责任；更进一步说，也是对基督教的上帝的责任。罗兰坚持说"他要以杜伦达剑迎面痛击敌人"（他的剑本身就是国王查理所赐），表现出这场战斗的基督教本质。杜伦达剑金制的剑柄有四种圣物（与圣徒或殉道者相关的供奉物），包括法国的庇护者圣但尼的头发，他的名字被法兰克人当作战斗的口号在战斗中呼喊。因此，每一击都是基督教世界对异教的一击。这种尽职尽责的战斗的回报，像罗兰所说，是国王之爱。但是也是整个基督教世界之爱，这种爱以教会艺术和手稿的形式把史诗中的一些片段通过视觉重述展现出来。确实，罗兰最终献身于国王和上帝。在战斗中身受重伤，他"知道死亡就要来临，他的耳朵听不见声音，他感觉脑浆迸裂"。详细而生动的语言增强了这一刻的紧张程度，而直接的叙述使人物的形象过于老套（"罗兰勇敢，奥利弗明智"）。但是，最后，在他缓慢而痛苦的死亡中——"罗兰伯爵感觉到被死亡紧紧缠住，这种感觉从头而下直达心脏"，实际上他就走了基督那条路，为了整个基督世界献出了自己的生命。

骑士准则　《罗兰之歌》是最早表现封建主义骑士准则的作品。骑士精神（Chivalry）一词（来自法语词 chevalier，"骑士"），表达了一个理想的骑士应当拥有的品质。该诗可能更好地反映了 11 世纪（成诗的时间）的价值观念而不是查理统治时期的 8 世纪左右的价值观。不过，与之类似的价值观可在《贝奥武甫》中找到。骑士，这些年轻的士兵们以一套严格的但不成文的行为准则作为行动的指南：英勇作战，对领主或同辈忠诚，对妇女充满敬意。虽然在实践中这些观念常被打破，封建主义和骑士精神是维持整个中世纪欧洲社会秩序和政治和谐的强有力的机制。

促进识字

在整个欧洲，教会一向是文化的主要保护者。在修道院的中心，仍然保留了罗马爱好学习的传统，这一传统特别在由修道士抄写员誊写的手稿中得以体现。但整个社会的文化水平不高，识字还远未普及。查理试图在其都城亚琛的宫廷里改变这一现状，很快就吸引了主要的学者和艺术家，他们的努力得到了查理慷慨的回报。其中，最重要的是来自英格兰约克郡的阿尔昆（735—804），此人甚至可能具有盎格鲁 - 撒克逊血统。他在公元 782 年成了查理宫廷学校的校长。作为这一时期最重要的语法学家和神学家，阿尔昆也担当查理的私人教师。

阿尔昆在亚琛的主要目的是创立一门可以在整个卡洛林王朝推行的课程来促进识字能力的提升，用于教授孩子们基本的读写能力、人文艺术和神学研究的学校在里昂、奥尔良、美因茨、图尔斯、拉昂和作为音乐及圣餐仪式中心的麦茨建立起来了。公元 798 年，亚琛的一道法令要求整个帝国所有的高级教士和乡村牧师都要为孩子们开办学校，并且强调教育男子。政府官僚机构的工作也要着手此事，而且通过基督教的学习，他们才能引导人们遵循基督教倡导的原则。但是有证据显示，女孩，特别是贵族出身的，也可以进入阿尔昆所创立的当地学校学习。

教育人民也有一个宗教目的。查理认为通过传播福音，人们能够在教堂里大声朗诵和歌唱，更别说可以掌握在圣经中揭示出来的基本的真理。教育因此增进了教会的传统角色。它为教会提供了一个方法——查理创立的国家就是教会的代理人——将自身置于每一个人的生活中。阿尔昆于公元 785 年发表了一本关于《新约》和《旧约》的文集，以供人们在做弥撒的时候朗诵，以及一本当时所有教堂都必须使用的有关涛告和相关礼仪的书。阿尔昆的最后 8 年致力于编纂一本校正过的在整个中世纪都可以使用的《拉丁文通行圣经》标准版。

中世纪的修道院

修道院是卡洛林王朝文化的中心部分，可以说是最重要的机构。在卡洛林时期以前，欧洲的修道士生活千差万别。在意大利，修道院并没有推行其名所隐含的隐居原则（希腊词 monos，派生出 monasticism，意为"单独的"），修道院的生活可能是积极和快乐的。即便是在爱尔兰这些条件更为苛刻的地方，修道院活跃的学术氛围仍然吸引寻求职业的男男女女。各地修道院的条件和要求是各不相同的。

查理在法兰克王国强行推行本笃会的原则，该原则由两个世纪之前的意大利修道士努尔西亚的本笃（约公元480—547年）创立。本笃会把修道士的生活界定为志趣相投的人所组成的一个群体，在由修道士们选出的修道院院长的指导下追求宗教的完美。他们没有任何属于自己的财产，奉行世俗的贫穷。他们住在一个地方而不是云游各地，保证了这个群体的稳定性。他们也不结婚，坚守他们的贞洁。每天分成了八个时段。每日礼赞的祷告时间段称为日课，在一天的八个具体的时间内（从清早到睡觉时间）背诵赞美诗，咏唱颂词和祷告文。在这些祷告的间隙，修道士们学习着、工作着，吃一顿简单的早餐和更实在的一顿晚餐。他们的生活方式就是按自己的座右铭那样"祈祷并工作"。

理想的修道院：圣加伦修道院 瑞士康士坦茨湖附近的圣加伦修道院，是查理大帝理想的修道院；它实用的和有序的计划成为许多本笃会修道院的典范。研究中世纪的历史学家沃尔特·霍恩于20世纪70年代指出，该修道院最初计划是按76厘米为一个标准单位的度量来设计的，整个建筑群由许多标准单位构成。教堂的中殿和十字翼，均为12米宽，即16个标准单位。它们交叉的面积是一个边长为16个标准单位的完美的正方形。十字翼的每一侧翼与中间正方形的面积相等，即也是16个标准单位的完美的正方形。在十字翼和后殿之间的区域也是一个十字交叉的正方形。十字翼与后殿之间的区域也是一个交叉形成的正方形。修道院其余的部分以这个合理的、有序的计划而修建。每一张僧侣床是2.5个标准单位，每座花园路的宽度是1.25个标准单位，等等。这一系统化的布局（图4.7）反映了中世纪越来越倾向于把基督教视为生活的逻辑和理

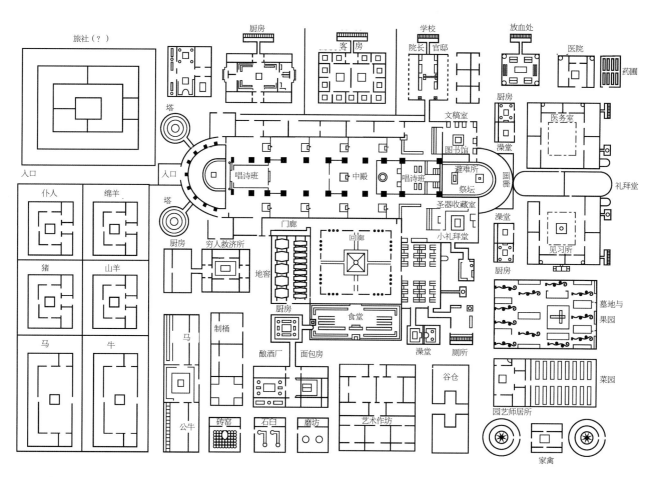

图4.7 瑞士圣加伦修道院平面设计图，约公元820年。 此图是根据用红墨水画在羊皮纸上的原件重新绘制而成，图中各个区域的英文名皆译自原图中的拉丁语。尺寸：71厘米×112厘米，瑞士圣加伦修道院图书馆藏。

性哲学，这种哲学基于精心构建的论点和对各个方面的精确定义，就如同他们规定每天生活中的每一个具体时段应该做什么事情一样那么有条理。

与教堂向西的入口处相邻的回廊，或长方形带有拱廊的庭院，是修道士们沉思和反省的地方。东边是修道士们的宿舍，公共厕所和浴室，西边还有储藏室。在回廊的南面是食堂，或者说餐厅。往南、往北和往东更远一点的地方，在餐厅后面和附近的地方是附属建筑，容纳着供多达100名修道士生活所需的东西——厨房、酿酒厂、面包房、磨坊、手工作坊，饲养各种动物的畜棚、菜园（有自己的园丁），以及同时用作墓地的果园。在整个建筑群的周围是修士们劳作的土地。修道院的另一侧为整个群体成员的保留地。

公众可以进入修道院的北侧。在教堂入口处一侧，有一个招待所，或客栈，为不太富裕的来访者提供住宿，也有给贵族提供的客房，客栈与客房之间有一间特别的厨房（本笃会指示修道院应当对所有的拜访者都要热情款待）。在教堂的正北面是修道院学校，按皇家法令，用于教育当地贵族子弟。东面是一所见习学校，用于教育并容纳致力于成为兄弟会成员的新手。东北角是一个公立医院，包括了用于治疗的药圃，医生的住处，以及一个放血的设施——放血是中世纪乃至19世纪治疗严重疾病的最常见的方法。

修道院中的修女 尽管宗教生活给予了妇女家庭主妇和工人的另外一个选择，但在女修道院或尼姑庵中的生活仅仅只有贵族的千金们才能参与。在修道院这个系统里，妇女有重要的特权。圣本笃本人就有一个妹妹，叫斯考拉斯蒂卡（约卒于公元543年），就是一家修道院的院长。惠特比女修道院长希尔达（公元614—680），管理着一座负有盛名的盎格鲁-撒克逊修道院，里面有修士和修女。他最重要的一个举动是在惠特比主持了一次会议，试图调和英国教会中的凯尔特和拉丁两大派系。它是在以男性为主的中世纪教堂中爬上显赫位置的第一名女性。

甘德尔海默的罗斯维塔（约935—975）虽从未取得过希尔达那样的政治地位，但她是那一时代著名的剧作家之一。她的剧本直到15世纪晚期才被人们所重视，主要关注女性英雄在逆境保持谦逊和坚守贞洁的个人力量与自我价值意识。

这个时代最重要的女杰还有宾根的希尔德加德（1098—1179），她8岁进入女修道院，最终成为女修道院院长。她颇有成就，在自然科学、医学、疾病治疗方面编写过一些小册子，还著有关于善与恶的寓言式对话集，还写过一些虔诚的颂歌（参见下一节：修道院音乐）。她是那个时代女性基督徒中最有远见卓识和最神秘的一个，在西方文化中，她是特尔斐神谕的女祭司期待的角色（见第2章）。她的"灵视"记录在《认识主道》（Scivias）里，书名源自拉丁文 Scite vias domini，意为"知道主的路"（阅读材料4.3）。《认识主道》由教皇官方指定，具有神圣的启示效应。她热切地提倡教会改革，并明白这一认识使她有权批评她的牧师和教会高级人员，包括教皇本人，而她对此毫不犹豫。

阅读材料4.3

宾根的希尔德加德 《认识主道》

上帝之子耶稣显灵的1141年，那时我42岁零7个月，天堂在我眼前开启，有卓越智慧以炫目强光，流经我整个大脑，使我心胸仿佛起火，却不感烧灼，而是温暖……那些书本的意义乍然开朗，诗篇、福音书、《旧约》和《新约》中其他各种卷册……

确实，从我的少女时代，从我15岁至今，我已经体味到在我的灵魂内，如同我刚才那一刹那，有一股神秘的、秘密的、不可思议的奇迹般的灵视……我在梦中，或睡眠中，或神志昏迷时，用我的肉眼，凭我的耳朵，或者在一个非常秘密的地方还从没感觉到这些灵视，但是我在醒着的时候感受到了，在我完全清醒的时候，在开阔的地方，根据上帝的旨意，全神贯注地审视着我的灵魂。

《认识主道》中这一页（图4.8）形象地展示了"灵视"的过程。希尔德加德记录了她的神圣启示，抄写员在等着记录她的话。这种形象是作为修道院院长的希尔德加德本人监督设计的。

之后在《认识主道》里，希尔德加德看到了魔鬼

图 4.8 绘有希尔德加德"灵视"书页的副本《认识主道》，约 1150—1200 年。希尔德加德写了 33 本灵视的小册子，全部收集在《认识主道》一书中，基督教会认为此书是神圣的。原稿于第二次世界大战期间丢失。

化为一只巨大的蠕虫，它监管着充满商品的市场。在描述了她的灵视后，她解释了几个主要的形象。希尔德加德解释她自己的话的冲动是中世纪宗教文学的一个典型特征，宗教文学的作用就是教化。但是，除此之外，希尔德加德的《认识主道》与同时期的灵视与神秘文学的创作有一个共同特点：把不可知的世界生动地展现于读者和观众的眼里和心里。就像神谕的女祭司，她通过天启和灵视直接地面对神灵。

修道院的音乐 与 14 世纪之前的任何一位音乐家（无论是男性，还是女性）相比，希尔德加德留存下来的作品最多。她的《美德典律》就包含了许多歌词和 82 部旋律，这部音乐作品戏剧化地表现了善与恶的冲突。

在这部音乐作品中，魔鬼从不歌唱，只是扯着嗓门高喊歌词，与 16 种美德中的每个美德的化身形成对抗。希尔德加德在《上天启示的和谐旋律》中收集了所有的礼拜音乐。与《认识主道》一样，希尔德加德的音乐旨在阐明精神真理。她相信，唱歌和奏乐能使大脑、心脏和身体融为一体，她还认为可以治愈司仪神父之间的不和，天上的和谐是在地上实现的。

到希尔德加德创作音乐之时，礼拜仪式和礼拜音乐已经按照查理大帝的要求结合了起来。尽管我们没有查理大帝时期的记谱，多数学者一致认为他采取了后来为人熟知的伟大教皇格里高利——也就是于 597 年将奥古斯丁派往英国的那位教皇——命名的格里高利圣歌体。格里高利圣歌体又叫素歌或单声部圣歌，它由单声部的歌曲组成（即一个或很多声音唱同一个旋律而没有和声）。格里高利圣歌体很可能起源于古犹太人唱赞美诗的方式。这种圣歌体以最简单的形式清唱（即没有音乐伴奏），并且一个音节对应一个音符。通常每个短语的最后一个词要加上一两个其他音符进行强调。

1. Di-xit Dóminus Dómino mé- o: *Séde a déxtris mé- is.
赞美诗 109：上帝如是说

这是赞美诗 109 的第一句（"上帝对我的主说：坐在我的右手上"）。这种四线谱（那时是用四条线记谱，而不是现在的五线谱记谱法）后来成为传统的格里高利记谱方法，每一音符由一个小方形标记。纽姆圣咏因这些音符而得名。在纽姆圣咏中，一音节对应一个音符的风格让位于每个音符唱两到三个音符的形式。在中世纪后期的圣歌体中，单一的音节可能唱很多音符，这被称为花腔体。

Ky - ri - e — e - le - i - son
弥撒开篇诗之《求怜经》

弥撒 从最早的时代开始，弥撒的庆祝是基督教会的核心仪式。它是对圣餐的歌颂，对基督教导的履行（记录在《哥林多后书》第 1 章第 11 节：24-25），用以纪念他在最后一次晚餐中为他的门徒所做的事情——耶稣赐给门徒面包，说："这是我的身体"；给他们酒，说："这是我的血"。在这场庆祝中，基督徒们为基督的到来致意。在中世纪的弥撒中，每一场弥撒中的第一或第二项程序，《慈悲经》，由三个短语组成：神佑世人（Kyrie Eleison）（"主啊，请垂怜"）唱三次，接着唱三遍 Christe eleison（"基督，请垂怜"），之后是另一组神佑世人，但用不同的音乐再唱三次。这三个短语各重复三次是有象征意义的。数字 3 是指三位一体以及代表绝对完美的 3 的平方。

由宾根的希尔德加德创作的单声圣歌在音域上是非常独特的。与她的时代多数圣咏很窄的音域不同的是，她使用音域的极限符号来创造"冲入云霄的尖拱"，认为这样可以把天堂和大地连接起来。尽管传统的单声圣歌很少采用两个或三个以上的休止符（即在同一个键上分别按出的一个或两个音符），希尔德加德常常使用更长的休止，如四个或者五个音符，再次在天堂与尘世间创造了一种动感。她的旋律快速向上，仿佛冲向天堂。她把纽姆体和花腔体结合起来；前者似乎根植于日常生活，而后者则是救赎的快乐。

决定某个单声圣歌旋律的本质的一个最重要的元素就是它在礼拜中的功能，这在查理时代一直到 16 世纪都保持着一致性。特定的圣歌，集中在赞美诗，专门为日课的八个工作时段而作，只由修行的修士和修女诵唱。圣本笃的原则要求是每周都要背诵所有的 150 首赞美诗。

弥撒有其自身的圣歌曲目。它每天早上 6 点到 9 点在每个教堂、女修道院、僧院举行一次，向每个受洗的社区成员或会众成员开放。某些要素是每个弥撒的一部分，包括教义（Credo），《尼西亚信经》的背景音乐，而其他一些只在礼拜天或礼拜年的宗教节日里吟唱。礼拜年有两个主要的节日，圣诞节和复活节；每个节日前都会有一段忏悔期。

查理通过设立几所音乐学校规范了礼拜形式，包括在圣加伦修道院中的一所，教授来自帝国各地的唱诗班指挥单声圣歌。"由每一个主教负责"，在《789 年法令》中颁布一项命令："教导圣诗、乐谱、圣歌、纪年和文法。"

法国卡佩王朝和诺曼底征服

9 世纪中叶，北欧被诺曼人入侵，诺曼人（Norman）即"北方人"（Northmen），也就是来自斯堪的纳维亚的维京勇士。维京人的进攻极具破坏性，他们经常洗劫北欧海域，尤其把劫掠的目标锁定在偏僻但富有的修道院上，如早在公元 793 年，他们就劫掠过林迪斯芳。维京的入侵使之前的帝国四分五裂，使贵族、平民或农民依附于能给他们提供军事庇护的人，因而进一步巩固了封建体制。10 世纪时，他们袭击过北美北部沿岸，并在那里探险和定居。约 1000 年，探险者列夫·埃里克森抵达过冰岛、格林兰、不列颠群岛和法国。在法国，他们于公元 845 年围攻了巴黎，并控制了塞纳河河谷下游地区。公元 915 年，法兰克国王查理三世（公元 893—923 年在位）被迫给予挪威头目罗尔夫（或称罗洛）永久控制这一区域的权利。罗洛成为第一任诺曼底公爵。

在西卡洛林帝国的其余地区，也就是现今的法国，仍然四分五裂，伯爵和公爵争权夺利。公元 987 年，法兰西岛——从巴黎及市郊一直向南延伸到卢瓦尔河流域的奥尔良地区这一相对狭小的领地——的公爵雨果·卡佩被推举为国王。雨果·卡佩开启了长达 350 年的卡佩王朝。卡佩王朝历代国王们致力于建立一个紧密团结的行政官僚体制，他们经常与历代诺曼底公爵争争吵吵，因为后者非常独立，完全不听从卡佩王朝的政令，甚至还宣称英格兰为他们所有。

诺曼人于 1066 年入侵英格兰，这一史实记录在著名的贝叶挂毯上。英格兰和法国北部因此成为一个国家，由国王威廉一世（即威廉征服者）和手下一小撮在英吉利海峡两岸都拥有财产和土地的贵族统治着。为了安抚撒克逊人并使他们不威胁自己，诺曼人修建了山寨—城郭连为一体的城堡（图 4.9）。山寨是一个隆起的土墩，而城郭则是一个由城墙围起来的院落。考古学家估计诺曼人在 1066—1086 年修建了约 500 座类似的城堡，平均每两周一座。这样的要塞仅 8 天

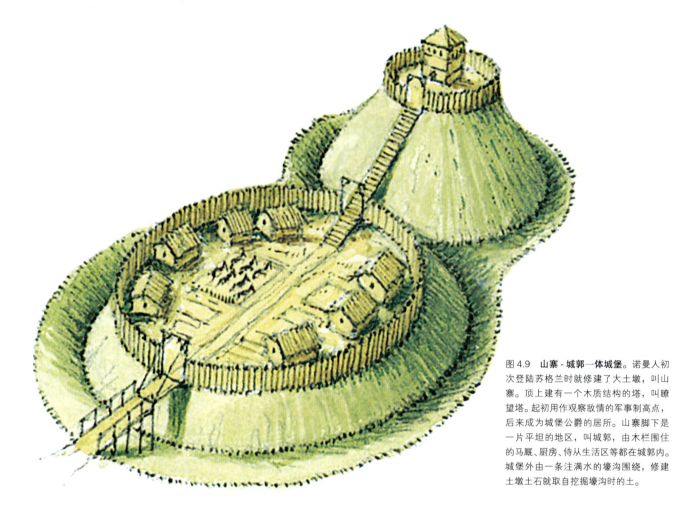

图 4.9　**山寨 - 城郭一体城堡**。诺曼人初次登陆苏格兰时就修建了大土墩，叫山寨。顶上建有一个木质结构的塔，叫瞭望塔。起初用作观察敌情的军事制高点，后来成为城堡公爵的居所。山寨脚下是一片平坦的地区，叫城郭，由木栏围住的马厩、厨房、侍从生活区等都在城郭内。城堡外由一条注满水的壕沟围绕，修建土墩土石就取自挖掘壕沟时的土。

就可以建成。后来，精致的用石料修筑的要塞取代了易于着火的木质围栏。

由于担心来自丹麦的入侵，威廉一世命令对全国进行一次彻底的大调查，以便更确切地决定他能够征多少税收来供给新军。为人熟知的《末日审判书》统计英格兰的人口为 100 万左右，其中四分之三的国家财富掌握在国王和 300 个地主手里，其中有 200 人是法国贵族，只有两名英国人，余下的 100 人左右是大主教、主教和修道院主持。其余的土地掌握在小农场主手里，剩余 90% 的人口耕种这些土地。有些是自由民，但大多数依然至少要效忠于当地的领主。人口中的 10% 是没有土地的农奴。《末日审判书》为我们清楚地展示了中世纪的社会图景，使我们清楚地了解了当时巨大的贫富差距。

朝圣教堂和罗马风格

整个中世纪，基督徒通常会前往圣地或供有圣物的遗址朝圣。人们认为如果他们能够亲身前往圣物、圣人或遗址，他们祈求原谅、康复、生育或者其他事情的祷告就更有可能得以实现。朝圣之行也是一种虔诚的行为，展示了朝圣者的信念，而且这也是一种赎罪行为。随着欧洲越来越城市化，恶化的卫生条件也使疾病蔓延。朝圣者认为疾病与罪行有关，因而试图为自己赎罪，把他们从地球上的疾病和传染病以及死后的永久诅咒中拯救出来。

或许是因为它比耶路撒冷或罗马离北欧更近，圣地亚哥 - 德孔波斯特拉是 11 世纪至 13 世纪最受欢迎的朝圣之地。这个地方也因为频繁的奇迹而著名，到 12 世纪中叶，《圣地亚哥 - 德孔波斯特拉朝圣指南》

问世了。它用拉丁文写成，很可能是法国南部的修士所作，它描述了通过法国和西班牙的主要路线上的城镇和纪念碑并配有插图。

专线很快开辟出来，使朝圣者能够一路拜访神圣的遗址。这些遗迹供奉着很多圣物，包括基督圣人或殉道者的遗骨、衣服或其他物品。这些圣物大多数是十字军为了控制耶路撒冷和其他对基督教而言的神圣遗址的战争中获得的，然后用船运送至此转卖。尽管它们的真伪性值得怀疑，但十字军通过转卖这些手工艺品筹措了东征的资金。最著名的当数供奉在夏特尔的圣母玛利亚在生基督时穿的长袍。通往圣地亚哥 - 德孔波斯特拉有四条线路，其中一条从韦泽莱出发，在那里，朝圣者可以向被称为抹大拉的玛利亚的遗骨进行祷告。

孔克镇的圣福瓦教堂是古老的主要朝圣教堂之一（图4.10）。这个教堂具有艺术历史学家们后来所称

的罗马风格，因为它恢复了罗马建筑（如诺瓦巴西利卡教堂）的传统元素。长方形廊柱大厅的传统成了罗马式教堂建筑平面图的范本，尽管像老圣彼得教堂的木制天花板更多地以防火的桶形穹顶代替。

新朝圣的大门模仿罗马凯旋门修建，但是他们歌颂的是基督上帝的胜利，而不是一个世俗领袖的胜利。这种建筑传统几乎可以追溯至距当时已有千年之久的罗马样式，可以说罗马风格的复兴实际上体现了缺乏技术创新而非回归罗马传统哲学。但是，基督教在采用罗马建筑风格时，仍然强调长久以来基督教对犹太传统（如寺院与犹太会堂）的摒弃而逐渐与希腊 - 罗马式西方风格相一致。

孔克大教堂内有圣福瓦的遗物，公元303年，一位名叫圣福瓦的女孩因为拒绝崇拜异教神而殉道。她的遗物被放置在一个精美的珠宝圣骨匣中（图4.11）。圣骨匣放置在教堂的唱诗班高堂上，朝圣者们在回廊

图 4.10　法国奥弗涅区孔克镇圣福瓦教堂，建立于约 1050—1120 年。它是由今法国勒庞通往西班牙圣地亚哥 - 德孔波斯特拉之路上的第二座教堂。

近距观察： **贝叶挂毯**

　　贝叶挂毯（亦称"巴约挂毯"或"玛蒂尔德女王挂毯"），实际上是 70.4 米长的刺绣，创作于1070—1080 年，几乎可以肯定是英国肯特郡的坎特伯雷刺绣学校的妇女们所织，是迄今所能找到的少数几件幸存下来的作品之一。贝叶挂毯刺绣者们使用染了八种颜色的弯曲羊毛，只采用了两种基本针法。该挂毯受贝叶教堂大主教奥多——诺曼底公爵威廉的同母异父弟——委托而作。该挂毯的图片和文字（拉丁文）记录了 1066 年威廉征服英格兰的历史事件。与图拉真之柱（图 3.16）一样，它的故事既是历史，也带有一定偏见。贝叶挂毯挂在奥多的贝叶教堂唱诗班里，这实际上是诺曼人赤裸裸地进行自我标榜式的宣传。

　　1066 年 1 月 5 日，忏悔者英国国王爱德华驾崩，没有子嗣，诺曼底公爵威廉声称爱德华生前曾许以王位。但是，爱德华临终之时实际任命的是韦塞克斯的哈罗德为国王，而另外两个竞争者，挪威的哈罗德·哈德拉达和诺森比亚伯爵的托斯蒂格也声称要继承王位。战争在所难免。

　　威廉对韦塞克斯的哈罗德国王极为不满。1064 年至 1065 年年底，在爱德华一再坚持下，哈罗德前往诺曼底。事实上，贝叶挂毯的故事就从这个时候开始。挂毯从诺曼人的视角讲述历史，因此并不可靠，但是根据挂毯和其他诺曼人的资料来看，当哈罗德在诺曼底之时，他承认威廉为爱德华的继承人。不过哈罗德是否乐意这样做是有争议的，织锦上甚至还展示了哈罗德被威廉的大臣所囚禁的画面。

　　哈罗德于 1066 年 1 月 5 日爱德华临死前返回英国，并成为国王，收回了他曾经对威廉的誓言。这条织锦表明，1066 年 2 月，天空中出现哈雷彗星，盎格鲁 - 撒克逊人认为这是灾难的前兆。织锦显示，一切都源于哈罗德未能信守誓言。麻烦不断的哈罗德国王面前出现了一艘鬼船（也可能是梦中的），预示着即将到来的侵略。

　　当威廉准备从南面入侵英格兰时，哈罗德·哈德拉达和挪威人从北面施压。天气决定了战争的进程。强烈的北风使威廉的船队停靠在诺曼底，但是同样的

贝叶挂毯，1070—1080 年。亚麻布面上的羊毛锦绣，宽 51 厘米，长 70.4 米。法国贝叶挂毯博物馆特别授权 / 布里奇曼艺术图书馆。
这是挂毯的第一幅图，描绘的是"忏悔者"国王爱德华与妻弟，即韦塞克斯伯爵哈罗德之间对话的情景。他将派哈罗德前往法国，向诺曼底公爵表明只有他（威廉）才是爱德华的继任者。

贝叶挂毯，1070—1080 年。法国贝叶挂毯博物馆特别授权 / 布里奇曼艺术图书馆。此幅画面讲述的是哈罗德宣誓向威廉效忠。哈罗德右手放在他与威廉之间的圣餐台上，左手放在一个装有贝叶大教堂圣物的箱子上。

贝叶挂毯，1070—1080 年。法国贝叶挂毯博物馆特别授权 / 布里奇曼艺术图书馆。在爱德华临终之前，哈罗德返回英格兰并登上王位，但哈雷彗星的彗尾（顶端中央）是有不祥的预兆。

贝叶挂毯，1070—1080 年。法国贝叶挂毯博物馆特别授权 / 布里奇曼艺术图书馆。此幅画面讲述的是诺曼人驾船驶往英国的场面。注意船头的动物头像，它强调了诺曼人具有北欧血缘。

风却对挪威人有利。他们迅速抵达北部海岸。1066 年 9 月 25 日，哈罗德在约克郡附近的斯坦姆福德桥迎击挪威人并将他们打败。之后，风向改变，威廉的船只从南面袭来，在萨塞克斯登陆。哈罗德将军队调往南面，但是经过长途跋涉，疲惫不堪，于 1066 年 10 月 14 日在哈斯丁斯被威廉的军队击败。哈罗德在战斗中殒命。这幅宏大的刺绣最后以一句简短的话结束：英国人扭头就逃跑了。故事似乎到此戛然而止。

在那之后的七个世纪里，贝叶挂毯一直珍藏在贝叶大教堂，每到节日或特别的场合都要挂于中殿之中。它逃过了 1789 年法国大革命的毁坏，18 世纪初拿破仑准备入侵英国，他把它带到了巴黎，在一次战争动员中将它展览了出来。

贝叶挂毯，1070—1080 年。法国贝叶挂毯博物馆特别授权 / 布里奇曼艺术图书馆。这是哈斯丁斯战役中的一幕，左边哈罗德被一支箭射中右眼。右边一位诺曼士兵立即将他杀害。下端，诺曼士兵们正在卸下战死士兵们的盔甲。

图 4.11　圣福瓦圣骨匣像，法国奥弗涅地区为孔克的圣福瓦教堂制作。大部分完成于公元 983—1013 年，后又有许多添饰成分。塑像是木制的，外面镶上了金银，并钉有珠宝和浮雕宝石。高 86 厘米。这个外面镶有珠宝的圣骨匣能够幸存下来，是因为在 1568 年新教徒焚烧教堂时，修士们把它藏在了墙内，直到 19 世纪 60 年代重建教堂时才被发现。

里就能看见它。头部很大，与身体并不成比例，它是从罗马帝国晚期的一个木制面具中抢救出来的，然后贴上金箔。匣子上装饰的珍贵宝石是朝圣者们献祭的礼物。圣人真正的遗骨放在匣子后的壁凹里。在她基座的后面是雕刻着的十字架，暗指圣福瓦与基督的殉教是有关联的。

　　与其他大的朝圣教堂一样，圣福瓦也在不断扩建，以容纳大量造访信徒。它的西门厅很大，直接向中殿开着（图 4.12 和图 4.13）。宽阔的走廊绕过中殿，延至十字翼、唱诗班高坛、半圆形后殿，形成了回廊。二层楼上有个楼座，建在侧道的上面，既可容纳更多的人，也可支撑中殿上方桶状穹顶的拱形石制天花板的额外质量。这些穹顶，如圣福瓦中殿上方的穹顶，是罗马式建筑最显著的一种特点。正如我们在第 3 章

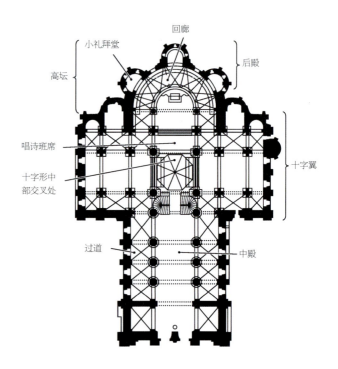

图 4.12 和图 4.13　圣福瓦教堂及其平面示意图，约 1050—1120 年。对罗马风格的教堂进行创新至少可以从这一方面来解释：朝圣者穿过教堂时不会影响僧侣们在教堂唱诗班席处理自己的事务。这样，就围绕十字翼和后殿修建了回廊，朝圣者可以通过回廊进出教堂。

见到的，桶状的穹顶是延长的拱形石质建筑，跨越一个室内空间，形状就像半个圆柱体。在罗马式教堂里，建造出这样的穹顶空间，其目的就是抬高朝圣者的眼睛，这样可以把他们的思想引向天堂。

在装饰长方形廊柱大厅时，各个朝圣教堂明显地相互竞争。11世纪时，法国本笃会修道士拉乌尔·格拉贝写道："全世界，特别是意大利和高卢，都正在重建教会长方形廊柱大厅……每一个基督教人士都在努力修建更华丽的大厅与别的教堂竞争。"教堂的正门特别重要，因为正门不仅是来访者最先看到的地方，

也标志着现世和神圣的空间之间的界限。在正门创造出来的空间，称为门楣中心，上面有许多浮雕。

罗马式正门的所有这些元素都同样地从属于装饰性的浮雕（图4.14的示意图解）：门楣、门框侧柱（门的两侧支撑着过梁或拱的垂直部分）、门间柱（在一扇大门的中部支撑着过梁的圆柱或标杆）以及拱门饰（组成拱的拱砌块形成的雕刻的嵌线）。孔克的圣福瓦教堂的门楣中心描绘了《最后的审判》（图4.15和图4.16）。在山形墙壁面，基督抬起右臂欢迎被拯救的人，他放下的左手指着地狱，即被诅咒的人的归宿。他端坐着，周围是一圈光环，杏仁状椭圆形的光环象征着神性，这一图案从远东通过拜占庭引入西方，为罗马式艺术家广泛采用。在基督的脚下，灵魂的称重

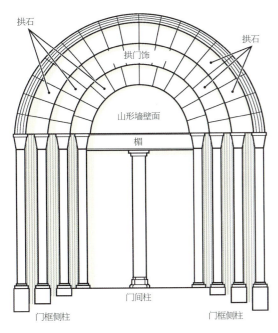

图4.14 罗马式门厅图解。

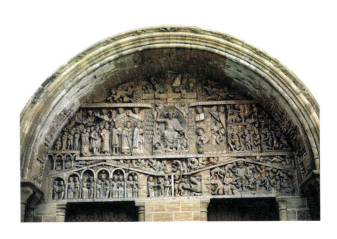

图4.15 《最后的审判》，圣福瓦教堂西门山形墙壁面细部，约1065年。作品对最后的审判刻画得非常细腻，非常生动，把被拯救者和下地狱者明显地区分开来。基督的左边，人物姿态扭曲，一片混乱；基督右边的人物站立在设计得井井有条的拱形门下。

图4.16 《最后的审判》细部，圣福瓦教堂西门山形墙壁画，约1065年。右下区域的细部表现了撒旦正在施以惩罚和折磨。

被描绘成大天使米伽勒和一个绝望的恶魔之间的竞赛。恶魔把他的食指放在盘子上作弊，尽管如此也没能够超过灵魂中善的重量。

门楣分成两部分：左面是天堂，右面是地狱。两者由门间柱划分出来：天使欢迎着被拯救之人，而另一边拿着大棒的恶魔把被诅咒的人推进地狱的血盆大口。在天堂拱门的正前方，拯救之人显示出秩序和宁静，而地狱的一边全是困惑与混乱。撒旦站在门楣（也称过梁）的右边，正在施以一组组令人震惊的酷刑。撒旦的左边象征着荣誉的人从他的高头大马上跳了下来，用干草叉往前刺着。在他们的旁边，一名裸胸的淫妇和她的情人等着撒旦的愤怒。象征着贪婪的人被高高地吊着，他的钱袋吊在颈子上，而蟾蜍挂在他的脚上。一个恶魔把诽谤者的舌头扯了下来。在撒旦右上方的小三角形区域，两只凶神恶煞的兔子用烤肉叉烤着偷猎者。在左面的类似的一个三角形区域，魔鬼吞噬着一个被诅咒的、割喉自杀的人的大脑。临近的地方，另一个驼背的魔鬼抓住诅咒的人的竖琴，用钩子撕裂他的舌头。这样的形象是用来指引朝圣者前往基督的右手边，而不是左边。

这些主题也许是中世纪最著名的布道《论人类的苦难》的核心，教皇英诺森三世（1198—1216年任教皇）在登上教皇位前写了这本小册子；他被推选为教皇后，红衣主教们一致通过它成为官方教会的教义。英诺森详细地谴责了人类的可怜和毫无价值之处，他们的弱点、愚昧、自私、卑劣，他们的罪行和他们的罪孽。他描述了生和死时令人厌恶的人体："在生的时候，人产生粪便和呕吐物；死的时候产生腐败和恶臭。"也许最为戏剧性的是，他为他们在地狱的命运分了类（阅读材料4.4）：

阅读材料 4.4

教皇英诺森三世，《论人类的苦难》选段

这儿将会有呻吟、咬牙切齿；将会有恸哭和尖叫；挥舞着臂膀、哀号和悲号；这儿也会有害怕与恐惧，艰辛与麻烦、屠杀与恶臭，到处都是黑暗和痛苦；这里会有粗暴、残忍、灾难、贫穷、痛苦和悲惨；他们会有

无尽的孤独和无名；将有撕心裂肺的疼痛、痛苦、恐惧、饥饿和干渴，寒冷和酷热、硫黄和烈火，永无止境，没有尽头……

这种形象化的描述是作为"死的警告"在听众的灵魂中产生恐惧感。面对此景，朝圣者们愿意承受他们在途中承担的身体痛苦和巨大的危险。有些人身上带着很多钱——金银珠宝，至少是足够支付他们的食宿费用。如果他们沿途乐善好施，也可能招来偷窃甚至谋杀，强盗们还经常出没于所有的朝圣路线。

克吕尼和修道院的传统

罗马式朝圣教堂中最有影响力的是克吕尼修道院。像查理的圣加伦教堂（图4.7）一样，建于910年左右的克吕尼也是宗教改革的本笃会修道院。克吕尼的命令在教会的等级中享有特别的位置，可以直接向教皇报告，而不受任何封建的或其他神职人员的控制。没有一个世俗的统治者能够对该修道院实施任何控制（这就是今天我们坚持政教分离的起源）。另外，克吕尼的命令要求它的修士和修女禁欲——教会是他们唯一的领主和配偶。在其他地方并没有要求独身，但到了1139年，这一规定就正式强加给了天主教牧师。自那时起，克吕尼修道院院长都是欧洲最有权力的人之一；1049—1109年任克吕尼修道院院长的雨果·德·塞缪尔就是这中间最有影响力的一个。1088年，塞缪尔开始为修道院建立一所新的教堂，由西班牙北方的卡斯提尔和莱昂的国王阿方索六世提供资助。新修的教堂被称为"克吕尼第三"，因为它是第三座在原址上建造的教堂，它被当时的一个人描绘成"像照亮地球的第二个太阳"（图4.17）。今天，只有它的南面的十字翼和塔楼幸存下来——其余的在18世纪晚期的法国大革命中就被破坏了。

合唱音乐 克吕尼的本笃会修道士在10世纪上半叶将合唱音乐引入礼拜音乐。克吕尼修道院的第二个主持奥多（公元879—942）是一位重要的音乐理论家。通常被认为是他发展了最初最有效的一种乐谱记谱方

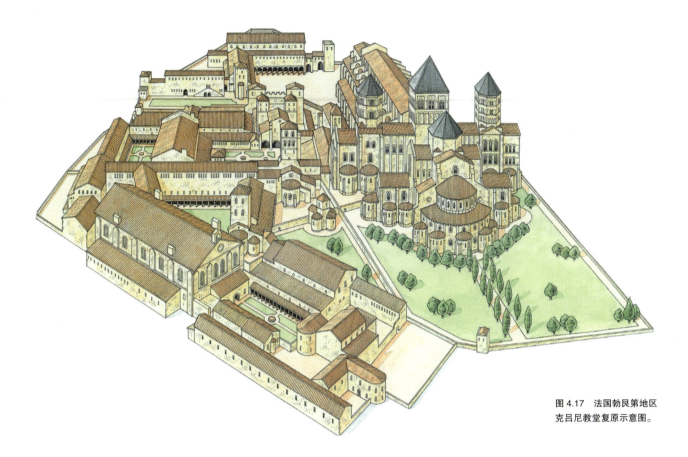

图 4.17 法国勃艮第地区克吕尼教堂复原示意图。

法，这种记谱法是用来将合唱音乐教授给其他克吕尼信众中的修道院的。这种方法用字母 A 到 G 来命名用于西方音阶中的七个音符。在奥多的基础上，100 年后阿雷佐的圭多（约 990—约 1050 年）引入了这样一种观点：在一组线上记音符，那样的话，同样的音符总是出现在同一条线上。由于这样的改革，现代的记谱法诞生了。

合唱音乐引进了复调的可能性——两条或两条以上的独立旋律——与格里高利圣咏的单声特性正好相反。这种最早的新的复调音乐形式，被称为奥尔加农（organum，二重唱）。它实际就是指不同声部的歌唱者，各按自己声部的曲调，重叠着演唱同一乐曲。这种音乐形式最初的情况很有可能是成年的修道士唱的单声圣咏与用更高的音高唱同样旋律的男童声部交织在一起，很快男童声部开始朝相反方向移至低音圣咏（自由二重唱），或者在低音圣咏单个章节上增加多个音符（花腔式二重唱）。其中一个经典的例子是作曲家莱奥尼的 "Alleluia, dies sanctficatus"。从

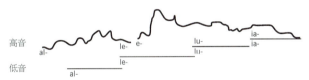

图 4.18　花唱式奥尔加农二重唱图解

1163—1190 年，他一直在巴黎圣母院。这两个声部的移动如图 4.18 所示。低音具有相对较长的音符，而较高的音会快速自由地移动，创造了两个独立的旋律。我们完全能够想象，这样的音乐由 100 个声音在以声响效果而著名的克吕尼第三教堂唱出来会产生怎样的声音魅力。

十字军东征和浪漫传奇

1095 年 11 月 25 日，在克莱蒙特（今法国克莱蒙－费朗）会议上，教皇乌尔班二世（1088—1099 年任教皇）发表煽动第一次十字军东征的演说。教皇乌尔班曾以

修道士的身份在克吕尼修道院接受院长雨果·德·塞缪尔的亲自指导。很难说清究竟是什么触发了第一次十字军东征。我们知道在整个基督教世界，人们都渴望重新占有通往耶路撒冷的通道，而这条通道自公元638年以来就一直被阿拉伯人所控制。但是，十字军东征的部分目的是给欧洲带来和平。因为封建王朝实行长子继承制度，即一个家庭里的长子将继承这个家的所有财产，许多贵族的子弟被剥夺了继承权，必须由他们自己去开创未来。他们已经习惯于相互争斗（也与他们的兄长争斗）并袭击其他人的土地。十字军组织起这群没有继承权的人，向他们承诺给予金钱和精神上的报酬。"耶路撒冷"，教皇乌尔班二世宣扬道："是世界的中央；它比其他任何一片土地都更为富饶，如同充满欢乐之天堂……如果踏上了东征的征程，你们的罪愆将在那一瞬间获得赦免，并得到天国永不朽灭的荣耀。"教皇也把十字军东征宣扬为圣战：

> 来自波斯王国的民族，一个可憎的民族，这个民族是完全与上帝意旨相悖的异教徒……他们侵略了基督徒的家园，烧杀抢劫，无恶不作，杀死了许多基督徒……他们污秽不堪，弄脏了圣坛，然后摧毁了它们。当他们肆意用卑微的死亡来折磨人民，他们用刀剑刺穿他们的心脏，取出内脏，把它拴在棍子上；之后一阵鞭打，他们拖着这些可怜人，直到不幸者涌出的内脏完全掉在地上……还用我说那些对妇女令人发指的奸污吗？……如果不是你，那么谁来为这些罪恶复仇，谁来收复这些土地？

这是非常有说服力的演讲。大约有10万年轻人报名参加了十字军。

如此一来，十字军东征就因为几股力量而激发了：对宗教的热情；通过送出欧洲封建贵族子弟以减少国内争斗的愿望；捍卫基督世界不被野蛮所统治；承诺给被剥夺权利的年轻贵族以赏金；以及并非最不重要的，是贵族自身的热血和冒险的意识。第一次十字军东征是在基督教文化最低潮的时刻。1098年年末，法兰克军队摧毁了安提俄克后，袭击了玛阿拉城（今叙利亚境内的玛阿拉坦-努曼）。"他们连续三天屠城"，

阿拉伯历史学家易卜恩·阿里-艾特伊尔这样写道，"杀了1万多人，许多人沦为俘虏。"这当然是夸张，因为那时该城的人口不到1万人，但是接下来所发生的恐怖事件或多或少证实了这位历史学家所言的数字。正如法兰克年代史学者卡昂的拉道尔夫所指出的那样："在玛阿拉，我们军队把异教徒的成年人放在锅里煮，把孩子用烤肉叉叉起来放在火上烤，然后把他们吃下。"在给教皇的官方信件中，指挥官们这样解释道："军队在玛阿拉遭受了严重的饥荒，以至于出现了以撒拉森人的肉为食的残酷场面。"玛阿拉的一位无名诗人哀悼："我不知道我的祖国是我的家还是野兽掠食的牧场！"1099年7月15日，十字军最终攻陷耶路撒冷，对杀戮该城居民的相关描写与玛阿拉相比，其惨状有过之而无不及。

第一次十字军东征在军事上是成功的。但是在11世纪中期，伊斯兰教的军队重新占领了大部分的中东地区，促使了1147到1149年的第二次和1189年的第三次东征。从政治和宗教角度而言，头三次东征都是失败的。因为他们非但没有把圣地从伊斯兰教的影响中解救出来，反而前所未有地巩固了伊斯兰教在该地区的影响力。但他们确实成功地促进了东西方的贸易。来自威尼斯、热那亚、比萨的商人追随十字军来到这里，这一新兴市场所产生的财富很快就开始流往欧洲。1202年的第四次十字军东征完全受到了利益的驱使，威尼斯商人们同意运送3万十字军，其交换条件是这些十字军要帮他们摧毁他们在亚得里亚海和爱琴海，尤其是君士坦丁堡的商业对手。

骑士堡和中世纪的城堡 骑士堡（图4.19），位于叙利亚北部，先是1109年被十字军占领，尔后于1142年之初被医院骑士团占领，他们的任务是照顾病人和伤兵。在十字军东征的过程中，骑士堡被围困过12次，最终在1271年落入来自北非的柏柏尔入侵者的手中。

骑士堡是模仿诺曼人在英国和法国北部建造的城堡式要塞来建造的。当诺曼人于12世纪抵达英格兰时，

图 4.19 位于叙利亚北部的骑士堡，首次于 1109 年被十字军占领。两道防线使骑士堡固若金汤，一条水渠将水引向城堡内，水被储存在巨大的地下储水池里。在被围困和水源被切断的情况下，储存的水足以使骑士们坚持好几个月的时间。

他们需要防范撒克逊人，就修建了山寨或土墩，土墩上再建一个木制瞭望塔（图 4.9）。1078 年开始，石头城堡开始逐渐取代了这些木造工事（图 4.20）。石头的质量要求它必须修建在坚固的地表上。因此，除非本身是座小山，原来的土墩就要全部废掉。现在瞭望塔作为领主主要的居住场所，包括一个主厅、小礼拜堂和一个地牢。作坊、厨房和储存室则在城墙内围成一圈。大部分的城堡都有一口淡水井，以防被围困，这比为骑士堡供应水源的高架引水桥更有优势。

阿基坦的埃莉诺和宫廷爱情的艺术 十字军第二次东征时，阿基坦的埃莉诺（约 1122—1204）陪着她的丈夫国王路易七世前往中东，与 300 名有着同样思想的妇女一起，身穿铠甲，手持长矛。她的目的是帮助病人和伤员。这些妇女多数最终安全返回欧洲，从来没有真正上过战场，但她们的行动体现了不平凡的个人勇气，也体现了社会的勇气。她们广泛地受到同时代评论者的责备，但是她们的行为强调了中世纪社会妇女角色的转变。

也许最明显的是，女性——特别是贵族出身的女性——越来越有知识文化。正是这一时期，第一个千

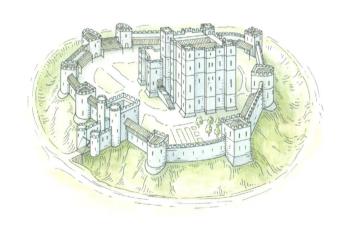

图 4.20 城堡。周围是护城河，里面注满了水。它代替了原有的山寨 - 城郭一体城堡，更加坚固，防御能力更强，也不易着火。它足有 30.4 米高，是罗曼王权的象征。

年的伟大的口头传诵的史诗——如《贝奥武甫》和《罗兰之歌》——用文字记录了下来。另外，由埃莉诺时代的行吟诗人和民谣歌手创作了 2600 多首诗歌，它们以文本的形式流传了下来，有些诗的伴奏音乐也留传下来。她在普瓦捷生活的 10 年，即 1170—1179 年，埃莉诺以及她与路易七世生的女儿玛丽将那座城市建成了一个异域文化和歌颂宫廷爱情艺术的文学运动的中心。

行吟诗人的诗歌起源于法国南部罗纳河下游河谷的普罗旺斯，尔后一路往北传播。这些行吟诗人，多数是男子，他们通常随身带着一把七弦竖琴或者鲁特琴，而在他们的诗歌中可以说他们"创造"了我们今天所知的浪漫爱情——不是与爱有关的情感，而是用来描述它的方式和词汇。主要的情感是渴望，骑士或贵族对妇女的渴望（通常是因为女性已婚或身处高位而无法得到），若行吟诗人是个女子，则情况相反。因此，爱即是忍受痛苦、漫无目地地徘徊、不能够集中于任何事情，除了钟爱之人的精神印象，没有胃口，彻夜无眠——一句话，想放弃生命以求一梦。另外，宫廷爱情还有一个准宗教式的方面。意识到他受到世俗欲望的困扰，这个爱人看到了他抵抗这些诱惑的能力，并从他自己卑微的人性中站起来，作为他精神纯洁的证据。最终，在宫廷爱情的传统中，沦陷的骑士和贵族必须愿意为了赢得他的梦中情人的垂怜甘愿做任何事情。事实上，在封建体制下，他曾经给予他的领主的忠诚，在宫廷爱情中转给了他的梦中情人（事实上，通常是领主的妻子），就像 12 世纪的一个首饰盒所展现的场景一样（图 4.21）。如果宫廷爱情的传统将妇女沦为男性欲望目标的话，在某种程度上，它也使她们分享了其丈夫才有的权力。

图 4.21　装饰有宫廷爱情图像的首饰盒，法国利摩日，约 1180 年。手工内填珐琅彩，尺寸：10.8 厘米 ×21.6 厘米 ×17.1 厘米，大英博物馆藏。左边行吟诗人在表达他对女士的爱慕之情，女士则严肃认真地听着。中间的一位骑士，一手执剑，一手拿着打开女士心灵的钥匙。在右边，骑士跪在女士面前，他的手做成一个心形，一根绳子绕着他的脖子，女士则握住这根绳子，表明骑士对她的忠诚。

我们现在知道有 12 位左右的女行吟诗人。其中，最好的是威廉的妻子，即普瓦捷女伯爵贝特丽兹·德·迪亚。尽管已是有夫之妇，贝特丽兹还是爱上了一位骑士，根据当时的历史记载，她写了"很多好歌"献给他。这些作于 12 世纪末 13 世纪初的歌中，有四首流传下来。贝特丽兹的"我之痛甚深"是一个女行吟诗人能够享有表达非凡自由的例子。她非常后悔选择对丈夫的忠实，而事实上这首诗读起来好像是对通奸的直白邀请（阅读材料 4.5）：

阅读材料 4.5
女伯爵迪亚 "我之痛甚深"《清晨的云雀：行吟诗人的诗》选段

我之痛甚深
为那位优雅的骑士
我心慕已久
我爱他，永远
但我发现我已受骗：
我梳妆打扮时，或在床上
脉脉含情时，我阵阵楚痛
我应该给他我全部的爱

我会邀请我的情郎共度良宵
在床上与他紧紧相拥，一丝不挂
我会使他有理由相信
如果我愿意成为他的枕头
他一定会升入天堂
我对他的爱甚于弗洛雷斯
对布兰舍弗洛尔的表白：我的心，我的眼
而我愿意付出我的生命，我的灵魂

何时我才能得到
我亲爱的迷人善良的你？
与你彻夜缠绵，我会
热烈地吻你，让你感受我的激情。
你放心吧，
我会让你住进我丈夫的宫殿
但你可要庄严地向我作出誓言
得乖乖地听我的话。

像这样一首流传下来的诗歌，更别提那些早已为人知晓的了，强调了这个时代的宫廷妇女享有很大的自由。

浪漫爱情：克里廷·德·特罗亚的《兰斯洛特》

因为宫廷爱情传统的诗歌是用日常最为常见的方言而不是用受过高等教育的人使用的拉丁文写的，因而有更多的听众和读者。而更长的诗歌形式如《罗兰之歌》也开始广泛地流传开来，有些则以散文的形式流传。

这时最受欢迎的一部作品中有克里廷·德·特罗亚的《兰斯洛特》，创作于1170年左右。该诗是中世纪浪漫传奇的经典例子，它以英国传奇国王亚瑟宫廷中的一位骑士兰斯洛特为中心，主要讲述主人公与亚瑟王之妻格尼维尔的宫廷恋爱。"罗曼司"（浪漫）一词派生于古老的法语词 *romans*，本指方言，即与拉丁文相对的日常用语。中世纪浪漫传奇及冒险和爱情故事常常假借查理大帝、亚瑟王或是罗曼等真实历史故事来取悦广大的观众和读者。

《兰斯洛特》刚一开始便是在耶稣升天节那天一位骑士对亚瑟王和他的宫廷发出挑战。这位来自戈尔王国名叫梅里根特爵士的骑士声称要俘虏亚瑟王的许多骑士，但是如果有谁愿意护送美丽的女王格尼维尔到森林里并保护她不受他的攻击的话就释放他们。亚瑟王的哥哥卡伊请求承担这项任务，亚瑟王同意了。由于知道卡伊是个本领并不高强的骑士，高文爵士和其他一些圆桌骑士很快跟着他进入森林。他们来得太晚了，当他们来到了卡伊那匹背上无人的马前，可以看出在这里刚刚上演了一场搏斗。兰斯洛特骑上高文爵士的马，去追杀绑架了女王格尼维尔的梅里根特。高文跟上兰斯洛特，发现他借给兰斯洛特的马在一场激烈的决斗中死了，尔后发现兰斯洛特徒步赶上了一辆运送死囚去执行死刑的马车。马车由一个小矮人赶着，高文告诉兰斯洛特如果他来坐这辆车，他很快就能知道格尼维尔的下落。要知道坐这样的马车是非常丢脸的事情，但是兰斯洛特还是不情愿地同意了，第二天，兰斯洛特和高文看到一名站在三岔路口的少女，从她口中得知了通往戈尔王国的路。

有两条路通往戈尔王国：一条是危险的水下桥，而另一条是更危险的利刃桥。高文选择了第一条，兰斯洛特选了第二条，兰斯洛特遇到了很多挑战并挡住了许多诱惑，最终抵达了利刃桥，凭借他对格尼维尔

图4.22 "兰斯洛特跨越利刃桥和塔楼上的格尼维尔"页面，选自《兰斯洛特》，约1300年。尺寸：34厘米×25厘米。在这场生与死的考验中，兰斯洛特小心翼翼地横越汹涌的溪流上的一把锋利的刀剑，"虽然遭受痛苦，但他内心感到无比甜美"，因为塔楼上的爱人格尼维尔就在眼前。

一往情深的爱（图4.22），他小心翼翼地越过了利刃桥。他接下来打败了梅里根特，但在格尼维尔的请求下饶了他的命。使兰斯洛特惊愕的是，格尼维尔对他很冷淡，原因是兰斯洛特上次坐那辆囚车有些犹豫，颇让她不快。女王解释道，他不应该将荣誉置于爱情之前。高文准备在兰斯洛特不在的时候单独与梅里根特较量一番，与高文重新汇合后，兰斯洛特一剑结果了梅里根特的性命，而且同格尼维尔达成了和解。格尼维尔同意深夜在梅里根特的城堡幽会。他跪在她的跟前，"紧

紧地抱住她，远非虔诚的教徒抱着圣人的遗物那股热情所能比"，这样的情景把"爱的宗教"与精神狂喜完全混淆了，身体的快乐是如此神奇以致叙述者不能够言说，"因为在故事里它没有位置"。这个特点无疑归因于伊斯兰教关于把身体之爱作为对上帝之爱的隐喻的观点，也归因于流行于伊斯兰教占支配地位的西班牙宫廷中的爱情歌曲，在西班牙宫廷里，开辟了行吟诗人传统的双语艺人第一次活跃起来。

中世纪罗曼司和行吟诗歌中对妇女之爱的歌颂等同于基督徒对圣母玛利亚之爱。作为天堂和基督之母，作为审判席和地狱恐怖之间的以慈悲为怀的调停者，圣母玛利亚被逐渐认为是女骑士的精神象征。圣母被加冕为天后，监督着她的天庭。为她歌唱，教堂也以她之名建造（所有的教堂都命名为 Notre Dame，即"圣母"，意为"献给她的"），对圣母的崇拜就开始围绕着她发展起来。

《兰斯洛特》是应阿基坦的埃莉诺的女儿玛丽（她本人的名字玛丽取自圣母）的要求所写的。这一点可从赞美的开场白——这种文学形式的标准特征——中得到证实（阅读材料 4.6）：

阅读材料 4.6

克里廷·德·特罗亚的《兰斯洛特》选段

因为我的香槟夫人希望我来写一则浪漫爱情故事，我将非常乐意接受此任务，没有任何恭维的目的，我愿意为她效力，甚至是为她做世上的任何事情。但是，如果一个人要在这样的情况下提出任何谄媚之词的话，他将会说，我赞成，这位夫人超越了所有在世的其他人，就如同在 3 月或 4 月吹着的南风比其他任何风都要令人愉快。但是，我要说，我并不是想要讨好我的夫人。我想说的很简单："女伯爵堪称女王正如宝石堪比珍珠和玉髓。"甚至我也不会作任何比较，这是真实的，尽管我做了；但是，我想说，她关于这项工作的命令比任何我要花在这上面的思考和精力都要重要得多。这里克里廷开始写这本书……材料和处理办法都是女伯爵提供给我的，我不过是把她的关心和目的落到实处罢了。

克里廷把自己视为玛丽的仆人，按她的吩咐将自己的写作技能发挥到极致，就像兰斯洛特以他优雅的骑士风度侍候格尼维尔女王一样，也如同基督徒虔诚地对待圣母玛利亚一样。同样的，克里廷的故事改变了《罗兰之歌》，旨在激发对国王和国家忠诚的英雄主义，将其变为基于骑士对夫人的效忠的骑士精神的形式。在中世纪的浪漫爱情故事中，骑士英雄壮举的激发不是因为更大的荣誉诱惑，更多的是因为他对女性的欲望。对骑士而言，女性就是他想赢得的奖励，就是他想占有的物品。除了戏剧化地表现骑士的壮举和女性的危难，骑士和女性对性欲的渴望以及他们的"精神之爱"的假想的纯洁之间的冲突给予了故事叙述的张力。在中世纪的浪漫爱情故事中，以及行吟诗歌中，也许情人们要面对的最大的检验是他们自己的性欲——这也是这种形式广受欢迎的万无一失的保证。

延续与变化　　新的城市风格的兴起：哥特式

约 1050—1200 年，在法国南部的朝圣路上，罗曼式的艺术和建筑风格盛极一时。但是 12 世纪 40 年代，一种新的风格开始在北欧出现，今天我们将这种风格称为哥特式。在巴黎郊外的圣丹尼斯和沙特尔，出现了新的大教堂，这些教堂多以高耸的尖塔和彩色玻璃窗为主。装饰性的雕塑开始大量增加。与罗曼式风格的桶状圆拱不同的是，哥特式风格的典型特征是尖拱，因而大大增加了教堂内部空间与高度。所有这些新元素在罗曼式风格中都可以看到端倪，如普瓦捷宏伟的彩色玻璃，朝圣路上许多教堂门厅处的雕塑，以及丰特奈修道院的尖拱。像以前的罗曼式风格一样，这些新的哥特式教堂大多建来供奉珍贵的圣物并容纳大批的朝圣者。

罗曼式风格是田园式修道院生活的产物，远离世俗事件或凡尘，但是哥特式风格完全是新兴城市的创造，是聚集于城市的手工业行会、工匠、商人、律师和银行家所创造出来的。它代表了西方从一个精神为中心的文化逐渐向更现世的文化转变的第一步。宗教活动（如在朝圣教堂进行宗教祷告或者十字军东征）不再是旅行的主要动机。相反，贸易才是主要动机。商人和银行家越来越重要。手工业兴盛起来。世俗的统治者开始变得野心勃勃。事实上，个人的野心和成功逐渐地被世俗的而非精神的层面来界定。

但哥特式风格并没有放弃对精神的追求。尽管建筑主要是为了强烈地激发精神的情感，我们也可以看到它在世俗事物上的新的兴趣。这一转变在两个天使形象中很明显。法国韦兹莱教堂（里面安置了圣女玛丽亚·马德莱娜的遗体）的罗曼式风格的柱身上是被扭曲了的天使形象（图4.23），而兰斯大教堂门厅用自然主义手法展现了天使形象（图4.24），两者形成了鲜明的对比。在罗曼式风格中，天使的形象是通过侧面来表示的，背后的翅膀是扁平的。衣服的褶皱被雕刻成浅浅的平行线，褶皱遮住了身体。但在图4.24哥特式雕塑中，天使与背景浮雕独立开来，她迈步向前，形象与姿势更为鲜活逼真。但在罗曼式雕塑中，天使的性别无法确定，而兰斯大教堂的哥特式的雕像如此逼真（很明显是位女性）以至于似乎是模仿真人所作。哥特式天使迷人的笑容和娇美的身姿更像现实生活中的人而非天外来客。事实上，她似乎更像我们现实世界中的一部分，她头上没有光环，而在罗曼式风格中，我们总是要看看天使的头上是否有光环才能确认其身份，因此，哥特式风格更倾向于自然主义的艺术表现手法。

图4.23 《天使征服恶魔》，法国韦兹莱圣马德莱娜教堂装饰柱上的雕像，约1089—1206年。

图4.24 《天使报喜》，兰斯大教堂西侧中门厅，约1245—1255年。

第 5 章

哥特时代与自然主义的复兴

知识探究时代的市民和宗教生活

1144 年 6 月 11 日，国王路易七世和王后阿基坦的埃莉诺，以及一群显赫的权贵从巴黎出发，一路往北到几千米以外圣丹尼斯皇家修道院去，他们要在那里为皇家教堂献上一场新的合唱。这是对国王在个人的领地法兰西岛（从巴黎及市郊一直向南延伸到卢瓦尔河流域的奥尔良地区）取得辉煌成就的颂歌。这一合唱由圣丹尼斯修道院院长苏热编排设计，它很快地启发了一种新的后来被称为哥特式的建筑和装饰风格。

"哥特式"最初是个贬义词，16 世纪的意大利用这个词来描述北欧的艺术，因为他们认为古典传统已经被日耳曼入侵者即哥特人所破坏殆尽。在它自己的时代，这一风格被称为 *opus modernum*（现代作品）或者 *opus francigenum*（法国作品）。这些术语强调了该风格明显的全新的时代情趣以及它的起源地。

12 世纪末 13 世纪初，法国北部一个又一个的城镇都模仿苏热在圣丹尼斯修道院的设计。在厄尔河边的法兰西岛西部的沙特尔，北部的鲁昂、亚眠和博韦，东部的拉昂和兰斯、南部的布尔日，以及巴黎本身，哥特式大教堂以极其惊人的速度拔地而起。欧洲的其他地区很快竞相效仿。

随着新的哥特式风格的兴起，西方建筑和装饰的审美标准也随之出现了。一种新的石制建筑发展起来，最终产生了复杂的石雕工艺。这种工艺基本上如骨架般轻盈，更加雄伟，创造了高大的内部空间。哥特式建筑把有色玻璃丰富多彩的装饰功能与受到了自然主义表现手法的经典模式所启发的雕刻技术结合起来。一种新的更丰富的礼拜仪式发展起来，随着它的出现，13 世纪的复调音乐由一种新的乐器风琴所伴奏。法兰西岛是所有这些技术发展的中心。在创建于 1200 年的巴黎大学，一位年轻的多明我会的修道士托马斯·阿奎那发起了那个时代最重要的神学辩论，开辟了与当今高等教育紧密相关的知识探究。

虽然它是在法国北部发展起来的一种精心设计的华丽的新风格，而且与路易九世（1226—1270 在位）的宫廷风格紧密相关，但哥特建筑很快传到意大利，并融入了佛罗伦萨和锡耶纳的地方传统元素。两个城市在 13 世纪和 14 世纪时为了名气而相互竞争。正是因为这种竞争，正如我们所了解的西方近代城市才得以诞生，这种城市是一种自我管理的政治的、经济的和社会活动的中心，有公共空间、政府大楼以及城市社区。罗马共和国（见第 3 章）和雅典黄金时代（见第 2 章）都是典范，但是将佛罗伦萨和锡耶纳与罗马和雅典区别开来的是市民在表达他们的公民自豪感中所扮演的角色。在这些中世纪晚期的城市中，教堂、纪念碑和建筑不是开明君主的作品而是人民自己的作品。也许因为人民是这个时代最大的艺术赞助人，一种新的文学形式也应运而生，这种新式文学是用意大利语创作的而不是拉丁文写的，它所关注的是普通人民在日常生活中的更为普通的方方面面。市民真诚地通过修建、维护和装饰大教堂来感谢上帝给予他们福

◀ 图 5.1　**沙特尔大教堂，全称为沙特尔圣母大教堂，法国，建于约 1140—1220 年**。沙特尔大教堂雄伟地矗立在沙特尔市中心的山丘上，俯瞰周围整个城市的一切。这样的教堂是整个城市社区的文化中心，足以让整个城市感到无比自豪和荣耀。

祉。他们根据修道院服务于普通市民的新规，修建教堂。与法国一样，对圣母玛利亚的崇拜启发了佛罗伦萨和锡耶纳两个城市的艺术家，两个城市都创作了大量的与圣母有关的艺术作品而把自己置于圣母的保护之下。

尽管两个城市都经历了起起伏伏，圣母玛利亚似乎一直都给他们带来好运。但在 1348 年，两个城市有一半的人死于黑死病。对多数人而言，黑死病是愤怒的上帝为了惩罚人类的罪行而采取的报复行动。但是，后来的艺术家、作家、商人和学者发现了更多的人身自由和机会。也许受到他们在经历黑死病过程中的残酷现实的启发，艺术家们创造出了更现实主义的和自然率真的作品。

哥特式的大教堂

当苏热还是修道院学校的学生时，他就梦想着把圣丹尼斯修道院变成法国最美丽的教堂。他曾渴望拥有法兰西岛（俗称大巴黎区）周围更多的领地，这种渴望在某种程度上激发了他修建教堂的梦想。苏热的设计将皇家统治置于法国文化的中心，而法国文化正是由建筑来定义的，这种建筑必须在美学上和在规模的宏大上超越其他所有建筑。

经过仔细计划，苏热于 1137 年着手修缮圣丹尼斯教堂，粉刷了有近 300 年历史的墙面，并镀上黄金和宝石色。之后，他又为教堂加了一道正门，三个门厅，门的两边各有一座塔。绕着回廊的后半部分又加上了一圈小礼拜堂，墙上的窗户全都用有色玻璃透光（图5.2）。苏热写道："彩色玻璃窗使整个教堂被一种神奇而又连续不断的光照得通亮。"

这一采光效果宣称了新的哥特式风格。在准备计划时，苏热已经阅读了他自认为是圣丹尼斯的手稿（其实，我们现在知道他读的是 1 世纪的崇尚雅典风格的圣保罗所著的神秘小册子）。这些手稿认为，光是神圣精神的身体和物质的表现形式。苏热后面可能评估了他在管理方面的成就，并解释了美化圣丹尼斯教堂

图 5.2　法国圣丹尼斯大教堂的摩西主题彩绘玻璃窗，建于 1140—1144 年。
这是圣丹尼斯大教堂保存最为完好的有色玻璃窗。学者们推测摩西成为圣丹尼斯教堂非常突出的主题，其原因是摩西对以色列的领导就是法国国王对国民领导的榜样。

的基本宗教原理：

> 别为金子和花费惊奇，而应为工艺感到惊叹。
> 明亮的是高贵的作品；高贵明亮的作品
> 可以照亮我们的灵魂，这样灵魂
> 也可以通过真正的光去旅行，
> 到达真正之光，那儿是基督之门。

因此，教堂的美旨在把人的灵魂提升到上帝之国。

1147年，当路易七世和皇后埃莉诺离开法国进行第二次十字军东征时，也就是在苏热于1144年在圣丹尼斯修道院献上新的合唱3年后，他们没有留给苏热这位修道院院长足够的资金来完成教堂的修缮。1151年，苏热去世。一个世纪后，教堂才得以竣工。最初的雕塑和有色玻璃装饰大多在18世纪末的法国大革命中被破坏了。尽管19世纪和20世纪得到了部分的修复，只有最初的五扇彩色玻璃窗户保留下来。而对于它对建筑的全部影响，我们只有通过仿效它的风格而建立起来的其他教堂才能得以理解。这当中最重要的有沙特尔圣母院。与法兰西岛及其周围区域的哥特式教堂一样，皆来自巴黎的灵感。

从好几千米以外的各个方向看都可以看见教堂的尖顶，它俯瞰着整个小镇和乡村，似乎它就是世界的中心（图5.3）。事实上，沙特尔地处法国当时重要的粮食产区的中心位置上。当法国出口粮食到整个地中海盆地时，它的经济迅速繁荣。更重要的是，沙特尔是人们崇拜圣母玛利亚的精神中心，整个12世纪和13世纪它在西欧的宗教生活中扮演了日益重要的角色。对圣母玛利亚的崇拜，或许还有其他更重要的因素，那就是这个时代的教堂越来越大。基督徒将圣母视为基督的新娘，教堂的人格化，天堂之后，为了人类的拯救与上帝进行调停的主要角色。最后这一角色尤其重要，因为在这个角色里面，圣母可以将有罪之人从永久的诅咒中拯救出来。对圣母的信奉在法国的教堂中体现得尤为明显，这些教堂常常都是献给 Notre Dame 的，即圣母院。

很快，当沙特尔教堂第一个建设阶段结束后，

图 5.3　沙特尔大教堂西侧正面图，约建于 1134—1220 年；南尖塔建于约 1160 年，北尖塔建于约 1507—1513 年。两座尖塔设计风格迥异，表明哥特式建筑摒弃了罗曼式建筑的绝对平衡与对称，也反映了对哥特式建筑风格的完美追求。北尖塔（左）比早期建造的南尖塔装饰更加精巧华美，石雕艺术的框架更为开放，技术更为先进。

1140—1150 年，成群结队的朝圣者慕名前往沙特尔教堂来欣赏彩色玻璃，并对圣母的长袍表示深深的敬意，据教堂方面称那是她在耶稣诞生时穿的。圣物供奉在教堂，被认为具有超凡的治愈能力。但是在 1194 年，最初的结构被大火毁于一旦，只有西面墙、几扇彩色玻璃窗户和圣母的长袍幸存了下来。窗户和长袍的幸存被认为是天意的象征，而巨大的重建工程在感激中

开始了。皇家贵族和地方贵族都纷纷出资，而地方行会则出钱出力。

在或多或少带有罗曼式风格的西面墙，有着圆拱窗户，被认为是所有哥特式教堂中最宏伟的一面，它的彩色玻璃在欧洲无与伦比。

彩色玻璃

沙特尔的彩色玻璃装饰极为复杂。它是哥特式建筑的主要标志，这种技术革新大大减轻了墙体的负荷。

所有哥特式大教堂装饰彩色玻璃的目的是以一种引人入胜的方法向对圣经了解不多的人讲述圣经故事。艺术使这些人自己阅读圣经故事。在沙特尔大教堂，175 块玻璃窗上画了 4000 多个人物，每块玻璃窗都经过精心设计，在苏热看来，是"向普通民众展示他们应该相信的"。有两扇窗户非常有名，其中一扇窗户上描绘了所谓的"耶西树"（图 5.4）。耶西树是 12 世纪和 13 世纪手稿、壁画、雕塑和彩色玻璃中最普遍的主题。如今，在基督降临节仍然要纪念与之相关的一些传统，因为他们被认为是展现了基督的谱系：圣母玛利亚是大卫王的父亲耶西的后代。因此先知艾赛亚有个预言："从耶西的茎里抽出枝条，从他的根里发出枝丫。"许多耶西树下都斜倚着耶西像，从他的腰间或是肚脐上长出一棵树来。在树的更高的枝条上是很多国王和犹大王国的先知，在树梢处是基督和玛利亚。有些时候圣母怀抱婴儿耶稣，但是这里，与圣丹尼斯教堂的窗户类似的是，玛利亚处在低于耶稣的位置。因为耶西树描绘了玛利亚的皇室血脉，它们在信奉圣母中扮演着重要的角色。

教堂北翼的第二扇窗同样使人想起圣母玛利亚（图5.5）。玫瑰窗——有着竖框的圆形窗户（框架设计）以及从中心往外的窗饰呈现出玫瑰花瓣的形式——象征着圣母玛利亚作为神秘玫瑰的角色——它被认为是耶西树的根部，直径达 13 米。

沙特尔的彩色玻璃表面积足足有 2973 平方米，而这么多窗户的整体效果很难想象。窗户由皇室、贵族和商会赞助修建。一般而言，教堂外面一天的光线约

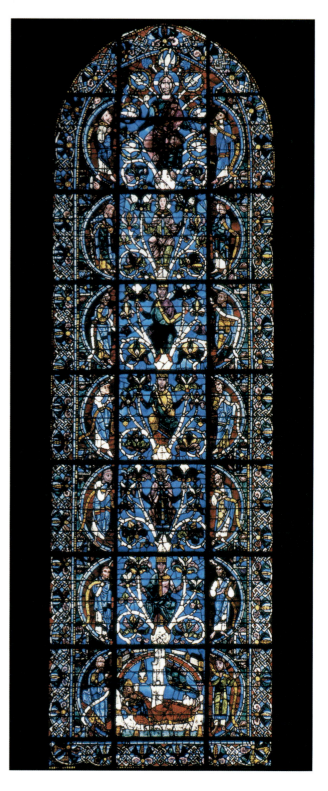

图 5.4　沙特尔大教堂的耶西树，建于约 1150—1170 年。耶西是大卫王的父亲，根据《四福音书》，大卫王又是圣母玛利亚的祖先。窗子的底部躺着的是耶西的身体，从身体里长出了一棵树。树枝由他的腹部伸向四位犹太国王。玛利亚在基督的下面。七只鸽子，代表圣灵七件礼物，环绕着基督。两侧的半月形里站着的是 14 位先知。

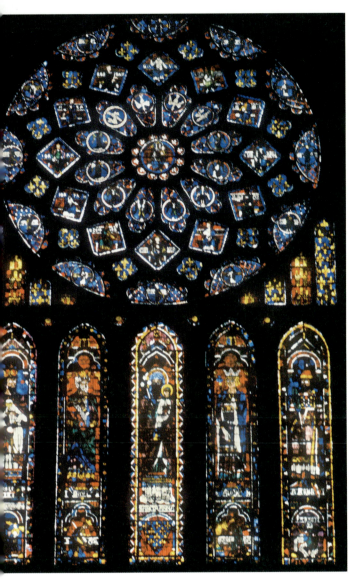

◀图 5.5　沙特尔大教堂北十字翼的玫瑰窗和桃尖拱，约 1150—1180 年建成。圆形的窗户被称为玫瑰窗，细长的则称为桃尖拱。玫瑰窗彩绘玻璃的蓝色色调非常丰富，尤其受到人们的赞赏和珍爱。据说，修道院院长苏热通过打磨蓝宝石才得到了这种珍贵的丰富的蓝色色调。实际上，这些丰富的蓝色取自氧化钴。

是里面的 1000 倍。因此窗户、背景光以及中殿相对黑暗的位置中的亮光，似乎往四周散发出虚无缥缈的光芒，意味着超越此时此景精神的至美。

哥特式建筑

随着哥特式风格的发展，建筑领域内的技术创新促成了这样一个目标：使膜拜者的灵魂升华到精神王国。这些创新中最重要的是肋拱（图 5.6）。这一创新的原则为罗曼式建筑师熟知，但是哥特式建筑师们将之练到了炉火纯青的地步。肋拱是穹棱拱顶的一种形式（图 3.10）。肋拱以尖肋拱顶（也称哥特式拱）为基础，比圆拱的高度更高。在穹隆交结线的地方，称为肋拱的结构模型把穹顶的推力引向外面和下面。先建好肋拱，使它能够支撑脚手架，脚手架上面是石制腹板。肋状拱顶实际上减轻了自重。采用扇形肋穹顶，罗曼式风格的巨大厚实的石墙在建筑中便被轻巧瘦削的饰有花纹的细柱、肋拱和桃尖拱所取代了。这些柱子、肋拱和窗户都往上指，似乎在不断地挑战地心引力，把观察者的目光引向天堂。哥特式大教堂的中殿非常

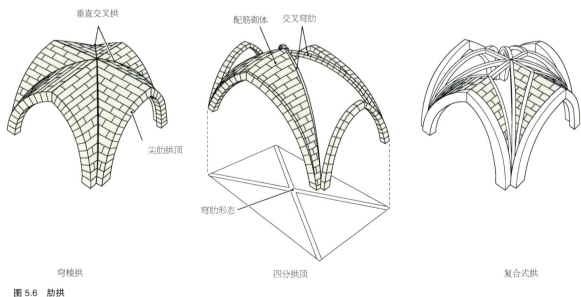

图 5.6　肋拱

高：沙特尔的中殿有37米高，兰斯大教堂有38米高，最高的是博韦大教堂，达48米，足有15层楼高。极高的中殿进一步增强了垂直高大的感觉，给人以一种肉体和精神双重提升的感觉。

在哥特式建筑中，与圆拱相比，尖拱的数量占绝对优势，这也同样会带来肉体和精神双重提升的感觉。事实是，尖拱是哥特式风格最为重要的建筑特色，如果拱越平或越圆，它对支撑墙产生的推力或者压力就越大。尖拱减小了向外的推力，那样一来，就无须修建承重的墙体而改为窗户和质量更轻的**扶壁**（传统上建造在内壁以支撑内壁和支撑穹顶的柱子）。**飞扶壁**（图5.7、图5.8，以及在沙特尔大教堂外墙可以看到，图5.1）分担了更多的主墙压力，修建更大的窗户成为可

能。它们往墙外围延伸，使用一个拱来集中墙顶的扶壁的支撑力，这一部分是由于在穹顶的外部压力下最有可能坍塌的部分。飞扶壁是石制支柱，拱顶形成向外的推力，飞扶壁则产生一种与之方向相反的支撑力。穹顶的推力仍然从柱子和墙传递下来，但同时也移向旁边的飞扶壁、扶壁本身和地下。飞扶壁把穹顶的重量分布到支撑的石头上，使墙可以更薄，但它仍然能够支撑先前我们要用更厚的墙才可以支撑的重量。

正如法国的巴黎圣母院宏伟的飞扶壁所展示的那样，它们也创造了惊人的视觉效果，教堂各个侧面的翼状拱顶似乎挑战着地心引力。

在13世纪，建筑师开始用越来越精巧的装饰来装点教堂外表。花形浮雕，如卷叶花样向外雕刻成叶子一样，加在了教堂的小尖塔、尖顶和山形墙之上。花形浮雕上有尖顶饰。巴黎圣母院各种结构的形状要丰富得多，相比之下，沙特尔大教堂（图5.3）则几乎没有，而在亚眠大教堂也非常丰富（图5.9）。大多数雕刻是由亚眠自己的作坊在21年的时间内制成的，

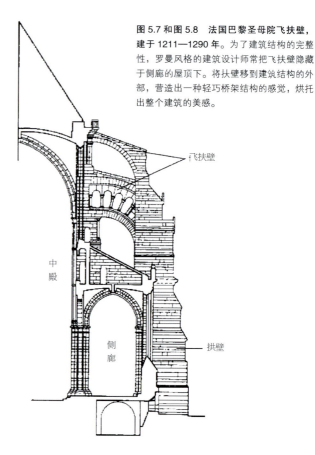

图5.7和图5.8　法国巴黎圣母院飞扶壁，建于1211—1290年。为了建筑结构的完整性，罗曼风格的建筑设计师常把飞扶壁隐藏于侧廊的屋顶下。将扶壁移到建筑结构的外部，营造出一种轻巧桥架结构的感觉，烘托出整个建筑的美感。

飞扶壁

中殿

侧廊

拱壁

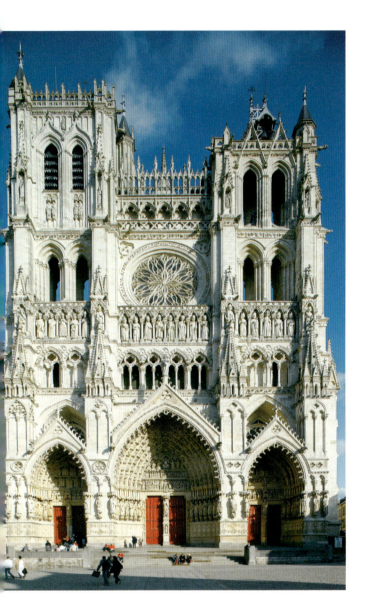

图 5.9 法国亚眠大教堂西侧正面，建于 1220—1236/1940 年，后期修建一直持续到整个 15 世纪。装饰此侧面的雕塑家很快成名，并游历欧洲各国，将此风格传入西班牙和意大利。

给整个正墙一种统一和连贯的感觉。

哥特式风格迅速在整个欧洲传播开来，特别是受到了英国的欢迎，毕竟当时它由法国诺曼人统治着；而在德国，各自为政的独立城市、公国、教区认为这是法国宫廷的风格而试图竞相仿效。威尔斯大教堂是 13 世纪的英国修建得最好的一座哥特式教堂（图5.10）。

图 5.10 英格兰威尔斯大教堂西侧正面，1230—1250 年。该教堂生动表明了英国哥特式建筑对图案和装饰的偏爱。门厅已变得不重要了，宽大的正面墙上节奏感极强的建筑才是该风格关注的重点。正面墙上壁龛内的实物一样大小的雕塑（原有 384 个）表现了最后的审判。

哥特式雕塑

从沙特尔大教堂（1145—1170）西侧门廊的装饰到南十字翼（1215—1220）的雕塑，再到亚眠大教堂（1225—1255）西侧正面的雕塑，我们可以发现，在大约 100 年的时间里，哥特式雕塑家们开始将雕塑创作的经典原则引入西方艺术的雕刻作品之中。

沙特尔大教堂西侧门厅侧柱上的人物塑像脚尖朝下，尽管这些塑像颇具拜占庭式风格，但在实现人体雕塑方面有明显的进步（图 5.11）。除此之外，还另有五组塑像分别装饰在教堂皇家门厅的三个门廊两边。门厅的门楣中心上的雕塑描绘了基督登基为王的故事，而北面的门楣中心则描述了耶稣升天。侧柱上雕刻的人物展示了《希伯来圣经》中预示基督诞生的人物。

图 5.11　沙特尔大教堂西门厅侧柱雕像，完成于 1145—1170 年。侧柱底部的雕饰图案会使人联想到西班牙伊斯兰教的建筑式样。

图 5.12　沙特尔大教堂南十字翼门厅侧柱上的雕像，约 1215—1220 年。左边的圣西奥多像旨在唤起十字军东征的精神。

这些雕刻与以孔克圣福瓦教堂的楣中心的《最后的审判》（图 4.16）为代表的罗曼式浮雕相比，几乎没有相同的地方。沙特尔教堂的雕像嵌在后面的柱廊上，圣福瓦教堂的雕像完全是圆的，并在柱子的前面占有很大的空间。

　　1195 年失火以后，重修了沙特尔教堂，一个新的雕塑方案用在十字翼的门上。雕像站在柱廊前面，正如西侧门厅里侧柱上的雕像一样（图 5.12）。但它们的脚板是平着的（而非脚尖向下），它们的脸富有生气，似乎在看着我们。右面的分柱上的修道士似乎很关心我们。柱子左侧的圣西奥多骑士雕像尤为有名，因为从古至今，这是圣西奥多第一次摆出如此轻松的姿势，他的臀部略微向右偏，身体重心落在右脚上。换句话

说，他以一种对立式的平衡的姿势站着。（可以联想到公元前 5 世纪以这种姿势雕刻的希腊雕塑，如《多律弗路斯》或者《荷矛者》图 2.27）他的剑似乎将他的衣服往右撩开。在剑带的下面，衣服往左后奔拉着。西侧门厅不再拘泥于过去严格的垂直度而进行了大胆创新。

　　在兰斯大教堂，雕像再进一步打破了罗曼式传统。它们从背景中解脱出来（图 5.13）。报喜天使告诉玛利亚（天使右边的雕像）她已有身孕。而右面的另外两个雕像，代表着圣母来访者，当玛利亚告诉她的表姐伊丽莎白她已有身孕，伊丽莎白转而宣称玛利亚腹中的胎儿是神圣的。注意，左面两个人物的衣饰，简单而柔软地卷着，而右边人物的衣饰与左边人物的衣

图 5.13 《天使报喜和拜访圣母》，兰斯大教堂西侧中门。报喜的天使，约 1245–1255 年；报喜的处女，1245 年；拜访组，约 1230—1233 年。如果说这些塑像比其他任何雕塑在近一千年的时间内都显得更加自然主义一些，部分原因是因为它们在相互交谈。似乎当我们看到它们时，竟能听到它们的声音。注意最现实主义的雕塑报喜的天使比拜访组的雕刻晚了 15～20 年，表明在那段时间内艺术家对自然主义有着强烈的兴趣与热爱。

饰截然不同，具有复杂的罗曼式风格。雕得较早的玛利亚与雕得较晚的玛利亚几乎各不相同：前者很可能是由接受了罗曼式传统教育的雕刻者所刻，而后者则可能是按照经典的模型所作。

事实上，上面两组雕像正如沙特尔教堂的双塔一样各不相同（图 5.3），既反映了罗曼式风格中平衡和对称的式微，也反映了它们是在不同时期雕刻的。但是，两组雕像都有着某种情感态度——天使愉快的微笑，严厉但关切的伊丽莎白，甚至雕像的相对年龄都很明显地体现出来，而年龄根本就不是罗曼式传统的雕刻者所关注的。简而言之，这些都是罗马时代以来最具有人的本性的、最自然的雕像。在哥特时期，艺术家

发展出了一种新的视觉语言。圣经传统的传统叙述不再以抽象和象征的形式表现，而是以可信的、单独的个体来讲述他们的故事。这种新的语言用在了耶稣、玛利亚、圣徒，甚至是报喜天使身上，使他们拥有个性特征。

哥特式教堂中的音乐：越来越复杂

哥特式教堂有巨大的空间和精巧的石墙，因而它的声响效果可能会像教堂里的光影效果一样，或者像亚眠大教堂里生动的雕塑一样而变得生气勃勃。教会神职人员很快就在礼拜仪式中利用这一特点。在巴黎圣母院学校，分上下两册的一套多声部仪式音乐曲集《奥尔加农大全》于 1160 年左右就以手抄稿的形式广泛传播开来。虽然有许多曲目的作者不详，但莱奥宁却非常有名。《奥尔加农大全》以联篇歌曲的形式为教会年历的所有宗教节日提供仪式音乐。在这一音乐曲集产生的那个时代，许多复调音乐虽已经创作出来，但仅限于口头传诵。它之所以重要是因为它代表了"创作"一词的现代意义：由单个作曲家完成的作品。

在 12 世纪末，莱奥宁的后继者佩罗廷校订并重新编排了《奥尔加农大全》。他最著名的一部作品是《大家已看见》（拉丁文：*Viderunt Omnes*，英语名 All Have Seen），是基于有同一名字的传统单声圣歌发展起来的四声部复调音乐，是专门为在巴黎圣母院中进行圣诞弥撒时创作的乐曲。整首曲子，先是合唱声音唱出舒缓的单声圣歌，接着三位独唱者以对位法唱出第二、第三、第四组旋律。独唱者清晰而交织的旋律创造出渐强的、持续的和音和平衡，那一定会激起教堂里会众的敬意。音乐似乎是不断向上高涨，如同教堂向上耸立的建筑结构，将信众的信仰提升到了一个新的高度。

歌词虽然很简单，但因为要唱出每个音节，对应地就要唱出多个音符和旋律，所以唱完整个乐曲几乎要花 12 分钟。下面是该诗的拉丁原文：

Viderunt omnes fines　　　世界的角落

terrae salutare Dei	都已看见上帝
nostri. Jubilate Deo	对灵魂的拯救。
omnis terra.	世间赞美上帝。
Notum fecit Dominus	上帝宣布
salutare suam. Ante	拯救灵魂。
conspectum gentium	在人们面前
revelavit justitiam suam.	他展现了正义。

乐曲复杂的节奏映射了哥特式教堂正面墙以及尖顶、山形墙、卷叶浮雕和尖顶饰越来越复杂的结构。男高音通常保持了基于宗教圣咏的传统，男高音音段可通过人的声音唱出，也可用风琴演奏。在一些乐曲的演唱中，乐器慢慢取代了演唱这些歌曲的唱诗班。某种程度上，这是一种务实的态度，因为组织很有水准的大型唱诗班来演唱宗教仪式音乐并不容易。风琴最早起源于公元前4世纪到3世纪的希腊，那时，人们利用水压将空气吹入用来发声的笛管，从而发明了水压式管风琴（hydraulis）。公元9世纪，它已经得到改良，由人工操作的风箱产生的空气压力来推动空气在笛管中运行。无论如何，管风琴丰富的声调与教堂宏大的中殿产生共鸣，在中世纪越来越受到人们的欢迎，而管风琴也成为每一个大教堂的必备乐器。在赞美诗中，在男高音谱线上，还要有两个或者三个以上交错的旋律伴唱。

由复调音乐产生出甚至更为复杂的音乐形式是赞美诗，它由三个（有时是四个）声部组成。13世纪末，赞美诗要么是用拉丁文唱，要么用法语方言唱，或者两部分都是颂词或者是行吟诗人的爱情歌。所有这些相互矛盾的乐谱放在一起，就像哥特式教堂的正面墙一样复杂：平衡而又矛盾，和谐而又争执。简而言之，它们反映了那个时代的突出的教会与国家之间、信念与理性之间巨大的争论。

这些争论在高等教育的中心更为激烈。在那里，音乐是一门人文科学课程，但它是作为"四道"之一的数学来学习的。"四道"包括数学、算术、几何和天文，这些学科领域都得涉及比率与普遍和谐。其余

的人文课程组成了"三艺"，即包括文法、修辞和辩论三大学科在内的语言艺术。在以培养牧师为宗旨的巴黎圣母院教会学校，音乐被看成一种重要的礼拜仪式而予以强调。12世纪中叶，教会学校开始允许非神职学生前来学习。1179年，教皇颁布诏令，教会学校可为非神职人员提供教育，这一法令最终促成了大学作为一个机构的兴起。

大学的兴起

1158年，基督教统治下的欧洲的第一所授予学位的大学在意大利的博洛尼亚建立起来了。之前出现的大学是10世纪时西班牙科尔多瓦穆斯林宫廷建立的著名的高等教育中心，再往前是公元859年在摩洛哥的菲斯建立起来的阿里-卡拉维因大学。在伊斯兰教里，尽管一些非神职学生和教授与清真寺的马德拉沙（伊斯兰的学问中心）有非常紧密的联系，但他们也可以探寻具有宗教意义的文本以外的东西，对知识的共同追求就成为基督教统治下的欧洲新兴大学体制的范例。起初，"大学"一词仅意为"学生-老师联合会"，教师根据合同向学生传授知识。大学（*Universitas*）之下附属的是学院（*collegia*）。学院就是一群有共同兴趣的学生，或者像博洛尼亚那样，指来自同一地理区域的学生。博洛尼亚大学很快就确立了法律研习中心的地位（图5.14），法律是一门高深的学问，为此，学习者至少要掌握七门其他文科课程。

每位学生必须精通拉丁文，在头四年的学习生涯中，所有课程都要求用拉丁文来学。他们阅读古希腊著作的拉丁文译本，其中有亚里士多德、托勒密和欧几里得等的著作。希波的奥古斯丁的《论基督教教义》以及波伊提乌关于音乐和算术的著作也在必读书之列。为了获得文学学士学位，学生们经过三年或五年的学习后要参加口试。精通某一专业领域可以获得硕士学位，获得硕士学位者乃可教授神学，从事医学或者法律。在此基础上，如果继续深造四年以上，并最终通过由博学的考官组成

图 5.14 法学学生，博洛尼亚大学一位法学教授墓前的雕塑，1200 年。大理石石雕。达莱·马塞涅兄弟作，兄弟俩活跃于 1383—1409 年。意大利博洛尼亚市民博物馆藏。尽管当时不允许女性学习法律，但仍有例外。前排居中的就是一名女生，名叫罗维拉·德安德烈（1312—1366）。她在博洛尼亚大学讲授哲学和法律。据说教会要求她从幕后授课，以免男学生上课时走神。

的答辩委员会的答辩，即可获得博士学位。

在教会的许可下，巴黎大学于 1200 年建立起来。之后不久，英国的牛津大学和剑桥大学相继成立。欧洲北部的大学强调神学研究。在巴黎，出现了一些寄宿学校，最初是为了给学生提供住宿，之后是方便他们专注学习。其中，最著名的是罗伯特·德·索邦于 1257 年为神学学生筹建的寄宿宿舍。以他的名字命名的索邦神学院，今天仍旧是巴黎学生学习生活的中心。

阿贝拉和爱洛绮斯　巴黎大学的教学质量相当有名。因为书只有手稿，因此它们极其昂贵，学生们需要依赖听课或者大量记笔记来接受教育。彼得·阿贝拉（1079—约 1144），一位聪明的逻辑学家，著有《是与非》，是当时最受欢迎的老师之一。成群的学生定期聚集起来听他授课。他使用辩证法授课。这一教育方法源自苏格拉底，但苏格拉底的对话常常是一位聪明的老师受到一个学生甚或傻子的质疑，而阿贝拉的辩证法并无这种学问层次高低的假定。对他而言，每一样事情都可以质疑。"通过怀疑"，他辩论道，"我们进一步询问，而通过询问我们抵达真理。"

自不必说，教会觉得很难与阿贝拉相处，因为他反复地展示了很多教会教父们，甚至《圣经》本身在很多议题上存在的无可救药的矛盾的观点，而且辩证法本身就是对上帝的信仰和教会权威的挑战，阿贝拉尤其遭到了克莱尔沃的贝尔纳的反对。贝尔纳以异端邪说的罪名起诉了阿贝拉。即便那时，阿贝拉作为教师的名声并未受到负面影响，但是他的道德定位却受到了长期的怀疑。1119 年，他与学生爱洛绮斯恋爱。阿贝拉不仅感到自己因为爱上她并使她受孕而背叛了自己的信仰，而且还进一步受到爱洛绮斯的叔叔的羞辱，后者认为阿贝拉在自己家里教书时引诱了这位女孩。得知爱洛绮斯怀孕后，她的叔叔雇用暴徒趁他熟睡之机将他阉割。阿贝拉隐退到圣丹尼斯修道院，接受强大的修道院院长苏热的庇护。爱洛绮斯后来也进入修道院，之后成为帕拉克里特修道院的院长，那是阿贝拉创建的一个供礼拜和演讲用的小教堂。

妇女的教育　爱洛绮斯的故事揭示了中世纪妇女的教育情况。由于妇女不允许在大学学习，聪明而有才气的爱洛绮斯就成为阿贝拉的私人学生。但也有例外，特别是在意大利。在博洛尼亚，罗维拉·德安德烈（1312—1366）讲授哲学和法律。在意大利南部的萨勒诺，特洛图拉（卒于1097年）执掌医学最高席位，她是那个时代最著名的医师。但有学者怀疑她实际不是女性，并且有可靠的证据表明她的作品实际上仅是对三位不同作者的作品的编纂。《妇科疾病论》一书通常被认为由她所作，该书主要关注了如何减轻妇女的痛苦，整个中世纪期间，此书以她名字命名为《特洛图拉》而广为人知。作者开宗明义：

> 由于女性天生比男性弱小，而且还要遭受分娩的痛苦，因而女性疾病就很多……女性，由于自身条件的脆弱，出于害羞或者尴尬，不敢向医生表明她们所受的病痛（尤其是在私处）的折磨。因此，她们的不幸（应该得到可怜），尤其是女性在我心中激起的波澜，会促使我在给她们治病时给予她们详细清楚的解释。

全书共63章，详细讲述了有关月经、避孕、怀孕、分娩还有其他疑难杂症。该书提倡健康饮食，向人们警示情绪压力带来的危险，还为分娩的妇女开了镇痛的处方，这一方法在后来几个世纪里饱受批评。它甚至还解释了一位有经验的妇女应该如何假装是处女。《特洛图拉》是整个中世纪时期助产师和妇产科医生的标准参考书，由拉丁语被翻译成多国文字，广为流传。

托马斯·阿奎那和经院哲学

1245年，来自意大利的20岁的多明我会修道士托马斯·阿奎那（1225—1274）到巴黎大学学习神学，进入了持续近100年的神学辩论之中。这场辩论是关于阿贝拉和贝尔纳之间的：信众如何认识上帝？用心？用脑？还是两者并用？我们是直观地，还是理性地认识真理？阿奎那直面这些问题，并很快成为这所大学最杰出的学生和老师。

与阿奎那一起来到巴黎的还有另一名多明我会修士，即他的老师日耳曼人阿尔伯特图斯·马格鲁斯（约1200—1280）。他在巴黎和科隆执教，后来著述了一本基于亚里士多德演说的有关生物学中植物分类的书。

多明我会由西班牙牧师多明尼克于1216年创建，致力于神学研究。阿奎那和马格鲁斯以及像他们一样的人，越来越多地接受多明我会的教育，并很快被称为经院哲学家。基于阿贝拉辩证法的神学探源就被称为**经院哲学**。

多数神学家认为信念和理性之间看似有矛盾。但是，他们辩称，因为两者皆来自上帝，根据定义，这一矛盾肯定是一种误解。在大学里面，理性的探源和亚里士多德对物质世界的客观描述风行一时（见第2章），以至于神学家们担心学生们更喜欢逻辑论证而不是正确的结论。他们学习的不是神圣的真理和《圣经》，而是可溯源到公元前4世纪的异教哲学。经院哲学家试图调和这种情形，作出这一巨大努力的有阿奎那。1265年，他40岁时便开始创作《神学大全》（Summa Theologica）。应他老师的请求，阿奎那着手写一本完全基于古代哲学家的神学著作，论证了经典哲学和基督教的兼容性。《神学大全》几乎涉及了这个时期所有的神学议题，从妇女在社会和教会中的地位到邪恶之因，自由选择的问题，以及出售比实际价值高的东西是否合法等问题。这本中世纪的《神学大全》是对所有传统话题的权威总结，也是每一位受过高等教育的人所达到的终极目标。

在一篇有名的论证中，阿奎那处理了最重要的一个议题——总论之总论——试图彻底地证明上帝的存在。请读者特别注意亚里士多德式的依靠观察，并按逻辑推出结论的特点（阅读材料5.1）：

阅读材料5.1

托马斯·阿奎那之《神学大全》选段

问曰：有上帝存在吗？

我今置答：上帝的存在能有五种证明。第一种是基于运动变化。首先，某些事物……当然处于运动变化之中，这个清楚可见。现在，运动变化中的任何事情必被其他事物所推动……因此，我们不得不到达一个不为别物所动的第一主动者；而这就是人人所了解的上帝。

第二个是基于因果本质。在易观察的世界中，富有彼此相继的有效原因……一系列的有效原因必然有一个终极原因……因此，我们不得不假定第一个有效原因的存在，而这，乃大家称之的上帝。

第三种方法是从盖然性和或然性来解答。世上某些事物，可以存在，也可以不存在……所以可能有，也可能无，皆因去来无常，或存或灭……假使一切事物都可以有不存在的样子，那么，世上定有一个时期全然成为无有。但是，倘若这个说法无误，则如今便无物存在，因为没有存在的东西是不能开始存在的，除非有其他存在物在推动他存在……因此，我们不得不假定有某事物在其本身是必然的……而且为其他事物的必然性之因。对此，大家都称之为上帝。

第四种是基于事物发展级度来考察，某些事物更善、更真、更尊贵，而另一些事物则有所不及。这些比较的用语表明要达到极致必然有多种级度……世间必有最真、最善、最珍贵，因而具有最伟大无比之存在。因此，必有物焉，对于万有作为其存在，其善性，以其各种的完美之因。此乃曰上帝。

第五种基于支配自然的动因来考察。为达目的，需要井然有序的行动……他们真正希望以特定行动而非偶然来达到一个目的。因此，世间必有一个睿智的主体，使万物指向他们的目标。这一主体就是上帝。

这样一则对上帝存在的理性论证，用阿奎那的话说，是"信念的序言"。他所称的"信条"必定是遵循并建立在这样的理性的证明之中。因此，尽管基督徒不能够理性地认识上帝的存在，但他们能够通过信念知道它的神圣性。信念，总的来说，开始于基督徒所能了解的部分。他们凭借《圣经》内容以及基督教的传统来认识上帝。阿奎那认为，有些信仰的对象，包括道成肉身，在这一世中完全不能依靠我们的理性予以理解。然而，因为我们通过信念和理性抵达真理，关键的是，因为所有的真理都是平等有效的，通过信念或是理性所得出的结论并无什么矛盾。

保守的基督徒从不接受阿奎那的观点，他们辩称，这一理性绝不可能直接认识上帝。尽管如此，他对基督教神学的影响是深远而持久的。其论点的视角及它智力所达到的高度，《神学大全》都与哥特式教堂一致。像教堂一样，它也是献给上帝的建筑，只不过它是建立在逻辑而非石材之上。

辐射式风格和路易九世的宫廷

13世纪中叶，哥特式建筑在法国经过精心刻意地追求，已成为一种极为华丽的风格：窗饰厚重、饰品繁多。这一风格与巴黎路易九世（1226—1270年在位）的宫廷紧密联系在一起。他的宫廷被认为是欧洲完美统治的典范。路易天生是个改革家，在他的统治下，经院哲学家和阿奎那在隔塞纳河与皇宫相望的巴黎大街上公开地辩论神学。路易信奉思想自由，甚至信奉以法治国。他派遣特派员到全国各省检查国王的代表，确保他们公平地对待人民。他废除了农奴制，视私人间的争斗为非法，很多人认为避免在国内产生私斗正是第一次十字军东征的根本动机。他改革了税制，使臣民有权在宫廷提请上诉。简而言之，他有点圣人的味道。事实上，教会过后确实对他行宣福礼，尊他为圣路易。

教会高度评价了圣路易对教会发展作出的贡献。他对教会以及哥特式建筑最重要的贡献是皇家教堂的圣礼拜堂（图5.15），它建于离巴黎圣母院不远的西岱岛上皇宫的中心。路易设计了小教堂以便皇家人员可以通过彩色玻璃层进出皇宫，以此象征显赫的身份，而宫廷官员则从底层较小的教堂进出皇宫。换句话说，他以查理大帝为楷模，为自己设计了一个宫殿教堂，把自己与伟大的先辈联系起来。

圣礼拜堂实际上就是一个修建得非常巨大的存放圣物的地方。十字军东征之时，路易从君士坦丁堡购得了被认为是基督殉难时所戴的荆冠以及其他一些宝物。宫殿建造的目的就是要保存这些宝物。在哥特式风行一时的年代，还没有其他任何一个建筑能如此完全地浓缩辐射式风格。圣丹尼斯修道院院长苏热这样写道：

因而，我对教堂的美感到欣喜，当彩色玻璃上漂亮的多彩珠宝转移了我对外在事物的忧虑，我进行了有价值的沉思，这引起了我从物质的到非物质的转移中，对圣德多样性的反省。天从人愿，我能以类似的方式完成从内省到更高一级的世界的转移。

图5.15　巴黎圣礼拜堂内景，建于1243—1248年。最初，该礼拜堂周围由皇家城堡环绕，而今由法国司法部环绕。除了19世纪重新喷过漆以外，它几乎完好如初。其音响效果无论是在建立之初还是在当今，都可以称得上是巴黎最好的。

观看者沐浴在彩色玻璃的光芒之中，它是如此明亮，以至于观察者几乎不能够区别圣经故事叙述的细节，圣礼拜堂旨在减轻信众的外在忧虑而将其变为无上美丽的王国。它是精神的空间，按苏热的视角，也是堪与不朽灵魂的非物质性相媲美的光的非物质性。圣礼拜堂所用的玻璃与石料的比率高于其他任何哥特式建筑，把窗户与窗户分隔开来的柱子也是同类中最细的。墙体的下端，也就是窗子的下面，装饰得富丽堂皇，红色、蓝色和金色炫目多姿，以至于石料和玻璃俨然一体。金色的星光从精雕细琢的深蓝色穹顶洒下来。路易最大的心愿是使巴黎成为新的耶路撒冷，即在地球上能找到的与天堂最接近的城市。对很多游客而言，在圣礼拜堂他们会尽可能地与之贴近。

法国公爵宫廷的哥特式风格

14 世纪，尽管法王的权威从未受到挑战，但受到了巴黎区外公爵宫廷的竞争。这些公爵中有国王的亲属，其中昂儒、贝里和勃艮第三地的公爵在自己的王城建造了宏伟的宫殿，雇用了大量的艺术家，以一个世纪以前的辐射式的哥特式风格装扮他们的宫殿。

勃艮第公爵统治法国东部的第戎地区，也控制佛兰德区域，包括今荷兰、比利时和卢森堡。15 世纪初，当他们从第戎迁到佛兰德时，他们最喜欢的目的地是布鲁日，在佛兰德地区所有的小镇中，布鲁日是第一个建有市政厅的地区（图 5.16）。该市政厅上哥特式的装饰过分奢华，从窗户上半端的窗花到屋顶，再到塔楼，其装饰无所不用其极，其目的就是要让人联想到法国和勃艮第贵族的宫殿。有趣的是，布鲁日（至

图 5.16　位于比利时布鲁日的市政厅（右）和公务员办公楼（左）。佛兰德地区，建筑设计师不详。市政厅，1376—1402；公务员办公楼，1534—1537。我们今天所见的雕刻装饰只能追溯至 1853 年，最初的雕刻在法国大革命中被毁。

少在理论上独立于公爵权力的）为市民政府的市政厅进行辐射式风格的装扮不仅强调了市民的自我价值感，也强调了他们越来越独立于他们所效仿的贵族。

中世纪末期，布鲁日的人口为 4 万～5 万，按北欧的标准已经相当多了（多数城市居民都只有 2000～3000 人，整个北欧，70% 的人口仍然生活在农村）。布鲁日的工资在整个北欧都是最高的，特别是手工业者，而城市也为能够给任何一个地方提供最广泛的社会救助体系而自豪，包括 11 个医院和安养院。布鲁日港口是北欧最主要的贸易中转站，来自波罗的海的鱼、木材、谷物，以及波兰和俄国的皮毛，中欧矿山地区的银在这里与高价的佛兰德纺织品、服装，或是与香料、糖、丝绸和棉花等商品进行交换。这些货物经由威尼斯的船队送达。在 15 世纪初，威尼斯每年要派遣 45 只商船到布鲁日和邻近的北欧港口，每一艘货运量达 250 吨以上。

细密画传统

如此关心物质商品与物质幸福的文化，在艺术发展阶段中表现出一种对物质现实进行细腻表现的爱好也就绝非偶然。北欧对艺术细节的关注首先源于哥特式风格对复杂窗饰特别的偏爱，在哥特式石料和木器雕刻作品中以缠绕交织的蓓蕾和叶子最为常见。从 13 世纪中叶大教堂中的雕塑装饰中可以注意到（图 5.13），艺术家们对作品中的自然主义的兴趣越来越浓厚。正是在 15 世纪法国和勃艮第宫廷中的中世纪细密画家的作品中，首次出现了这两种发展趋势。

细密画是与色彩艳丽的图案有关的小型装饰画，全靠手工细腻地描绘出每一个细节，常见于牛皮纸上的蛋彩画。最著名的细密画家是林堡兄弟（活跃于 1380—1416），还有一位荷兰雕刻家的三个儿子保罗、简和赫尔曼。林堡兄弟于 14 世纪末移居巴黎，由他们的叔叔，也就是（勇敢的）勃艮第公爵菲利普二世（1363—1404 年在位）的宫廷画师资助。菲利普二世死后，林堡兄弟开始为菲利普二世的哥哥让，也就是贝里公爵（1360—1416 年在位）作画。让是 15 世纪初欧洲最富有的人，因为他的臣民在整个欧洲被课以最重的税赋。公爵利用这些税收修建了宏大的工程，以此宣扬自己的显赫地位和兴趣爱好。林堡兄弟最重要的使命就是创作《贝里公爵的豪华时祷书》，一本有鲜明图案装饰的时间之书，该书于 1411 年开始创作。兄弟俩于 5 年后去世，很可能死于瘟疫，那时作品尚未完成。

《贝里公爵的豪华时祷书》第一幅画就是一份配有图案的精美日历，日历上的图案表现一年中每一个月的日常生活或特殊事件。接下来是祈祷者在一天中的八个不同时段或者是祈祷时间内背诵的祷文。在兄弟俩的画作中，许多画都刻画了贝里公爵的府邸以及皇家成员的居所。《贝里公爵的豪华时祷书》因此记录了府邸和居所的外观，尽管多数在很久以前就遭到了破坏。以细密画《耶夫尔河畔莫恩》（图 5.17）为例，它于 14 世纪末建在布鲁日附近。这一哥特式的建筑已

图 5.17　林堡兄弟，《基督的诱惑》，选自《贝里公爵的豪华时祷书》，约 1415 年。羊皮纸上的装饰画，尺寸：17 厘米×11 厘米。

不复存在，但在当时，很多人认为它是世界上最漂亮的私人住宅。林堡兄弟用它来讲述了恶魔对基督的诱惑的故事（基督站在该页的顶端，而恶魔在他旁边盘旋）。基督拒绝了世界的财富，即贝里公爵自己的财产，似乎提醒看客和公爵本人世事无常。尽管如此，林堡兄弟的工艺抓住了他家的哥特式尖顶和尖塔、正墙窗饰上的横杠和连接的每一细节，宣扬公爵的富裕，甚至像在提醒不要过于崇尚物质。

意大利的哥特式艺术

意大利的哥特式艺术从很多方面都与欧洲其他地区的不同，因为它有很多独立于国王或神圣罗马皇帝的城邦，甚至教皇在 13 世纪的大部分时间里都没有实权，因为它已经转向了法国。城邦（尤其是佛罗伦萨和锡耶纳）的政治权力集中在有土地的贵族和城市的商业家族手中，实际上贵族都被排除在参与民事之外了。城邦与城邦之间相互竞争，旨在控制贸易，以及伴随而来的政治影响力和财富。

竞争的氛围和民众的自豪感促使公民领袖修建在他们看来足以让邻邦艳羡的新教堂。

锡耶纳带头于 1284 年为它宏伟的教堂修建新的正面墙（图 5.18）。负责这项工程的艺术家，乔瓦尼·皮萨罗，将法国哥特式风格的特点——如三个门厅、三角尖墙建于门楣中心之上、高耸的尖顶、玫瑰花窗和精雕细琢的雕塑——融入原来的罗曼式大教堂的双色大理石条带中。

皮萨罗的伟大革新就体现在雕塑上。他在正面墙上的尖顶、拱顶和山形墙上雕刻了先知和圣人的独立式雕塑。他的《玛利亚，摩西之妹》（图 5.19）就是其中一例。她的头向前倾，仿佛正转过头来与正面墙上的人物说话。正是乔瓦尼对公众的敏锐感知才使他把玛利亚雕琢成这样的姿势。他意识到，如果不使玛利亚的脖子前倾，公众站在街上这一水平面看时，玛利亚的脸可能会被裙子和丰满的胸部挡住。其结果自

图 5.18　锡耶纳大教堂正面墙，乔瓦尼·皮萨罗，1284—1299 年。皮萨罗只设计了正面下半部。除玫瑰花窗外，上半部建于 14 世纪，尖顶上的镶嵌图案创作于 19 世纪。

然就是，雕塑就独立于建筑，这种独立式雕像可以与兰斯大教堂（图 5.13）西门厅侧柱上的雕像相媲美。

1294 年，佛罗伦萨对锡耶纳率先行动做出了回应，成立了"新教堂建设委员会"，该机构的职责就是要修建属于自己城市的大教堂。1296 年开始动工，但直到 15 世纪上半叶才得以竣工（见第 6 章）。该城宣称该教堂将是"托斯卡纳区最漂亮最荣耀的教堂"，每一个人都将这一宣言理解为向锡耶纳教堂的叫板。

新的托钵修会　除了大教堂，公民领袖同样参与为新的城市宗教修会修建项目。有两大宗教修会：一

图 5.19　乔瓦尼·皮萨罗，《玛利亚，摩西之妹》，作于 1284—1299 年。 大理石雕刻，原雕像曾置于锡耶纳大教堂正面，本件是复制品。原件已经移除，目的是防止它进一步受损。

是由西班牙僧侣多米尼克·德·古兹曼（约 1170—1221）创立的多明我会，这一修会最重要的神学家是托马斯·阿奎那；二是方济各会，由亚西西的方济各（约 1181—1226）创立。与传统的本笃会不同，多明我会和方济各会是改革派，他们决心活跃在城市，特别是普通大众中间。他们越来越受欢迎，这反映了主流教会面临着越来越严重的危机，因为主流教会把自己与普通民众隔绝开来，而且明显忽视未担任神职的信徒，此等状况困扰着教会，并一直持续到 16 世纪。

主流的教会拥有财产，并经商。许多人认为，经商是教会腐败的根源。多明我会和方济各会都是托钵修会：他们既无财产，也不经商，主要依赖社区对他们的捐赠与施济。多明我会和方济各会是对手，经常在同一城市相对的地方召集各自的信众。多明我会的首要任务是布道；而方济各会创始人方济各坚信，人是可以通过拒绝世俗商品与上帝靠得更近的，因此其信徒保证严格的祷告、沉思、斋戒和禁欲。但是两个修会又都彼此借鉴。方济各会采取了比多明我会更有效的组织原则，以及他们对学习之爱和对布道的强调，而多明我会则接受了方济各会对财产的弃绝。

方济各会和多明我会教堂　在佛罗伦萨，市政府和普通公民与方济各会士一道修建了圣十字教堂（图 5.20）。1294 年动工，一直持续到城市开始修建它自己主要的大教堂为止。与同时期的哥特式教堂不同，托钵修会的教堂在装饰上十分简朴。它不像乔瓦尼·皮萨罗设计的锡耶纳教堂那样有引人注目的山形墙、尖顶和雕塑，教堂正面简约朴素，内部同样也未经任何装饰。中殿里只装饰着旨在抬高观察者视线的哥特式尖拱和垂直的塑像，中殿和唱诗台上面是敞开的、木构架的屋顶，而不是继续将视线抬高到像哥特式教堂内部那样耸立起来的圆屋顶。从建筑结构来看，我们实在找不出方济各修会竟然以这种方式来盖中殿的理由，或许他们只是想唤起人们对老圣彼得教堂那样早期的长方形教堂传统的关注，强调自己的苦行式的修行。

圣十字教堂在城市的东面，而多明我会的新圣母玛利亚教堂（图 5.21）建在西面，强调两个修会之间的对立（在锡耶纳也各有一座方济各会教堂和多明我会教堂）。在新圣母玛利亚教堂，仅在正面采用了锡耶纳大教堂外墙装饰上极富个性的大理石条纹。而事实上，在哥特式壁龛以上的正面和哥特式门厅（墙体往左右延伸）一直到 15 世纪中叶才完成。

家族通过捐赠修建小教堂（附属在大教堂两侧）来支持佛罗伦萨托钵修会教堂的修建，这些小教堂可当作家庭财产来持有。普通家庭的弥撒可在这些礼拜堂中进行，而与教堂中的其他公共空间不同，因为那些教堂装饰华丽，墙上有精美的壁画。因此，一个富裕的家庭期望通过捐建教堂保证自己的救赎，而修会

图 5.20　佛罗伦萨圣十字大教堂，初建于 1294 年。该圣十字大教堂是由方济各会修士在市政厅和民众的支持下修建的。

图 5.21　佛罗伦萨新圣玛利亚教堂，初建于 1246 年，中殿于 1279 年后才开始修建。此教堂由多明我会修士修建，与圣十字教堂一样，整个教堂的修建得到了佛罗伦萨市政厅和市民的资助。

可以接受教堂以及它的礼拜堂作为一种施舍，这与它宣称贫穷是一致的。强调绘画装饰而不是彩色玻璃，不仅是北欧哥特式建筑的标志，也体现在意大利的城市建筑的装饰上，这极大地促进了十三四世纪绘画作为一种艺术在意大利兴起。

圣方济各的呼吁 多明我会和方济各修会受到教皇英诺森三世（1198—1216年任教皇）的支持。英诺森前所未有地使用了他的教皇权力。他甚至声称教皇对皇帝就好比太阳对月亮，意指皇帝从教皇的手中获得"光明"（即他的王冠）。英诺森把教皇权确立为经济、管理上自立的机构。他制定了教会的等级制度，从教皇到教区牧师，并完全认可了化质说（*transubstantiation*，认为圣餐的面包和酒，在被一位牧师献给神灵后可以变成基督真正的身体和血），并规定所有的成年基督徒都必须进行每年一度的忏悔和复活节圣餐仪式。

英诺森也是一个极具天赋的布道者，他所著的《论人类的苦难》的布道是当时最著名的训诫（阅读材料4.4）。他话语的力量，如果不是他措辞偏激，都是多明我会和方济各会的范本。但是，英诺森强调了对死和诅咒的恐惧，托钵修会则强调生和救赎的承诺。尽管如此，英诺森还是清楚地懂得布道的普遍吸引力，以及布道给新的托钵修会产生的影响。他特别懂得圣方济各的例子所产生的吸引力。

作为富裕的布商的儿子，方济各疏远财富，并鼓励他的追随者过上清贫的生活。有许多故事详细讲述了方济各的行为和奇迹，这说明他应该受人崇敬。也有很多故事讲述，在方济各死后的第三年，格里高利九世封他为圣徒，要求在他的阿西西修建圣方济各教堂的上教堂（图5.22），以此纪念他。上教堂于1228

图5.22 圣方济各教堂之上教堂内景，位于意大利翁布里亚地区的阿西西。1228年动工，1253年举行落成典礼。竣工后几年之内，该教堂就成为颇受欢迎的朝圣之地。

年动工，它是意大利哥特式建筑中最漂亮的一个。尽管 13 世纪时的意大利教堂往往用最精美的彩色玻璃窗装饰教堂内部，但方济各教堂的主要装饰方案还是《旧约》和《新约》中所叙述的场景，以及讲述方济各一生的 28 组壁画。通常认为这些壁画出自 14 世纪时意大利第一个伟大画家乔托·迪·邦多纳之手（在本章后面讨论）。阿西西的圣方济各教堂的壁画与乔托的其他作品迥异，但是许多艺术史家认为圣方济各教堂的壁画是假托乔托之手的画，其实是一位不知名的罗马画家——常谑称为"圣方济各壁画大师"——的作品。

在出自"圣方济各壁画大师"之手的作品中，人物的脸和衣服的褶皱呈浅色，色素很宽，而背景色更暗。其中有幅画描绘了创建第一所圣诞托儿所的圣人，这是有关圣方济各的故事中最重要的一个。注意画面左侧两个人物的衣服（图 5.23）。正如我们所看到的，乔托运用了渐变而又连续的深色混色再现了现实生活中的阴影感觉。也许这幅画最明显的一方面是艺术家通过单点透视来创造一种幻觉的空间（在第 6 章更全

图 5.23　"圣方济各壁画大师"，《圣方济各创建第一所圣诞托儿所》，壁画。此画约于 1295—1305 年绘在阿西西圣方济各教堂内。1997 年 9 月 26 日一场大地震严重毁坏了教堂内的壁画。在那场地震中，教堂天花板有两处塌陷。

面地讨论）。这种建筑形式往更深的空间渐渐隐去，但在创作中，建筑形式并非总以这种统一固定的方式表现出来。

圣方济各对自然世界的爱很深沉。在他创作的具有神秘主义的诗歌《太阳颂歌》中，他的语言暗示了主与宇宙的亲密纽带。宣称"太阳兄弟""月亮妹妹""风哥哥"和"水妹妹"，这首诗也许是第一部用方言写成的文学作品，用人们日常使用的口语表达出来，与拉丁文的严格与规范完全相反（阅读材料 5.2）：

阅读材料 5.2

阿西西的圣方济各，太阳颂歌

> 至高、全能、仁慈，我的主！
> 赞颂、光荣、尊敬，
> 与所有祝福，皆归于您！
> 唯有您才称得上至高，
> 人类中，谁也不配
> 呼号您的圣名。
> 愿您通过您创造的万物，我的主
> 特别是通过太阳兄弟受到赞颂。
> 您的光借由太阳产生白昼，照耀着我们，
> 太阳多美妙，太阳多光辉！
> 您，至高者，他是您的象征。
> 我主，为了月亮妹妹和星辰，请接受赞颂！
> 您曾愿造化它们于天上，
> 它们光明、珍贵而美丽。
> 我主，为了风兄弟，
> 又为了空气和白云，晴朗和各种气候，
> 愿您接受赞颂！
> 因为借着它们，您给予人类以支持。
> 我主，为了水妹妹，愿您接受赞颂！
> 它非常有用而谦虚，珍贵而贞洁。
> 我主，为了火兄弟，愿您受赞颂，
> 您用它光照黑夜；它英俊而愉快，劲健而有力。
> 我主，为了我们慈母般的地姐姐，愿接受赞颂！
> 它载负我们并照顾我们，生产不同的果实，
> 色彩缤纷的花卉和草木。
> 那些为了爱您，而忍受不公平和痛苦，
> 并宽恕别人的人，
> 我主，愿您因着他们而受赞颂。
> 坚持和平的人是有福的，
> 因为他将由您，至高者，获得荣冕。
> 死亡妹妹，是任何活人不能逃避的，

我主，愿你因它而受赞颂。
唯有死于大罪中的人是有祸的！
承行您至圣旨意的人是福的，
因为死亡不能损害他们。
请你们赞颂、祝福我主！
请以极大的虔诚，感谢、侍奉他！

表达对自然的爱对于方济各神学而言非常重要。它明确表明道成肉身神学的基本意义，要有一种永恒的深深的信念：上帝就在世间，就在上帝自己创造的世间，通过对上帝创造的世间进行沉思，才能理解这一点。

锡耶纳和佛罗伦萨的市民和宗教生活

13 世纪，意大利的生活和政治主要受两个著名的城邦锡耶纳和佛罗伦萨的影响。尽管教会控制着大片区域，但它的影响已日渐式微，几乎没有什么实际的影响了。锡耶纳位于托斯卡纳南部山区，处在富饶的农业区域，盛产橄榄油和葡萄酒。佛罗伦萨则位于亚诺河谷，处于农业最富饶之地。

这两个城市竞争激烈，它们的划分可以追溯到查理曼时期神圣罗马皇帝和教皇之间的权力争夺。归尔甫派站在教皇一边，而吉伯林派成员则支持皇帝。锡耶纳一般被视为保皇派城市，而佛罗伦萨是教皇派的堡垒，尽管两派势力都力图在对方城市里争夺领导权，特别是在佛罗伦萨。13 世纪末，教皇为了报复锡耶纳的保皇派倾向，撤回了该城的教皇银行业务特权，而将其授予佛罗伦萨。结果，14 世纪，佛罗伦萨已经成为托斯卡纳地区主要的经济和政治力量。

锡耶纳和佛罗伦萨都是共和国；贵族不能统治它们。它们之间的相互竞争孕育了近代西方城市。这两个共和国与早期共和国不同的地方在于市民在表达他们的荣耀时所扮演的角色。

两个城市的政府都是由行会、联合会或者是由志趣相投的且有着相同职业的一批人所组织的群体控制。

图 5.24 安布罗佳·洛伦泽蒂，《好政府的寓言：好政府在城市和农村的影响》，锡耶纳的市政厅会议厅的壁画，绘于 1338—1339 年。在此壁画的对面墙上，洛伦泽蒂则绘了《坏政府的寓言》，画中没有商业，没有舞蹈，只有人与人之间的拼杀、毁灭与黑暗。

锡耶纳领头的是于 1192 年组织起来的商人行会。最富有的商人家庭发放高利贷（对发放的贷款征收利息，尽管教皇明令禁止）并且经营蜡、辣椒和香料，以及佛兰德的布料、鞋子、袜子和皮带。其他的，如泥瓦匠、木工、客栈老板、理发店、屠夫、磨坊主，很快也建立起来了。12 世纪末，佛罗伦萨，这里有 7 个大行会和 14 个小行会。最有名望的是律师行会，其次是羊毛行会、丝绸行会，还有布商会。大的行会主要有银行家、医生和其他商人阶层。屠夫、面包师、木匠和泥瓦匠则组成了小行会。

锡耶纳：自由公社

1125 年，锡耶纳建立自由公社时（一群人为了共同的利益聚集到一起），较奉行封建主义的邻居有巨大的优势。"城市空气带来自由"是中世纪晚期一个普遍的说法。因为这样的自由的期望吸引了越来越多的人来到锡耶纳，它的财富瞬间无可匹敌。

城市发展获得成功的关键在于有了一个模范的新政府，这一点可通过 1338 年画家安布罗佳·洛伦泽蒂（活跃于 1319—1347 年）在锡耶纳的市政厅会议厅的壁画《好政府的寓言》（图 5.24）体现出来。壁画以写实主义的手法描绘了当时的锡耶纳。衣着华丽的商人在街上跳舞，一对夫妇依次从对方的手臂下钻过，后面是一群手牵手跳舞的狂欢者。在左面，一个拱形的门廊内，三个人玩着桌面游戏。左面是一个鞋铺，后面是一个学堂，老师正在给一排学生详细地讲着，学堂旁边是一个酒铺。最上面，泥瓦匠修建了一座新的建筑。在城门外的右面，周围的农村一片葱绿。农民把牲畜和农产品带到集市上，他们也在田间和葡萄园劳作。在他们之上，天上飞着一个几乎是裸体的塞库内塔斯神，一手拿着绞架，一手拿着卷轴，提醒市民和平决定于公正。天边，呈现出一种不祥的黑暗，似乎暗示着也许锡耶纳的市民认为他们自己生活在极其光明的地方。

佛罗伦萨：锡耶纳的主要对手

像锡耶纳一样，佛罗伦萨非常富有，其财富主要来自贸易。12世纪，佛罗伦萨是西方纺织品的中心，在欧洲贸易市场扮演了关键角色。亚诺河为洗涤和漂洗挑选的羊毛和成布提供了充足的水源。城市的染色技术无法超越，极为珍贵的红色染色配方至今仍然是一个谜。颜料从整个地中海地区甚至从东方进口，佛罗伦萨商人每年都要旅行到英国、葡萄牙、西班牙和佛兰德斯为他们的工厂购买原羊毛。

跟锡耶纳一样，佛罗伦萨的银行家和借贷者使这座城市在世界贸易中发挥了重要作用。佛罗伦萨的银行家发明了支票、信用卡，甚至人寿保险。最重要的是1252年，他们在欧洲引进了第一种单一的货币，金弗罗林。1422年，这种金币有两百万枚在欧洲流通。那时，每个家庭每年只要150枚金币就可以过得相当舒适了，而最好的宫殿也才值1000枚弗罗林，因此200万枚是个相当惊人的数字。佛罗伦萨是欧洲的银行，而它的银行家是欧洲真正的贵族。

油画：越来越浓的自然主义

尽管施洗者圣约翰是佛罗伦萨的守护神，但这个城市像锡耶纳一样主要依靠圣母玛利亚来保护它。她的形象经常出现在托钵修会和其他的一些地方，而这些形象被认为可以创造奇迹。来自托斯卡纳的朝圣者涌入佛罗伦萨接受圣母玛利亚的恩惠。在锡耶纳，无论城市受到战争、洪水，还是瘟疫的威胁，在庆祝游行中，流行队伍都扛着圣母的画像走完整个城市。两个城市把自己放置在圣母的保护之下，不久，它们开始竭力证明谁把她画得更为壮观。在这个过程中，它们不再以僵化且抽象的拜占庭风格来表现她，而是把她当作有血有肉的一个真实的人来表现。

杜乔和西蒙·马丁尼　1204年，十字军发动第四次东征，威尼斯攻陷君士坦丁堡。之后，拜占庭式画像涌入欧洲。第一个打破拜占庭传统的是锡耶纳本土画家杜乔·迪·布奥尼塞尼亚（活跃于1278—1318年）。1308年，锡耶纳公社委任杜乔画一幅《圣母子荣登圣座》画（图5.25），并打算完成之后用来装饰锡耶纳

图5.25　杜乔·迪·布奥尼塞尼亚，1308—1311年作于锡耶纳大教堂内的《圣母子荣登圣座》中的主要镶板（该画历代因各种原因被支解，现世界上主要博物馆都有它的残片）。木板上的镶金蛋彩画，尺寸：2米×4米，锡耶纳大教堂都市歌剧博物馆藏。圣母的圣座模仿了锡耶纳大教堂的正面式样。

教堂的圆屋顶。人们举行了盛大的庆典来迎接这幅画：

"在这幅画被送到锡耶纳教堂的那一天"，一位同时代的编年史作家这样写道，"商铺关门停业，主教组织了一支庞大的由虔诚的牧师和修士组成的队伍。锡耶纳的所有政府官员、所有民众、富商们一个接一个地手持点着的蜡烛占据着靠近画像的有利位置，在他们的后面是虔诚的妇女和儿童……就像他们的传统习俗，列队绕着广场，人们欢天喜地敲着鼓，吹着号和风笛，完全是出于对这幅高贵的画的敬仰之情。"

杜乔也非常清楚他所取得的伟大成就。在圣母的座基底部，他写下了"圣母玛利亚，请赐锡耶纳和平，给杜乔以生命，是因为他画了您"，这表达了艺术家的虔诚和艺术家对作品的自豪感，也反映了艺术家在整个意大利社会中的地位越来越高。

杜乔的《圣母子荣登圣座》开始摒弃拜占庭艺术对圣像的传统画风，将哥特式的风格融入自然主义中，杜乔画作中的圣婴基督就像一个真正的婴儿，长得胖乎乎的。同样，在圣母玛利亚的袍子下面，我们可以感到一个真正的身体。她的膝盖尤其表明了这一点，膝盖以下的衣饰垂落下来，形成一道道长而微微弯曲的线条，比起较早的僵硬笨拙的拜占庭作品看起来要自然得多。四位天使守在玛利亚的圣座上方，像自豪的亲属一样凝视着圣婴基督。在前排跪着的圣徒似乎都具有独立的个性而非同一类型。尤其注意左面年老的、长着胡须的牧师。所有的都是城市的保护神，这强调了如下事实，杜乔的画既受命于宗教，也受命于市民。

如果杜乔的《圣母子荣登圣座》反映了锡耶纳艺术刚刚兴起的现实主义的话，那么位于锡耶纳市政厅大楼的由西蒙·马丁尼所作的壁画《圣母玛利亚》则更具有自然主义的风格（图5.26）。1308—1311年，

图5.26　西蒙·马丁尼，《圣母玛利亚》，锡耶纳市政厅，作于约1311—1317年，复制于1321年。壁画，尺寸：8米×10米。锡耶纳大教堂歌剧博物馆藏。圣母的宝座模仿了锡耶纳教堂的石质幕墙。

西蒙就作为杜乔的学徒在画这幅壁画，而他很可能就是以老师的画为范例。西蒙的画被置于市政厅的一个公共大楼里，监督着市政管理的运作，宣示着托斯卡纳文化神圣和世俗的融合，与杜乔的画作相比，它似乎更加引人注目。

西蒙壁画最重要的一个创新是象征圣母作为天后身份的王冠。她被天庭簇拥着，这样的表现手法表明了法国宫廷诗歌(见第4章)对意大利的影响越来越大。她成为人类行为的典范，是最高贵的世俗的热爱与忠诚的精神王国的象征，这种忠诚包括对政府正确领导的忠诚。在这幅画面中，耶稣拿着一张羊皮纸，羊皮纸紧贴在壁画表面，上面有这样的话："热爱正义吧，评判世间的你。"在王座的底部刻着这样的文字："天使般的小花，玫瑰和百合花，装饰着天堂的草坪，却不及好的建议让我高兴。"油画暗示了玛利亚对世俗的事物和神圣的事物同样感兴趣。由于西蒙用现实方式来表现圣母，因此，她是神圣的，又是世俗的。

两部作品在风格上有所不同。杜乔画作中的圣母形象源自拜占庭风格，她没戴王冠，眉毛一直往下弯曲到鼻梁，她穿着蓝色衣服，黄色里衣，圆头巾与脑后的光环的形状相似。她比那些服侍她的人画得都要大，这恰好反映了拜占庭艺术中的等级区分。在相同主题的西蒙的版本里，圣母和周围的人物大小几乎相似。与杜乔的画相反的是，西蒙的画运用叠层渐退空间。在他的画中，圣母坐在深远空间的华盖下面，王座后是精美的哥特式尖拱。两幅画中圣母的膝盖都是可见的，基督圣婴稳稳地站在其中一个膝盖上。他的头和颈子，没有被头巾严严实实地遮住，整个头部都在王冠的下面。圣母玛利亚的衣服是用昂贵的、透明的丝绸做的，透过袍子，我们可清楚地看见她的右臂，这种表现手法突破了传统的禁锢。首先，她白瓷般的皮肤微微泛红，使其肤色极为真实。血液在她的身体里流淌，润红了她的脸颊，她的身体充满生机。她事实上体现了一种标准的美，这种美是自从经典时代以来在西方艺术中一直缺失的，肉体的有形的美与精神的神圣的美互相映衬。

契马布埃和乔托　佛罗伦萨也有自己的圣母肖像大师，甚至在杜乔活跃于锡耶纳以前，一位名为契马布埃的画家就创作了大型圣母画像，成为佛罗伦萨的圣特里尼塔教堂的祭坛画(图5.27)。契马布埃的《庄严圣母》巩固了他在佛罗伦萨的首席画师地位。尽管他的画有明显的拜占庭风格，如他严格按照拜占庭的等级区分，把圣母画得比周围的人物要大，但《庄严圣母》在某些方面却很突出。首先，它尺寸很大，足有3.7米高，似乎开启了大型祭坛画的先河，有助于人们把祭坛确认为教堂的中心。但是契马布埃最看重

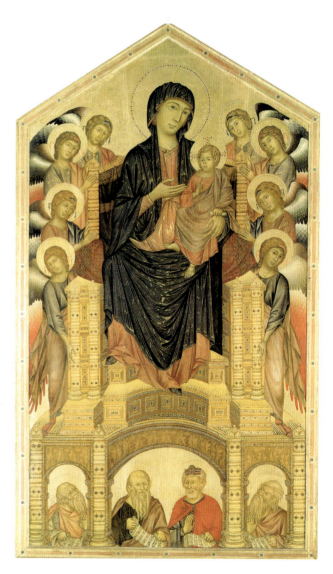

图5.27　契马布埃，《庄严圣母》，佛罗伦萨圣三一祭坛画，约1285年。木板镶金蛋彩画，尺寸：354厘米×224厘米。佛罗伦萨乌菲齐美术馆藏。

的是空间大小，以及如何处理人物形象与自然主义的表现手法。其次，王座特别有意思，似乎为这一场景创造了一种空间场景，天使似乎站在建筑结构之上，前两个明显就是。最后，虽然圣母和圣婴是老套的拜占庭式的肖像画，但座基下面的四位先知则各具特色，表明在那个时代越来越强调人物的个性，这也是这一时期非常重要的一个文学特点（将在本章后面谈到）。这些明显的个体相似性也告诉我们，意大利的艺术家开始更擅长蛋彩画，使他们能以前所未有的细节来描绘这个世界。也许最有意思的是圣母的脚的位置，她的右脚很随意地放在王座上。

据说，有一天契马布埃发现了一个叫乔托·迪·邦

图 5.28　乔托，《庄严圣母》，佛罗伦萨奥尼桑蒂教堂，约 1310 年。木板镶金蛋彩画，尺寸：325 厘米 ×205 厘米。佛罗伦萨乌菲齐美术馆藏。乔托长相丑陋，但很有智慧。据说，但丁曾问他画作如此漂亮而儿女为何丑陋。答曰：白天作画，黑夜育子。

多纳的极具天赋的牧童，并指导他绘画。这个学徒很快超过了老师。16 世纪的历史学家乔尔乔·瓦萨里曾说乔托"将艺术引向了真正的道路，从生活中学习精确地绘画，因此结束了粗糙的希腊（也就是拜占庭）绘画模式"。

1310 年，也就是在契马布埃绘出《庄严圣母》之后的 25 年，乔托也画了一幅同名画（图 5.28），这幅画超越了契马布埃的画，转向了自然主义，就像西蒙的画超越杜乔的画一样。尽管他保留了拜占庭式的等级区分，如圣婴基督几乎画得同天使一样大，圣母则是天使的 4 倍大，但它具有较真实的空间感，而这正是契马布埃的画所缺失的。很明显，乔托从生活中学习精确地绘画，他画的人物展示了他的技艺。乔托是画人脸的大师，能很好地揭示一系列的感情和性格。这种技巧在阿雷娜小礼拜堂的壁画中体现得最为明显。壁画的整体效果是使基督、圣母和圣徒人格化，将他们描绘成真正的人。

方言文学在欧洲的传播

到 12 世纪初为止，欧洲几乎所有受过良好教育的人使用的语言，当然也包括文学语言，都是拉丁文。但是，作家们开始逐渐用街头巷尾茶余饭后的方言向普通民众讲述他们的作品。法国起了带头作用，12 世纪时就出现了《罗兰之歌》和克里廷·德·特罗亚的《兰斯洛特》（见第 4 章），但在 14 世纪初，方言作品也开始出现在意大利，并从意大利传播到欧洲其他地区。

但丁的《神曲》

诗人但丁·阿利格耶里（1265—1321）是中世纪时用方言进行创作的最伟大的意大利作家之一。约 1308 年，他在佛罗伦萨开始创作最伟大的一部文学想象作品《神曲》。这首诗分成三部曲《地狱》《炼狱》和《天堂》，讲述了基督灵魂从地狱到炼狱并最终获得拯救的旅行。这绝不是容易的旅途。该诗的主人公就是诗人但丁本人，在罗马诗人维吉尔即《埃涅阿斯纪》

近距观察： 乔托的阿雷纳礼拜堂壁画

乔托最伟大的绘画当数他于 1305 年左右在阿雷纳礼拜堂的绘画。事实上，他在史格罗维尼家族的筒形拱礼拜堂的每一个空间都画上了"湿壁画（*buon fresco*）"，即在湿灰泥上作画。这种画法是先在墙上抹层厚厚的、粗糙的石灰，当墙面变干后，再把全尺寸的底稿画移至石灰底上。通常在纸本底稿上沿轮廓线刺一些小孔，底稿本上的图像就会通过小孔浸到石灰底上，然后连接成完整的线条。墙面上的草图，经炭笔精心素描后形成壁画草图。

接下来，在壁画草图某一小块局部区域施上薄薄的一层新鲜石灰。在石灰变干之前，把与水混合后的颜料涂到墙面上。由于已将颜料施到墙面上，一天只能完成被涂了颜料的那一块区域，因为必须要赶在石灰底变干之前完成。施了颜料的小块区域，在意大利语中叫 *giornata*，意为"一天的工作"。这样的小块区域，

位于帕多瓦的阿雷纳礼拜堂，内有乔托于 1305—1306 作的一组壁画《基督与圣母的一生》。在靠近地面的底层壁画中，在描绘善与恶的形象时模仿了雕塑的黑与白，这种画法被称为浮雕式灰色装饰画画法。在后墙的门上方是一幅《最后的审判》，它是基督一生最后的篇章。

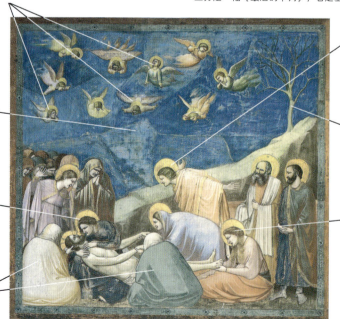

连天使们也悲痛万分。

画面中央的蓝色中空地带暗指哀悼者的不幸与惊恐。

圣母玛利亚悲痛欲绝，她凝视着基督，目光的方向与光秃秃的山脊刚好形成同一条倾斜的对角线，更增添了丝丝悲凉。

乔托是有史以来第一位从人物的背面来刻画人物的画家，给人一种正在观看一出真实戏剧的感觉。

福音传教士约翰猛地把手往后一甩，那是与天使产生了共鸣的象征，好像他的手臂就是翅膀。

唯一的光秃秃的树（一片叶子都没有）在传统上象征死亡。这棵树生长在荒凉的山脊上，山脊形成一条鲜明的对角线，指向下面死去的基督。

这位是抹大拉的玛利亚，她的长发使我们一眼就将她认出来。传统上，她通常被描绘在耶稣受难的旁边，亲吻他的脚。现在，耶稣受难了，她握住耶稣的脚，心里是万般柔情与慈爱。

乔托，《哀悼耶稣》，壁画，阿雷纳礼拜堂，帕多瓦。1305—1306 年作。尺寸：200 厘米 ×185 厘米。在阿雷纳礼拜堂壁画中，最动人的场景之一就是乔托对人类痛苦的描绘。画家聚焦于基督受难后其追随者的痛苦感受而不是它所象征的救世主的诺言。

1301 年，就在完成此画的前几年，哈雷彗星周期性地再次回归地球（在前面第 4 章的"近距观察"里，我们在贝叶挂毯上看到过哈雷彗星）。显然，乔托以它为模型，画出了指引三位国王（又称"东方三博士""东方三贤士""三智者"和"麦琪"等）朝拜基督的那颗伯利恒之星。

男孩抬头看着骆驼，很是惊讶。这种表情的刻画在乔托的壁画里非常典型，乔托很有可能从未见过骆驼，因为他把骆驼画成了蓝眼牛腿。

注意乔托试图用透视画法画出木棚。如果说他的透视画法并未"成功"的话，那也一定是非常接近这种画技了。

乔托已放弃了按人物等级确定的画中比例尺度的拜占庭风格。天使、三博士和年幼的基督所画的比例尺完全一样（可看看杜乔的《圣母子荣登圣座》进行比较，图 5.25）。

国王卡斯珀摘下皇冠，把它放在正在接收礼物的天使脚下。他的手势表明，他知道基督就是"王中王"。

圣母玛利亚裙衭上的蓝色颜料几乎已完全脱落。用来提取蓝色颜料的天青石与湿石灰不溶，因而只能等到石灰变干以后才能把蓝颜料施到墙面上去，这就使它容易受热受潮，最终导致颜料剥落。

乔托，《博士来拜》，壁画，阿雷纳礼拜堂，帕多瓦。1305—1306 年。尺寸：200 厘米 ×185 厘米。薄伽丘在他的成套故事《十日谈》里展现了非凡的现实主义，他非常赞赏乔托的绘画现实主义："宇宙万物，没有他不能刻画的东西。"

通常与主要人物的轮廓一致。如果预定完成的区域（如一张脸）比较复杂，*giornata* 就不能太大。以后再对细节进行处理。

在阿雷纳礼拜堂穹顶天花板上，乔托用天青石提炼的蓝颜料画出了繁星点点的蓝色天空。由于天青石与湿石灰不能很好地溶在一起，因此，它只能施在变干的石灰墙上。这样一来，天花板上的蓝颜料和壁画其他部分的蓝颜料比其他颜色的剥落要严重得多，而如今其他颜料看起来依然还很新鲜。

在门的上方是一幅《最后的审判》。画面中，该画的赞助人恩里克·史格罗维尼把按阿雷纳礼拜堂设计而成的模子献给圣母。这个小礼拜堂的目的似乎很清楚：它旨在对恩里克自己和他父亲的罪行表示忏悔，因为他们靠明目张胆的高利贷盘剥而发了横财。

礼拜堂的壁画刻画了基督和圣母的一生。壁画故意抛弃了拜占庭绘画艺术中平衡与对称的典型特征，旨在增强现实感。例如，在《哀悼耶稣》画面中，乔托把基督画在作品的左下角，在下端与山脊形成一条十分鲜明的对角线。整个画面空间，故事就发生在前面狭窄的舞台上。在这些壁画中，与人物相比，建筑物的比例要小一些，如在《博士来拜》中。乔托有可能受到当时在帕多瓦复兴的罗马戏剧的舞台布景的影响。无论如何，乔托绘画中的戏剧效果是不容否认的。这些画会引起观看者强烈的心理反应以及情感的共鸣。

的作者的带领下游历了地狱和炼狱（维吉尔在他的《埃涅阿斯纪》一诗中的第六卷也游历了阴间）。

在《天堂》中，维吉尔不能将但丁带往天堂，因为他是异教徒，不能获得拯救。他因此被宣判来到地狱的边境，即地狱的第一层，一个没有痛苦的悲伤之地，这里汇集的主要是一些善良的异教徒，伟大的哲学家和作家，未受洗礼的孩子，以及不适合进入天堂之国的人。与维吉尔一同居于这个王国中的人有恺撒、荷马、苏格拉底和亚里士多德。这儿没有惩罚，气氛和平，但是令人伤心。事实上，维吉尔是人类理性的模范，在《地狱》中，他和但丁一道研究人类的种种罪行。住在但丁的地狱的许多这样的人物是他同时代的人，有来自拉文纳和里米尼的情人保罗与佛朗西斯卡，高利贷者斯克罗维尼（乔托作画的小礼拜堂的赞助人）等。但丁也对他的家乡的保皇派和教皇派之间的竞争着墨很多。他本人就是教皇派，但是教皇派本身又分成很多小派，如黑派和白派，也就是教宗派以及皇家银行家之间的矛盾。作为佛罗伦萨公社九个领导之一，他试图修复这种分裂，1302年，他被判两年的流放。出于愤怒，他再也没有回过佛罗伦萨。

但丁的《炼狱》有九级不同罪孽的罪人，根据罪孽的程度处于不同的层级，越往下，罪孽越深，所受的酷刑更恐怖。此诗的首篇，诗人迷失在"错误的黑森林"，维吉尔前来搭救，答应带他到"永恒之地"。在地狱里，两人遇到了因婚外情而被判处到此地的一对情人保罗与佛朗西斯卡，他们告诉但丁，他们的婚外情是受了克里廷·德·特罗亚的《兰斯洛特》的引诱。婚外情受到的处罚是，他们只能触摸彼此，却不能达到感情的极致。接下来的一层是贪食者，他们受到的惩罚是在自己的粪便中像猪一样打滚。罪人，换句话说，不因为罪行而惩罚，而是被自己的罪行所惩罚。但丁认为不诚实比其他任何激情罪都要严重，因此谄媚者、伪君子和说谎者占领着地狱较低的一层。接着往下是暴力者，他们永远被浸泡在沸腾的血液中。最终，在地狱的底层，监禁在冰块中"像玻璃中的稻草一样"的是叛国者。在这一层的最下面一层是来自托斯卡纳的背叛了城市的福祉的保皇派和教皇派。最后，在第

34篇，但丁再次把异教徒和基督世界结合在一起，此时恶魔撒旦咀嚼着最邪恶的几大叛徒：一个是背叛了耶稣的犹大，另两个是行刺裘力斯·恺撒的布鲁图斯和卡西乌斯（阅读材料5.3）：

阅读材料 5.3

但丁的《地狱》，第34歌选段

当我看到他的头上有三个脸孔时：
这对于我是一个多么大的惊奇！
正面的一个脸孔像火一般红；

与这相连接的另外两个脸孔
是在每个肩膀的中间的上面，
而在他的头顶那里连接起来；

右边的脸孔是介于白与黄之间；
左边的脸孔看起来是这样的，
像是从尼罗河上游那里来的人。

每个脸孔下面伸出两张巨大的翅膀，
尺寸正和这样的一只鸟的相称；
我没有看到过海帆有如此阔大。

翅膀上没有羽毛；但形式和质地
和蝙蝠相仿；他正在扑击翅膀，
所以三阵风从他那里吹出。

因此科赛忒斯全部冻结了；
它用六只眼睛哭泣，眼泪和血沫
顺着三个下巴涌流而下。

在每只嘴里他用牙齿咀嚼
一个罪人，像马衔着马衔铁一样；
他就这样使三个罪人受到酷刑。

对前面的一个，与撕裂比起来时
咬嚼是不算什么；因为有时
他的背部的皮差不多完全撕去了。

夫子说："那受到最大的惩罚的
上面那个就是犹大·伊斯喀里奥，
他头在外面，两腿在外面使劲划动。

把头朝下的那另外两个中，
那从黑色的脸孔吊下来的是布鲁特斯——

> 看他怎样扭动，不发一言；
>
> 那另一个是卡西乌斯，四肢似乎多么僵硬。
> 但黑夜又来了；而现在我们
> 必须离去，因为我们已看到了全部。"
>
> （朱维基译，略有改动）

在《神曲》的宇宙里，维吉尔是理性的化身，只能将但丁带到地狱和炼狱，因为要到达天堂，信念必须要战胜理性，这对异教徒而言是绝不可能达到的。引导但丁游历天堂的是但丁的一生挚爱比阿特利斯，她是佛罗伦萨贵族福尔科·波蒂纳瑞的女儿。但丁第一次见到她时，那年她9岁，但丁8岁。但丁在他第一本主要著作《新生》（拉丁文：*La Vita Nuova*）中这样写道："爱控制了我的灵魂 …… 就让这种爱如此地支配着我……我看见这位天使仪态多么高贵、多么优雅，她完全称得上荷马所说的：她似乎与生俱来就不是凡人而是神。"

但丁是在1293年的时候写下这些话的。10年前，当他18岁时，比阿特利斯已经结婚了，因为在她8岁时就与西蒙尼·迪·巴尔蒂订婚了。但结婚的第七个年头，比阿特利斯就去世了，年仅25岁。但丁对她的

爱是经典的精神之爱，当对身体的欲望无法满足之时，就有必要将之转化为一种精神上的渴求，正是这种精神渴求才使得他在《神曲》的最后理解了难以言状的上帝之爱。

黑死病及其影响

1316—1317年，欧洲农业歉收，欧洲大陆出现了前所未有的饥荒。连续两个夏天，几乎很少会出现太阳，谁也不知道为什么远隔万里的印度尼西亚的火山喷发会把大量的火山灰带到欧洲大陆上空的大气圈。另外，从公元1000年至1300年，欧洲人口翻了一番，人口之多，恐怕即便农业收成最好的年份也难以养活他们。不幸的是，接下来长达一个世纪的日子里，气候阴冷，雨量过多，地里庄稼收成低，普通民众要能有口饭吃那就算幸运了，甭说吃得有营养了。1347年12月，身上满是跳蚤的携带淋巴腺鼠疫的老鼠登陆了西西里岛。这些老鼠由四艘热那亚的商船从热那亚人在黑海地区的一个贸易中心卡法带来。

这种病首先从腹股沟和腋窝的淋巴腺开始，慢慢出现脓水并变黑。这种炎症被称为腹股沟腺炎，所以此病还有另一个名字叫腹股沟淋巴结炎，因为是黑色

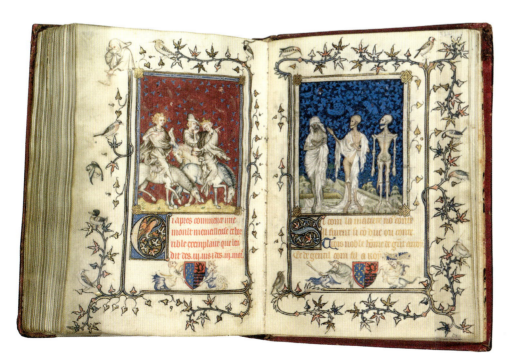

图5.29　让·勒·诺瓦，三个活人（左）和三个死人（右）的书页，卢森堡的鲍安的圣诗集和时祷书，1349年以前。浮雕式灰色装饰画，彩色，镶金边，棕色，犊皮纸上。纽约大都会艺术博物馆藏，左边三个骑马的人注视着右边三具越来越腐烂的尸体。其中一个骑马人拿出手帕捂住鼻子以挡住尸体发出的刺鼻气味。尸体对骑马人说："你们今天的样子就是我们以前的样子，我们现在的样子就是你们将来的样子。"

脓水，故称黑死病。此病的携带者往往是老鼠这样的啮齿类动物，即便是在富裕之家也有很多这样的动物，所以很少有人能幸免于难。各色人等，大主教、公爵、领主、商人、自由民、农民都一样成为此病的牺牲品（图5.29）。对那些幸存下来的人而言，生活只不过是不间断地埋葬死去的人。在许多城镇，传统的葬礼都取消了，死者被埋入集体墓地。到1350年，除了那些远离贸易路线的偏远地方，整个欧洲因黑死病变得一片凄凉。在托斯卡纳地区，城市的人口死亡率近60%。在佛罗伦萨，1348年6月24日，也就是该城庇护者圣约翰洗礼者节日那天，1800人死亡，第二天同样也死了1800人，两天就死了全市人口的4%。后来，黑死病又分别于1363，1388—1390，1400年严重爆发。

黑死病之后的文学：薄伽丘的《十日谈》　视觉艺术对现实的率真表现转移到了文学领域，方言这种直接性的语言成为表现现实生活的最合适的手段。《十日谈》是一本框架性的故事集，其作者乔万尼·薄伽丘（1313—1375）是佛罗伦萨人，曾经历过黑死病岁月。全书共集100个故事，这本故事集直接描述了黑死病蹂躏下的佛罗伦萨的惨况（阅读材料5.4）：

阅读材料 5.4

薄伽丘，《十日谈》选段

那场瘟疫来势特别凶猛，健康人只要一接触病人就会传染上，仿佛干燥或涂过油的东西太靠近火焰就会起燃。但灾祸比这更甚。且不说健康人同病人交谈或者接触会染上疫病，多半死亡，甚至只要碰到病人穿过的衣服或者用过的物品也会罹病……

我们的城市陷入如此深重的苦难和困扰，以致令人敬畏的法律和天条的权威开始土崩瓦解。事实上，民政和神职执法人员与普通人一样，死的死，病的病，剩下的和家人一起闭户不出，根本不能行使职权，因此人们无法可依，爱怎么干就怎么干……

按照以前的风俗（今天也是这样），哪家有了丧事，亲戚和邻居家的妇女同死者的女眷聚在一起，为死者恸哭，而男性邻居以及别的市民则在丧家门前同死者的男性亲属待在一起……当疫情日趋严重时，这些规矩即使不是全部，至少也是大部分给废除了，由新的规矩取而代之……护送尸体去教堂的邻人至多十来个。抬灵柩的不是有地位、有名望的市民，而是一些花钱雇来专司埋葬的，称为掘墓人的市井之徒。

下层社会以及许多中层阶级的人受的罪更大。他们由于贫困，或者图个侥幸，大多守在家里，得病的每天成百上千，加上无人照看伺候，只有死路一条。白天黑夜都有大批人倒毙在路上，另一些人虽然死在家里，也只在尸体腐烂发出臭气时才被街坊发现。市民中间形成了一种大家共同遵守的风气：一发现哪家有死人，就和一些能找到的搬运夫从死者家里把尸体搬出来，放在门口。那并不是出于对死者的怜悯，而是考虑到尸体腐烂对他们自己有损害。第二天早晨，街上行人会看到许许多多尸体。然后运来棺材，棺材不够，往往就把尸体搁在木板上。有时一口棺材塞进两三具尸体。一对夫妇、父子或者两三个弟兄的尸体盛在一口棺材里的情况屡见不鲜……

每天，甚至每小时，都有大批尸体运来，教堂墓地的面积和按照老规矩进行安葬的人手都不够了，于是在拥挤不堪的墓地里挖出宽大的深坑，把后来的成百具尸体像海运货物那样叠床架屋地堆放起来，几乎堆齐地面，上面只盖薄薄一层浮土。

薄伽丘描写了一个实际上已崩塌的世界。统治阶层中，越来越多的人不断死亡，而新的自称为"掘墓人"的一群人产生了，表明由瘟疫造成的社会解体已经非常明显。掘墓人，原本负责管理教堂的珠宝、祭服、墓地和挖墓穴等事务，如今则成为一伙卑鄙的唯利是图的人。所有的传统都被抛弃了。

在这些故事中，来自佛罗伦萨的七位女青年和三位男青年逃到乡村避难。正如其中一位女青年所解释的那样："这儿，我们听到了鸟儿的啁啾，看到了碧绿的青山和原野，像大海一样起伏的玉米地……比起城市里荒凉的悲惨情况，我们眼里所看到的要美丽得多。"他们讲动听的故事，以此度过一天中难熬的时光。其中一些故事非常粗俗下流，其中的角色常是中低层的市民。其中的人物，诡诈而聪明、足智而多谋、粗俗而下流，他们把以前从未探索过的社会现实引进了西方文学之中。也许正因为反映了他们周围的死亡，这些故事才真实地反映日常生活的本来面貌。薄伽丘的世界是血与肉的真实世界，而不是身着闪闪发光的甲胄的骑士世界。如果说《十日谈》在深刻揭露人的心理活动方面虚构了一个世界，那么它也代表了文学现实中一个从未有过的新标签。

彼特拉克的十四行诗　薄伽丘最好的一位朋友就是巡回学者兼诗人弗兰齐斯科·彼特拉克（1304—1374）。彼特拉克出生于意大利，后随父乔居法国亚维农（1309年起，并在彼特拉克的有生之年，这里一直是教皇的驻跸所在地），长大后在蒙彼利埃和博洛尼亚学习，并游历法国北部、德国和意大利。他总是寻找古代极有价值的文学手稿，修道院图书馆那些无法借出的文学书籍，他都要抄写下来。

古罗马雄辩的演说家和政治家西塞罗的作品早已湮没在历史长河之中，正是彼特拉克重新发现了他们，他的私人图书馆藏有200多本古典文献。他劝薄伽丘请希腊学者莱奥·皮拉图斯到威尼斯教他们学习希腊语。薄伽丘潜心学习希腊语，但彼特拉克不喜欢皮拉图斯不恰当的言谈举止，遂未学希腊语，故未能如愿。不过，两人从皮拉图斯的《荷马史诗》的拉丁文译本中及其他梳理的希腊诸神的谱系中获益匪浅。

也许彼特拉克最伟大的作品是收集了他300多首诗的《歌集》。1327年，他在亚维农为一位很有影响力的红衣主教工作，在那里第一次见到了劳拉（当时在教堂出演离散的旋律）。劳拉的身影激起了他对她的爱，也激发了他创作《歌集》的冲动。但那时19岁的劳拉已是沙德侯爵之妻。彼特拉克是否向劳拉表达了爱慕之情，还是简单地把爱融入诗歌创作中，这都只能是猜测。

彼特拉克为劳拉创作的诗歌，绝大多数都是用意大利十四行诗写成的，由于他将这种形式发展到极致，因而也称"彼特拉克十四行诗"。这种十四行诗，顾名思义共十四行，分两部分：头八行为第一诗节，形成一个八行体诗，提出问题；其余六行为第二诗节，则试图解决问题或者认为提出的问题无法解决。前八行体诗又分为两个四行诗，头四行诗提出问题，第二个四行诗则进一步展开观点。为劳拉所作的诗大多写于1348年她死于黑死病之后，似乎很有可能正是她的死才激励了彼特拉克传播这些诗。劳拉之死使他备受打击，这一点我们可以从第338首十四行诗的其中三行看出来：

> 大地，空气，海洋都在哭泣，
> 人类失去了她，就如同草坪上
> 没有了鲜花，戒指失去了宝石的光芒。

然而，更加有影响力的是他纯粹的爱情诗。其中最有名的是第134首十四行诗，在此诗中，彼特拉克表达了内心复杂的感情，他对劳拉的爱是爱憎交织的、情感矛盾的、内心彷徨的（阅读材料5.5）：

阅读材料 5.5

彼特拉克之第134首十四行诗

> 我无法接受和平，又无力进行战争，
> 我害怕中有期盼，热得像火，冷得像冰；
> 我时而直上云霄，时而坠落地下，
> 我一无所有，而整个大地又在我怀中。
>
> 我是她的俘虏，她却不把我放入囚图，
> 她不放我走，不让我自由行动，
> 也不处死我，为我打开锁链，
> 也不让我活，拯救我苦难的心灵。
>
> 我无眼却能窥视，无舌也能呼喊，
> 我渴望死，又喊别人救命；
> 我怨恨自己一人，又挚爱万物众生。
>
> 我狂饮痛苦，又挥泪大笑声声，
> 我仇视生命，又憎恨死亡，
> 夫人，为了您，我变成了这般性情。

这样的诗将具有永恒的影响力，尤其是在英国女王伊丽莎白时代的诗歌中，因为它似乎抓住了爱的情感波澜。

乔叟的《坎特伯雷故事集》　第一位翻译彼特拉克作品的英国人是乔叟（约1342—1400）。他受过良好教育，能够阅读奥维德、维吉尔等人的拉丁文原著。他是一位中产阶级的文职人员和外交官。1368年，他和彼特拉克在米兰大教堂举行的一次婚礼上作客时结下了友谊。四年以后，他来到佛罗伦萨，很可能在那时结识了薄伽丘。他的杰作《坎特伯雷故事集》大致以薄伽丘的《十日谈》为模型，但是以韵文而非散文的形式写成，全诗采用英雄双韵体。与薄伽丘的《十日谈》一样，也是框架性的故事集。不过，这部诗讲述的是一群朝圣者在从伦敦去朝觐圣徒坎特伯雷大主教托马斯·贝克特的旅途中所讲的故事。1170年，贝克特因在一场有关教会的权利和特权的争论中与王室发生冲突，被国王亨利二世的追随者谋杀于坎特伯雷。

乔叟原计划写120个故事，但到他去世时，仅完成其中22个，另外有两个只有一些片段。但他描绘各个阶层的人物和社会类型方面却是非凡的。这些角色不仅刻画得非常充分，叙事者亦然，因而这些故事或许反映了那个时代已经得到充分发展的现实主义。

克里斯蒂娜·德·皮桑：早期女权主义者 阿基坦的埃莉诺（亨利七世之妻）清楚地表明：女性开始在欧洲各国宫廷中发挥越来越积极的作用。1404年，（勇敢的）勃艮第公爵菲利普二世委任克里斯蒂娜·德·皮桑为他已故的兄长写一本传记，题为《聪明的国王查理五世的事迹与良好的举止》。克里斯蒂娜的父亲是威尼斯一位有名的医生，曾是查理五世的宫廷占星术师，因此她也曾在法国宫廷受过父亲的教育，而这并不是母亲的愿望。她的丈夫是国王的秘书和公证人，这进一步提升了她的学识。在父亲和丈夫死后，为了独自抚养三个孩子、一个侄女和母亲，她成为欧洲历史上第一位女性职业作家。

她作为作家的声名与日俱增，同时她又是一名抄写员和插图画家，她写过诗集和民歌集。1402年，她挞伐过13世纪时一首颇受欢迎的《玫瑰传奇》，在她看来，这首诗把女性只看成性，使女性显得很卑微。两年后，她在《妇女之城的财富》一书中与"理性女士"、"品行女士"和"正义女士"进行了一场讽喻式的辩论，详述历代女性的事迹，以此抨击男性中仇视女性的人。她最直接的证据来源就是薄伽丘的《关于名女人》，但她的处理方式截然不同，她只谈到品德优良的女人，书中人物既有基督教徒，也有异教徒。妇女之城中的女王就是圣母玛利亚，在她看来，玛利亚这一形象的重要性就证实了女性对基督教的核心作用。在《妇女之城的财富》的一开始，她就想弄明白为什么男性倾向于贬低女性（阅读材料5.6）：

阅读材料 5.6

克里斯蒂娜·德·皮桑，《妇女之城的财富》选段

我实在弄不明白为什么各色男人，其中不乏学识渊博者，一直以来倾向于在他们的演讲中、论述中和作品中表达了那么多的对女性及其行为的恶毒侮辱。不仅仅只有一两个……而更普遍的是从所有的哲学家和诗人的论述中，从演说家的演讲中，——如果真要列出其名字来，那得花上很长的一段时间——似乎都有这么一种同样的观点。我深入地思考这些问题，以一位自然的女性身份自检自己的品德与行为，同样，我又想到了与我经常保持联系的其他女性，公主、贵妇人和中下层的妇女。她们亲切地告诉我她们极其个人的私密想法，希望我能凭着良心公正地判断出如此多的显要的男人的说法是否属实。就我的知识水平而言，不管我仔细探究这些问题有多长时间，我都无法明白，一旦把那些男人的说法与女性的自然行为与品德进行比较，他们的说法是站得住脚的。

于是，她寻求上帝的指引，并得到上帝的许可，以"叙梦寓言诗的形式"表达自己的观点。书中三位讽喻式的女士鼓励她建立一个"理想之城"，城中居民是从萨芙（古希腊女诗人）到她本人的女性，所有的人都帮助她重新定义女性。

延续与变化　新人文主义

1351 年，意大利诗人（图 5.30）彼特拉克在给朋友的一封信中，描述了那时的文化忽视了传统的伟大作品。他担心，由于那些用经典拉丁文创作出来的手稿很难被修道士解译，因而可能面临失传的危险：

> 现在的状况已导致学术不可思议地失传。有些书籍，很难理解，已不再大量流传（誊抄和传播），大众读者已看不懂这些书了，因而就容易被人忽略，进而最终被毁。因此，我们所处的时代已经让智慧之树结出的最丰硕的、最甜美的果实逐渐消失，已经抛弃了天才般的杰出人物熬更守夜和辛勤耕耘才创造出来的成果。我忍不住要说，这些成果比世间其他任何事情都更有价值。

彼特拉克具有如此巨大的热情，以至于他后来成为"人文主义之父"，而人文主义是古希腊和古罗马文化复兴的标志，也是两个世纪后文艺复兴最本质的特点。

人文主义可被定义为对古希腊和古罗马艺术和文学的复兴、研究和传播，进而将这些原则运用于教育、政治、社会生活和人文学科领域。人文主义激励了对个人价值的赏识与尊重。它坚持每一个体在寻求真理和道德方面具有自我决断的能力。信念、经书、宗教传统不再仅仅是那些渴求知识的人的指导原则。

15 世纪最重要的人文主义者之一是佛罗伦萨的银行家科西莫·德·美第奇（1389—1464）。作为教皇最信任的银行家，美第奇家族的巨额财富使得佛罗伦萨力压竞争对手锡耶纳，成为意大利的政治权力中心。但科西莫不仅仅只是公民领袖，他和他的家族支持了15 世纪佛罗伦萨盛极一时的文化生活。那时的佛罗伦萨，从政治统治的性质到审美标准，再到文化成就，无一不受美第奇家族强大势力的渗透。

科西莫身边群集了一大批人文主义者。他收集古典希腊和罗马艺术，给佛罗伦萨带来了他所能发现的最好的雕塑。他也向许多人文主义者咨询收藏什么样的书籍和手稿。1453 年，君士坦丁堡陷落以后，大量希腊文献和大批学者从东方来到意大利佛罗伦萨。由

图 5.30　安德烈亚·德尔·卡斯坦诺，《弗兰齐斯科·彼特拉克》，约 1450 年。先是壁画，后来移至木板上，尺寸：247 厘米 ×153 厘米。佛罗伦萨乌菲齐美术馆藏。

于科西莫不大精通希腊语，他委托学者将希腊哲学和文学书籍译成拉丁语。受到柏拉图著作新译本的激励，科西莫在佛罗伦萨建立了柏拉图学园。一群人文主义者经常聚集在市郊的一幢别墅内，讨论柏拉图和其他古典学者，每次讨论，科西莫都要参加。

实际上，人文主义者的学术成就鼓舞了科西莫的政治参与意识。彼特拉克重新找到西塞罗的作品，西塞罗主张公民的职责就是应该为社会做一些公益事业（阅读材料 3.1 的《论责任》）。这是公民人文主义的标志，每一位公民都应努力效仿。他把自己对佛罗伦萨的资助看成上帝的善意之举（因为在中世纪晚期，教会与文艺复兴时期的佛罗伦萨有着千丝万缕的联系），因为上帝反过来会庇护整座城市。

第 6 章 文艺复兴

佛罗伦萨、罗马和威尼斯

文艺复兴（Renaissance）一词，源于意大利语 *"rinascita"* 一词，意为"复兴"。19 世纪，历史学家断言欧洲中世纪时的信仰和价值观的改变首先发生在意大利，尤其是在佛罗伦萨。从此，此词被广泛使用。在中世纪这样一个有信仰的时代，灵魂拯救往往是个人的当务之急；而文艺复兴则是一个思想探究的时代，在这个时代人文主义者竭力以更精确乃至更科学的术语来理解人性的本质以及它与自然世界的关系。

本章追溯 15 世纪意大利人文主义复兴城邦作为文化中心的兴起，这些城邦主要有佛罗伦萨、罗马和威尼斯。在佛罗伦萨，靠大笔银行利息发家的美第奇家族作出巨大努力，使这个城市成了其他城市争相效仿的模范城。在罗马，教会掌握了大量财富，教会也乐意利用这些财富去资助那些致力于恢复千年以前罗马帝国鼎盛时期的荣耀的艺术家和建筑大师，基本上确保了罗马作为一个新的、生机勃勃的文化中心的复兴。在威尼斯，来自北欧的货物流入地中海地区，而来自地中海的货物和东方的思想涌入欧洲，它的市民们认为自己是世界上最具有世界性和民主性的人群。在这种开明的领导环境中，艺术日益繁荣起来。

艺术作品的城邦：佛罗伦萨和美第奇家族

15 世纪意大利最卓越的城邦是佛罗伦萨。该城由极有影响力的美第奇家族经过深思熟虑和精心规划后建起来，以至于后来的学者把佛罗伦萨本身就视为一件艺术作品。从 1418 年成为基督教会银行开始，美第奇家族就在佛罗伦萨的各项事务中扮演举足轻重的角色，一直到 1494 年愤怒的市民们解除了他们手中的权力。15 世纪，美第奇这一银行家族在比萨、罗马、博洛尼亚、那不勒斯、威尼斯、亚维农、里昂、日内瓦、巴塞尔、科隆、安特卫普、布鲁日和伦敦都设有办事处。尽管美第奇家族从来没有完全统治过佛罗伦萨，但他们在幕后操控着大小事务。

1401 年，佛罗伦萨举行了一场竞赛，旨在为该城的洗礼堂（图 6.1）北部入口的一组铜门挑选设计者。再也没有比它更好的事例来说明意大利文艺复兴的本质并预料美第奇家族势力影响下的佛罗伦萨的特点了。洗礼堂是位于大教堂前的一座建筑，用于基督教的施洗仪式。

从许多方面来看，这场为洗礼堂寻找最好的大门设计者的比赛竟然可以举行，实在是了不起。1348 年，该城多达 4/5 的人口被黑死病夺去了生命；1363，1374，1383 和 1390 年瘟疫又多次蔓延，尽管不及 1348 年的严重。而最终，1400 年的夏季，黑死病再次来袭，又夺去了 12000 名佛罗伦萨人的生命，大约占当时人口的 1/5。或许行会希望对洗礼堂的修缮可以平息上帝的愤怒。另外，市民的荣耀和爱国主义也危如累卵。米兰，意大利北部的强大城邦，已经包围了佛罗伦萨，阻断了佛罗伦萨与比萨的海港之间的往

◀ **图 6.1　意大利佛罗伦萨。**佛罗伦萨大教堂是该市最宏伟的大教堂，从上面可以俯瞰整座城市。八角形的洗礼堂位于教堂前面的广场上。右上方的钟楼建于 1334—1359 年，由乔托设计，是韦奇奥宫（即原市政厅）的钟塔。钟塔背面远处朝亚诺河方向是圣十字大教堂（图 5.20）。

来贸易，眼看就要造成大面积的饥荒。佛罗伦萨共和国似乎已经命悬一线。

因此，这场比赛不仅仅是有关艺术才能的。人们普遍认为，如果上帝对此乐见其成，那么获胜者的作品有可能拯救这座城市。事实上，1402 年的夏季，比赛行将结束之际，米兰公爵死在佛罗伦萨城外的营地里。于是，围城结束，佛罗伦萨获得饶恕。即便布商行不会把这些事件归功于己，人们也自然会将这二者联系起来。

34 名评委，包括艺术家、雕塑家、杰出的市民，还有美第奇家族的一名成员，从 7 名参赛选手中选出获胜者。比赛要求每名艺术家创作一块铜制浮雕板，在一个 53 厘米 ×45 厘米的四叶饰（镶嵌在钻石上的四叶苜蓿形状）中描述《希伯来圣经》中《以撒献祭》的故事（《创世纪》第 22 章）。最终只选出了两件作品，一件是由菲利浦·布鲁内莱斯基（1377—1446）设计，另一件是由洛伦佐·吉尔贝蒂（1378—1455）设计，他们俩都只有 24 岁，都不太有名气。

《以撒献祭》讲述了上帝命令族长亚伯拉罕用他唯一的儿子来献祭以检验他是否虔诚的故事。亚伯拉

罕将以撒带到野外，正要献祭时，一名天使阻止了他，告诉他上帝相信他的虔诚并表示用一头公羊来代替就可以了。布鲁内莱斯基和吉尔贝蒂都描述了故事的同一方面，就是天使来阻止这一刻。布鲁内莱斯基将以撒放在了铜板的中央，而其他人物，无论是数量还是类型都很可能是按照评委们的要求放在周围（图 6.2）。当天使抓住亚伯拉罕的手，阻止他用刀刺入他儿子的胸膛时，亚伯拉罕和天使之间的对立是十分生动和逼真的。这种效果由人物交错的移动创造。但吉尔贝蒂把献祭放在铜板的一侧（图 6.3）。他用优雅的节奏感代替了紧张感，这样以撒和亚伯拉罕都因为他们身体的弯曲而统一起来，以撒的裸体转向了亚伯拉罕。右上方的天使较之布鲁内莱斯基的铜板以一种更动态的方式展现出来。这一神圣的拜访者似乎从深空里冒出来。通过透视收缩方法取得这种效果，该技术用来暗示背景图像明显减小。另外，图画强烈的对角线，从祭坛下面延伸，直到升至这些人物后面坚硬的岩层里，较布鲁内莱斯基的景象创造了一种更生动的真实空间感。

尽管两部作品在艺术上呈现不同，但竞争可能由

图 6.2　菲利浦·布鲁内莱斯基，《以撒献祭》，洗礼堂大门设计的参赛作品，浮雕，1401—1402 年。铜鎏金，尺寸：53 厘米 ×45 厘米。国立巴尔杰洛博物馆藏。其背景似乎仅仅是一个平面。

图 6.3　洛伦佐·吉尔贝蒂，《以撒献祭》，洗礼堂大门设计的参赛作品，浮雕，1401—1402 年。铜鎏金，尺寸：53 厘米 ×45 厘米。国立巴尔杰洛博物馆藏。其背景似乎更真实、更深远。

经济决定。布鲁内莱斯基分别铸出单个人物的模型，然后在地上进行组装。而吉尔贝蒂则只是分别铸出以撒的身体，因此，他的用铜量只有对手的三分之二。这一过程也形成了更统一的铜板，这就可能让吉尔贝蒂更有优势。布鲁内莱斯基深感失望，离开佛罗伦萨前往罗马，并永远放弃了雕塑。他们的比赛突出了意大利文艺复兴早期越来越强调个人成就。在装饰公共空间上，单个工匠作品正在代替行会或作坊的集体力量。评委们看重布鲁内莱斯基的原创性和吉尔贝蒂的理念。并不像人们可能期待的那样在浮雕的浅层空间上安放他们的人物，两人都试图创造一种深深的、渐退的空间感，运用了提升现实的表现手法。

作为人文主义者，吉尔贝蒂和布鲁内莱斯基看重古代的艺术造型，同时转向古典雕塑以寻求灵感——如吉尔贝蒂画中以撒扭曲的、裸露的躯干。但首要的是，

他们创造的艺术作品抓住了或许每位观察者都认同的一点，那就是处在信仰危机中的人类。意大利在文艺复兴时期还是由一系列的公国、教皇国和城邦组成的国家，不同国家的形式可能导致它对艺术的赞助提出不同的要求，导致当时意大利的艺术有多样的面貌。两人之间的竞赛实际上期盼着能出现真正代表意大利文艺复兴时期艺术水平的作品。

天堂之门

吉尔贝蒂接下来花了 22 年的时间完成了北边的大门，设计了 28 个镶板，列成 4 队纵向排列，描述了《新约》（起初的主题出自《希伯来圣经》，但行会改变了这项计划）里面的故事。1424 年竣工之时，布商行会委任吉尔贝蒂再设计洗礼堂的东门。这又将花去 27 年的时间。由于在意大利语中，"paradiso"是指洗礼池与通向教堂的门之间的区域，所以这些门被称为天堂之门。门上的十块方形板表现《希伯来圣经》中的一些场景（图 6.4）。围绕方形板中的区域内也有圣经人物，还有吉尔贝蒂的自画像（图 6.5）。艺术家的头微微向前躬着，或许是出于谦卑，也或许是因为它的头像高

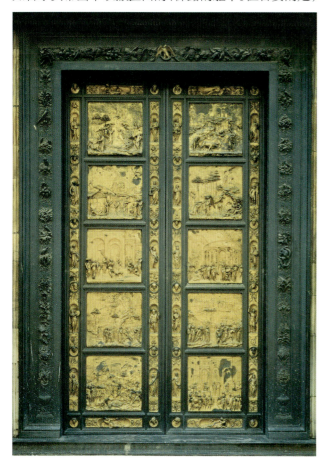

图 6.4　洛伦左·吉尔贝蒂，《天堂之门》，洗礼堂东门，佛罗伦萨，约 1445—1488 年。镀金铜，高 457 厘米。吉尔贝蒂后来在他《个人生平传记》（成书于 1450—1455 年）里写道："我竭尽所能从不同的角度尽可能清晰地模仿自然，使它成为包含各种人物的美妙作品。"

图 6.5　洛伦佐·吉尔贝蒂，《天堂之门》上的自塑像，洗礼堂东门，佛罗伦萨，约 1445—1488 年。与他在设计北门时一样，吉尔贝蒂在东门的门框内也塑造了自塑像、先知以及圣经中的各种人物。他的自塑像展示的极端现实主义强调了个人主义的精神，而这正是文艺复兴的本质特点。

图 6.6　洛伦佐·吉尔贝蒂，《天堂之门》上的《亚当与夏娃》，洗礼堂东门，佛罗伦萨，约 1425—1437 年。镀金铜。尺寸：79 厘米 × 79 厘米。在塑造夏娃时，经典的古风体现得非常明显。在中间，夏娃的姿态源于各种维纳斯雕像最初设计时的样子，右边则源于"圣洁维纳斯"的形象。

于普通观众，只要脑袋稍微躬一下就能俯视观众。骄傲的形象既是一个签名，又是吉尔贝蒂大胆宣称自己作为艺术家和个人的价值。

东大门上的每一块面板都描述了相同故事的一个或更多的事件。例如，在门的左上方的镶板内（图6.6）就包含了《创世纪》中的四个故事：左下角是上帝创造亚当，中间是上帝创造夏娃，中间的是诱惑，右下角的是逐出伊甸园。在同一个框架里刻画连续的事件，让人回想起中世纪的艺术。但是，如果说空间的内容是松散的片段，那么整个画面却是连贯和现实的，由前景推向远景形成一个单一的统一体。人物本身也会让人回想起古希腊和古罗马时代的雕塑。左下角的亚当与帕特农神庙（图 2.31）东面的山形墙上狄奥尼索斯相似，而右下角的夏娃，可以看出是源于希腊的维纳斯。

吉尔贝蒂意在效仿古人，在真实的空间里创造逼真的人物。正如他在回忆录中所写："我力求按其真实的尺度和比例进行观察，同时努力模仿自然……大家注意到，平面内较近的人物要显得更大，而较远的则较小，就像在真实环境中所显示的那样。"较远的

人物不仅看起来更小，他们在面板上的投影也逐步递减，这样最远的是相当浅的浮雕，几乎与镀金的铜表面持平。

中世纪的艺术家认为自然世界是神圣世界不完善的反映，几乎不值得注意，而文艺复兴的艺术家则把现实的宇宙视为神圣世界的一种表现方式，因此值得无微不至地精细刻画。在某种意义上，理解自然就是理解上帝。吉尔贝蒂的面板体现了文艺复兴时期艺术家们越来越渴望尽可能精确地反映自然。这是绘画中的透视法获得发展的主要推动力。

吉尔贝蒂作品也具有政治意义。唯一的在其空间内仅展现单个事件的镶板是《所罗门和示巴女王的会面》（图 6.7）。这里，整个图形结构非常对称，所罗门和示巴女王被框在了空间的中心位置上，这样的设计很可能旨在期望东正教和天主教这两大基督教的分支能够重新统一，因为传统观念认为所罗门与西方教会有联系，而阿拉伯示巴国的女王则象征东方。科西莫·德·美第奇（佛罗伦萨美第奇家族政治王朝的第一位统治者）后来赞助了 1438 年在佛罗伦萨召开的教

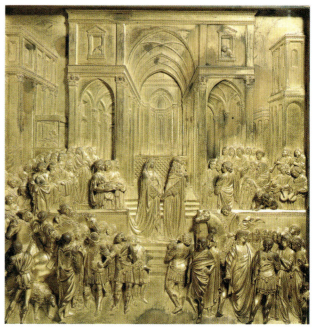

图 6.7　洛伦佐·吉尔贝蒂，《天堂之门》上的《所罗门与示巴女王的会面》，洗礼堂东门，佛罗伦萨，约 1425—1437 年。镀金铜。尺寸：79 厘米 × 79 厘米。1439 年 7 月 9 日，拜占庭皇帝亲临佛罗伦萨大教堂，双方在教堂的台阶上宣布了东西两大教会的统一。这幅画面就象征性地展示了这一历史事件，不过，两者统一的寿命短暂，很快于 1472 年因东方教会正式拒绝佛罗伦萨的协议而夭折。

会会议，就在吉尔贝蒂完成这些大门的前一年，两大教派似乎很可能甚至很有希望实现统一。这本可以使分裂的教会重新回到对称与平衡，就如同吉尔贝蒂在他的艺术中实现了对称与平衡一样。其他九块面板的内容都以多重焦点刻画多个事件，而只有《所罗门与示巴女王会面》面板聚焦于单个事件，无疑正好反映了教会寻求统一这一形象。

佛罗伦萨大教堂

佛罗伦萨大教堂的修建（图 6.1）始于 1296 年，由羊毛行会所控制的新教堂建设委员会赞助。它预计建成托斯卡纳区最漂亮和最宏伟的教堂，但直到 140 年后才落成。在如此长的时间里，其设计和建设俨然成了一项集体行动，因为新教堂建设委员会的成员几经变化，每一届都有自己的教堂模型，设计细节还要提交给建设委员会，要么被采纳，要么被否决。

布鲁内莱斯基的圆屋顶　在罗马逗留期间，布鲁内莱斯基仔细测绘古代建筑的比例和尺寸，包括罗马圆形大剧场、万神殿、卡拉卡拉的浴室遗迹和尼禄皇帝的金殿。通过这些研究，布鲁内莱斯基成功设计了佛罗伦萨大教堂的圆形屋顶，奠定了他作为文艺复兴时期佛罗伦萨杰出的建筑天才的地位。

布鲁内莱斯基的圆屋顶设计解决了很多技术上的难题。例如，在成拱时，它不再需要一般情况下用来支撑圆屋顶而临时搭建的木制脚手架。尽管饱受质疑，布鲁内莱斯基坚持认为，圆屋顶外可见的 8 根大肋条所组成的骨架，与屋顶下面的 8 对（16 根）更细的肋条，仅通过 9 套水平的梁连在一起，就能够在圆屋顶成型时起到支撑作用（图 6.8）。

布鲁内莱斯基于 1436 年完成了圆屋顶的修建。后来，他还设计了一个灯亭（圆屋顶顶部有窗的塔楼，图 6.1）来遮住圆孔，从而给圆屋顶添上了最后的神来之笔。灯亭由 20 多吨石头组成，布鲁内莱斯基设计了一种特殊的起降装置将石头运到屋顶上方，但灯亭的修建直到 1446 年布鲁内莱斯基死时才刚刚开始。

"天使之歌"：教堂和城邦音乐　为了 1436 年 3

图 6.8　布鲁内莱斯基设计的圆屋顶的肋拱与水平带示意图。肋拱交会于中心环状横梁上，布鲁内莱斯基又在横梁设计了一个灯亭。水平带减轻了因肋拱对墙壁产生的推力而带来的压力。

月 25 日佛罗伦萨大教堂（后被奉为圣母百花大教堂）的献堂典礼，布鲁内莱斯基修建了一个长 305 米、高 2 米的走道，两边饰以花草，引领贵宾进入大教堂主殿。贵宾中有教皇尤金四世和他的随从人员，包括 7 名红衣主教、37 名大主教以及 9 名佛罗伦萨官员（包括科西莫·德·美第奇），他们在聚集的人群的注视下进入教堂。走进教堂，贵宾们就会听到一种新的、那个时代以花为主题而创作出来的音乐作品——"玫瑰花开（ *Nuper rosarum flores* ）"。此曲由法国作曲家纪尧姆·迪费（约 1400—1474）专门为献堂典礼而创作。它是一首圣歌，是 13 世纪中叶以来越来越流行的一种多声部音乐。它引入了一种更为饱满和圆润的洪亮声，将声音和乐器结合起来（使用乐器，而不是手风琴，在天主教会接下来数世纪的教堂演出中仍是一个争议的话题）。这首乐曲所依赖的"固定旋律"不是以一种声音而是以两种声音展现出来，但速度不同。

迪费的《玫瑰花开》中的固定旋律

旋律源自传统上用于新教堂的献堂典礼中的圣歌《敬畏之地》（ *Terribilis est locus iste* ）。

迪费的圣歌同样反映了耶路撒冷所罗门神庙（见第 1 章）的理想比例 6 ∶ 4 ∶ 2 ∶ 3，6 是建筑的长度，

4是中殿的长度，2是其宽度，而3是其高度。圣母百花大教堂就遵循了同样的比例，而迪费的音乐作品将固定旋律重复四次、每个二全音符（相当于现代记谱法中的两个全音符）连续地按6，4，2，3个单位以反映这种比例。听完整部作品，一位亲历者这样写道："它就像神圣天堂的交响曲和颂歌，不可思议的、来自神仙世界的甜美声音在我们耳边轻轻地回响。"迪费被认为是15世纪最伟大的作曲家一点都不奇怪，佛罗伦萨人推选他创造一部原创作品来庆祝新教堂和圆屋顶的献堂典礼也就不足为怪了。这一神圣的宗教仪式向世人宣告了大教堂以及修建这座教堂的城市的杰出和卓越。

科学透视法和自然主义表现手法

在文艺复兴时期，比起科学透视或者线性透视，再也没有其他任何方面能更好地体现布鲁内莱斯基的圆屋顶和迪费的音乐中的创造精神了。这种透视法使艺术家能将三维的空间转化到二维的表面，从而满足这个时代对物质世界的自然主义表现形式越来越浓厚的兴趣。后来，它被称为"好设计"（*buon disegno*），但这个术语更多的是指作品在知识上的理念而不是字面上的绘画。乔尔乔·瓦萨里（1511—1574）这样定义这个术语："设计就是在绘画或者是凿刻的所有人物中对自然界里最美的事物的模仿，要求一双巧手和天赋将肉眼所看到的一切事物，不论是在绘画中、纸板上或是其他表面上，以精确得体的方式转换到浮雕或是雕塑之中。"他的《最优秀的画家、建筑师和雕塑家的生活》一书是我们了解14—16世纪意大利文艺复兴时期的艺术最重要的信息来源。在他看来，正是"好设计"才使得佛罗伦萨的艺术超越了其他任何一切。

布鲁内莱斯基，阿尔贝蒂和科学的透视法的发明
布鲁内莱斯基是首个在15世纪头十年内首先掌握科学透视法的艺术家。古埃及和罗马至少懂得了科学透视法的基本原则，但是他们的方法早已失传。几乎可以肯定布鲁内莱斯基转向这些权威求助，至少是"重新

发明"了它。他对阿拉伯光学的研究也增强了他对透视法的理解，特别是阿尔哈曾的《透镜原理》（约公元1000年），该书整合了欧几里得、托勒密和伽林的经典著作。他们对几何原理的理解，以及由几何学所启发的对平衡和比例的认识，影响了布鲁内莱斯基建筑作品的方方面面。

但是，最让布鲁内莱斯基着迷的是通过几何图形来揭示透视原则。在他考察罗马城的废墟时，通过在一张平面纸上标注了一个三维的建筑形式，他掌握了透视法的微妙细节。回到佛罗伦萨，他就将这种透视原则展现在自己的建筑作品中。1435年建筑家莱昂·巴蒂斯塔·阿尔贝蒂（1404—1474）把布鲁内莱斯基的发现编入他的论文《论绘画》（*Della Pittura*）。阿尔贝蒂说，绘画是一种智力追求，旨在以尽可能精确的方式复制自然。绘画的创作应当基于部分的有序安排，它有赖于单点视角赋予一种空间感。他一步一步地讲解了创造这种空间感的方法，同时还用图来进行解释（图6.9）。这种透视的基本原则如下：①视野内的所有平行线都要在平面上会合到一个单一的投影点（好比铁轨在远处交会）；②这些平行线在画面的平面上得以实现，画面平面就是指画板或画布的二维表面，它被想象成一扇窗，通过这扇窗就可以看到三维空间，纵向的平行线以对角线的画法与水平线成正交直线；③沿着正交直线离投影点越近的物体，物体的比例越小；④投影点与站在观测点的观察者的眼睛正好相对，因而将个人（画家和观察者）置于视野的中心。

绘画中的透视和自然主义：马萨齐 尽管阿尔贝蒂在《论绘画》中将布鲁内莱斯基摆在首位，他也挑

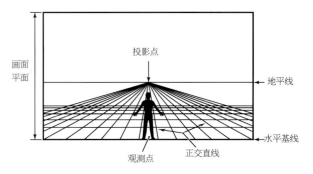

图 6.9　阿尔贝蒂的透视画法图示。

图6.10　马萨齐，《纳税银》，该壁画是附属于佛罗伦萨卡尔米内圣母大殿的布朗卡奇家族小教堂内装饰画，作于15世纪20年代。壁画，尺寸：247厘米×597厘米。
1981—1991年对这幅壁画修复期间，人们发现最初画面上除了税吏（很有可能不是基督徒）以外，每个人物都镶有金箔光环。马萨齐根据科学透视法的原则画的光环。

选了其他几位佛罗伦萨艺术大师。其中一个就是马萨齐，他的自然主义手法的杰作是《纳税银》（图6.10）。15世纪20年代，布朗卡奇家族一位成员委任马萨齐画一幅《纳税银》来装饰家族小教堂，该小教堂附属于佛罗伦萨卡尔米内圣母大殿。该画描述了《马太福音》（17：24—27）中的一个故事。基督对罗马派来的税官说，圣彼得在加利利海中抓到一条鱼，在这条鱼口中，税官可以找到想要的数额。这一刻正好绘于画的中央。基督和彼得两人的手都指向画的左边，也就是下一个场景发生之处。在那里，彼得从鱼嘴中取出一枚钱币。故事的最后一幕位于画的右边，彼得向税吏交纳税银。建筑的框架将这一部分与中间分隔开来。这幅画的投影点就在基督头的后面，与右边正交线聚集到一起。事实上，建筑的功能似乎是将观察者的眼神吸引至基督，从而发现他是该作品中最重要的人物。

大气中的阴霾使远处的东西模糊不清，颜色上稍微带浅蓝，甚至在接近地平线的时候颜色显得很苍白。因而，这幅壁画中远山上的房子和树林勾勒得很松散，仿佛我们是透过朦胧的天色才看到了它们。左边光秃秃的树木向着远方不断减小，同样强调了这样一个事实，通过赋予一种透视的空间，远处的人物看起来更小（就像海边的圣彼得比画面近端的人要小些一样）。

该场景中自然主义最重要的来源也许是人物本身，通过动态的手势、姿势、个性特征以及对所有事件的情感投入为他们提供了对生活的模仿。人物在这里全是生动活泼的，特别是税吏的姿势在对立式平衡中得以体现。在中间的人群中，税吏背向着我们，而在右面圣彼得向他纳税时，他却面向着我们。基督整个身体的重心也在他的右脚上。这里马萨齐借用了古人的自然主义表现手法。事实上，圣约翰金色的头发几乎可以肯定说是罗马半身像的翻版。

独立式雕塑的经典传统：多纳泰罗　马萨齐很可能从多纳泰罗处学到了对人体重量的经典构思。多纳泰罗数年前跟随布鲁内莱斯基来到罗马，他的很多作品似乎都是受到了古罗马雕塑的启发。

多纳泰罗的雕塑《大卫》（图6.11）歌颂了大卫这位《希伯来圣经》里的英雄对巨人哥利亚的胜利，尽管它的创作时间比马萨齐的《纳税银》晚了近15年，但它却表明了雕塑家是如何完全地吸收了经典传统。作为有史以来的第一尊真人大小的独立式男性裸体雕像，它完全是以对立式平衡姿势呈现，令人想起如波留克列特斯的《荷矛者》（图2.27）这样的希腊雕塑来。当然，从其他方面讲它也是有革新意义的。这种构造姿势几乎是夸张式的，特别是手背与臀部间的位置。

这位年轻人凝视着脚下的巨人哥利亚，他充满活力的眼神与后者的满脸胡须形成鲜明的对比。多纳泰罗似乎不仅要歌颂人体，还要歌颂年轻的活力以及他的作品人物和佛罗伦萨城邦共有的一种活力。

换句话说，很难想象这样一位柔弱的、年轻的男子能够杀死一个巨人。多纳泰罗把大卫塑造成为一名难以置信的英雄似乎是为了强调美德战胜暴行的力量，而不管以什么形式出现。总而言之，这位年轻男子很可能代表了佛罗伦萨共和国的活力和美德以及城市对专制的持续抵抗。事实上，当这尊雕塑在 1469 年安放于美第奇宫时，它有以下铭文："胜利者乃保家卫国之士。全能的上帝击碎愤怒的敌人。看吧，这个男孩轻而易举就战胜了巨人。征服，哦，我们的公民。"美第奇家族将这一宗教形象现世化，含蓄地肯定了他们的统治权力，并表明这一权力由全能的上帝赐予。

美第奇家族和人文主义

自 14 世纪早期以来，美第奇家族在佛罗伦萨的市民政治中的地位非常突出。他们凭借在贸易方面的娴熟本领积累了大量的财富——特别是银行家的货币贸易——并成为城市许多更小行会的强有力的支持者。但是，他们的力量仅在科西莫·德·美第奇时期才得以完全巩固。

科西莫从父亲那里继承了大量的财产，并确保了家族对这个城市政治资产的控制。他深谙幕后操控的政治，掌握政府主要职位的任免权，丝毫没有使共和国政府颜面难堪。但他也通过赞助艺术对共和国政府施加了巨大的影响。他的父亲发起重修了圣洛伦佐教堂，这座教堂在一座建于 393 年的基督教长方形会堂的遗址上。圣洛伦佐因此代表了佛罗伦萨的整个基督教史。父亲死后，科西莫本人又投钱完成了教堂修建，并好好装修了一番。作为回报，只有美第奇家族的人的饰章才可以出现在教堂内。科西莫同样为多明我会重修了古老的圣马可修道院，还增加了一个图书馆、回廊、分会堂、钟楼和祭坛饰品。实际上，科西莫已经使佛罗伦萨的宗教史成为自己的家族史。

图 6.11　多纳泰罗的雕塑《大卫》，作于 15 世纪 40 年代。铜像，高 158 厘米，佛罗伦萨巴尔杰洛国立美术馆藏。到 1469 年，该雕塑置于美第奇家族宫殿的庭院内，作为共和国的象征。

马尔西利奥·费奇诺和新柏拉图主义 作为人文主义者，科西莫对一名学者的印象尤为深刻，即年轻的牧师马尔西利奥·费奇诺（1433—1499）。约从1453年开始，科西莫就出资支持费奇诺翻译和阐释柏拉图以及后来具有柏拉图思想的哲学家们的作品。如第2章所谈到的，柏拉图的思想主要区分了永恒不变之存在和我们生活的、万事万物都在不断运动的现实世界。循着柏拉图的脚步，费奇诺认为人的理性属于永恒的维度，正如人类在数学和道德哲学中的成就所展示的一样，而且通过人类理性我们可以同永恒之存在对话。

基于柏拉图对真、善、美的渴求和追寻，费奇诺杜撰了"柏拉图之恋"一词来描述两人之间的理想的精神（绝非肉体的）关系。费奇诺的思想来源于他对希腊柏拉图学派学者普洛丁（约205—270）的著作的研究。普洛丁研究了印度哲学（印度教和佛教），相信有一个难以言说的、卓越超群的存在"一"，宇宙间一切都从这种一系列的低层次的存在中产生。对普洛丁而言，人之完善（因此为极乐）可通过哲学的沉思来实现。这一新柏拉图式的哲学（现代用语）以现代的术语重铸了柏拉图的思想，极大地吸引了科西莫的兴趣。他能够在古代任何伟大的艺术和文学作品中找到他所寻求的真、善、美，因此他沉浸于现代的与古代的艺术和文学中，并在他的城市将之发扬光大。

富商们的民居 1444年，科西莫委托建筑设计师和艺术家为本家族修建了一座新的豪华宫殿，它足以成为文艺复兴时期民居的代表作。他先是否决了布鲁内莱斯基的方案，认为它太过于宏大，然后按照米开罗佐·迪·巴尔托洛梅奥的设计修建了宫殿，现称为美第奇宫（图6.12）。他用当时的艺术装饰了整个宫殿（包括多纳泰罗的《大卫》，图6.11）。底层有6米高，由很多粗糙切割的石头砌成，意在效仿古代罗马城墙的遗址并暗示美第奇家族坚守传统。第二层作为住所的外墙是光滑的石头，石头与石头之间有着清晰可见的接缝。而第三层留作仆人的住处，它的外墙则完全光滑，因此从外观看，外墙重量往上递减，

图6.12 米开罗佐·迪·巴尔托洛梅奥设计的美第奇宫，佛罗伦萨，1444年动工修建。

空气流通性好。

美第奇宫成为佛罗伦萨富商们修建别墅的标准。两年后，科西莫的挚友和顾问、《论绘画》的作者阿尔贝蒂为佛罗伦萨的贵族乔瓦尼·罗契来设计了一处居所，或多或少、很微妙地参考了米开罗佐为科西莫设计的宫殿。罗契来宫（图6.13）从家庭层面反映了阿尔贝蒂于1450年发表的《论建筑艺术》中的许多观点。

对阿尔贝蒂而言，建筑是最高的艺术形式，所有的建筑都需要恰当地反映它们的社会地位。因此，阿尔贝蒂认为佛罗伦萨大教堂最重要的建筑，处在市中心，而在它上面升起的，则是佛罗伦萨文化的中心所在。它遵循了这样的原则：有名望的家族就应该居住在能够反映家族稳定性和实力的房子里。

罗契来宫还远不止于此。阿尔贝蒂直接模仿罗马

图 6.13　阿尔贝蒂设计的罗契来宫，佛罗伦萨，1446—1451 年。在阿尔贝蒂时代，罗契来宫的右边比现在还要多四个柱间距和一个门厅。

圆形大剧场（图 3.11），使用了三种经典柱式，每层分别用不同柱式：底层用托斯卡纳柱式（取代了多立克柱式），第二层用爱奥尼亚柱式，而顶层用的是科林斯柱式。像罗马圆形大剧场一样，柱子很多（多用于装饰而非实用），每两根柱子间都有一个拱门。许多人认为，阿尔贝蒂的方案太宏大了，因为它直接参考了圆形大剧场，它体现的不是共和国而是罗马帝国。尽管如此，阿尔贝蒂的方案反映了那时佛罗伦萨真实的国家事务。因为该城实际上是由世袭君主美第奇家族统治着，得到富裕的罗契来这样的家族的支持，这些家族非常富有，虽然从商，但很"高贵"。

杰出的洛伦佐："……学习乃我之消遣"

科西莫 1464 年死后，他的儿子皮耶罗（1416—1469）追寻着父亲的步伐，拥戴艺术，资助柏拉图学院，并使佛罗伦萨成为欧洲的文化中心。但是皮耶罗在他父亲去世五年后就辞世了，他 20 岁的儿子洛伦佐（1449—1492）就承担起了领导整个家族和城市的责任。在他那个时代，他的成就是如此伟大和多样，以至于他被称为"杰出的洛伦佐"（意大利语：*il Magnifico*）。

作为一名年轻人，洛伦佐请费奇诺当家庭教师。他最喜欢的娱乐活动就是与费奇诺或其他朋友夜谈。"当我为公众事务心烦不安"，他在 1480 年给费奇诺的信中说道："市民的喧嚣充斥我的耳畔时，如果不能够在学习中找到排遣，我怎么能够就这些争端发表自己的看法呢？"为了支持学习，他重修了比萨大学并继续支持柏拉图学院在佛罗伦萨的希腊哲学和文学的研究。

洛伦佐结交了许多当时伟大的思想家。由于对当时还未成名的一位叫米开朗基罗·波纳罗蒂的年轻人所复制的一件希腊或者罗马半人半羊的农牧神像很满意，他邀请雕刻者住到美第奇宫内，这位年轻人很快就成为洛伦佐哲学夜话中的常客。除了费奇诺，其他一些常客包括作曲家海因里希·伊萨克、诗人波里奇亚诺、画家波提切利和哲学家皮科·德拉·米兰多拉。

桑德罗·波提切利：人文主义画家　这些讨论很可能给桑德罗·波提切利绘制的《春》以启示，也许是"杰出的洛伦佐"的表弟、费奇诺的另一名学生洛伦佐·迪·皮尔弗朗西斯科·德·美第奇所委托的作品（图 6.14）。在波提切利的《春》中，正中是一名女神，被绘成爱之女神维纳斯的模样，她的周围是其他一些神话人物，似乎正从左到右从花园中经过。对洛伦佐宫廷的人文主义者们而言，维纳斯是一个讽喻似的人物，代表着最高的道德品质。据费奇诺说，她正好体现了"人文主义……她的灵魂和智慧是爱与慈善，她的眼睛是尊严和慷慨，她的手是大方与华丽，

图 6.14　桑德罗·波提切利，《春》，作于 15 世纪 80 年代早期。木板蛋彩画，尺寸：203 厘米 ×315 厘米，佛罗伦萨乌菲齐博物馆藏。意大利语中，春是 primavera，意为"第一个真理"。尽管画的标题是讽喻性的，对其真实意义，人们还各执一端。

而脚是合宜与谦虚。之后，这个人物是节制与正直，魅力与光辉"。在人文主义的体现者的最右端，伟大的西风之神泽费罗斯试图用他冰冷、犹豫的手去抓住春之女神克洛莉丝。但是，化神弗罗拉站在春之女神旁边，没有看到西风之神的威胁，而是把花瓣撒在路上。维纳斯的左面是美惠三女神，宙斯的女儿，美的化身，正在跳一种舞蹈，诗人想起洛伦佐 1460 年为三个人专门设计的舞蹈。洛伦佐称该舞为"维纳斯"，并描述成两个人围绕着一个人跳：

> 他们首先稍稍横跨一步，然后一起左脚开始往前走两步；接着中间的舞蹈者转过身来，重复两次，其中一个往一侧移一步，接着往右一步，再横跨一步；此时，中间的舞蹈者重复这些步伐，另外两个以三个一组的步伐往前移动，然后以这样的方式往右面对着彼此。

最后，在左边，众神的信使墨丘利举起他的权杖，好像要扫掉一片飘过的云。在整个画面上方，维纳斯的头的正上方是丘比特。

《春》抓住了美第奇家族的精神。它颂扬了爱，不仅是以新柏拉图的精神形式和人文主义的，而且也以更直接的身体的方式展现出来。对洛伦佐而言，他几乎不回避身体之欢娱。他自己就是位多产的诗人，他最著名的诗歌，1490 年的"酒神巴克斯之歌"，大胆地使用了与狂欢节有关的无忧无虑的放纵。洛伦佐经常慷慨地资助这些节日活动，以花车结束，在一种神话的背景、舞蹈和歌曲中游行（阅读材料 6.1）：

阅读材料 6.1

"酒神巴克斯之歌"，或者"巴克斯和阿丽雅德妮的胜利"，作于 1490 年，洛伦佐·德·美第奇的《诗歌和散文选集》选段

> 青春多么诱人、可爱，
> 却又快速飞走！
> 及时行乐吧，
> 因为明天未知何从。
>
> 这是巴克斯、阿丽雅德妮，
> 彼此燃烧着熊熊烈火：
> 因为时光飞逝，无情的作弄，
> 他们总是屈于自己的欲望。
> 他们和其他人的仙女们
> 每一天都是快乐的。
> 及时行乐吧，

因为明天未知何从。

钟爱着这些漂亮仙子的
是无忧无虑的半兽，
他们住在山洞和丛林
设置数个陷阱以待。
巴克斯醒了过来
他们跳着、舞着，把时间送走。

及时行乐吧，
因为明天未知何从。

事实上，波提切利的绘画装点了洛伦佐·迪·皮尔弗朗西斯科的婚房。很明显，轻快的游戏调节了"杰出的洛伦佐"所有的追随者。正如马基雅维利之后所说："如果一个人审视他生活的快乐和严肃的两面，那么，他就会看到两个不同的人以一种不可能的纽带连接在一起。"

海因里希·伊萨克：人文主义作曲家 洛伦佐对音乐的喜爱，也只有他对绘画和诗歌的喜爱才能与之相提并论，而音乐也是佛罗伦萨人生活中重要的部分。他们对音乐如此地挚爱以至于 1433 年，"大教堂歌剧院"委托卢卡·德拉·罗比亚制作 8 组庆祝音乐的浮雕。这些浮雕将展览在圣器收藏室北门上方的陈列馆内（图 6.15）。这些浮雕被认为展示了《圣经》诗篇中的第 150 首，要求膜拜者颂扬上帝"以喇叭的声音……以弦琴和竖琴……以手鼓和舞蹈……以弦乐器和风琴……和大的铜钹"，卢卡塑造的年轻人物是快乐与和谐的最好体现，使音乐成为人文主义精神最理想的表现形式。

洛伦佐的家人雇用私人音乐老师，1475 年，洛伦佐任命佛兰德作曲家海因里希·伊萨克（1450—1517）担任此职。伊萨克负责看管美第奇家族的五个家庭用风琴，向洛伦佐的儿子们教授音乐，并担任佛罗伦萨大教堂风琴师和唱诗班的指挥。不知不觉，他自己与洛伦佐一起为流行节日写歌。

他们合作为许多歌曲创作的乐谱流传了下来。这些乐谱是一种称为"弗罗托拉"（Frottola）的音乐体裁，该词取自意大利的"胡说"或者"小谎"，这种音乐

图 6.15　卢卡·德拉·罗比亚，《敲鼓者》（唱诗班席细部），1433—1440 年。大理石浮雕，尺寸：107 厘米 ×104 厘米，佛罗伦萨歌剧院大教堂博物馆藏。约 5.2 米长的唱诗班席可以容纳一个小小的唱诗班和几件便携式管风琴。

轻松愉快。弗罗托拉音乐证明了意大利从复杂的复调和对位的教会音乐转向简单的和声和跃动的节奏。弗罗托拉突出高声部旋律，和声起衬托作用，纵向和弦跟随歌词按音节发音，有明显的终止，低声部通常由鲁特琴、便携式管风琴或许多其他的乐器演奏，用以支持高声部的旋律，这种主调化的音乐表现出典型的意大利风格。一段典型的弗罗托拉旋律，如像"Un di Lieto（一阵欢呼）"，将会这样进行：

典型的弗罗托拉节奏

在洛伦佐看来，这样的歌，用他的母语意大利语而不是希腊语或拉丁文来演唱，再一次展现了用于音乐之中的意大利语是最和谐也是最美的语言。这种对意大利语的特殊情感有着持续的影响，尤其是对十六七世纪歌剧音乐体裁的发展有很大影响。

皮科·德拉·米兰多拉：人类"在……世界的中心……" 洛伦佐宫廷的文化生活是建立在道德哲学

之上的。年轻的人文主义哲学家皮科·德拉·米兰多拉（1463—1494）与洛伦佐一样，对探寻神圣的真理有着浓厚的兴趣。1486年，23岁的皮科就编辑了一卷由900篇神学和哲学论文组成的集子，其中有13篇被教皇英诺森八世（1484—1492年任教皇）认为是异端邪说。当皮科拒绝撤去这13篇文章时，教皇宣布所有的900篇论文都是违禁品。

皮科的思想是在对希伯来语、阿拉伯语、拉丁语和希腊语著作的广泛阅读之上提出的，他认为所有的知识分子的努力其实都有一个共同的目的——揭示神圣的真谛。皮科提出与任何质疑他的作品的学者在罗马公开辩论，教皇禁止了这场辩论，甚至将他在法国囚禁了一段时间，但是之后他逃跑了。洛伦佐在佛罗伦萨为其提供庇护，公然对抗罗马教皇，大胆地宣称了世俗权力与教皇权力的对抗。结果，皮科成为洛伦佐人文主义宫廷的重要贡献者。

1486年，在人文主义最伟大的宣言之一的《关于人的尊严的演讲》中，他认为人类是从上帝到天使、人类、动物、植物、矿物到最原始的物质这个"巨大的存在链条"上的一部分。正是在这部书中，他拟提议对自己的学说进行辩护。他的观点可以追溯到柏拉图在《理想国》第7卷中发展出来的善的理式，即万物都有趋于完美的倾向。普罗提诺派的新柏拉图思想则更进一步，提出物质世界，包括人类，都不过是上天影子的反映，而这个情况可以通过人类，如果它选择的话，追求知识，至少可以克服。根据皮科所说，人类发现自己处在巨大的存在链条上的中心——不是依据自然法则而是根据自己的意愿。那么，人并不固定在中心的位置。事实上，他们纯粹是有潜能的，能够按所希望的来塑造自己。由此得出结论，人类是上帝最伟大的奇迹："没有什么可以比人更精彩的了"，皮科这样写到。在他的《关于人的尊严的演讲》里，他让上帝给亚当解释说，上帝把亚当置于"世界的中心"并给他纯粹的潜力这个礼物来塑造他自己（阅读材料6.2）：

对皮科而言，哲学家在这个以人类为中心的世界的角色是"上天的造物而非世间的造物"。这是因为哲学家"不关心身体，触及了灵魂的深处"，是"披着人的肉体外衣的更高级的神"的一部分。因此，在皮科看来，个人即便有能力去选择恶习与无知，但他必须寻求美德与知识。皮科把"判断的自由"提到一个新的层面，认为人类完全可以自由地践行自由意志。而自由意志这一礼物让人类成为"最幸运的生物"。

这样的思想反映了文艺复兴时期的思想家对中世纪的观点所做的最重要的改变。作为自由展现个人创造力的艺术、文学和哲学，如果把目标定得足够高的话，不仅可以展现整个世间的创造，还可以展现整个神的世界。人是一个"小宇宙（parvus mundus）"。

超越佛罗伦萨：公爵的宫廷和艺术

皮科关于个人的自由意志以及人能自由选择自己的美德和知识之路的能力启发了洛伦佐的圈子，以及意大利其他城邦国家的宫廷。这些掌权者几乎都是贵族，不是美第奇家族那样的商人（实际上是自我转变成贵族的，仅仅缺个名号而已），每个宫廷都反思了自己各自不同公爵的价值观——当然，还包括公爵夫人的价值观。但是，即便他们不采取佛罗伦萨共和国的政府形式，他们也共享着已经在亚平宁半岛得到充分发展的人文主义。

乌尔比诺的蒙特费尔特罗宫廷

这些城邦中最杰出的当属乌尔比诺，距离佛罗伦萨以东约 113 千米，横跨亚平宁山脉。知识渊博的军事家公爵费代里戈·达·蒙特费尔特罗（1422—1482）治理的地方。费代里戈从身边的人文主义者、学者、诗人和艺术家身上学习知识，并任用他们使乌尔比诺更有生气。他的宫廷也吸引着想要学习贵族行为准则的年轻人。

巴尔达萨雷·卡斯蒂利奥内和"全能人" 这个时期最重要的一本书是巴尔达萨雷·卡斯蒂利奥内（1478—1529）于 1513—1518 年写的《廷臣论》。本书回忆了 1507 年在乌尔比诺费代里戈的儿子贵多巴尔多·达·蒙特费尔特罗（1472—1508）的宫廷内一群贵族之间的对话，这场对话很可能是杜撰的。它采取了对话的形式，乌尔比诺城邦中雄辩的侍臣竞相描述最完美的大臣形象——教育和举止都塑造得最完美以服侍王子的人。该书直到 1528 年才出版，但到 1600 年时，它已经被翻译成 5 种语言，出了 57 个版本。

《廷臣论》本质上是关于卡斯蒂利奥内在被他称为"快乐之家"的乌尔比诺宫廷（1504—1512）生活的怀旧作品。该书记录了 1507 年春天连续四个夜晚的故事。对话以辩论的形式展开，因为有些讲话者的观点要被挑战或者揶揄。头两卷辩论了一个理想绅士的品质，其目的是成为一个全能的人（意大利语：*l'uomo universale*）。首先，一个廷臣要成为一个武艺超强的士兵（就像乌尔比诺的军事家费代里戈一样），不仅要掌握武艺，也要展现出绝对的勇敢和对战争的绝对忠诚。他的文化教育水平必须包括拉丁文和希腊文，其他现代语言如法语和西班牙语（外交使用），以及学习伟大的意大利诗人和作家的作品，如彼特拉克和薄伽丘的作品，以至于他在用拉丁文和希腊语进行诗歌和散文创作的时候能模仿他们的技巧。廷臣也必须能够绘画，鉴赏艺术，擅长舞蹈和音乐（尽管一个人必须避免使用管乐器，因为它们会让脸变得丑陋）。首先，廷臣必须展现一定的优雅（阅读材料 6.3）：

> **阅读材料 6.3**
>
> 巴尔达萨雷·卡斯蒂利奥内，《廷臣论》卷一选段（作于 1513—1518 年，1528 年出版）
>
> 然后，我希望廷臣出生高贵，温文尔雅……高贵的出身就好像一盏明灯，使善恶行为充分表现出来，因为害怕丢脸和希望受到赞扬而激起美德。
>
> 除此之外，廷臣应该受到青睐，天生就不只具有天赋与容貌，他必须还有一种优雅的仪态（我们看来），使他在第一眼看到他时感觉令人愉悦；把优雅看成我们一切行为中的修养与装饰，这样一来，他的外表就给予了了什么是社会值得的，什么是每一个贵族都喜欢的承诺。

一切事物中，优雅必须经由尊严来锤炼。这一平衡的性格特征，卡斯蒂利奥内在《廷臣论》中解释，是通过一个"普遍法则"来实现的：

> 尽快地逃跑……装模作样；以及，也许要造一个词……在一切事情中都要运用到某种"贵气天成"（意大利语：*sprezzatura*），要隐藏起所有的做作，所有的言行都要显得随手拈来却又随意而发。

Sprezzatura，按字面讲，意味着"低估"或者"给个较低的价格"。对廷臣而言，就是不费吹灰之力，也没有太把它放在心上就完成了一件非常困难的事情。换句话说，这个理想的绅士，鬼点子多多，善于随机应变，他本身就是一个人人效仿的、具有"完美形象"的艺术品。最终，卡斯蒂利奥内暗示到，这样完美的绅士所领导的国家要反省自己的完美。与其说是完美的国家成就了伟大的个人，不如说是伟大的个人成就了一个皮科所论及的行使自由意志的完美国家。

米兰的史佛拉宫廷和列奥纳多·达·芬奇 与其

他公爵治理的意大利城邦相比，史佛拉的家族对米兰宫廷的控制在某种程度上不那么合法。弗朗西斯科·史佛拉（1401—1466）通过与米兰公爵唯一的继承人（私生女）结婚，成了米兰的统治者。史佛拉的私生子卢多维克（1451—1508）——因其黑色的皮肤而被称为"摩尔人"（意大利语：*ilMoro*）——从弗朗西斯科家族合法继承人的兄弟手中夺取了城市的政权，并于1494年自称米兰公爵。但是，弗朗西斯科和卢多维克都清楚他们宣称统治的力量是很薄弱的，因此，他们积极地通过艺术获得人民的支持。他们邀请整个意大利中部的艺术家来到自己的城市，并包容人文主义。

这些艺术家中最重要的是列奥纳多·达·芬奇（1452—1519），他于1482年作为洛伦佐·德·美第奇的特使来到米兰，给卢多维克·史佛拉赠送一把银制的七弦琴，这把琴也许是达·芬奇本人做的。卢多维克卷入军事事务之中，而达·芬奇则宣布自己是个军事工程师，能够建造巨大的"战争机器"，包括设计投石机和类似于今天的装甲车的车辆。

事实上，达·芬奇不知疲倦的想象力，让他得以研究几乎一切事情：如风、雷暴雨和水的运动等自然现象；解剖学、生理学、物理学、力学、音乐、数学、植物学、动物学、地质学和天文学，更不要说油画和素描了。达·芬奇是个人文主义者，本身就深深地受新柏拉图思想的影响。他看到了各个存在领域之间的联系，他这样写道：

> 如果人的自身内有支撑并保护我们血肉的骨头，那么，世界则有支撑起泥土的岩石；如果人体内有个血湖，呼吸时肺部一张一缩，那么，地球的身体则有海洋，同样随着地球的呼吸每六个小时潮涨潮落；如果从血湖中延伸出一根主动脉，然后在整个人体内分叉出许多血管，那么，海洋则在地球的身体中填满道道的水纹。

达·芬奇做过解剖学研究，在笔记本中描述了子宫内胎儿的奇迹（图6.16），在他看来，它类似于地球深处的秘密。"我来到一个巨大山洞的入口"，他在笔记中写道："很快这里有两种感觉：一是恐惧，二是渴望。恐惧是来自黑暗的洞中的危险与威胁，渴

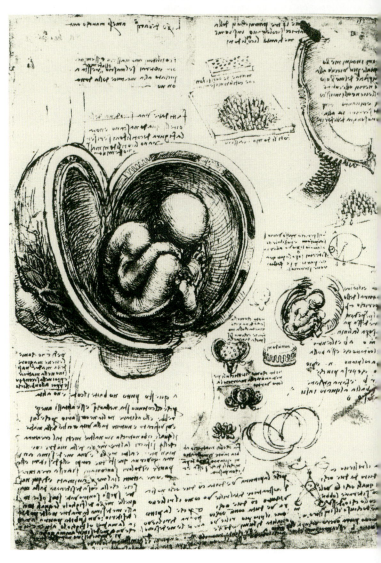

图6.16 列奥纳多·达·芬奇，《子宫中的胎儿》，约作于1510年。棕色墨水钢笔画，尺寸：30厘米×22厘米。皇室藏品。温莎城堡，皇家图书馆。这是从他的笔记本中选出的一页，它不仅涉及包括胎儿的营养来源在内的解剖学和生理学的标准问题，而且也谈到胎儿心灵与母体心灵的关系。

望是想看看洞内究竟有什么神秘之事。"人体——对他来讲，既有吸引力又有排斥力——是如此令他痴迷以至于他说出上面那一番话。他甚至于1510—1512年很可能在一位解剖学教授的指导下对人体进行过精确解剖。

乔尔乔·瓦萨里在他的《大艺术家传》一书中，强调了达·芬奇在解剖学中所展示的求知欲。该书于1550年首版，1568进行了修订和增补。1511年出生的瓦萨里绝不能够亲自了解达·芬奇，但是作为一个画家和建筑师，以及历史学家，他确实了解文艺复兴

时期许许多多的艺术家，包括米开朗基罗。他的《大艺术家传》仍然是我们研究文艺复兴时期艺术的主要参考资料。他着力展现他所讨论的每个艺术家个人的创造性天才。在本书中，瓦萨里对达·芬奇的处理非常典型。从开场白，瓦萨里就把他描写成文艺复兴时期最完美的代表（阅读材料6.4）：

阅读材料 6.4

乔尔乔·瓦萨里，《大艺术家传》中的"达·芬奇传"选段（1550，1568 年）

在自然演变的历史长河中，最丰厚的禀赋如上天甘霖赐予人类；而且有时还以超自然的方式把美貌、德行和才华赋予同一个人，因此这个人无论做什么，都出类拔萃，从而向世人昭示，他是上帝的特殊赐予，而非人类力量所能造就的奇才。人们在列奥纳多·达·芬奇身上便清楚地见到这一情景，他英俊潇洒，风度翩翩，无人能敌；他才华横溢，智慧超群，似乎无所不能；他拥有伟大的人格力量，辅之以机敏和久经考验的忠诚与仁慈，这使他名声大振，不仅生前受到极高的评价，死后更是流芳百世。

1495 年，卢多维克请达·芬奇为圣母玛利亚感恩教堂的多明我会修道院食堂的北墙绘制一幅不朽的壁画《最后的晚餐》。其目的是让修士们在吃每顿饭时，默想壁画中基督的最后的晚餐。《最后的晚餐》对单点透视法稍加修正（注意桌子的表面微微向观众倾斜），使用错觉艺术手法把食堂的墙延伸过去，把建筑空间的现在引入壁画空间的过去（图 6.17）。

画家选择的瞬间情节是基督向众门徒宣布有一个人要出卖他后各个人物的表情。每个门徒都对耶稣的话做出了符合自己个性的反应。圣彼得愤怒地拿着刀子，犹大转身，而圣约翰似乎要昏倒。画的投影点正好在基督的头后方，将观察者的注意力聚焦于此，也突显了基督就是这一作品中的重要人物。他摊开双臂，在画的中心形成一个完美的等边三角形，给画面一种轻松自然的平衡，也象征着三位一体。这幅取自一个非常传统的主题的画，还有一个独特之处就是达·芬奇赋予它的心理现实主义。我们可以在其中看到使徒们焦躁的怀疑与迷惑，扭曲转动的身体仿佛都在拉向

图 6.17 列奥纳多·达·芬奇，《最后的晚餐》，食堂墙上的壁画，米兰圣母玛利亚德尔格契修道院，约创作于 1495—1498 年。壁画、油画、石膏蛋彩画。尺寸：460 厘米 ×880 厘米。现仍在米兰圣母玛利亚德尔格契修道院内。今天，即使对该画进行修复，原画的品相依然不佳。这几乎就是达·芬奇本人的错，也许是卢多维克·史佛拉的错，他要求达·芬奇赶工完成。因而，这位卓越的画家把颜料和蛋彩直接施在干的石膏上，而不是按壁画的传统画法将颜料和蛋彩用在湿石膏上。早在 1517 年，油漆就开始脱落，无法粘连在墙上。

沉默不语、神态平和的基督。使徒们，甚至犹大，都被揭示出人性，而基督则非常平静，表现出了对信徒的同情。

达·芬奇对在肖像画中揭示人物性格极为着迷，除了《蒙娜丽莎》（图6.18），可能没有更好的例子可以说明这一点了。画中，他运用光线把人物同身后的景色融合到一起。这种技巧被称为晕涂法。它朦胧的效果，创造了一种类似于黄昏的半醉半醒的、梦一般的景象，而这只能通过使用不同的透明颜料来堆砌颜色——这个过程被称为上釉。但是，达·芬奇的画像中的模特儿神秘的性格一直萦绕在任何观看者的心中。世世代代的观看者都要问这样的问题：这个女人是谁？她在想什么？她与艺术家有什么关系？达·芬

图6.18 列奥纳多·达·芬奇，《蒙娜丽莎》，创作于1503—1515年。木板油画，尺寸：77厘米×53厘米。法国卢浮宫藏。最近有研究证实画中人物就是佛罗伦萨贵族弗朗西斯科·德尔·吉奥康多之妻。她端坐在阳台上，身后两旁的廊柱被切掉了，只有左边的柱子的基座还依稀可见。

奇为我们展示了一种特别的性格，她的含笑表明达·芬奇捕捉到了这位妇女的特别的、微妙的性格。然而他绘画中朦胧的光线又加强了她的性格的神秘感。显然，只要他抓住了她表情上的任何特点，他定不能够放弃。《蒙娜丽莎》花了达·芬奇好多年的功夫，这幅画跟随他先是到了罗马，接着又于1513年去了法国。在那里，路易十二安排他住在安博瓦兹附近的库克斯法式城堡。达·芬奇于1519年5月2日在那里去世。

1499年，要求米兰公爵爵位的法王查理八世废黜了卢多维克，并把他囚禁在法国，1508年，卢多维克客死他乡。达·芬奇也离开了米兰，约1503年回到了佛罗伦萨。16世纪初，卢多维克的两个儿子先后作为米兰公爵维持了极为短暂的统治，两人很快被废黜，至此，史佛拉家族因无男嗣而终结。

从佛罗伦萨到威尼斯：文艺复兴鼎盛期

布鲁内莱斯基1402年抵达罗马时，也就是在佛罗伦萨洗礼堂的大门设计比赛后不久，罗马城看起来一定非常凄凉：人口从公元100年的约100万人锐减到约2万人；此时，它的面积仅限于从梵蒂冈到圣彼得大教堂之间的一块很小的地方，地跨台伯河两岸，周围曾是繁华之地，如今一片废墟，甚至到了150年后的16世纪，罗马仍然只有一小块由3世纪时的墙所围起来的区域。如今，圆形大剧场已位于乡村，城市广场成了牛羊的牧场，古代的高架引渠也已坍塌。1309年，法国国王试图宣称对牧师实行世俗权力，教皇迫于法王的压力离开意大利，前往亚维农驻跸，此时，教皇已经放弃了罗马。即使当罗马于1378年建立名义上的教皇所在地之时，几任教皇也几乎不曾光临此地，更别说选择在此定居了。或许除了罗马的废墟之外，再也没有东西能吸引他人了。事实上，正是罗马城的废墟吸引了布鲁内莱斯基。

1420年后，当教皇马丁五世（1417—1431年任教皇）重新使罗马永久地成为教皇所在地之后，把城市恢复到昔日的繁荣就成了教皇的责任。在宗教节日，多达10万名基督教徒可能涌入罗马，因此，正如一位教皇所说，有必要"让信徒被非凡的景观所打动"，从而发现"他们的信仰可持续受到追随，他们的信仰每天都会因为伟大的建筑而巩固……似乎是经上帝之手所建"。换句话说，教皇们开始把资助罗马的艺术和建筑作为自己的神圣职责。

罗马从佛罗伦萨引进了不少艺术家。1481年，波提切利和一同来自佛罗伦萨的画家抵达罗马，装点梵蒂冈的西斯廷礼拜堂。教皇尤利乌斯二世（1503—1513年任教皇）开始了一场声势浩大的重修圣彼得大教堂和梵蒂冈的计划。1505年，教皇命米开朗基罗离开佛罗伦萨前往罗马，并委托这位当时年已30岁的画家来创作主要的油画和纪念碑。1508年，一名来自乌尔比诺的年轻画家拉斐尔从佛罗伦萨追随米开朗基罗来到罗马。教皇让拉斐尔装饰教皇的住所。罗马必定看起来有点像佛罗伦萨。1494年11月，美第奇家族对佛罗伦萨的控制结束了。但是1512年，美第奇家族重新掌权，艺术家们受到了两名来自伟大的美第奇家族的教皇的影响：杰出的洛伦佐之子教皇利奥十世（1513—1521年任教皇），即乔瓦尼·德·美第奇；杰出的洛伦佐的侄子教皇克雷芒七世（1523—1534年任教皇），即朱利奥·德·美第奇。不管是在教会还是在共和国，罗马或者佛罗伦萨，贵族家庭的男性都是文艺复兴时期政治领域的主要力量。

布拉曼特和新圣彼得大教堂

尤利乌斯二世在1503年当选教皇后不久，他就下达了当时可能最重要的一个任务。他委托建筑师多纳托·布拉曼特（1444—1514）修复梵蒂冈宫殿，并任命他为圣彼得大教堂重建方案的首席建筑师。教皇钦定的建筑师布拉曼特，曾在米兰与列奥纳多·达·芬

奇共事过，达·芬奇对古罗马建筑历史学家维特鲁威的著作的理解给尤利乌斯二世留下了深刻的印象。维特鲁威对波留克列特斯（古希腊著名雕塑家，见第2章）关于比例《标准》的理解是我们今天丢失了原稿的情况下唯一能掌握的一手资料，维特鲁威认为圆和正方形是最理想的形状。波留克列特斯的比例同毕达哥拉斯的天体音乐在几何上是等效的。天体音乐认为每一个星球都发出一种独特的乐音，同其他星球的乐音形成和谐，在地球上能够听见但不被辨别出。因此，维特鲁威认为，如果人头是一个理想人物的高度的八分之一，那么，人体本身就适合了八度音阶的理想音程，可以较高的或较低的音调来复制原来的音符。达·芬奇在他《维特鲁威人》里运用了这一理念：在正方形内画上一个内接圆，再把人物放在圆的中心来画（图6.19）。

在罗马，布拉曼特很快把人体的几何比例运用于蒙托里奥坦比哀多礼拜堂之上。这是一座位于罗马的

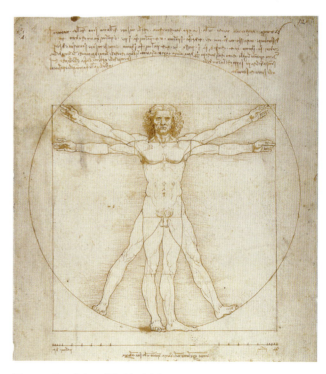

图6.19　达·芬奇，《维特鲁威人》，约作于1485—1490年。钢笔画，尺寸：34厘米×25厘米。威尼斯美术学院画廊藏。维特鲁威具体地把人协调的身体比例与建筑的比例联系起来，因为人是建筑物的神圣创建者。

西班牙教堂，位置刚好在圣彼得殉教的地方，是一座独立的圆形小礼拜堂。由于尺寸小，且实际上是模仿了西克斯都五世在位时期在罗马发掘出来的一个古典寺庙，因此，这个结构也就被称为坦比哀多（小教堂）（图6.20）。礼拜堂外16根柱子是多立克式——事实上，柱身用的原有的古罗马花岗岩柱——上面的中楣以浮雕的形式装饰着基督教的圣餐仪式要用的物品。这些柱身的直径决定了整个修建计划。两根柱身之间距离是圆柱直径的4倍，它们形成的柱廊与环形的墙的距离是柱身直径的2倍。它把经典的罗马柱式融入建筑计划中，首先考虑各个部分之间有着数学上的有序性，

坦比哀多是文艺复兴鼎盛时期意大利人文主义建筑完美的体现。

把老圣彼得大教堂推倒重建是一个更大的工程，也是布拉曼特最重要的一个项目。老圣彼得教堂是个长方形教堂，它有一个长长的中殿，两侧有柱廊形成的双向廊道，与正门相对的墙上有一个后殿，靠近后殿的地方有个十字翼，这样的设计能够保证大量的教徒可以同时参拜圣彼得神殿。布拉曼特重建方案采用了维特鲁威的正方形（图6.21（a）），就像在达·芬奇的素描里画的一样，里面放上一个古希腊十字架（纵向和横向的柱身一样长，在中间交叉），上面修一个

图6.20 布拉曼特设计的坦比哀多礼拜堂，它模仿了经典寺院的结构。哥伦布美洲航行的资助人西班牙国王费迪南德和女王伊莎贝拉为支持西班牙人教皇亚历山大六世委托布拉曼特修建。

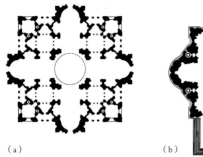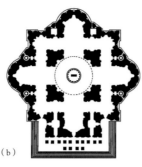

(a)　　　　　　　　　(b)

图 6.21　罗马圣彼得大教堂平面图，（a）由布拉曼特设计，（b）由米开朗基罗设计。布拉曼特的设计是希腊十字形，在 1513 年尤利乌斯二世死后零星地开工建设。1527 年，哈普斯堡国王查尔斯五世率军洗劫了罗马，工程一度停工达 10 年之久。1547 年，教皇保罗三世任命米开朗基罗为首席建筑师，他进一步发扬了布拉曼特的设计，为圆屋顶增加了支撑力，使墙更厚实。在第二层还加上了一个由 10 根柱子形成的柱廊，其中正前面 4 根，给人一种拉丁十字的感觉。

中央圆屋顶，其目的就是让人联想起万神庙的巨大的圆屋顶（图 3.18）。最终的一个中心平面图就是在一个正方形内接一个圆。在文艺复兴时期，中央平面图和圆顶象征着上帝的完美。1506 年，重建开始了。

尤利乌斯二世通过出售赎罪券（即减轻来世可能遭受的罪孽，特别是逃脱炼狱）来资助这些项目。在天主教的信仰里，这就是每个人死后都要短暂居住、接受因犯罪而遭受惩罚的地方。那些想要比通常情况下更快进入天堂的人可通过购买赎罪券缩短待在炼狱的时间。自 12 世纪以来，教会就一直在售卖这些赎罪券，而尤利乌斯二世的修建计划更是强化了这种售券融资的办法（为了抗议赎罪券的销售，马丁·路德于 1517 年在德国发起了清教改革运动；见第 7 章）。新的圣彼得大教堂一开始是个相当昂贵的项目，但是也有很多罪人愿意掏钱来资助它的建造。随着教皇和建筑师分别于 1513 年和 1514 年去世，项目短暂停止。它最后的平面图于 1546 年由米开朗基罗设计（图 6.21（b））。

米开朗基罗和西斯廷教堂

1494 年，随着美第奇家族的倒台，还没满 20 岁的米开朗基罗离开佛罗伦萨来到罗马。似乎他在佛罗伦萨没什么前途，因为圣马可修道院的僧人、多明我

会化缘修士萨伏纳罗拉（1452—1498）施加了巨大的政治影响。首要的是，萨伏纳罗拉受到了一批尊崇道德的平民的欢迎，他们从这个城市的上层阶级的行为里，从希腊和罗马古典文化人文主义对他们的吸引力里，看到了道德的败坏。萨伏纳罗拉责骂佛罗伦萨的贵族，尤其是美第奇家族。他甚至组织起一群童子军来收集城市的"虚荣物"，从装饰品到书籍和绘画，然后把它们付之一炬。最终，1497 年 6 月，愤怒的教皇亚历山大六世以反教皇的布道和在管理圣马可修道院时违反教皇下达的指令为由把萨伏纳罗拉逐出教会。萨伏纳罗拉被禁布道，但他置若罔闻。1498 年 5 月 28 日，他被强制驱逐出圣马可修道院，同另外两个化缘修士一起作为异教徒遭受严刑拷打，吊起来直到奄奄一息，然后放在柱子上烤。然后他的骨灰被洒在了亚诺河。佛罗伦萨顿时觉得脱离了暴政。

萨伏纳罗拉被处死后，佛罗伦萨的市政厅很快让人们亲眼感受到共和国继续存在。它把多纳泰罗的《大卫》（图 6.11）从美第奇宫搬到了领主宫，市政官员就在这里聚会，共商国是。米开朗基罗于 1501 年应邀回到佛罗伦萨，奉命雕刻一块巨大的开裂的大理石，因为没有其他雕塑家敢于动手完成使命。他的任务是要把这块大理石雕刻成独立站立的圣经英雄大卫，尺寸相当大，米开朗基罗奋起迎接挑战。

完成后的雕像（图 6.22）大约高 5 米，如果算上基座的话则更高，他故意参考了多纳泰罗的那个有些孩子气的大卫并挑战他。米开朗基罗在动手雕刻之前就展现了敢于随时迎接任何挑战的令人赞叹的自信，就如同佛罗伦萨共和国随时迎接所有的来客那样自信。裸体雕塑和对立式平衡的身姿直接得益于美第奇家族对古希腊一切事物的颂扬。内敛而英雄的个人主义完美地抓住了人文主义的精神。米开朗基罗克服了那块大理石本身的复杂程度，把它雕琢成一件完美的艺术品，其美无与伦比，让同时代的人赞美不已。不过，他的这项成就很快就被他自己通过另一种手段取得的另一项成就所赶上，那就是他在罗马梵蒂冈的西斯廷教堂天花板上的绘画。

图6.22 米开朗基罗的《**大卫**》雕塑，作于1501—1504年。大理石，高526厘米，佛罗伦萨美术学院藏。

《大卫》的命运突显了那个时代政治和道德的动荡。每个夜晚，当工人们在领主广场安装这尊雕像时，被流放的美第奇家族的支持者们就朝它扔石头，把这尊雕像理解为这座城市想要脱离任何专制

统治（也包括美第奇家族的统治）的象征，但它的确具有这样的象征意义。还有一群人很快就来反对这尊雕像的裸体，在它最终被安放在广场上之前，早已准备好了铜片组成的裙子，穿在雕塑身上以免让公众觉得太过冒犯。虽然裙子早就没有了，但是它象征着这个时代的对抗，甚至雕像本身都可以看成开启了文艺复兴的鼎盛时期。

但只有米开朗基罗在罗马西斯廷礼拜堂的作品才算得上这个时代的扛鼎之作。当新圣彼得教堂即将开建之际，尤利乌斯二世委托米开朗基罗为他设计陵寝。这将是一个三层的纪念碑，宽7米，高11米，它代表了米开朗基罗对建筑的首次冒险。接下来的40年，米开朗基罗零零星星地修建这座陵墓，从一开始就常常被中断，最有名的是1506年尤利乌斯本人让他在西斯廷礼拜堂的天花板绘制一幅14米×39米的画，该礼拜堂以尤利乌斯的叔叔西克斯图斯四世命名，是他于1473年委托建的。礼拜堂建成后，就成为红衣主教在选举新教皇期间的会议场所。米开朗基罗一开始拒绝了尤利乌斯派的任务，但1508年，他又重新考虑了一下，签订了合同并开始工作。

尤利乌斯二世起先提议在窗与窗之间的拱肩画12个使徒来装饰，然后再在大厅天顶的中央部分装点设计。但是，米开朗基罗反对这一方案，认为它太过局限，教皇便同意他想怎么画就怎么画，于是米开朗基罗就开始了一项更有雄心的计划，以《希伯来圣经》第一卷《创世纪》的九个场景为主题，然后画在天花板中央，旁边由先知、利比亚（女先知）、基督的祖先以及其他场景围绕（图6.23和图6.24）。这样，天花板叙述了摩西法律产生之前的事件，作为对下面的墙上的叙述内容的补充。

整个天花板，米开朗基罗都用德拉·罗韦雷（即后来的教皇尤利乌斯二世）橡树和橡果纹章符号来象征教皇的资助。橡树和橡果通常是在一些裸体男性的手中，它们坐落在交错的中央镶板的四个角落。这些由青铜盾框起来的镶板，突出了赞助人的军事才华。整个都包含在用错觉艺术创造出来的建筑里，似乎每

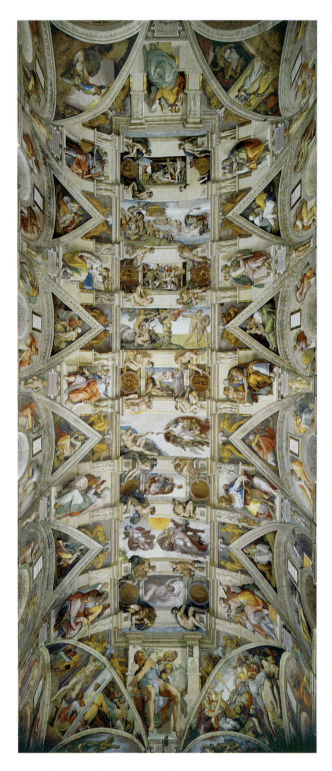

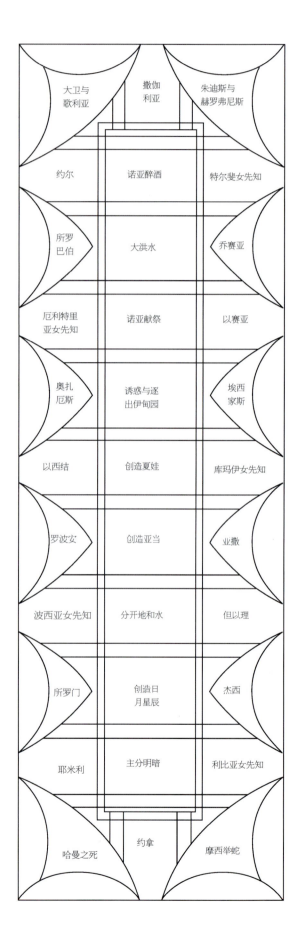

图 6.23 和图 6.24 米开朗基罗设计的西斯廷礼拜堂与叙述故事的平面示意图，罗马梵蒂冈，1508—1512 年。壁画，尺寸：14 米 ×39 米。1990 年，经过彻底清洁后，天花板上热情奔放的颜色重新展现于世人面前。多个世纪以来的烟尘与污垢终于被清洗掉。在此过程中，使用了一种含有杀菌剂和抗菌剂的溶剂，并把它与纤维素共混凝胶相混合，以防溶剂从天花板上滴落下来。然后用鬃毛画笔把这种混合剂涂在壁画的各局部小块区域，使之在三分钟内变干，然后再用海绵和水清洗。在清洁之前的多个世纪里，还没有人能完全领略到米开朗基罗勇于创新的、着实让我们的感官好好享受了一把的绚丽色彩。

诺亚醉酒图中的文字（右图示意图，从上到下）：

大卫与歌利亚　　撒伽利亚　　朱迪斯与赫罗弗尼斯

约尔　　诺亚醉酒　　特尔斐女先知

所罗巴伯　　大洪水　　乔赛亚

厄利特里亚女先知　　诺亚献祭　　以赛亚

奥扎厄斯　　诱惑与逐出伊甸园　　埃西家斯

以西结　　创造夏娃　　库玛伊女先知

罗波安　　创造亚当　　业撒

波西亚女先知　　分开地和水　　但以理

所罗门　　创造日月星辰　　杰西

耶米利　　主分明暗　　利比亚女先知

哈曼之死　　约拿　　摩西举蛇

一端都会朝外面的天空打开。只有窗户上的拱肩以及在每个角落的穹隅（凹形的三角部分，形成一个直线形和圆顶形间的过渡）是真实的。

中间的九块镶板，分别用三个镶板讲述了《创世纪》《亚当与夏娃》和《诺亚》的故事。一系列绘画从教堂祭坛的正上方的天花板开始，描绘了上帝将光明与黑暗分离开来的时刻，这一时刻同善良与邪恶、真理与谬误之间的永恒斗争密切相连。事实上，这些成对的矛盾是整个绘画方案的特点。在天花板的正中是《创造夏娃》。生和死，善与恶，天堂与尘世，精神与物质，都紧紧围绕着这个中心场景。从天顶的正中到祭坛展现了伊甸园中夏娃在蛇的引诱下偷吃禁果而明辨善与恶之前的创世纪的情况，右边还有一幅画，描述了亚当和夏娃被逐出伊甸园的情况。从这幅画开始一直到礼拜堂的门的正上方的屋顶处，我们可以看到堕落的人类的早期历史。参观者进入教堂后，一抬头就会看见人类的堕落，上方正是《醉酒的诺亚》，这一形象象征了人类意志的薄弱。而参观者在离他们视线最远的地方，也就是教堂的另一端，看到了上帝造人的善与真。

精神与物质世界间的对立恐怕没有比在天花板上展示的《创造亚当》（图6.25）体现得更明显了。亚当慵倦地躺在地上，一副消极而木然的样子，而更富有生气的上帝身披红衣飞腾而来，凸起的红衣暗示着子宫和大脑、创造和理性。上帝的左臂下面的年轻女子，可能是夏娃，预示着圣母，而上帝的左手触摸着一个婴儿的肩膀，似乎象征着未来的基督。这幅场景所揭示的意义是，就在上帝的手指即将触碰亚当之手那一瞬间，不仅将精力与灵魂传递给了他，而且还有生命和人类的未来。

为了画这些画，米开朗基罗不得不建一个脚手架，随着绘画进度的推进，这副脚手架从教堂入口一直移到祭坛。因此，第一组壁画是《诺亚》组图，最后才是《创世纪》。他是站着绘画而不是躺着绘画，他的眼睛盯着上方的作品。随着作品的推进，似乎他更加挥洒自如，因为他的风格越来越有活力，越来越大胆。在他对男性裸像、女先知和男先知的描绘中显得特别明显，随着绘画从入口处正上方的天顶到祭坛上方的天顶不断推进，作者在展现更大身体运动的姿态中所表现的技艺越来越精湛。

从1508年5月到1512年，米开朗基罗一直潜心攻克这幅巨著。把最后一幅图和他的预备方案相比，

图6.25　米开朗基罗，西斯廷天顶画《创造亚当》，罗马梵蒂冈西斯廷礼拜堂，作于1510年。壁画。注意米开朗基罗表现出的人类之父亚当和圣父上帝之间的相似性。尽管他们面对面，但亚当和上帝的姿势呈斜线平行，他们的右脚几乎呈相同姿态。这种联系通过画面右侧空间内飘动的绿色丝带得到了进一步加强，绿色丝带与亚当所躺着的大地的颜色形成了一种共鸣。

我们就会发现他的成就越来越清楚。在他后来的一幅素描《利比亚女先知》（图6.26）中，女先知的手处理得非常均衡，处在同一平面，而油画中的女先知（图6.27），左手已经比右手低，目的是要突显向下这个动作，强调她把知识带给参观者。这位天才艺术家也特别注意了左脚的处理，留意到了需要把四个小脚指头往后张开。最终，素描中的模特显然是男性。在重新画素描中左下方那张脸的时候，他把颧骨画低了一些，而使她的嘴唇突出一点。在最后作油画的时候，他减少了模特明显的眉毛，把背部肌肉的力量也弱化了一些，夸张了臀部，把先前男性化的素描女性化。她优雅、有力而且庄严，《利比亚女先知》是技艺精湛的大师级的作品。

拉斐尔和梵蒂冈宫签字大厅

米开朗基罗开始着手西斯廷教堂的天花板壁画的时候，年轻的画家拉斐尔抵达罗马，并很快受尤利乌斯二世的委托为梵蒂冈宫殿里教皇的私人房间作画。这些房间中的第一间就是所谓的签字厅，即后来的教皇们签署官方文件的地方，但尤利乌斯二世把它当作一个图书馆。尤利乌斯决定了要画的主题，要求拉斐尔在四面墙上分别绘制人文主义思想的四个主要领域：以《四德图》表现司法；以《帕纳索塞斯山》表现艺术；以《圣礼之争》表现神学；以《雅典学院》表现哲学。很明显，它力图平衡基督教信仰和传统的异教，这一信号与尤利乌斯二世的人文主义哲学一致，其中有两个场景——《帕纳索塞斯山》和《雅典学院》——含有传统的主题，而另两幅则是基督教的主题。

图6.26 米开朗基罗，《利比亚女先知素描》，约1510年。红粉笔画，尺寸：29厘米×21厘米。纽约大都会艺术博物馆藏。约瑟夫·普利策遗产，1924（24.197.2）。1995年摄。尽管米开朗基罗为西斯廷礼拜堂天花板准备了几百幅素描，但流传下来的极少。

图6.27 米开朗基罗，《利比亚女先知》，罗马梵蒂冈西斯廷礼拜堂，1512年。壁画。画中人物最明显的一个特征是她们似乎是投射到装饰的前面，然后再进入礼拜堂的真实空间，因而造成一种让人惊奇的幻觉效应。

美第奇家族的教皇们

1513 年，也就在米开朗基罗和拉斐尔分别完成西斯廷礼拜堂天顶壁画和梵蒂冈宫签字大厅壁画后不久，教皇尤利乌斯二世驾崩。教皇之位由杰出的洛伦佐的儿子，乔瓦尼·德·美第奇，即利奥十世接任。利奥开启了长达 21 年的美第奇家族教皇统治时期，以克莱芒七世 1534 年驾崩宣告结束。历任美第奇教皇的赞助对艺术发展有重大的影响。

拉斐尔完成签字大厅的壁画后，利奥很快委任他做其他事务。1514 年，布拉曼特死后，利奥任命这位年轻的画家为教皇建筑师，尽管他从来没有承担过任何实质性的建筑项目。不久以后，利奥就让拉斐尔为他画肖像。

《教皇利奥十世和两位红衣主教》（图 6.28），作于 1517 年，表明拉斐尔的艺术有了新的方向。比起签字大厅色彩明快的绘画，这幅画的色调更显忧郁。因为人物是用侧影显示的，并坐在一个完全幽暗的背景里，所以几乎看不清建筑。尽管是画在一起的，但

图 6.28 《教皇利奥十世和两位红衣主教》，1517 年。油画板上的油画，尺寸：154 厘米 ×119 厘米。佛罗伦萨乌菲齐美术馆藏。教皇前面桌上的手抄是他个人的私藏。这幅画强烈表现了这一场景的自然主义的情感。

是这三个人物都看着不同的方向，每个人都在关注自己的事情。似乎他们刚好听到了远处熟悉但是不吉利的声音，让他们顿时停了下来。另外，这幅画更突出地表现了场景的物质现实。几乎可以感受到利奥的胡茬，两位红衣主教的胡须也能类似地感知到。利奥貂皮修边的袍子的天鹅绒与红衣主教的宽大外衣的丝绸形成鲜明的对比。教皇椅子上的黄铜把手像一面镜子照着整个屋子，与这幅场景的黑暗正好相反的方向是一扇明亮的窗户。总的来说，这幅画创造了一种戏剧感，仿佛我们都是一个重要历史时刻的见证人。

事实上，1517 年，教皇面临着一些非常实际的问题。在北方，德国的马丁·路德出版了他的《九十五条论纲》，攻击教皇出售赎罪券，并号召质疑教皇的权威（见第 7 章）。美第奇家族回到佛罗伦萨（1512 年，他们在那里重新掌权），很大程度上是通过与罗马教廷的联系才得以一直维持着统治的，但经常受到威胁。尽管困难重重，利奥继续支持艺术，热情丝毫不减当年，因为他仍然在梵蒂冈的签字大厅里控制着罗马和佛罗伦萨。他委任拉斐尔装饰了教皇寓所更多的房间，并为遮挡西斯廷教堂底壁的挂毯设计一系列卡通。近 100 年来，佛罗伦萨的圣洛伦佐教堂成了美第奇家族的陵墓，利奥也委任了许多艺术家装扮此地，以此宣扬自己的教皇地位。他也雇用米开朗基罗在那里设计了一个新的安葬用礼拜堂，即所谓的"新圣器收藏室"，用于安放家族里新近去世的成员。

1521 年，利奥十世驾崩，教皇之位由一名荷兰红衣主教继任，他曾指责美第奇家族教皇对艺术的赞助过于奢华而又失当。但一年之后，他就驾崩了。接着，朱利奥·德·美第奇继任教皇职位，他就是克雷芒七世（1523—1534 年任教皇），艺术家和人文学家都热情地报以欢迎。他还是红衣主教的时候就把一些重要的作品委派给拉斐尔和其他艺术家，也曾紧密地同利奥一起为米开朗基罗在佛罗伦萨的圣洛伦佐修建"新圣器收藏室"出力。但伯父（即利奥十世）生前在罗马对艺术资助的规模，此时已难以为继了，部分原因是 1527 年神圣罗马帝国皇帝查理五世的德国雇佣军洗

劫罗马。在这场危机中，罗马城的许多艺术家的作坊被毁，许多艺术家一起逃离了这个城市。

若斯坎·德·普雷和西斯廷教堂唱诗班

文艺复兴时期的音乐家，尤其是他们精湛的表演，与美第奇家族教皇和红衣主教的资助以及拉斐尔、达·芬奇和米开朗基罗的作品一样，都具有无穷的创新性。这样的原创性也是西斯廷教堂唱诗班的特征，这个唱诗班由教皇西克斯图斯四世于1473年创建。这个唱诗班仅在教皇出席的场合表演，通常由16~24名男性歌唱家组成。唱诗班的曲目主要局限于常见于礼拜仪式的多声部音乐的形式：经文歌，弥撒曲和赞美诗的背景音乐。这些都由四个声部组成，有男童高音、男中音、男高音和男低音。这个唱诗班通常不用乐器伴奏，即以"阿卡贝拉"（以教堂的方式）演唱，这是那个时候不平常的一个做法，因为多数教堂的唱诗班至少需要乐器伴奏。

整个欧洲的作曲家们都被吸引到了西斯廷教堂唱诗班来。1489—1495年，唱诗班内的一名主要成员就是佛莱芒乐派作曲家若斯坎·德·普雷（约1450—1521）。之后，大约1503年开始，他担任了费拉拉宫廷教堂的音乐指导。在他的一生中，他共创作了18

首弥撒曲、约100首经文歌（见本章先前讨论过的纪尧姆·迪费）以及70首歌曲，包括三首意大利叙事歌（frottole）。

若斯坎最后的弥撒曲《唱吧，我的舌头》（图6.29），大致写于1513年后，是一首演绎曲。在演绎结构里，所有的声音都阐释一个已经存在的旋律。一个声音就引入了一个音乐动机，它在整部音乐作品或者其中某一个章节反复出现，声音按其每一个另外的声音在序列略有变化，从而实现各个部分在节奏和旋律上的平衡。这就创造了整个作品丰富的多声部结构。这与我们在第4章所看到的单声部圣歌，即乐曲生成基础的固定旋律形成了对比。若斯坎在这首弥撒曲里的旋律来源于中世纪最早的一位诗人兼作家维南提乌斯·福蒂纳图斯（约公元530—609）所写的一首著名的单声圣咏。尽管改变后的旋律依然容易识别，但若斯坎的演绎曲仍然是一首全新的乐曲。

求怜经是基于福蒂纳图斯的单声圣咏的开头曲。在一个被称为"短动机模仿"（模仿点）的技术里，音乐主题接连不断地由若斯坎多声部作品所模仿，以至于所有的四个声部都相互交织地模仿。仿效其他标准的主题表明了若斯坎的别出心裁，也表明了人文主义的个人主义。它远远超过了缺乏感情的单声圣咏的

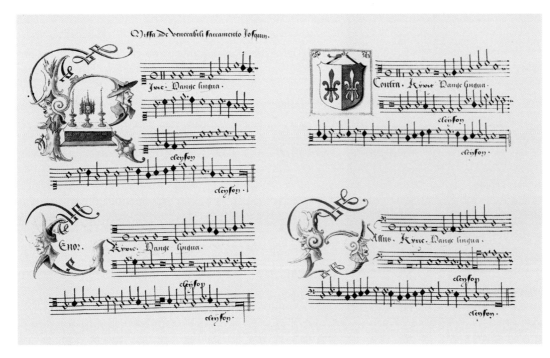

图6.29 若斯坎·德·普雷的弥撒曲《唱吧，我的舌头》第一小节的曲谱，此曲作于16世纪。这是该弥撒曲的四个声部，每个声部由谱线开头的装饰性大写字母来表示。

表现形式，让表现形式更丰富多样。很大程度上正是因为这种表现性，即使在作曲家死后多年，这样的作品仍然是多声部作品里被广泛演奏的作品。

尼可罗·马基雅维利和《君主论》

如果说若斯坎代表了文艺复兴时期在重塑音乐传统过程中人的创新性，那么政治哲学家尼可罗·马基雅维利（1469—1527）代表了完全忽视传统、凭实用的个人兴趣我行我素的一类人。中世纪以来，就有文学论述为君之道，马基雅维利的专著《君主论》（1513）就是这一文学传统的一部分，但是马基雅维利革命性的政治实用主义又使它与同类文学区别开来。早期的人文主义教育仅限于以让人过一个有德行的生活为原则，马基雅维利的《君主论》则挑战了这种假设。

马基雅维利此前在佛罗伦萨城邦任职多年，1498年曾担任共和国第二大法官。他仔细研究过古罗马统治者和市民的行为，特别钦佩他们愿意以行动来保卫自己的国家。另一方面，他蔑视当时意大利内部城邦的不睦与争吵。在评价当时的意大利政局时，他总结到，只有最强的、最无情的领导者才可能对意大利人发号施令。

从马基雅维利的观点看，任何一个领导应当展现的美德是伦理实用主义。政治家的首要职责，他认为，就是保卫国家和制度，不管采取什么样的手段。因此，他认为，君主的当务之急以及首要的职责就是发动战争（阅读材料 6.5a）：

> **阅读材料 6.5a**
>
> **尼可罗·马基雅维利，《君主论》，第 14 章选段（1513 年）**
>
> 君主除了战争、军事制度和训练之外，不应该有其他的目标、其他的思想，也不应该把其他事情作为自己的专业，因为这是进行统帅的人应有的唯一专业。它的效力不仅能够使那些生下来就当君主的人保持地位，而且有许多次使人们从老百姓的地位一跃而高居王位。反之，大家都知道，君主沉醉于安逸比对关心军事想得更多便亡国。

一旦注意力转向战争，君主必须愿意牺牲道德权利来换取实际利益，因为"我们所生活的方式，应当生活的方式，会如此地截然相反以至于如果采取一种而不采取另一种方式，行动者不是在拯救自己而是在毁灭自己"。因此，"对想要维持地位的君主而言，应当学会如何去做除善以外的其他事情"。善，在马基雅维利看来，某种程度上是个相对的品质。他说，一个君主"丝毫不要犹豫……蒙受对那些恶习的责难，因为没有它们，他就无法维护自己的权威；如果他通盘考虑，就会发现有些行为看似美德，但如果遵循它们，则将会招致毁灭；而有些事业看似邪恶，但如果追求它们，则将确保安全和幸福"。君主的幸福，换句话说，是极其重要的，因为他的幸福也是整个政权的幸福。

马基雅维利进一步论证，君主一旦发动战争，在征服一个国家后的三种统治方式：毁掉它；驻跸此地；或让它保持原有的法律。马基雅维利建议采用第一个选择。他认为，当君主打败了一个共和国时则更应如此（阅读材料 6.5b）：

> **阅读材料 6.5b**
>
> **尼可罗·马基雅维利，《君主论》，第 5 章选段（1513 年）**
>
> 在共和国有一种更强的活力，更激烈的仇恨，更热情的复仇渴望。他们缅怀过去的自由，就不平静，而且也不能够平静下来。因此，最稳妥的办法就是把他们消灭掉，或者驻扎在那里。

由于马基雅维利的初衷是将此书献给遇刺的朱利亚诺·德·美第奇，而成书之时是教皇利奥十世在位，所以该书很有可能是警告美第奇家族的教皇们不要远在罗马就不关心故乡佛罗伦萨的事务。但他最终为了获取政治支持，把它献给了时任佛罗伦萨公爵的洛伦佐·德·美第奇。这本书从罗马的历史中吸取教训，旨在将其作为意大利抗击法国入侵的指南。

最后，马基雅维利说，君主应当让人害怕，而不是受人爱戴，因为"人们冒犯一个自己爱戴的人比冒犯一个自己畏惧的人要少些顾忌"，"因为爱戴是靠恩义这条纽带维系的；然而由于人性是恶劣的，在任何时候，只要对自己有利，人们便把这条纽带一刀两断了。"

　　《雅典学院》也称《哲学》，通常被认为是拉斐尔在罗马梵蒂冈签字大厅所绘四幅画作中最重要的一幅，其古典风格通过以下方式清晰地体现了出来：幻觉上的基于古罗马澡堂的建筑背景；将观者的注意力引向两位中心人物（即哲学之父柏拉图和亚里士多德）的一点透视法；创作的题材，即文艺复兴时期人文精神的哲学基础。画中所有人物，虽然有些身份不详，

柏拉图（约前428—前348），与达·芬奇的自画像很相近。手向上，表明指向人的精神世界。手指有点像《最后的晚餐》中疑惑不解的托马斯的手势。柏拉图手里拿的是《蒂迈欧》。

阿波罗太阳神，手拿里拉琴，他是理智之神、音乐庇护神、哲学启示的象征。

伊壁鸠鲁（前341—前270）正在读一篇文章，他头戴葡萄藤做的饰物，那象征着他的哲学思想：追求心灵和身体的享乐，就可以获得幸福。

毕达哥拉斯（前580—前500），希腊数学家，正在给兴趣盎然的学生图解他的理论。包着头巾的是阿拉伯学者阿威罗伊（1126—1198）。

罗马梵蒂冈签字大厅。左弦月窗为《帕纳索塞斯山》，右弦月窗为《雅典学院》。

但左侧基本上属于柏拉图学派，而右侧属于亚里士多德学派。文艺复兴时期的人文主义者认为，他们体现了不断追求学问与真理的理想。拉斐尔的作品，其鲜明的特点是清晰、平衡与匀称，这些特点成为后来好几个世纪画家遵循的基本准则。

亚里士多德（公元前 384—前 322）拿着《尼各马可伦理学》，右手指向观察者所居的尘世的世界，强调他对经验主义的信念：只有对自然世界进行仔细研究和检验，才能够了解宇宙。

密涅尔瓦，智慧女神，庇护那些献身于追求真理和艺术之美的人。

拉斐尔本人。

力山大大帝（公元前5—前 323）在同苏格底（约公元前 470—前）辩论。苏格拉底扳指列举要点。

赫拉克利特（约公元前535—前 475），沉思的希腊哲学家，他对人的愚行感到绝望，穿着石匠靴。这实际上是米开朗基罗的自画像。

犬儒主义的代表戴奥真尼斯（约公元前 412—前 323）。他漫步雅典街头寻找诚实之人，痛恨身外之物，晚上睡在一个桶里。

欧几里得（公元前 3 世纪），其《几何原本》一直到近代都是标准的几何读本，这张像实际上画的是布拉曼特。

托勒密，2 世纪时的天文学家和哲学家，拿着一个地球仪。与他面对的是琐罗亚斯德（约公元前628—551），手拿一个天体仪。两人都转向一个面对着我们的年轻人，他就是拉斐尔。

拉斐尔《雅典学院》，1510—1511。罗马梵蒂冈签字大厅壁画，尺寸：579 厘米 ×823 厘米。

马基雅维利认为，人是"薄情寡义的""不诚实的""简单的"，以及像他说的，总而言之，是"恶劣的"。因此，国家应当由不同于治理个人的道德来治理。这样的道德和伦理实用主义与基督教的教义完全相悖。1512 年，教皇尤利乌斯二世的军队占领了佛罗伦萨共和国，恢复了美第奇家族对佛罗伦萨的统治，解除了马基雅维利的第二大法官的职务。马基雅维利接着蒙冤，有人指责他参与了推翻新政府领导的阴谋，他被监禁，受到折磨，最终被永久地流放到远离佛罗伦萨的山村农家。1513 年，他开始写《君主论》一书。

《君主论》尽管广为流传，但与基督教奉行的道德准则大相径庭，以至于在 16 世纪受到冷遇。整个 17，18 世纪，人们对它更多的是谴责而非褒扬，主要是因为它似乎维护君主专制。今天我们把它看成一份关于政治学的先锋性文本。作为一篇关于政治权利的文章，它只不过是把我们今天在现代历史中人们经常看到的政治权宜之计和尔虞我诈合理化罢了。

威尼斯的文艺复兴鼎盛时期

15 世纪中叶，维托雷·卡尔帕乔（1450—1525）画了一幅《圣马可飞狮》（图 6.30），它是威尼斯共

和国的象征。狮子前爪在陆地上，后爪在海水里，象征着陆地和大海对这个城市的重要性。早在六七世纪的时候，北部的伦巴第人迫使波河三角洲的居民逃亡到充满沼泽和潟湖的岛屿上，后来这里就成了威尼斯。自从那以后，贸易成了威尼斯的命脉。

威尼斯不仅四面环水，拥有天然屏障，而且城邦面积很大，控制着整个波河北部的冲积平原，包括帕多瓦和维罗纳，以及向东延伸到米兰附近。这片广阔的领土被称为"坚实的土地"，与城区的运河和岛屿不一样。在这片"坚实的土地"之上，威尼斯人确立了北抵阿尔卑斯，东至小亚细亚、波斯和高加索的贸易路线。正如一名 13 世纪的威尼斯历史学家指出的那样："商品经由这个高贵的城市就像水从泉眼中流出。"到 15 世纪，威尼斯城已成为时尚之城。在 1423 年，威尼斯共和国终身总督注意到："现在我们投资于丝绸产业的资本是 1000 万达克特（约合 3900 万美元），每年出口贸易中赚取 200 万达克特（约合 780 万美元）；城里有 1.6 万名纺织工人。"这些纺织工人生产整个欧洲大陆需要的缎子、天鹅绒和织锦。随着这些商品涌动的是更大的财富。结果，城市成了一个海上强国和知名造船中心，它既能够保护也能够充分利用海洋资源，这是欧洲其他任何城市（很可能要除开热那亚）都不可想象的。

图 6.30　维托雷·卡尔帕乔，《圣马可飞狮》，1516 年。油画布上的油画。尺寸：139 厘米 ×368 厘米。现珍藏于当年总督的宫殿内。威尼斯人相信天使见了圣马可，预言他将被埋在威尼斯今圣马可大教堂的地方，于是他们将他的遗骸从埃及挖出之后运往威尼斯。

威尼斯人认为自己受到圣马可的保佑,于是将他的遗骸安放在圣马可大教堂。在这个守护神的庇护下,这个城市得以在和平中繁荣起来。飞狮左前爪扶着一本圣书,上面用拉丁文写着天主教的圣谕:"安息吧,我的使者圣马可!"在狮子的后面,整个环礁湖的对面可以看到的是圣马可广场,它高高的钟楼,圣马可教堂的圆顶,以及共和国总督的宫殿。在意大利,几乎其他每一个城市,教会和政府都是分开的,但在威尼斯,政治和宗教的中心都是紧挨着的。和平、繁荣、目标的统一是这个城市最伟大的资产——最重要的是,这些原则是威尼斯的市民们坚信不疑的。

威尼斯的建筑

1370 年,威尼斯动工修建具有浓郁哥特式风格的总督宫(图 6.31)。在文艺复兴时期,一种精巧设计的、花枝招展的建筑风格就在它的影响下发展起来。在总督官里,没有任何迹象表明有必要修一个能起防御作用的空间来保护这个国家。有两层楼都是缀以四叶饰雕刻的哥特式尖拱形敞开的凉廊,仿佛是在邀请市民进入大厅。顶层石雕工艺中的菱形图案让原本可能厚实的正面看起来有一种轻巧之感。饰物和石头的颜色,白色和粉色交错,似乎已经过计算,来反射照在上面的光线,从而使建筑像一颗安放在公共广场上的闪闪发光的珠宝,这简直就是这个城市财富和幸福的写照。这座官殿注重纹理,强调在精心装饰的表面上展现光与影的对比,使之成为威尼斯艺术和建筑的特点之一。

威尼斯主要的交通要道就是蜿蜒曲折的大运河,许多市民沿运河修建了他们的家园,在这里,我们可领略到城市的财富和全民的幸福感。沿河的建筑中,最宏伟的便是黄金宫(图 6.32)(Ca'd'Oro,在威尼斯语中,Ca' 是 *casa* 的缩写形式,意为 "房子",而 Ca'd'Oro就是"黄金之屋"的意思),由康达利尼家族的族长主持建造。尽管黄金宫建于文艺复兴时期,但它与总督官一样,具有典型的哥特式风格。长久以来,威尼斯的官殿和市民建筑仍保留了哥特式元素,很可能是因为市民们持续地把它们用作城市文化的稳定的符号。

图 6.31 威尼斯总督宫与圣马可大教堂(左)。文艺复兴时期,威尼斯建筑就受这种哥特式风格的影响,随之发展出了一种精心设计的、十分惹眼的建筑艺术风格。

图6.32 乔瓦尼·彭恩与巴托罗姆·彭恩设计的黄金宫。康达利尼宫，威尼斯。1421—1437年。这座宫殿曾为威尼斯一显赫家族修建，今天依然非常壮观。我们只能想象当初竣工之时各种饰物都镀上金色之后的样子。从这个角度，看不见佣人所住的阁楼。

黄金宫正面有三个不同的凉廊，正面设计不对称，这是威尼斯其他中型宫殿的设计特点。最初，康达利尼命令用作窗饰雕刻的石头要涂上白色的铅和颜料，从而让它看起来像大理石。点缀物中使用的红色维罗那大理石也涂上颜料和漆，从而形成最深最丰富的颜色。正墙的栏杆上镶嵌的球，圆拱底部的莲花雕饰，在角落的柱头上的叶子，大楼的嵌线，窗口的尖顶，以及在窗上的圆形饰物，还有门廊上方的拱顶都被镀上金色——从而得名黄金宫。在柱头的背景和其他细节上，涂上了从青金石中提取的深蓝色，青金石是一种较为名贵的进口宝石。

康达利尼家族修建黄金宫七年后，科西莫·德·美第奇开始在佛罗伦萨修建美第奇官殿（图6.12），但感觉和韵味全然不同。康达利尼的官殿，轻快的窗饰和装饰，轻盈而精美；科西莫的宫殿，有着纪念碑式

的正面，石墙厚实。一个面朝运河，一个背对街道。黄金宫是个人财富和社会地位的炫耀，美第奇官殿的工程宣示着权威与权力。我们在黄金宫这样的威尼斯家园感受到盛大和奢华，对光与影的敏感，细节与设计的丰富，以及威尼斯视觉世界形式和纹理的丰富多样，是文艺复兴时期威尼斯艺术和建筑的独特风格。

威尼斯文艺复兴鼎盛时期的大师们：乔尔乔涅和提香

威尼斯文艺复兴鼎盛时期两位著名的绘画大师是乔尔乔涅（约1478—1510）和提香（约1488—1576）。两位画家都是乔万尼·贝利尼的学生。1500年，达·芬奇来到威尼斯，乔尔乔涅从中受到了极大的启发。在16世纪的头十年，乔尔乔涅和提香有时肩并肩地与乔万尼一起工作，渐渐地学会了如何控制画面，也学会了通过上釉法上色，就像达·芬奇在他柔和明亮的风景画中所做的那样。他们的绘画，像在大运河之畔闪闪发光的伟大宫殿，展现了对光与影细腻的察觉，对细节和设计奢华的炫耀，以及丰富多彩的格调与结构。

乔尔乔涅 达·芬奇的《蒙娜丽莎》中极富味道的神秘特征在乔尔乔涅的《暴风雨》中得到了充分的体现（图6.33）。历史上首次提到这幅作品是在1530年，当时，这幅画出现在威尼斯的一位航海家的收藏品中。关于这幅画的其他细节我们不得而知，这更增加了它的神秘性。画面的右方，几乎全裸的年轻女子正在给孩子哺乳；左面，一个有点凌乱的年轻男子，穿着一件德国雇佣兵的服装，自豪地注视着女子和孩子。在前景里，他们之间有一面山形墙，墙上有两根断了的柱子；在中景里，一条吱嘎作响的木桥横跨在河湾上；远处是道道闪电，照亮了建筑稠密的城市。我们不由地提出以下问题：两人是什么关系？是夫妻？还是情人？他们在暴风雨般的风流韵事中生了怎样一个孩子？这些问题都难以回答。

很明显，乔尔乔涅没有预先素描就开始作这幅油画了，经X射线检查发现，在年轻男子位置前面站着另一名年轻妇女，准备踏入两人中间的一个池子。

图 6.33　乔尔乔涅，《暴风雨》，约创作于 1509 年。布面油画，尺寸：79 厘米 ×73 厘米。威尼斯美术学院画廊藏。

1530 年，当这幅画出现在一名富有的威尼斯人的藏品中时，仅仅被描述成吉卜赛女郎和士兵的风景画。它描绘了日常生活中的风流韵事，似乎很符合威尼斯人的趣味，尽管它的主题模糊不明，但这幅画仍然让我们着迷。

乔尔乔涅事先没做素描就画油画的做法让瓦萨里在其《大艺术家传》中指出，乔尔乔涅在精湛地展现表面的光与影的技巧下面，隐藏了自己不善素描的短板。瓦萨里指出，所有威尼斯艺术家的不足在于他们诉诸感官与情欲的绘画技巧，而佛罗伦萨的画家则崇尚知识追求，运用科学透视法和线性的清晰度，这两者完全相反。

提香　在某种程度上，瓦萨里是对的。喜好感官享受，甚至是直接的性快感，成为威尼斯艺术的重要主题，像提香的许多画所体现的那样。1510 年，乔尔乔涅死于黑死病，年仅 32 岁。比他年少 10 岁的朋友提香完成了他的画作。尽管缺乏比他年长的良师益友在《暴风雨》中捕捉到的男女之事的神秘感，提香的《神圣的爱与世俗的爱》（图 6.34）类似地展现了两性关系，只不过不像乔尔乔涅那么直接。画面右方的裸女手持一盏灯，这盏灯也许象征着神圣的光，把她同维

纳斯女神的新柏拉图式的理想之爱联系起来，因而是神圣的爱。而左面是一位衣着奢华、精心打扮的女子，我们也可以把她看成一个"世间女子"，或者世俗的爱，手里拿着的一束花象征她的繁殖力。在两人之间，爱神丘比特的手伸进了储水池的水里。

这幅画是 1514 年提香受人委托为尼科罗·奥雷利同劳拉·巴戛罗托的婚庆所做。在身着衣服的女子后面，两只兔子在草丛中跳跃，突出了婚姻的主题形象。似乎可能的是，两名女性代表了同一个女人的两面性，因此体现了文艺复兴的女子为了她人文主义的丈夫，将古典知识的学习和智力同婚姻中性爱的坦诚的庆祝结合在一起。

提香的《乌尔比诺的维纳斯》（图 6.35），是 1538 年为乌尔比诺的公爵吉多贝多·德拉·罗沃里所作。这幅画更充分地承认了大多数文艺复兴的妇女的性责任。这名"维纳斯"——比天上的女神更真实的妇女，仅被吉多贝多称为一个"裸体的妇女"——坦率地说是供欢娱的。她盯着观看者，也就是吉多贝多本人，实际上是在暗示她对自己的裸体完全满意（很明显，在房间后面等着的少女和女仆正在挑选可供她穿的好衣服）。她的手遮挡着生殖器，把观看者的目

图 6.34　提香，《神圣的爱与世俗的爱》，约作于 1514 年。布面油画，尺寸：118 厘米 ×279 厘米，罗马波格赛美术馆藏。此画是由一位威尼斯人为了庆贺自己的婚礼而委托提香作的，此画很可能是放在夫妇俩的卧室里。丈夫的盾形纹章画在储水池的外壁上，妻子的纹章画在储水池沿上的银碗内。

图 6.35　提香，《乌尔比诺的维纳斯》（或称《斜倚着的裸体维纳斯》），约作于 1538 年。布面油画，尺寸：119 厘米 ×165 厘米。乌菲齐美术馆藏。提香的技法极大地促进了油画的发展。裸体皮肤上有层半透明的黄白和粉色油漆，与颜色稍浅的微带蓝色的床单形成鲜明的对比。她身后深色的布帘进一步增强了与光洁的身体的对比度。

光引向那里。传统上象征着忠诚与欲望的狗，慵懒地躺在她脚下白色的地毯上。也许她是个专与高官往来的情妇，也许是个新娘，人物身份非常模糊（仆人们正翻箱倒柜往外拿出衣服，在意大利，箱子在传统上就是指婚姻）。这两种情况中，无论从哪一个来看，画中的女人首先是欲望的对象。

　　提香的作品在 16 世纪 50—70 年代继续发展，他的笔法开始越来越松散，也更多地采用指画法。在《神圣的爱与世俗的爱》以及《乌尔比诺的维纳斯》中由新鲜的轮廓线所传达的坦率的感官享受也在艺术家处理画作本身的过程中表现了出来。事实上，参观者可以感受到提香在之后的作品中的独特处理，因为他实际上是用他的手指和画刷的把端来作画。但是，提香对色彩的掌握——丰富多样的暖红色，油画表面的光泽——在这些画中如此明显，绝不改变。当人们谈及"威尼斯"色彩时，他们必定会想到提香。

意大利人文主义社会中的女性

　　乔尔乔涅和提香的画都把意大利人文主义社会中妇女们的地位这个议题提了出来。因为人文主义的观念帮助整个意大利城邦重新界定了个人与国家的关系，并给男性市民更大程度的自由，妇女们也开始受益。尽管在文化的各个层面，她们的角色可能仍然被归为家庭生活，但她们逐渐接受教育，因此能更好地宣称自己的地位，特别是对中产阶级和上层阶级的妇女，这一点更明显。偶尔，有些妇女们通过她们的成就取得了显赫的身份和地位。

妇女教育

在意大利人文主义宫廷里，统治者的妻子和有可能成为其他统治者的妻子的女儿们接受了人文主义的教育。像克里斯蒂娜·德·皮桑（见第 5 章）一样，她们掌握了法语和拉丁语，能以母语进行优雅、轻松的创作，并对古典的和方言的意大利文学作品相当熟悉，至少还浅涉了一点数学和修辞知识。她们被期望成为优秀的音乐家和舞蹈家。另外，商人阶级成为一个富有的并有社会责任感的阶级，他们认为有必要让那些丈夫是行会和兄弟会成员的妇女们接受某种程度的教育。

佛罗伦萨的商业系统要求每一位男子都应当掌握数学、会计的实用知识和阅读能力。如我们所知，在行会里，这些知识每天都要使用，行会也是公共工程的主要赞助者，从大教堂、礼拜堂到装饰这些教堂的雕塑和绘画。总的来说，这些商人行会人士的妻子们不仅要熟悉丈夫的事务，而且还要熟悉这个城市更重要的事务。许多人在两种事务中都扮演了更为积极的角色。确实，因为妇女们习惯上是在 13~17 岁嫁给通常比她们大得多的男子，他们通常要继承家族的事业。为了维持她们的经济与个人的独立，许多人不会改嫁。

例如，罗马最有影响力的妇女，要么通过血缘关系，要么通过婚姻关系同教会的等级制度联系在一起。他们的哥哥或者姐夫、妹夫、叔叔和侄子等都是乐善好施的红衣主教和教皇。作为丈夫的房产经纪人，同时也是寡妇，许多妇女成为女修道院的重要资助人，在那里她们可以逃脱社会对守寡的责难。

妇女与家庭生活

然而，对大多数妇女而言，丈夫是社会生活的积极参与者，而妻子负责管理家庭事务。《论家庭》（这

本于 1443 年出版的书里，作者阿尔贝蒂——也就是我们前面提到的《论绘画》的作者，阐述了科学透视法原则）一书赞许地引用了一位年轻的新郎向他的家人介绍他的新娘所说的话：

> 我的妻子嫁来我家几天后，等她先前对母亲和家人的思念之痛开始慢慢消退后，我便拉着她的手，带她看了整个屋子……最后，家里没有一件东西她不知道放置的地方和用法的了。然后，我们回到了卧室，关上房门，我把财宝、银器、织锦、衣服和珠宝一一展示给她看，把每一样东西放置的特定位置讲给她听。

很明显，对阿尔贝蒂而言，家庭是一个有序的系统。家里的每一件东西都有它恰当的地方，正如每一幅透视画中每件物体都有其正确的和恰当的摆放位置。而一个女人的恰当的身份便是为丈夫服务。

我们已知的被认为是宫廷夫人们恰当的行为，大多来源于卡斯蒂利奥内的《廷臣论》，该书的部分内容涉及了贵族绅士的行为，故其中也详举了绅士对夫人的期望。例如，乌尔比诺宫廷那些侃侃而谈的贵族就普遍认为，一位廷臣的夫人应当从多数有利于廷臣的规则中受益。因此，女性应该展现出很随意轻松地就完成了一件事，即意大利语中的 *sprezzatura*。例如，本书中朱利亚诺·德·美第奇对一群夫人和绅士所讲的一席话，旨在指出一名夫人除了她丈夫的成就外还需要什么（阅读材料 6.6）：

阅读材料 6.6

卡斯蒂利奥内，《廷臣论》卷 3 选段，（1513—1518 年；1528 年出版）

[宫廷夫人] 不仅要有辨别同她讲话的人的品质的良好意识，还要了解很多东西，为了雅致地让他高兴；在她的谈话中，她应当知道怎样去选取那些适合她的谈话对象的品质的内容，同时也要小心，无意之间可能会说出些冒犯他的话来……她不应当愚蠢地装作知道些并不知道的事情，而要谦虚地在她了解的领域内赢得声望……我希望这位夫人能识字、懂音乐、了解绘画，并知道如何跳舞及取悦他人；除了那些已经教给廷臣的规训外，她还要谦虚谨慎、给他人留下个好的印象。因此，在她的谈话中，在她的笑、她的举止、她的笑话中，简

> *而言之，在一切事情中，她将会变得非常优雅，能用那些适合她身份的俏皮话和玩笑话得体地取悦每一个与之相见的人……*

相反，对卡斯蒂利奥内来说，廷臣必须是通才，是全才，要努力去展现自己完美全面的才能，而廷臣夫人则必须相夫教子使整个家庭越来越完美。

劳拉·切雷塔与卢可内西亚·玛内尼拉：文艺复兴时期的女权主义者

15 世纪时，许多妇女除了能像卡斯蒂利奥内所说的要"能识字、懂音乐、了解绘画"外，还努力追求某种程度的教育。最有趣的当属劳拉·切雷塔（1469—1499）。她出生于布雷西亚（当时属于威尼斯内陆区）一个颇有名望的家族，在家中排行老大。11 岁时，她在一所女修道院接受修女们的教育。她学习了阅读、写作、刺绣和拉丁语，直到她的父亲让她回家帮助抚养兄弟姐妹们。但父亲仍然鼓励她继续学习，在他的藏书室里，她潜心地阅读了拉丁文、希腊文和数学。但是，15 岁时，比起对学习的追求，她决定做一名母亲，嫁给了当地的一名商人。丈夫去世两年后，她又重新继续学习。1488 年，仅 19 岁她就出版了《家书》，收录了 82 封写给朋友和家人的拉丁文书信手稿，其中多数是写给妇女的，以及一篇经典的葬礼演说的讽刺作品。

切雷塔的信，被称为《为妇女的教育自由辩护》，是 15 世纪意大利最重要的一份文献。一位批评家称她为天才，但又暗示说真正的女人文主义学者极为罕见，她父亲才是那些信稿的真正作者。切雷塔解释为什么女性学者寥寥无几，接着便为自己的学习辩护（阅读材料 6.7）：

阅读材料 6.7

劳拉·切雷塔，《为妇女的教育自由辩护》选段（1488 年）

> 杰出的妇女何以很少这个问题有待讲明。原因很清楚：女人天生本可以成为俊杰，可惜目标定得太低。有些女子关心如何正确地梳头、用漂亮的衣服打扮自己，或者用珍珠和其他一些宝石来装饰自己的手指。其他的一些女子则喜欢讲一些精心打磨的话语，沉迷于跳舞，

> 或逗弄些讨嫌的小狗。还有些人则希望看看过多的宴会表演，通过睡觉休息，或者，站在镜子前，打扮她们骄人的脸蛋儿。但是那些内心渴望获得美德的女子，在她年轻的灵魂里一开始就懂得克制，思考一些更深刻之事，通过节制和考验让身体变得更为坚强，然后控制她们的舌头，打开她的耳朵，在醒着的时间里整理她们的思绪，在沉思中净化她们的心灵，并付诸那些正直的文字。因为知识不是天赐，须由勤奋获得。自由的心灵，并非逃避努力，总是热忱地追求至善，求知的欲望又宽又深。因为不是特别的神圣，所以我们女人被造物主赋予了特别的禀赋。自然总是慷慨地将它的礼物赠予所有人，对所有选择的大门敞开，通过选择的大门，理性可以支配意志，通过意志她们学习和传递它的渴望。意志必须选择实践理性这份礼物。

切雷塔的观点与皮科·德拉·米兰多拉在《关于人的尊严的演讲》中持有的观点类似。女人，像男人一样，能够在追求知识的过程中实践她们的自由意志。如果亚当能够选择以他喜欢的形式来塑造自己，那么夏娃也可以。

100 年以后的威尼斯，情况几乎没有改变，这一点在卢可内西亚·玛内尼拉（1571—1653）的《女性的高贵和卓越及男性的缺陷和恶习》一书中体现得非常明显，此书于 1600 年左右在威尼斯出版，并广泛流传。玛内尼拉是当时最多产的女作家之一。她出版了很多作品，包括一部田园剧、音乐作品、宗教散文以及一首史诗，这首诗歌颂威尼斯在第四次十字军东征中所起的作用，但是她有时针对男性的刻薄的言论在当时的文学中是很独特的。《女性的高贵和卓越及男性的缺陷和恶习》是对当时一名威尼斯作家吉尤塞皮·帕西的《女性的缺陷》一书中对女性的诽谤所作的回应。

对接受了人文主义教育的玛内尼拉来讲，足够清楚的是，任何诋毁妇女的男人都是因为愤怒和嫉妒的驱使（阅读材料 6.8）：

阅读材料 6.8

卢可内西亚·玛内尼拉，《女性的高贵和卓越及男性的缺陷和恶习》选段（1600 年）

> 当男人想要满足他恣意的欲望却因为女人的节欲

和克制而达不到目的时，他很快就变得愤怒和轻蔑，愤怒中他说着任何可以想到的坏话，仿佛女人是邪恶可憎的……当男人看到女人无论是品德还是美貌方面都比他更胜一筹时，或者她甚至应当受到他的尊敬、喜爱时，他就内心纠结、陷入嫉妒之中。因为找不到其他的发泄方式，他便以尖刻辛辣的方式诉诸错误的和似是而非的辱骂和责难……但是，如果男人稍加思考，就会认识到自身的不足，进而就会变得多么谦卑和低调！也许有一天，上帝也愿意，他们就会意识到。

在玛内尼拉看来，文艺复兴的女性应该拥有的是卡斯蒂利奥内的道德标准和人文主义的个人主义，而不是廷臣们所说的那一套。本书的第二部分是关于男人的缺陷和恶习的，作者从反面回击帕西的观点，把他给予女性的恶性全部归于男人。但是，也许玛内尼拉最重要的不同之处在于她坚持认为女性是自主的个体，不应由她与男人的关系来界定。

维罗妮卡·弗朗科：文学艺妓

在威尼斯最有学识的市民要数所谓的"诚实的艺妓"，与仅出卖自己肉体的普通妓女不同，她们颇有学识，并进入城市贵族圈子。17世纪时，一名到威尼斯参观的游客这样写道："你会发现威尼斯艺妓是很不错的修辞学家和优雅的谈话者。"她们经常遭受公众的嘲弄，因为任何降临到威尼斯共和国的麻烦事都会怪罪于这些艺妓和犹太人。但是，与玛内尼拉等作家认为的一样，这些麻烦事都是男人自己的缺点和欲望造成的，而不是故意为之的罪人造成的。这群艺妓，实际上，主宰着整个威尼斯的文学领域。她们的许多诗歌将宫廷爱情诗歌的陈词滥调变为了直率的情色比喻，动摇了男人在意大利社会中高人一等的地位，这种方式可与切雷塔和玛内尼拉这样的原型女权主义作家的作品媲美。

也许最著名的威尼斯艺妓是维罗妮卡·弗朗科（1546—1591），她出版了两卷诗歌:《三行体诗》（1575年），以但丁首先引入的意大利诗歌形式 *Terze rima* 的复数形式 *Terze rime* 命名；以及《给各色人等的家常信》（1580年）。她也在颇受人们重视的选集里收集了其他主要作家的作品，还为艺妓和她们的孩子建立了一个慈善机构。

16世纪70年代，在一次著名的威尼斯文学沙龙上，男性和女性诗人阅读并交流他们的作品，弗朗科一下声名狼藉。她的诗歌歌颂了她作为艺妓在性方面的专长，同时，以宫廷传统中的朦胧形象，承诺要满足与她谈话者的欲望。请看第13首诗，她调皮地要一个情人来"决斗"（阅读材料6.9）：

阅读材料 6.9

维罗妮卡·弗朗科，《三行体诗》第13首

勿再多言！行动吧，到战场，拿起武器！
因为，决定要死，我想解脱自己
从这无情的虐待中。
我能把这称为挑战吗？我不知道，
因为我在回应一个挑衅；
但为什么我们不能用言语来决斗呢？
如果你喜欢，我就说你在挑战我；
如果不喜欢，那我就来挑战你；
我可以接受任何一条路，
任何同样适合我的机会。
你却需要选择地点或者武器，
而我却会从剩下的选择里选择其一；
要不，两个都来……

来这里，而且，满是最邪恶的欲望，
为你凶险的任务绷紧硬撑，
用大胆的手，拿起那尖锐的刀刃。
不管你交给我什么样的武器，
我都欣然接受，特别是如果它刀尖锋利
强健，也能很快形成伤口。
让所有的铠甲都从你裸露的胸膛剥去，
这样，没有防御、暴露于撞击，
它可能揭示你它内部的勇气。
不要让任何其他人在这场比赛中干涉你，
让它就仅限于你我两个，
在掩着的门后，把分分秒秒消遣了去……

为了报复你不公平的攻击，
我开始行动，勇敢地战斗，
当你也在自我保护中着了火，
我要同你一起死，因同样的撞击而倒地。
啊，希望空空，残酷的命运
让我永远哭泣！

> 但是紧紧抓住，我强有力的、无畏的心，
> 那个恶棍最后的破坏，
> 为你数千次的死亡复仇，毕其功于一役。
> 然后，结束你的苦痛，用这同样的刀刃……

这里，弗朗科把骑士的语言以熟练的双关语转变成卧室里的戏谑，这种双关语可以用两种方式来理解。这种二重性是聪明才智和情色淫荡的同时表达，也是威尼斯风格的基础。

威尼斯文艺复兴鼎盛时期的音乐

几乎没有例外，在文艺复兴时期有着文学成就的妇女在音乐上也颇有建树。像弗朗科这样的高级艺妓又能唱又能演。到16世纪后半叶里，我们知道妇女们也在创造音乐。最著名的要数威尼斯的玛达勒纳·卡苏拉娜。

玛达勒纳·卡苏拉娜的牧歌 卡苏拉娜是第一位能够看到她的作品出版的专业女作曲家。1566年，她的曲谱集《欲望》在威尼斯出版。两年后，她把她的第一本歌集献给伊莎贝拉·德·美第奇·奥西娜，上面有这样的话："我想要……向世界展示……男人的自负，他们自认为是知识这一最高礼物的大师，他们认为这些礼物不能为女人平等享有。"

卡苏拉娜著名的作品几乎包括了全部牧歌（*madrigals*）。牧歌是一种世俗的有声作品，大概三个或更多的声部。它于16世纪风行整个意大利，并主宰了整个世俗音乐。在弗罗托拉（*frottola*）这种音乐体裁下，连续的歌词段落，采用重复的音乐；而牧歌是连篇创作曲式，每一句歌词都对应新的音符（但允许不同的较早的主题或动机的重复）。它允许生动的描绘，音乐的元素可在情绪或行动中模仿歌词的意思。例如，痛苦通过非常低的音高来表现，就像在卡苏拉娜的《我心不死》这首歌里。这首歌表达了对已经恶化了的关系的悲痛之情，而讲述者打算用尖桩刺穿自己的心脏，因为实在是太痛苦了。当她说"我知道你会死"（意大利语：*Morir nonn può il mio cuore*），表

明她的自杀可能也会杀死她爱人的时候，这时的音乐通过旋律跳动的相继进行实现了生动的描绘，对她而言，他的死或许不是坏事。

阿德里安·维拉尔特对多声形式的革新 尽管有卡苏拉娜的成功，但让16世纪的威尼斯牧歌流行起来的关键人物则是荷兰人阿德里安·维拉尔特（1490—1562）。1527年，维拉尔特被任命为圣马可教堂的唱诗班乐正，这是威尼斯城的最高音乐职位了。他带来了浓浓的人文主义精神，在承认过去伟大成就的同时，都得致力于革新和原创。维拉尔特的主要兴趣是多声部的音乐，像经文歌和牧歌那样的。这两种体裁，他都注入了激进的新观念，这主要体现在他的《新音乐》之中，该曲集收录了27首经文歌和25首牧歌。《新音乐》于1559年出版，但大部分歌曲作于16世纪30年代末和40年代初。

维拉尔特对多声部音乐的热爱促成了其他创新。在圣马可教堂，这位"威尼斯乐派"的奠基人惯常使用两个唱诗班（有时会更多）来创造一种复调合唱的风格，教堂两侧的唱诗班交替歌唱，不断推进复杂的音乐表现形式，以达到立体声效。这种改编方法在他的《诗篇歌断片》1550年出版后引起乐界的注意。他也给礼拜仪式增加了新的器乐形式，包括一个用管风琴演奏的短序曲和一个大师级序曲，也是为管风琴而设计的器乐，这种器乐称为托卡塔（*toccata*，来自意大利语，意为"触摸"），设计的目的是来表现乐器宽广的音域和表演者的手非常灵巧的特点。这两首器乐很快就在欧洲各地模仿起来。维拉尔特在威尼斯的这些丰富的音乐体验，并不像威尼斯的画那样丰富多彩——光线与情感的交融。

乔尔乔涅的《田园音乐会》以及提香的《神圣的爱与世俗的爱》展现了我们在薄伽丘《十日谈》里所看到的逃避现实的倾向（见第 5 章）。在薄伽丘的故事里，生活在佛罗伦萨的一群青年男女因黑死病的爆发而逃往乡下，在 10 天的时间里，讲述了一系列故事，有粗鄙的和色情的，也有道德的和模范的。文艺复兴的人文主义者认为隐居乡下是一个值得尊敬的古罗马传统，罗马诗人贺拉斯曾在《颂歌》（见第 3 章）里完整地记录了生活在乡下的这种快乐：

在乡下我当如何打发时光？

这个问题的回答很是简短：

吃午饭喝酒，唱唱歌表演，

洗洗澡吃晚餐，就睡觉。

文艺复兴鼎盛时期，富裕的威尼斯家庭追随先辈的足迹，也例行地逃往乡间私人别墅，躲避城市的热浪和潮湿。由安德烈亚·帕拉迪奥设计的圆厅别墅（*Villa La Rotunda*，图 6.36）位于维琴察市郊，它是乡间别墅的样板。就像威尼斯其他许多建筑那样，房子向外敞开，朝着乡间的阳光，而不是对着庭院的影子。它位于一座小山丘，帕拉迪奥在别墅的四面都设计了人字墙凉廊，宽敞的阶梯通向这些凉廊，其目的是用来更好地欣赏风光。

图 6.36　安德烈·帕拉迪奥设计的圆厅别墅，始建于 15 世纪 60 年代。

该圆厅别墅是为 16 世纪 60 年代的一名人文主义牧师而建，其中心的设计使人联想起达·芬奇的《维特鲁威人》（图 6.19）。事实上，帕拉迪奥与达·芬奇一样，是维特鲁威一位非常认真的学生。圆厅别墅模仿了万神庙（图 3.18），这一点并不让人惊奇，因为在 16 世纪时，帕特农神庙与其他圆屋顶式的圆形房间一样被看成圆厅式建筑。尽管缺少帕特农神庙镶嵌的天花板，也不及它的规模，但帕拉迪奥的别墅初建之时因为从圆屋顶开了一个七尺直径的圆孔而非常有名，就像帕特农神庙对着天空敞开一样，但在今天，它的上面加了一个穹顶。就在圆孔的下面，石制的下水道是有着半人半羊的农牧神的脸，可让雨水渗漏到地下。尽管威尼斯依赖于内陆的农业经济，但是圆厅别墅并不是为农场设计的，而是为享受家庭生活和娱乐休闲设计的。

帕拉迪奥在威尼斯附近修建了很多别墅，每一栋都极为有趣，各具特色，组成了文艺复兴鼎盛时期重要的建筑群，多个世纪以来它一直影响着许多国家的建筑。他死后大约 300 年，托马斯·杰斐逊效仿帕拉迪奥的圆厅别墅，在自己的家乡蒙蒂塞洛修建了自己的乡间别墅（图 6.37）。它位于弗吉尼亚州的夏洛茨维尔市外的一座小山上，在很多方面都极像帕拉迪奥的圆厅别墅。与圆厅别墅不同的是，蒙蒂塞洛是农场的中心，杰斐逊在那里继续体验着农业技术和方法。但是，杰斐逊意识到帕拉迪奥对各种几何形状如圆形、圆柱体和球体的使用给人和谐与秩序之感，在他看来，和谐与秩序正是这个新独立的美利坚合众国的理想追求。

图 6.37　美国独立战争领导人之一的托马斯·杰斐逊先后于 1770—1784 年和 1796—1806 年在他的家乡弗吉尼亚州的夏洛茨维尔蒙蒂塞洛修建的圆厅别墅。

第7章

文艺复兴与北欧宗教改革

在财富与贫困之间

十五六世纪的意大利并没有垄断整个欧洲的艺术。在北欧，弗兰德地区的布鲁日是一个重要的文化中心，它在艺术和商业上都可与意大利城邦相匹敌。作为北欧的金融首府，它是美第奇家族在该区域获取银行利息的主要地方，而且形成了实力雄厚的商人阶级。尽管地处内陆，却与北海相连，可使布鲁日通过水路与其他商业中心相通。这条水路在入海口用水闸封住，用 16 世纪的话说："凭借人的艺术创造与聪明才智，仅通过一道木门即可让汹涌的海水进进出出，真是了不起的奇迹。"水路可一直通到布鲁日市中心的水厅，那里有一个可以装卸货物的仓库和大型市场（图 7.1）。

城市富有的富商阶层，像贵族一样，积极支持艺术。本章勾勒了像布鲁日这样的北欧文化中心，特别是安特卫普、巴黎和伦敦的商业市场的发展，这些文化中心将永久地改变西方艺术文化的本质。革新的思想主宰着整个艺术领域，很大程度上受到了市场竞争的刺激。市民和商业集团对艺术赞助完全可以与教会和贵族的赞助相媲美，艺术作坊也越来越商业化。在伦敦，各阶层的观众云集到泰晤士河南岸，观看戏剧社的演出，这些戏剧社为赢利相互竞争，其利润足以让他们自立。

但是，在北欧不断繁荣的背后有更黑暗的一面。在一本关于北欧文艺复兴崛起的经典著作《中世纪之秋》中，作者约翰·赫伊津哈对北方紧张的生活作了以下描述：

> 那时，缓减疾病和不幸的手段比现在少；它们袭来时，比现在恐怖得多，也更令人痛苦。疾病与健康形成的反差也比现在强烈。冬天彻骨的寒冷与恐怖的黑夜是更为具体的痛苦与不幸。对荣誉和财富的追求更加狂热而贪婪，因为它们与令人悲怜的贫困有着更强烈的对比。奢侈的皮袍、明亮的炉火、畅饮与狂欢、柔软的卧榻都是高尚的人生享受……
>
> （中世纪的）生活是如此激烈与多彩，以至于它竟能忍受血腥的味道与玫瑰的芬芳混杂在一起的气味。在地狱般的恐惧和更幼稚的笑话之间，在残忍的酷刑与感伤的同情之间，人们蹒跚而行，就像长着小脑袋的巨人四处跌跌撞撞。人们生活在极端之中，一方面几乎绝对否定人世间的一切快乐，而另一方面又疯狂地渴望财富和娱乐；一方面是刻骨铭心的仇恨，另一方面又是欢娱的狂欢。

教会几乎也不能给人提供任何安慰，因为对很多人而言，它似乎就是罪行和腐败的源泉。它委托的颂扬上帝的艺术作品，其恢宏的背后很容易让一个北方人联想到围绕在自己身边的贫穷与黑暗。事实上，北欧人的想象总是充满悲观主义情绪。从一个悲观主义者的观点来看，基督被钉在十字架上正表明痛苦和苦难不可避免，而不是对美好来世的承诺。在艺术上，这种悲观主义体现在对痛苦的煞费苦心的描述，特别是在德国。同时，从意大利传来的人文主义理想也扎根于此并得以传播。

◀ **图 7.1　彼得·克莱伊森（生卒年不详），布鲁日的七大奇迹，详图，约 1550—1560 年。** 木板油画，尺寸：88 厘米 ×123 厘米。私人收藏。该油画把当时散布在布鲁日的几大建筑物集中到一个场景中来。画面中，前景中心位置的长方形建筑是水厅，是距离市中心很近的一个仓库和大型市场。水厅背后是市政厅，象征着城市享有通过贸易与史无前例的商业活动所带来的繁荣。

艺术、商业和商业赞助

在布鲁日，绘画是主要的商品，仅次于布匹。肖像制作公司制作许多小型祷告面板、私人祷告书、肖像画和城市景观图出售。每年五月，布鲁日市都将赞助一个巨大的展销会，那时画家、金匠、书商和珠宝商会在方济各修会教堂的回廊里的180多个租来的摊位上展示他们的商品。因为价格相对便宜，油画往往最受欢迎。油画媒介已为人所知数个世纪了，中世纪的画家已经使用油漆在石头、金属上，偶尔也会在石膏墙上作油画。油画使扬·凡·艾克这样的艺术家可以把细节、细微的颜色和明暗渐变加入他们的画作之中，产生了明显的现实主义。对许多艺术历史学家而言，这一注重细节真实的自然主义是北欧艺术最显著的特征。不管怎样，到16世纪时，布鲁日的版画工人约翰内斯·施特拉丹乌斯通过出版凡·艾克的版画《扬·凡·艾克的画室》（图7.2）普及了版画法的理念。该版画表明，凡·艾克的布鲁日画室已经作为一个工厂，画作被当作商品生产，成为正在兴起的中产阶级的消费品。

15世纪中叶，弗兰德地区位于斯凯尔特河畔的安特卫普，其重要性已经取代了布鲁日。奇怪的是，布鲁日的历史深受其地理位置的影响，但泥沙渐渐在运河河道中淤积，致使大型船舶无法进入港口。安特卫普毫不犹豫地利用其优势，它所有的艺术作品都在集市上出售。16世纪中期，大量的艺术作品被带到集市上出售，安特卫普港口附近居住着约300名画家。仅在1553年，西班牙和葡萄牙的船只在安特卫普港口就运走了多达4吨以上的画作和7万码长的织锦，这些全都是在市场上采购的。艺术品交易可谓左右逢源。安特卫普不仅是北欧地区最主要的艺术品批发中心，它也接受整个北欧地区的其他文化中心生产的商品。艺术和商业已经紧密地联系在一起了。

文艺复兴时期，欧洲南北方文化之间最大的一个不同点是资助的性质不同。在欧洲南部，最重要的资助者是政治权贵家族。美第奇家族、史佛拉家族、蒙特费尔特罗家族，以及教皇（不过，教皇通常也来自这些家族）都运用他们的庇护权推进他们的政治特权。在北方，贸易已经创造了一个富有和相对庞大的富商阶层，作为当时最重要的资助人，他们足以与法国和勃艮第宫廷不相上下。富有的贵族，如勃艮第公爵"好

图7.2 约翰内斯·施特拉丹乌斯，《油画》（或《扬·凡·艾克的画室》），创作于16世纪晚期。尺寸：20厘米×27厘米，布鲁日都市博物馆藏。瓦萨里在《大艺术家传》中写道是凡·艾克发明了油画。瓦萨里曾与施特拉丹乌斯谋面，正是从他那里才了解到凡·艾克的作品。

人菲利普",当然影响了艺术的发展,但是新的商业阶级渐渐开始支配着艺术作品的生产和配送。这一新兴阶级代表了南北两地艺术家的新观众。由于受市场驱动,艺术家们开始取悦这个新的阶层;反过来,这个新的商业阶层则推动了几名技艺超群的油画艺术家的事业。这些艺术家有罗伯特·康宾、扬·凡·艾克、罗吉尔·凡·德尔·韦登和希罗尼穆斯·博斯,他们都与北方特定的文化中心有联系。

图尔奈的罗伯特·康宾

商人阶级越来越强大的影响力已渗透到弗拉芒画派大师所作的《受胎告知》(图7.3)中。许多学者认为,他的真名是罗伯特·康宾(约1375—1444)。康宾是图尔奈画家行会和市议会的成员。中世纪以来,临近弗兰德南部边境的这个城市以金属制品、珠宝和建筑雕刻闻名遐迩。对康宾的生平我们所知甚少,但是我们知道图尔奈的政府要员将他驱逐出境,因为他与他的情妇生活放荡。后来减轻了对他的惩罚,但这个故事显示了15世纪的北欧文化在道德上是非常严肃

的,这种严肃性在之后的清教徒宗教改革中更甚。

《受胎告知》是一份三幅一联的作品。左耳幅上跪着的是这幅祭坛画的赞助人英加布列赫特夫妇。虽说比多数家庭要富裕一些,但他们仍是普通人。他们的家庭盾形纹章装饰在中间画里的顶层窗户上。在这样一个中产阶级的弗兰德人的家庭起居室里,天使报喜的奇迹产生了。玛利亚坐在壁炉前一张木制长靠椅的脚凳上,专心地看着书。另外一本插图丰富的书则放在她旁边的桌上。长靠椅两端的四个角上的尖状装饰是狗和狮子,狗象征对家庭的忠诚和挚爱,而狮子则象征基督和他的复活。大天使加百利从左侧靠近玛利亚,几乎挡住了两位赞助人的视线,他们的目光透过门廊朝里面窥视。七道阳光照亮了屋子,落在了玛利亚的肚腹上。其中一道光线上,一名戴着十字架的小基督飞进了房间(图7.4)。康宾是在告诉观察者基督的整个生命,连同受难本身,都在孕育的时候进入玛利亚的身体。玛利亚身后的蜡烛,象征着"旧的信仰"犹太教,被进到房间的基督的"真光"熄灭。这一有力的神学主张激起了中世纪的西班牙和十字军

图7.3 罗伯特·康宾(弗拉芒画派大师),《受胎告知》,约1426年。木板油彩,中间一幅尺寸:64厘米×63厘米,耳幅尺寸:65厘米×28厘米。纽约大都会艺术博物馆,1956年。左耳幅中跪着的是资助人英加布列赫特夫妇,中间为天使加百利和玛利亚,右边的是在木匠铺里的约瑟夫。

图 7.4　罗伯特·康宾，《受胎告知》细节赏析，约 1426 年。康宾使用油画颜料非常到位，画作中的细节刻画得非常细腻。

窗户，我们可以看见一个典型的弗兰德小镇（也许就是图尔奈）的主要广场。

天使报喜显然是一个地方性的、有产阶级的事件。这事好比就发生在弗兰德这个地区，玛利亚是个典型的家庭妇女，约瑟夫是个典型的木匠和房屋的主人，尽管两人在天使报喜的时候还没有结婚。时间似乎接近了许多，遥远的《新约》中的事件成为一个当前的事件。画中的每一个元素似乎都是弗兰德人每天生活的一个必要和真实的部分。在这个有产者的家里，每一件普通的物品都有着实际的、物质的功效，并兼具宗教的象征作用。

另一个值得注意的方面是，作为祭坛装饰品，康宾的这幅三联画相当小。如果左右两个镶板往中间盖上，像起初设计的那样，整个装饰画也就只有 0.2 平方米多一点，这样它就易于携带。他们懂得如何运用油画颜料，并凭借油料中颜料的浓度，可以创造出更加透明和不那么透明的画层来。光线进入画层（图 7.5）后，反射回观看者的眼睛，创造出宝石般的斑斓色彩。能在画中感觉到有色光是弗兰德人油画中极为典型的特点。

油画颜料，作为一种绘画媒质，还有许多其他优点。它比蛋彩干得慢。若加点松脂，干的过程还要慢些。画如果干得慢，艺术家就能用较多的时间混合各种色彩，画出色调的细微变化，展示出光透射到某件

东征时期的反犹情绪（见第 4 章）。它也可能促成了文艺复兴晚期法律审查中的反闪族感情：犹太人要么必须改信基督教，要么被流放或处死，以及 20 世纪对犹太人的大屠杀。桌上花瓶中的百合花是玛利亚纯洁的传统象征，因为有三支，也很可能代表着三位一体。

在右边的画板里，也就是紧挨着壁炉和长靠椅的房间里，约瑟夫正在做木工活。他面前的桌上是刚做好的捕鼠夹，很可能是指圣奥古斯丁所创造的一个隐喻，大意为基督的受难是基督用自己的血当作诱饵诱捕撒旦的陷阱。另一个捕鼠夹放在窗沿上，显然是用来出售的。约瑟夫正在一块木头上钻孔，也许是葡萄榨汁机，因此可能另指基督的血——基督在圣餐上把葡萄酒就称为自己的血。百叶窗闩在天花板上，透过

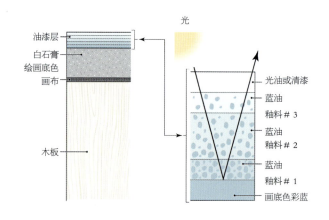

图 7.5　一幅 15 世纪的弗兰德油画的截面示意图，展现了油介质的光度。大的箭头表明了光是如何进入介质透明的釉彩中并反射到观看者的眼里的。

物品的情况。另外，如果使用油画颜料，艺术家就可以用极细软的画笔来消除一切可能的画痕。所产生的光洁度可以加深观察者在看一个物体时的幻觉。弗兰德艺术家认为光代表了精神真理，这含蓄地体现了他们对油画颜料这一介质增强光度的特性非常敏感。因此，当光投射到某个物体上并准确地反射到观看者的眼里时，物体至少潜在地有着更深层次的象征意义。从这个角度看，世界及其万物都同造物主一起被"照亮"，而画家可以在他们的画作中找到一种深远的精神重要性。

光线似乎是从康宾的画布中发出来的。通过在画的表面铺上薄薄的一层、几乎透明的油料，加百利的翅膀闪闪发光起来——达·芬奇使用了同一种上釉法（见第6章），很可能是从北方艺术家那里学来的。翅膀简直含有光，赋予大天使一种真实的存在感。精神的变为现实。事实上，大天使似乎跟头顶上方的铜罐一样"真实"。

因为亲切、便携、现实主义和对物质的强调，《受胎告知》和其他北方文艺复兴画作一样，引入了一套新的绘画方法。南方的赞助人从他们的赞助里获得了满足甚至荣耀——让人想起佛罗伦萨的美第奇家族的赞助——但那样的行为是在强调城邦、行会、学校或者教会的胜利。而这里，似乎完全是英加布列赫特夫妇的个人行为。在北方商人阶级的赞助下，绘画一开始像约瑟夫摆在窗外的捕鼠夹一样被当作商品出售。事实上，《受胎告知》的赞助人可能已经把它想成是一件交易品。它的佣金可能是某种赎罪券，使得他们免遭炼狱的痛苦并为升入天堂铺路。康宾油画最典型的一个特点是场景贴近日常生活。这一普通的性质是基督奇迹的形象成为先前欧洲画作中未曾见过的现实。这一真实借油画颜料这一介质所描绘出来的物品得以加强。

根特和布鲁日的扬·凡·艾克

对个人身份的颂扬是文艺复兴时期南北方艺术的重要特征。这一点在扬·凡·艾克两度为乔凡尼·阿尔诺芬尼夫妇（图7.6）绘制的肖像画里特别明显。乔凡尼·阿尔诺芬尼是意大利商人，他代表了美第奇家族在布鲁日的利益。关于画作的意义与目的，学者们的争论持续不断。多数人认为夫妇俩在两个见证人面前交换婚誓。其中一个见证人就是凡·艾克本人（在镜子上方他用拉丁文刻着"扬·凡·艾克在此，1434年"），在屋子后面的镜子中照了出来（图7.7）。最近有一种观点很有说服力，认为这个场景代表的不是结婚而是订婚，双方的触摸是表示同意婚礼的传统信号，而且这一场景发生在一个荷兰家庭的起居室里，这个房间有张四柱床，象征着友善。

该油画充满着别的象征元素，把一眼看去是完全世俗的形象变成了充盈着宗教意义的形象，这是北方艺术的典型特征。许多学者推测这对夫妇脚边的小狗代表着对家的忠诚。画面的左前方和房间的后面各有一双鞋，表明夫妇俩站的地方因为仪式神圣的特点也随之而神圣化。只燃着一支蜡烛的枝形吊灯，在传统上被认为是基督在场。而窗沿上的水果以及阿尔诺芬尼身后的饭桌暗示着富饶。屋子后面高高的椅背上有尖顶形装饰，既象征着分娩的守护神圣玛格丽特，又象征着家庭妇女的保护神圣玛莎。旁边的除尘掸子则可能指妻子的家庭责任。总的来说，油画似乎在歌颂夫妇的精神和物质的富足。它的许多纹理，从阿尔诺芬尼的皮袍到床的富贵的红色天鹅绒，象征了我们所称的"好生活"，该词历史悠久，具有经典意义。

凡·艾克以油画颜料来表现物体的纹理以及光在物体表面的作用方式，他的这种能力体现了他对细节的极致追求。例如，在《根特祭坛画》中，这种技巧在以下三处体现得尤为明显：在上帝之冠的闪闪发光的珠宝上，在乔凡尼妻子裙子上的绿色羊毛上，以及在乔凡尼·阿尔诺芬尼袍子上的貂皮上。通过没有显示出画痕的光滑表面来展现对细节的执着追求，是文艺复兴时期北方画作的特点，这是它与南方画作的最大区别所在。

图 7.6　扬·凡·艾克，《乔凡尼·阿尔诺芬尼夫妇》，约 1434 年。木板油画，尺寸：82 厘米 ×60 厘米。伦敦国家艺术馆藏。妻子似乎怀孕了，实际上没有。但是，她把袍子掀到肚子上方，穿着绿色衣服，表明她的生育能力。

图 7.7　扬·凡·艾克，《乔凡尼·阿尔诺芬尼夫妇》细节赏析，此画约作于 1434 年。镜子周围的十个小圆都包含着一幕基督受难的场景。

斯海尔托亨博斯的希罗尼穆斯·博斯

希罗尼穆斯·博斯（1450—1516）出生、生活并工作在斯海尔托亨博斯小镇（位于今荷兰南部）。由于羊毛和布匹贸易，小镇很快繁盛起来。博斯与欧洲南部同一时期的画家一样，都活跃于文艺复兴的鼎盛时期。这一特点在北欧似乎并不合适，因为在那里，十五六世纪的艺术具有更大的连续性（只有本章稍后要谈及的德国人阿尔布雷希特·丢勒才完全适合文艺复兴鼎盛时期那种对个人创造天赋的顶礼膜拜）。

此外，博斯的作品弥漫着北方那种末日来临的悲凉气氛，这种气氛从中世纪时教皇英诺森三世有名的布道《论人类的苦难》一直延续到黑死病肆虐欧洲大陆的时期。从 14 世纪 40 年代到 16 世纪，黑死病周期性地蹂躏北方城市，而北方气候更为寒冷，日常生活条件更为艰难。

北方的悲观主义在博斯最雄心勃勃的画作中得到最大程度的体现。它是一幅三联画，被称为《人间乐园》，创作于 1505—1510 年（见"近距观察"）。尽管画作是三联祭坛画的形式，它绝不是为了宗教目的而作的。该画挂在布鲁塞尔的一个宫殿里，但 1568 年入侵的西班牙军队劫掠了它，并把它带到了马德里，保存至今。

这幅绘画实则是风俗画，旨在邀约大家讨论它的意义。博斯给了我们一篇谜一般的文章：如果亚当和夏娃从未堕落，世界究竟会变成什么样子？换句话说，它给我们展现了一个从严格意义上来讲没有罪孽的世界，但这个世界却肆意滋生着在我们观察者，也就是亚当和夏娃的那些已经堕落了的子孙后代们看来都是罪孽深重的行为。这幅画的其他部分，尤其右边的镶板，似乎又暗指人类堕落后的生活，在这种生活中，亚当希罗尼穆斯·博斯的《人间乐园》混杂着古怪的生物体，有半兽、半鸟、半人、半植物，还有半机械设计。在三联画的左镶板中，我们可以看到伊甸园生活着患了白化病的长颈鹿、大象、独角兽和飞鱼。在右镶板中，我们可以看到博斯所画的让人深感不安的地狱印象：火从天际吐了出来，备受痛苦折磨的灵魂又被各种乐器穿刺，或者被怪兽活活吞噬。中间的镶板代表了地球上生命的形象，花园里长着各种巨大的草莓和水果，成百上千的赤裸青年男女在嬉戏。情人们被装在各式各样的透明的圆柱体或者玻璃球中，暗指有句格言所说的"幸福就像玻璃，它破碎得真快

啊"。世界在这里扭曲变形：非法的欲望代替了对上帝的爱，肆意的诱惑代替了美，画家本人狂野的想象代替了理性。

甚至当上帝命令亚当和夏娃"多生子嗣，予以繁衍，遍布地球，征服自然"（《创世纪》，1:28）时，死也就在眼前：一只猫叼着老鼠从左边走开了，乌鸦则停在生命之泉的上方。

希罗尼穆斯·博斯的《人间乐园》，约 1505—1510 年。面板油画，左右两幅尺寸：220 厘米 ×97 厘米。普拉多博物馆藏，马德里。合起来时，这幅三联画向我们展示的是创世纪时的景象。左上角，上帝驾着浮云，俯瞰地球。目之所及，竟无一人。刻在上面的文字是《诗篇》（33:9）："因为他说有，就有。命立，就立。"画中的讽刺意义可以说发挥到了极致。

这是上帝命令亚当和夏娃"多生子嗣，予以繁衍"的结果。这使人想起偷吃伊甸园的禁果就是"原罪"。水池中央游泳的人中，有的吸啜着黑莓，有的倒立飘浮，双腿叉开，将水果顶在生殖器上，有的瞥一眼飘浮的橘子，那是饕餮者的形象。总之，"七宗罪"在这里展现得淋漓尽致：傲慢、嫉妒、贪婪、饕餮、暴怒、懒惰、淫欲。

希罗尼穆斯·博斯的《人间乐园》，约 1505—1510 年。面板油画，左右两幅尺寸：220 厘米 ×97 厘米。普拉多博物馆藏，马德里。

中面板的焦点是四大虚荣的城堡环绕着（这个细部只展示了其中两个）的水池。象征通奸的牛角装饰着被称为"淫妇塔"的中心喷泉。画面中的小水池里是一群正在洗浴的女人，或称"维纳斯的沐浴"，环绕小水池的是一群男子，他们骑着猪、马、山羊、长颈鹿以及其他动物。很明显，他们也想着"骑"年轻的女人。

这一奇怪的生物主宰着地狱。它的腿由树干支撑，各踩一条船；蛋壳似的肚子被敲破了；它的头部竟长着一张令人惊异的真实的面孔，头顶上放着一张圆盘和风笛（传统上象征淫欲）。头的后面，有两只被箭镞刺穿的耳朵，耳朵中间是一把刀，像一门巨炮，也像令人作呕的阴茎。

和夏娃的原罪使人类能够分辨出善与恶。这些都是画作的悖论之处，也是其无尽魅力的源泉。同样吸引人的是它细致入微的描绘，使最荒诞不经的想象出来的风景有一种现实感。

德国传统

到 1500 年，弗兰德东南部的德语区和东北部尼德兰（今荷兰）地区的城市开始迅速发展起来。稍大一点的城市的城区面积在 1400 年后的一个世纪里翻了一番。德国最大的城市科隆，约有 4 万人，而纽伦堡、斯特拉斯堡、维也纳、布拉格、吕贝克的居民都为 2 万~3 万人。尽管远不及 10 万人口左右的佛罗伦萨、巴黎和伦敦，但它们也是重要的文化中心。在这些城市里，越来越富有的、自立的商业阶层支撑着艺术创作。在以色泽丰富亮丽的凡·艾克作品为代表的北方和以线性的、科学化的、阶级理想化的拉斐尔的作品为代表的南方之间，16 世纪初的德国画家们兼容了上述两种特点。

情感和基督奇迹：马蒂亚斯·格吕内瓦尔德的艺术

我们在凡·德尔·韦登和博斯的画中可以看到的强烈的情感和严肃性，在马蒂亚斯·格吕内瓦尔德（约 1470—1528）的作品中仍然可以找到。多才多艺的格吕内瓦尔德在美因茨大主教的宫廷中供职，担任建筑师、工程师和画家。他最著名的作品当属《伊森海姆祭坛画》，这是一部成于 1510—1515 年的里程碑式的大型多联画屏，为圣安东尼教堂的医院所作。这所医院位于斯特拉斯堡附近的伊森海姆，专门治疗皮肤病，如梅毒、麻风病、麦角中毒（食用了麦角真菌感染过的粮食而产生的坏疽性状况）。身体的疾病随精神疾病的变化而变化，因此他的祭坛画，如同距他三百多年前的教皇英诺森三世关于《论人类的苦难》的布道一样，旨在使犯罪者忏悔。同时也提醒教堂的

病人，他们的痛苦并不孤单——基督也遭受过。

《伊森海姆祭坛画》中的刑罚是画得最残酷的（图 7.8），基督被荆条抽得皮开肉绽，细节上的处理比南方画派中关于耶稣罹难的画作更惊人地接近现实。他的身体异常消瘦，死灰一般的皮肤紧紧地绷在腹部和胸腔上。他软弱无力地挂在十字架上，十字架似乎因耶稣的体重而被压弯了，手向左右两侧伸开，因痛苦而扭曲。基督的嘴唇发青，仿佛在强调他的病态。格吕内瓦尔德的紫绿色和黄棕色的色调几乎散发着肉体腐烂的味道。全是漆黑的，呼应着《马可福音》里的《十字架》（15：33）：“当第六时到来时，整个世界漆黑一片，直到第九时。”下面，祭坛的祭台上是对基督身体的哀悼，耶稣的身体如同僵尸，如同被放于墓穴中时。

这幅祭坛画由一套固定翼组成，两个活动部分，以及覆盖着整个祭坛画的活动面板，这样这个祭坛画就可以在不同的场合予以展示了。那时，医院病人在整个一周都会在关着的翼上看到格吕内瓦尔德的《耶稣钉形图》和《哀悼基督之死》的恐怖的现实主义。但在神圣节日或者可能是周日，祭坛画予以打开，由内向外展示着《天使报喜》，《圣母、婴孩与天使》以及《复活》（图 7.9）。在《天使报喜》面板中，天使在一个哥特式教堂里会见玛利亚。在她膝盖上的《圣经》翻到《以赛亚书》（11：1）：“从耶西的本必发一条，从他根生的枝子必结果实。”在她的上方，圣灵鸽子打开翅膀，在上空盘旋，沐浴在明亮的光芒之中。在中部面板，玛利亚在一组圣安东尼教堂医院的病人可以看到的图中照顾基督婴孩——清洁皮肤的亚麻碎布、床、浴盆、毛巾，甚至还有夜壶。在右侧的《耶稣复活》的面板上，基督头罩着透明的光环升天，而在他从墓穴中蓦地出来时，罗马士兵被吹到地上。此时，基督的皮肤是白色的、纯洁的，与所有面板关闭时在中央出现的腐败的绿色形成了鲜明的对比。因此拯救的承诺，即基督复活的奇迹总是至少隐潜在病人的心中，来世的光辉和喜悦总是在彼时的苦痛中令人浮想联翩。

图 7.8　马蒂亚斯·格吕内瓦尔德，《伊森海姆祭坛画》，所有面板关闭时中央的主体部分《耶稣钉形图》，作于 1510—1515 年，下面是《哀悼基督之死》；两边镶板分别是《圣西巴斯善》（左）和《圣安东尼》（右）。油彩画板，尺寸：299 厘米 ×328 厘米；两侧面板尺寸：250 厘米 ×9 厘米。法国寇马安特林登博物馆藏。

图 7.9　马蒂亚斯·格吕内瓦尔德，《伊森海姆祭坛画》第一次打开时出现的画面，约 1510—1515 年。左面是《天使报喜》；中间是《圣母、圣婴和天使》；右侧是《耶稣复活》。油彩画板，尺寸：299 厘米 ×328 厘米；两侧面板尺寸：299 厘米 ×164 厘米。法国寇马安特林登博物馆藏。

格吕内瓦尔德的祭坛画突出了北欧对死亡的关注。面对从 1348 年的黑死病以来反复发作的瘟疫，生命的脆弱、死亡的痛苦是人们持续关注的主题。难怪北欧最流行的文本即是《死的艺术》。尽管起源不详，但是在 15 世纪 60 年代到 1600 年，它就被译成了不下 100 种语言。格吕内瓦尔德的祭坛画是典型的北欧艺术，它一贯关注死亡的现实，以极其细腻的方式展示出来，但同时它浓烈的情感主义和几乎是超然的神秘之感也是德国风格中独有的。

北欧的细致风格与南欧的人文情趣：阿尔布雷希特·丢勒的艺术

阿尔布雷希特·丢勒于 1471 年生于德国纽伦堡，他代表了与格吕内瓦尔德的情感主义和神秘主义迥然不同的另一派德国风格。到 1528 年去世时，他已经成为文艺复兴时期画家中的领军人物，成功地将德荷两国的哥特式传统与文艺复兴强调科学透视、经验观察以及展示人体的理想美的规则融合在了一起。

像其他北方艺术家一样，丢勒是一名油画大师。作于 1500 年的《自画像》（图 7.10）就充分利用了颜料这个媒介创造了一种纹路感极强的表面，那光芒似乎就是从艺术家身上发出来的。对自己运用油彩的本事，他自信满满，在这幅画上题写了以下文字："我，纽伦堡的阿尔布雷希特·丢勒，28 岁时用不褪色的颜料画了这幅自画像。"丢勒有意识地将自己画成一个偶像式的人物，以此强调"不褪色"一词，并正式宣告了艺术的永生。他的正面造型，长满胡须的脸和审视的目光让人想起基督的形象来。至少，他是要我们从他的脸上看出神圣的灵感。"艺术"，他似乎写着，"源自上帝；是上帝创造了一切艺术；艺术地作画绝

图 7.10　阿尔布雷希特·丢勒，《自画像》，1500 年。木板油画，尺寸：67 厘米 × 49 厘米。慕尼黑老绘画陈列馆藏。他的绘画技术精湛，人物逼真，据说他的狗曾经朝他的一幅自画像狂吠并摇尾巴，但我们无法证实此事是否属实。

图 7.11　阿尔布雷希特·丢勒，《天启四骑士》，1498 年。版画，尺寸：39 厘米 × 28 厘米。纽约大都会艺术博物馆藏。丢勒展现了《启示录之书》（6：1—8）中圣约翰预见的八幅诗篇。弓箭骑士代表瘟疫，手握宝剑代表战争，手持空秤代表饥饿。而最显著位置的则是死亡骑士，把国王和他的臣民扫进死神哈迪斯之口（在左下方）。

非易事。因此，没有天资的就不应当尝试，因为它是来自上天的灵感。"对丢勒而言，艺术创造是一种神圣的行为；它使上帝之作得以展现，无论是《创世纪》还是《基督受难》。

但丢勒作为一名艺术家真正成功之处还是他的版画。15世纪末，他不仅是一名伟大的画家，而且也被认为是当时最伟大的版画家，同时也是一位木刻和雕刻巨擘。1498年，他完成了《天启》木刻组画，在《天启四骑士》这幅画中（图7.11），作者刻画了人类的四大祸害：瘟疫、战争、饥饿与死亡，抓住了世界末日即将来临这一流传甚广的观点。这些版画被大量翻制，成千上万的版画远销德国和欧洲其他地区，不仅使丢勒名声大振，也给他带来了不菲的收入。

人文主义和北欧宗教改革运动

对多数人而言，似乎有理由认为世界末日即将来临。因为很可能没有哪幅画像阿尔布雷特·阿尔特多费尔（约1480—1538）于1529年所作的《伊苏斯之战》（图7.12）那样更精确地反映了这个时期的心理特征。阿尔特多费尔的主题是公元前333年在今土耳其和叙

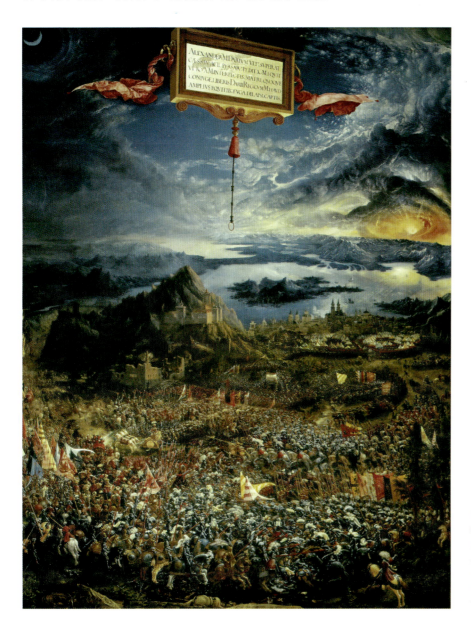

图7.12 阿尔布雷特·阿尔特多费尔，《伊苏斯之战》，1529年。面板油画，尺寸：158厘米×119厘米。慕尼黑绘画陈列馆藏。画中上方的横幅标语显然是后来才添上去的，上面用拉丁文写着："亚历山大大帝大败大流士，波斯步骑兵死伤各十万余，大流士的母亲、妻子和孩子，还有千余骑兵被俘。"

利亚边界的小亚细亚一座小海港城市伊苏斯的平原上亚历山大大帝对波斯大流士三世的胜利。这也几乎是当时的一个主题，因为当阿尔特多费尔拿起他的画笔时，奥斯曼土耳其军队在苏莱曼一世（1520—1566年在位）的率领下攻占了匈牙利，并准备围攻奥地利的首都维也纳，此地离多瑙河上游的雷根斯堡，也就是阿尔特多费尔的家乡只有322千米。事实上，阿尔特多费尔负责雷根斯堡对即将迫近的土耳其的威胁的防御。

这幅画在它底端三分之一处极其细微地刻画了伊苏斯之战的细节。在画的正中，亚历山大身穿中世纪铠甲，手执长矛，正在向大流士发起进攻。大流士退缩到一辆三匹白马拉着的马车上。画面中央部分的三分之一处代表着地中海东部。海中央的岛是克里特岛。大陆山峰的尖塔上方是红海，在它的右面是尼罗河三角洲。狂乱的天空映照着下面的战争，有一种世界末日的噩运感。

如果说亚历山大成功地打败了波斯人，这幅画似乎暗示神圣罗马帝国的皇帝查理五世很可能不会幸运地打败苏莱曼大帝。但事实上，1529年，就在阿尔特多费尔画完他的作品之时，由于连绵雨雪，久攻不下，士气受挫，苏莱曼大帝从维也纳撤军。但是，绘画的启示图景部分不仅仅暗示了来自奥斯曼土耳其帝国的威胁。让查理五世尴尬的是，由于无力支付军饷，1527年，神圣罗马帝国的军队洗劫了罗马。他们把教皇克雷芒七世（也就是朱利奥·德·美第奇）囚禁了起来，然后强迫他支付大笔赎金以获求释放。如果说基督教世界被这些事件所撕裂的话，那么远在易北河北岸德国威滕伯格的一位名叫马丁·路德（1483—1546）的牧师的挑战对基督教的威胁远甚于此。1517年10月31日，马丁·路德在小镇的众圣教会的门上贴出了《九十五条论纲》。这道门是大学当作张贴布告的地方，因为路德是这个学校的神学教授，这里似乎也就成了他宣称反对天主教教义的讲坛。他的目标是改革教会，到1529年时，他的运动成了著名的新教改革运动。阿尔特多费尔正在进行他的画作之际，教会似乎遭受了来自内部和外部的双重威胁。在路德看来，"罗马大洗劫"象征教会的腐败和上帝的不满。而在天主教看来，路德对教宗权威的挑战是信仰的瓦解，预示着"（基督）第二次圣临"和"最后审判日"（他们相信，路德之类的人将直接被送往地狱）。但是就双方而言，世界末日就在眼前。

德西德里乌斯·伊拉斯谟的讽刺文学

在整个15世纪的北欧，世界末日情绪越来越浓，同时与之相伴的一场被称为"现代信仰"的新的宗教运动，已占领了一个又一个城市。世俗市民聚集在庙庵里，以提倡与修士和修女相似的生活方式，尽管他们绝不遵循任何修行戒律。这些"民众生活的兄弟姐妹会"，随着逐渐为人所知，试图将耶稣的圣训引入日常生活实践。这场流行的宗教运动所提倡的简朴生活剧烈地冲击着北方商人阶级的富庶和物质享受，也冲击着被认为是罗马教会的奢侈和腐败。

他们猛烈抨击教会的铺张浪费，这些人中就有德西德里乌斯·伊拉斯谟（约1466—1536）。像路德一样，伊拉斯谟是一位僧侣兼人文学者，但他是在鹿特丹的"民众生活的兄弟姐妹会"中成长起来的。他在35岁左右的时候就成了欧洲最受欢迎的教育家之一，他也是第一个利用出版社来传播自己作品的人文学者。

路德本人反教皇的情绪至少有一部分是因为读了伊拉斯谟的作品而激起的。伊拉斯谟1516年将希腊语版的《新约》翻译成拉丁文，此事使路德这名年轻的奥古斯丁修道会僧侣印象非常深刻。路德早年的老师跟伊拉斯谟的老师一样，全是奥古斯丁修道士，因此伊拉斯谟在《愚人颂》（1509年）里对教会神职人员辛辣的讽刺以及在他匿名出版的《逐出天堂的尤利乌斯》（1513年）中对教皇尤利乌斯二世的抨击也就容易给路德留下极为深刻的印象。在这篇讽刺对白里，圣彼得和教皇在天堂的门前相遇（阅读材料7.1）：

德西德里乌斯·伊拉斯谟,《逐出天堂的尤利乌斯》选段(1513年)

彼得:不朽的上帝,我怎么嗅到了臭水沟的味道?你是谁?

尤利乌斯:……你要知道你侮辱了什么样的王子,听着……即便我支持这样一支大军,庆祝如此多的辉煌的胜利,在许多地方建起大楼,当我死的时候,仍然还有五百万金币……

彼得:疯子!……我所听说的不是教会而是世界的首领……

尤利乌斯:也许你想的还是那个老教堂……要是你看到今天用国王的财富所建起来的如此多的神圣建筑,到处都是成千上万的牧师(他们很多还很富有),许多主教的军事力量和财富都可与最伟大的国王们匹敌,这么多宏伟的宫殿都是牧师们的……你还有何话说?

彼得:我看到的是比世间还坏的暴君,基督的敌人,教会的祸根。

尤利乌斯认为他的"杰作"——他的军事胜利,他的公共项目,甚至他带给教会的财富——都是自己能进入天堂的通行证。圣彼得——当然,还有伊拉斯谟和路德——却不这么认为(伊拉斯谟虽然对教会极度不满,但他终其一生仍是个天主教徒)。

1509年,德西德里乌斯·伊拉斯谟住在他的朋友、英国人文主义者、哲学家和政治家托马斯·莫尔(1478—1535)在伦敦的家里。其间,他创作了《愚人颂》(作品的拉丁文题目,*Encomium Moriae*,是一个也可以翻译成"莫尔颂"的双关语)。《逐出天堂的尤利乌斯》这部鞭笞了当时社会罪恶和愚行的宗教宣传小册子,在作者在世之时已广为传播。讽刺,一种旨在传递现实与理想之间矛盾的文学体裁,在希腊罗马时代以来的西方文化世界里一直处于休眠状态。阿里斯托芬在他的喜剧里,贺拉斯和尤维纳利斯在他们的诗歌和散文里,都曾用讽刺的手法来批判他们那个时代的文化。伊拉斯谟和莫尔这样的人文主义者,对这些古典作品自然相当熟悉,让讽刺这一古老的文学体裁再次焕发了生机。

《愚人颂》确立了伊拉斯谟在欧洲作为一名出类拔萃的人文主义者的名声,这也是他最有影响力的作品。它是用寓言式的、拟人化了的名叫"愚人"(莫利亚)的这个人物角色的口吻来说的。她是个傻子,并扮演傻子。因此,在作品的开篇,她就提请人们注意她的规则在人类的行为中是多么具有渗透力,并以此为自己的名声进行辩护(阅读材料 7.2a):

德西德里乌斯·伊拉斯谟,《愚人颂》选段(1509年)

告诉我到底傻瓜……是不是比你们要自由和幸福得多?多说一句,傻瓜基本上不笑、不唱,自己充当好人;但是……把他们的欢笑给别人,给任何时候参与的人逗乐子,好像上天就是用他们来作阴郁的解药:靠这个他们让所有的人都喜欢他们的社会,他们在各个地方都受到欢迎,被拥抱,被安抚,被保护,满是想说什么就说什么、想做什么就做什么的自由;他们这样被钟爱,以至于没有人敢给他们哪怕是一点点最小的伤害;不仅如此,即便最饥饿的猛兽从旁走过也不触碰他们,仿佛本能地被告知,像这样天真的人不应该受到任何伤害。

有了"愚人"这样一个角色,伊拉斯谟就可以通过她自由地说自己想说的话了,就像"愚人"提醒我们的:"傻瓜们最值得赞扬的便是他们总是说真话。"实际上,"愚人"所说的"傻瓜集团",伊拉斯谟一个都不放过,尤其是神学家和教会官员。他尤其抨击那些"还在用赦免和出售赎罪券进行招摇撞骗的"人——这种情绪可能深深地影响了马丁·路德(阅读材料 7.2b):

德西德里乌斯·伊拉斯谟,《愚人颂》选段(1509年)

通过购买赎罪券这个容易的方式,任何臭名昭著的拦路强盗,任何劫掠的士兵,或者任何收受贿赂的法官,他们将会拿出不法收入的一部分,因此认为他们最荒唐的不敬都可以赎回;如此多的背信弃义、淫欲、酗酒、争吵、流血、欺骗、变节,以及各种各样的堕落行为,似乎都可以交易,而这样一个合同一旦签署,仿佛他们就付清了所有的欠款,然后就又可以有个新的评价。

这样的口头谩骂的修辞力量是伊拉斯谟的散文吸引人的原因。他运用反语的意识也是如此的有力。表面上说的是这件事,实际上含蓄地表明另一件事,也就是运用"挖苦的"方式说话。反语，事实上，是讽刺最主要的一种工具，并体现在伊拉斯谟的作品的题目里。《愚人颂》当然是对人类的愚行的谴责。

马丁·路德的宗教改革

伊拉斯谟的讽刺文学对路德本人而言是轻松的(图7.13)。即便他和伊拉斯谟意识到了同样的教会问题，这些问题在路德看来绝不会如此轻松，而是如此严重，以至于不能仅仅把它们看成愚蠢的行为而置之不理。路德本人早年在教会就强调他如何重视自己的呼吁。1505年，他22岁就进入了埃尔福特市的圣奥古斯丁修道会。这个决定明显是受他当年誓言的激励：那天电闪雷鸣，风雨交加，他发誓如果他能幸存下来的话，就做一名僧侣。1511年，他到了威滕伯格的奥古斯丁修道院，并于次年获得神学博士学位。在1513—1514年的冬季学期，他开始在那儿的大学授课。他教授的主要课程是圣经。

图7.13 卢卡斯·克拉纳赫，《马丁·路德像》，约1526年。木板油画，尺寸：38厘米×23厘米，佛罗伦萨乌菲齐美术馆藏。这幅画与众不同之处是路德的斜视，暗指他能够在同一时间集中于不止一件事情上。

在他去世前一年出版的作品全集的前言中，路德回忆了1513—1517年一直压在他心头的信仰危机（阅读材料7.3）：

阅读材料7.3

马丁·路德，《作品全集》（1545年）前言选段：

　　尽管作为僧侣免受非难，我仍感到在上帝面前，良心不安，是个罪人……我对上帝很生气，然后说："似乎，确实，还不够，痛苦的罪人们，因为原罪永远堕落，被每一场灾难压碎……没有上帝用他的福音、正义和愤怒来威胁我们！"因此，我勃然大怒又良心不安……

　　最后，上帝怜悯，日夜忏悔，我留心字词的内涵，也就是，"在字里行间上帝的公正得到揭示，正如所写的一样，'有着信仰又公正的人将永生'（《罗马书》1:17）"。我才开始明白上帝的公正在于公正（之人）作为上帝之赠予得以幸存，即通过信仰……这时，我感到我要脱胎换骨一番，并借由敞开的大门进入天堂。

路德的反思几乎是对传统基督教教义的全然反对。他认为上帝加诸人类的道德并非体现在善行或佳作之中（如挂上祭坛饰品），因为如果这便是道德，那么人们绝对不知道他们是不是做了足够好的作品来积德以求拯救。这便是路德沮丧甚至是愤怒的根源。路德确信，上帝接受所有的信众不是因为他们做了什么而是无论他们做什么。他指出，圣经就反对"整个教皇王国的邪恶观念，也反对'基督教徒并不能确信上帝对他的恩惠'这样的教义，因为如果这个观点站住脚了的话，那么基督就完全无用了……因此教皇实际上就是对人的良知进行折磨，是万恶王国的根源"。在路德看来，基督已经为人类的罪行赎罪了——或者说他甘愿牺牲的意义何在？——他为虔诚的信徒提供了拯救的确定性。因此，路德开始宣扬凭借信仰而不是祭品获得拯救的教义。

像在他之前的但丁、乔叟、伊拉斯谟一样，路德尤其因为教皇宣扬的通过赎罪券以减轻在炼狱里要遭受惩罚的理念而深感不安。理论上来说，赎罪券为每个罪人铺平了通往天堂之路，同时考虑到当时人们普遍认为世界末日即将临近，它们特别受欢迎。路德挞伐的一个具体对象就是约翰内斯·帖次勒，这位臭名

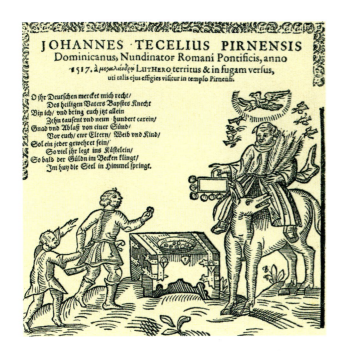

图 7.14 作者不详，《约翰内斯·帖次勒，一位多明我会修士》，约 1517年。威滕伯格国立路德展览厅。漫画上方这首诗的最后几行的大意是："银钱落盆响叮当，灵魂立马升天堂。"

昭著的多明我会修士到处兜售赎罪券（图 7.14）。帖次勒被美因茨的阿尔布雷特主教和教皇利奥十世一起雇佣募集资金，来偿还主教的债务并为利奥重建罗马的圣彼得大教堂提供经费。出售赎罪券实际上就支持了这些项目。

总的来说，路德厌弃教会对奢华装饰项目的支持所体现出来的世俗主义或物质主义，同时厌恶罗马红衣主教的道德败坏。他渴望教会能回归到早期教会的精神方式，并远离让他们腐败的权力和财富，特别是路德认为售卖赎罪券是完全离经叛道的。在他于 1517 年 10 月 31 日钉在威滕伯格的教会门前的《九十五条论纲》里，他在第 32 条论纲里这样写道："那些认为通过赦免书信就确信获得拯救之人将同他们的教师一道被永远诅咒。"在第 86 条论纲里，他更是切中要害："教皇的金银比最富的富人都还要多，为什么偏偏要用贫穷信徒的钱而不是教皇的钱来修建圣彼得大教堂呢？"

他反对的核心实际上是阶级划分。只有富人才负担得起为他们及其家人的罪行赎罪。如果穷人硬要买，他们将会牺牲他们家庭的幸福。他们眼睁睁地看着通过这种方式筹集起来的钱被拿去修建罗马最奢华其至

是最挥霍的建筑。这样的不公正和不公平点燃了路德的怒火。

1518 年 8 月 7 日，路德被召进罗马，要求在 60天内答复一项对他的异端邪说罪名的指控。就像伊拉斯谟所称的那样，"他犯了弥天大罪！"因此不可避免地于 1521 年 1 月 3 日被逐出教会。他所有的作品都被称为异端邪说并被要求焚毁。1526 年，由于遭到法国和土耳其的威胁和恐吓，并为了在国内维持和平，德国皇帝给每个德国人都赐予了一块土地和自由裁量权来选择是不是追寻路德。但是，三年后，他又取消了这条命令，导致 18 个德国州郡签署一份《抗议声明》（*protestation*），这一抗议就产生了"新教徒（protestant）"这一术语。

宗教改革的蔓延

就在路德在德国领导宗教改革的时候，其他改革家也在法国和瑞士发起类似的运动，而且还有人将他的思想激进化。路德的宗教改革兼具政治意图和宗教意图，因而颇受欢迎。路德为人们反对教皇权威的个人良知进行辩护，这一点被理解为使德国的王公们以及英格兰的亨利七世也要摆脱同样的教皇暴政，教皇暴政使教会如同瘟疫一般。而对很多市民和农民而言，摆脱教皇的权威似乎是在证明摆脱权威统治以求独立是完全合理的，不管是农民摆脱他的封建领主的统治，行会摆脱地方政府的控制，还是一个城市摆脱贵族的专制都是如此。

托马斯·闵采尔和农民战争 1524 年，德国各地的多位路德教徒的农民领袖们，公开要求路德支持他们为了政治和经济自由，尤其是摆脱农奴身份的斗争。路德对农民们的目的犹疑不决，但曾在威滕伯格学习的牧师托马斯·闵采尔（约 1489—1525）毫不犹豫。闵采尔完全相信教会的改革必然要求完全废除封建残余势力，即他所称的"无神君主"以及自我服务的学者和为他们工作的牧师的统治。他把路德也归于其中。

路德实际上很同情农民的境况，但是缺少闵采尔的斗争精神，后者很快拉起一支队伍。数天之内，德

国王公们的军队就包围了闵采尔的军队,但是闵采尔相信上帝站在他的一面,带领农民对抗王公们,开启了所谓的农民战争。在接下来的战斗中,王公们损失了6人,闵采尔则损失了6000人。10天后,闵采尔就被处决了。

农民战争不是一个孤立的事件,德国爆发如此强烈的情绪是欧洲人长期以来对社会经济不满的结果。由于对经济不断繁荣的期待和相对温和的社会自由激发了大部分人,尤其是农民的热情,任何可能阻碍这种期待的想法都会遭到越来越强烈的反对。

苏黎世的胡尔德莱斯·慈运理 1519年,深受伊拉斯谟影响的胡尔德莱斯·慈运理(1484—1531)竞选瑞士苏黎世大教堂的人民牧师。但他公开与一名妇女生活在一起,并育有六个孩子,这使他的候选资格受到了很大的负面影响。对独身主义的公开反对刺激了选民,选民们认为独身对神职人员而言是完全不公平的。慈运理当选了,并很快不仅向神职人员必须独身的实践,同时对斋戒、圣徒膜拜、朝圣的价值,以及炼狱论和圣餐变体论发起挑战。

到16世纪20年代末,瑞士新教徒区和天主教区的内战爆发了。新教徒军赢得了第一场主要战斗的胜利,但在第二场战斗中,慈运理被对手击伤,接着被处决,他的遗体被肢解,以至于没有什么遗物能够留下来。最终的妥协是每个瑞士的行政区可以自由选择自己的宗教。

日内瓦的约翰·加尔文 16世纪20年代末,日内瓦行政区的当地居民成功推翻了地方君主(碰巧是主教),并把权力交给市议会。1536年5月,该城的新教徒成功游说进行城市公投以采取宗教改革运动。两个月后,约翰·加尔文(1509—1564)抵达这个城市。加尔文是一名法国宗教改革家,曾历经波折终成新教徒。

加尔文确信日内瓦可以成为道德操行与基督虔诚的典范。经过四年的努力,他使这个城市采用了严格的道德准则,并卷入了与城市中占多数人口的天主教徒之间的信仰纷争。1538年,他坚持教会的膜拜和准

则当由牧师而不是政治官员所掌控,结果被驱逐出城。但是1541年,日内瓦又再次将他召回,然后他就开始进行他认为的必要的改革。

加尔文相信宿命论,认为人类在来到世间之前都是被上帝"选择"拯救的,那么被选之人不言而喻地都应当以取悦上帝的方式进行生活。实际上,之后加尔文教徒开始意识到简单而虔诚的生活,通常与商业成功一道,向邻里表明自己被上帝选中。在他的《基督教原理》(1536年)一书中,他这样解释选民:"上帝庄严地预先决定有些人(被选之民)获得永远的拯救,以及另一些人(被诅咒之民)永远灭亡;因为没有人确切地知道他是不是选民,因此所有人都必须以上帝的意志生活。"事实上,一个人只能直觉地知道自己被选,但绝不能确信。

为了达到这一目的,加尔文主义盛行的日内瓦,一个所有市民都按上帝的意志生活的城市,禁止跳舞和唱歌("倘若有人唱不道德的、放荡的或者离谱的歌曲,或者是跳维罗莱(virollet)或其他舞蹈的,他将被关监三天……"),醉酒("若有人被发现醉酒,初犯交罚款3苏斯铜币……再犯6苏斯,三犯10苏斯并投进监牢")及亵渎神灵。妇女们禁止涂脂抹粉、穿金戴银;男子们禁止赌博玩牌;殴打老婆的当受到严厉惩罚。很快,这座城市被认为是"妇女的天堂"。加尔文监督法院由城市中12名长者和牧师组成,负责监督城市道德。该法院是如此警惕,如此不容异己,以至于日内瓦越来越像一个宗教警察国家。神学家兼科学家、肺部血液循环的发现者弥贵尔·塞尔维特(1511—1553)于1553年抵达日内瓦。加尔文曾谴责他的神学作品是"所有时代中最不敬的胡诌之辞"。塞尔维特认为婴儿洗礼是残忍的,并且没有原罪这个东西,而三位一体是"长着三颗头的刻耳柏洛斯(希腊神话中的冥府看门狗)"。他很快被逮捕,而加尔文就是他罪证的主要目击者。他被处以火刑,即在一堆缓慢燃烧的未干的柴火上被慢慢地、活活地烧死。

不过,在加尔文推行这些改革措施的时候,他还是极受欢迎的。他于1564年去世之前,大约有7000

名宗教难民抵达日内瓦为他们自己的宗教习俗寻求庇护。他们中有许多人把他的教义带回自己的祖国，如法国、荷兰、英格兰、苏格兰、波兰等国，甚至还有刚刚兴起的美洲。他们在日内瓦学到生活如此"苦"行，以至于在英格兰他们很快被称为"清教徒"。加尔文主义的日内瓦对其他教义无法容忍，这种特征随着信徒一起迁徙至世界各地，特别是带到了北美清教徒的殖民地。

国王亨利七世和英国国教　英国王权决定同新教改革者结盟更多的不是出于宗教教义而是政治权宜之计。亨利八世（1509—1547年在位）刚开始还是个虔诚的天主教徒。1521年，他致教皇利奥十世的檄文还攻击过路德，因而赢得"信仰的维护者"的美名。但1527年，由于迫切想要一个男性继承人，亨利八世试图同第一任妻子阿拉贡的凯瑟琳离婚，她只生了两个孩子，只有玛丽活下来。亨利八世请求教皇解除他与凯瑟琳之间长达18年的婚姻关系，但被拒绝。后来，亨利便召集了著名的新教议会，他们很快认可亨利而非教皇是英国国教的首领地位。于是，英格兰就公开反抗教皇，而亨利也不再是"信仰的维护者"，尽管他继续拥有英格兰国王这个称号。在亨利八世带领下，英格兰天主教会实现了事实上的新教化，也就是我们现在所说的英国国教。为了维护其国王地位，亨利八世被迫公然反抗罗马教皇，只有这样做才能使英国新教合法化。

亨利八世和罗马教皇的关系因1536年的《解散法案》进一步恶化，该法案解散了修道院并售卖教会财产。亨利的高压政策最初是因为需要钱，尽管部分原因是因为他与罗马教廷的争吵并渴望成为英国国教的首领。亨利需要巨额资金支撑他的房地产和他习惯建造的宫殿，以及他在所到之处建造的巨大行宫。例如，1532年的一天，国王和他的家眷及随行人员前往法国加莱，据说他们消耗了6头公牛、8头牛犊、40只羊、12头猪、132只阉鸡、7只鹅、20只鹳、34只野鸡、192只鹧鸪、192只公鸡、56只苍鹭、84只小母鸡、720只云雀、240只鸽子、24只孔雀以及192只啄木鸟和水鸭。供养整个宫廷的生活，每年就要花掉亨利大约900万英镑。

尽管在《解散法案》以后，寺院巨额的收入直接进入国王的金库，但国王的财富的主要来源还是出售寺院地产的收入，这些财富渐渐用来改变伦敦的面貌。在《解散法案》以前，在城市某些地方约有60%的财产在教会手里，而教会在城市外也有大笔财富。亨利把这些财产都卖给富绅们，他们用农村的土地来购买农村的房产，用城市的土地购买城市房屋。

《解散法案》不仅影响了伦敦的发展、国王的财富积累，也影响了亨利权力的膨胀。这是因为从他那里获得财产的人倾向于支持他同罗马决裂，因为议会可以不通过增税就筹到资金。在政治上，伦敦在文艺复兴时期的欧洲是很独特的，因为它是王权统治下的自治城市。伦敦市长是城市的喉舌，与国王或者是国王的代理人打交道。一群市政参议员作为和平的法官，掌管城市的法庭和监狱。他们控制着城市的慈善机构，帮助增加税收，并通常担任国会议员。因此，在伦敦，他们在君权之下进行着民主统治。亨利八世和他的继任者，特别是女王伊丽莎白一世（1558—1603年在位），几乎很少干预伦敦的政治，而城市则以几乎绝对的效忠回报君主。

印刷术：思想和艺术的驱动力

如果没有早于半个世纪前的印刷术的发明，宗教改革还会不会发生，至今仍存争议。1435—1455年，在德国美因茨，约翰内斯·古腾堡（约1390—1468）发明了一种运用铅和锑的合金来铸造单个的字体。这些字体被排成印刷的书页，然后在一个木架印刷机上用灯黑和油漆做成墨水印刷。尽管中国炼金术士毕昇早在1045年就发明了活字，而在那时，该技术才首次被西方所掌握，书籍的相同版本可以反复地印刷出来。

1455年，古腾堡出版了他的第一部重要作品《四十二行圣经》（图7.15）。它之所以得此名，是因为每一栏有42行字，这是欧洲真正意义上用活字印刷的第一部作品。文本是圣·杰罗姆从原来的希伯来

曲》，甚至阿拉伯语版本的《古兰经》也于1500年在意大利印刷出来。

比人文作品更受欢迎的却是欧洲大陆的畅销书《圣经》。之前，《圣经》是教会和寺院才有的珍藏物件。皮纸版本的《圣经》需要170张犊牛皮或300张羊皮，因此相当昂贵。而现在，花费不多，印刷版《圣经》得以走进普通市民的家里。被逐出教会的马丁·路德忙于把伊拉斯谟的《新约圣经》从拉丁文翻译成德国方言，"不是一字字地翻译而是意译"，正如他所说。他的目标在于使圣经能被普通人以街头巷尾的语言使用，这样他们可以自己思考其中的意思而不需要一个牧师的干涉。天主教会便不再是解释圣经的唯一权威了。

路德的德语方言译本《新约》于1522年出版。整整3000本在不到3个月的时间就售罄，第二版很快跟上。考虑到整个威滕伯格的人口只有2500人，这一销售情况简直令人难以置信。在路德1546年去世的时候，3830种不同版本的《圣经》，共计100多万册已经出版，其中许多都是用德语方言出版的。

音乐印刷品

由教堂里的整个会众用方言演唱出来的圣歌（即合唱赞美诗）的力量，对于受过专业训练的音乐家路德而言，是能够理解的。这种歌唱形式与从祈祷者中选出来的僧侣所组成的唱诗班用拉丁语来唱明显不同。尽管路德没有创作赞美诗的形式，但在1524—1545年，他创作并编纂了九本赞美诗集，包括拉丁赞美诗、流行的宗教歌曲，以及配有宗教歌词的世俗小调。路德最著名的赞美诗要属《上帝是我们坚固的堡垒》，至今仍被广泛传唱。路德很可能写了旋律，然后采用了《诗篇》第46首的歌词（"上帝是我们的避难所和力量……"）。当这首歌由会众们所有的声音一同合唱时，它体现了路德的认识"与上帝的文字接近，音乐当受最高褒奖"。

在英格兰，托马斯·莫雷，圣保罗大教堂的风琴家和英格兰音乐出版的垄断者创作并出版了比英国任

图7.15 约翰内斯·古腾堡，《四十二行圣经》书页，活字印刷，手绘大写字母和旁注。这是第162页的正面，印有大写字母 M 和 E，绘有亚历山大。美因茨，1455—1456。德国柏林国家图书馆藏。此书出版后，某位艺术家在原有哥特式装饰的设计上手工着色，使这本书中有中世纪时期手稿的感觉，亚历山大像进一步增强了这种感觉。

和希腊版本翻译而成的拉丁文作品。书的封面字形深受哥特式手稿传统的影响，很可能是因为印刷者想让它看起来像是手抄的。另一部圣经，即所谓的《三十六行圣经》，很快在1458—1461年出版。到15世纪末，印刷机在至少60个德国城市和200个其他欧洲城市中印刷出大量的书籍。出版商很快印刷了伟大的人文作品。古腾堡的出版社出版了希波的圣奥古斯丁在15世纪60年代初期的作品，以及1465年西塞罗的作品和但丁在1472年完成的《神

何创作者都还多的合唱歌曲，而许多是受到了意大利版本的作品的启发。莫雷的作品有时运用非常短的歌词，这样一来，每个短语就要重复多次。例如，《火与闪电》，由两名男高音唱的小曲的歌词这样写道：

> 从天而降的火与闪电
> 心间微微燃起的爱的火焰，
> 啊，愉快的花神，
> 美丽却又恶毒。

音乐的背景基于模仿，两种不同的声部相互模仿。有时，模仿非常紧密，第一个声部刚一结束，第二个声部就紧跟着唱起来了，给人一种激动人心的、强烈的感情。歌曲以两种声部齐声合唱结束，这种齐声合唱的特点是声部和谐一致的运动，采用刺耳的和声强调最后一个词的"恶毒"所产生的生动的描述。

为出版和演出写作：新人文主义者

书籍突然大量出现不仅改变了知识的传播，而且也改变了知识的产生。顷刻之间，学者们可以在自己的私人图书馆工作并创作，知道他们的思想可以很快地交付印刷。同样的，音乐创作者们也能够看到自己的音乐予以出版并期待它们能够在整个欧洲大陆传唱。简而言之，印刷术创造了一种新型经济，并改变了信息传播的速度。

托马斯·莫尔 这个时代最流行的一本书是托马斯·莫尔的《乌托邦》（*Utopia*），1516年用拉丁文出版，很快被翻译成包括英语在内的几乎所有的欧洲语言。像约翰·加尔文所在的日内瓦这样的地方被看成创建乌托邦的尝试，用他们自己的话说，就是按莫尔的理想社会创造出一个理想社会。但是书不仅仅被看成对不现实的、理想的国家的描述——在希腊语里，eu 意思是"好"，而 topos 代表"地方"，因此，乌托邦意为"好地方"，但是，词根也可能是"没有"，即"没有的地方"——因此是对英国政治体制的深刻批判。而批评的核心是莫尔含蓄地将自己所处的腐败的基督教社会同他想象的理想社会进行对比。这个理想的社

会至少在一定程度上受到了从美洲归来的探险家们的记述的启发。它虚构的叙述者就是作者自己，一个发现了一个岛国文化的探险者，在那里，人们共享财物，蔑视战争，鄙视虚荣，全民（显而易见地，除了奴隶——莫尔文化批评的盲点）享有教育，自由选择宗教。每个人每天为公益工作6个小时，为社会公正承担责任，而不是把它交给高一级的权威。平等、友善、慈善是被所有人认可的美德。简言之，《乌托邦》似乎是莫尔的英格兰的对立面。

《乌托邦》出版之时，莫尔已经是亨利八世非正式的秘书。仿佛是对莫尔观点的鼎力相助，一年之内亨利八世把他提升到顾问委员会当委员，这仅仅是职务不断晋升过程的第一次，以莫尔1529年被任命为上院大法官为其职业生涯的顶点。在《乌托邦》里，莫尔花了大量笔墨讨论宗教问题，在许多方面都预示着下一年会开始的宗教政治改革。乌托巴斯，乌托邦的国王，推行这样一种宗教（阅读材料7.4）：

阅读材料 7.4

托马斯·莫尔，《乌托邦》，卷2选段（1516年）

他们（乌托邦人）中没有接受我们宗教（基督教）的，一点也不惧怕，也丝毫不恶言相向；当我在那儿时，只有一个教徒受到惩罚。他刚一受到洗礼，便高度狂热而不够审慎地公开谈说基督教教义，尽管我们劝诫过他。他说教时态度激昂，把我们的基督教说得比他们的好，还谴责其他的教义的仪式是渎神的，并宣称所有信众都是不敬神的、亵渎神明的人，应永受天罚。他长期这样说教后，终于被捕受审，所定罪名不是蔑视乌托邦人的宗教，而是在群众中煽动事端，他被判处流放；因为这是他们最古老的一条法规，任何人不能由于自己的信仰而受到责问。乌托巴斯国王最初听说过，在他来到他们中间之前，古老的居民一直因为宗教信仰而争论不休。他制定了一项法律，规定任何人都可以信仰自己喜欢的宗教，也可以向别人宣传自己的教义，劝其接受，但只能用温和文静的方式，讲出道理为自己的宗教作辩护，如果劝说无功，不应将其他的宗教都恶毒地摧毁，不得使用暴力，不得诉诸谩骂……这项乌托巴斯制定的法令，不仅是为了安定，他明白，整日争论不休和不可协调的冲突完全破坏了安定，而且因为他认为对宗教的兴趣本身需要如此。

最终，莫尔沦为他那个时代的政治牺牲品。他本人就是热情的天主教徒，1535 年他据理力争，说阿拉贡的凯瑟琳的女儿玛丽是英国王位的合法继承人，亨利八世以叛国罪而非宗教信仰的理由处决了他。

威廉·莎士比亚："戏如人生" 在伊丽莎白时期，也就是在亨利八世和安妮·博林的女儿伊丽莎白一世（1558—1603 年在位）在位期间，英格兰产生了许多杰出的剧作家，如克里斯多夫·马洛（1564—1593）和托马斯·基德（1558—1594）。威廉·莎士比亚（1564—1616）在当时就被公认为戏剧巨擘。他一生写了 37 部戏剧：叙述英国历史的多部历史剧本；关于张冠李戴、两性冲突、乱点鸳鸯谱等流行主题的浪漫喜剧；以一种不真实的、几乎魔幻般的背景来处理严肃主题的浪漫故事；以及 11 部悲剧。莎士比亚死后的 1623 年，曾与他一同演戏的演员收集了他所有剧本的合集并将之出版。

莎士比亚的剧本主要在一个叫环球剧场的地方创作出来，但是在 1576 年以前，在英国还没有固定的剧院。在泰晤士河南岸，萨瑟克区的圆形剧场被当作逗熊游戏的场所，许多客栈被用作天然剧场，一圈房子围绕着一个内院，从楼上的房间可以看到内院舞台的演出。演员所在的公司被贵族们正式聘用，穿戴赞助人的封建制服，也是赞助人的仆人。詹姆斯·伯比奇隶属莱斯特伯爵的剧团，被称为莱斯特人。1576 年的春天，伯比奇开了一家肖尔迪奇区剧院，就在伦敦城墙的外面，这样演员和赞助人的关系就转变了。演员剧团不再完全依靠他们的主人；现在他们也可以依靠自己的演出所受欢迎的程度来赚取利润并自我扶持。

尽管公共剧场各有千秋，通常它们是有三层边坐的露天建筑，每个座位收费 3~6 便士。在舞台前方，一个露天的庭院成为这些普通观众瞩目的焦点。这些戏迷支付 1 便士即可入场，整个表演期间都站着，可以随意进出，一边吃喝一边看戏。长方形的舞台，约 12 米宽，搭建于庭院内。在它的后面通向换衣间和露台的出口，演员可在露台往外看到下方正在舞台上表演的情节。在舞台中间的地板上有个活动门，有时可能会从下面冒出个鬼魂来。

那时，妇女禁止出现在舞台上，因此男演员（主要是男孩子）扮演所有的女性角色，因此这反过来必须要求精心制作的服装。舞台道具有时很小，可能就是一把或者两把椅子、一个箱子，或者类似的东西，有时有些公司拥有精心设计的舞台布景，但没有舞台灯光。因此，在下午明亮的天空下，编剧可能会让一个跑龙套的演员手持火把或者灯笼以营造深夜或雷雨的场景，而观众就把它想象成那种场景（就像他们不得不把台上饰演女性的男子看成女子一样）。结果，伊丽莎白时的喜剧通常把焦点放在幻想和现实之间，质问什么是"真实的"、什么是"不真实的"。

莎士比亚的公司就是伯比奇新命名的位于环球剧场的"宫内大臣剧团"，他分红百分之十。他在创作剧本或者编剧时，常常想到剧团中的具体演员，而自己只饰演一些小角色。理查德·伯比奇饰演主角，在莎士比亚的主要悲剧《理查德二世》《罗密欧与朱丽叶》《哈姆雷特》《奥赛罗》和《李尔王》中饰演剧名角色。尽管莎士比亚笔下的许多角色都是唱——音乐在剧中占有很重要的位置——但由伯比奇饰演的角色中，没有哪一个唱过一个音符，因为伯比奇本人是乐盲。

《哈姆雷特》可以算得上是莎士比亚最伟大的成就。这是一出复仇剧，其特点是围绕一场必定会遭到报复的谋杀而展开，受害人的鬼魂托梦于他的亲属，然后亲属为死者复仇。伊丽莎白时期的观众可能会认为情节呆板，但是这出剧没有哪一点是程式化的。丹麦王子哈姆雷特必须为父王的被害而复仇。哈姆雷特是戏剧史上性格最复杂、最让人捉摸不定的角色。在戏剧开头，父王的鬼魂向哈姆雷特揭露了他的叔叔克劳狄斯杀了他，夺了他的王位，并娶了哈姆雷特的母亲。鬼魂要求哈姆雷特为他报仇，由此拉开了这出剧的序幕。哈姆雷特一会儿像一个胡言乱语的疯子，一会儿又像一个有着最精妙情感的知识分子；突然有敏锐的感知，突然又有可能对明显的真理视而不见。即便是在朋友的陪伴下，他也是孤独的，是一个非常具有自我反思行为的灵魂，并被反思的行为所折磨，这一事实从他的许多内心独白可以感知。

哈姆雷特是英国戏剧历史上最受人们期待，也是出演频率最高的角色，因为他把自己赤裸裸地暴露在观众面前，如同某些人敞开自己的伤口却又拒绝治愈它一样。他需要我们的理解，尽管他又有所抗拒。事实上，哈姆雷特代表着一种关于角色人物的新观点——不再是一个连续不断的存在体，而是相当矛盾和被动的角色，对其本人或他人都是一个谜，就像它的梦一样不可捉摸。因而，从这层意义上来讲，哈姆雷特是第一个现代人，他开启了一种新的人物类型，这种类型在未来的世纪里越来越被认为就是我们自己的化身。

英国肖像画传统

哈姆雷特代表了英国人偏爱肖像画的合乎逻辑的必然结果，是整个民族对个人主义的人文强调的戏剧化体现。欧洲富人社会最重要的肖像画家是小汉斯·荷尔拜因（约1497—1543）。他分别两次前往英国（1526—1528年，1532—1543年），其间他画了数百幅肖像画，其中的人物有亨利八世（图7.16），亨利八世六个妻子中的四个，大量的英国侍臣和人文学

图7.17　小汉斯·荷尔拜因，《在伦敦的法国使节》，1533年。木板油画，尺寸：207厘米×208厘米。伦敦国家美术馆藏。鲁特琴下翻开着的路德赞美诗集是约翰内斯·沃尔瑟夫于1525年所作的《小赞美诗》，左边的赞美诗是路德最有名的乐曲《圣灵感化歌》，右边的赞美诗也是路德所作，乐曲名为《如果要过上好生活，就与上帝永远同行》。

图7.16　小汉斯·荷尔拜因，《身着婚服的亨利八世》，1540年。木板油画，尺寸：83厘米×74厘米。罗马国立绘画馆藏。他身穿的衣服是1540年49岁时迎娶他第四个妻子25岁的克利维斯的安妮时所穿的婚服。

者，以及在伦敦的德国商人群体。每幅画传递了画中人的地位，捕捉到了他的身份。画中的亨利威风凛凛，十分自信。在他那个时代，他体格强壮，身高约188厘米，腰围137厘米。

荷尔拜因最有趣也是最宏大的一幅肖像画是《在伦敦的法国使节》（图7.17），描绘了两个法国公使前往宫廷觐见亨利八世。左边是扬·德·丹特维尔，他拿着画；右边是乔治·德·赛尔夫，是拉沃的主教人选。他们都代表了弗朗西斯一世的利益，因此，也就代表了天主教会的利益。似乎两位大使在宫廷里准备同亨利八世协商，讨论他坚持要解除同阿拉贡的凯瑟琳的婚约，并同安妮·博林结婚，以及接下来使英国教会脱离天主教会的相关事宜。事实上，亨利已经在这幅画完成之前的三个月，即1533年1月就同安妮结婚了。桌上两个使者之间圆柱形的刻度盘告诉我们时间是1533年4月11日。瓷砖地面图案直接取材于

图 7.18 《伊丽莎白一世像》，这幅画被认为是费德里科·祖卡罗作于 1575 年。木板油画，尺寸：113 厘米 × 79 厘米。伦敦国家肖像艺术馆藏。在她背后的桌子上是她的皇冠。

威斯敏斯特教堂主祭坛前的圣地的纹样。瓷砖由来自罗马、埃及和中东的有色玻璃和石头镶嵌而成。通过使用这种图案，荷尔拜因暗示他的大使们站在神圣的地板上进行神圣的活动。在观察者与大使之间的头骨骷髅，实际是变形的投影，暗示两个人明白等着他们的命运。鲁特琴以极其完美的线条透视画法画出来，与扭曲变形的头盖骨形成鲜明对比，暗示一个人的观点决定着自己能看到什么，也许是一堂主要的外交课。鲁特琴上有 11 根弦，但有一根断了，很可能暗示天主教和新教利益之间不大和谐。两位大使之间的双层桌面上的其他物品——路德的赞美诗集、地球仪及其他天文仪器——都表明这两人愿意为天主教和新教的利益达成平衡。

与她的父亲亨利八世一样，伊丽莎白也是众多肖像画的主题。但是，后来的英国画家鲜有能赶上荷尔拜因在细节处理、纹理和光泽上的技术。伊丽莎白多数画像，如《伊丽莎白一世像》（图 7.18），倾向于关注细微的装饰效果。荷尔拜因着力刻画伊丽莎白的花边领、珍珠项链、缀满宝石的衣服，但几乎没有去表现她的体形，这与他特别强调的亨利八世体格的肖像画正好相反。不过，还没有其他任何一幅伊丽莎白的画像能更好地表现她坚定果敢，甚至坚韧，而又同时捕捉了她的某些美丽之处。据说，伊丽莎白有时会像普通泼妇一样骂人，有时也具有最文雅的外交家那样的魅力，这正好体现了她那个时代紧张的气氛。

延续与变化　**天主教的反击**

没有哪场运动像宗教改革一样激进地爆发了，却没有遭到来自罗马天主教会的强烈反对。新教对教皇的道德权威的挑战威胁着教会，使其濒临倒台，而罗马教会很快就意识到这点。但是罗马天主教会已经得出了一些同样的结论，像它的北方批评家一样，发现了自己的缺点。因此，为了自卫，它发动了反宗教改革，既是对像路德这样的改革家所捍卫的基本观点的回击，也是为了进一步加强自身的改革。

反宗教改革运动（本书第9章的主题）得到了牧师和俗人群体的支持，这些人通过新的组织，如现代虔信派和圣爱会支持这一运动。他们鼓励回归到伊拉斯谟倡导的原则：简洁、道德、虔敬。天主教耶稣会的态度则更为强硬。耶稣会于16世纪30年代由依纳爵·罗耀拉创立，提倡像以前那样严格地绝对服从教会权威和教会等级。耶稣会第13条规定总结了服从的观点："我坚信我所看到的白是黑的，如果教会这样认为的话。"1545年，教皇保罗三世召集了特伦托会议，旨在界定教会的准则，建议对教会的暴行尤其是售卖赎罪券作出深远的改革。

后来，特伦托会议又召开了两次，一直到1563年才结束。会议决定"通过绘画或其他表现方式来展现关于赎罪的神秘故事，以便人们可以得到教化，并养成记忆并继续在脑中重复信条的方法"反对来自清教徒威胁。特伦托会议强调，应当引导艺术走向简洁和现实，以加强理解、促进情感、引起虔敬和宗教热情。

尽管特伦托会议主要宣扬要克制对教堂进行奢华的设计，但它又强烈渴望引起观众的情感反应，因而也就产生了越来越美丽的教会建筑，以至于缺乏任何艺术装饰、极端朴素的加尔文风格教堂（图7.19），无法像天主教教堂内部恢宏（图7.20）的气势那样能引起情感的共鸣。但两者的基本布局构造仍然一样，在接下来的两个世纪里，两大教会都在欧洲和美洲争夺基督徒信徒。

图7.19　加尔文风格教堂内景，17世纪。德国国家博物馆藏，纽伦堡。

图7.20　吉安·洛伦佐·贝尔尼尼设计的青铜华盖，1624—1633年。材质：镀金铜、大理石、粉饰灰泥、玻璃。高约30米。圣彼得大教堂，梵蒂冈，罗马。

发现人文 III

DISCOVERING THE HUMANITIES
2nd Edition

（美）亨利·M. 塞尔（Henry M. Sayre） 著

陈　萍　李海峰　席仲恩　译

重庆大学出版社

目 录

第 10 章　启蒙运动和洛可可时期
理性诉求和特权滥用 **323**

邂逅与对抗

日益全球化的交流带来的影响

1519—1521 年，由于西班牙军事技术的发展（火药和枪炮的出现），军队无意间带来的疾病，加上一系列的谎言以及对信任的背叛，西班牙征服者荷南·科尔特斯（1485—1547）带着他的 600 人组成的军队征服了墨西哥的阿兹特克人。阿兹特克人既没有火药和马匹，也没有多少服装和铠甲，这一切使他们看起来蒙昧而且脆弱。墨西哥的其他土著人对阿兹特克人也是深恶痛绝，因为阿兹特克人总是不时地偷袭他们的村庄，抓获村民以供血祭。据阿兹特克人的传说，当他们从图拉逃亡出来之时，他们的最高精神领袖是嗜血的战神维齐洛波奇特利。他的母亲大地女神夸特里姑，刚把他生下来，他就长大成人，手里挥舞着两件兵器——火蛇和绿宝石之蛇。在阿兹特克的都城特诺奇蒂特兰中心，有一座为维齐洛波奇特利修建的神庙叫大神庙，庙内原本可能有一尊夸特里姑的塑像（图 8.1）。她的头是两条有毒牙的巨蛇，象征着从她的断头中流出的两条血河。她戴着由人耳和斩断下来的人手组成的项链，在项链的最底部，挂着一颗人类的头骨。生育能力与血液连接得非常明显——蛇从她的腿间长出，代表月经和阴茎。

夸特里姑孕育了健康的维齐洛波奇特利，她也是月神开尤沙乌奇的母亲。她的庙宇在特诺奇蒂特兰的大神庙旁边的科特佩山上。有一天，她正在打扫她的庙宇，天上飞来一团羽毛使她神奇受孕，怀上维齐洛

波奇特利。开尤沙乌奇眼见这一切，非常不屑，甚至密谋要杀掉她母亲。这时，维齐洛波奇特利出世了。他杀掉阴险的姐姐，并把她从科特佩山头扔下去。每滚一次，就肢解一次。阿兹特克人就是这样解释月相的形成的。当月相每亏一点儿，就肢解消失得越多。

人们在大神庙的基座发现了一个直径达 3 米多的巨大圆盘，上面描绘着一名无头的、手足被肢解的女神（图 8.2）。她腰佩一根有着人的头骨的双头蛇腰带，

图 8.2 月亮女神开尤沙乌奇雕像，特诺奇蒂特兰大神庙，约 1469 年。石头，直径 330 厘米。墨西哥大神庙博物馆藏。该雕像被发现时，倒在大神庙的下面，就好像被战神维齐洛波奇特利推下山时的样子。

◀ **图 8.1** 夸特里姑，阿兹特克文化，15 世纪。玄武岩，高 252 厘米。墨西哥国家人类学博物馆藏。夸特里姑是一个无头的大地女神，传说，在创造此神之初，她的头部就被切断。

就像图 8.1 中她母亲夸特里姑那样。她的躯体前面朝上，松弛的胸部祖露在外，她的口中似乎正吐出最后一口气。打败月亮女神后，维齐洛波奇特利命令阿兹特克的祭司们寻找一株老鹰停靠过的仙人掌，准备在那里以自己的名字修建城市。他们很快就在特斯科科湖岸边找到了这样的仙人掌。仙人掌长着心形的红色水果，维齐洛波奇特利把它吞下，老鹰则是神的象征。阿兹特克人接着修建了城市，即特诺奇蒂特兰，意为"仙人掌之城"。

相关人类学的证据表明，1450 年左右征服者荷南·科尔特斯出生前，在今墨西哥北部的奇瓦瓦附近有一个贸易中心叫卡萨斯格兰德，其中居民达 2000 户左右，但渴求血祭的阿兹特克人将卡萨斯格兰德全城人屠了个精光。阿兹特克人如此残忍的行为，使得其他部落都愿同科尔特斯合作。科尔特斯很快意识到他能够利用这些弱点达到军事目的。由迭戈·迪·杜兰 1581 年所写的《新西班牙的印第安历史》是有关西班牙征服者最重要的一份历史文献，描绘了他们在技术上的优势（图 8.3）。迪·杜兰是个牧师，会流利地说阿兹特克的语言纳瓦特尔语。他广泛地采访阿兹特克人，并经常与他们沟通交流，终于完成了他的《新西班牙的印第安历史》一书。该书记述了从阿兹特克人的创世传说一直到被西班牙征服这段历史，有助于我们共同努力来保护阿兹特克文化。在他的描述中，一支全副武装的军队在科尔特斯的军官阿尔瓦拉多的带领下，对抗阿兹特克人以鹰和美洲虎为象征的战斗队形。西班牙军队穿着铠甲，用弩和火器作战，阿兹特克人则只有长矛。

尽管在技术上占有优势，阿尔瓦拉多的军队也相当危险。在 Toxcatl 节日期间，西班牙人屠杀了成百上千的阿兹特克人，阿尔瓦拉多遭到了愤怒的阿兹特克人的围攻。西班牙人的大屠杀在迪·杜兰的《新西班牙的印第安历史》一书里有记述（图 8.4）。在所有这些事件中，阿兹特克的国王蒙特祖玛（Motecuhzoma，最初拼写成 Montezuma）成了西班牙军队的俘虏。一开始科尔特斯还声称自己是他的朋友，但等他被引进特诺奇蒂特兰城后，他

就囚禁了蒙特祖玛。西班牙征服者了解到一个关于羽蛇神的阿兹特克神话，羽蛇神就是有羽毛的蛇，在整个墨西哥受到膜拜。在这个神话里，羽蛇神被他邪恶的哥哥特斯卡特利波卡战神夺取了王位，逃往墨西哥湾，在那里突然燃烧起来，进入天堂，成为启明星，即金星。据另一个版本，羽蛇神坐在一个由蛇组成的筏子上漂洋过海，说总有一天要回来。人们普遍认为，羽蛇神是白皮肤的，长着胡须。显然，蒙特祖玛认为白皮肤蓄着胡须的科尔特斯便是回归的羽蛇神，他们毫不犹豫地欢迎他。两年内，科尔特斯的军队以西班牙的名义压迫着蒙特祖玛的人民。在当时 2000 万～2500 万的墨西哥居民中，大约只有 200 万人幸存下来——而活下来的一些人又被战争和疾病夺去了性命。

本章概观了这一时期美洲、非洲、印度、中国和

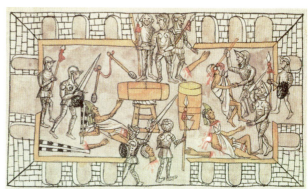

图 8.3 和图 8.4 （上图）阿兹特克抵御西班牙征服者；（下图）西班牙军队在神庙庭院屠杀阿兹特克贵族。两张图都取自 1581 年迪·杜兰的《新西班牙的印第安历史》。西班牙马德里国家图书馆藏。迪·杜兰一生用其作品帮助保存阿兹特克历史，这也使他受到了批判。

日本的文化，并考量了欧洲在探索世界的过程中如何改变了这些地方的文化以及在与它们接触的过程中自身的改变。但是，与欧洲人的接触不只是这个时代这些文化所经历的交流，它们也相互影响。在西方人看来，这些文化是以欧洲为中心的一个更为广阔的世界。但是，就这些文化来看，欧洲代表着边缘文化，一个从外部入侵它们自己的文化中心的文化力量。

在美洲的西班牙人

科尔特斯进入阿兹特克建在岛上的都城特诺奇蒂特兰城时（图 8.5），那里大约有 20 万居民。城市里有许多高高耸立的镶满金子的庙宇，处处是瓜果飘香的花园，集市上商品琳琅满目。科尔特斯麾下有一位叫贝尔纳尔·迪亚斯（1492—1584）的征服者，之后回忆了这一情景（阅读材料 8.1）：

阅读材料 8.1

贝尔纳尔·迪亚斯，《新西班牙征服史》（著于约 1568 年，1632 年出版）

我们极为震惊……这些建筑都建在水上，全由石头做成，似乎是施了魔法的景象……事实上我们的士兵有问道这是不是在做梦……真是太棒了，我也不知道怎样来描述初见这从未听说过、看过或梦见过的景象的感觉……

这里有销售黄金、白银、宝石、羽毛、大衣和刺绣等物品的商人，也有出售男性和女性奴隶的……接下来有贩卖粗布，以及由缠绕的丝线做成的棉制品和纺织品，还有贩卖巧克力的商人。你可以在这里找到每一种商品……我们为这里如此庞大的人口以及商品数量却又秩序井然的情景感到非常惊讶。

最让科尔特斯本人惊讶的还是，正如迪亚斯所说，阿兹特克人的文明同他自己的文明一样深奥微妙。"这样描述这些事情将不会让女王陛下厌烦。"科尔特斯给西班牙女王伊莎贝拉一世写信说："我只能说这些人的生活就像西班牙的很多人一样，和谐有序。考虑到他们的野蛮、对上帝的无知，而且又与所有文明的

图 8.5　特诺奇蒂特兰城规划平面示意图，选自 1521 年科尔特斯给西班牙国王的第一封信。科尔特斯的部下贝尔纳尔·迪亚斯把特诺奇蒂特兰的规划和威尼斯进行比较，将其定位于特斯科科湖中央，这里运河纵横交错，岛屿的中央正是大神庙。

民族隔绝，他们显然已经取得了很大的成就。"由于其他民族的文明与自己不同，因而就把他们的繁荣看成蛮夷，这是西方人在大碰撞时期与其他民族接触时的普遍倾向。其他的人都是"他者"—— 一个独立存在的类别，这让西方殖民者觉得没有必要把这些人视为平等的，甚至相似的。

接触前的美洲

事实上，在西班牙人到来之前，美洲就有了灿烂的文化。在今墨西哥干旱的北部地区，有一个以特诺奇蒂特兰城为中心的有点神秘而且影响巨大的文明盛极一时。公元 4 世纪时，它就成为一个在规模和影响力方面足以同君士坦丁堡相媲美的文化中心。在中美洲，公元 250—900 年，在今洪都拉斯、危地马拉、伯利兹和墨西哥南部的广大地区，玛雅人建造了宏伟的官殿建筑群，这是他们文化的管理中心和宗教中心。

在这些文化之前还有其他文化。早在约公元前 1300 年，一群尚未发明文字的奥尔梅克人来到墨西哥

湾南岸的韦拉克鲁斯和塔巴斯科之间的地区定居。他们在定居点的中心地带修建起巨大的仪式场所。在这些地方，奥尔梅克人建造了巨大的金字塔，里面住着精英阶层，这些人既是祭司，又是统治者。金字塔可能与墨西哥众多的火山有关，又或许它们曾是墓地。考古发掘可能会告诉我们真相。在距今比亚埃尔莫萨非常近的拉文塔，平台南端的三颗巨大的人头石像守卫着仪式场所的中心（图8.6），第四个人头石像守卫着北方。每块人头石像重达11~24吨，他们的头饰上有一个与众不同的徽章，就像美国老式足球帽一样。它们由玄武岩雕刻而成，尽管最近的玄武岩采石场在南部80千米之遥的杜克拉山。显然，人头石像先在采石场雕刻一部分，然后通过筏子顺流而下运到墨西哥湾，再逆流而上运抵最后安放的地点。之后，中美洲文化的许多特点，如金字塔、球场、镜像以及立法系统，都很有可能是源自奥尔梅克人。

特奥蒂瓦坎　在哥伦布发现美洲大陆之前的中美洲文化里，许多建筑物尺寸巨大。例如，特奥蒂瓦坎设计非常规整，呈网格状分布，每个网格约57平方米，每一个细节都是这个布局，传递了权力和统治的力量。宽阔的街道，也就是著名的死神大道，横贯整座城（图8.7和图8.8）。它连接着两个巨大的金字塔：月亮金字塔和太阳金字塔，每一个塔周围由约600

图8.6 巨神头像，奥尔梅克文化，墨西哥拉文塔，约公元前900—前500年。玄武岩，高226厘米，位于墨西哥塔巴斯哥的拉文塔公园。这些巨石头像被认为是当时的奥尔梅克统治者，他们有一样的面部特征：鼻子宽扁，嘴唇厚实。这些人头石像表明，奥尔梅克的统治者是他们文化中传递神灵旨意的人，比真人要大得多。

图8.7　特奥蒂瓦坎从月亮金字塔望去，沿着死神大道向南看，太阳金字塔就在左边。约公元350—650年。它是公元五六百年世界上最大的城市之一，面积将近23平方千米。

图 8.8 月亮金字塔，沿着死神大道向北眺望的景致。死神大道从城市南端开始，止于月亮金字塔，全长 4 千米。

个小的金字塔、500 间作坊、数不清的广场、2000 座住房楼和一个巨大的市集所环绕。太阳金字塔是为了标注太阳从东向西的运动、星座的运行、昴星团的升起，以及春秋分的时间。它的两组阶梯每组各有 182 阶，加上顶层盖上的平台，共 365 级。因此金字塔是时间的象征。太阳历展现在特奥蒂瓦坎的另一座金字塔——羽蛇神庙上，这座神庙上装饰有 364 颗毒蛇尖牙。

约公元 500 年，特奥蒂瓦坎进入鼎盛时期，城市人口约 20 万，是当时世界上最大的城市之一。学者们认为一个同月亮、山洞和山间仪式相联系的女神在特奥蒂瓦坎的文化里扮演了重要的角色。月亮金字塔的位置就在死火山塞罗戈多山（图 8.7）的前面，支持了上述观点。从一个制高点朝死亡大道向北眺望，这座山似乎从两侧环抱着金字塔。而金字塔，反过来，似乎是引导着自然的力量——特别是山上丰富的水资源——注入城市的心脏。

玛雅文化　在南方有另一种文化，即玛雅文化，在特奥蒂瓦坎出现之前就存在了，并在它消亡之后继续发展。玛雅文化出现在以下几个地区：恰帕斯和危地马拉高地；危地马拉、洪都拉斯、萨尔瓦多、伯利兹、墨西哥恰帕斯洲南部低地；尤卡坦州、坎佩切州和金塔纳罗奥州北部低地。它们从来没有统一为单独的政治实体，是由一些连年相互讨伐、抢夺土地和资源的小王国组成。

它们的天文历法相当复杂且完善，足以记录自己的历史——有证据显示，这可以预言未来。它有两种历法：260 天纪年和 365 天纪年。260 天的日历很有可能源于一个人的孕育周期，即从母体首次停经到分娩的周期。按一年 365 天计算，每隔 52 年刚好有一天重叠——所谓的日历周期——每一个周期的最后一天都要举行盛大的庆祝活动。

玛雅历用途很广。例如，《马德里抄本》（图 8.9）也被称为《科尔特斯古抄本》，是四本幸存的玛雅抄本之一。它有 56 张涂了灰泥的树皮纸，每张纸的双面都画了画，只有一页除外。250 多份独立的年鉴上，按 260 天纪年的仪式日历法记录了神圣的和世俗的自然事件。它主要记录了日常生活的活动（播种、料理庄稼、收获、纺织和狩猎）、仪式、天文事件、祭祀以及与之相关的神灵。在每一帧图画的下半部分都有四条水平的行列，上面有一个月 20 天每天的名字，这些名字重复了 13 次。给玛雅人带来降雨并在雷电中说话的天蛇，则缠绕在一行行的象形文字上。其中在两张纸上，可清楚地看到玛雅人标准的数字命理。他们的写数法分两种：一是点线系统；二是图文系统。20是以月亮形的文字来表示的，0则是一个贝壳形图案。早在印度数学家发现我们现在所使用的阿拉伯数字之前，这种数字书写系统就已在中美洲广泛使用了。

最重要的玛雅城市有帕伦克，是迄今保存最完整的玛雅遗址之一。公元850年左右，帕伦克逐渐衰落，消失在丛林之中，直到1746年才由一名听说传闻的西班牙牧师重新发现。铭文神庙，面朝着一个所谓的宫殿的主要院子，是一个管理中心而非皇家居所，九个阶梯，象征着玛雅的九层地狱（图8.10）。上面刻着帕伦克历代国王的历史，这些国王通常被认为与美洲虎有一定关系。第一层记录的是国王库科巴努

姆，即"格查尔的美洲虎"。据上面的铭文显示，他于公元431年3月11日建立了这座城市。帕伦克最强大的国王是金里奇·贾纳布·巴加尔一世（603—683），即"伟大的太阳盾"，在位67年，铭文神庙就耸立在他的墓旁。

1952年，墨西哥考古学家阿尔贝托·鲁斯发现了金字塔通往巴加尔王墓穴的入口。它被藏在顶层的一块石板下。鲁斯不得不清理通往巴加尔墓穴的通道，墓就在建筑的底部，已重新填上了石渣。当鲁斯抵达墓穴时，他发现巴加尔的脸上罩着一个玉制的死亡面具。一个小通道把墓穴同上层连在一起，为死亡的国王提供源源不断的新鲜空气，也可能是作为生者与祖先的交流形式。巴加尔埋葬在一个子宫模样的石棺里，棺椁大概有5吨多重，用玉石和朱砂覆盖。

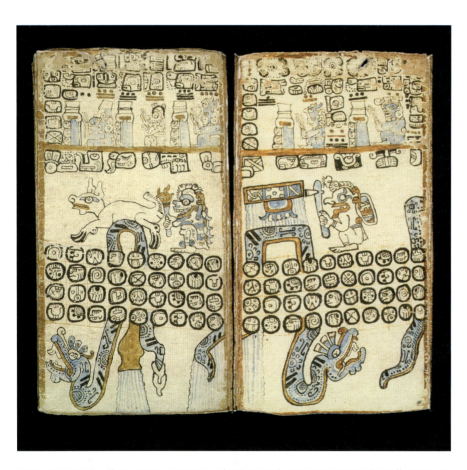

图8.9 马德里刻本，第13~16页，约1400年。 树皮薄片双面绘，西班牙马德里美洲博物馆藏。神职人员可能利用这些图形和文字来预测洪水、干旱或者丰年。

图 8.10 "宫殿"（前景）和铭文神庙（帕卡尔大君的陵墓金字塔），墨西哥帕伦克。玛雅文化，公元 600—900 年。这两座建筑，连同另两大建筑（从现在的视角看不见）组成了一个宫殿建筑群。在该建筑群的北边还有由五个神庙和一个球场组成的建筑群，南侧还有第三组神庙区。帕伦克是约 10 万人生活地区的中心。

　　公元 900 年，阿兹特克人继承的玛雅文化因为一系列重大的变故而衰落，人口过多以及随之而来的生态恶化、政治竞争和战争都是诱因。大量幸存下来的人们则又回到了曾经盛极一时的城市废墟周围进行简单的农业生产。但是，西班牙人来后，对西班牙王室而言最重要的是把基督教带到此地，把土著居民从"蛮荒"中解放出来。西班牙从根本上抹去了美洲土著居民的文化，他们焚烧土著人的书籍，毁坏他们关于历史的所有记录，这些行为阻碍了我们今天将美洲土著人的文化拼成一幅完整的图画。教堂很快在当时的墨西哥建了起来。而当教士试图让当地居民皈依天主教时，音乐礼拜仪式成为一个非常重要的工具。1523 年，西班牙僧侣为墨西哥的特斯科科（墨西哥的东面）的

土著创建了一所学校，教他们音乐，包括格里高利的圣歌、复调原则和作品，并用带来的乐器表演出来。整个 16 世纪，教士们运用音乐、舞蹈和宗教剧来吸引本土居民，让他们皈依基督教。文化融合出现了，欧洲风格也印第安化了，而印第安人的文化则基督教化了。

秘鲁的西班牙人

　　美洲土著文化被西班牙基督教化。例如，在印加遗址上的科里坎查（字面意为"黄金的围栏"）是印加人的太阳神庙，它装饰得异常精美，面朝印加帝国的传统首都库斯科的最大广场（图 8.11）。它是献给太阳神英迪的神庙，原来的寺庙装饰着 700 块金片，用来反射照进窗户的阳光，金片上镶着绿宝石和绿松

图 8.11　科里坎查的印加石墙，其上是后来西班牙人建立的多明我会修道院，秘鲁库斯科。印加文化。印加人非凡的石制技能从这一幸存下来的花岗岩上可见一斑。石墙完全用石头砌成，没有砂浆，多个世纪以来，历经数次地震而屹立不倒，而在它之后修的许多建筑却被地震破坏了。

石。16 世纪中期西班牙编年史家佩德罗·莱昂提道：庭院里放满了黄金雕像——"玉米秸秆都是黄金制成——秸秆、叶子和耳朵"。"此外"，他继续道，"还有 20 多头金羊，它们的四肢和守在旁边的牧羊人都由同种金属做成。"

1533 年，弗朗西斯科·皮萨罗（1471—1541）以军事为主、骗术为辅的策略，率领一支 180 人的西班牙军队便征服了秘鲁。他俘获了印加皇帝阿塔瓦尔帕，后者承诺给皮萨罗 13420 磅黄金和 26000 磅白银。皮萨罗接受赎金后处死了不明真相的皇帝。接下来，他又大肆掠夺用来供奉太阳神（黄金）和月亮神（白银）的秘鲁的黄金白银制品，包括库斯科的太阳神庙的大量装饰品。另一方面，由于印加人传统上要聚集到科里坎查的弯曲、圆形的墙前膜拜，西班牙的牧师利用这一点，在神庙原址的地基上修建教堂和修道院，达到宣扬宗教文化的目的。因此，圣多明我会的山形墙建在上面的目的就是突出基督教对土著人的控制。

然而，不管西班牙人的传教热情如何，抢夺黄金、白银以及其他财宝是他们殖民事业的主要动机。大量的财宝从新大陆运往欧洲。当科尔特斯收集的第五批财宝（国王合同里面指定由他收集的第五批财宝）抵达布鲁塞尔时，德国艺术家阿尔布雷希特·丢勒也在场：

我看见这些带给国王的来自新黄金之地的东西：太阳般巨大的黄金，足有一英寻（1.8 米）宽；同样，还有月亮般大小的，全是银；同样，各式各样的武器、铠甲和投掷器，令人十分好奇；奇怪的服装、床褥和各种各样奇怪的器物，看起来与其说是惊奇，不如说相当漂亮。这些东西如此宝贵，价值超过 10 万荷兰金盾。我在它们中间也看到了惊人的艺术作品，我很好奇这些遥远之地的人们的巧妙的独创性。我无法讲清面前这些东西。

像这样的记录帮助我们相信埃尔多拉多整个城市

是黄金之城。随着皮萨罗的脚步来到秘鲁，这些西班牙征服者带来的通常都是糟糕的结果。这些带回来的金银珠宝被熔化后做成货币，对好战的西班牙君主而言，金币远比艺术价值更为重要。实际上，在这次征服中几乎没有什么金银制品留存下来。

西非文化和葡萄牙

同西班牙一样，葡萄牙也积极航海寻找贸易机会。但是，葡萄牙把重点放在了非洲和东方，而非美洲。1488年，马尔托洛梅乌·迪亚斯（约1450—1500）在探索西非沿岸的途中被一场大风吹到了非洲南部，尔后，他们继续向东北方向航行，他发现自己在绕着一个地方航行，此地就是后来被人们称为好望角的地方，然后进入印度洋。紧随迪亚斯，瓦斯科·达伽马（1460—1524）离开里斯本，于1497年以四艘船绕过好望角，历时大概10个月零14天的航行之后抵达印度的卡利卡特。1500年，卡布拉尔（1467—1520）尝试从非洲南端的突出部分重走达伽马的航线，由于向西航行得太远而来到了今天的巴西，并将此地据为葡萄牙的领土。

西非的本土文化

葡萄牙人到来后非常惊讶于当地已有的繁荣文化。几个大的王国控制着西非区域，称为萨赫尔，那是一个荒漠草原，处在撒哈拉沙漠以西和以南更热区域的过渡带上。几个王国中最重要的当数马里王国，它表明在第一个千年快要结束以前伊斯兰教对非洲北部大部分地区的巨大影响。沿中部非洲的东海岸继续往南，就是强大的约鲁巴语的伊费城邦和贝宁王国。

伊费文化　伊费文化是西部非洲最古老的文化之一。大约自8世纪起，它就在尼日尔河沿岸发展起来，即今天的尼日利亚。它以伊费城为中心。到1100年，它已经能制作高度自然、非常有纪念意义的瓷器和石

图 8.12　奥尼（国王）之头。尼日利亚伊费文化。约13世纪。黄铜，高约29厘米。尼日利亚伊费谷物陈列馆藏。这个头饰用铜锌合金制成，当时的工艺是没有青铜的，所以是黄铜。

头雕像，这些雕像很可能描绘的是他们的统治者。后来，他们也能生产非常精美的黄铜雕塑作品。

伊费的黄铜制品中，有一个"奥尼（国王）之头"（图8.12）。其脸部平行的线条是由瘢痕化（划痕法）所做的装饰效果。颈子下方一个孔表明这个头可能本是装在木制的人体模型上的。在纪念意义方面，这个人体模型可能还穿着伊费宫廷的皇家袍子。头皮线上的小洞表明头部可能装饰有头发或者薄纱之类的东西。对伊费来说，头本身才是最重要的。它是精神家园，象征着国王管理世界以及赢取繁荣的能力。伊费文化依赖国王的智力来谋得自己的福利。由于伊费从来没有留下任何关于文化信仰的文字记

载，所以我们只能通过看与他们同时代的祖先来理解他们的古代文化。

约鲁巴人，如今人口已达1100万人。他们的文化可以直接追溯到伊费文化。约鲁巴人的宇宙是由生物世界（*aye*）和神界（*orun*）组成的。众神，也就是他们自己，被称为位阶较次的众神（*orisha*）。而他们中那些创造了世界以及雷电等各种自然力量的是原始神以及创世英雄，可长生不老。连接两个世界的是国王，国王是神界在这个世界的代表。国王的头是神圣的，他的王冠（图8.13）高高耸立在头上，象征着他的尊严和权威。成排的胡须般的垂帘垂到脸上，阻挡别人观察他。王冠的形象千变万化，但都离不开伊费的起源神话，同我们在全世界发现的起源神话类似（见第1章）。从第一位约鲁巴国王奥度度瓦开始，后面继任的每个国王都经常出现。传说，奥度度瓦遵天命在可以生养人口的水域创造出一片陆地来。奥度度瓦来到水边，把一个小蜗牛的壳中的泥土挖出扔到水里，接着把一只小鸡放在沙地上，拨弄沙土扩大面积，从而造出一片陆地。最后他种下了一些棕榈仁。他做这些事的地方就是伊费，伊费也成了约鲁巴最神圣的地方。

贝宁文化　大约1170年，伊费以南约240千米的尼日尔盆地有一个贝宁城邦。传说该地统治失当、秩序混乱，因此，他们请求伊费的国王奥尼赐予一名新的统治者。奥尼把王子奥然密亚送到那里，建立了一个新的王朝。奥然密亚为这个地方的条件感到十分痛苦，因此，他给他的新城命名为伊比尼（*ibini*），意为"苦恼之地"，这就是贝宁名字的由来。数年后，奥然密亚让贝宁王妃怀孕之后就回到了伊费。他们的儿子厄威卡成了第一任国王（1180—1246年在位）贝宁文化中也称在位的统治者为奥巴。

15世纪的时候，首都贝宁城已经开始建造巨大的城墙和护城河，是当时世界上最大的人造土木工事。考古学家菲力浦·达宁经过对城墙和护城河数十年的研究发现，它们总共有16000千米长，相当于中国主长城长度的4~5倍。工事中的护城河，挖出的泥土就堆砌在旁边，筑起大约18米高的城墙。他们很可能是

图8.13　珠冠，尼日利亚的约鲁巴文化，20世纪后期。 珠状花边，高186厘米。纽约大英博物馆理事会/艺术资源公司藏。今天大约有50名约鲁巴统治者头戴珠冠，声称自己是奥度度瓦的后裔。

在1000年以前就开挖了，以防止定居地和农田受到森林野象的夜间攻击。当贝宁不断壮大，线形的地理界线划分宗族和家庭的领地，代表了真实的物理世界和精神世界之间的界限。当英国人于19世纪晚期到达这里的时候，城墙还完好无损（图8.14），但很快就被英军破坏了，它们剩下的部分也逐渐被现代城市化所吞噬。

图 8.14　1891 年一位英国无名军官见到贝宁城后所画。由画中可见，贝宁城城墙与护城河的布局占地大约 6500 平方千米。

就像北部的伊费一样，贝宁的统治者们也为他们的先辈统治者创造了生动的形象。20 世纪上半叶，意识到贝宁文化的许多口头文化濒临消失的危险，贝宁的宫廷历史学家雅各布·艾嘎费巴（1893—1981）收录了他尽可能找到的传统故事和历史叙事，并以《贝宁简史》出版。这就是他所记录的贝宁文化中黄铜浇铸的国王的头的起源（阅读材料 8.2）：

> **阅读材料 8.2**
>
> **雅各布·艾嘎费巴，《贝宁简史》选段**
>
> 奥古奥拉国王（1274—1287 年在位）渴望引进黄铜浇铸技术以便生产像伊费送给他们那样的艺术作品。因此，他派人去找伊费的奥尼国王求取黄铜工匠和依古格哈。依古格哈非常聪明，给他的继任者留下了很多设计，结果被奉为神明，直到今天还为黄铜匠们膜拜。用黄铜浇铸来记录事件可能起源于奥古奥拉在位时期。

艺术家们也是皇家铸工协会的成员，他们就住在贝宁宫殿外自己的宅第里，住址直到今天还保留着。只有国王才可以给这些御用工匠委派任务，而这些任务通常是铸造披着皇家服装的纪念头像，以纪念国王的皇家祖先。（图 8.15 中展现的这个头像铸于 16 世

图 8.15　尼日利亚的一位国王的头像，约 1550 年。资料来源于纽约大都会艺术博物馆。这一类的头部雕像通常由逝去的国王的接班人委派工匠铸造，因此，死去的国王仍然会在一定程度上影响他的国家。

纪中期，但是，像这样的头像在较早的青铜生产时期就已经在文化中出现了）。就像在伊费文化里一样，奥巴的头像是精神的家园和奥巴管理世界让其繁荣的能力的象征。

人们用颂诗口头描述和纪念奥巴的能力，颂诗是西非文化的重要部分。通过颂扬国王、神或河流等，诗人赢得了影响力。在西非文化里，几乎所有人都拥有与之相关的颂诗。这些诗歌通常用一种叫**首语重复法**（下文的词返指或代替上文的词）的诗歌技巧，在接下来的连续的句子开头重复之前的词汇和短语。由于西非语言的特殊性，几乎无法通过翻译加以复制。但是诗歌倾向于创造一种逐渐增强的持续的节奏。

西非的音乐　总的来说，非洲的音乐也具有贝宁的颂诗由节奏驱动而渐强的特点。事实上，诗歌可用音乐加以伴奏。非洲的音乐是日常生活的一部分，作为劳作、诗歌、庆典和舞蹈的伴奏，通常由视觉艺术引起。西方人认为音乐可以脱离日常生活这一观点对非洲人来讲几乎是不能理解的。非洲的音乐大体上是公众的，通过促进群体活动来鼓励社会的凝聚力，所以他们的音乐一般是由单一的曲调而不是和音组成。所以非洲最普遍的音乐形式就是应答音乐，由一个呼喊者或独唱者起歌，而群体则以合唱来回应。

应答音乐并不简单。例如，约鲁巴语是以音调为基础的；所有约鲁巴语音节都有三个声调，而这些声调决定着它的意义。约鲁巴人以**说话鼓**的音乐信号的方式传递了他们的言语信息，由三种不同的巴塔鼓模仿语言的三种声调将音乐表现出来。在仪式鼓中，这些鼓主要为约鲁巴神灵们演奏对这些神的颂诗。这种音乐典型的特点就是它的复节奏。有 5~10 种不同的"声音"穿插于节奏和声调之间，通常以应答的形式相互之间反反复复地重复和表演。这种对着主要的打击手进行呼应的方法是典型的西非音乐形式，通过西方的爵士乐中的弱拍流传至今。

葡萄牙和奴隶贸易

马尔托洛梅乌·迪亚斯非洲西海岸探险后不久，欧洲和非洲的贸易者延续着对两大洲来讲都普通不过的人力剥削。人力贸易最终呈现出了前所未有的视野和维度。葡萄牙对非洲劳动力的剥削主要来自佛罗伦萨一位银行家以及来自热那亚的其他金融家的资助。在四个世纪的时间里，葡萄牙人将数百万非洲人经**中途航道**运到大西洋的另一边，形成了一个三角形的贸易系统：欧洲到非洲，非洲到美洲（即中间航道），美洲到欧洲。没有人能说清有多少人被贩卖至美洲，估计为 1500 万~2000 万。问题是，有数不清的人在航行途中死于疾病或残酷的生存条件。例如，1717 年，当一艘载有 594 名黑奴的船抵达布宜诺斯艾利斯时，只剩下了 98 名，这样的情况并不罕见。

葡萄牙人一度作为大海女神沃罗昆（Olokun）王国的神圣的访客而享有特殊地位。他们被视为泥鱼，因为他们既能在海里行船，又能在岸上行走。泥鱼对贝宁人来说是神圣的，既能变形，又是权力的象征（整个夏季，泥鱼都在干涸的泥滩中休眠，直到秋雨来临时才会重生；泥鱼是权力的象征，因为它可发出强大的电流并拥有致命的脊椎）。与之相似的，葡萄牙人似乎也出生于海上，也拥有致命的"脊椎"——来复枪和滑膛枪。

把葡萄牙人比作泥鱼的最好的例子是奥巴伊塞吉（1504—1550 年在位）（图 8.16 和图 8.17）的臀部吊坠是象牙面具和冠状头饰（奥巴是约鲁巴城市传统的最高首领）。吊坠很可能描绘的是太后（即奥巴的母亲）。国王伊塞吉的母亲名叫伊迪亚，她是第一个正式拥有太后地位的妇女。似乎当尼日尔低地的邻国伊加拉人威胁要征服贝宁人时，伊迪亚招募起一支军队，运用魔法帮助伊塞吉打败了伊加拉人的军队。她的部分魔法实际上可能是葡萄牙人的帮助。为了答谢葡萄牙人的帮助，太后的衣领上绣上装饰性的长满胡须的葡萄牙水手的形象，并在头饰上交替地装饰着水手和泥鱼。

瑚珠头巾。再者，尽管西方传教士一直在努力压制，但像颂诗这样的口头传统仍然存在。如果有什么变化的话，那就是在过去十年中非洲文化发生的急剧变化。但长期以来在非洲、中东以及由伊费的约鲁巴和贝宁人实行的奴隶制仍然存在，这也很大程度地影响了葡萄牙等西方国家的文化。

起初，贝宁的贸易主要以黄金、象牙、橡胶以及其他森林产品来交换珠子，特别是黄铜。标准的交换媒介（即货币）是一种叫曼尼拉（*manilla*）的马蹄形状的铜币。其中，有五枚出现在16世纪初的一块描绘了葡萄牙士兵的饰板上（图8.18）。这些金属饰板专门装点宫殿和皇家祭坛，士兵携带制造金属饰板的原料。如果他的武器——三叉戟和短剑——代表他的力量的话，那么，这种力量也可为贝宁国王服务，至少在贝宁人看来是这样的。

图8.16 太后的面具，可能叫伊迪亚，尼日利亚的贝宁古国宫廷，约1550年。材质：象牙、铁和铜，高约24厘米。纽约大都会艺术博物馆藏。前额上两道刻痕里最初镶嵌着铁片，两边太阳穴也是如此，它们均是力量的象征。

图8.17 盘曲的泥鱼符号。在整个贝宁艺术文化中很常见，图8.16中的太后也佩戴这种冠状头饰。

葡萄牙商人以及跟随他们到来的天主教所产生的影响并没有改变，它是不可否认的，甚至有时还具有毁灭性。贝宁文化从开始产生以来基本是完整的。例如，在今天的仪式和典礼中，奥巴要在他的腰上挂5~6个像太后的面具一样的物品，还要戴上传统的珊

图8.18 被曼尼拉铜币（共5枚）环绕的葡萄牙勇士，16世纪尼日利亚贝宁宫廷。铜制。奥地利维也纳艺术史博物馆藏。注意其表面刻有丛林花卉的背景图。

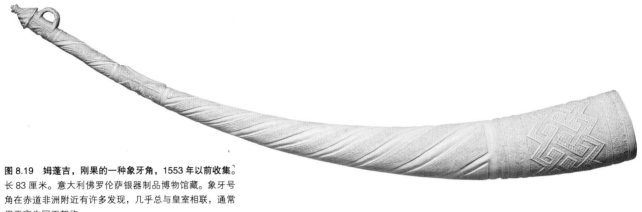

图 8.19　姆蓬吉，刚果的一种象牙角，1553 年以前收集。长 83 厘米。意大利佛罗伦萨银器制品博物馆藏。象牙号角在赤道非洲附近有许多发现，几乎总与皇室相联，通常用于宣告国王驾临。

葡萄牙人也得到了成千上万的小物件，如护身符和小装饰品等，他们称为 *fetisso*，这是 16 世纪时非裔葡萄牙人的洋泾浜词汇，从这个词衍生出了 *fetish* 一词，即象征着有魔力的物件，与西方的念珠和圣骨匣类似。然而，贸易最终却转向了奴隶贸易。非洲人一直在贩卖奴隶，把同邻国交战时抓获的俘虏贩卖给贸易商。而葡萄牙人却变本加厉。约 1492 年时，欧洲有 14 万~17 万非洲黑奴，但到 1551 年时，葡萄牙人开始把更多的黑人贩卖给巴西的糖料种植园为奴。当战俘不足以满足更多的奴隶需求时，葡萄牙人想抓就抓，有恃无恐。而且，他们对付奴隶的手段非常残忍，他们给奴隶拴上锁链，打上烙印，常常让他们工作劳累至死。简而言之，葡萄牙人开始了文化霸权的实践与示范，为以后一直萦绕在西方世界中的种族剥削搭建了舞台。

刚果王国　在贝宁以南数千米的刚果河流域，也就是今天的安哥拉、加蓬、刚果民族共和国以及刚果共和国地区，大约 1400 年，兴起了刚果王国。像北部的许多西非文化一样，它的资源是从赤道的热带丛林中获取的。刚果王国的首都为姆班扎刚果，人口有两三百万人。姆班扎意为"国王的居所"，它的国王住在俯瞰卢伦达河的一座山顶上的皇家居所里。

有一个国王的头衔是马托姆博拉，意为"从死亡之地召唤灵魂之人"。刚果人认为，这片大陆就在大海对面的水域下。因此，当葡萄牙人到来时，他们都认为葡萄牙人是从另一个世界来的人，他们认为葡萄

牙人的国王与刚果的国王一样，都是死亡世界的统治者。后来，刚果国王送给葡萄牙国王的第一份礼物中就有用象牙雕刻的号角（图 8.19）。在刚果人心里，象牙与皇室相联；在刚果国王看来，这份礼物是用来确立两位统治者的平等地位的。有份文献就记录了当一批葡萄牙传教士于 1491 年来到姆班扎刚果时，刚果人是如何在身上涂着白漆、吹起号角以纪念先祖。他们以这种方式迎接葡萄牙传教士。他们演唱迎客曲 12 次，这是一种深沉回响的曲调，很多传教士认为这种乐曲很阴郁。但刚果人认为，死者能理解这些音符，当皇室血统的祖先听到这种声音就会起来帮助现有的统治者治理臣民。

刚果人被基督教吸引。1491 年年初，刚果国王温曾伽·阿·温库瓦皈依基督教，受洗为若奥一世。不久后，他的儿子和后人下令基督教为国教。非洲人之所以对传教士带给他们的信息感兴趣，是因为他们在传统上接受了宇宙的二元论和来世的存在。但是，非洲人也展现了把基督教的表面形式运用于民族文化的惊人的实践能力。例如，在几乎整个西非地区，十字形状传统上象征宇宙秩序，具有非凡的护身符功能，常与皇权相联。另外，在刚果，十字形状象征着刚果政治权力的铁剑。因此，基督教的十字架很快就运用到了刚果皇家宫廷传统仪式中，这丝毫不会让人感到奇怪。基督教的十字架帮助统治者作为治疗者、法官，甚至唤雨巫师，任何有必要让他们与祖先灵魂接触时都会用到它。

印度和欧洲：跨文化的联系

在新西班牙发展起来的多元社会的文化融合在几乎同一时期的印度艺术中体现得也很明显。然而，印度的文化融合远没有西班牙的气氛那样紧张，这与 17 世纪和 18 世纪印度统治者对外来力量的宽容不无关系，实际上，他们对此还持欢迎态度。

伊斯兰教的印度：对西方艺术的爱好

17 世纪和 18 世纪时期印度的统治者是穆斯林。1000 年左右，一支支伊斯兰教的民众从印度库什北部的关口进入印度，并于 1200 年在德里建立了一个立足点。16 世纪早期，一群土耳其 - 蒙古的逊尼派穆斯林，被称为莫卧儿人，在印度北部建立了一个强大的帝国，先后定都阿格拉和德里，尽管印度人在 1540—1555 年曾短暂地把他们驱逐出境。

事实证明，此时莫卧儿逃到波斯大不里士（中国古称桃里寺）是非常关键的。伊朗国王塔玛斯普·萨法伊（1524—1576 年在位）是一位伟大的艺术资助者，非常支持细密画，他把莫卧儿人迎接到宫廷里。1556 年，莫卧儿人在伊朗沙阿的帮助下，再次征服印度。年轻的莫卧儿统治者阿克巴（1556—1605 年在位）14 岁时就继任王位，在大不里士长大的他非常珍爱细密画艺术。他很快就在印度开设了一所绘画学校，对印度教或伊斯兰教的艺术家开放，由来自大不里士的波斯大师们执教。他还敦促艺术家研习葡萄牙贸易者于 16 世纪 70 年代带到这个国家的西方绘画和印刷品。在他统治的后期，国家艺术工作室的艺术家达 1000 多名，创作了 24000 多件精美的手工艺术作品。

阿克巴管理着有着成千上万的贵族、廷臣、仆人和嫔妃的宫廷。他清晰地意识到王朝的人口主要是印度人，因此推行了包容宗教的官方政策。他认为将各种信仰综合起来，就能够超越他们中任何一支信仰的教义。因此，他也欢迎基督教、犹太教、印度教、佛教和其他教派的教徒来到自己的宫廷与穆斯林学者辩论。他对农民课以重税以支持他所喜欢的奢华的生活方式，也推行了大量改革，禁止丈夫死后由妻子陪葬。

在阿克巴的儿子贾汗吉尔（1605—1627 年在位）统治时期，英国的肖像画（见第 7 章）在印度大受欢迎。《宫廷里的贾汗吉尔》这幅画就是个好的例子（图 8.20），画面中，贾汗吉尔（其名意为"世界统领"）坐在画上方的两根柱子之间，在朝廷里对一位侍臣训话。他的儿子，未来的皇帝沙贾汗，就站在他的身后。正面是各色人等的画像，极有可

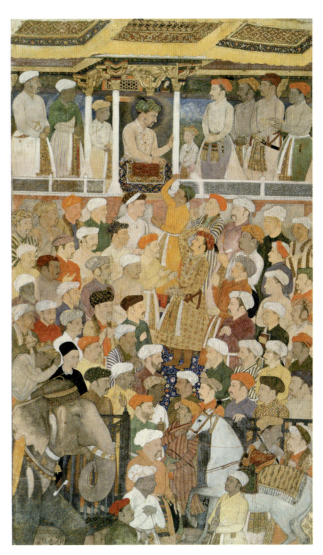

图 8.20　宫廷里的贾汗吉尔，约 1625 年，莫卧儿时期。地点：印度北部。水彩画，尺寸：35 厘米 ×20 厘米，波士顿艺术博物馆藏。画面中间的人物似乎就站在下面人物的头上，这表明莫卧儿对西方透视法的画法不大感兴趣。

能是从宫廷艺术家所收藏的肖像画册中选取出来的，其中有位穿着黑色袍子的是来自欧洲的耶稣会士（尽管画中没有哪一点展示了西方绘画中的科学透视法）。朝左和朝右面向中轴的人像勾勒的都是侧面像，显得十分拘谨，这与整个场景中有不同种族和民族特点的脸形成了鲜明的对比。

1599 年，由一群富于进取的、有影响力的伦敦商人建立了英国东印度公司，在该公司的推动下，人们对肖像画越来越感兴趣。国王詹姆士一世给予该公司在东印度的独家贸易权。几年后，詹姆士派了一位代表与贾汗吉尔签署了一个商业条约，让东印度公司有权在印度居住和建厂。作为回报，公司将从欧洲为皇帝购买商品和奇珍异宝。

贾汗吉尔对英国所有的东西都很感兴趣，这一点在艺术家比奇德尔所画的细密画《沙漏宝座上的贾汗吉尔》（图 8.21）中得以体现。在这幅细密画中描绘了贾汗吉尔坐在沙漏宝座上，反映了生命如流沙那么短暂；国王把一本书给了苏菲老师，表明希望有神的陪伴；下方站着的两位国王：一位是被贾汗吉尔的祖先帖木儿征服过的奥斯曼土耳其君主；有意思的是，另一位则是英格兰国王詹姆士一世。英国君主在画中呈现了整个身子的四分之三，属于典型的西方肖像画，与贾汗吉尔所钟爱的莫卧儿宫廷中的侧面画形成了明显的对比。画面左下角手拿图画的人就是艺术家比奇德尔自己。两个西方风格的小胖天使飞过作品的顶部：左边是丘比特人像，准备射出一支箭，暗示着世俗之爱的重要性；右边一个很明显地在哀悼世俗权力的无常（正如天使头顶上的文字所示）。在沙漏的底部，两个西方风格的天使在宝座的底部刻着祷文："啊，沙阿，祝您千秋万岁。"宝座本身也是以科学透视法绘出，但是上面的毯子却不是。整个画面的镶边是西方风格的花朵，与内框的土耳其风格形成鲜明对比。总之，整幅图画明显地融合了各个民族的传统文化与风格，这幅作品在东西方之间架起了一座桥梁。

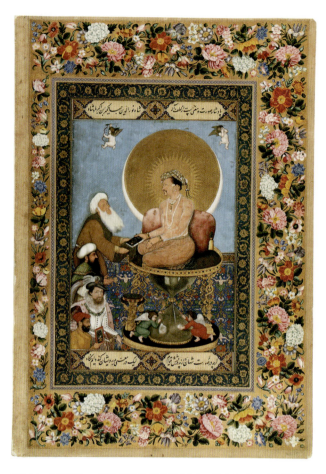

图 8.21 比奇德尔，《沙漏宝座上的贾汗吉尔》，约 1625 年。水彩贴金画，尺寸：25 厘米 ×18 厘米。华盛顿哥伦比亚特区史密森学会弗里尔艺术画廊藏。沙阿头上是一轮巨大的由太阳（橙色）和新月（白色）组成的光环（佛光），这使人想起很早以前佛陀的形象。

莫卧儿建筑：泰姬陵

因为对掺有鸦片的酒上了瘾，贾汗吉尔于 1628 年驾崩，那时，一幅祝他千秋万代的细密画刚完成不久。他的儿子沙贾汗（1628—1658 年在位）没有像他父亲和祖父那样鼓励绘画，而是鼓励建筑。他对印度建筑最重要的贡献就是泰姬陵（意为"宫殿之冠"），恐怕这是世界上最漂亮的建筑之一。泰姬陵是他最心爱的妻子穆塔兹·马哈尔（意为"宫殿之光"）的陵墓，她在生下第十四个孩子后就去世了（图 8.22 和图 8.23）。

泰姬陵坐落在印度北部阿格拉的亚穆纳河岸，四周都是花园，意在构造像《古兰经》中所设想的天堂

图 8.22　泰姬陵，印度阿格拉。建于莫卧儿时期，约 1632—1648 年。沙贾汗原打算在河对面建一座和泰姬陵一样的陵墓，用黑色大理石建造与泰姬陵相呼应，并通过一座桥与其相连。但是，沙阿的陵墓从未动工，于是他与心爱的妻子一同葬于泰姬陵主墓室的地下室。

的美景。花园长 579 米、宽 305 米，里面有纵横交错的宽敞小道，还有清澈的倒影池，池子两旁种植着分别象征生与死的果树与柏树。建筑的西边的角落是一个红色砂岩的清真寺。耸立在花园中间、映射在池子里的就是泰姬陵精美不朽的陵墓。

　　白色的大理石棺安放在宽阔的大理石平台上，每个角落都是尖塔形状，三个主要的部分都与陵墓本身三个平面相连，因此可与主建筑相连。在这些尖塔上面是亭阁，传统上是印度宫殿的主要装饰。泰姬陵主体所在的区域是一个正方形，但每个角落都被切去一个小角，形成了一个微妙的八边形。泰姬陵的每一面都是相同的：中间是拱形门和拱廊，两边分别是两层

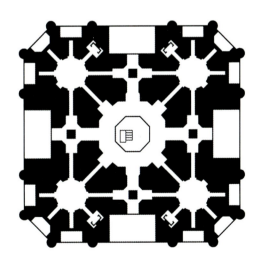

图 8.23　泰姬陵平面示意图，约 1632—1648 年。

小的拱形门和拱廊。这些墙面的空间给了这个建筑一种轻盈之感。四个八边形的亭阁安放在屋顶的四个角上，中间是一个洋葱形状的圆顶，弧度由下而上逐渐增大，曲线优雅柔和。墙面嵌有铭文和阿拉伯风格的半宝石，如红玉髓、玛瑙石、珊瑚、绿松石、石榴石、青金石和碧玉拼缀成的蔓藤花纹。它们如此精美的花边图案，反而更加凸显了整体的洁白无瑕。

1658 年，沙贾汗病重，四个儿子争权夺利。最后，保守派的奥朗则布（1658—1707 年在位）取得胜利，把他的父亲关在德里红堡。奥朗则布重新采取传统的伊斯兰法律和信仰，结束了在他父亲和祖父统治下的多元化形式，并且恢复了禁止人像艺术的穆斯林传统。沙贾汗从红堡的房间内可以看见亚穆纳河对岸的泰姬陵，在诗歌里重新创造了一个可以与爱妻共眠的天堂（阅读材料 8.3）：

> **阅读材料 8.3**
>
> **沙贾汗，《泰姬陵的题词》，约 1658 年**
>
> 明亮的天地，好似天堂的花园，
> 花香四溢，像天堂，尽是龙涎。
> 庭院宽阔，香水，从甜心的花束里
> 四处飘散。

事实上，沙阿的棺椁也安放于泰姬陵的中心地下室，就在他妻子的棺旁。两个墓穴的上方是大理石碑，由印度北部的匠人镶嵌上美丽的马赛克饰面。

中国及其影响

在阿克巴和贾汗吉尔统治下，印度艺术中体现出的文化融合或文化传统的交汇，在欧洲人抵达中国沿岸时，很大程度上却受到了中国人的抵制。其原因是多方面的，最重要的是中国文化固有的自身优越感。例如，数世纪以来，中国人都在抵御蒙古人的影响，同时倾向于与外界隔绝。

唐都长安，"长治久安之城"（公元 618—907）

这并不是说中国人要完全脱离世界舞台。公元 618 年，唐朝创造了一个繁荣和平的时代，除了公元 10 世纪有过短暂的骚乱（五代十国的分裂局面）以外，这一和平繁荣一直到两宋时期持续了长达 660 年左右的时间。到目前为止，唐朝是世界上第一个千年后期最大的、最严密的政府组织。它的首都就在丝绸之路的东端——长安，即"长治久安之城"（即今西安）。长安也曾是汉朝的首都，但是唐朝恢复了丝绸之路沿线的贸易，因此朝廷精心重建了这座城市。公元 8 世纪，长安的人口已经超过 100 万人，居民住在一座周长 42 千米的城墙内，几乎囊括了 109 平方千米的面积，城墙外差不多也有同样多的人居住。长安居民有韩国人、日本人、犹太人和基督教徒，当时的皇帝还同波斯保持着外交关系。

长安是当时世界上最大的城市。它坐落在一个精心布局的网格上，形象地反映出唐朝的社会秩序，并折射出他们眼中的宇宙秩序（图 8.24）。该城有 108 个街区，每一个街区都是微型的小城，城门和城里的街道在夜间都要关闭。天文学家依据正午太阳的影子和夜间北极星的位置来安置街道，以此确定城市的东西南北四个大方向。帝王的宫殿位于城市北端，坐北朝南，象征皇帝俯视着这座城市，乃至俯视整个国家。传统上，人们认为邪恶（包括匈奴）来自北方，因此中国的皇帝们都会面南而坐，官衙府邸就位于皇宫前面。152 米宽的大街从皇宫一直延伸到都城南门。

在唐朝，教育至上。设于长安的中央官学（即国子监）用以训练全国各地的政府官员（妇女除外），知识成就受到极大的推崇。儒家和道家哲学支配着艺术，特别是诗歌，而两位诗人，即道家的李白（701—762）和儒家的杜甫（712—770），取得了非凡的成就。两人都从《诗经》中获取灵感（见第 3 章），但又大大地拓宽了它的范围。以下两首短诗表现出他们不同

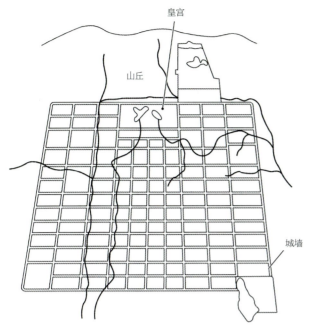

图 8.24 唐都长安平面图，约公元 600 年。都城的位置早在汉朝定都此地时就根据风水确定了。皇城北边的山，流经城区的河都被认为保护了这座城。至今，风水仍然在中国大行其道。

的性情（阅读材料 8.4）：

阅读材料 8.4
李白和杜甫的诗歌

夏日山中（李白）

懒摇白羽扇，裸袒青林中。
脱巾挂石壁，露顶洒松风。

绝句（杜甫）

江碧鸟逾白，山青花欲燃。
今春看又过，何日是归年？

李白和杜甫都属于酒中八仙，他们常常在春夜月色下与友人相聚于长满桃树李树的花园，饮酒作诗。像所有醉八仙一样，李白和杜甫同样精通诗歌、书法和绘画以及政治和哲学。他们是五百年后西方人所说的"文艺复兴人"的典范，是在所有领域全面发展的个人。他们也体现了唐朝文化复杂的特点——朝气蓬勃、热情四溢、忧国忧民：既着眼于现实，又充满理想主义；既崇尚个人，又致力于公共服务。

宋朝和杭州，"天堂之城"（公元 960—1279）

13 世纪，杭州成为中国南宋（1127—1279）的都城，当时约有 200 万人口，城市规模超过长安。马可·波罗（1254—1324）是第一个曾看到它的西方人，将杭州称为"世界上最繁华的城市"。马可·波罗在 1299 年出版的《马可·波罗游记》中详尽地记述了他到杭州城的旅行。他声称作为忽必烈汗的大使，第一次来到了这座城市。南宋在 1271 年就被忽必烈占据，但是直到 1279 年他才在扬子江上将南宋征服。因此，在马可·波罗第一次看到杭州城时，它还在宋朝的统治下。杭州的湖泊和公园美妙绝伦，游船上的茶馆随处可见，乘客们都能够从茶馆看到沿岸的宫殿、宝塔和寺庙，以至于整个城市被称为"天堂之城"。整个城市占地约 500 余平方千米，由 9 米高的城墙保护着，甚至还有更高的瞭望塔。在城墙里，运河系统与大约 12000 座桥纵横交错，让马可·波罗想起他的家乡威尼斯。这些运河系统由中国最有名和最漂亮的湖泊提供水源，这个湖泊就是著名景点——西湖。窈窕淑女和闲情逸致之士乘着游船，作家和艺术家则聚集在岸边安静的书房和庵内。

"在这座城市里"，马可·波罗写道，"有 12 个不同的工艺行会，每一个行会都有 12000 座住房。每个房子内至少有 12 个人，有些有 20 个甚至 40 个，包括一些师傅手下的学徒。这些作坊工人都是全职的，因为这个国家许多其他城市的物资也是这里供给的。"事实上，每个行会都是由来自同一个省份的人组成的。在杭州，茶叶和布匹商人来自东部省份安徽，木工和家具工人来自宁波城，等等。所有的人都从都城繁荣的贸易和商业中受益良多。市场上可以买卖食物、丝绸、香料、花卉和书本（阅读材料 8.5）：

马可·波罗,《马可·波罗游记》选段

这些市场每天都会摆出各种各样的蔬菜和水果;里面有很多特别大的梨子,每个差不多有十磅重,它的果肉雪白,有着蜜饯一样的香味,白色和黄色的桃子,都有着相当独特的味道……每天都有大量的海鱼,要沿河湖流而上 40 千米才能运进城内,也有很多湖里打捞上来的鱼,这是渔夫们唯一的工作。这些鱼各种各样,随季节又有所不同;它们又肥又可口。要是看到市场供应这么多鱼,没有谁不会担心这么多的鱼怎么才能卖得出去;然而,没过几小时,这些鱼便被抢购一空;居民的人口数量相当大。他们都习惯了奢华的生活。

这些习惯了"奢华的生活"的市民明显过得很好。"市民们的房子也是精心修建的",马可·波罗指出,"他们对装饰、绘画和建筑的兴趣,使他们能够以惊人的方式花钱。"换句话说,杭州是当时亚洲文化的中心,在许多方面都超过了西方的认识,除了马可·波罗外,在西方甚至没有人想到它曾经存在过。

宋朝相当繁荣。它是当时世界上最大的钢铁生产国,富裕的商人阶级不仅在丝绸之路沿线经商(见第 3 章),还在整个东南亚沿海进行贸易。政府逐渐由这个富有的商人阶级控制。它兴起的重要因素是活字印刷术的发明,宋朝开始用纸来印刷书籍。印刷术改变了中国知识传播的格局(在西方,普遍被认为改变了知识传播的古腾堡活字印刷术,比它晚了整整 400 年)。当这些富有的商人阶级的孩子们准备科举考试时,他们就读于公立的、私人的或宗教的学校,还可以学习新印的书籍——包括中国所有的官员要读的《诗经》,以及各种百科全书。这个新的官员队伍受到良好的教育,从而恢复了儒家的统治地位,并用道家和佛家学说加强它。佛教被官方认为是外来的,但是它对宇宙的解释为儒家提供了宝贵的形而上元素。因此,这些政府官员基于新儒家学说,让政府深刻认识到,社会的稳定折射出亘古不变的宇宙道德秩序。

宋代,对艺术家和文学家产生最重要影响的是禅学。"禅"(西方人更熟知"zen",即该词在日语中的发音)来自梵文词语 *dhyana*,意思是"冥想"。像道教一样,禅道教导一个人可通过与自然的和谐相处找到幸福。通过瑜伽的方法,席地冥想,禅道寻求与道("方式")和儒家的"礼"统一(自然的内部结构和法则)。禅学家认为经典佛学的传统经文、仪式和修行规则完全是不得要领的,因为佛家的精神是每个人与生俱来的,只是等着沉思默想借以发现。因此,践行禅道的诗人和艺术家把自身看成自然借以展现自己的工具。

宋朝基本的"理"在宋代的绘画中体现得甚为明显,山水画成为个人哲学表现在艺术中的主要方式。人们认为,山水画体现了万物背后潜在的原则,通过物质形式呈现在世界之间。与精神追求类似的是道,艺术家的任务就是揭示自然界的统一原则,山、水、松、石、芦苇、云层和天空的永恒的本质。人像在山水前极为渺小,微不足道。这时期的绘画从前景的山谷到高山之巅,松树尤为高大挺拔,以比喻"道",这是一个人留给身后世界,并追求伟大统一原则的"道"(见"近距观察")。

元朝(1279—1368)

西方处于中世纪时,中国受到来自北方游牧部落的威胁。1126 年,北宋都城汴京被来自中国东北的女真族(金朝)攻陷。靖康之变后,宋朝被迫撤退到杭州(后改为临安),这就是历史上的南宋。几十年后,来自蒙古高原的游牧部落在成吉思汗和他的子孙的带领下攻打南宋。南宋丢城失地,最终于 1279 年被蒙古大汗成吉思汗的孙子忽必烈征服。忽必烈定都大都(今北京)以管理整个国家,城市布局非常规整,周围有高大城墙。他还疏浚大运河,为整个城市供生活用水,并使它成为南北交通运输大动脉。

蒙古人自称元朝,成吉思汗的子孙们掌管着这个国家的最高权力,但是他们也需要依靠汉族官员征税并维持秩序。汉人知道有必要同蒙古人合作,但是始终视他们为外来入侵者。

在马可·波罗抵达中国时,许多中国宫廷的画师,由于不愿意在一个由外族统治的元朝中任职而隐居。在隐居过程中，他们用艺术来表现他们的抵抗情绪。例如，许多画师善于画竹，因为竹子就像中国人坚韧的性格一样，是一种可能会弯曲但绝不会折断的植物。郑思肖的《墨兰图》（图 8.25）作于 1306 年，根据题字，意思是抗议"宋朝土地被入侵者掠夺"。事实上，兰花离开土壤，也能够在岩石和树林间生长，依靠周围空气中的湿气就可维持生命，就像郑思肖这些画家一样。

明朝（1368—1644）

1368 年，随着朱元璋（1368—1398 年在位）将最后一位元朝皇帝赶向漠北的戈壁滩，并立自己为新大明王朝的第一个皇帝（明太祖），蒙古人的统治最终被推翻了。中国又一次由汉人统治。

明朝的皇帝们极其担心蒙古人会再次南侵，因而不遗余力地造就了中国历史上无疑最专制的政府。

朱元璋征召了成千上万的工匠加固长城（图 3.24）以抵御来自北方游牧部落的入侵，而数不清的人在这个过程中丧生。他扩充军备，并招募了一支海军以防御来自海上的入侵。艺术家们的自由在蒙古人统治下受到极大的限制，可到了明朝反而更不自由。但是，出于对学问和艺术的尊敬，朱棣下令编纂一本集历代学识的权威百科全书《永乐大典》，全书达 11095 卷。同时，在元大都的废墟上，他开始修建皇家宫殿（图 8.26）。复杂的宫殿群被称为紫禁城。它与其他建筑一起，成为朱棣（明成祖）统治时期在建筑上的典范之作。

紫禁城的意思是只有那些担任了朝廷职务的官员方能进到它的大门。尽管在 18 世纪清朝的时候（1644—1911）又经历了大修，其主要部分仍然是基于元大都和明朝的建筑。事实上，元朝时，蒙古人居住在北京的整个北部地区，其他居民则生活在北京南部三分之一的地区。明朝统治者也保持了这样的划分，

图 8.25　郑思肖（宋末元初），《墨兰图》，1306 年。水墨画，尺寸：26 厘米 ×43 厘米。日本大阪市立美术馆藏。包括郑思肖在内的元朝画家为同门和友人而作画，而非追求大众喜爱品位。因此，郑思肖在《墨兰图》的题诗中能够自由抒发自己的政治抱负。

近距观察： 郭熙的《早春图》

在郭熙的《早春图》画轴中，人类的存在在大自然面前几乎微不足道。画中大自然寄于山峦之中，其包罗万象，盛气凌人，象征永恒。郭熙依据汉字"山"构图，不管是在整体布局上，还是在一笔一墨之间，书法家流畅的笔法在这幅完美的画卷中表现得淋漓尽致。像书法家一样，郭熙对平衡、韵律和乐章也颇感兴趣。

宋神宗在位期间（1068—1085 年），郭熙作为宫廷画家，受命负责皇城所有壁画。他的山水画理论由他儿子郭思整理编成《林泉高致集》。根据书中描述，《早春图》中间的山峰象征君主自己，高大的松树象征知书达理的理想朝廷。黎民百姓相伴君之左右，履行天职，正如山林围绕中间的高山，遵循大自然的秩序和节奏。

《早春图》，北宋，1072 年，郭熙画。轴画，以浓淡不同的墨色绘于纸上，纵 152 厘米，横 108 厘米。台北故宫博物院藏。在中国人眼里，天地万物各司其职，因此世人对这幅画有不同见解。于是，画中每一部分运用远近结合的画法，各有千秋。

汉字"山"

在画轴左下角，隐约可见两个人下船上岸，还有一人站在右侧的岸边。在第二人身后，两座瀑布从山间倾泻而下，瀑布之上坐落着一个小村庄。

远处，正中间的高山体现出**"高远"**，凝望着这座山，就好比凝望着皇帝。

左侧，景象表现出**"平远"**，构成一个无穷无尽的空间。

近处，山崖丛树间表现了**"深远"**，反映出人类在大自然面前的渺小。

允许大臣和官员们住在北面，或者内城，而庶民则住在南方或者城外。

紫禁城在内城的中心，像唐都长安一样，北京也是修建在一个网格状的平面上，它根据风水的原则沿着南北中轴排开（图8.24），布局严谨规范。在道家学说里，象征着能量或气的"龙脉"在地下运行，沿着山川河流，影响着住在它附近的人们。邪恶的力量被认为来自北方，因此，紫禁城坐北朝南。因为皇帝被认为是天子，与宇宙的力量联系紧密，因此风水在建造宫殿时就尤其重要。

按照传统，紫禁城占地72万余平方米，城墙工事长约24千米。里面有9999座建筑和房屋，每一个都用铆钉修建，每一排9个铆钉。数字9在中文里听起来像"久"，故9被认为是最幸运的数字，是最大的一个单数。因此，只有皇帝才能使用。这些建筑依照传统的连梁式进行修建，这种建造方式可以上溯到商周时期。

皇帝和他的家族很少离开紫禁城。参观者通过庄严肃穆的U形午门，经过五座位于金水河上的大理石拱桥。庭院的对面便是太和殿的大门，两边都是巨大的院子，可以进入太和殿的正厅。在最重要的时刻，皇帝就会端坐在这里的龙椅上，面南而坐，背对邪恶力量的北方。太和殿往后逐渐成为皇帝的私人空间，

用于每日的生活起居。人们认为，这个建筑群的平衡和对称反映了宇宙的和谐。紫禁城被认为是端坐世界的中央，象征着皇帝的统治，并肩负起作为天子维持天下的秩序、平衡与和谐的大任。

绘画与诗歌：派别之争

皇宫和新兴的商人阶级也需要绘画，认为拥有奢侈品是他们的权力。像在唐朝时一样，有一群博学的文人或者士大夫，诗词书画，样样精通，创作了大量作品。许多画作，既有画，又有诗，画家用自己独具一格的书法艺术题诗。

晚明时期，政府官僚中位居高位的一位艺术家、书法家兼理学家董其昌（1555—1636）写了一篇文章，尽管许多学者，甚至是他同时期的学者，都认为他的看法过于简单化了，可这篇文章依然影响着我们对中国古代绘画历史的看法。他把中国的绘画史划分为两派，即南宗和北宗，尽管这和地理上的南北没有关系，而是依据艺术家的作画精神差异来决定它的学派。南宗画家激进、革新、不拘传统，就像南派禅宗；北宗画家则如北派禅宗一样保守，遵循传统画法。

北宗画家 15世纪末到16世纪初的宫廷艺术家殷宏的《孔雀牡丹图》，就是北宗的例子（图8.27）。它是一幅高度精细的装饰画，强调画家的绘画技巧。

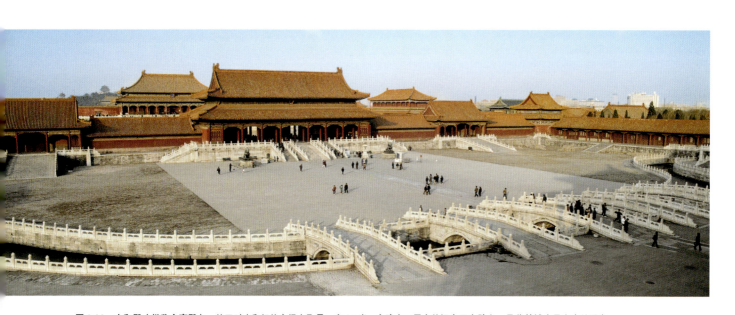

图8.26 太和殿（俗称金銮殿）。从正对太和门的广场上取景，高35米。它建在三层高的汉白玉台阶上，是紫禁城内最高大的殿宇。

图 8.27 殷宏，《孔雀牡丹图》，明代，约 15 世纪末 16 世纪初。立轴，水墨丝绸画，尺寸：240 厘米 ×195 厘米。克利夫兰艺术博物馆藏。孔雀被认为是观赏类鸟中的极品，中国人拿丝绸与中东人换取孔雀。

它色彩丰富并沿袭传统的山水画特点，因此花鸟图在宋朝极为流行，在中世纪的西方也同样受到追捧。正如宋朝画家郭熙的《早春图》一样（见"近距观察"），殷宏的画也有一种象征意义，即直接提及了皇帝。就像《早春图》里中间那座山峰一样，象征着皇帝本人，而他周围的山峰和树则屈从于他，孔雀象征皇帝，周围的"百鸟"则是宫廷官员，聚集在一起表现出尊敬和服从。

南宗画家 南宗画家的着墨较之北宗更为浅淡，喜欢用墨着色并以自由笔法作画（强调画的抽象本质），再以线性的方式细致详细地展现出来。对南宗而言，现实存在于心里，不是物理现实，最终的目的是实现自我。另外，南宗的艺术作品更系统地综合了每一个文人都应掌握的三个方面的努力：诗歌、书法和绘画。

因此，沈周（1427—1509）的《杖藜远眺图》这幅南宗画就是对传统山水画（图 8.28）的挑战。在宋初的山水画里，和谐统一的大自然包罗万象，人类在其中显得极为渺小（见"近距观察"）。但是，

图 8.28 沈周（1427—1509）于 1496 年作《杖藜远眺图》。山水画。沈周画册是手轴，用墨水和淡色绘于纸上，尺寸：38 厘米 ×59 厘米。美国密苏里州堪萨斯市纳尔逊博物馆藏。由威廉·罗克希尔纳尔逊信托购置。沈周将自己绘于画面的中间位置，一副悠闲自得之态，体现了更主观的禅道精神。从画中可看出，沈周画风笔法都以简洁为主。

在沈周具有明朝画风的画中，诗人是中心人物。他眺望空旷的天边，那是他精神追求的高度，写了以下一首诗：

> 白云如带东山腰，石磴飞空细路遥。
>
> 独倚杖藜舒眺望，欲因鸣涧答吹箫。

这样一个把自己置身于诗画中心的诗人却没有心思进入朝廷。沈周一生都在苏州生活，远离宫廷。但是，有趣的是，沈周的这种风格以及其他南宗风格却是明朝理论家董其昌最为推崇的，并成为清朝最正统的、占主要地位的绘画风格。

奢侈品艺术

明朝皇宫奢华的生活风格使大量装饰性奢侈品得以生产。另外，随着贸易的繁荣，许多中国商人越来越富有，并开始收藏画作、古玩和精美的家具，以及其他优质的物品。在当时，漆器相当流行。漆是用漆树的树液提炼出来的，它色泽清晰、自然光亮，用在木头、织物或者其他容易毁坏的物品上，使它们具有密闭、防水、防腐蚀和抗热的特点。表面涂有薄薄一层漆的物品能够雕刻成各种各样的形式。漆器家具、碗、碟和其他小物件特别受欢迎。

最受中国人和他们的贸易伙伴珍视的商品是陶瓷器皿。1004 年，中国人在景德镇发明了制作陶瓷的流程。到明朝初年，全国就有 20 个瓷窑；到 1424 年朱棣驾崩之时，大约增加到 58 座，差不多是原来的 3 倍。

明朝的画师在这些没有烧制的瓷器上用深蓝色的钴上釉，再覆上一层白色的釉，然后烧制炼成。朱棣在位期间，瓷器的外观更好看了。这很可能是因为郑和用农产品与其他地区交换钴矿石，其中就有波斯的卡尚。钴矿石铁含量高而锰含量少（与中国的矿石正好相反），这恰好能使瓷器拥有丰富的色彩。明朝的艺术家最喜欢的主题是鱼、波浪和海怪，特别是龙，因为龙象征着皇帝，据说皇帝流淌着龙的血液（图 8.29）。明朝的艺术作品里，无论是织物、漆器，还是玉制品中，龙随处可见。图 8.29 中的两个花瓶精美地勾勒出双龙嬉戏。它们的姿势，实际上暗示了太极拳的优雅。太极拳是中国的一种武术形式，有着单打、套路和对打的形式，被称为"推手"。这两条龙，它们的骨爪伸向对方，能让人轻易想起"推手"的形式。两尊花瓶创造了一种和谐之感，就像阴阳平衡（图 3.25），这其实就象征着太极本身。

图 8.29 明代宣德年间（1426—1435）双龙戏珠花瓶一对。青花瓷，尺寸：55 厘米 ×29 厘米。美国密苏里州堪萨斯市纳尔逊博物馆藏。由威廉·罗克希尔纳尔逊信托购置。早在青铜时代，中国人就把龙与大自然的各种突发异象联系到一起，其中包括风、雨和闪电。直到唐宋时期（6—10世纪），画龙图也是一种求雨的方式。对禅宗来说，龙象征着顿悟。

日本：宫廷资助和精神实践

尽管日本很早就对佛教有了认识，但是普遍认为佛教是在大和时期从朝鲜和中国传入的（见第 1 章）。根据《日本书纪》，公元 552 年，朝鲜百济王国的国王把一尊佛像和一些佛教经卷赠送给日本统治者。中国的书法成为日本书面语的基础，对某些人而言，佛教也为适应日本国情做出了相应改变。但是，佛教绝非受到所有人的欢迎。大和时期，三个最强大的家族——苏我氏、物部氏和中臣氏因为姻亲关系跟天皇都有紧密联系：物部氏管理着天皇的军队，中臣氏负责日本神道的仪式，反对佛教传入。但是，苏我氏管理着帝国的财产，与中国和朝鲜有频繁的接触，因而深深为佛教所吸引，大和天皇就允许他们在自己的部族里推行。

在接下来的数个世纪里，这些冲突对日本文化有很深的影响。早在708年，中臣氏家族的直系后代藤原部族，也就是之后统治日本长达500年的家族，监督平城京修建新首都的工程，因为此地位于奈良平原而称为奈良，距离西北部的飞鸟地区约24千米。新首都按照中国长安的建造设计并修建（图8.24），东西向4千米，南北向5千米，有一条宽阔的大街，从北通往南，在中心处的平城宫结束。虽然中臣家族和藤原部族轻视1世纪以前信仰佛教的苏我家族，但是在奈良，他们还是正式地将佛教奉为国教，从而建造了恢宏的寺庙和寺庵。

平安时代：典雅精致的宫廷

早在7世纪，佛教教义和神道教就开始相互影响。8世纪，在奈良的大佛同神道教的女神天照大神并列（见第1章），佛教的仪式也整合到了神道教的宫廷仪式中。但是公元784—794年，日本首都搬到了平安京，即今天的京都，平安京很快成为世界上人口最稠密的城市。据记载，迁都是因为世俗的宫廷需要远离奈良佛僧的宗教影响。

在平安京，优雅精致的艺术繁荣起来。平安时代的宫廷生活由性别决定。男人更多是主外，女人主内。事实上，女人几乎不能示人。尽管一个贵族妇女可以公开地去一座寺庙，但是她也必须注意不被民众发现。她也可以接待一位男性客人，但是两个人必须隔着挂帐交谈。但是，妇女们所受教育程度很高，她们被期望能对平安时代的宫廷美学作出贡献。许多宫廷集会都是比赛作诗，男女皆可参与。

诗歌通常是献给朋友或者恋人的，并希望对方应答。紫式部（973/8—1014以后）是平安时代最有成就的妇女之一，也是中宫藤原彰子（988—1074）的贵族侍女。在她的《日记》里，描述了这样一番交流（阅读材料8.6）：

> **阅读材料8.6**
>
> **紫式部，《日记》选段**
>
> 　　站在回廊入口的房间向庭院中望去，薄雾濡湿的叶梢上还挂着朝露的珠滴。道长大人在院中缓缓漫步，命随身近侍动手除掉引水管正面的淤积。渡桥南面女郎花开得正盛，大人亲手折下一枝，隔着挂账从上面递了进来。那身姿之美让我自觉羞愧，又更羞愧于让大人看见了我晨起尚未梳洗的头脸。听见大人说"以此花作歌，不得太迟"，便顺势依向砚桌：
>
> 　　观女郎花盛开之色，
> 　　知我身未分承露恩。
>
> 　　"噢，好快呀。"大人微笑着拿过笔砚：
>
> 　　霞珠洒花与人，
> 　　花方艳更染美色。

宫廷生活的某些情味在这段小小的文字中可以觉察出来：这个贵妇人的私人空间、她与这位宫廷绅士的关系、两位诗人对自然之美的留意，以及通过对这种美的描写来抒发个人的情感。

日记是讲述平安时代宫廷生活的一种重要的文学形式。紫式部的诗——包括整个文本——都是用一种新式的、纯粹日式的书写系统，即平假名来书写。早在9世纪，平假名就逐渐取代了汉字，作家能借此拼出日语的语音来。大学的课程依然基于中文经典和历史，国家和政府的文件仍然要求使用汉语。汉语是男人圈子的语言。平安宫廷严厉禁止妇女接受用汉语进行的教育，只能学习平假名的书写，即便如此，妇女们对汉语也是了如指掌。

由于平假名很方便，它在男人中间也很受欢迎，并鼓励着一种新的日本诗歌形式的发展，特别是和歌。和歌有5行，31个音节，从自然和四季变化中选取一个主题。这里有一首由平安时代最伟大的一位诗人纪友则（850—904）（阅读材料8.7）所作的和歌：

这里的张力，是在白天的寂静和樱花瓣无休止的掉落之间，意在表达诗人心中类似的张力，暗示着某种独特的期待或者是预感。和歌是日本其他诗歌形式的典范，特别是著名的三行一首、共 17 个音节的俳句形式，就是由和歌的头三行发展出来的。

除了她的日记，紫式部还写了一本厚厚的散文和诗歌集子（翻译成英语大概有 1000 多页），包括了很多她在《日记》里所记的应答诗歌。许多人把它看成是世界上第一本小说——确实，直到 18 世纪，没有哪一本西方的小说可以与它的视野相媲美。它被称为《源氏物语》，讲述了王子源氏的故事。他母亲是天皇最爱的妃子，尽管她的地位很低，不足以让儿子登上皇位。许多的场景都发生在源氏平安京的家里和花园里，除了讲述这个英雄从出生到死亡这 75 年的生命中感人的浪漫故事外，小说还为我们生动展现了世纪之交的日本社会生活的画面。

镰仓时期（1185—1392）：武士和幕府时代

平安时代，历代天皇越来越依靠地区的武士阶层（字面意思是"服务之人"）来实施军事控制，特别是在乡村。随着时间的推移，这些家族越来越强大，到 1100 年左右，他们开始成为日本军事和政治的重要力量，开启了镰仓时期。源氏在众家族中最有威望，镰仓时期就是因源氏家族的都城而得名。他们新得到的权力很多方面都代表着以家族制为基础的权力体制的复苏，至少从大和天皇以来，就已经在日本社会根深蒂固，但是，他们的兴起就像大名家族一样，必然导致紧张的局面，甚至是战争。

净土佛教艺术 当战事在整个国家蔓延，很多日本人觉得是末法时代（*mappo*）到来了，即所谓的佛陀第三代的到来，通常翻译成"达摩转世的时代"。这个时代被预言会从释迦牟尼圆寂 2000 年后开始，并持续 10000 年。在这个时期，没有人能够获得点化，社会将进入衰败堕落的状态。净土佛教似乎想寻求一条出路，它源于 6 世纪晚期的中国，是大乘佛教的一种独特形式。大乘佛教认为对万物的怜悯是信仰的基础，一个人的终极目标不是涅槃而是成佛。除了释迦牟尼，还有阿弥陀佛，即无量光佛，他住在一片称为西方净土的地方。净土佛教早在 7 世纪就被引入日本，中国称为阿弥陀佛，日本称为佛阿弥陀。特别吸引日本人的是净土的思想，通过念经"南无阿弥陀佛"（"向佛阿弥陀致敬"），信徒可以在西方净土的天堂重生，在世间不能获得的点化在那里可以获得。

最早践行净土咒的是空也和尚（903—972），他在乡间徒步旅行，一边念着咒语，一边做着慈善事业。空也去世 200 多年后，镰仓艺术家康庆雕刻出他的肖像（图 8.30），自此强化了空也法师的形象，使他的名字永垂不朽。他的禅杖上方是鹿角，象征他曾杀过鹿子，这种暴力行为使他皈依了佛教。雕像最明显的特点，却是康庆呈现出来的空也念经的方式。它包含六个小的佛像，从空也的口里念出。每一个佛像都代表了"南无阿弥陀佛"的一个音节。

军事文化艺术 1185 年，源氏家族打败其主要对手平氏，从此开启了镰仓时代。但是平安时代最后几年里两个家庭都在角逐着权力。平安时代的藤原家族和镰仓时代的武士阶级的关系非常复杂，这体现在 1160 年的一场重要的战斗之中，一幅出自"平治时期大事手卷画"的画中描述了这场战争。该画大致是在这些事件发生 100 年后由 13 世纪的一名无名画家所作（图 8.31）。1155 年，近卫天皇驾崩，藤原家族的雅仁登基，成为后白河天皇（1127—1192；1155—1158 年在位）。1156 年，后白河天皇崇德天皇冲突全面爆发，导致保元之乱。崇德天皇战败，后被流放。《夜袭三条殿》描绘了由藤原信赖所领导的部队在深夜偷袭三条殿的场面，藤原俘虏了后白河天皇，并把他的寝宫烧为灰

图8.30 日本雕塑家康庆，《空也宣法》，镰仓时期，1207年以前。漆木雕刻，眼内镶嵌水晶，京都六波罗蜜寺藏。空也法师胸前挂着铜锣，在他以舞诵经时使用。

烬。漫天汹涌的火焰和烟雾飘向画面右上方，将骚乱和暴力体现出来；而一座向左下角倒塌的建筑勾勒出骑马人、士兵、逃跑的妇女、死人和奄奄一息的人的迷惑。穿着制作精良的钢铁铠甲的武士们是主骑兵和弓箭手。在这一幕，许多人都拿起他们的弓箭，他们的比例远比上面的一队少，这样他们可以穿过马颈。显然，这是源氏胜利的短暂一刻。叛军很快被另一队强大的平氏军所镇压，在接下来的20年，在退位的后白河天皇的准许下，平氏家族设法操控了日本的皇宫。但是1185年，源氏家族的武士军队，在源义经（1159—1189）的带领下打败平氏，杀了平氏家族的所有人。

源义经的哥哥源赖朝（1147—1199）已经在镰仓摆开阵势，当战斗结束时，他迅速处置了这个区域的所有武士对手，包括追捕自己的弟弟，但他弟弟因不甘被捕而自杀身亡。源赖朝要求所有其他的武士首领都宣誓向他效忠，否则就会落得和他弟弟一样的下场，很快他就控制了日本列岛的大部分地区。他在镰仓建立起自己的统治，然后使日本政府摆脱平安京的贵族宫廷和佛教盛行的奈良的影响。但是，有趣的是，源赖朝却从不谋求皇位，接下来的武士首领也一样。相反，他认为自己是天皇的仆人，就像藤原家族对平安时代的天皇一样。但是1192年，皇宫授予他

图8.31 《夜袭三条殿》，出自"平治时期大事手卷画"，日本镰仓时代，13世纪下半叶。手卷画；墨色图，尺寸：41厘米×700厘米。波士顿美术博物馆藏，费诺罗萨·韦德收藏所。这是整幅画的中心场面，军队从右边向王宫进军，取得胜利后从左边离开。

"征夷大将军"的称号，作为幕府将军，即武士的最高长官——他的军事政府被称为幕府，统治这个国家达150年之久。

在很多方面，源赖朝的幕府由他进行的土地改革所界定。本质上，他把先前属于敌人的国家财产作礼物赠给追随者。15世纪之前，这些地主被称为大名。他们首先要对幕府绝对效忠，然后致力于军事艺术以及重视他们的大名——重视扩张、奖励、名声以及家族荣耀感。最终，当日本人开始享有一段长期的和平时代后，从1600—19世纪中期，这些观念被编成法典，并由大名阶级加以扩展，他们的军国主义似乎越来越偏离良好的行为方式——武士道，即"士兵的行为"。武士道对今天的日本社会的许多方面仍有重要的影响。

室町时代（1392—1573）：文化资助

如果说天皇的权力很少受到大名的挑战，那么，毫无疑问大名是宫廷的重要资助人，也是宫廷艺术和工艺的主要消费者。日式的中国禅宗的教义和伦理，也吸引了他们。整个12—13世纪，禅道在日本的地位逐渐确立。禅宗和尚们谨慎有序的僧侣生活与平安时代佛教寺院奢华的生活方式形成鲜明对比。像净土佛教一样，禅道也提倡通过冥想和自我克制来求得点化，以此与后继者竞争，这是特别吸引人的一种精神实践。

1392年，一个幕府家族足利开始对日本社会产生越来越重要的影响。他们在京都（他们统治时期的另一个名字）的室町地区拥有他们的府邸。这是一个大名争权夺利的血腥内战时期。尽管京都满目疮痍地留

图8.32 金阁寺，也称鹿苑寺，京都。初建于14世纪60年代，于1964年重建。1950年一名21岁的见习僧人放火自焚，以抵制佛教在第二次世界大战后商业化的趋势，原来的金阁寺在此事件中完全烧毁。重建工程几乎完全保持了原样。

了下来，足利幕府还是在京都修建精美的宫殿，作为隔离墙外骚乱的庇护所。这中间最精美的当属京都的金阁寺（图8.32），是最后一位足利将军吉光（1358—1408）的退休居所。1399年开始，金阁寺的中心亭子模仿中国的馆阁修建。它的第一层用作在湖泊和花园中静心冥想。宽阔的走廊可以赏月，是非常流行的一种娱乐方式，走廊面对着第二层楼。最上面一层则是一个小型的净土佛殿建筑，有一尊居住在西方净土的阿弥陀佛和无量光佛的塑像，并供奉着25位菩萨。金阁寺中亭阁周围的花园给散步者提供了变化多端的风景，因此，在场景的多样性和整个地方的统一性中创造了一种张力。作为一种策略，吉光以艺术为友，以便能给幕府赋予权力和正统性。因此，他和之后的足利将军们都鼓励一些最重要的艺术形式的发展，无论是绘画还是园林设计。他们也发起了新的艺术表现形式，包括茶艺和能剧。

禅宗花园　禅宗对日本艺术的影响范围有多大，这是很难回答的。因为通常与禅宗有关的艺术特点是设计简单，启发而非言明，通过不规则和不对称来控制平衡。这也是日本本土文化的特点。但是不容置疑的是，花园是室町时代禅宗寺庙的典型代表，特别是"枯山水"园林，即"枯菱"或者干枯的花园。日本的园艺家一直把水看成很重要的因素，甚至是基本元素，但是在京都，因为泉水和山间溪水有限，于是园艺家便把注意力从溪水和池塘转移，开始更关注岩石和一些精心栽种的树木，以此作为园林最基本的设计。

特别明显的一个例子，就是大仙院辖区的一个园林，它是古嶽宗亘（1465—1548）于1509年在京都建立的大德寺的子寺，一般认为是由画家相阿弥（1525年去世）设计。大仙院的园林实际上是由一系列独立的花园组成，围绕着古嶽宗亘的住所，他的住所本身就装饰着相阿弥的绘画。分立住所两侧的园林展现出袖珍的风景，里面的岩石竖立摆放组成了假山（图8.33）。由白色的石英组成的瀑布，从岩石倾泻而下，形成一条白色的沙砾河，上面摆着一块石板，像是一座自然形成的小桥，把溪水中的小洲连接起来。远处，一个船状的石头在更宽的

图8.33　大德寺公园，京都。室町时期，约1510—1525年。注意公园内岩石特点与中国传统山水画的相似之处（见"近距观察"）。

流域漂流。在住所的另一面，沙砾溪水流过了认真打理的白色沙砾，沙砾上矗立着两个相同材质的锥形建筑。这一宽阔的布景暗示着海洋，它倾斜的波浪冲击着两个火山岛（最后的特点仍然是猜测）。总的来说，卵石流从山峦到海洋，很可能述说着什么，或许是暗示时间的流逝，也或是禅道哲学家从一个相对复杂和混沌的世俗生活进入一个更广阔、更简单的般若世界。

茶艺　抹茶，意为"精心磨制的茶叶"，在12世纪晚期的镰仓时代从中国引进。在镰仓时代末期，鉴别茶种和其产地的茶艺比赛变得越来越流行。到室町时代早期，喝茶的规则开始被编集成书，特别是在禅宗寺院里。到16世纪，这些规则开始被称为茶道。在专门为茶道设计的小房间，房间内装饰有悬挂着的轴画或屏风，上面都有书法。客人可以离开尘俗的纠葛，进入一个轻松、和谐和互相尊敬的世界。茶艺的大师需要收集几幅绘画和书法作品，通常是"唐物"，即来自中国的珍宝，其中吉光的孙子义正（1430—1490）收藏的作品最珍贵。

到15世纪末，通常由于先前的禅宗牧师村田修子的改革，即在茶艺中展示"唐物"的品位，转变为欣赏另一种具有"侘"的作品——显示了俭朴的风格及岁月的影响。这些作品都被认为更多地展示了日本人的品位，而不是中国人的，正如村田修子所评论的一样："月亮如果没有部分被遮住，那么不能让人愉悦。"茶艺大师将会收集一些绘画和书法作品以及一些不同的物件和制茶器皿——茶壶、水壶、搅拌器、茶叶罐，最重要的是茶碗，每个都有独特的美学形状和纹理。静谧柔和的光线下，大师可以和他的客人坐在铺有榻榻米（草编的垫子）的地板上，一起品茶，探讨沏茶的准备程序与沏茶器皿，这些都表现出大师的艺术情感。客人和大师可以一起进行默想的仪式，把喝茶变成高度提炼的艺术，此谓茶道。

有趣的是，茶道是在商人阶级间发展成经典茶艺文化的，而并非在宫廷里。传说是来自坂井的两名商人武野绍鸥（1502—1555）和千利休（1522—1591）发明了茶道。千利休是这样定义茶道的：

> 茶道在一间普通的小屋里进行，首先这是一种基于佛教准则的苦行修炼，其旨在获得精神的解放。要注意茶屋是否有品位，配菜的味道是否能突出茶的特点。只要品茶之地不漏水，食物能填饱肚子就足够了。这就与佛教的教义和茶道的本质一致。首先，我们要取水，收集柴火；接下来，把水烧开，准备沏茶。先敬佛陀，再为客人上茶，自己则最后喝。

千利休和武野绍鸥在发展茶道的过程中取得杰出成就，这预示着日本文化的巨大转变，控制日本社会达数世纪之久的军事阶级开始对商业贸易产生了兴趣。

能剧（Noh Drama）　足利将军，包括吉光和义正，都积极支持能剧这一文学体裁的发展。能剧的产生主要归因于关阿弥清继（1333—1384）以及他的儿子世阿弥元清（1363—1443）的努力。他们把剧院看成音乐、说唱、舞蹈、诗歌、散文、滑稽戏和面具的结合，从而创造出一个壮丽的世界。它基于"幽玄"的理念，几乎不能翻译，但却涉及了能剧表演背后的一种模糊的、心灵的深邃（或者，一动不动）。

"能（Noh）"这个词的意思是"成就"，是指戏剧主角的精湛表演，只有内部的争斗停止，她或他的灵魂才能找到安宁。能剧的表现形式有五种，包括"士兵表演"和"妇女表演"。士兵表演在世阿弥元清之前并不存在，其特点是扮演各色各样的武士阶级名人，如手卷画《夜袭三条殿》中平氏和源氏的冲突（图8.31）。

能剧同西方戏剧不同。能剧中的角色通常戴着精美的面具，表演通常伴有合唱，在管乐器和锣鼓的伴奏下讲述历史事件。戏剧情节往往为观众所熟知，几乎不相关，当然它不能推动戏剧业的发展。戏剧演员以艺术形式讲述台词，不用故意去做出任何形象的曲折变化。用三个锣鼓和一根笛子来附和台词，他们的动作变成舞蹈，表演时间通常比单纯地阅读要长得多。

事实上，尽管能剧很耐读，但是没有了非语言因素，整体效果就丧失了。

安土桃山时代（1573—1615）：外来影响

当日本文化在足利将军的资助下日渐繁荣的时候，这个国家也同时经历了数年的内战，国力不断衰弱。16 世纪中期，足利家族几乎丧失了所有实权，大名掌权的时代又再次开始。最终，他们中间的一位，一个小诸侯的儿子织田信长（1534—1582），开始打造足够的盟军以将整个国家统一到唯一的政府之下。1573 年，织田信长把足利的所有残余势力都赶出了京都，开启了安土桃山时代，以他在琵琶湖边的安土城堡的位置以及他的继任者丰臣秀吉（1537—1598）在桃山，即京都南部城堡废墟上种植起来的桃树果园命名。

织田信长的胜利是借助 1543 年由葡萄牙贸易者传入日本的火药和火器而取得的。在织田信长统治时期，西方人在日本极力扩大贸易。1543 年，葡萄牙贸易者第一次抵达日本的水域，日本的大名们很快从葡萄牙人那里认识了西方的火器。在不到 30 年的时间里，丰臣秀吉利用枪炮，于 1590 年结束了内战。同时，1549 年，传教士方济各·沙勿略（1506—1552），身为耶稣会的创立者之一，来到了鹿儿岛，旨在把基督教带到日本。16 世纪 80 年代，教会让 15 万名日本人皈依了天主教。

尽管火药的到来极大地鼓励了安土桃山的统治者修建比足利时期更大、防御能力更强的天守阁（城堡），但主要的目的还是显示大名的权力和尊严。在大阪附近的姬路城堡（图 8.34）就是个例子。这个时期全国大约有 40 座城堡，与大多数城堡一样，姬路城堡建在山顶上，上面有一个天守阁，就像英国城堡的主楼的

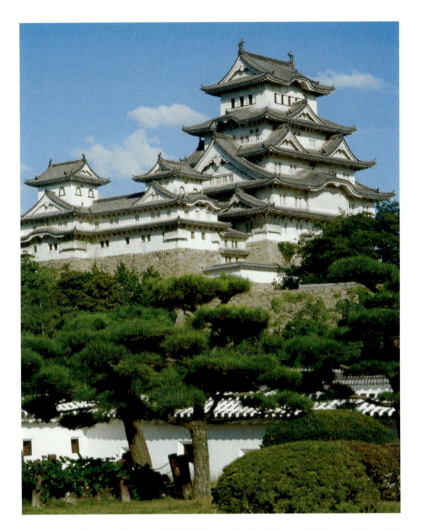

图 8.34　姬路城堡，位于日本大阪附近兵库县，建于 1581 年安土桃山时代，于 1601—1609 年扩建。17 世纪早期，德川幕府摧毁了安土桃山时代的大多数城堡，因为他们认为这些城堡会激起其他大名挑战幕府权威。

一个最后的避难处。山坡以下是巨大的石墙。

最初，天守阁只有三层高，后来又建了两座天守阁。有两座是三层高，有一座是五层。最终，这座要塞立即变得固若金汤，并且外观甚美，翼状的白色屋顶和尖顶突出的三角形瓦面墙。正是因为它形式上的优雅和上升的节奏感，被称为姬路城堡。

海外商人尤其是葡萄牙人和荷兰人，在日本出现，并很快出现在日本的绘画中，特别是一种新的叫南蛮屏风的屏风画中。南蛮意为"南方的蛮夷"，即把坐船由南而至的西方人如葡萄牙人和西班牙人称为"蛮夷"。这个题材最流行的主题就是，一艘大型帆船抵达京都湾（图 8.35）。船上的水手们把货物卸下来，

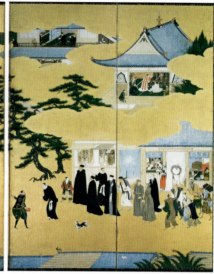

图8.35 **狩野派，难波六折屏风**，作于1593—1600年。日本神户难波艺术博物馆藏。在屏风左下角，身穿葡萄牙风格衣服的非洲黑奴正在搬运货物。中央屏风上，一个人正给红衣人撑伞。

船长和他的船员们穿过城市的街道，来到京都的耶稣会教堂。那里的牧师们其实就是已经皈依了基督教的日本人。

这些屏风画的独特之处在于，它们体现了文化的交汇。因受到贸易前景的诱使，除西欧人以外，日本人还同亚洲其他国家民族有贸易往来，这是世界史上前所未有的交汇。在非洲黑奴的帮助下，葡萄牙人在澳门建立了殖民地，他们也充当起了中国和日本之间的中间人，用日本的银子换取中国的生丝，进入日本以后，加工成织品，特别是和服，质量特别好。

南蛮屏风画只是安土桃山的大名们用来装饰他们的宫殿和城堡的众多屏风画中的一种。传统的日本室内设计大多只是开阔的房间而没有一点家具。通过放置这些屏风画，三角形空间的效果就可以弱化，并再细分。这些画通常被用作某个重要人物的背景幕，或者隔离出一处吃饭的地方、接待区或者睡觉的地方。除了南蛮的主题，在屏风画上的主题还包括都市风光、神话场景、伟大的战斗的描绘、戏剧表演的形象、宫廷的日常生活以及乡间普通人的劳作。

日本的闭关锁国

织田信长的继任者丰臣秀吉，对基督教有深深的怀疑。1587年，他禁止日本人信奉基督教，1597年，他甚至在长崎处决了26名西班牙和日本的耶稣会士以及方济各会修士。后继的统治者甚至采取了更加保守的闭关锁国政策。1603年，丰臣秀吉的继任者德川家康（1542—1616）在江户（即今东京）的城堡建立了一个幕府，并和平地持续了250年。1614年，即便是外国人，也被禁止进行基督教活动。新的德川幕府确认了天皇作为政府的首脑，但是只有幕府将军才是实际的领导者，德川幕府以下大致有250名大名管理着各地区。1635年，德川幕府禁止日本人出海，1641年，限制与荷兰的贸易往来，只能在长崎港的狭小区域进行；与中国的贸易活动也被限制在长崎四分之一的区域内。

日本一时间脱离了世界的影响，直到1853年，美国海军准将马修·佩里的四艘军舰驶入江户港，并带着美国总统的信函要求日本接纳美国水手。接下来的一年，日本正式向世界敞开了大门。

延续与变化　禅宗的影响

1853年，日本向世界敞开了贸易的大门。很快，已经发展了11个世纪的日本文化就立即对西方世界产生了巨大的冲击。19世纪的西方艺术家，包括克劳德·莫奈、文森特·梵高、玛丽·卡萨特都对日本的版画非常着迷，这些版画如潮水般地涌入欧洲各城市和纽约的市场。能剧也激起了西方作家们巨大的兴趣。德国戏剧家贝托尔特·布莱希特和爱尔兰诗人威廉·巴特勒·叶芝都会自己创作能剧，而美国诗人艾兹拉·庞德更是自如地改变了很多传统能剧。特别吸引西方情感的是禅宗哲学，尤其是以有意无意的方式来吸引现代西方的精神。

将现代版禅宗哲学传至世界的最有影响的传播者要属日本学者铃木大拙（1870—1966）。1921年，他和妻子开始发行《东方佛学》，这是一本主要针对西方读者的英语季刊。他的《禅宗佛学》于1927年在伦敦出版，于1933年和1934年两次加以增补，这些举措确立了铃木的名声。1936年4月，铃木被邀请到伦敦在世界信仰大会上讲话，并遇到了20岁的艾伦·瓦茨，后者在同一年稍后时期出版了他自己非常有影响力的《禅之精神》。

第二次世界大战期间，铃木在镰仓的一个重要的禅院圆觉寺度过了一段隐居生活。1949年，铃木迁往加利福尼亚，之后到了纽约，于1952—1957年在哥伦比亚大学教授禅学。作曲家约翰·凯奇参加这样的研讨会有两年时间，这深深地影响了他的音乐方向。20世纪的许多其他西方知识分子也吸收了铃木的教导，包括心理分析家卡尔·荣格；诗人汤玛斯默顿、加里·斯奈德、艾伦·金斯堡；小说家杰克·凯鲁亚克；陶艺家伯纳德·利奇。

20世纪60—70年代，由艺术家、作曲家和设计师发起的国际激浪运动中的多数亚洲成员，包括小野洋子，让谜语这种禅宗哲学实践流行了起来。这种形式是让学生获得顿悟的一种禅宗哲学方式。小野洋子的同胞，在韩国长大的白南准（1932—2006），录像艺术最伟大的革新者之一，在1974年的《电视佛陀》（图8.36）中提出了这样的一个谜语：要是佛陀还活着，他怎样才能从周围的文化中撤退出来沉思冥想，以求顿悟？在沉思电视中自己的形象时，他能够不沉迷于自我欣赏吗？或者他能完全逃脱？那么，自我反思究竟是什么意思？这些问题都是一个禅学大师可能会就白南准的作品提出的问题，就像任何一个当代的参观者都会提出的问题一样，都表明东方哲学已经深深地影响了西方思想。

图8.36　白南准，电视佛陀，1976年。佛像视频装，阿姆斯特丹市立博物馆藏。白南准通过他的好友作曲家约翰·凯奇与铃木大拙贞太郎相识，并深受他的影响。

第 9 章

反宗教改革和巴洛克时期

情感、质询和绝对权力

17 世纪初，天主教开始努力赢回之前因新教改革分离出去的地区。为了发起这场运动，教会开始了一场反宗教改革运动，试图在教会内部有意识地进行自我改革。但是，教会也知道需要通过更多直接的方式把人们拉回自己的领地，艺术开始向肉欲转变，这不仅吸引着知识分子，也引起了一系列的人类情感。这一吸引力体现为越来越华丽和宏伟的表现形式——后来被人称为"巴洛克艺术"。而巴洛克艺术的中心在罗马梵蒂冈城。

就像 16 世纪教皇尤利乌斯二世（1503—1513 年在位）通过修建一座新的圣彼得大教堂将罗马复兴为基督教世界的中心一样，17 世纪的上半叶，多位教皇把自己对艺术的偏好强加给圣彼得大教堂。圣彼得广场位于教堂正前方，贝尼尼（1598—1680）在设计围绕圣彼得广场的柱廊时特别加强了教堂的视觉冲击。贝尼尼特地设计的石柱廊，由 284 根巨大的多立克式柱子组成，4 根一排，环绕形成了一片直径约为 244 米的圆形开阔地带（图 9.1）。贝尼尼认为围绕着广场的柱廊怀抱着它的信徒们，如同"教会母亲般的臂膀"。当人们聚集到此接受教皇的祝福时，建筑本身又将祝福戏剧化。但是，贝尼尼的柱廊首先象征着或宣称着教会对新教威胁的胜利。正如一位作家在 1652 年所说："这所新教堂如此壮观和宏伟，任何注视着它的人不得不承认……它的美似是天使所作，或它的宏大为巨人所造。因为它如此宏大以至于……无论是

希腊人、埃及人还是犹太人，甚至是伟大的罗马人都没有建造过如此精美和宏大的建筑。"

巴洛克艺术的典型特征是关注人们欣赏一件艺术作品时的情感经历方式。许多人认为，巴洛克一词来自葡萄牙语的 *baroco*，意为巨大的、形状不规则的珍珠。它最先是以贬义的方式暗示一种因过分装饰和古怪而接近不良趣味的风格。我们首先看看它作为一种有意识地反宗教改革的艺术和建筑风格在罗马尤其是在梵蒂冈的发展，然后再看看 17 世纪欧洲音乐活动中心威尼斯的发展情况。

矫饰主义和早期反宗教改革运动

正如贝尼尼所构想的那样，巴洛克艺术是一种妥协：一方面，它是宗教礼节；另一方面，它又是 16 世纪后半叶兴起于意大利的特别华丽的艺术风格，这种风格后来逐渐被称为矫饰主义。尽管从艺术品创作的角度看，两者表面上差异很大，但贝尼尼知道，华丽和礼节是可以融合在一起的。

特伦托会议和天主教的艺术改革

在贝尼尼开始设计梵蒂冈柱廊的 10 年前，这场为了增强礼节意识的运动就已经由教会煽动起来。教会意识到其荒淫行为点燃了宗教改革运动，但地域辽

◀ **图 9.1　梵蒂冈圣彼得广场（从米开朗基罗设计的圣彼得大教堂圆屋顶俯瞰），台伯河流经东部。** 宽阔笔直的协和大道通向台伯河，20 世纪 30 年代，法西斯独裁者贝尼托·墨索里尼切断了这条道路。以前，参观者去往梵蒂冈要穿过曲折的中世纪街道，直到他们发现自己身处广阔的梵蒂冈广场。

阔的西班牙帝国的君主、神圣罗马帝国皇帝查理五世（1519—1558 年在位，在西班牙帝国执政了较长时间）和法国弗朗索瓦一世（或译成"法兰西斯一世"，1515—1547 年在位）这两个天主教君主之间存在严重分歧，因而妨碍了在政治上作出应对措施。尽管冲突持续不断（此时，西班牙的财政由来自美洲新大陆上发现的金银支撑着），两位君主都认为有必要解决来自新教改革的威胁。1545 年，他们说服教皇召集了一个所谓的特伦托会议，该会议的宗旨是勾勒一条教会自身的改革之路。

这次会议历经四位不同的教皇，时间跨度达 18 年之久（1545—1547；1551—1552；1562—1563）。会议集中于恢复教会内部秩序。会议叫停了牧师们通过出售教会职位和宗教物品以填充小金库的行为，还要求许多住在罗马的主教回到他们的主教教区。会议要求主教要经常布道，对主教教区的宗教行为进行规范，应经常活跃于教区居民之间；并警告主教不能生活得太过招摇：

> 凡是担任主教职位的都需要懂得……他们接受拜访不是为了自己的方便，不是为了富裕和奢侈，而是为了付出和关心，为了上帝的光辉……因此……本会议不仅命令主教要满足于简陋的家具、简单的桌子和饮食，同时要留意他们生活中的其他行为，注意到在他们的房间中没有什么是远离神职的，没有什么不是显示着朴素、对上帝的热忱，以及对虚荣的蔑视。

主教们需要维持严格的、以前从未被要求过的独身主义，他们必须在每一个主教教区创建一所神学院。

特伦托会议强令禁止奢侈，宣扬朴素虔诚的原则，一改过去用宏大的艺术品来装饰教堂以示虔诚的做法。与许多新教教派不同的是，特伦托会议坚持使用宗教形象：

> 基督的形象、上帝之母的形象和其他圣人的形象在教堂里被专门安放并保留起来……[以及] 放置于信众眼前从而使他们……能够塑造自己的生活，模仿圣徒，并进而崇拜和爱戴上帝以及培养虔诚之心。

在牧师们后来写的有关艺术的论文中，明确要求对物体进行直接处理，不应像以前那样为画风、光效等"感观上的"东西所妨碍。

特伦托会议要求视觉艺术要直接影响人们的灵魂，而这也同样影响了教会音乐的发展方向。会议坚持认为，礼拜仪式中的音乐是服务于内容的，因此，歌词内容对整个信众来说必须清楚明了：

> 整个颂唱不仅需要悦耳，而且要使所有的人能清楚地理解这些歌词，这样听众的心才能被吸引到天堂和谐之地……音乐，无论是演唱还是用风琴演奏，都不能含有淫荡或者不纯洁的东西，否则将被赶出教堂。

有人认为，复调（具有同等重要性的两种或更多的声部）组成了"淫荡或者不纯洁的"音乐，因此，他们认为只有单声圣歌才应该在教堂中表演，会议否决了这种看法。

有传言说，特伦托会议否决用单声圣歌取代复调音乐是因为一种特殊的弥撒，或者复调弥撒《马尔采鲁斯教皇弥撒》。它由意大利作曲家乔瓦尼·皮耶路易吉·达·帕莱斯特里纳（约 1525—1594）在 1567年创作。这一传言并不属实，但是数个世纪以来，人们都相信这是事实，而这也证明了帕莱斯特里纳合唱作品的影响力。在他的音乐生涯中，包括在梵蒂冈的嘉佩乐·古里亚教堂担任唱诗班指挥多年，他为弥撒写了 104 首背景音乐、375 首经文歌、80 首赞美歌，以及 140 首圣歌和世俗歌曲。他是 16 世纪第一个发表自己作品全集的作曲家，同时也是当时最有影响力的创作者。

《马尔采鲁斯教皇弥撒》因其严格执行特伦托会议提出的要求而著名。它的音乐要求极为苛刻，以至于唱诗班在唱时，所有的词，特别是每一乐句的开头都能够极其清楚地演唱出来。虽然明确要求信奉这个章节的声部，歌词中的每一个章节要用和弦演唱，还要清晰地发出文本的每一个音节（通常是第三和第六，或者我们所意识到的连续的停顿），对位法（声音模仿连续的主旋律）和齐声演唱（下一级声音简单地与和弦旋律伴奏）之间持续的相互影响让音乐变得颇有生气。同样的，帕莱斯特里纳通常都是以一个音节一个音符的形式来演奏，或者每个音节多个音符，这种方式不同于装饰音。但是，文本的理解是第一位的。

这样的特性也可从帕莱斯特里纳为《巴比伦河》所作的背景音乐中听到，这是他最著名的赞歌之一。赞歌，在前面已经讲过，是中世纪和文艺复兴时期最重要的一种复调声乐形式。自文艺复兴以来，通常有拉丁文的神圣文本，就像做天主教礼拜时唱的弥撒曲一样。《巴比伦河》的文本取自《圣经》圣歌第137节，表达了对犹太民族的哀悼：

> 巴比伦河边，我们坐着哭泣，
> 当我们想起了你，啊，锡安山。
> 柳絮下，天地间，挂起了我们的竖琴弦。

《巴比伦河》赞歌中每个词的节奏直接与音乐节奏匹配，每个词的重音节也对应一个较高的音符，因此，绝对清晰地混合了文本和音乐。用帕莱斯特里纳的话说，其目的就是"根据词义，使单词产生强大的力量"。为与特伦托会议的思想保持一致，帕莱斯特里纳的音乐能让这些词富有生机——甚至加以美化，而特伦托会议的每一个集会成员必定会理解并相信这些歌词。

矫饰主义的兴起

那些标志着反宗教改革的艺术与音乐对清晰和直接的要求并没有限制像米开朗基罗这样的原创艺术家，米开朗基罗在16世纪的艺术界引入了一种不同的革新方向。1520年拉斐尔逝世，从他生前为梵蒂冈所作的最后一批画中可看出他已经有了一种新的风格。他用一种更活泼的、动态的，甚至是身体扭曲的方式塑造人体，来代替《雅典学院》（见第6章的"近距观察"）中的明晰、克制和秩序，这很可能是回应米开朗基罗在西斯廷礼拜堂的天花板壁画中同一方向的创新，如《利比亚女先知》（图6.27）。这一新的矫饰风格导致了扭曲的、人为的姿势，以及神秘的或模糊的背景，而且延长了比例。矫饰主义有两大标志：一是拒绝文艺复兴鼎盛时期的仿古趋势；二是艺术家通过对传统绘画中的人物进行伪饰和扭曲以表现精湛的技巧。

1534年回到罗马后，米开朗基罗的第一个任务就是为西斯廷礼拜堂作祭坛壁画《最后的审判》（图9.2）。米开朗基罗对人物的表现有极大的自由。例如，圣巴尔多禄茂殉难之前受活剥之酷刑，他正好坐在基督的脚下，右手拿着把刀，这是他所受酷刑的工具，左手是剥下来的皮。许多学者认为，那块剥下来的皮上的脸是米开朗基罗的自画像，暗示着他已意识到自己将献身于教皇保罗三世没完没了地委派给他的宗教绘画的伟业之中。但是，他画中人物的全裸才是最引人注目的。1545年，诗人彼得罗·阿雷蒂罗给画家写了一封信，反对此壁画（阅读材料9.1）：

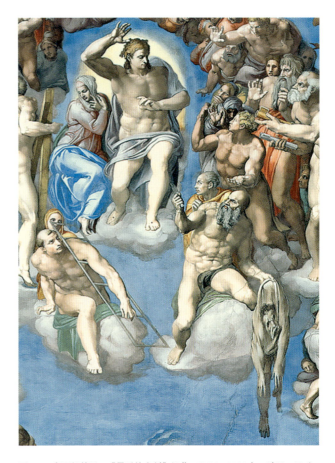

图9.2 米开朗基罗，《最后的审判》细节，1534—1541年。壁画，尺寸：1463厘米×1341厘米。罗马梵蒂冈西斯廷礼拜堂祭坛墙壁。梵蒂冈博物馆。米开朗基罗此画中的裸体人物在之前的教堂装饰画中闻所未闻。

彼得罗·阿雷蒂罗，《致米开朗基罗的信》选段（1545 年）

对于异教徒制作雕塑，我想说的不是月亮女神穿上了衣服，而是裸露着的维纳斯，他们用手来覆盖不应当被看到的部分。而这里有个基督徒，他把艺术看得比信仰更重要，所以以一种极不恰当的态度来看待殉道者和处女的表现形式，男子们牵拉着生殖器，这些东西即使是在妓院也会不好意思地闭上眼睛避免看到它们。你的艺术应当是放在家里的，在一些撩人的浴室里，当然不应当在这世界上最崇高的教堂里……把这被诅咒的不雅之处变成火焰吧，把它恢复成好的名声，而将那些被祝福的变成阳光，或者模仿佛罗伦萨的稳重，把你大卫的羞处藏到一些金叶子后面吧。更何况这个雕塑是放在公共广场上的，而不是放在神圣的教堂里的。

米开朗基罗没有回信，阿雷蒂罗则将它公开发表。这封信反映了发展中的矫饰主义风格同反宗教改革的目标之间越来越紧张的关系，特别是在特伦托会议期间。事实上，只要保罗三世还是教皇，那么《最后的审判》就会还是米开朗基罗所画的样子。但是当 1555 年，保罗四世当选，这位继保罗三世后的新教皇于 1545 年召开了特伦托会议，这幅画便越来越招人厌恶。1564 年米开朗基罗死后不久，丹尼尔·达·伏尔特拉和其他画家就在壁画的裸体像上画上了装饰织物来遮挡生殖器部位，这样一个壮举使他们赢得了不太体面的名声——"画裤子的"，甚至当这幅画在 1994 年被清理和恢复的时候，梵蒂冈都决定留着这些裤子。

只要绘画仅限于非宗教场所的非宗教主题，或多或少是可以按画家的性情自由发挥的，甚至米开朗基罗在西斯廷教堂画的裸体人像也是可以接受的，当然是在一些不那么神圣的地方。罗马红衣主教奇里洛·弗朗哥在一封信里表达了这样的观点："我个人认为，米开朗基罗的绘画和雕塑都是自然的奇迹；他想通过那些裸露肢体的姿势和裸体来展示最崇高的艺术，如果他不是画在教皇的教堂穹顶，而是一个画廊或者是某个花园的门廊上，我会对其夸赞不已。"这是一个关乎礼仪是否适当的问题，把在画廊或花园门廊适合或恰当的内容放在教堂里就绝对不适合了。

在整个欧洲王宫的私人画廊里，较之更不雅但又极具新意的形象相当兴盛。例如，16 世纪 30 年代初，曼图亚的费德里科·贡扎加委托他人画了一组色情画，似乎是故意体现特伦托会议所称的"淫荡或肮脏的"不雅画作。他们是意大利北部艺术家柯雷乔（教名是安东尼·阿勒格里，约 1494—1534）的作品，描绘了朱庇特（或宙斯）的爱情。

16 世纪 30 年代初所画的《朱庇特与伊俄》便是其中之一（图 9.3）。这幅画描述了朱庇特与其妻赫拉身边的女祭司伊俄圆房的故事。朱庇特化作一团云，他的脸在伊俄身前几乎可见，他轻吻着她的脸颊。他那像熊一样的手臂拥抱着她，而她纵情于性的快感之中。除了对毫不害臊的肉感的展示外，匪夷所思的是伊俄完全裸露的、清晰的肉体与朱庇特黑暗的、无定型的形式并置在一起，这完全表现了矫饰主义的精神。

16 世纪 50 年代，西班牙国王菲利普二世委派画家提香所作的一系列绘画也表现了同一主题。菲利普在埃斯科里亚尔建筑群中专门修建了一座房子，用来存放这些绘画。在《掠夺欧罗巴》中，仙女欧罗巴用鲜花装饰公牛的角，而变成公牛的朱庇特则诱拐了她（图 9.4）。这部作品最显著的特点是这个威尼斯艺术家放纵的、肉欲的绘画处理方式——伊俄身下的裤子和伊俄洁白的皮肤体现了柯雷乔矫饰主义技巧中的卷曲甚至冷淡的线条。提香丰富的笔法画出了人物的肉感，而且欧罗巴手中飞起来的螺旋形的红色袍子强调了她从公牛背上掉下来时迂回的姿势，这幅画展现了矫饰主义作为一个整体强烈地进入了 16 世纪画作的词汇里。就像矫饰主义者一样，晚年的提香把注意力转向了自己的艺术鉴别力和绘画技巧，以及在作品中通过笔法展现他称为的手写或风格签名（绝非巧合的是，*maniera* 的词根正是 *mano*，即"手"的意思）。

这种前所未有的创造自由是矫饰主义艺术的典型特征。但是，如果这种创新使欧洲宫廷中产生了不雅形象的话，教会是无法容忍的。从事这些宗教项目的艺术家们不得不想办法将他们的矫饰主义风格恰当地融入合适的宗教形象中。教会也没法容忍那些没有严

图 9.3　柯雷乔，《朱庇特与伊俄》，16 世纪 30 年代初。布面油画，尺寸：175 厘米 ×75 厘米。奥地利维也纳艺术史博物馆藏。神话中，朱庇特（宙斯）出现在阿戈斯国王之女伊俄的梦中，带她前往伯奔尼撒东部的莱尔纳的一片沼泽溪流之地，在这里他为了引诱伊俄而伪装成一朵云。这幅画是为曼图亚总督官费德里科的娱乐会所而作。

格遵循教会准则的宗教信仰。如果天主教徒被另一种不同于教会认可的精神所激励，那么他就会被认为是一种特殊的威胁而受到来自教会极大的约束甚至面临更糟糕的境遇。

委罗内塞和意大利的宗教法庭　需要在艺术中适当地运用新意的一个明显例子是《最后的晚餐》，现在通常称为《利未家的盛宴》，由威尼斯艺术家委罗内塞（1528—1588）所作。委罗内塞出生时名为保罗·卡利亚里，绰号取自他出生的城市维罗纳。1542 年年初，教皇保罗三世发起了一个罗马宗教法庭——调查可能的异端邪说的官方法庭——1573 年，委罗内塞受到法庭召唤去接受质询，即他所作的《最后的晚餐》（图 9.5），该画为威尼斯多明我会修道院所画，画中人物如真人大小。由于这幅画对所画的主题处理方法不恰当，因而被认为是异端。他在法庭面前的证词阐释了对这个时代的美学情怀和宗教情怀（阅读材料 9.2）：

阅读材料 9.2

《委罗内塞的审判》选段（1573 年）

　　委罗内塞：这是《最后的晚餐》，耶稣基督带着他的使徒来到西蒙的家。

　　检察官：在《我主的晚餐》里你还画了其他人吗？

　　委罗内塞：是的，长官。

　　检察官：告诉我们有多少人，并描述一下每个人的姿势。

　　委罗内塞：这是房子的主人，西蒙；除了这个人物，我还画了个管家，我认为，他是为了自己的乐趣来看看桌上发生了什么事情。还有很多我记不起来的人，因为我画这幅画也有些时日了……

　　检察官：在这幅《晚餐》里，你画的圣徒乔瓦尼·保罗，鼻子流着血，你的用意何在？

　　委罗内塞：我是打算刻画一个因为某个事故鼻子流血的仆人。

　　检察官：那么，你画的那些穿戴像德国人、手里都握着把戟的人，是何用意？

　　委罗内塞：我们画家与诗人和小丑一样可自由发挥想象，而我画了这两个持戟的人，一个在喝酒，另一个在附近的台阶旁吃东西。他们在这里是因为他们可以听候主人使唤，这在我看来是合适的，我已经说过，这个屋子的主人有钱有势，因此应当有这样的仆人。

图 9.4 提香，《掠夺欧罗巴》，1559—
1562 年。布面油画，尺寸：176 厘米 ×
234 厘米。美国波士顿伊莎贝拉加德纳
博物馆藏。在遥远的海岸边，欧罗巴的
女仆徒劳地打着手势暗示她实际上被变
成公牛的宙斯引诱了。

图 9.5 委罗内塞，《利未家的盛宴》，1573 年。布面油画，尺寸：1280 厘米 x 556 厘米。威尼斯学院美术馆藏。受到宗教裁判所的审讯后，委罗内塞清楚
地表示这幅画的"灵感"来自圣经中利未家的盛宴。

宗教法庭裁决委罗内塞应当在三个月内"改进并改正"画的内容，否则将面临处罚。但是，委罗内塞没有对画做任何改动，仅仅把画的题目改成了《利未家的盛宴》。这个题目参考了一段圣经文字："利未为他［基督］提供了一顿丰盛的宴席，而大群的税收官和其他人也与他们一起就餐"（《路加福音》5：29）。通过这一策略，委罗内塞光明正大地将艺术的革新置于拥挤的场景之中。

西班牙宗教法庭　在 16 世纪的西班牙，宗教神秘主义从内部威胁着整个教会。光照派，也叫"被照明的人们"，即被圣灵照耀的修女、修士和牧师，践行一种极端个人化和私人化的信仰，他们声称不需要教会的圣礼，因而遭受到人们的指责。因此，光照派极易受到异端罪名的指控。他们中主要的代表是加尔默罗会修女亚维拉的德兰（1515—1582）以及加尔默罗会化缘修士胡安·德·拉·克鲁兹（1542—1591），也叫圣十字约翰。德兰来自一个皈依了犹太教的家庭，住在亚维拉，此地是中世纪犹太教神秘主义思想的中心。因不满世俗进入加尔默罗会秩序之中，德兰发起了一场改革运动，建立了赤脚加尔默罗会，旨在绝对的贫穷、抛弃所有的财产。在 1567—1576 年，她走遍整个西班牙，创立赤脚女修道院，以及改良加尔默罗会修士修道院。而胡安·德·拉·克鲁兹是赤脚加尔默罗会最早的两个成员之一，两人本可成为亲密的朋友。胡安作为一名老师、布道者和诗人的力量加强了这场运动。德兰的作品，包括一本自传以

及《至善之道》，均写于 1567 年以前，而《内心的堡垒》写于 1577 年，都描述了灵魂上升与圣灵结合的四个基本阶段。在最后阶段，是"狂喜或迷狂状态"，身体中存在的意识消失，而精神最终在甜美幸福的痛苦和遭受可怕火焰的灼烧这两种剧痛之间交替。

1574 年，德兰被告发至宗教法庭，说她是一个不安分的、以宗教为借口过着放荡生活的流浪者。后来，1576 年，她被关进一所女修道院。胡安·德·拉·克鲁兹的命运则更惨，1577 年 12 月 3 日的夜晚，"穿鞋加尔默罗会"在托莱多逮捕了他。他们将他单独囚禁，每周都在社区民众前鞭打他一次，8 个月后他逃脱了。他逃跑后写的伟大作品之一是《灵魂的黑夜》，整整一本书都记录着作者与上帝的神秘结合。

16 世纪最具独创精神的画家格列柯（原籍希腊，原名多梅尼科·特奥托科波洛斯，1541—1614）的艺术中可以看出宗教法庭的道德责难和光照派的神秘主义。他在祖籍克里特岛被训练成一名圣像画家，那时这个地方还是威尼斯的领地。1567 年，他前往威尼斯，三年后到罗马，1576 年前往西班牙，在那里，他的画作很快就形成了一种风格，即把矫饰主义的风格同他的拜占庭绘画中瘦长的、标志性的人像相结合。他用画传递了一种极具表现力的精神。

格列柯的《基督复活》作于 16 世纪末 17 世纪初，在某种程度上是得体的，因为所有不适合裸露的地方都用布料或衣物小心谨慎地遮蔽了起来（图 9.6）。这些扭动的罗马士兵围绕着胜利的基督，这一形象像矫饰主义艺术一样做作、不自然。作品的垂直性，自柯雷乔的时代以来就非常流行，反映在格列柯画中人物中拉伸的骨骼上。同时，在装饰织物的三角形状上，在戏剧的表现以及整体上，格列柯的风格都是独特的。罗马士兵升起和下落，以延长的、迂回的姿势，像一朵花上的花瓣围绕在基督周围，而基督本人则像花蕊置于其中。若基督的性欲受到压抑，士兵们就会陷于歇斯底里的狂喜、迷乱之中，他对士兵的影响是不会弄错的。首要的是这幅画歌颂了原初肉体，甚至展示了基督信仰最伟大的精神

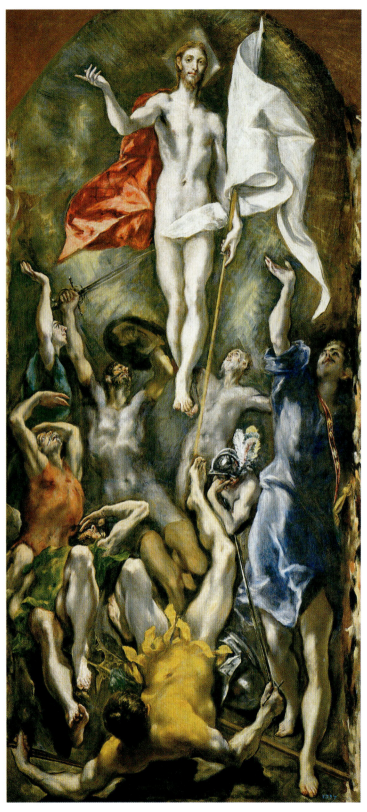

图9.6 格列柯，《基督复活》，1597—1604 年。布面油画，尺寸：275 厘米 ×127 厘米。西班牙马德里普拉多美术馆藏。这幅画的意象是为马德里的科莱希奥所画，与圣灵降临节的描述组成一对，圣灵降临节是复活节后第 7 个星期日，"圣灵"降临，门徒领受圣灵，开始布道。

神秘。这幅画也将反宗教改革的愿望和矫饰主义风格的革新完全统一起来，因为它们将会融入 17 世纪的巴洛克艺术之中。

塞万提斯和流浪汉小说传统

17 世纪的后半叶，一种歌颂革新的文学体裁发轫于西班牙，这种新体裁尤其受到西班牙人的喜爱，而且对 17 世纪的文学事件有强烈的影响。这便是流浪汉小说，一种散文体裁，即以一种现实主义的方式讲述一个在腐败社会里凭借智慧生活在社会底层的流浪汉和流氓英雄。第一本介绍西班牙流浪汉小说传统的是《托尔梅斯河边的小癞子》，于 1554 年发表。书中的拉托里罗由乞丐和强盗养大，是一个直率的普通人，下决心要嘲笑和讽刺天主教会及其官员。因为这个原因，还很可能因为此书的英雄人物非出身名门，西班牙王权禁止该书，并将其列为宗教法庭禁书。一个更让人难懂的流浪汉，而且无疑是西班牙文学流浪汉小说中最伟大的英雄，就是小说家、诗人、剧作家米格尔·德·塞万提斯塑造的堂·吉诃德。

塞万提斯本人就是菲利普二世军队里的英雄，在 1569 年的勒潘多海战中（西班牙打败了土耳其，控制了地中海），他被巴巴里海盗俘虏了五年（1575—1580），成为后来遭到毁灭性打击的西班牙无敌舰队的食品供应商，并几次因为债务问题蹲牢狱。1605 年，他 58 岁时，出版了《巧妙绅士堂·吉诃德》（西班牙绅士是西班牙贵族中地位较低的一种，可以免除赋税但不一定有任何真正的财产）。第二部分是在他创作第一部分后 10 年才开始创作的，也就是他逝世的前一年。这本小说今天更为人熟悉的名字是《堂·吉诃德》。

《堂·吉诃德》通常被认为是第一本伟大的现代小说。它以拉曼查（西班牙中南部的高原地区）为背景，拉曼查是马德里东南部一片干旱的平原。塞万提斯把两个主要的人物，堂·吉诃德和他的仆人桑丘·潘沙置于这样的背景里。堂·吉诃德痴迷于浪漫文学中关于探访骑士的古老故事，并决定成为一名骑士。塞万提斯把他展现成征服者们极具讽刺的一个娱乐形象，认为这两个角色在美洲的探索似乎受到了渴望浪漫探险的启示。堂·吉诃德的激情和自欺产生了自然的喜剧效果。另一方面，桑丘·潘沙是一位实事求是的现实主义者，他认为堂·吉诃德有点疯狂，但还是一路陪着他，想要发财。两个人寻找堂·吉诃德理想的、想象中的女人——达尔西妮亚。桑丘让堂·吉诃德相信她是一个穿着朴素、骑着一头驴的农家少女，而堂·吉诃德不能够认出她是因为他被一个女巫迷住了，所以不知道达尔西妮亚有多美。在其他的场景中，堂·吉诃德误把一间普通的农舍当成了一座城堡，把一群羊当成了与基督教军队作战的异教徒军队，而把两架风车看成被一个邪恶的巫师送来的两个正在搏斗的巨人。最后一个是堂·吉诃德最著名的冒险，他作为曾经高贵的征服者，用他的长矛猛击两架风车。

所有这些插曲都是幻想与现实、艺术与生活之间的寓言。堂·吉诃德无法把他的梦想同现实生活调和到一起，而他的喜剧冒险成为他的悲剧命运。最重要的是，堂·吉诃德的冒险突出了不可思议的可能性，这些都来自想象力的释放以及把世界丢在身后的危险。

意大利的巴洛克艺术

17 世纪中叶，像贝尼尼一样的艺术家以矫饰主义开启的革新且富有生机的风格进行创作，并且越来越自然。同时，他们还完全接受特伦托会议的法令。教会的观点主要受到耶稣会教义的支持，该耶稣会由西班牙贵族依纳爵·罗耀拉（1491—1556）创立。在罗马耶稣教堂的总部，耶稣会士领导了 17 世纪的反宗教改革运动以及世界范围内天主教会的复兴。大家一致同意，宗教艺术的目的是教化和鼓舞信众，它应当是可理解的和现实的，而且也应当是一种虔诚的

情感刺激。

在 1548 年出版的《灵性操练》一书中，罗耀拉号召所有的耶稣会士开发他们所有的感觉——这个想法无疑影响了巴洛克艺术风格的众多元素。例如，在第五练习中，对地狱意义的冥想，罗耀拉唤起了五种感官（阅读材料9.3）：

阅读材料 9.3

依纳爵·罗耀拉，《灵性操练》之第五练习选段（1548 年）

第一点：在想象中将看到巨大的火焰、附在上面的灵魂可以说是有着火的身躯。

第二点：听哭声、咆哮声、喊叫声以及对我主基督和圣徒的亵渎。

第三点：用嗅觉去感知烟、硫黄、污垢和腐败。

第四点：尝尝泪水、悲伤和良心懊悔的苦涩。

第五点：用触觉去感知包围和燃烧着灵魂的火焰。

这样一种对感官的召唤本身就是一种越来越精美的教堂装饰，安德里亚·波佐（1642—1709）为罗马圣依纳爵教堂穹顶所作的壁画《圣依纳爵·罗耀拉的胜利》（图9.7）或许就是这种精美装饰的缩影。壁画采用了巴洛克时期许多罗马教堂和宫殿天花板上使用的技巧，来创造动态的、戏剧化的空间感——前缩透视法。前缩透视法允许艺术家使天花板看起来比实际的大。为了创造更大空间的错觉，艺术家将画出空间内的建筑元素，如穹顶、拱或者壁龛，然后再用似乎要从建筑顶部飞往上面天堂的前缩透视的人物来填满剩下的空间。因为波佐的前缩透视法应用技巧高超，圣依纳爵教堂的参观者很难区别出中殿上面的空间筒形穹顶。波佐把它画在一个上升的建筑上，建筑似乎把内墙延伸到另外一层。中殿下路面的白色大理石广场暗示了参观者站在哪个地方最适合欣赏这个透视图。在头上方空间的两边有着寓言人物，代表着四大洲。美洲在左上角，戴着红、白、蓝色的羽饰。在画的中心下面，圣依纳爵，穿着灰色的袍子，驾着一朵云飞往正在上面等着他的基督。其他的耶稣会士圣徒都起身来迎接

图 9.7 安德里亚·波佐，《圣依纳爵·罗耀拉的胜利》，1691—1694 年。天顶壁画，罗马圣依纳爵。每个角落的寓言作品代表四大洲——欧洲、亚洲、非洲和美洲——天主教的耶稣会于此进行传教活动。

他。在波佐画的天花板上，信众看到的不是地狱，而是像罗耀拉在《灵性操练》里勾勒的一样，是天堂。他们被邀"在想象里"倾听，不是哭泣而是和撒那（圣经用语，赞美上帝的欢呼声），闻到的不是烟而是

香气，尝到的不是苦涩的泪水而是甜甜的喜悦的泪水，触摸到的不是火焰而是上帝的辉煌之光。

巴洛克雕塑：贝尼尼

　　或许再也没有什么艺术之作能像贝尼尼为科尔纳罗礼拜堂所作的雕塑那样为巴洛克艺术运动画上一个完美的句号。这幅作品位于罗马卡罗·马代尔诺的胜利圣母教堂，是科尔纳罗家庭指派的工作，在 17 世纪中叶由贝尼尼执行，几乎与他为圣彼得广场修建柱廊同时。贝尼尼的主题是德兰人生中的一些重要时刻。德兰沉迷于犹太卡巴拉的神秘主义传统，这是一派神秘的犹太思潮，试图超越时空的界限住在现实世界里，同时又能获得天堂的完美。贝尼尼阐释了她在下面这段话中描述的幻觉（阅读材料 9.4）：

> **阅读材料 9.4**
>
> 德兰，"幻觉"，第 29 章，《亚维拉的德兰的生活》选段（1567 年前）
>
> 　　让我主高兴的是我将有时看到以下幻觉。我将看到除了我，在我的左手边，一个人形的天使……他个子不高，很矮，却非常美，他的脸如此红润，以至于他似乎是最高级的天使，似乎全是燃烧着的。他们很可能是称为小天使的那种，他们没有告诉我他们的名字，但是我可以很好地感受到某些天使和其他天使之间巨大的不同，以及此与彼之间，仍然是种我不大可能解释清楚的。在他的手中我看到一根长长的金矛，而在末端的铁尖上我似乎看到了一个火点。他这样似乎是要刺穿我的心脏，这样它可以刺入我的内脏。当他把它拿出来的时候，我想他是要把内脏都给挑出来，然后完全把我留在对上帝的火焰之中。这种痛如此明显以至于它让我发出了几次呻吟，这么强烈的痛楚带给

贝尼尼知道德兰的话是对性高潮的露骨描述。而且他也知道，清教和天主教反改革派认为性是宗教艺术的不雅之物，但却在矫饰主义中幸存了下来，在圣德兰的幻觉里，已经找到了一个恰当的宗教文本，将身体与精神统一起来。因此，他的教堂装饰物的中心饰物雕塑是德兰对性爱时晕厥的含蓄提及，天使站在她的上面，正好从她的"内脏"中抽出插进去的箭头，而德兰此时狂喜地向后仰着头（图9.8）。

贝尼尼的安排远比他雕塑的中心饰物要复杂（图9.9）。天使和德兰置于大理石的华盖下面，从华盖上发出闪闪金光，循着从一扇藏在华盖山形墙后的光滑的黄色玻璃窗进入教堂真正的光径，着色的天使，以灰泥浮雕的形式雕刻着，从天花板降下来，沐浴在相似的黄色光里，这光似乎是从作品最上方的中心，即基督的鸽子那里散发出来。教堂两边是科尔纳罗家真实尺寸的复制品，依靠着似乎是向着教堂内的剧院包厢，似乎有自己亲眼看到圣德兰的幻觉。的确，贝尼尼的小教堂不亚于崇高的戏剧，舞台空间不仅仅是宗教幻象，还是梦想的奇异画面。这是一件旨在吸引观众情感的艺术品，并将观众拉进作品的戏剧空间。

科尔纳罗礼拜堂表明巴洛克风格人物基本上是戏剧性的，而它创造的空间是戏剧空间。科尔纳罗礼拜堂也表现了对巴洛克艺术的重要性。教皇保罗五世的

图9.8 济安·劳伦佐·贝尼尼，《圣德兰的狂喜》，罗马维多利亚圣母教堂科尔纳罗礼拜堂，1645—1652年。大理石雕刻，高351厘米。

图9.9 作者匿名，《科尔纳罗礼拜堂之景》，约1654年。布面油画，尺寸：168厘米×92厘米。德国什未林国家博物馆藏。这幅17世纪的画再现了礼拜堂实际较浅窄的空间，而且显示了一幅科尔纳罗全家福。

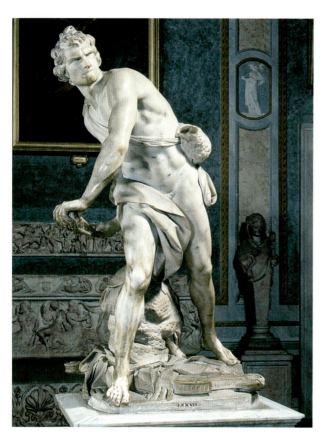

图 9.10　济安·劳伦佐·贝尼尼，《大卫》，1623 年。大理石雕像，高 170 厘米。罗马波各赛美术馆藏。贝尼尼于 25 岁雕刻完成此作，他在八岁时已能雕刻出质量上乘的雕塑。

侄子委托贝尼尼画的《大卫》（图 9.10），似乎在与米开朗基罗同一主题的雕塑进行有意的对比（图 6.22）。米开朗基罗的英雄大卫在与巨人哥利亚遭遇之前处于静止状态。相比之下，贝尼尼的雕塑抓住了这位年轻英雄在动态中的一刻。大卫的身体以极为复杂的螺旋形扭曲着，创造了光与影的巨大反差。在准备扔出致命的石头的那一刻，他牙关紧闭、肌肉拉紧。他这种紧张感如此真实以至于参观者往往不直接站在这座雕塑的前面，而是有序地在两边活动，明显是要避免处在大卫投射的范围内。

在某种程度上，大卫的动作成了贝尼尼的巴洛克风格的经典形象。米开朗基罗的大卫似乎在思忖如何展现英雄气概，其注意力在自己，而贝尼尼的大卫则转向外部，在观者看来，哥利亚尽管似乎看不见，却仍出现在雕塑里。换句话说，这座雕像不是独立的，它与周围空间的主动关系——这种空间

通常被认为看不见的补充——是巴洛克艺术重要的特征（科尔纳罗礼拜堂的圣德兰像的光源无形地使大卫雕塑更具活力）。

戏剧绘画：卡拉瓦乔和卡拉瓦乔派

圣卡洛教堂的一个特征是其不规则的墙和几何图形创造出了一种光与影相互作用的戏剧性效果。中世纪以来，巴黎的圣丹尼斯教堂修道院院长苏热坚持要用光的力量来提高会众中的精神情感，特别是通过使用彩色玻璃，光在教会建筑中的角色尤为重要（见第 5 章）。贝尼尼在《圣德兰的狂喜》中把光的角色发挥到极致（图 9.8），而巴洛克艺术家，为加强观看者对画作的感受，也将光和影运用到最佳。被公认为光与影的大师是米开朗基罗·梅里西（1571—1610）。人们又以他出生的意大利北部小镇称他为卡拉瓦乔。他或许是当时最有影响力的画家。他的作品启示了许多追随者，他们被称为卡拉瓦乔派。

光与影的大师：卡拉瓦乔　卡拉瓦乔约于 1593 年到达罗马，开始了革命性的绘画，但同时也遭到了公众的诽谤。他在罗马的第一项主要绘画任务是《圣马太的召唤》（图 9.11），由极有影响力的赞助者德尔·蒙特红衣主教安排，1599—1600 年为罗马法国社区的教堂、弗朗西斯的圣路易吉教堂里的康塔列里礼拜堂绘画。他作品中最引人注目的元素就是光。很明显，从画的右上方一扇看不见的窗子涌进来的光非常明显。光照在桌子上，收税官利未（圣马太成为耶稣使徒前的名字）和四位助手正在数着当日的税款，那束光突显了他们的脸庞和手势。他们穿戴的不是耶稣时代的服装，而是卡拉瓦乔时期的，目的是让观者将画中人物区别开来。基督伸出食指，这种姿态像是西斯廷礼拜堂天花板上那幅壁画《创造亚当》（图 6.25）中的亚当伸出手指面向上帝的样子，毫无疑问，这是此米开朗基罗向彼米开朗基罗深深的致敬。桌旁有个人——必定是利未，因为他坐在中间——用左手指着，可能是自己，好像在说："谁？我吗？"或者是指着桌角埋头专心数着钱的年轻人，好像在说"你是指他吗？"

图 9.11　卡拉瓦乔，《圣马太的召唤》，约 1599—1600年。布面油画，尺寸：338 厘米×348厘米。罗马路易吉·德弗朗西斯教堂藏。位于画作顶端的窗户糊有羊皮纸，而画家通常利用它来漫射光源于室内，这也使从右边进入室内的光照强度更引人注意。

总之，他似乎对基督的到来毫无兴趣。事实上，这组人物是如此普通（使人联想到围坐在桌子旁边的一群赌徒），以至于接下来即将发生的利未成为圣马太一事也呈现出奇迹的一面，就如同洒在这种场景中的那束光让人联想到最初创世纪的奇迹一样：上帝说"要有光，便有了光"（《创世纪》1：3）。这一情景也让人回想起《新约》，特别是《约翰书》8：12，基督说："我是世界之光；追随我的人将不会在黑暗中行走，将拥有生活的光明。"

卡拉瓦乔对其画面现实感的坚持是双重的：他仅描绘他那个时代正在做真实事情的人（通过暗示，基督也是真人），但是他也坚持心理上的戏剧性这一事实。光的启示力量——全面展现世界的能力——在卡拉瓦乔的画作里，与信仰的转变力量异曲同工。在卡拉瓦乔看来，信仰从根本上改变着我们看世界的方式

和在这个世界行事的方式。通常通过使用被称为暗色调主义的技巧，他的画让转变的时刻戏剧化。许多艺术家通过对明和暗的细微分级来创造空间深度和容积形式，卡拉瓦乔的方法则与这种明暗对照法相反，暗色调风格不一定与造型相关。即暗色调主义使用大面积的暗色，与较小的、亮堂堂的受照区域形成鲜明对照。在《圣马太的召唤》里，基督的手和脸都从黑暗中探出来，好像他的举止就创造了光——引申开来便是马太的救赎。

卡拉瓦乔运用光来让转变的过程戏剧化，最清晰的一个例子是《圣保罗的皈依》，此画作于 1601 年左右（图 9.12）。尽管比贝尼尼的《圣德兰的狂喜》早约 50 年（图 9.8），但主题基本上是一样的，因为它也有性的暗示。卡拉瓦乔描绘了这样的时刻：罗马军团的一名士兵扫罗（即将成为圣保罗）从自己的马

图 9.12 卡拉瓦乔，《圣保罗的皈依》，约 1601 年。布面油画，尺寸：230 厘米 ×175 厘米。罗马圣玛利亚德波波洛教堂。这幅画的设计旨在填满圣玛利亚德波波洛教堂中狭窄的卡拉斯家庭礼拜堂右边墙壁的空间。卡拉瓦乔的这幅画须让观众以约 45° 视角观看，将页面向内 45° 半敞开朝向观者的面部即可，此画最后创造的空间效果更令人激动，更有生机。

上掉了下来，听到这样的话："扫罗，扫罗，你为何迫害我？"（《新约·使徒行传》9：4）扫罗的仆人和马没听到任何声音。光照在按前缩透视法画的士兵身上。扫罗非常震惊，一下就认出了那就是耶稣，然后以拥抱的姿势将手伸向空中。英国玄学派诗人约翰·邓恩（1572—1631）的十四行诗《击碎我心》（1618 年随他的《神圣十四行诗》出版），用语言捕捉到了这一体验（阅读材料 9.5）：

阅读材料 9.5

约翰·邓恩，"击碎我心"（1618 年）

击碎我心吧，三一真神，因为你
只是敲打、呼吸、照耀、修补；
我将站起来，推倒我吧，用你的
力量打碎、锤击、焚烧，让我得新生。

我，像一座侵占到期的小镇，
努力邀你进来，但是，啊，无止境；
理性，你对我的掌管，我应当防备，
但是却被你奴役，证明了我的脆弱和不实。
我还如此地爱您，并被爱的得意忘形，
但我已许配给了您的仇敌；
让我和恶分手吧，再次松开、打碎这个结，
把我带向您吧，囚禁我吧，因为我，
要不是您吸引我，我将永不自由，
要不是您让我着迷，我将永不贞洁。

没有理由相信英国诗人——本是天主教徒，却因为自身安全和成功皈依英国国教——知道意大利的画，但是两个人完全有着转变信仰时的狂喜这一相同经历的事实，这被看成身体的陶醉，暗示这样的幻想在 17 世纪是多么的普遍啊。两个人都像亚维拉的德兰一样有着深深的神秘主义，对享受圣餐的追求，或者是通过直接体验、直觉或看见与神贴近。三人都相信这样的经历是知识和理解的终极源泉，而他们试图在其艺术中予以传达。这样的神秘体验同样表明，巴洛克作为一种风格对性体验是多么执着。

阿特米西亚·真蒂莱斯基和卡拉瓦乔派绘画 卡拉瓦乔最重要的一个追随者，也是第一位有着国际名声的女艺术家，是阿特米西亚·真蒂莱斯基（1593—1652/53）。她出生在罗马，由父亲奥拉兹奥养大，奥拉兹奥本人就是一名画家，也属卡拉瓦乔派，是卡拉瓦乔最亲密的朋友之一。还是女孩的时候，阿特米西亚经常听卡拉瓦乔犯法的事，如把一盘洋蓟扔向服务员，或者街头斗殴，或者非法持有武器，最后竟然在 1606 年的一场网球比赛中杀死了裁判。阿特米西亚自己的丑闻也随之而来。这些事情以及她的绘画在当时的社会环境中都应当被予以理解。1612 年，她 19 岁时被阿戈斯蒂诺·塔西强暴，而塔西在她父亲的工作室里工作并担任她的绘画老师。奥拉兹奥为塔西对他的女儿所造成的伤害提起诉讼。七个月的审判抄本留了下来。阿特米西亚控诉塔西不断尝试与她在她的卧室单独见面，最后终于得逞。当他接下来承诺娶她时，她慷慨地接受了他进一步的求爱，天真地相信他们很快就会结婚。而当这位有妇之夫拒绝娶她时，

图 9.13 阿特米西亚·真蒂莱斯基，《砍下赫罗弗尼斯头颅的朱迪斯和侍女》，约 1625 年。布面油画，尺寸：184 厘米 × 142 厘米。底特律美术馆藏。朱迪斯是勇气的传统象征，是阿特米西亚认为的美德。

官司就开始了。

在审判时，塔西指责她之前已同多人有染。阿特米西亚遭受拇指夹的酷刑以证明她的证据具有合法性，并由助产士查明她是什么时候失身的。塔西进一步侮辱她，声称她是个技术不佳的艺术家，完全不懂透视的规则。最终，塔西之前的一个朋友证实了塔西曾经在他面前吹嘘对阿特米西亚的折磨。最终，他被判处强奸罪，但只在监狱里蹲了一年。这场审判结束后不久，阿特米西亚就同一名艺术家结婚并一同搬到佛罗伦萨。1616 年，她进入佛罗伦萨设计学院学习。

1612 年开始，她分别画了五个版本的关于朱迪斯与赫罗弗尼斯的圣经故事。这一主题在佛罗伦萨特别流行，尤其是被认为犹太英雄的大卫和女英雄朱迪斯（两人都在多纳泰罗和米开朗基罗的雕塑中被歌颂）。阿特米西亚搬到佛罗伦萨时，她对这一主题的精力投入立即得到了城市的赞助。尽管如此，如果不理解她的自身经历也无法理解这些作品。这一主题的第一幅画是在她审判期间和审判不久之后作的，而最后一幅《砍下赫罗弗尼斯头颅的朱迪斯和侍女》作于 1625 年（图 9.13），表明她在这一主题的系列画作中，把个人经历的悲剧融入了其中。而在这些人物里，朱迪斯即艺术家的自画像。在《希伯来圣经》的《朱迪斯书》里，

赫罗弗尼斯首领围攻犹太女英雄的人民，犹太女英雄进入敌军亚述人的营地打算勾引好色的首领赫罗弗尼斯。趁赫罗弗尼斯熟睡之机，她用他的剑砍下他的头颅，并把这一战利品装在一个袋子里带回给她的人民。然后犹太人打败了群龙无首的亚述人。

真蒂莱斯基用一根蜡烛点亮了这幅画面，戏剧性地强调了卡拉瓦乔式暗色调主义的表现方式。朱迪斯用左手挡住烛光，想来是想看清周围黑暗里的东西。她的手让我们立刻安静下来，好像危险就潜伏在附近。女佣停止用毛巾包裹赫罗弗尼斯的头，自己也警觉地向四周打量。女主人和女仆都比真人要大，像英雄一样，不仅向亚述人报了仇，而且还向那些淫荡的男人们报了仇。这样的例子在巴洛克的绘画里有很多，情节的

空间比整个框架的空间大得多。与贝尼尼的作品《大卫》（图9.10）一样，它同样具有在我们视野之外的无形的空间与意境。

真蒂莱斯基对《天使报喜》这样的传统主题并不感兴趣。她更喜欢圣经和神话中的女英雄，以及有着重要角色的女人。除了朱迪斯，她还改编了苏珊娜、拔示巴、卢克丽霞（罗马贞妇）、克利奥帕特拉、以斯帖（犹太女王）、黛安娜（月亮女神）和波提乏（基督教《圣经·创世记》中埃及法老之护卫长）。作为一个善良的女商人，真蒂莱斯基也知道怎样利用女性裸体的绘画趣味。

威尼斯和巴洛克音乐

16世纪，特伦托会议已经认可了音乐传递道德和精神理想的力量。此次会议在1552年颁布的法令中规定：

> [整个唱颂计划]应当予以安排，不至于只是让耳朵空有享乐，而是要使所有的话都能够被所有的人理解，这样听众的心才能引向天堂和谐的欲望，沉思至福的喜悦……不管是在唱还是管弦表演中，他们也要禁止教会的音乐带有一些挑动情欲的或不纯洁的内容。

换句话说，议会拒绝把世俗音乐作为神圣音乐作品的模型，因为世俗音乐通常被认为是挑动情欲的，是不雅的。文艺复兴作曲家纪尧姆·迪费和若斯坎·德·普雷（见第6章）惯常地使用俗乐来创作他们的弥撒，而新教徒则把现有的宗教和世俗的旋律改编成礼拜仪式的众赞歌。

世俗和宗教音乐之间的区别在威尼斯没那么明显，这个城市一直对教皇权力感到愤怒。结果，威尼斯作曲家自由大胆地采用各种不同的音乐形式，以至于17世纪威尼斯成了欧洲音乐革新和实践的中心。

乔万尼·加布里埃利与戏剧的和谐　威尼斯赢得了世界音乐中心的地位，很大程度上是因为乔万尼·加布里埃利（1556—1612）的努力，他是圣马克大教堂首席风琴家。加布里埃利创作了许多世俗的合唱歌曲，但是也响应了教会反宗教的改革法令，使教会音乐更加地动情入理。为了做到这一点，他把艾德里安·威拉特在16世纪中期于圣马克教堂发展的多声部风格予以扩展。加布里埃利把对比的音体置于教堂内部不同区域，教堂内两架风琴分别置于两边高台上（这个地方包含祭坛以及牧师和唱诗班的座位）。两架风琴和声奏出令人称奇的响亮的"立体声"效果。四个唱诗班——也许是男童唱诗班、女子合唱团、男低音和男中音、男高音——在中殿上不同的楼座演唱。放在壁龛里的是铜管乐器。

加布里埃利是第一个专门为管乐团创作宗教音乐的人，这样的音乐不是靠唱而是靠乐器演奏出来的，事实上，它很难靠人的声音唱出来。1597年的《第十二调组歌》就是这样的音乐，两组管乐团创造了音乐对话。合组歌是一种乐器对位作品，源于文艺复兴时期的世俗歌曲，如后来逐渐在17世纪教堂背景下演奏的意大利牧歌。它尤其是因长—短—短的节奏，即"组曲节奏"而著名。在圣马克教堂里，两组乐团可能被置于南北或东西相对的楼厢里。从教堂各个不同区域发出的短号和长号、铜乐团、唱诗班、风琴等声音交替出现，产生了不同的响亮度与轻柔度，营造出一种与立体声相似的效果"环绕立体声"。

对作品的每一部分，加布里埃利选择设计特别的声部或乐器，我们称之为**管弦乐编曲**。此外，他至少偶尔通过标明 *piano*（弱）和 *forte*（强）来控制作品的强弱（力量或强度的变异和对比）。事实上，他是第一个区分强弱的作曲家。《第十二调组歌》中强与弱的动态对比反映了巴洛克绘画里光与影之间暗色调的对比，这是加布里埃利运用动态变化的一个完美例子。欧洲各地的作曲家来到威尼斯学习音乐，他们把这些术语带回自己的国家，因而意大利语也成了世界性的音乐语言。

最后，也许最重要的是，加布里埃利围绕着一个中心音符组织自己的作品，这个音符称为主调音符（常用来指音调或切音）。这一主调音符为作品提供了焦点，将作品转变成主调音——如在《第十二调组歌》，主调音是 C，即加布里埃利的和声体系里的第12 个调式——巴洛克艺术典型强化了的和谐戏剧的意识。

克劳迪奥·蒙特威尔第和歌剧的诞生

加布里埃利逝世一年后，克劳迪奥·蒙特威尔第（1567—1643）被任命为威尼斯圣马克教堂的音乐指挥。作为小提琴家，蒙特威尔第已经是曼图亚宫廷的音乐指挥。在威尼斯，蒙特威尔第提出一种新的歌词与音乐的关系。传统人士视歌词从属于音乐，如保守派最热情的拥护者乔万尼·阿图西就宣称"和声是歌词的统治者"，而蒙特威尔第的观点正好相反，声称"和声是歌词的情妇"。蒙特威尔第的立场使他掌握了一种新的、基于歌词的音乐形式歌剧（opus）。歌剧由很多更小的音乐作品组成（opus 这个术语附带地把某个作曲家的音乐作品进行编目分类，通常简写成 op.，因此 "op.8" 可能是指作曲家全部作品的第八项）。

这种形式最初由一群称为"佛罗伦萨艺术小组"的人创造。他们致力于发现古希腊人戏剧演出中的唱歌风格，这种风格将诗歌和音乐结合起来，但只能通过书面文字才为人所知。16 世纪八九十年代，卡契尼和其他人开始创作作品，这类作品强调独唱的声线胜于乐器的演奏效果，通常被称为"通奏低音"。这些乐器通常包含键盘乐器（风琴、大键琴等）以及低音乐器（常是大提琴），它们通常被认为声线辅助伴奏而不是和声。这种把独唱声音和"通奏低音"组合在一起的形式逐渐被称为独唱颂歌。

蒙特威尔第的第一部歌剧《奥菲欧》（1607）是受到古希腊剧院音乐剧的启示而创作的。蒙特威尔第的歌剧小书（libretto）基于希腊奥尔菲斯和尤丽狄丝的神话故事。在歌剧中，牧羊人和林中仙女跳着舞歌颂奥尔菲斯和尤丽狄丝的爱情，而此时尤丽狄丝被蛇咬死的消息传来，舞蹈不得不停止。悲痛的奥尔菲斯，一个伟大的音乐家和诗人，来到地狱要把尤丽狄丝带回人间。他的苦苦哀求感动了冥界之神布鲁托。冥王

同意了他的请求，前提是他们离开的时候奥尔菲斯不能回头看尤丽狄丝。但是，由于担心尤丽狄丝的安全，他果真回头看了下，这一看却让他永远地失去了她。尽管如此，蒙特威尔第还是为他的观众提供了些许安慰（如果不算是真正的快乐结局）：奥尔菲斯的父亲阿波罗，下界把他带往天堂，在那里他可以在众星间永远看着尤丽狄丝的样子。

尽管《奥菲欧》绝不是第一部歌剧，但却被公认为是第一部成功将音乐和戏剧融合的作品。蒙特威尔第通过各种不同的音乐体裁讲述故事——齐声合唱、舞蹈，器乐前奏曲。**宣叙调**和**咏叹调**这两种特别的形式突显了出来。宣叙调也称朗诵调，这种唱法竭力模仿说话式的歌调。它常运用于对话之中，能比其他方式更快地讲述整个故事。而咏叹调最终发展成精心设计的主角独唱或者二重唱，它主要表现演唱者的情感与情绪，扩展了朗诵调的对话式的歌调（经蒙特威尔第之手，咏叹调也可以用朗诵调演唱）。

《奥菲欧》需要使用 36 个乐器组成的乐队——包括 10 把六弦提琴、3 把长号和 4 把小号——来表演前奏曲、插曲和舞曲，但通常只需要一台大键琴或者一把鲁特琴为宣叙调和咏叹调伴奏，这样声音才不会喧宾夺主。在那个时代，这已经是相当大的管弦乐队了。乐队与精心的舞台布局皆由这部歌剧的创作并首演的曼图亚宫廷资助。较之先前的歌剧创作家而言，蒙特威尔第享有独特的优势。他取得的一些成就在前辈们看来却只能够想象，他的作品既有音乐欣赏性又有戏剧观赏性，可以探索全音域的声音，同时也使听众产生丰富的、复杂的心理情感。

安东尼奥·维瓦尔第和协奏曲

也许 17 世纪威尼斯最重要的作曲家当属安东尼奥·维瓦尔第（1678—1741）。他是圣马可大教堂首席小提琴家的儿子，于 1703 年担任威尼斯的皮耶塔慈善医院音乐指挥，该医院是威尼斯四大孤儿院之一，专门教授女孩音乐（该医院的男孩不接受音乐训练，因为他们被认为以后要从事劳动）。结果，威尼斯许

多最有天赋的大键琴师、鲁特琴弹奏者和其他音乐家都是女性，维瓦尔第的许多作品也是专门为皮耶塔慈善医院的女孩们的合唱队和乐团而创作的。总的来说，皮耶塔的音乐家都是女性，她们将来要么进入教会，要么结婚生子，但是有几个一生都留在皮耶塔慈善医院担任教师。皮耶塔慈善医院的指挥们希望通过精彩的表演让有钱的观众给孤儿院捐款。来自欧洲各地的观众出席这些音乐会，对在教堂外或是在歌剧院或是向公众开放的音乐会中，这在西方音乐史上还属首次。事实上，观众对这些女音乐家的才能惊诧不已；普遍认为她们的技巧与专业水平可以同欧洲的男性音乐家媲美。

维瓦尔第专攻协奏曲，此类音乐体裁主要由科雷利确立起来，它多采用三乐章的套曲曲式，在宫廷中极为流行。维瓦尔第将协奏曲的形式控化：协奏曲的第一乐章通常是奏鸣曲式的快板（快速而欢快）；第二乐章是慢板，但更有表现力，如歌剧咏叹调的节奏；第三乐章比第一乐章还要活泼轻快些。协奏曲第一乐章和第三乐章通常以一种乐器或者多种乐器演奏序曲，这种形式称为**利都奈罗曲式**（ritornello），即回旋的曲子（如回到主题材料）。起初，整个管弦乐团都演奏主调音（围绕特别的主调展开作品）的利都奈罗（咏唱）。独奏插曲与利都奈罗交替演奏，以部分形式和不同按键，来来回回，直到利都奈罗在结尾的地方整体回到主调音。

在维瓦尔第的职业生涯中，他共创作了大约 600 首协奏曲，有小提琴、大提琴、长笛、短笛、双簧管、巴松管、小号、吉他甚至八孔直笛协奏曲。其中，多数作品都被皮耶塔慈善医院演奏过。最为著名的是一组四部小提琴协奏曲，每一部都代表一年的一个季节，叫《四季》。这是后来渐渐为人所熟知的标题音乐的一个例子，或者说在某种程度上纯粹是与一个故事或理念相关的器乐。《春》作为这些协奏曲的第一首标题，是一首由维瓦尔第本人创作并放在配乐开端的十四行诗。前八行为第一乐章提供歌词，最后六行，可以分成两组三首音乐，为第二乐章和第三乐章提供的歌词是：

春天来了，鸟儿歌唱，
无限欣喜，迎接春光。
泉水淙淙，微风习习，
好似呢喃细语。
天空乌云笼罩，
电闪雷鸣来把春报。
转瞬间风停雨止，
鸟儿重又欢快歌唱。

这一协奏曲中的利都奈罗是由整个乐队演奏的华丽的旋律。它开启第一乐章，并与诗歌的第一行相对应。三把独奏小提琴在它们的第一插曲里——（鸟儿）无限欣喜，迎接春光——回应，模仿鸟儿的歌声。在第二插曲里，它们模仿"泉水淙淙，微风习习"，而后是第三插曲模仿"电闪雷鸣"，最后是鸟儿又回来，"重又欢快歌唱"。整个乐章与利都奈罗一起达到高潮，再次回到主调音。

维尔瓦第的协奏曲赋予小提琴的大师级篇章，以及管弦乐队和独奏乐器之间的反向对立（高音和低音的对比，如鸟儿欢快的歌唱与电闪雷鸣的对比），代表了不同于文艺复兴前辈们的巴洛克音乐的艺术特点。帕莱斯特里纳推崇的平衡、流动的节奏和所有声音都同样重要的多声部作品已一去不复返。也许最重要的是，戏剧以主调键开始，再移动到不同的键，然后再回到主调——转调的过程——据说可以将巴洛克的作品同之前的作品区分开来。这种转调的戏剧性效果与巴洛克绘画的戏剧性光效是一致的，就像独唱声音的装饰对应巴洛克建筑的装饰物一样。

北欧的民间巴洛克艺术

一种更朴素的巴洛克风格在 17 世纪的欧洲北部占主导地位，阿姆斯特丹就是它的中心。城市经济繁荣，一度相当炙热，就像 1636 年的疯狂投机让郁金香市场价格飞涨（一个球茎在阿姆斯特丹都要卖到 4600 弗罗林，是一个熟练的技术工人年收入的 15 或 20 倍之多）一样。但是这一过度趋势被荷兰改革教会的保守主义平衡了。荷兰改革教会加尔文教的父辈们发现加尔文教的礼拜仪式中根本就没有艺术的位置，总的来说，它禁止在教堂里使用艺术。

但富裕的荷兰市民却热心地收集绘画作品。一位到访的英国人约翰·伊夫林于1641年道出了荷兰人这种艺术激情的原因："收藏这些画作以及画作廉价的原因是他们缺少用来积蓄财富的土地，所以一个普通农民随便拿出两三千英镑来购买艺术商品的现象相当普遍。他们的家里压满了画，他们拿着画到集市上能卖个好价。"虽说伊夫林夸大了人们对艺术投资的资金——毕竟，一幅典型的风景画虽然只能卖到三四个荷兰盾，然而，这依然相当于代尔夫特市普通织布工人两到三天的工资——但他的意思非常清楚：几乎每人至少都拥有好几幅版画和一两件油画。

新意象：静物写生、山水画和风俗画

尽管荷兰归正教会不喜欢宗教历史画——到1620年，教会差不多完全停止了艺术委托任务——但在17世纪的前30年，莱顿市（荷兰最"离经叛道"的城市）大约有三分之一的私藏画仍然展现了宗教主题。其他更世俗的绘画形式也繁荣起来。多数加尔文教教徒不反对坐着让人给他画肖像，只要最终的形象反映了新教徒的信仰即可。大多数社会事业机构都想用绘画的形式记录它们的文化活动，这导致了团体肖像画产业的繁荣。绘画也同样反映了荷兰人事实上的唯物主义——从地毯到家具，到服装、收藏品、食品及日常活动等。荷兰艺术家们对艺术领域的技术开发，尤其是对卡拉瓦乔的舞台照明技术非常感兴趣。为了迎合消费大众的口味，荷兰艺术家发展了新的视觉词汇，这些词汇大体上是方言，反映了他们生活的时间和空间。

静物写生 绘画最流行的主题是静物写生，旨在展现普通的家用物品和食品。乍一看，这些主题似乎是庆祝富足与快乐，其实不过是嘲讽这种表面上怡然自得的愚蠢生活。约翰内斯·哥达尔特的《万历花瓶的花和蓝山雀》（图9.14），是纯洁的繁花盛开的形

图9.14　约翰内斯·哥达尔特，《万历花瓶的花和蓝山雀》，约1660年。私藏品，德国米德尔堡。右下角的贝壳象征世俗的财富，但它已经破碎，变成空壳，因而也提醒人们人世的虚华与最终化为一抔净土的命运。

象。画里有四种类型的郁金香——一提到当年荷兰的郁金香风潮似乎还有点儿不吉利——以及多种多样的其他花朵，包括西班牙的鸢尾、秘鲁的旱金莲、波斯的贝母花、一朵有条纹的代表英国玫瑰战争中约克家族和兰开斯特家族的玫瑰——整个帝国的花的价值。摆放的万历花瓶突出了花朵的世俗性，这个花瓶是17世纪流行于荷兰贸易者间的一种中国明代万历年间的瓷器（图8.29）。花的短命从黄色的叶子中得到暗示，场景的无常由栖息于其中一朵郁金香上的苍蝇来展现。也许最生动的细节是绘于左下角正在捕食飞蛾的蓝色山雀。这一时期的荷兰艺术家用这样的细节来提醒观看者人类存在的无聊性，以及只考虑日常享乐的空虚感。这样的**劝世静物画**，就像它的名字一样，提醒我们生活中的快乐不可避免地褪色，物质世界不如精神世界长久，而精神世界应当控制我们的注意力。简而

言之，它是在提醒我们"记住你只是个凡人，终究会死"（拉丁语 *memento mori*）。哥达尔特这样的绘画极受欢迎。放在屋主人的家里，它们既具有装饰性，又充满一种道德情感，向来访者宣称屋主人正直的新教道德。

山水画 另一个流行的主题是山水画。像雅各布·范·雷斯达尔的山水画《从沙丘远眺哈勒姆》就反映了荷兰围海造田的民族自豪感（图 9.15）。英国人把尼德兰联邦称为"尼德兰沼泽地"，而法国也时常取笑荷兰，贬称他们为"低地国家"。但荷兰人则认为 1550—1650 年他们从海上争霸转为围海造田，这类似于大洪水后上帝再创世界。

在雷斯达尔的山水画里，这一宗教含义在哈勒姆的圣巴夫哥特大教堂体现出来。它建在垦海所得的平地上，那里的人们在一盏天灯的照耀下辛苦地在田地里劳作。在雷斯达尔的风景画里三分之二的部分都是天空（无尽的天堂），这一点不足为奇。在低洼地，天空和地平线甚至更明显，但更有象征意义的是，荷兰人把他们自己看成"地下的孩子（*Nederkindern*）"，由一个跟他们签订了永久圣约的万能的上帝庇护着。

风俗画 描述日常生活琐事的绘画，又叫风俗画，是荷兰民众又一所爱，扬·维米尔（1632—1675）是这种绘画题材的代表人物。他的画阐明并赞美了荷兰生活的物质现实。我们对维米尔的生活知之甚少，他的画作也一直被遗忘，直到 19 世纪中期才被重新发现。但是，今天他被认为是荷兰 17 世纪最伟大的画家之一。为现代学者所认可的维米尔的真迹仅有 34 件，而且多数是描绘妇女家庭生活的某个时刻的私人风俗画。

以《戴珍珠项链的妇女》（图 9.16）为例。光线从左侧的窗户洒进来，黄色的窗帘业已拉开，让这位少妇可以在窗旁的小镜子里照清楚自己。她穿着华丽，披着一件貂毛的黄埂子的缎子外套。她前面的桌上是一个小盆和一把粉刷；显然她刚给自己上了妆，正梳理她的头发，因为她正在把珍珠项链的带子拉到一起，并欣赏着镜子里的自己。她的耳朵上挂着闪闪

图 9.15　雅各布·范·雷斯达尔，《从沙丘远眺哈勒姆》，约 1670 年。布面油画，尺寸：56 厘米 ×62 厘米。海牙莫里茨。生活本身的节奏有助于我们理解整个画面光与影的运用。

图 9.16　扬·维米尔，《戴珍珠项链的妇女》，约 1664 年。布面油画，尺寸：56 厘米 ×45 厘米，此件为修复后貌。德国柏林国家博物馆老牌大师绘画作品馆藏。普鲁士文化遗产州立图书馆/艺术资源，纽约。镜子象征虚荣（自恋），又象征真理，因为镜子能准确地反映世界。

发亮的珍珠耳环。少妇一脸自信，画中没有一处显示维米尔打算传递某种道德信息。妇女的珍珠可能显示了她的虚荣，更不用说她看着它们时脸上骄傲的神情，传统上这也象征着真理、纯洁，甚至贞洁。之后的解读则依据她和镜子旁边那一堵空洞的白墙。这位少妇似乎还是白板一面，她的道德历史还有待书写。

扬·斯坦（1626—1679）的《跳舞的夫妇》（图9.17）则是另一种独具风格的风俗画。像斯坦的许多画一样，它描绘了围绕某个节日或庆典的欢宴。斯坦既是一名画家，也是酒馆老板，而这一场景很有可能是仲夏的一个酒馆露台。色情的意味弥漫其中，充满挑逗和放荡的气氛。在右边，乐师演奏着，一对夫妇坐在那里，醉醺醺地看着跳舞的人；左边，两个男子正在桌前吃着东西，有个妇女举起酒杯至嘴边正要喝，而一个绅士——艺术家的自画像——轻轻地托起了她的下巴。斯坦这样描画他自己（如果引申开来就是指荷兰人）喜好寻欢作乐，但是穿着典型的荷兰服饰也告诫他本人应该节制。酒馆地板上有个打翻了的水罐，里面插着鲜花，旁边还有一堆碎鸡蛋壳，都是劝世的象征符号。它们同远处的教堂尖塔一道提醒我们，人类生命飞逝的本质以及等待画中那些明显已经堕入罪恶的人的地狱之火。

伦勃朗和光之戏剧

这个时代还有另外一种流行的体裁，即群体肖像，是一种由市政机构委托创作的大尺寸布面油画，用来记录或纪念某个特殊时刻的市政成员。经伦勃朗（1606—1669）之手，群体肖像采取了戏剧加重的效果。作为阿姆斯特丹的首席画师，伦勃朗可以通过喷洒颜料或者交替运用细长松散的流体线条来塑造人物。反常的是，这种形象极为明晰，这种明晰在他的群像画《柯克队长检阅连队》（图9.18）却不常见。巨大的帆布（原来甚至更大）被一层灰尘和黑色的涂料所覆盖，以至于多年来都被认为是展示了长官的连队在夜巡阿姆斯特丹的街道，并因此被熟知为《夜巡》。但是经过1975—1976年的一次彻底的清洗和修复，它真正的主题才展现出来——连队成员在城市的小巷里排成一队。可能更重要的是，这次清洗也揭示了伦勃朗对肖像画艺术的一种重要贡献——他使用光让人物变得栩栩如生。队长柯克的手朝我们伸向画的中央，

图9.17 扬·斯坦，《跳舞的夫妇》，1663年。布面油画，尺寸：103厘米×143厘米。华盛顿国家艺术馆藏。扬·斯坦的绘画，无论具有什么样的道德内涵，总在提醒我们，荷兰人的幽默、快乐，他们很享受生活。

图9.18 伦勃朗·凡·莱因，《柯克队长检阅连队》（也称《夜巡》），1642年。布面油画，尺寸：363厘米×437厘米（从原有尺寸剪裁）。阿姆斯特丹国立博物馆藏。近日，荷兰学者杜多克·凡·海尔举出一个具有说服力的案例，即画中的主要人物是弗兰斯·班宁克·柯克而非弗兰斯·班宁·柯克，前者的家庭要比后者更加富有、更具影响力。

在他副官柠檬黄的夹克上投下一个阴影。引起我们注意的是，在长官右面的一位年轻妇女也穿着镶有珍珠的黄色缎子。她的腰间挂着一只小鸡，再下面是个钱袋，似乎她在从市场回家的路上碰见了这伙人。就这幅场景来讲，她的存在非常奇怪，以至于多年来学者们都努力把她的出现解释成这群人中的代表，也有的把她理解成这群人与商业利益关系的讽刺性评论。也就是说，她当然为这幅场景增添了不少生动维度，宣称自己的戏剧化出现，是在强调整幅画的动作和情节。每个人似乎都朝不同的方向看着；不同的对话此起彼伏；左边穿着红色衣服的人似乎刚刚将子弹退出枪膛；

一条狗冲着从右面进来的鼓手狂吠。与这个时期标准的群体像不同，伦勃朗画里的每个人似乎都逐个静静地坐着等待肖像画家作画，而伦勃朗的群体像却是生机勃勃的，甚至是喧闹的。当他的人物在光与影之间进进出出之时，似乎连艺术家本人也没办法捕捉他们。

在他最著名的一幅群体肖像作品《杜尔博士的解剖学课》里（见"近距观察"），伦勃朗就使用了这种象征意义的光来达到讽刺效果。但是在他的宗教题材作品里，光则是专门用来象征基督赠予人类的救赎。这在他的印刷品里尤其明显，这些作品里丰富的明暗光线对比可以达到最大的效果。其中，最为伟大的作

品是《基督的布道》（图 9.19），也叫《一百荷兰盾的版画》，因为在 17 世纪的拍卖会上它被卖到了 100 个荷兰盾，这在当时对一件印刷品来讲可是前所未闻的价格。这幅画描述了马太福音的内容，展示基督正对围在他左边的病人和瘸子讲道，而伪善者则在他的右边。一直都注意到阿尔布雷希特·丢勒（图 7.11）在版画方面的巨大成就，伦勃朗构建出一种似乎从基督本人散发出来的一道三角形光芒，就像是从漆黑阴郁的夜里燃烧起来的火焰。当然，这道光意在提供希望和生命。

北欧的巴洛克音乐

18 世纪末期，哲学家兼作曲家让·雅克·卢梭（他的作品将在第 10 章讨论）以极为准确的语言描述了巴洛克音乐："在一曲巴洛克音乐里，和谐声变得模糊，取而代之的是不和谐之音，曲子刺耳而不自然，音调艰深，章节拘谨。"这个描述在很多方面都是精确的，尽管卢梭对这些特点的否定更多的是揭示了他晚年的音乐趣味，而不是谈及巴洛克时代本身的音乐特征。在体裁上，巴洛克时代的音乐同罗马和阿姆斯特丹的

巴洛克艺术一样千变万化。但像这两个中心的艺术一样，它是有目的的戏剧化，用来激起听众的情绪，特别是宗教音乐致力于激起对基督的热情。巴洛克音乐也像两个城市的巴洛克艺术一样必须新颖和创新，因为无论是北方还是南方的天主教和新教教会都不断要求为教会的礼拜仪式创造新的音乐。同时，巴洛克音乐家也创造出了新的民俗音乐形式。也许最有意义的是，巴洛克时代比其他任何时期都制作出了更多的新乐器。此外，甚至是传统的乐器也几乎被完全改造了。这是风琴的黄金时代。这一相当古老的乐器，产生于公元前 3 世纪，它深沉的音调在此时达到了新的高度，它控制着诸如天主教和新教礼拜者的情绪。18 世纪的上半叶，虽然大键琴在技术上已相当完善，但钢琴逐渐作为一种重要的乐器出现了。这时，在音乐历史上，器乐大师们，特别是小提琴和键盘乐器的制作者们，开始像声乐家一样，受到欢迎。

荷兰家庭聚会最基本的一种娱乐形式就是由屋子的女主人表演键盘音乐，而实际上这个时期流传下来的音乐作品多是家用的乐谱。事实上，维米尔的几幅关于年轻妇女弹古钢琴的作品，如《维金纳琴前的女

图9.20 扬·维米尔,《维金纳琴前的女子和绅士》(又称《音乐课》),约1662—1664年。布面油画,尺寸:74厘米×65厘米。以扬·凡·艾克的《乔凡尼·阿尔诺芬尼夫妇》(图7.6)的手法而作的一幅画。维米尔将其本人,至少将其画架,通过画后面的镜子反射出来。

子和绅士》,也叫《音乐课》(图9.20),就是家庭和谐的象征。在维米尔的画作里,和谐的理念进一步被空空的椅子和少妇后面的古提琴所支撑,我们可以想象,年轻的绅士很快就要进行二重唱。刻在古钢琴盖子上的话是"音乐是快乐的伴侣,是悲伤的镇痛软膏"。在荷兰家庭生活的背景下,用婚姻来代替音乐一词,因为如此相近,概不会牵强附会。

北部德国流派:约翰·塞巴斯蒂安·巴赫 也许斯韦林克的最伟大继承者是约翰·塞巴斯蒂安·巴赫(1685—1750)。在17世纪末斯韦林克死后60年出生的巴赫是斯韦林克巴洛克音乐派的键盘乐大师。像斯韦林克一样,巴赫试图通过他的宗教音乐传递新教传统的虔诚。像前者一样,他先后在德国小镇的教堂、魏玛公爵宫廷、柯登王子宫廷和莱比锡圣托马斯路德教堂任风琴师。他为圣托马斯路德教堂的礼拜仪式写了大量音乐作品,那里的礼拜仪式比阿姆斯特丹的加尔文教礼拜复杂得多。

每一个周日礼拜,巴赫都要创作一个**康塔塔**(*cantata*,意译为"清唱套曲"),它是以一件(通常是风琴)或多件乐器伴奏的独唱或合唱歌曲的歌词为基础而作的多乐章大型套曲。康塔塔的上半章在圣经课后表演,而后半章则在布道后演奏,然后以**众赞歌**结尾,众赞歌是由教堂里的所有会众用本民族的当代语言来唱的赞美诗。与歌剧一样,主康塔塔包括了宣叙调和咏叹调。

巴赫的康塔塔通常是基于路德众赞歌的简单旋律,但巴赫凭借自己非凡的音乐才华用对位法将之改写,即在主旋律之上或之下加上一个或多个独立的旋律,因而产生了华丽的音乐神韵,这就是巴洛克风格的典型特征。《耶稣,我的灵魂》就提供了一个完美的例子,它也体现了巴赫作为作曲家在巴洛克风格要求新颖和创新的驱使下所展现的非凡创造力。巴赫于1724年创作此曲,一周后又写了另一首康塔塔(巴赫不得不及时地为唱诗班和管弦乐队的排练创作康塔塔)。巴赫在他的职业生涯中共创作了300多首康塔塔,或者说5个完整的组曲。宗教年度的每个星期日以及教会日历上的每个宗教节日,都必须有一部康塔塔,每年大约需要60部。他也创作了大型的清唱剧和长篇众赞歌,教会的和世俗的都有,但是没有动作或者场景,仅由一个叙述者、独唱者、合唱队和管弦乐团来演奏。巴赫在声乐方面最伟大的一个成就就是《圣马太受难曲》,此曲是为1727年莱比锡耶稣受难日所作。**受难曲**同清唱剧在形式上相似,但前者讲述了福音书里关于耶稣死亡和复生的故事。另外,巴赫几乎为大部分场合(包括葬礼、婚姻、市民庆典)

创作了大量器乐，他还创作了许多宏大的钢琴曲。许多钢琴曲被收录在《十二平均律钢琴曲集》中，这很可能是巴赫对民俗器乐史最伟大的贡献。正如巴赫在书的第一部分的扉页上所说，这些作品是为"渴望学习音乐的年轻人所使用的，特别是让这些技艺娴熟的音乐人用来娱乐消遣的"。

专制主义和巴洛克宫廷

18 世纪初，欧洲几乎所有的皇家宫廷都效仿法国国王路易十四（1643—1715 年在位）。路易不喜欢卢浮宫。自中世纪以来，卢浮宫一直是巴黎的皇家宫殿、法国政府所在地和法国国王的寝宫。1661 年，他开始在巴黎东南方向 19 千米远的凡尔赛小镇修建一所新的宅邸。在 20 年的时间内，大约 36000 人把凡尔赛打造成世界上最宏伟的皇家住所。园林建筑师安德烈·勒诺特尔负责凡尔赛的庭院建造。他信奉规则式庭院，因此他那井然有序、几何形状的设计便被称为法式花园。庭院围绕一个主轴铺陈开来，衬以巨大的十字形人工运河，一直延伸到宫殿的西部（图 9.21）。小路从这一中心轴发散开来，圆形的池子和

图 9.21　安德烈·勒诺特尔，凡尔赛宫内公园与花园规划图，1661—1668 年设计，1662—1690 年建造。利兰·罗斯根据德拉吉夫 1746 年的版画而作。画的右部分是凡尔赛镇的主要街道。三条林荫大道贯穿其中，并聚焦于凡尔赛宫。

盆地围绕四周，乔木和灌木都被修饰成抽象的形状以与整个场地的几何图形相匹配。国王本人对勒诺特尔的作品很感兴趣，甚至为参观此处庭院的拜访者写了一个指南。黄杨木树篱整齐地排列在城堡附近的花圃四周，一年四季，温室里都供应着可栽种在花园里的鲜花。大约 400 万枝从荷兰进口的郁金香，每年开春都在此绽放（图 9.22）。当路易于 1682 年永久搬进这个宫殿和政府官邸后，凡尔赛就成了法国非正

图 9.22　安德烈·勒诺特尔，法兰西花园——凡尔赛宫北花坛，1669—1685 年。它是凡尔赛宫附近最正式的花园，并且越往里越变得精致。路易国王在花园里摆了约 200 万个花盆。

近距观察： 伦勃朗之《杜尔博士的解剖学课》

　　《杜尔博士的解剖学课》是杜尔博士本人委托伦勃朗画的，是为了庆祝自己在 1632 年 1 月 31 日于阿姆斯特丹进行的第二次公开解剖示范。公开解剖总是在冬季进行，是为了更好地保存尸体以防其腐化。尸体一般是最近被处决的犯人的。进行这些演示是出于纯粹的教育目的——如何更好地理解人体而不是检查人体内的器官的机制。荷兰人相信，一个人通过了解人体构造便能读懂上帝。正如荷兰诗人巴莱乌斯在 1639 年写的一首献给伦勃朗画作的诗中提道的：

　　倾听者，了解你自己！而当你做到这些时，请相信，即便上帝再渺小，也无处可藏。

　　公共解剖或剖割是极受欢迎的活动。镇里的名流政要一般都会参加，整个阶梯教室坐满了持票入场的群众。一场解剖课可能会发人深省，也同样是一个有趣的景象。以《荷兰人群画像》为例，该作品旨在纪念杜尔博士及其后来者所取得的医学成就。画中杜尔博士身边围绕着他的学生，站在他身后的一个人手持一份名单，上面记录着所有人的名字。这些学生的好奇心烘托出杜尔的威望以及这个时代在科学上的求知欲。

　　这些人物呈三角形分布。杜尔博士在图的右下角，所有人的目光都聚焦在他手中的镊子上。作为伦勃朗作品的标志性特点，光线在其中扮演着具有高度象征性的角色。它从左到右穿过房间，直接照亮了三名最具好奇心的学生的脸庞，象征着启示和学习之光。这束光最终照在杜尔脸上，仿佛他本身就是其他人的光源。但具有讽刺意味的是，现场的最佳照明人物却是尸体。以往光在伦勃朗的作品中几乎总是突出那种生动的画面，如我们看到的学生们明亮的脸庞，而在这里，它照亮了死亡。

弗兰斯·凡·卢伦医生一边用食指指着尸体，一边吸引众人的目光。他用这个手势来提醒我们，我们都只是凡人。

苍白且略呈蓝色的尸体与外科医生红润的肤色形成了鲜明的对比。尸体的脸通常被盖住，但伦勃朗在他的画中则将其展露出来。杜尔博士和同事将这具尸体从绞刑架上抬了回来。另一方面，一个净亮的半裸体将立即唤醒被埋葬的基督及其复活的承诺。明亮的光线似乎在这里强调了死者那不可改变的命运。

杜尔博士正在展示手臂和手掌上的屈肌，并激活各种肌肉和肌腱来演示它们是怎样活动的。正是得益于这些肌肉活动的灵敏才使人们从生理上与动物区分开来。

哈特曼医生手里拿着一幅人体肌肉图，后来有人将在场的所有人的名字添加到这幅人体肌肉图中去了。

杜尔博士出生在一户叫克拉斯皮特斯佐恩的家里，于1611—1614年在莱顿学习医学期间见到郁金香后改名为"杜尔"（在荷兰语中意为"郁金香"）。在他一生中，他的房子外面一直挂着一个招牌，上面画着一朵盛开在蔚蓝色大地上的金黄色郁金香。

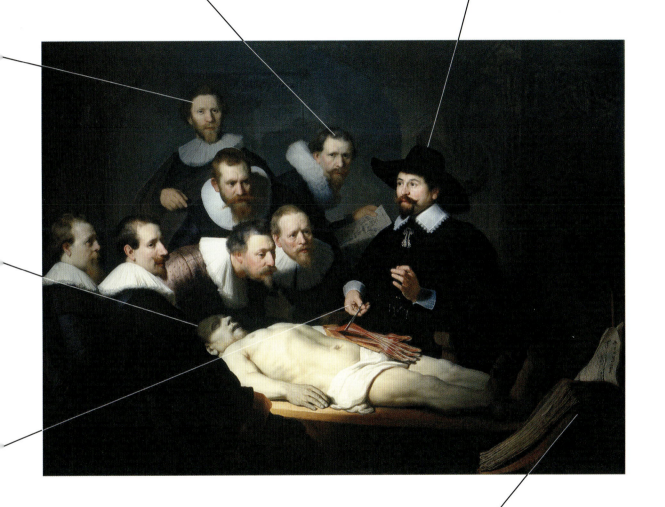

这本大的书可能是关于人体构造的，该书于1543年由荷兰科学家安德烈·范·韦塞尔（又称维萨里）出版。他在帕多瓦大学教授解剖学。画中的杜尔认为自己是复活了的维萨里。

伦勃朗·凡·莱因，《杜尔博士的解剖学课》，1632年。布面油画。尺寸：170厘米×217厘米。荷兰海牙莫瑞泰斯皇家绘画陈列馆藏。

图 9.23 朱勒·阿杜安·芒萨尔与查理·勒布伦,镜厅(又称镜廊),建于 1678 年。凡尔赛宫镜厅长 71 米,为国事场合的接待室。它得名于威尼斯镜子(在当时极为昂贵的一种镜子),这些镜子将窗户对面相同形状和大小的墙壁覆盖,利用反射原理营造出比实际更大的空间感。

式的首都,也是路易绝对权力和权威的象征。

对宫殿的精心设计旨在使前来拜访的贵族心生敬畏。查理·勒布伦是国王的首席画师,并指导艺术家团队装点宫殿内室。为了庆祝路易十四政治生涯的极盛时期,以及与荷兰六年战争的结束, 1678 年开始动工修建镜厅(图 9.23)。法王路易十四令勒布伦把他所取得的成就用 30 幅画画在大厅的天花板上,这些绘画外框用毛粉饰型板。恢宏的绘画展示了路易是一位罗马皇帝,是位精明的管理者和军事天才。勒布伦平衡了沿着大厅排开的 17 扇窗,透过厅内的 17 面落地镜可将宫内美景尽收眼底。这些镜子由巴黎的一家工厂提供,该工厂与威尼斯许多著名的玻璃厂相竞争。起初,用结实的银桌子、灯座和橘树罐来装饰画廊。后来,路易把它们全部熔化掉以资助正在进行的战争。

凡尔赛宫廷

18 世纪初,几乎欧洲各国皇家宫廷都以法王路易十四的凡尔赛宫为样板。路易如此成功地向法国人民、贵族和教会宣称自己的权威以至于他统治的这个时代被称为专制主义时期。专制主义用来强化中央集权的君主制,即以君权神授为由在自己管辖疆域内施加权力。这一原则在中世纪有历史根源,

那时教皇为欧洲国王加冕,甚至可以追溯到美索不达米亚和古埃及时期"国王即神"的理念。但在 17 世纪,国王的神权甚至没有教会的承认就已假定存在。对专制主义本质的描述,最著名的当属主教雅克-贝尼涅·波舒哀(1627—1704),他是路易的宫廷牧师和他孩子的师傅。在训练年轻的皇子成为未来国王期间,波舒哀写了《源于圣经的政治》,此书旨在描述政治权力的来源以及如何恰当地使用政治权力。他认为:

> 上帝无穷,上帝即一切。君主,作为君主,不只是看成一个个人;他是公众要人,所有州郡都是他的;所有人的意志也都由他体现出来。因为所有的完美和力量都与上帝联合在一起,因此,所有个人的权力也与君主个人连在一起。一个人竟能体现这么多是多么庄严的事情啊!……你在国王那里可以看到上帝的形象,然后你就有了皇家尊严之感。

在宫里,路易严格规定了贵族的生活。他把自己看成太阳王(Le Roi Soleil),因为像太阳(同和平与艺术之神阿波罗相关),他认为自己在全国各地慷慨赠予。他自己在仪式中的升起和下降,象征着太阳实际的升起和降落。它们主要是国家庆典,列席的人通

发/现/人/文

常是整个宫廷或者选定的阿谀奉承的贵族，他们渴望出现在伴驾名单之列。路易甚至鼓励宫里的贵妇人把与他的床第之欢看成荣誉，他有很多情妇和私生子。他宫里的生活是正式的，遵循习俗和相关规定，因此礼节成为社会进步的方式。他要求在吃饭的时候不能用手而是用叉子。用餐时也要按等级就座。事实上，等级决定着仆人是否为通过宫殿的客人打开一扇或者两扇凡尔赛的玻璃面板的"法国门"。路易控制着廷臣们的生活，让他们在经济上依赖他，这样做对政治有好处。据圣西蒙公爵路易·德·鲁弗鲁瓦（1675—1755）的回忆录所载：

> 他凡事喜好壮观华美、富丽堂皇、挥霍铺张，鼓励宫廷人员投其所好；那些在备装马车、奢华建筑、豪华宴饮和纸牌赌博上花钱如流水的廷臣肯定会赢得他的青睐，甚至还会得到他的夸赞。他的这一做法是很有心机的：那些身居要位的人，在时尚方面大把花钱是一种必要，这些廷臣很快就会入不敷出，渐渐不得不依赖他的赏金而生存。

路易对自己权威的意识，更不必说他臭名昭著的虚荣，在亚森特·里戈1701年所画的国家官方肖像（图9.24）里展示得淋漓尽致。国王把他的袍子披在肩上以便展示他白色的袜子和红色的高跟靴。他亲自设计了这双鞋来弥补他163厘米的身高。创作这幅画时他已经63岁了，但是，他还是意在表明他仍然是个时髦的国君。

彼得·保罗·鲁本斯的画：色彩与性　路易最喜爱的艺术家是佛兰德斯画家彼得·保罗·鲁本斯（1577—1640）。路易的祖母玛丽·德·美第奇，已于1621年委派鲁本斯作21幅纪念画来歌颂她的一生。在工作室助手的帮助下，这一批画花费了他四年（1621—1625）时间。

鲁本斯自我促进的自传式绘画方法是通过栩栩如生的语言呈现的。《玛丽·德·美第奇抵达马赛》描绘了玛丽从她的家乡意大利远嫁法国国王亨利四世在马赛登陆时的场景（图9.25）。盘旋在皇后头上的名人吹着喇叭，而海神同他的儿子特里同，在三个仙女

图9.24　亚森特·里戈，《路易十四》，1701年。布面油画，尺寸：277厘米×194厘米。法国卢浮宫美术馆/法国博物馆藏。埃尔韦莱万多夫斯基/艺术资源，纽约。画中路易身穿貂皮加冕长袍，脚穿一双红色高跟鞋，一副趾高气扬的样子望着眼前的众人，他那盛气凌人的神态被里戈刻画得细致入微。

的陪伴下从海浪里钻出来迎接她。一个戴着头盔的法国寓言人物，穿着路易十四在1701年的画像里所穿的百合花袍子，向她鞠躬。玛丽本人，相貌并不出众，却被丰富的神韵、特别的色彩和感性的笔触所烘托，她似乎变得同这场景一般瑰丽离奇了。

此画中仙女们的肉体可以说是鲁本斯作品风格特点的亲笔签名。事实上，鲁本斯的风格几乎遵循了意大利文艺复兴晚期"丰乳肥臀"的传统。它是如此的明显以至于被称为"鲁本斯风格"。他画的女性裸体以身体间的赘肉而著名，常常令现代的观者咂舌，因为我们已经培养出几乎全然迥异的审美标准。他们的美主要在于肉欲感，在某种程度上象征着自我放纵和过度沉迷的肉欲生活。鲁本斯把米开朗基罗的《最后的审判》（图9.2）中的矫饰主义敏感性、提香的《掠夺欧罗巴》中所体现

图9.25 彼得·保罗·鲁本斯和他的工作室，《玛丽·德·美第奇抵达马赛》，1621—1625年。布面油画，尺寸：396厘米×305厘米。卢浮宫博物馆/国立博物馆联盟。纽约莱辛埃·里希/艺术资源。在创作这幅画时，画家很大胆地将其视角放得很低，也许很奇怪地漂浮在水面上往上看，这就为观赏者和画作创造了一个全新的关系。

的威尼斯派的色彩和神韵（图9.4）以及卡拉瓦乔派光与影（图9.11）的风格发展到新的高度。他给南欧的意大利传统带来了北欧式的审美情趣，特别是对肉身的本质以及对空间和规模的完全创新和革新意识。只有少数鲁本斯的画作是正面的，即观者的位置与描绘的动作平行。相反，大多数都是从作品左前方或右前方的角落往对角方向向后移动。

在《农民的婚礼》这样的画中，鲁本斯把一个简单的酒馆集会——北欧画普遍的体裁（图9.17）——变成一个纪念性的庆祝（图9.26）。《农民的婚礼》足有2.4米宽。婚礼庆典从酒馆里的对角线处溢了出来，进入佛兰德斯乡村的全景。画面中，这些缠绕的肉体正处在极度兴奋的高潮中，这时画面右侧的一位年轻男子和一位蓬头的、上衣已经滑落到肩上的女子朝着一座桥跑过去，大概是想躲到远处树篱后去云雨一番。像凡尔赛宫的镜厅一样，用奢华丰富的装饰来展示数学规律，鲁本斯的画似乎马上就有了道德感和放荡感。勾肩搭背、旋转的动感可看成纵情声色或是情欲狂放，而这正是鲁本斯传递给观众的解读。

这样直白的表达性是为了庆祝活在一个简单快乐

图9.26 彼得·保罗·鲁本斯，《农民的婚礼》，约1635年。布面油画，尺寸：144厘米×261厘米。法国卢浮宫博物馆/国立博物馆联盟。纽约莱辛埃·里希/艺术资源。在这幅画里，鲁本斯展现了他对佛兰德斯传统的继承，采用了布吕赫尔和其他画家善用的传统主题，描绘了一幅日常生活的场景。

的世界之中，在这个世界里，繁荣与和平都已延伸至社会的最底层。与北方画派如出一辙，鲁本斯给他的绘画赋予说教色彩。一条狗用鼻子嗅着（画布中央底部）搭着布的浴桶，直接反映了它身后亲吻的夫妇和它上面跳舞的夫妇，这一细节又表现了整幅画面的主题：人具有动物的低级本能。妇女们胸前吃奶的婴儿与其说是隐含了富足，不如说是隐含了饥饿，即一种需要满足的欲望。鲁本斯很清楚酒神节不仅仅象征繁荣，而且也象征放纵。在他的晚年，鲁本斯过于放纵，而《农民的婚礼》就是这种情感放纵的产物。

50 年之后的 1685 年 4 月，路易十四为凡尔赛宫购买了《农民的婚礼》。这位君主在此画中看到了什么？一方面，对这个自认为是欧洲最伟大的国王来讲，拥有这位被认为是欧洲最伟大的画家的作品大概是很重要的事情。另一方面，路易必定很欣赏艺术家通过性感的笔法和色彩强调的直白的性爱。它使人联想到国王自身的性放纵。

尼古拉斯·普桑的绘画：古典的契合　18 世纪初，鲁本斯的另外 14 件作品已经被放在路易十四的宫殿里。红衣主教黎塞留的大侄子阿尔芒 - 让·迪·普莱西，即黎塞留公爵，曾是玛丽·德·美第奇和亨利十三世的艺术顾问，在鲁本斯于 1640 年死后从其个人收藏中购买了另外 14 幅画作。当他获得鲁本斯本人的画集后，黎塞留同路易十四打网球比赛打赌，前者想要得到后者另外的鲁本斯画作，却不想把尼古拉斯·普桑的所有画作都输给后者。关于普桑和鲁本斯，谁是更好的画师这一问题，宫廷一直争论不休。查理·勒布伦甚至宣称普桑是 17 世纪最伟大的画家。尽管普桑是个法国人，但他大半辈子都在罗马度过。他特别敬仰拉斐尔的作品，并且以拉斐尔为范，提倡绘画的古典芬芳。他认为画作的主题应当取自古典神话或者基督教传统，而非日常生活。在他的绘画理论中并没有半点像鲁本斯的《农民的婚礼》这样的风俗画的位置，即便它画面宏大。绘画技艺本身应当是克制的和优雅的，不能有随意或者"粗鲁"的笔法。克制和契合必须统领绘画作品的每个方面。

普桑的这一风格很明显体现在《阿卡迪亚牧人》（图 9.27）。三个牧羊人探究墓碑上的铭文"我也曾住在阿卡迪亚"，暗示死亡会光顾每一个人。主管历史的缪斯女神站在右边，确认这一信息。鲁本斯绘画中通常对人物体格进行夸张，而在普桑的绘画中，对牧羊人强健的体格却轻描淡写。色彩，偶尔是明亮的，就像缪斯女神的黄色袍子，被夜光减弱了。但是，最为典型的普桑风格还是作品中的几何水平线和垂直线。

注意两个中心人物的臂膀形成的直角，与墓穴本身的立体空间是契合的，这一立方几何体找到了对应物——缪斯浅蓝色裙子上的褶皱、最右边身着红装的牧羊人的小腿、最左边的牧羊人手中握的木棒，这三者是平行的。这些线条构成了一个平行四边形，同中央的立方体相辅相成。

路易十四在网球赛中打败了黎

图 9.27　尼古拉斯·普桑，《阿卡迪亚牧人》，1638—1639 年。布面油画，尺寸：85 厘米 ×121 厘米。INV7300，摄影：加布里埃尔 - 奥赫雷内。法国卢浮宫博物馆 / 国立博物馆联盟藏。注意画中牧羊人凉鞋上的鞋带是怎样与其他线条平行的。

塞留公爵并赢得了普桑的画后，非常高兴。但是让路易惊奇的是，黎赛留购买了鲁本斯的画，很快扩充了自己的收藏，然后就委派罗杰·德·皮勒写了个目录来描述他的收获。德·皮勒属于鲁本斯画派。他认为色彩乃画之精华，他曾言：色彩之于画，犹如理性之于人。而普桑派则一门心思都扑在素描和拉斐尔的艺术风格上。

普桑的画展现智力，鲁本斯的画体现感观。对普桑而言，将绘画与古典叙事传统结合起来的素材才是至关重要的；对鲁本斯而言，绘画本身的表现能力才是首要的。1708年，德·皮勒对两位画家各自的优点进行了评分，鲁本斯的得分如下：创作18分，设计13分，色彩17分，表现力17分；普桑得分如下：创作15分，设计17分，色彩6分，表现力15分。按德·皮勒的计分，鲁本斯以65：53获胜。本质上，鲁本斯

图9.28 《夜之芭蕾》剧中的太阳王——路易十四，1653年。法国国际图书馆藏。时年15岁的路易十四在一出芭蕾舞剧的间歇娱乐表演时段，身穿表演服装闪亮登台。

展现了巴洛克矫饰性的表现手法，而普桑则保持一种古典的矜持。在接下来的数十年里，他俩在美术界都有各自的拥趸。

路易十四宫廷里的音乐和舞蹈 路易十四喜欢宫廷里的盛大庆典以及最能充分满足他趣味的舞蹈和音乐。宫廷里主要负责取悦国王的是生于佛罗伦萨的让巴普蒂斯特·吕利（1632—1687），他为了继续自己的音乐教育于1646年来到了法国。

吕利创作了大量的流行歌曲，包括著名的《在明亮月光下》。1660年，他已经成为国王的宠臣，国王着实喜欢他的喜剧芭蕾。喜剧芭蕾一部分是歌剧，另一部分是芭蕾，路易也因此展现了他作为一名舞蹈者的极高天赋（图9.28）。路易给舞蹈者们委派了很多不断增加难度动作的芭蕾。结果，他的皇家舞蹈学会就很快地为芭蕾的五种基本姿势设定了规则，并成为古典舞蹈的基础。首先，他们认为，舞蹈者的动作应当清晰、平衡，整个演出团的表演作为一个整体，应当是匀称的。但是在真正的巴洛克传统里，个人表演者应当充分展示芭蕾的经典基础，展现生气勃勃的甚至是惊人的精湛技艺。

吕利凭借与国王的关系，成了新成立的皇家音乐学会的会长。这个位置使他能够专门创作法国所有咏唱的戏剧。凭借这个角色，他还创造了另一种新的歌剧体裁，即配乐悲剧，又称抒情悲剧。吕利的悲剧把歌词同音乐完美地融合到一起。音乐的节奏不断变化，但也紧密地跟随着法国语言的自然节奏。靠着宫廷的支持，吕利在1673—1687年每年都创作并上演这样的抒情悲剧。1687年，他因在指挥时脚撞到了用来敲打节拍的藤杖而死于坏疽病。

路易十四热爱这种舞蹈，在他的宫廷内很快就出现了组曲这种新的音乐形式。它由一系列舞蹈或舞蹈激发的动作组成，全套舞曲尽管有大小调式的变化，但通常都只有同一种调。大多数组曲都是由4~6组不同拍子和节律的舞蹈组成。在一套组曲里，两组相对快速的舞蹈可能先于一组更慢的、更优雅的舞蹈，然后以欢乐、生机勃勃的舞蹈结尾。尽管在组曲舞蹈中并不常发生，这一新的舞蹈形式中最重要的部分是小步舞曲，是节奏适中且优雅的三拍子舞蹈。小步舞曲很快成为这个时期最流行的舞蹈。

英格兰和西班牙的宫廷艺术

尽管欧洲的君主们常常相互交战，但在王权和艺术维持其权威作用的认识上却是一致的。在英格兰，艺术极大地受到了英国斯图亚特王朝的专制主义和更为保守的新教徒的影响。与法国一样，整个17世纪的英国君主都试图宣扬他们的绝对权威，尽管最终没能得逞。斯图亚特王朝的第一位君主詹姆士一世（1566—1625）于1603年继承了女王伊丽莎白的王位。他认为，"没有什么特权和豁免权可以与神授君权的国王相抗衡"。

他的儿子查理一世（1600—1649）也持有这种专制主义意识，但是他的统治为宗教争执所困扰。严格说来，他是英国国教最高首领，却同一位天主教徒亨利埃塔·玛丽亚结了婚，此人是法王路易十三的妹妹。查理一世提议改革教会的一些礼拜仪式，在很多人看来，它们变得与罗马天主教的仪式相近，这很危险。清教徒（英国加尔文教徒）逐渐控制了英国议会，并强烈反对任何接受天主教教义的政府。

议会召集了一支军队来反抗查理，于是国内战争爆发了，这次内战从1642年持续到1648年。主要的政治问题是谁来掌管这个国家——是国王还是议会？在奥利弗·克伦威尔（1599—1658）的领导下，清教徒于1645年打败了国王，并于1649年以叛国罪将他处死，这对所谓的"君权神授"是个严重的打击。同时，克伦威尔努力领导一个旨在为公众谋福利的共和国（史称"共和政体"），但是他很快解散了议会，并担任了护国公。他的摄政政体有时被称为议会会议，但都只通过他自己的决定。克伦威尔最大的困难是要求所有人都遵守"上帝"法律——换句话说，清教教义。他禁止骂粗话、醉酒和斗鸡。商店和客栈周日不能做买卖。这个曾习惯于自由选择议会政府的国家，不能够忍受这样的限制，于是1658年9月，克伦威尔逝世以后，他的政府体制也随之进入坟墓。

于是君主制得以复辟，但君主采用天主教的威胁在清教徒之中引起纷争。1685年，詹姆士二世继位。1688年9月，詹姆士二世女儿（信奉天主教）的丈夫奥兰治的威廉在英国清教徒的邀请下从荷兰领兵进入英国。詹姆士二世逃走，这在历史上被称为"光荣革命"。至此，议会颁布《权利法案》承认各种宗教的合法性，并禁止国王废除议会法律。于是，君主立宪制再次建立起来，对所有英国人而言，君权神授也永远地终止了。

安东尼·范·戴克在英格兰　倾向于天主教的英国君主同更倾向于清教的议会之间的紧张关系在佛兰德斯艺术家、查理一世的宫廷画师安东尼·范·戴克（1599—1641）的两幅肖像画中体现得很明显。范·戴克十几岁的时候，就在安特卫普的鲁本斯画室工作，在17岁的时候担任画室的领导，他的天赋在于肖像画。17世纪20年代在意大利工作一段时间后，1632年他接到了英国查理一世的邀请，来到英格兰担任宫廷画师并于1633年被封为爵士。安东尼·范·戴克的《查理一世狩猎图》（图9.29）就是其经典之作。他常常通过夸大人物的特点并从下自上来画，以便增加其身高。像下面这幅图，安东尼·范·戴克就让查理一世比他身后的马夫高上一头，而明亮的光使他的银色紧身上衣闪闪发光。他得意的上翘着的骑士帽子投射在头上方的树林中，而马的脖子似乎充满敬意地微微鞠

图9.29　安东尼·范·戴克，《查理一世狩猎图》，1635年。布面油画，尺寸：272厘米×211厘米。卢浮宫博物馆／国立博物馆联盟藏。纽约SCALA／艺术资源。画中查理一世的左手放在臀部，右手持一个手杖，摆出宫廷舞中的手臂姿势。

躯。事实上，由于支持他的保皇派广为人知，所以他是骑士的真正代表。像这里的国王一样，骑士们以其着装风格著称——长长的、飘逸的头发，精心的服装和宽大的偶尔插着羽毛的帽子。

西班牙的迭戈·委拉兹开斯 西班牙宫廷非常清楚，需要通过对艺术的资助让民众深刻感受到其专制权威的存在。因此，当神圣罗马帝国皇帝查理四世的曾孙菲利普四世（1621—1665 年在位）在 16 岁时继承了西班牙的王位后，他的首席顾问建议他聘请当时最伟大的画师同欧洲其他国家的宫廷相竞争。17 世纪 30 年代，国王聘请鲁本斯为他的狩猎小屋画了 112 个神话组图。但是在 1623 年春，时年 24 岁的迭戈·罗德里兹·德·西勒瓦·伊·委拉兹开斯（1599—1660）被召集起来画了一幅国王肖像，国王和顾问都意识到 17 世纪欧洲最伟大的画师在本土产生了。很快，委拉兹开斯被任命为宫廷画师，并成为唯一的御用画师。

1628 年，当鲁本斯来到西班牙宫廷时，马德里的艺术家里唯有委拉兹开斯能有幸同这位大师一起合作。委拉兹开斯带着鲁本斯参观皇家收藏，包括博斯的《人间乐园》（见第 7 章 "近距观察"），尤其是提香的《掠夺欧罗巴》（图 9.4），尽管它显然是为菲利普二世所作。鲁本斯复制了两幅画。他劝说委拉兹开斯从 1629—1630 年去意大利。委拉兹开斯在威尼斯研究提香的作品。在罗马和佛罗伦萨，委拉兹开斯不喜欢拉斐尔的绘画，认为他的线性风格既冷漠又不具有表现力。

委拉兹开斯作为菲利普四世的画师，其主要任务是画宫廷肖像，并监管在各个皇家宫殿里的房间和静养所里的装饰。绝大多数都是个人的肖像画，但是《宫娥》是真人大小的群体肖像，也是他被委托绘制的最后一幅伟大的作品（图 9.30）。它把绘画的复杂程度提升到艺术历史上前所未有的高度。这幅画作之所以复杂，是因为作品的焦点相互冲突。在整幅画的中心是国王菲利普四世和女王玛丽安娜的爱女玛丽亚·玛格丽塔，她是全景中最亮的部分，因而从某种程度上，画中主角是玛格丽塔，她似乎是最主要的焦点。但是画名却是《宫娥》，暗示她的女仆才是画中真正的主题和焦点。然而，委拉兹开斯把自己也画入了画中，他正在画布上作画。因此，这幅图至少在一定程度上也是一幅自画像。艺术家的凝视，以及玛格丽塔和她身材矮小的侍女的凝视，也许还有在画中远景的门口处转身的侍臣的凝视，聚焦于画外的一点，即在它的前面也就是我们观察者所站的位置。屋后的镜子把菲利普和玛丽安娜也反射了出来，暗示国王和女王也占据了这一空间位置，承认自己是委拉兹开斯的赞助人。这幅作品直到今天还鼓舞着艺术家。

图 9.30 迭戈·委拉兹开斯，《宫娥》，1656 年。布面油画，尺寸：307 厘米×276 厘米。马德里普拉多美术馆藏。这幅画是委拉兹开斯所有画作中尺幅最大的，这表明画布后面所描绘的人物就是宫娥本身。

发/现/人/文

延续与变化　　放纵与克制

对理性的绝对信任是巴洛克时代的一个基本特征。在数学、天文学、地质学、物理学、化学、生物学、医学等学科上取得的重大突破主导着这个时代的历史。这些经验推理的产物构成了所谓的科学革命，它改变了西方人理解其在宇宙中位置的思维方式。

像卡拉瓦乔、鲁本斯、伦勃朗等呼吁情感和戏剧、感性和壮观的画家应该是与科学革命同时代的产物，这看起来似乎很怪异。这个时代的科学能量在它们的绘画表达上，比起鲁本斯更偏爱普桑，在文学表达上，比起莫里哀更偏爱科尔内耶，这样似乎更合理。伦勃朗的《杜尔博士的解剖学课》（见"近距观察"）清楚地灌注着科学思想，鲁本斯旋转、流畅的线条也是心灵的杰作，这是一颗坚信秩序和整体性是经验基础的心灵。那么，从本质上讲，要能够更好地理解卡拉瓦乔和真蒂莱斯基、鲁本斯和伦勃朗、委拉兹开斯和塞万提斯，人们可以通过了解他们探寻人类真理的经验来实现，正是这些人类真理才激励了我们所有人。他们的作品（如 16 世纪的蒙田自传）宣告了现代心理学黎明的到来。

尽管如此，巴洛克时代也体现了理智与情感、雅致与放纵之间一定的紧张关系，这种关系从普桑同鲁本斯在艺术优势的较量中清晰地表现了出来。一幅描绘路易十四在 1671 年参观法国科学院的画作中（图 9.31）明显地表明这种紧张关系。路易十四效仿英格兰国王查尔斯二世于 1666 年创建法国科学院，而后者曾在 1662 年特许皇家学会的成立。他伫立而视，周边围绕着天文和科学仪器、图表和地图、骨骼和植物标本。窗外，一个规则有序的几何状古典法国花园首映眼帘。与此同时，路易似乎又与周围环境格格不入，从一身带皱褶、花边、丝带和蝴蝶结的穿着来看，他就是一个浮华过度的典型形象。他身上所体现的这种矛盾将成为下个世纪的典型特征。在下一章中，我们将考察在 18 世纪，理性需求与克制放纵、所谓启蒙运动的价值观与被称为洛可可风格的贵族风之间的矛盾。它们同样都是之前的巴洛克时代的产物。

图 9.31　亨利·泰斯特林，《科尔贝向路易十四介绍皇家科学院成员》，约 1667 年。布面油画。凡尔赛宫，法国/劳罗/吉劳冬/布里奇曼艺术图书馆藏。

第10章 启蒙运动和洛可可时期

理性诉求和特权滥用

城市风光大师威尼斯人卡纳莱托（吉奥尼尼·安东尼奥·卡纳莱托，1697—1768）于1747年在他的一幅画作中将伦敦画得非常优雅精致（图10.1）。伦敦，作为18世纪欧洲知识生活的中心，唯有巴黎才可与之媲美。从画作却丝毫看不出该城曾毁于80年前的一场大火。1666年9月2日黎明前夕，伦敦布丁巷的一位面包师的烤箱爆炸了。一阵强烈的东风加速了火势蔓延，到清晨时分，约300座房屋燃了起来。塞缪尔·佩皮斯（1633—1703）在日记里记下了他目睹的那灾难性的一天：

> 我来到河边……看到一场惨烈的大火……人人都在奋力搬东西，要么投入河中，要么扔到停靠在旁的驳船里；穷人待在房子里，直到大火快要烧着他们的时候，才慌不择路地跳进船里，或者沿着水边的楼梯一节节地往上爬。
>
> ［我慌忙］赶到［圣］保罗大教堂；我沿着惠特灵街尽可能地往前走，每个生物都满载着货物匆匆离开，到处都是抬着病人的担架。大型货物则用马车装运或是背驮。最后在佳能街遇到了市长大人，像一个快不行的人，［手帕］缠绕着脖子……"主啊，我该怎么办才好？［他哭了］我已经筋疲力尽了：人们都不听我指挥。我已经下令推倒了不少的房子，但火苗却蔓延得快得多。"……然后……我……走回家去，看到人们都心烦意乱，没办法把火灭掉。泰晤士街附近的房子，十分密集，易燃物也相当多，如沥青或者焦油；仓库

里还藏有不少油、葡萄酒、白兰地等。

——摘自塞缪尔·佩皮斯，《日记》（1666年9月2日）

这些仓库里的火极大地助长了火势，在接下来的两天里，大火几乎吞噬了整座中世纪古城及其以外的地方。一切都被化为灰烬，近10万伦敦人无家可归，87座教堂被烧毁，还有一些企业公司，特别是泰晤士河北岸繁忙的码头都破产了。加之一年前大瘟疫夺去了约7万人的性命，当时一位伟大的编年史家约翰·伊夫林用典型的英国式的轻描淡写总结了这一情景："昔日伦敦已不复存在。"

这次灾难既是祸害，也是幸事。重建伦敦势在必行，火灾给了这座城市一个机会，以世界上任何城市都难以想象的方式来修建一个现代化的城市中心。到1670年，几乎所有被大火烧毁的私有房屋都得以重建，商业也再度兴盛。在接下来的一个世纪里，伦敦将同世界上任何其他城市一样或者更加繁荣。"伦敦"，正如一位作家所说，"是一个成功吸引了几乎所有中上层人士的中心。英国重视这座超级大都市"。

本章主要阐述了伦敦和巴黎的发展，这两座城市是后来启蒙时代的文学中心。在整个欧洲，知识分子开始倡导理性思维，以建立一个全面的知识系

◀ 图10.1　卡纳莱托，《里士满楼上看泰晤士河和伦敦》，1747年。布面油画，尺寸：114厘米×100厘米。英国西萨塞克斯郡古德伍德庄园基金会藏。1746—1755年，除了其中1750—1751年和1753—1754年作者去了威尼斯，卡纳莱托在伦敦比克街有一个画室。画面规则的几何图形和视角的创新性反映了启蒙运动对理性的偏好。但这幅画的恢宏气度如同路易十四的凡尔赛宫一样，纯粹属于贵族风味。

统。该理性主义方法很大程度上归功于科学家艾萨克·牛顿（1642—1727）。1687年，他向几乎所有人清楚地说明，宇宙是一个可理解的系统，按照其自身规律有序运行着。他认为，人类社会的运作——商品的生产与消费，家庭和城镇社会的组织形式，国家政府的运作，甚至是艺术——都遵循着类似的普遍规律。英法启蒙知识分子认为他们是新时代的指引之光，将永远地抛弃西方文化中，特别是文艺复兴之前所有迷信、暴政和荒诞的东西。他们认识到社会是千疮百孔的，也讽刺和攻击它，特别是攻击那些贵族阶级，因为他们崇尚奢侈之风，追求毫无意义的享乐主义，这对多数人而言不只是颓废，更是堕落。同时，不断发展壮大的出版业和越来越有知识文化的公众为启蒙作家提供了指导读者道德行为的机会，即便作家们通常用淫秽的语言描写社会的丑恶。在音乐领域，复杂的甚至有时难以理解的巴洛克音乐风格开始被一种更为理性、古典的形式和结构所取代。

英国启蒙运动

　　伦敦大火之后，建筑师克里斯托弗·雷恩（1632—1723）拟订了一个宏大的重建计划，以宽阔的林荫大道和大广场取代旧城。但因为需尽快重建城市商业基础设施，他的计划显得不切实际，而每位业主基本上都自行管理其房屋。

　　然而，也有些真正的改进。如大面积禁止木制建筑，改用砖石结构，引进了新的排水系统，街道也至少要有4米宽。大火仅仅一年后，在庆祝破坏和重建的诗"奇迹年"中，诗人约翰·德莱顿（1631—1700）将伦敦比作神话中的凤凰涅槃："前所未有的奇迹……浴火重生的凤凰。"城市重建的速度让德莱顿大为感动，对伦敦的未来充满信心。在查理二世的统治下，伦敦将可能比之前任何时期都要伟大和繁荣（阅读材料10.1）：

> **阅读材料 10.1**
>
> 约翰·德莱顿，"奇迹年"选段（1667 年）
>
> 　　比人类伟大，现在，比奥古斯塔更伟大，
> 　　新的神明，她从火里复生：
> 　　新的地基上建起宽阔街道，
> 　　打开双翼，她欲展翅高飞……
>
> 　　她，正像个未嫁的女王，远远打量着
> 　　从她高高的阁楼，那些纷至沓来的求婚者：
> 　　东边焚着香，西边藏着金，
> 　　站立于斯，接受她的裁决。
>
> 　　注：奥古斯塔，伦敦旧称。

　　对于德莱顿而言，大火灾与其说是一场灾难，不如说是来自上帝的礼物。查理二世一定也这样想，为了感谢德莱顿的这首诗，在1668年授予他为国家桂冠诗人。

　　尽管克里斯托弗·雷恩重建整个灾后伦敦市中心的计划不切实际，但他仍然受到委派，重建52座毁于大火中的教堂。其中便有圣保罗大教堂（图10.2），这一井然有序的建筑群融入了在它之前的150年内的各主要建筑风格。建筑家克里斯托弗·雷恩在其设计中运用了古典式、哥特式、文艺复兴和巴洛克的元素。教堂威严的正面有两层，顶部有两个对称的钟塔和一个巨大的圆顶。教堂的平面图是一个拉长的十字形设计，具有哥特式风味。圆顶为文艺复兴风格，旨在仿效布拉曼特的坦比哀多教堂（图6.20），但仍带有像米开朗基罗为圣彼得大教堂所设计的圆顶（图6.21）。正门两层成对的科林斯柱，让人想起巴黎巴洛克风格的卢浮宫。两塔的灵感来自罗马一座巴洛克教堂。雷恩将这些元素全都融合进了一个整体。

　　据雷恩的儿子回忆，1675年，当他父亲将第一块奠基石放在老教堂的废墟上时，"一个难忘的预兆"发生了：

> 　　当测量师[雷恩本人，担任皇家工程测量师]亲自在这个地方设定大圆顶尺寸并确定中心位置时，一名劳工奉命在废墟堆上取一块平底石……以此作为铺下奠基石的标记和方向。这块石头正好是墓碑的一块，除了大写的 RESURGAM[拉丁语，意为"重生"]一词，没有什么铭文。

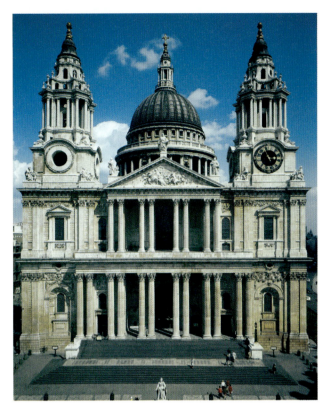

图 10.2 克里斯托弗·雷恩，圣保罗大教堂西侧，伦敦，1675—1710。中间山形墙上站立的是圣保罗，两侧分别是圣约翰（右）和圣彼得（左）。山形墙上的浮雕描绘的是圣保罗在去大马士革的途中皈依基督教的故事。

现在仍可以在大教堂南十字翼部位看到"RESURGAM"字样，在浴火重生的凤凰图像上方。雷恩的伟大构思可以透过卡纳莱托的视角，从《里士满楼上看泰晤士河和伦敦》（图 10.1）一图中窥见一斑。毫无疑问，大教堂高于城市其他所有建筑，尤其是因为重建过程中，私人房屋都被限制在 4 层以下。只有一些几乎都是雷恩教堂所建的塔楼，超过了规定的屋檐高度，仿佛在向这一巨大的中心结构致敬。

新理性主义和科学革命

从某种程度上讲，新伦敦支配了 17 世纪晚期西方想象的理性经验主义思考的结果。新仪器的发明让科学家能够更加精确地观察和测量自然现象。也许更重要的是，科学和哲学研究的新方法给科学家提供了如何充分利用这些仪器的理论基础。根据这些新的推理方式，*Scientia*［拉丁语，"知识"］来自客观世界，而非宗教信仰。

弗朗西斯·培根和经验主义方法　指导新科学的基本原则之一是：通过对自然现象直接而细致的观察，我们可以从特殊例子中得出普遍结论。这个过程称为归纳推理。科学家认为由此能够预测整个自然的运行。归纳推理同科学实验结合，就形成了我们称为经验主义方法的研究方式。在 17 世纪，经验主义方法的主要倡导者是英国科学家弗朗西斯·培根（1561—1626）。他在发表于 1620 年的《科学新方法》里强烈呼吁使用这一方法。"唯一传授知识的方法"，他写道："简单讲就是：我们必须引导人们去了解自己的特性、类别和状态；而他们必须强迫自己根据事实树立观念，并开始根据事实熟悉自身。"培根认为，人类认识事物的最大障碍是"迷信、无知以及对宗教的极端狂热"。对培根而言，亚里士多德就是一个很好的例子（见第 2 章）。他十分赞同亚里士多德对自然现象研究的重视，但亚里士多德认为通过感官获得的经验（事物的表面）直接展示着事物的本来面目，对此培根以为是假相。事实上，他认为依赖于感官常常会导致根本性错误。

培根认为，我们常常自然而然地去相信一些错误观念，尽管这些观念在每个时代都受到尊崇，而只有消除因此所形成的错误认识，我们才能更好地认识世界。他归纳了四大类错误认识，即"假相"，在《新工具》（即《科学新方法》）中有详细的阐述。第一类叫"种族假相"，是人类社会中的普遍假相，源于我们对感官的误信。第二个是"洞穴假相"，源于我们的特殊教育、成长过程和环境背景，如个人的宗教信仰或者是对自己种族、性别的优越感或自卑感。第三类叫"市场假相"，源于沟通不畅或一些因带隐含意义而造成误解的词汇。例如，现在用"man"或"mankind"泛指人类（特别是 20 世纪以后）则暗含性别有等级之分的世界观。最后是"戏剧假相"，哲学的错误教条——不仅包括古时的还包括那些"可能即将形成的"。经验法的目的就是要利用知识的客观性来打破这四种假相。培根认为人类不能依靠这四大假相产生预想的观念，作为自然的奴仆和译者，人类只要仔细观察并认真思考自然进程，便大有可为并获得渊博知识；否则将一无所知也一无所获。

培根坚持对自然现象进行科学观察，到 17 世纪 40 年代中期，一群英格兰人定期聚会讨论培根的新哲学。1660 年 11 月 28 日，格雷欣学院的天文学教授、伦敦圣保罗大教堂建筑师克里斯托弗·雷恩作了一场讲座，之后他们正式成立了"数理实验学习促进学院"。他们每周会面一次，观看实验，讨论科学话题。两三年间，这个组织成为著名的"伦敦皇家自然知识促进协会"，并一直发展延续到今天。该协会是促进世界科学发展的主导力量之一，致力于发现科学领域内的杰出成果并支持尖端的科学研究和应用。

勒内·笛卡尔和演绎法　培根的作品在荷兰广为流传，并受到热忱的追捧。17 世纪的荷兰画家康斯坦丁·胡根斯（1596—1687）在其《自传》里指出，培根给荷兰人提供了"如我所说，对先辈们持有的无用观点、定理、公理的最有力批判"。具有同样影响力的还有出生于法国的勒内·笛卡尔（1596—1650）的作品。实际上，从 1628—1649 年，笛卡尔在荷兰居住了 20 多年，辗转于包括阿姆斯特丹在内的 13 个城市，有 24 个不同的居所。在荷兰，他撰写并出版了《正确思维和发现科学真理的方法论》（1637 年）。与培根的归纳法正好相反，笛卡尔通过演绎法得出结论。他从已经公认的普遍原理出发，逐渐推理出一些特殊真理。

与培根一样，笛卡尔几乎对一切都持怀疑态度，认为我们的思想和观察都能够也确实会欺骗我们。在《第一哲学沉思集》一书中，他就自己的方法和建筑师的方法作了类比（阅读材料 10.2）：

阅读材料 10.2

勒内·笛卡尔，《第一哲学沉思集》选段（1641 年）

　　我在所有作品中都说明了，我的方法是仿效建筑师的方法。一位建筑师要想在一处表面为沙土，下层是岩石、黏土或其他稳固的地基上修建一座牢固的房子，首先需要挖出很多条壕沟，除去沙土或者与沙土混合在一起的任何东西，以便有一个牢固的地基。同样的，我也把一切值得怀疑的东西像沙土一样给扔掉。

他说，他想要"得出确定性的真理——把松软的沙土扔到一边以便让岩石和黏土露出来"。事实上，他首先确定的就是他自己思想的存在，由此得出必然的结论：他一定是实际存在的，因此才能产生对作为一个有思想的个体的自我存在的思考。这一思想在其《论方法》一书是用一句著名的拉丁语表达出来的"我思，故我在（*Cogito，ergo sum*）"。

笛卡尔思想的核心——我们将他的方法称为笛卡尔哲学——是物质与精神的绝对区别，因此在形而上的灵魂和肉体之间，存在着我们后来称为笛卡尔二元论的对立系统。这一方法最显著的成果就是：从《论方法》中的"第一原理"出发，笛卡尔进一步证明，至少向自己证明，上帝是存在的。他多次提到这一观点，主要是在 1641 年出版的《沉思集》中。简单说来，他的逻辑有以下几点：①我思考，我就有了关于上帝的概念（也就是，我有想法并且我能够意识到它是我要理解的对象）；②上帝的概念是一个关于无限的完美实体的概念；③这样的概念只能源于一个无限的完美实体（"这个想法是自然根植在我心里的，自然比我的存在更完美，是能够让我产生任何想法的最完美的存在"）；④因此存在一个无限完美的实体，即我们所称的上帝。这一系列思考使笛卡尔成了自然神论最重要的创立者之一。这一学说认为，信仰上帝的基础是理性和逻辑，而非心灵启示或者传统认识。笛卡尔丝毫不认为上帝会干扰人类之事。上帝也尤其不会具有人的特性。用笛卡尔的话说，上帝是"自然的数学秩序"。笛卡尔自己就是一个有着重要发明的数学家，他发明了分析几何学，为代数和几何搭建了桥梁，对微积分的出现至关重要。出版《论方法》的同一年，他也出版了一本名为《光学》的专著。此外，笛卡尔还运用几何来计算彩虹的角半径（42°）。

约翰尼斯·开普勒，伽利略·伽利雷和望远镜　笛卡尔的《光学》建立在德国数学家约翰尼斯·开普勒（1571—1630）有关光学的早期发现的基础之上。开普勒详细地记录了行星的运动，证实了哥白尼关于行星绕着太阳而不是地球运转的学说。长期以来的地心说终于被日心说所取代。开普勒也对"行星的轨道是球形的"这一传统认识表示质疑，指出已知的五大行星，由于受太阳磁力和它们与太阳间相对距离的影响，是以椭圆形的轨道绕太阳运行的。

与此同时，在意大利，开普勒的朋友伽利略·伽利雷改进了该构思并提高了望远镜的放大倍数（望远镜是由荷兰镜片制造者汉斯·利帕席发明的）。通过改进的望远镜，伽利略观察并描述了月球的环形山、金星的相位、太阳黑子和木星的卫星。伽利略也提出了光传播的理论，即光以微粒或波的形式、以可测量的匀速、在一定的时间内从一个地方传到另一个地方。他还提出，所有的物体，无论形状、大小或者密度，都是以相同的加速度下落——自由落体定律或重力。受到伽利略发现的启示，开普勒写了一本关于镜片的光学特性的书，在书里他详细地阐述了望远镜的设计，并成了天文学研究的标准。开普勒和伽利略的努力并没有受到广泛认同。教会仍然认为地球是宇宙的中心，太阳围绕着地球旋转。清教教会也同样持怀疑态度。开普勒和伽利略的理论违背了《圣经》的某些篇章。例如，《旧约》中描述了约书亚让太阳停住不动，除非太阳正常地绕着地球旋转，否则是不能做到的。"日头在天当中停住，不极速落下，约有一日之久。在这日以前、这日以后，没有像这日的。"（《约书亚》10：13-14）。而且很多人认为这些新的理论把人类贬低到了上帝计划的边缘地带。1615年，当伽利略被要求在罗马教皇保罗五世面前辩护自己的观点时，他没能够让教皇信服。他被禁止出书和传授其发现。当他的旧交乌尔班八世当选教皇后，伽利略对教皇保罗五世的判决提起上诉，没想到乌尔班更加过分。他要求伽利略当众承认自己的错误，并判处他终身监禁，在朋友们的调解下，才改判为流放至佛罗伦萨外的一处乡村庄园。伽利略算是幸运的，而天文学家布鲁诺则遭了大祸。1600年，他声称宇宙无穷，没有中心，还可能存在其他太阳系，结果在火刑柱上被活活烧死。

列文虎克、罗伯特·胡克和显微镜　16世纪末90

年代，两名荷兰镜片制造者，汉斯·利帕席和扎查雷阿斯·詹森发现，如果通过一根管子里的几个镜片观察，附近的事物就会被放大很多。这一发现促成了复合显微镜的发明（多镜片显微镜）。早期的复合显微镜只能放大20或30倍。另一位荷兰镜片制造者，列文虎克（1632—1723）能够打磨出放大200多倍的镜片。显微镜本身只是个简易的仪器，由两块玻片组成，中间夹着一个透镜，可通过旋紧或者放松玻片上的螺丝来聚焦。显微镜长5厘米，宽2.5厘米，很适合拿在手里。列文虎克受到了英国皇家学会实验室馆长罗伯特·胡克于1665年出版的《显微术》的启示。《显微术》一书以插图形式把胡克通过复合显微镜进行的观察记录了下来，用他的话说：跳蚤"穿着一套接缝严密的、锃亮的紫貂盔甲"，而在一片薄橡树皮里他看到了"蜂窝似的……气孔或细胞"——其实是细胞壁（图10.3）。

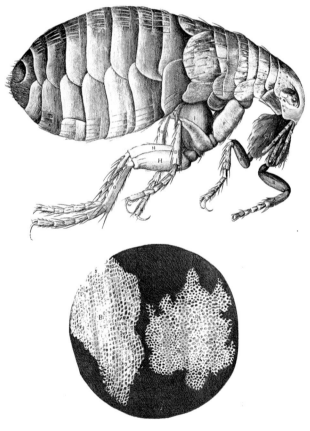

图10.3　罗伯特·胡克，《显微术》一书中的跳蚤（上）插图和软木塞（下）横切面图。伦敦，1665年。弗吉尼亚大学图书馆。胡克是使用"细胞"一词来描述动植物基本结构的第一人。

列文虎克致信伦敦皇家学会，告诉他们自己的观察。在 1673 年的第一封信里，他描述了蜜蜂的刺。在 1678 年，他又致信皇家学会，报告说发现了一些"小动物"——事实上是细菌和单细胞生物。学会让胡克证实列文虎克的有关发现，结果成功证实了。之后的 50 年里，列文虎克常常致信皇家学会，首次谈到精子细胞、血细胞和许多其他微生物。这些信在学会的《哲学汇刊》出版并经常得以再版。1680 年，列文虎克被选为皇家学会正式会员。

艾萨克·牛顿：物理学定律　　1687 年，随着《自然哲学的数学原理》或者更为人所熟知的《基本原理》（*Principia*，来自该书拉丁语名的第一个单词）的出版，艾萨克·牛顿（1642—1727）几乎向所有人证明了，宇宙是一个可理解的系统，按照其指导原则自然地运行着。首先，牛顿用精确的数学方程算出了万有引力定律，证明了任何物体与其他所有物体之间都存在或

强或弱的引力。因此，太阳对每一颗行星都有引力，而行星也相对较低程度地相互影响并影响着太阳。地球对月球，木星对其卫星都有引力。所有物体构成一个和谐的系统，像钟表器械一样有效而精确地运行着。牛顿对宇宙作为一个有序的系统的认识一直被视为权威。直到 19 世纪末和 20 世纪初，阿尔伯特·爱因斯坦和其他一些人提出的新物理学再一次改变了我们的认识。

牛顿的《基本原理》标志着一股力量的高潮。这股力量促成了 18 世纪之初英国皇家学会和法国科学院的建立。整个 18 世纪，牛顿及其先辈们——尤其是开普勒和伽利略——的科学发现得到广泛普及并运用于解决日常生活中的问题。通过实验来说明物理原理成了一种流行的娱乐方式。在油画《气泵里的鸟实验》中（图 10.4），英国画家约瑟夫·赖特（1734—1797）描绘了一位科学家在中产阶级的一家人面前做

图 10.4　约瑟夫·赖特，《气泵里的鸟实验》，1768 年。布面油画，尺寸：183 厘米 × 244 厘米。伦敦国家美术馆藏。让看似已经死亡的鸟儿复活是那个时代最受欢迎的娱乐项目之一，它通常是由自称为魔术师的人玩的一种鬼把戏。然而，在这幅画中，赖特非常严肃地看待这一问题，向观众展示了科学的神奇。

实验的情景。他穿着红色的袍子，面前是一个气泵，通常是用来研究不同气体的特性的，这次则是通过在气泵上方的玻璃球里创造真空使一只白色鹦鹉完全缺氧。孩子们对鸟儿临近的死亡感到十分沮丧，而他们的父亲指着鸟，也许是想说明我们都需要氧气才能生存。

赖特肯定看过苏格兰天文学家詹姆斯·弗格森做这样的实验。詹姆斯·弗格森在伦敦制作科学仪器，并在全国巡讲。但是，弗格森几乎不用活体动物。在1760年版的讲座笔记中，他解释说：

> 如果把一只家禽、一只猫、一只老鼠或者一只鸟放在接收器里，然后抽干空气，那么这个动物首先会受到很强烈的压迫，然后开始抽搐，最后以最残忍、最痛苦的方式断气。但是，因为这个实验对每一个有点人性的观众来讲都太触目惊心了，所以我们用一个称为"肺玻璃"的仪器来代替动物。仪器里面放着一个气囊，通过这一仪器，我们可以看到空气被抽出后，动物的肺部是如何被压缩成一个小罗盘的。

赖特描绘了更为残忍的实验方式，而结果却不确定。如果鸟儿的肺部没有被压扁，科学家或许可以把它从死亡边缘救回来。无论实验结论如何，鸟儿是生还是死，赖特不仅画出了一个更为可怕的实验，同时还运用了巴洛克风格绘画的技巧——生动的、夜光和明暗对比——来加强这一场景的情感冲击效果。这幅画也强调了科学对所有人的影响力。

工业革命

赖特的一些密友是月光社成员。在每个月圆之夜（以便趁月色回家，该社也因此而得名），这个学会成员在伯明翰或附近聚会。其成员包括著名的制造商、发明家和博物学家，其中有马修·博尔顿（1728—1809），他著名的索和工厂生产了各种各样的金属制品，从纽扣、带扣到银制器皿；詹姆斯·瓦特（1736—1819），蒸汽机的发明者，他和博尔顿合伙生产蒸汽机；伊拉斯谟斯·达尔文（1731—1802），他的有关植物学和生物进化的著作预见了几乎一个世纪后的孙子查尔斯·达尔文的著名理论；威廉·默多克（1754—1839），煤气照明的发明者；本杰明·富兰克林（1706—1790），一名通讯院士；乔赛亚·韦奇伍德（1730—1795），查尔斯·达尔文的外公，在韦奇伍德陶瓷工厂开创了批量生产。从1765年至1815年，这个协会讨论化学、医药、电力、燃气以及任何一个可能给工业带来硕果的话题。可以说正是月光社成员开启了我们今天所称的工业革命。"工业革命"一词产生于19世纪，用来形容改变了整个世界的生产方式和消费领域。

1759年5月1日，韦奇伍德在斯塔福德郡的伯斯勒姆开办了第一家工厂，生产高度耐用的米色陶器（图10.5）。国王乔治三世的妻子夏洛特王后钟爱这种陶器，因此韦奇伍德被任命为皇家餐具供应商。韦奇伍德的生产工艺非常独特。他不是在陶轮上给陶具一个一个地手工定型——在此之前，这一直是陶器的唯一生产方式——而是把泥浆浇到模子里，然后直接烧制。这极大地提高了生产速度，就像用机械直接将装饰图

图10.5 **转印印花女王御用咖啡瓷壶**，约1770年。英格兰巴拉斯顿韦奇伍德博物馆藏。壶身上精美的花纹是用机器转印上去的，韦奇伍德瓷器厂生产的陶瓷餐具常有类似的花纹。女王御用瓷器非常流行，有关瓷器上花纹的书籍在那个时代风行欧洲各国。

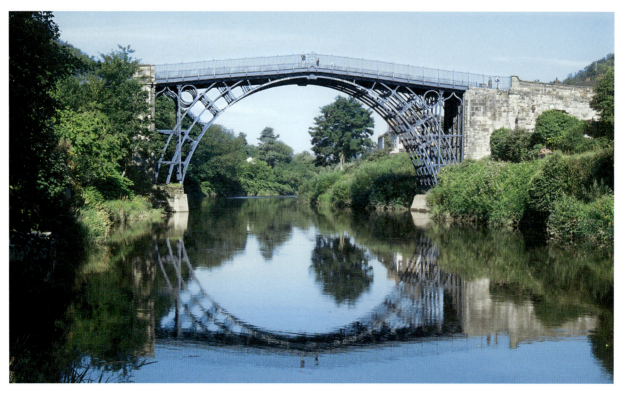

图 10.6　托马斯·法恩罗尔斯·普里查德设计的煤溪峪大桥，跨越第七大河的第一座铸铁大桥，1779 年。铸铁，设计者清楚地意识到桥的倒影会在河中形成一个视觉上的圆圈，因而在桥的各个角落的钢梁上都有这种设计。

案打印在制成的瓷器上而不需要手工一个一个地画。目录册描绘了"女王御用陶器"，如后来为人所知的，是"一种餐用陶器，外观新颖……生产方便快捷，因此也很便宜"。这种器皿很快就进入了欧美主要市场，韦奇伍德的生意也红火起来。

　　韦奇伍德的"女王御用陶器"是工业革命的一个模范产品。新兴工厂的新机械生产供应了历史上前所未有的消费品数量，以满足不断增长的对日常用品的需求，从玩具、家具、厨具、瓷器到银器、钟表和蜡烛台。纺织品的需求量尤其大，从很多方面来讲，纺织生产的进步可以说是工业革命的推动力。18 世纪初，纺织品由英国中部地区饲养的羊的羊毛制成。使用手织机和纺车进行生产的家庭手工业曾一度繁荣。1733 年，约翰·凯伊在兰开夏郡发明了飞梭，极大地改变了纺织品生产。有了这一设备，纺织工人可以让梭子来回穿行，使纬线穿过经纱，超出纺织工可以够到的范围。不仅布面大大加宽，织布效率也得到提高。一项一项的发明接踵而至，到 1769 年，理查德·阿克赖特发明水力纺纱机并获得专利权，将纺纱推向高潮。随着动力的增强，纺织机可以更加快速地运转。阿克赖特愚弄了纺纱机的真正发明人，将他们的发明据为己有。1771 年，他在德比郡的一个纱厂里安装了水力纺织机，就架在德温特河上。由于需要水力来驱动机器，起初的纺织厂都是建在像德文特河这样的湍急的河流上。但 18 世纪 80 年代以后，随着瓦特蒸汽机的应用，工厂很快如雨后春笋般地在城市中心涌现。18 世纪末的 20 年，英国的棉花产量增长了 8 倍，棉花出口量占全国出口总量的 40%。

　　另一个重大的发展是质量上乘、成本效益高的钢铁生产技术的发现。早在 18 世纪初，亚伯拉罕·达比（1678—1717）就发现可以用焦炭（一种以煤炭为原料的碳基燃料）来铸铁。达比的孙子，亚伯拉罕·达比三世（1750—1791），继承了生产的专利权；为了展现其生产的铸铁的结构力量，他提出在塞文河上建造一座单拱铁桥并且其高度足以保障通畅的驳船运输。科尔布鲁克代尔镇的这座桥（图 10.6）由一名当地建筑师设计，21 米的肋拱在达比的钢铁厂内浇铸而成。桥的跨度 31 米，在河面上形成了 12 米高的拱，高度体现了铁作为建筑材料的潜力。100 年后，批量生产的商品源源不断，需要不断提高运力，到那时，这类桥还可通行铁路车辆。

专制主义与自由主义的较量：托马斯·霍布斯与约翰·洛克的论战

内战和光荣革命（斯图亚特王朝复辟）以后，迫在眉睫的问题之一就是，什么才是管理国家的最好方式？对此，托马斯·霍布斯（1588—1679）于 1651 年在《利维坦，或教会国家和市民国家的实质、形式和权力》一书中发表了最重要的观点。他受到的古典教育使他相信，欧几里得几何学赖以建立的推理也可以延伸到政治和社会体制中。1636 年，通过去意大利拜访伽利略，霍布斯再次确信，伽利略关于太阳系运行规律的描述——行星围绕着太阳这个中心旋转——也适用于人际关系，即一个民族围绕着他们的统治者运行。霍布斯提出，人类受两件事影响——对死在他人之手的恐惧和对权力的渴望——而政府的角色就是要控制好这两点人的天性，一旦失控，最终将导致无政府主义。由于《利维坦》是在十年英国内战混乱的背景下写成的，霍布斯持这样的看法不足为奇。他认为，人类大多数都知道自身存在劣根性，因此愿意服从政府统治。他们接受社会契约，也就意味着放弃自我主权而交给统治者，而让它来管理他们。他们执行统治者的命令，反过来，统治者承诺维护和平。霍布斯认为，人类唯一的希望就是服从于一个更高的权威，即圣经里的海怪"利维坦"，"所有荣誉子民的绝对国王"（约伯 41：34）。

约翰·洛克（1632—1704）对此持反对意见。在他 1690 年出版的《人类理解论》一书中，洛克否定了霍布斯的观点，他认为人类完全有能力统治自己。他声称，人类的心智在出生时是一张"白纸（*tabula rasa*）"，而我们的环境——学习的内容和方式——逐渐填满这张白纸（阅读材料 10.3）：

阅读材料 10.3

洛克的《人类理解论》选段（1690 年）

1. 观念是思维的对象。人人既然都意识到，自己是在思想的，而且他在思想时，他的心是运用在心中那些观念上的，因此，我们分明知道，人在心中一定有一些观念，如白、硬、甜、思、动、人、象、军、醉等名词所表示的。在这里，我们首先就该问，他是如何得到那些观念的？

2. 一切观念都是由感觉或反省来的。我们可以假定大脑如白纸，没有一切标记，没有一切观念，那么它如何又有了那些观念呢？人的匆促而无限的想象既然能在大脑中刻画出几乎无限的花样来，则大脑究竟如何能得到那么多的材料呢？他在理性和知识方面所有的一切材料，都是从哪里来的呢？我可用一句话答复说，它们都是从"经验"来的，我们的一切知识都是建立在经验上的，而且最后是导源于经验的。我们因为能观察所知觉到的外面的可感物，能观察所知觉、所反省的内面的心理活动，所以我们的理解才能得到思想的一切材料。这便是知识的两个来源：我们所已有的，或自然要有的各种观念，都是发源于此的。

3. 感觉的对象是观念的一个来源。首先，我们的感官，在熟悉了特殊的可感知的物象以后，能按照那些物象刺激感官的各种方式，把各种事物的清晰知觉传达于人心。因此，我们就得到了黄、白、热、冷、软、硬、苦、甜，以及一切所谓可感物等观念。

4. 心理活动是观念的另一个来源。第二点，经验在供给理解观念时，还有另一个源泉，因为我们在运用理解以考察它所获得的那些观念时，我们还知觉到自己有各种心理活动。我们的心灵在反省这些心理作用，考究这些心理作用时，它们便供给理解以另一套观念，而且所供给的那些观念是不能由外面得到的。属于这一类的观念有知觉、思想、怀疑、信仰、推论、认识、意欲，以及人脑的一切作用……

鉴于我们是通过经验来认识世界的，如果我们生活在一个理性的社会，那么根据洛克的"白纸论"观点，我们就会变成理性的人。在他的 1690 年出版的《再论政府》中，洛克进一步表达了自己的观点。他驳斥了君权神授的观点，并认为人"生来就是自由、平等和独立的"。人类为了保护自己而服从于政府统治，但是他们所遵守的社会契约并没有要求他们把自己的主权交给统治者。统治者的权力是有限制的，并应当由一个权力分立的政府机制来监管。最后，他们希望统治者能够保护他们的权利，如果统治者不能做到，那么他们就有权反抗，以重新争取他们的天赋自由。

这种自由主义——取自拉丁文的 *liberare*，意为"使自由"——为 18、19 世纪席卷全球的政治革命创造了思想条件。

约翰·弥尔顿的《失乐园》

专制主义和自由主义之争也可以说影响了英国 17 世纪最伟大的诗歌，即约翰·弥尔顿（1608—1674）的《失乐园》。弥尔顿曾在共和国时期供职于奥利弗·克伦威尔政府（他研读了古典文学的伟大史诗，并决定自己创作一篇，如他在诗的开篇所说的，一篇将"向世人昭示天道的公正"的诗歌）。在 12 卷书中，弥尔顿创作了一篇情节紧凑的诗歌，有着复杂的角色发展、丰富的神学推理以及波澜起伏的长篇素体诗句。史诗是一篇关于亚当、夏娃及其后代被逐出伊甸园的犹太-基督教传说。如圣经里描述的一样，这对夫妇受到撒旦的诱使，违反上帝禁令，吃下了智慧树的果实。撒旦反抗上帝，然后企图毁灭人类。

尽管有时带有恶意地反天主教色彩，但除此以外，该诗是一首毫无偏见的论述自由与公正的可能性的诗歌。在很多方面，上帝都掌握了霍布斯在《利维坦》里主张的皇权。在诗的卷 5，上帝派拉斐尔来警告亚当路西弗（撒旦）的临近，并说明路西弗是如何成为上帝的敌人的。拉斐尔重述了上帝给天使们所讲的，宣称他有个儿子叫基督，所有人都应服从于他，就如同他是上帝一般，而他之所以如此是因为凭借世袭君主制赐予他的权威（阅读材料 10.4a）：

阅读材料 10.4a

约翰·弥尔顿，《失乐园》，卷 5 选段（1667 年）

"你们众天使，光明之子听着！
诸位王、公、有势、有德、有权的，
听永存不灭者，我的宣言！
今天，我宣布我的独生子的诞生，
并在这个圣山上受膏即位，
他就是你们现在所见在我的右边，
我指定他做你们的首领；
我亲自宣誓，天上众生灵都得
向他屈膝，承认他是主宰。" 　（朱维之译）

路西弗，上帝的大天使，不满这个新宠。因为自己想要谋求权力，他把效忠他的天使召集起来，给他们讲述了更多洛克而不是霍布斯的精神。他像上帝一样开始讲话，提及所有在场的人的皇家头衔；他提醒他们，"宣称着 / 我们是要管理，而不是服从"（阅读材料 10.4b）：

阅读材料 10.4b

约翰·弥尔顿，《失乐园》，卷 5 选段（1667 年）

诸位王、公、有势、有德
和有权的！但愿这些尊严的称号，
不是徒具虚名；因为如今由神敕
另立一王，独揽大权于一身，
以受膏王的名义，大损我们的权利……

难道你们愿意屈下软弱的双膝在他面前？
不，我想你们是不愿意的，
如果我没有认错你们，
你们必也自知都是天上的子民，
从来不从属于谁，即使不完全平等，
却都自由，平等地自由；
因为地位和等级，跟自由不相矛盾……

那么，论理性和正义，谁能
对平等的同辈冒称帝王而君临？
论权力和光荣，虽有所不同，
但论自由，却都是平等的。 （朱维之译）

路西弗的演说是非常"理性的"论辩。像洛克一样，他认为自己和其他天使都是"生来就是自由、平等和独立的"。继而发生的上帝和路西弗之间的斗争就像英国内战一样，有着复杂的主人公、国会和对双方领导权的争取。结果路西弗被上帝从天堂赶到了地狱，从此被称为撒旦。很多读者把上帝理解为斯图亚特王朝的君主，撒旦则是克伦威尔，但其实并不需要这样就很容易理解渗透整首诗歌的紧张气氛。将上帝与撒旦分开的问题就是 17 世纪使英国分裂的问题：绝对统治和公民自由权之间的矛盾对立。

讽刺文学：启蒙智慧

并非每个英国人都相信 18 世纪的英国正朝着更好

的方向发展。伦敦是一个充满活力的城市，卡纳莱托的画（图 10.1）描绘的就是城市生活的理想画面。在 18 世纪，多数富人和中产阶级都离开了中心城区，转而向西到了今天的梅菲尔和马里波恩地区，甚至到伊斯灵顿和帕丁顿这样的边远村庄。在 18 世纪之初，这些村庄四周都是草地和蔬菜农场，然而到 18 世纪末，就已经成了不断发展的郊区。

在伦敦市中心，中产阶级遗弃的房子里挤满了一大批从乡间涌入的移民，这些房子被细分为了廉租公寓。穷人们住在后来被称为伦敦东区的地方，是一个围绕着西至圣保罗大教堂、东到伦敦塔这一片（被旧伦敦城墙包围着）的半圆形区域。在圣吉尔斯、克勒肯维尔、斯皮塔佛德、怀特查佩尔、贝思纳尔格林和沃平地区，街道狭窄、坑洼不平，房屋破旧、经常坍塌，醉酒、卖淫、扒窃、殴打、抢劫现象都是家常便饭。在城市外围，养猪工和乳品工在一片满是沙坑、垃圾堆、灰堆和马粪堆的地方劳作着。

不管罗伯特·沃波尔和乔治政府建立的社会秩序给人们带来了怎样的希望，有思想的、真正进步的人士可以透过英国社会的表面现象看到实际潜藏的社会混乱和道德沦丧。通过探索启蒙时期所谓的"阴暗面"并将其暴露在所有人面前，威廉·贺加斯（1697—1764）、乔纳森·斯威夫特（1667—1745）等持异议的作家和艺术家们认为，他们或许可以通过反讽和冷面幽默来使英国回归到正常的道路上来。

贺加斯和流行版画　1743年，成千上万的伦敦人沉迷于

杜松子酒，这是他们逃避穷困现实的唯一方式。1751年，就在卡纳莱托画了理想伦敦图四年后，威廉·贺加斯出版了版画《杜松子酒巷》，描绘了杜松子酒馆里的生活景象（图 10.7）。在前景中，一个男人因酗酒而消瘦不堪，几乎只剩下骨架，奄奄一息地躺着、半裸着身体，似乎已经当掉了其他所有衣物。一位妇女在台阶上吸着鼻烟，而她的孩子正从旁边的扶手上跌落下来。身后生意兴隆的鼻烟商店门口，一位木匠正在贩卖其用以维持生计的工具，一个妇女则等着出售厨具，以换取食物。在后景中，一位年轻女子躺在棺材里，而她的孩子在旁边哭泣。一栋大楼正在倒塌，

图 10.7　威廉·贺加斯，《杜松子酒巷》，1751 年。雕刻与蚀刻，尺寸：36 厘米 ×30 厘米。伦敦大英博物馆基金会 / 纽约艺术资源版权所有。在《自传注记》里，贺加斯写道："在杜松子酒巷，各种因酒精刺激而产生的可怕景象进入你的视野；你看到的只有闲散、贫困、凄惨、毁灭……这里没有像样的房子，只有当铺和杜松子酒馆。"

而一个男子头顶着风箱、手杖上又夹着一个孩子（这是一个有寓意的非真实细节），正大步走在街上。在右边大楼的顶层，一个男子已经自缢身亡。画面左下方，唯一完好的建筑皇家杜松子酒馆的门上方写着这样的文字："一分钱喝个好／两分钱喝个倒／穷小子来，分文不要。"

在《杜松子酒巷》，贺加斯关注的不是英国启蒙运动的未来，而是伦敦最糟糕的现实。他运用了最妙的社会讽刺形式：野性的智慧和粗鄙的幽默。他相信，这些关于他称为"现代道德主体"的画面不仅会取悦广大观众，还会对观众行为产生影响。贺加斯通常先采取绘画的方式，考虑到绘画的观众有限，便制作了版画本，以促进广泛的传播。贺加斯发现其作品吸引了大批观众，通过销售其作品的版画本，他在以此为乐的同时可以过上舒适的生活。

乔纳森·斯威夫特的讽刺文学 英国启蒙时期最尖锐的讽刺作家可能要属乔纳森·斯威夫特了。在给讽刺作家兼好友亚历山大教皇的信中，斯威夫特坦言他憎恨人类，因为人类仅为了污浊的私利就滥用自己的能力。18世纪最初的10年，斯威夫特作为讽刺作家，事业还算成功。1713年，他被任命为都柏林圣帕特里克教堂的教长。正是在圣帕特里克教堂，他创作了著名的作品《格列佛游记》（1726年出版），后又创作了极具尖锐抨击性的短篇小说《一个温和的建议》（1729年出版）。目睹爱尔兰的极端贫困状况，斯威夫特建议不能够喂饱自己孩子的爱尔兰家庭可以把他们哺育大一些就杀掉，供英格兰人享用。以从未有过的坚定的语气，斯威夫特总结道（阅读材料10.5）：

阅读材料10.5

乔纳森·斯威夫特，《一个温和的建议》选段（1729年）

毕竟我也不是那么强烈地倾向于自己的观点，不至于拒绝其他有智之士提出的建议，只要它们也同样地无害、省钱、简易和有效。但我希望在提出与我的方案相冲突的内容和更好的建议之前，这个或这些建议者能够仔细考虑两点问题。首先，问题摆在面前，他们如何能给这十万个不事劳动的婴儿找到食物和衣物。其次，这个国家有一百万长着人样的生物，把他们的全部家当都收归国库后，

他们将负债两百万英镑，加上职业乞丐、大批的农民、佃农、劳工（他们拖家带口，本质上也是乞丐）。我希望那些不喜欢我的提议，又十分敢作敢为想找出解决办法的政治家们，先问问这些孩子的父母，今时今日，他们还会不会不认为这是一件幸事：在一岁时以我所提议的方式被当作食物卖掉，可以摆脱永久的不幸感，不用像他们遭受过的那样，被地主压迫，没有钱和生意还得缴租（那简直是不可能的），要维持基本生计，却没有房子也没有衣物来抵挡恶劣的天气，更无法逃避把这种同样的或更巨大的痛苦世世代代延续下去的命运。

实话实说，我在尽力促进这项必要的工作时，没有一丝一毫的个人利益考虑，除了为国家的公共利益——促进贸易、抚养幼儿、救助穷人、为富人提供享受——着想外，我没有任何其他意图。我没有一个孩子能卖到哪怕一便士，最小的孩子已经九岁了，我的妻子也早过了适育年龄。（胡允桓译）

作者旨在让这种解决爱尔兰饥饿问题的方法被象征性地理解为正发生在爱尔兰家庭及孩子们身上的事，可以说爱尔兰家庭可以靠生育孩子来获利。事实上，许多爱尔兰人在英格兰人的农场上劳作，但需要缴纳昂贵的租金，而他们又常常无力支付，如此一来，他们就生活在了饥饿的边缘。作为都柏林圣帕特里克教堂的教长，斯威夫特每天都目睹着他们的苦境。他认为，英格兰实际上在吞噬着爱尔兰的孩子们（即使不是字面意思，但至少可以这样比喻），通过经济压榨政策吮吸着他们的生命之血。

在《格列佛游记》里，斯威夫特的讽刺相对较为含蓄。至少从马可·波罗时期以来，欧洲人就对有关旅行家们远洋探险的叙述很熟悉，而自从美洲大陆被发现以后，这种形式已经变得极为普遍。斯威夫特让其他所有关于旅行探险的叙述都显得逊色，他在《格列佛游记》里描述了一个叫莱缪尔·格列佛的人在小人国、大人国及其他离奇岛屿的探险经历。斯威夫特运用虚构的民族和生物来批判现实人类的所作所为。卷一中的小人国是一个平均身高只有15厘米的民族，从身体或伦理上来讲都是"侏儒"。事实上，他们的政治、宗教系统与英格兰的如出一辙，同时也深陷与相邻岛屿的战争，而这个岛国又与法国极为相似。斯威夫特运用的手法就是把当时的政治写成一些鸡毛蒜

皮的小事。在卷四，格列佛来到了慧骃国，一个由高雅贤良的马组成的国家，他们的名字听起来像是摇着头的马，发音可能是 hwinnum。格列佛说"慧骃这个词在他们的语言里指马，从词源学来讲，意思是自然界的完美"。他们表面的高尚与外表像人、名为"耶胡"的畜生的野蛮和退化的行为形成鲜明对比。当然，格列佛长得也像"耶胡"。有一次，在慧骃国接待格列佛的主人家称赞他说："他很肯定我必定出生在高贵的家庭，因为我在体型、肤色和整洁度方面都超过了他们国家的所有'耶胡'。"格列佛的回答属典型的斯威夫特式的谩骂（阅读材料 10.6）：

阅读材料 10.6

乔纳森·斯威夫特，《格列佛游记》，卷四，第 6 章选段（1726 年）

我的主人十分看重我，对此我向它表示万分的感激；不过我同时又告诉它，我其实出身低微，父母都是普普通通的老百姓，只能供我接受一些还说得过去的教育。我说我们那里的贵族可跟它想象的完全不一样；我们的年轻贵族从孩子时代起就过着游手好闲、奢侈豪华的生活；成年之后，他们就在淫荡的女人中鬼混，消耗精力，并染上一身恶病；等到自己的财产所剩无几时，就娶一个出身卑贱、脾气乖戾、身体还不好的女人做妻子，那只是因为她有几个钱，其实他对这女人是既恨又瞧不起。这种婚姻的产物，生下来的孩子通常不是患瘰疬病、佝偻病，就是残废。做妻子的如果不注意在邻居或佣人中给她的孩子找一个身体强健的父亲以改良品种传宗接代的话，那这家人一般是传不到三代就要断子绝孙。身体虚弱多病，面貌瘦削苍白，是贵族的一个常见标志。健康强壮的外表在一位贵族看来反倒是一种极大的耻辱，因为世人会认为他真正的父亲一定是个马夫或者车夫。他的头脑也和他的身体一样大有缺陷，那是古怪、迟钝、无知、任性、荒淫和傲慢的合成品。（胡允桓译）

《格列佛游记》一出版便成了畅销书，首版在一周之内售罄。"《格列佛游记》在各地广为流传，"他的朋友亚历山大教皇说，"从内阁会议到托儿所。"斯威夫特笔下的角色和物种的名字作为描述性词汇融进了语言运用——"耶胡"用来形容粗俗或未开化的人，"小人"则表示任何微小的或精美的东西，他的才思也永久流传不朽。

识字教育和新印刷文化

17 世纪以来，英格兰的识字率大幅提升，到 1750 年，至少有 60% 的成年男子和 40% ~ 50% 的成年妇女能识字。识字率自然与阶级有关。商人阶级比起工人阶级更具备识字能力。在工人阶级中，城市居民的识字率高于农村居民。但是即便是能识字的穷人也常常买不起书。很少有人有余钱购买一本弥尔顿的书，哪怕是最便宜的版本，在 18 世纪中期也要花掉 2 先令（在剑桥大学，一个学生每周的餐费是 5 先令）。即使到了 18 世纪 40 年代，流动图书馆出现在英国各地的城市和小镇，穷人们通常也无法支付一年的订阅费用。不过，图书馆大大地拓展了期刊和图书——特别是新流行起来的虚构小说、长篇小说——可供中产阶级阅读。但大部分书籍和图书馆对能识字的穷人而言都消费不起，他们仅能依靠通过非正式渠道交易的书籍和报纸来阅读。分享阅读材料的现象很普遍，事实上，当时一家很流行的日报出版商估计"每份报纸有 20 位读者"。

英国小说的出现 18 世纪的英格兰，我们所熟知的小说还没有出现——塞万提斯的《堂·吉诃德》写于一个世纪以前，通常被认为是西方文学史上的第一本小说（见第 9 章）。但是这一世纪出现了许多小说创作的尝试，预示着直到今天许多小说家还在采用的形式的出现。今天我们称为小说的作品（小说一词源于法语的 nouvelle 和意大利语的 novella，意为"新的"）在 18 世纪很少称为小说，这个词语直到 18 世纪末才流行起来。这些作品通常被称为"历史""冒险""探险""故事"或者用贺加斯的话说——"进展"，在每个社会阶级都广为流传。对当时生活的现实描述是小说的实质，也正是小说吸引着越来越多读者的原因所在。它几乎仅关注某一个体的磨砺，深入了解他或她的复杂个性。小说也常常给人以希望，即通过参与英国经济的发展进程，从而享受随之而来的经济繁荣，进而提升自己的社会地位。随着伦敦渐渐挤满了劳工和艺匠，特别是追名逐利的年轻人，工业革命为善于创新、充满想象力的人提供了一夜暴富的可能性，小说开始宣扬一套实用的而非理想化的伦理道德。首先，小说是娱乐性质的。阅读小说不仅可让人暂时从每日单调乏味的劳作中放松，同时也是一项比喝杜松子酒更健康的爱好。

塞缪尔·理查森探索小说新形式的尝试是最具创新意义的。他开始小说创作缘于两位伦敦书商安排的一个"怎么办"的项目。意识到"乡村读者"在写作方面可能需要帮助，两位书商聘用了理查森写一本在必要时可以复制的"样本信件"。理查森是一名印刷商，也是一名作者。基于17世纪一位英国驻君士坦丁堡和印度大使的信件，理查森叙述了一段历史。他之前从未写过小说，但是项目中的两封信让他萌生了创作小说的想法——"获悉雇主对做女佣的女儿试图非礼之后，父亲致女儿的一封信"和"女儿的回信"。《帕梅拉》或《美德有报》的创作仅用了两个多月的时间。这是第一部我们后来称为书信体小说的作品——书信体小说，顾名思义就是指由一系列"书信"或者信件构成的小说。《帕梅拉》于1740年以两卷本出版。

理查森的《帕梅拉》体现的道德观念得到教会神职人员的认可，也被推荐给对小说这一文学形式持怀疑态度的家长们，更受到英国社会信奉清教主义人士的普遍推崇，他们对女主角的美德大为赞赏。帕梅拉自己曾经问了一个女性读者都十分重视的问题"我怎么成了他的财产？"但是，小说中自以为高尚的道德观念（以及小说女主人公展现的对提升社会地位的追求）触怒了许多人，包括当时赫赫有名的亨利·菲尔丁（1707—1754）。《帕梅拉》出版一年后，他创作了《沙美拉》作为讽刺。菲尔丁的题目暗示读者，他的作品是戏仿，一种模仿某作家或作品风格以达到喜剧或挪揄效果的讽刺形式。在菲尔丁的滑稽模仿作品中，他笔下的下层阶级女主人公的性欲简直可与"乡绅呆子"（Squire Booby《沙美拉》的男主人公）有得一比——这在菲尔丁看来更为现实。菲尔丁将帕梅拉对上流社会的引诱者作出激烈反抗以保持贞洁的行为称为一种虚伪，只不过是一个野心勃勃的荡妇为获得经济保障而处心积虑的伎俩。

早期英国小说中最伟大的作品之一是丹尼尔·笛福（1660—1731）的《鲁滨孙漂流记》，出版于1719年。这部书全称为《约克水手鲁滨孙的人生和奇妙的历险故事；一个人在奥罗诺克大河河口附近的美洲海岸边的一个杳无人烟的孤岛上生活了28年；因船舶失事漂流到孤岛上，所有人全部遇难，唯鲁滨孙幸存；最后莫名其妙地被海盗们送回。全出自本人之手》，最后这几个词很关键，因为笛福声称这部小说实际上是一部自传。

笛福的读者已经习惯于阅读记录真实漂流生活的作品，实际上这类作品已经构成了一种航海文学形式。鲁滨孙·克鲁索并没有自甘堕落或是麻木于平庸的漂流生活，他克服了面临的困境，并相信凭借上帝赐予的潜能，他能够生存下去。许多读者也同样感到了在伦敦这片大海之上的隔绝与孤独，如船舶失事后的漂流者一般。于他们而言，克鲁索代表了希望和无限的可能。

普通人有能力生存下来并获得成功的这一主题使小说备受欢迎，也正是因此该书在一年内便印出四版。《鲁滨孙漂流记》之后，笛福又创作了一系列冒险家、恶棍的虚构自传文学——《辛格顿船长》（1720年）、《摩尔·弗兰德斯》（1722年）、《杰克上校》（1722年）以及《罗克塞娜》（1724年）。所有主人公都是因不同原因在社会中"触礁"的人，同时他们也像鲁滨孙·克鲁索那样，用尽一切可能的方法——不全是道德的——克服了面临的困境。

不是所有读者都喜欢菲尔丁对恶习的长篇阔论，反而许多人认为他的叙述精透了。他们在简·奥斯汀（1775—1817）的作品里找到了解毒剂，以消除菲尔丁引起的不愉快。尽管奥斯汀的著名小说在19世纪的头15年里就已出版，但是她的作品更符合18世纪晚期的情感基调，尤其与启蒙运动的理智、理性和自我提升等观念一致。

奥斯汀笔下的所有女主人公中，《傲慢与偏见》的女主角伊丽莎白·班纳特最能体现这些价值观。乡绅班纳特有五个待字闺中的千金，伊丽莎白是二女儿，班纳特太太整天操心着为女儿物色称心如意的丈夫。小说开篇尤为著名（阅读材料10.7）：

阅读材料 10.7

简·奥斯汀，《傲慢与偏见》，第一章选段（1813年）

凡有产业的单身汉，总要娶位太太，这已经成了一条举世公认的真理。

这样的单身汉，每逢新搬到一个地方，四邻八舍虽然完全不了解他的性情如何，见解如何，可是，既然这样的一条真理早已在人们心目中根深蒂固，因此人们总是把他看作自己某一个女儿理所应得的一笔财产。

奥斯汀在开篇的反讽相当绝妙，因为她在描述任何有钱的单身汉每搬到一个新地方所面临的命运时使文字都较为含蓄，但却淋漓尽致地反映了英国女性的命运。她们的人生前景就是嫁个好人家，但如果自己并不是富有而有魅力的——嫁为人妇应具备的条件——那么她们的未来就堪忧了。

奥斯汀最初讲述这个故事在《最初的印象》一书中（1796—1797 年），以伊丽莎白和英国绅士费兹威廉·达西之间往来书信的形式展开。当我们在《傲慢与偏见》第一次见到达西时，奥斯汀是这样描述他的："人们差不多有半个晚上都带着爱慕的目光看着他，最后人们才发现他为人骄傲，看不起人，巴结不上他，因此对他有了厌恶的感觉，他那众望所归的极盛场面才黯然失色。既然他摆出那么一副讨人嫌惹人厌的神情，那么，不管他在德比郡有多大的财产，也挽救不了他……"小说的情节围绕题目的两个词"傲慢"与"偏见"展开。起初，伊丽莎白只看见达西的傲慢，随后渐渐意识到自己被偏见蒙蔽了双眼。达西对乡下人及行为举止的蔑视是一种傲慢，而伊丽莎白的偏见使他克服了这一点。最后他们都意识到傲慢与偏见不仅是他们自己的缺点，更是整个社会的问题。

法国的启蒙运动

路易十四在位时将凡尔赛宫里的私人寓所每周向朝臣开放三天，以供群臣游戏取乐。1715 年路易十四死后，这样的娱乐活动延续下来，地点也从凡尔赛宫扩展到了法国贵族们的巴黎别墅，那些曾经前往国王的寓所玩耍的人群现在在自家别墅里自娱自乐了。新国王路易十五只有五岁，因此住在远离市区的乡下宫殿毫无意义，这里曾是太阳王管理朝政的地方。

别墅里都有一个专门用作社交的房间，称"沙龙"。很快，"沙龙"这个词开始指代社交本身。许多沙龙都得以保存下来，包括巴黎公主沙龙，由杰曼·鲍夫朗设计，以纪念 1787 年 80 岁的苏俾士王子同 19 岁的玛丽-索菲·德·库尔齐罗的婚礼（图 10.8）。屋

图 10.8 杰曼·鲍夫朗设计巴黎公主沙龙，约 1740 年。椭圆形，尺寸：10 米 ×8 米。摄影：布罗兹。国立博物馆联组 / 纽约艺术资源。在他 1745 年出版的《建筑学》一书中，杰曼把建筑学比作舞台，认为它既具有悲剧色彩，又具有田园式风格。该沙龙装饰明快，绘画放荡，属于田园式风格。

图 10.9　查尔斯·约瑟夫·纳图瓦尔，《丘比特和赛姬》，巴黎公主沙龙，1738 年。布面油画，尺寸：172 厘米 ×260 厘米。布里奇曼艺术图书馆藏。赛姬被带到爱之宫，在夜幕的遮掩下，双方都不知道对方是谁，她和丘比特圆了房。赛姬承诺她不打算知道他的身份，但她违背了誓言，点亮了一盏灯，照亮了丘比特的脸。

顶的上面装饰着由查尔斯·约瑟夫·纳图瓦尔（1700—1777）所作的八幅巨大的绘画，描绘了奥维德《变形记》（图 10.9）中丘比特和赛姬（赛克或普赛克）的故事，这一沙龙体现了 18 世纪法国贵族艺术中占据主要地位的情色元素。

　　这些沙龙在 18 世纪成为法国文化的中心，到 1850 年，沙龙文化席卷整个欧洲。新的苏俾士王妃可能太过年轻，无法担当沙龙主人的角色（每周一次的沙龙聚会迅速成为巴黎社交生活的主流）。最受欢迎的沙龙中就有珍尼 - 朱莉 - 厄伦罗·德·莱斯比拉塞（1732—1776）创办的，在一位常客格雷姆男爵弗里德里克·梅尔切沃（1723—1807）的回忆录里，他这样回忆了当时的氛围：

> 每天下午五点到晚上九点，人们在沙龙中聚会。在这里，可以看到各界名流，有政府官员、教会绅士、宫廷中

人、军人、外国人以及各路文豪。虽然是达朗贝尔（与朱莉·德·莱斯比拉塞同居的知识分子，本章后面会谈到）的名字将他们聚在一起，却是莱斯比拉塞的个人魅力将他们留下。她将全部心血都投入沙龙中，她就是沙龙的灵魂和魅力所在，她的个人爱好或者亲密关系都比不上沙龙重要。她很少去剧院看演出或去乡下散心，如果打破了这一习惯，那么在去之前整个巴黎都已经知晓……政治、宗教、轶事、新闻，无事不谈，而且八面玲珑的她会以尽可能自然的方式，让即使是芝麻大点的小事都受到应有的尊重和关注。各类新闻都第一时间在这里汇总。

　　这位男爵的朋友中很多人都是当时最有影响力的巴黎思想家，所谓的"*philosophes*"，即"启蒙思想家"，他们经常出席沙龙，并主导着整个法国启蒙运动的知识生活。启蒙运动强调推理和理性，并旨在建立对神学和自然法则的系统理解。严格来说，他们不是哲学家，因为他们并不关注形而上学的问题，而是把注意力转向了世俗的社会问题，他们远离教会，鄙弃其等

级之分和繁缛礼节。他们认为君主制是偏执的、不公正的、腐朽的，即便不是完全主张废除，他们也至少下定决心要对其进行改革。

这些哲学家们渴望建立一个有着更崇高伦理道德的新的社会秩序，而法国的侍臣们偏偏喜欢哲学家们所厌恶的过度装饰和色情元素，双方经常在沙龙里产生激烈冲突，其中就有蓬帕杜夫人（1721—1764）的沙龙。蓬帕杜夫人出生于巴黎金融圈的一个中产阶级家庭，是这些哲学家们的伟大的守护者，也是路易十五1743年当政后的情人。她阻止了一切企图用审查制度压制哲学家们的作品的行为，并成功地使攻击这些哲学家的作品不予发行。但同时她也是国王信任的顾问和法国许多宫廷色情画的模特，这些画把她描绘成维纳斯女神。路易十四时期争奇斗艳的巴洛克风格也延续至18世纪，却不再协调统一，也不再那么给人以舒适感。在凡尔赛，大部分古典建筑都充斥着巴洛克元素，贵族们只喜欢越来越精美的装饰，而哲学家们却极力回避这些东西，偏爱古典传统的有序性、一致性和平衡性。

洛可可艺术

18世纪法国宫廷形成的装饰风格很快为欧洲各国宫廷所效仿，称为洛可可艺术。有人认为该词源于法语词 *rocaille*（一种用圆形的鹅卵石和曲线贝壳做成的装饰性假山），其实同样也源于意大利语词 *barocco*，即 baroque。从米开朗基罗的晚期作品到矫饰主义，再到18世纪的巴洛克艺术，艺术、建筑领域不断发展，而洛可可风格的出现可以说使艺术建筑的发展进入了鼎盛时期。一直以来，这个风格越来越复杂，建筑内部采用了大量的S形或C形、壳状、翅膀、涡卷形、植物卷须形、圆形、凸面以及通常不对称的表面。

让·安东尼·华多　在法国，让·安东尼·华多（1684—1721）的作品最能体现出洛可可风格。可讽刺的是，他并没有贵族赞助人，一生默默无名，购买

他画作的只有一些中产阶级，像银行家或者画商等。他最著名的一幅画被用于巴黎的一位画商店铺的广告牌（见本章的"近距观察"）。但很快，华多的作品就成了普鲁士国王腓特烈大帝的最爱，腓特烈收藏了许多华多的绘画作品。

华多以"雅宴画（*fêtes galantes*）"系列而闻名——galantes 的意思延伸开来就是社会名流在花园或田园风景下举办的风花雪月的庆祝活动或聚会。雅宴画的色情暗示在《舟发西苔岛》中相当明显。这幅画右方的维纳斯神像基座旁，许多带翅膀的小丘比特正朝这些醉生梦死的贵族男女射箭（图10.10）。场景是在西苔岛，神话故事中维纳斯的出生地。在维纳斯的雕像下方，摆满了朝圣者献上的玫瑰花，一个女子靠在同伴的膝头，而三个丘比特正试图把两个人推得更近一些。在他们的后面，一位绅士正伏在一位女子身上说话，他的话可能会被后面正向他们靠过来的女人偷听到，她正和情人在收集玫瑰花。画面再往后一点，一位绅士正牵着女伴站起来，而另一对正转身离开，女子不舍地回过头来，不得不遗憾地离开这座花园般的小岛。

弗朗索瓦·布歇　蓬帕杜夫人最赏识的画家是弗朗索瓦·布歇（1703—1770），18世纪20年代中期，他开始了艺术生涯，负责临摹让·德·约利埃勒收藏的华多的画作，约利埃勒是法国当时主要的华多作品收藏者，本是位印染和精美织品制造商，萌生了要将华多的作品雕刻出来的想法，这样更多的人可以欣赏华多的作品，而布歇就是约利埃勒最好的临摹者。布歇觉得自己需要更多的训练，便拿着约利埃勒给他的报酬前往罗马。到了罗马，他却发现拉斐尔的作品太过"老套"，而米开朗基罗的又"太过了"，也许是指他笔下人物的肌肉太发达了。到蓬帕杜夫人成为路易十五的情妇时，布歇已回到罗马并确立为华多的传人，成为雅宴画的新大师。

路易十四死后33年，法国宫廷开始实行相对自由的统治，年轻的国王路易十五基本上过着无忧无虑

图10.10　让·安东尼·华多，《舟发西苔岛》，约1718—1719年。布面油画，尺寸：129厘米×194厘米。柏林国家博物馆夏洛滕堡宫藏。此画与本章"近距观察"中的那幅画是普鲁士腓特烈大帝为自己的画藏所购置的。腓特烈大帝常在波茨坦附近的无忧宫举行盛大的庆典系列画作。

图10.11　弗朗索瓦·布歇，《蓬帕杜夫人》，1756年。布面油画，尺寸：201厘米×157厘米。布里奇曼艺术图书馆／慕尼黑巴伐利亚国家绘画收藏馆古典分馆藏。布歇笔下顽劣的、虚弱的人物形象（如本画中衣裙精美的花边装饰、夫人背后立柱的精雕细刻）都画得非常纤细。

的生活。他可以随意找情人，而蓬帕杜夫人绝不是第一个。尽管到1750年，国王不再宠幸她，据说是因为她身体虚弱，但她仍然是他最亲密的也可能是最信任的智囊，而且她也欣然安排其他的女人来侍奉国王。在这样的背景下，我们不难想象，为什么布歇给蓬帕杜夫人画的这么多画像都如1756年所作那幅一样，把她刻画成法国启蒙运动的文学赞助人，正握卷品读，旁边书桌上的羽毛笔还浸在墨水瓶里（图10.11）。更甚者，布歇绘画的许多女神的裸体像都同国王的情妇惊人相似（布歇也因为这些裸体像而声名狼藉）。例如，《梳妆的维纳斯》（图10.12）这幅作品就是受蓬帕杜夫人的委托所作，描绘的是路易在巴黎郊外给她修建的六处宅邸之一的贝尔维城堡的浴室。就在前一年，她也扮演了展示在凡尔赛宫的《梳妆的维纳斯》这幅作品的主角。很明显，《梳妆的维纳斯》里的场景——可以说是更理想的版本——来自这幅作品中的某个场景。这幅作品的重要性在于它公开地承认了蓬帕杜夫人在法国宫廷的性角色以及洛可可整体艺

图 10.12　弗朗索瓦·布歇，《梳妆的维纳斯》，1751 年。布面油画，尺寸：108 厘米 ×84 厘米。右下处有落款和日期：布歇于 1751 年。美国纽约大都会艺术博物馆藏。与布歇同时代的画家都很喜欢他的调色板，因为油彩常以粉色、蓝色、软白为主，还有"飘浮在牛奶上的玫瑰花瓣"。

术风格的色情基调。

让·奥诺雷·弗拉戈纳尔　布歇的学生让·奥诺雷·弗拉戈纳尔（1732—1806）将他的大师传统继承发扬到了下一代。弗拉戈纳尔最重要的任务就是为路易十五最后一个情妇让娜·贝库，即杜巴利伯爵夫人绘制四幅画。这一系列组图名为《爱的进展》，描绘了杜巴利夫人与路易十五之间的浪漫关系，但却伪装成伯爵夫人在路维西安的城堡的花园里两位年轻人之间发生的浪漫故事，而这座城堡本身就是路易十五赠给杜巴利夫人的礼物。

这一系列绘画中最著名的是《秋千》，暗示一对情人间的色欲激情（图 10.13）以及艺术家和赞助人之间的美学激情，左方的丘比特雕塑强调了这一点，丘比特把手指含在嘴里，仿佛是在确认这段秘密的风流事。事实上，另一位艺术家加布里埃尔·弗朗索瓦·杜瓦扬也暗示了绘画的主题。圣朱利安男爵找到杜瓦扬，让他画自己的情妇"坐在秋千上，一位主教在一旁推动。你把我画在能够看到美人的腿的位置，如果你想让画面更生动一点的话，可以让我看得更深入一点"。但杜瓦扬回绝了，并建议让弗拉戈纳尔来画。

作品最大的影响力在于，赏画的人可以在一定程度上感受到男主人公窥阴的快感。整个画面都充满了那个时代所

图 10.13　让·奥诺雷·弗拉戈纳尔，《秋千》，1767 年。布面油画，尺寸：83 厘米 ×66 厘米。伦敦华莱士收藏馆藏。杂草丛生的花园里，葱翠的树叶中的男性给这幅画增添了色情情调。

普遍理解的色情象征意义。例如，秋千上的女子甩飞她的鞋子——失鞋和裸脚是失贞的重要象征。年轻男子手拿着帽子，向她靠近——18世纪的色情图中，帽子通常在被人发现时用来遮挡情人的生殖器，甚至更微妙、更讽刺的是，作品让人想起了米开朗基罗在西斯廷教堂天花板中央所作的壁画《创造亚当》（图6.25）。男人是以亚当的姿势，女子则以上帝的姿势，尽管她伸向亚当——像是赐予他生命——的是脚，而不是手。

英式花园　华多的雅宴画和弗拉戈纳尔的《秋千》中的风景的灵感源于从1720年开始在英格兰流行起来的一种新型花园，主要在于模仿乡村的自然风光。与法式花园线条分明的几何布局不同，英式花园的小径，用当时的一位园林作家的话说，"蜿蜒曲折……很多盘根错节"。英国人发现这种新型花园的雏形可以在维吉尔和贺拉斯的田园诗（见第3章）里找到，更可以在老普林尼对当时罗马花园的描述中找到，有关描述在1728年被罗伯特·卡斯特尔翻译后编入《古人别墅画报》中。根据卡斯特尔的说法，普林尼描述了三种风格的罗马花园：简单、没有装饰的；"常规的"，按"几何规则和线条"布局的；模仿乡村景色的。最后一种风格的花园中，曲折的小径在广阔的平地上蜿蜒穿行，这样的风景只能是大自然的鬼斧神工。但是卡斯特尔知道，其实完全是人工的。在他看来，模仿田园风光是：

> ……对自然的细致模仿；尽管部分经过了最精湛的艺术技巧的处理，但仍然保留了天然的无规律性；因此，这样的形式不能说成混淆的艺术，因为看不出用了什么艺术技巧，岩石、小瀑布和树木呈现出的都是自然形态。

理想的居所应该是完全"开放式的"，变成一个巨大的花园，树林、庭园、湖泊和沼泽构成了精心掌控的"人造的原始状态"（意为未加工的、原始的、未开发的）。

1730年以前，英国大多数花园里都是笔直的小径，两旁栽种着几何形状的树林，湖泊也呈清晰的线性形状。这些常规的花园里都装饰着人造的古希腊神庙。18世纪40年代，腰缠万贯的银行家亨利·霍尔建造的斯托海德风景园（图10.14）对后来的花园产生了极大影响，这类花园逐渐受到英国人的广泛喜爱。霍尔在几条小河上修建了堤坝，拦水形成了一个湖泊，湖泊四周修了很多蜿蜒小路，可从不同角度欣赏美景，其中就有一座微型的帕特农神庙，可能是效仿17世纪法国艺术家克罗德·洛兰的风景画中类似的建筑。意大利式的田园风光、蜿蜒的小河、架在废墟旁的拱桥以及巧妙栽种的树木在英国广为流行（图10.15）。

图10.14　亨利·弗里特克罗夫特和亨利·霍尔建造的斯托海德风景园，英格兰威尔特郡，1744—1765年。在斯托海德小径上每一个远景点，都可以看到人造的历史遗迹，它讲述了维吉尔《埃涅阿斯纪》卷3至卷6埃涅阿斯到访地狱的经历。

图10.15　克罗德·洛兰，《逃亡埃及途中的休憩》，1661年。布面油画，尺寸：116厘米×160厘米。俄罗斯圣彼得堡冬宫博物馆藏。布里奇曼艺术图书馆。1815年约瑟芬皇后藏画。注意艺术家是如何使赏画者的视点从画面右下角的人群开始对角移动，经桥上牧羊人和他的猎犬到左边的废墟，再穿过废墟移动到一条小路，沿着蜿蜒的小路至远处薄雾中的河流上游的拱桥。这种弯弯曲曲的设计直接影响了英国花园的风格。

来这儿参观的贵族们都会带上特制的涂成黄色的"克罗德"眼镜，这样，眼前的风景也如克罗德的油画般泛着温暖的微光。他们可以欣赏古典的废墟和庄园的古典墙面。同时，他们也可以找到一处空间，能暂时在情感上逃离象征古典建筑的文明。换句话说，英国的花园展示了许多矛盾，就如同在巴黎的沙龙一样，启蒙思想家对理性的倡导与法国宫廷的过度奢靡产生了碰撞。

艺术批评与艺术理论

法国知识分子们（以及那些自命为知识分子的人）最为精心呵护的"花园"便是艺术。到18世纪后半叶，受到良好教育的上层人士在欧洲主要城市进行游览的行为变得越来越流行，英国人称为"游学旅行"，法国和德国人称为"意大利之旅"。艺术和建筑是在这些旅行中关注的焦点，也包括如画的风景和花园。人们创造了一个新词来形容这些旅行者——"游客"。

那时的游客像今天的一样，想要理解他们所看到的风景。他们旅行中参观的往往是艺术展览，特别是"巴黎沙龙"展——法国皇家绘画与雕刻学院的官方展览，因在巴黎卢浮宫的方形沙龙（Salon Carré）展出而得名，于8月25日至9月末举行，1737—1751年是每年举行一次，1752—1791年则是每隔一年举行一次。但是，很少有参观者能够欣赏或理解展出的作品，针对这一现象，一种全新的写作形式很快发展起来，即艺术批评。

近距观察： 华多的《杰尔桑店铺招牌》

让·安东尼·华多于 1721 年画的《杰尔桑店铺招牌》，毫不夸张地说，就是一个招牌。它纵 162 厘米，横 307 厘米，此画设计出来的目的就是要悬挂在巴黎杰尔桑画廊的外面，后来，它成为普鲁士腓特烈大帝的收藏，杰尔桑后来因此把他的画廊称为"大帝招牌"。在这幅画作中，艺术家向画廊里的工作人员展示了一张路易十四的肖像画（很有可能出自亚森特·里戈之手），以此影射几年前才刚刚驾崩的"太阳王"。穿着白色缎袍的女子从屋外街道正迈步跨越门槛，一时间没有注意到她的同伴伸出的手，往下看了看像棺材盒子里的肖像画。似乎她要在转过头来之前，看上路易十四最后一眼。事实上，就在路易十四驾崩一天后，满朝文武离开了凡尔赛宫回到巴黎。

华多的画实际上表现了巴黎贵族精英阶级的娱乐、优雅、高贵等主导的社会世界。华多在此幅画中添加了不祥的元素。一位邋遢的路人，手持一根木棒，站在箱子的左边。他也看着要放进箱子里的"大帝招牌"画廊的画，样子很是不屑。他代表了法国的另一面，他们被社会边缘化，后来于 1789 年爆发了革命。

华多，《杰尔桑店铺招牌》，约 1721 年。布面油画，尺寸：162 厘米 ×307 厘米。柏林国立博物馆藏。此画被售出后，立即就被切成了两半，以两幅不同的画进行普鲁士文化遗产基金展览。20 世纪，两幅分切的画又合二为一。

路易十四的肖像画，可能出自亚森特·里戈之手（图 9.24），正在被装入储存箱里，似乎暗示着贵族的特权很快就要被推翻。

华多是鲁本斯的崇拜者，经常模仿他的画作。他与鲁本斯一样，都很喜欢画一些肉体和情欲的作品。在《杰尔桑店铺招牌》中，华多在画面的空间里填满了鲁本斯的布面油画。以此幅为例，它描绘的是希腊神话中一个叫西勒诺斯的酒鬼，长得圆圆的、胖胖的。他就是鲁本斯画作中经常表现同一主题的酒神狄俄尼索斯的老师。此模仿画的右边是个斜躺着的女裸体画。

正在用放大镜给两位顾客展示一幅斜躺的女裸体画，强调了赏画者与作品之间情欲的交流。

在鲁本斯的画中，狗通常是情欲的象征。华多也同样采取这一象征手法。艺术史学家斯维特兰娜·阿尔珀斯认为华多作品中的狗是完全抄袭鲁本斯《玛丽·德·美第奇的加冕礼》（鲁本斯共创作了21幅反映美第奇皇后的画，这仅是其中之一）中的狗，只不过狗的方向相反而已。

彼得·保罗·鲁本斯，《玛丽·德·美第奇的加冕礼》，1622—1655年。布面油画，尺寸：394厘米×726厘米。巴黎卢浮宫藏。

哲学家丹尼斯·狄德罗（1717—1783）从1759年开始给"巴黎沙龙"的官方展出作品写评论文章，作为个人新闻稿，在法国郊外的许多皇家宅邸间广为传播。许多人认为这些文章（共9篇）是最早的艺术评论文章。以布歇为代表的洛可可艺术家们都是他的攻击对象。1763年，狄德罗问道："难道画家们用画笔为道德败坏的行为服务得还不够久吗？简直太久了！"他认为，绘画应当是"合乎道德的"，应当寻求"打动、教育、提升我们，让我们发扬美德"。在《1765年的沙龙》一文中，他控诉布歇说：

> 我不知道该怎么评价他才好。无论是鉴赏力、色彩运用、作品构图、人物刻画、表现力或是笔法都在退化，就如他本人道德败坏一样……他总是将绘画对象一个接一个、混杂地堆砌在一起，处理得相当糟糕、相当混杂，我们看到的不是一个理性的人的画作而是一个疯子的梦境。

能够了解布歇的想象的是静物和风俗画家让·巴蒂斯·西美翁·夏尔丹（1699—1779）。夏尔丹的小型静物画《布里欧修》（图10.16）画的是早餐桌上的著名法式面包或者蛋糕，对他的这幅画，狄德罗在《1767年的沙龙》中写道："一个人仿佛是出于本能地要在夏尔丹的绘画面前驻足停留，就像一个旅途劳顿的游客，到一个有绿茵、清水和阴凉的寂静的地方时，就会不知不觉地坐下来歇脚。"让狄德罗印象最深刻的是夏尔丹对颜料的运用："这种神奇的画法让人耳目一新。他厚厚地叠加的一层层色彩，其效果由底层散发至表面……靠近一点，色彩变得单调、模糊起来，无法区分；再退后一点，一切又重新变得生动清晰起来。"狄德罗最看重的是夏尔丹作品的细节，可以说夏尔丹仔细关注了日常生活的方方面面。狄德罗反对宫廷洛可可艺术家的创作风格，认为他们雅宴画这类的画作表现的只是上流社会做作的、虚伪的行为习惯，而夏尔丹能够展现出事物最真实的一面。狄德罗称："比起美丽我更喜欢质朴。"

尽管狄德罗偏爱"真实"的主题，他也对独特的艺术作品着迷。在描述这幅画绘画性的表面时，他表达了他的着迷，也不在乎其"主题"是什么。这种着迷属于18世纪整体艺术手法中更广泛变化的一部分。

图10.16　让·巴蒂斯·西美翁·夏尔丹，《布里欧西》（或名《甜点》），1763年。布面油画，尺寸：47厘米×56厘米。卢浮宫/法国国立博物馆联盟/纽约艺术资源藏。注意色彩由暗至明，再到最亮的部分的渐变过程。

启蒙思想家

1753 年，当夏尔丹在巴黎展出《全心阅读的启蒙思想家》时，一位法国评论家这样描述这幅画（图 10.17）：

> 这个人物很真实。一个男子穿着长袍，带着皮线帽子，斜靠在桌前，非常专注地读着一大卷羊皮纸包的书。经过画家的笔，表现出了一种充满智慧、尽情幻想、愉悦忘我的神态。这是一个真正的哲学读者，不满足于仅品读，更是沉思冥想，看上去正如此专注地思考，恐怕旁人很难分散他的注意力。

简而言之，这正是法国启蒙思想家的形象。

大多数哲学家都是自然神论者，相信是上帝创造了世界，但同样认为无论如何，上帝并不会和世界的日常运作有多大关系。相反，宇宙按照他们所称的自然法则运行着，这一法则源于自然，同时也约束着人类社会。用牛顿的话说，上帝创造了一只大钟，如果没有愚蠢的人类的干扰，它将按照其机械装置运行着。因此，人类必须去掌握自己的命运。自然神论者认为《圣经》是一部神话和迷信作品，而不是上帝的启示真理，也对君权神授的观点嗤之以鼻。他们所持观点背后的逻辑使启蒙思想家得出了一个简单的命题，拿启蒙思想家丹尼斯·狄德罗（1713—1784）的话来说就是："除非最后一个国王被最后一个牧师的小肠勒死，否则人类将不得自由。"

丹尼斯·狄德罗和百科全书 启蒙思想家们的登峰造极之作是于 1751—1772 年编纂出版的《百科全书》。其主编是教师兼翻译家丹尼斯·狄德罗和数学家让·勒朗·达朗贝尔（1717—1783），后者负责撰写数学与自然科学条目。两个人都是沙龙界的积极参与者，并且达朗贝尔事实上与沙龙女主人勒皮纳斯同居。《百科全书》在法国宫廷并不受欢迎，路易十五认为它正对"道德和宗教造成不可挽回的破坏"，并两次禁止其印制。事实上，如果给《百科全书》冠以副标题《科学、艺术和贸易分类词典》，这部被 180 多名作家引用、达 35 卷之多的作品的主旨就得以清楚说明，即"改变惯性思维"。对君主而言，《百科全书》意味着某种威胁，这一点在法国律师安托瓦内·加斯帕·布希尔·德阿吉斯（1708—1791）撰写的自然法则词条里很明显（阅读材料 10.8）：

图 10.17 让·巴蒂斯·西美翁·夏尔丹，《全心阅读的启蒙思想家》，1734 年。布面油画，尺寸：138 厘米 ×105 厘米。卢浮宫 / 法国国立博物馆联盟 / 纽约艺术资源藏。画中模特实际上是夏尔丹的好友约瑟夫·阿维德。

> **阅读材料 10.8**
> **狄德罗的《百科全书》中"自然法"选段（1751—1772 年）**
>
> 所谓自然法则，从最广泛的意义上讲，就是指由人类与动物共同赖以生存的自然界给我们启迪的基本原则。男女结婚生子、关注小孩教育、热爱自由、自我人格保护、防止免受他人攻击都建立在这一法则基础之上。
>
> 但如果用"自然法则"一词来指支配动物行为的冲动，那就是滥用这个术语了，因为动物没有理性，不能觉察任何法则或理由。
>
> 通常情况下，自然法则指正义与公平的某些规则，自然原因已使我们具有基本的正义与公平，说得更浅显

这样的思考奠定了启蒙运动强调人类自由的基础，并将推动美洲和法国的革命。事实上，思想自由是知识传播的基础，任何禁锢思想自由的国家都阻碍着人类进步。因此，1759 年，当路易十五的审查官终止了《百科全书》的出版时，启蒙思想家们证实了法国政府的专制，即使一些政府官员在沙龙女主人提议下，秘密地确保作品能持续发行。

由于私人流通图书馆将该书租借给全国各地的人，虽然只有 4000 名订阅者，但是有大约 40 万人阅读了《百科全书》这部书。由于其内容全面，它代表了启蒙运动的基本原则——积累，编集成典，保存人类知识。例如，乔治·路易·勒克莱尔编撰的于 1749—1788 年出版的《自然史》，据称囊括了到出版之时的所有关于自然界的知识，而《百科全书》则声称是"散布于地球表面的所有知识"的集合。指导这本《百科全书》创作的是理性人文主义，即通过逻辑严密的谨慎思考，进步是大势所趋。

让·雅克·卢梭和社会契约成本　《百科全书》的另外一个撰稿人是让·雅克·卢梭（1712—1778），一名杰出的作曲家，原受狄德罗雇用，负责编写有关音乐的部分。卢梭出生于日内瓦的清教徒家庭，早年就成了孤儿，在意大利流浪时皈依天主教，最后来到了巴黎。在他死后才出版的《忏悔录》是对他不幸岁月震撼人心的、直言不讳的述说，从性功能不全到离奇的婚姻，包括把五个孩子一出生就送往孤儿院的决定。这部作品比此前任何的自传都要真诚坦率、发人深省，它很大程度上解释了卢梭暴躁脾气、古怪性情的根源，也清楚说明了为什么卢梭最终会同其他哲学家反目成仇。卢梭不是一个社会人，尽管他有关社会问题的著作在当时是最有影响力的。

卢梭相信人性本善，但这种善会受社会和文明进程的污化。无私、善良等美德是与生俱来的——这一观点导致了他所称的"高贵的野蛮人"的产生——但他坚定地认为需要一个新的社会秩序来培养他们。1762 年出版的《社会契约论》中，卢梭描绘了一个由有些抽象的人民的"公共意志"所统治的理想国，这种意志把权力分配到必要的各政府职能部门。在第 4 章"奴隶制"中，卢梭谈到了君主对人民的镇压（阅读材料 10.9）：

阅读材料 10.9

让·雅克·卢梭，《社会契约论》卷 1，第 4 章（"奴隶制"）选段（1762 年）

任何人对于自己的同类都没有任何天然的权威，强力并不能产生任何权利……

如果个人可以转让自己的自由，使自己成为某个主人的奴隶；为什么全体人民都不能转让他们的自由，使自己成为某个国王的臣民呢？……

有人说，专制主可以为他的臣民确保国内太平。就算是这样，但如果专制主的野心所引起的战争，如果专制主无餍的贪求，如果官吏的骚扰，这一切之为害人民更有甚于人民之间的纠纷的话，那么人民从这里面得到的是什么呢？如果这种太平的本身就是人民的一种灾难，那么人民从这里面又能得到什么呢？监狱里的生活也很太平，难道这就足以证明监狱里面也很不错吗？……

说一个人无偿地奉送自己，这是荒谬的和不可思议的。这样一种行为是不合法的、无效的，就只因为这样做的人已经丧失了自己健全的理智。说全国人民也都这样做，那就是假设举国皆狂了，而疯狂是不能形成权利的。

纵使每个人可以转让其自身，他也不能转让自己的孩子。孩子们生来就是人，并且是自由的；他们的自由属于他们自己，除了他们自己以外，任何别人都无权加以处置。孩子们在达到有理智的年龄以前，父亲可以为了他们的生存，为了他们的幸福，以孩子的名义订立某些条件；但是却不能无可更改而且毫无条件地把他们奉送给别人，因为这样一种奉送违反了自然的目的，并且超出了做父亲的权利。因此，要使一个专制的政府合法，就必须让每一个世代的人民都能做主来决定究竟是承认

这段文字解释了《社会契约论》的著名开篇"人是生而自由的，但却无往不在枷锁之中"。卢梭的意思是人奴役了他们自己，这样做实际上是宣布放弃自己的人性。在本书里，他从很多方面反对启蒙运动的训言，因为他认为正是理性奴役了人类。

尽管他是《百科全书》的撰稿人，但是卢梭开始对《百科全书》的主旨是持否定态度的，特别是它对制造业和发明的歌颂。在 1755 年出版的《论人类不平等的起源》中，他指出只要人类不靠别人的帮助，凭自己的力量，努力做力所能及之事，"他们就会生活得自由、健康、善良和幸福"。但自从人们发觉需要他人帮助的时候起（阅读材料 10.10）：

鉴于卢梭有这样的思考，那么人们也就不会惊讶于卢梭会远离社会喧嚣，完全隐居起来，最后在愈加剧烈的妄想症的折磨下发狂而死。

伏尔泰和法国讽刺文学　巴黎启蒙思想家中第三伟大的人物是弗朗索瓦-马利·阿鲁埃，以笔名伏尔泰（1694—1778）为人熟知。接受过良好的教育、充满智慧、才华出众的伏尔泰在很多人心中体现了一个复杂时代的方方面面。他一生著述宏富——涉及戏剧、小说、诗歌和历史各领域。比起其他任何启蒙思想家，他都更加认识到其他非西方文化和传统的价值，并鼓励其他启蒙思想家跟随他的脚步。他是一位科学家，同时也是路易十五和普鲁士王国腓特烈大帝的顾问。他相信开明的君主政体，但是即便服务于这些统治者，

他也写诗讽刺他们。结果导致他于 1717—1718 年被投入巴士底监狱关押了一年，并于 1726 年被驱逐出境，流亡英国伦敦一年。

流亡英格兰的这一年使伏尔泰坚信，在英国政府系统下的生活要远比法国君主专制政体下的生活好得多。他把这些感受写进了于 1734 年出版的《哲学通信》里。自然，法国宫廷对他的直言不讳感到相当愤怒，为了避免再被投进监狱，伏尔泰逃至赞助人夏特莱侯爵夫人在西雷村的庄园，夏特莱侯爵夫人是一位有学识的女人，在知识方面对他产生了重要影响。1744 年，他再次回到了沉闷虚伪的宫廷，但是 1750 年，在腓特烈大帝的宫廷里，他感受到了一种他认为更与他意气相投的氛围。居留柏林期间，他出版了伟大的历史作品《路易十四的世纪》。短短的四年，他在普鲁士渐渐不再受欢迎，不得不再次搬到乡村。1758—1778 年，他居住在法国阿尔卑斯山区的凡尔纳村。他成了艺术家、学者组成的团体的中心，他们远游至此，与伏尔泰一起盘腿而坐，尽情畅谈。

伏尔泰并不认为《圣经》是上帝的启示之言。"唯一需要读的书是自然之书"，他写道，他近乎是一个自然神论者，他最推崇的是思想自由，包括完全悲观厌世的自由。他的著作《憨第德》（也译作《老实人》，1758 年）带有浓重的悲观主义色彩。这是一部散文讽刺作品，讲述了一个头脑简单、本性善良却时运不济的年轻人憨第德的故事，他走遍世界各地，努力想要与爱人肯娜甘德重新在一起。尽管憨第德在冒险中幸存下来——人类韧性的证明——并且最终找到了他的肯娜甘德，本书却以著名的感伤结尾："我们必须要精心打理好我们的花园。"换句话说，我们不能再天真地以为，我们住在一个"众多可能的世界之中最好的世界"里，我们要尽力做好每一件力所能及的小事——这样就能完全摆脱悲观情绪——任由世界保持其无能、恶毒的可怕模样。

跨文化接触

1768 年 8 月 26 日，当船长詹姆斯·库克（1728—1779）登上"奋进号"船从英格兰的普利茅斯扬帆起航时，他的赞助人、皇家学会和英国海军部包括他本人都相信，这项事业与启蒙运动的宗旨是一致的。尽管库克为大英帝国占据了新的领地，他的主要任务是传播人类知识：为南部海域作图，记录下他的观察，寻找当时欧洲文明未知的一片广阔大陆。尽管他详细记录了遇到的人们的生活，他的主要任务还是要去塔希提岛以绘制金星凌日的图表，金星凌日之时，金星正好运行到太阳和月球之间，形成一条直线。金星凌日以两次凌日为一组，间隔 8 年，每种类型每隔 243 年出现一次；18 世纪时发生在 1761 年和 1769 年（2004 年 6 月，全世界的天文学家入迷地观测了金星凌日，并将于 2012 年 6 月再次观察到这一现象）。人们认为对金星凌日的测量有助于计算太阳系的范围。

南太平洋

皇家学会之所以知道塔希提岛的存在是因为，其会员法国人布干维尔（1729—1811）就在数月前的 1768 年 4 月登上了塔希提岛海岸。1771 年出版的《世界环球航行》一书里，布干维尔对塔希提岛的生活进行了描述，激起了启蒙运动的想象。丹尼斯·狄德罗很快撰写了一篇对布干维尔文章的《补充》，指出塔希提岛上的土著人就是卢梭所说的"高贵的野蛮人"。他们不受社会等级和私有财产的专制魔爪所控制——用狄德罗的话说，"没有国王，没有法官，没有牧师，没有法律，没有'你的'和'我的'"。一切都是为了共同利益，在狄德罗看来，包括岛上的女人也享受着自由恋爱的快乐。遵循天性的这些人没有陷入一种退化、堕落的境地，就如基督思想家预言的那样，他们组成了一个温和、共富、和谐、宁静的国度。

库克回来后，对狄德罗关于塔希提岛的描述很是反感。他指出，细心的观察者会注意到，岛上有着严格的酋长与贵族的等级分层，几乎岛上的每棵树都是某一位土著人的私有财产，塔希提岛人的性生活总体上同英国人的一样，是有严格道德规范的（尽管塔希提岛港口的女人们也像普利茅斯的一样，会向来访的海员出售性服务）。如果说库克的立场似乎同启蒙运动相矛盾的话，它们在某方面同样也具有一致性。启蒙运动哲学家认为人的本性和行为在全世界都是一样的，塔希提岛原住民就证明了这一点。另外，启蒙运动经济学家认为，私有财产和社会分级是一个复杂而繁荣的社会的基本特征。库克发现塔希提岛的社会里也存在这两点，并且他认为，这正是塔希提社会能实现共同富裕的原因。

库克和船员们在玻利尼西亚见到的最独特的一种艺术形式是文身（tattooing），源于 *tatau* 一词，塔希提语是实践的意思。库克的船员中有一个叫锡德尼·帕金森，是一名记录植物品种的年轻绘图员，他在第一次航行中注意到了一名毛利武士脸上的文身（图 10.18）。毛利人的这一做法源自北部的玻利尼西亚岛。

文身只是太平洋群岛上复杂而神圣的仪式传统的一方面。岛民们相信，许多人、地点以及物体都充满了神力，一种表明神存在于地球上的精神实体。酋长被认为是神的后代，生来便具有强大的神力，贵族的神力弱些，而平民则几乎没有。任何有神力的物体或人都会受到 *tapu*（毛利语，原意为"神圣的"）的保护，*tapu* 是一种严格限制的状态，表明某个物体或人不能够被触摸或者一个地方不能进入。酋长的食物也可能受 *tapu* 的保护。一个人可以通过巧妙、勇敢之举增强其神力，或者穿戴特别的东西，如文身。因此，帕金森所说的武士就拥有强大的神力。这来自他优雅精致的文身、头巾和梳子，可能是绿石（一种玉）所作的长耳坠以及项链。项链上面吊着一个 *hei-tiki*，是某个人的风格化小雕像，这个人可能是一个传奇英雄或是

图 10.18　锡德尼·帕金森，毛利人画像，1769 年。水墨画，尺寸：39 厘米 ×30 厘米。后来于 1773 年以 "第 16 号插图" 雕印在《帕金森杂志》上。伦敦英国图书馆藏。帕金森的绘画提供了关于波利尼西亚人生活最早的考古记载。

一位祖先，武士的身上承载着他们的神力。

　　库克探险到了复活岛，他在那儿发现了一种文化的遗迹，这一文化大约从公元 1000 年起开始建造大量只有头和躯干的巨石像。在新几内亚岛的西部，他遇到了猎头者阿斯马特，他认为将敌军士兵的头颅展示在精心雕刻的杆上，他们就能够拥有这个士兵的力量。在澳大利亚，库克是第一个遇见澳大利亚土著的人，他们的岩石艺术代表了世界上流传最久的艺术传统。最后在夏威夷时，库克与首位统一夏威夷诸岛的夏威夷国王卡美哈美哈一世发生冲突，1779 年，库克遇害身亡。

中国和欧洲

　　南太平洋地区的文化在库克和布干维尔探险至此以前都不为欧洲人所知，而中国和印度文化已为人所熟知。启蒙思想家们尤其被中国文化所吸引。他们认为在很多方面，中国要比任何西方社会先进得多。中国人受教育程度更高，有上百万人毕业于高度复杂的教育系统，而其工业和商业也是高度发达。这是一个比西方更为平等的社会（至少对男性而言），因为尽管有富裕、拥有土地的贵族存在，他们也由来自社会各阶层的文人官员组成的政府所统治。

　　1514 年，第一批葡萄牙商队抵达中国，到 1715 年，每一个主要的欧洲贸易国都在广州设有办事处。中国的商品——瓷器、墙纸、象牙雕扇、箱子、漆器、带图案的丝绸——像洪水般涌入欧洲市场，创造了一股新的潮流，很快被称为 "中国热"（*chinoiserie*，意思是，"所有东西都来自中国"）。约翰内斯·哥达尔特在《万历花瓶的花与蓝山雀》（图 9.14）中所绘的花瓶抓住了中国风的精髓。中国热的中心是茶叶贸易，荷兰人则处于支配地位。整个欧洲，茶叶消费量从 1600 年的 4 万磅增至 1708 年的年平均 24 万磅。中国的茶叶供应是利奥塔尔的关注重点，茶叶是中国对欧洲的主要出口商品。

　　中国热的浪潮甚至影响了英国花园（图 10.19）。伦敦的英国皇家植物园里建造了一座中国宝塔，由钱伯斯勋爵（1726—1796）设计。18 世纪 40 年代，钱伯斯访问了中国，他的有关花园建造的著作于 1762 年出版，名为《东方园艺论文》，影响广泛并引起了 18 世纪末席卷法国的热潮——中英式花园。青花瓷器也开始为西方人所知，特别受人们的欢迎，不久之后，德国德累斯顿附近的麦森的陶匠就学会了怎样自己制作瓷器。这引起了欧洲陶瓷生产商无节制地仿制中国风的瓷器。连洛可可宫廷画家弗朗索瓦·布歇也在油画中模仿了中国的青花瓷风格（图 10.20）。这个场景简直就是穿着中国服装的雅宴画。一个秃顶的中国男子弯腰亲吻夫人的手，夫人则坐在一尊佛像下（而不是更贴合欧洲背景的维纳斯），打着遮阳伞。布歇所绘的青花瓷花瓶放在女人身后的一个小平

图 10.19　威廉·马洛，《克幽乡村之景》，1763 年。水彩画，尺寸：28 厘米 ×46 厘米。纽约大都会艺术博物馆藏。钱伯斯当年修的中国佛塔至今仍然屹立在公园里。

图 10.20　弗朗索瓦·布歇，《中国风流》，1742 年。布面油画，尺寸：104 厘米 ×145 厘米。布歇还为国王画了有关中国主题的各式人物。他的人物画具有典型的洛可可之风。

台上，而整个场景则处于洛可可式的旋涡装饰之中。

欧洲的思想家们也对中国封建朝廷同样印象深刻。在 1755 年出版的《论政治经济学》一书中，让·雅克·卢梭赞扬了中国的财政体系，他指出，在中国"税收虽重，但纳税情况却比世界上其他任何地方都要好"。卢梭解释说，这是因为食物是不收税的，只有那些能买得起其他商品的人才需缴税。对卢梭而言，这是一个税收平衡的问题："如大米、玉米等生活必需品完全不收税，普通人不受压榨，责任只在那些富人身上。"他认为中国的皇帝是可仿效的统治者，根据"共同意志"的决定来调节官员和人民间的矛盾——显然有别于法国君主政体的做法。

同样的，在 1756 年出版的《论国家的道德和习俗》一书中，伏尔泰赞赏中国皇帝，利用政府来保护文明，创造了建立在敬爱、行善的儒家思想基础之上的、欧洲社会难以匹敌的社会稳定秩序。他甚至天真地认为，中国的统治阶级在美德的培养、优雅的举止和高尚的生活态度方面树立了好榜样，普通民众不仅服从统治，更对他们充满崇敬之意。在英国，塞缪尔·约翰逊（1709—1784）是 1755 年出版的开创性的《英语词典》的作者，他赞扬说，中国的公务员考试系统是中国最高成就之一，远比他们发明的指南针、火药和印刷术要有意义得多。他希望西方的政府也能采用。

被西方人理想化的中国当时处于清朝的统治之下，清朝于 1644 年定都北京，一直统治中国到 1911 年，他们巩固了权力，尤其是在乾隆皇帝漫长的统治时期。1680 年，清朝统治者们召集了很多中国艺术家和文人到北京宫廷，在乾隆的统治下，皇家收藏的艺术品规模庞大，都是作为进贡物品或是将大量早期艺术作品充公而获得的，今天这些收藏品分别放在中国台湾"故宫博物院"和北京的故宫博物院。当时，这些藏品都放在经清朝皇帝大规模修整过的紫禁城里（图 8.26）。

北京的故宫博物院仍保存有一座巨大的雕像，由迄今为止发现过的最大的一块玉石雕刻而成。这座雕像高 224 厘米，直径 91 厘米多，重约 6 吨。用了 3 年才把这块玉石运至北京，用的是 100 匹马拉的大马车，并由 1000 名随员修筑必经的桥梁和道路。由乾隆皇帝亲自选择刻在石头上的主题：他收藏的一幅未署名的宋代绘画所描绘的正是治水的、创世传说中的五帝之一的大禹（图 10.21）。这样就可以把乾隆同中国历史上最早的一位君主联系起来，含蓄地表明清朝是先前所有王朝的延续。

关于大禹的故事最早出自公元前 4 世纪孔子所编纂的《尚书》中。当黄河流域的农田遭遇洪水泛滥时，帝舜命令禹想办法进行治理。在管辖黄河流域的王公们的帮助下，大禹组织了一队人马，修建沟渠，引水

图 10.21　大禹治水图玉山，清朝，完成于 1787 年。玉雕，尺寸：224 厘米 ×96 厘米。北京故宫博物院藏。基座黑色区域雕刻成漩涡状的浪涛，象征大禹治理的洪水。其寓意是当洪水消退，大地又会重新焕发出盎然的绿色生机（以绿玉来象征）。

入海，用了整整 13 年。换句话说，《大禹治水图玉山》并不是要展示一个奇迹，而是歌颂艰苦劳动、组织协调能力以及一心一意效力于统治者的精神，这些都是传统的儒家道德。很难判断石头上雕刻的这么多人中

哪一个才是大禹，因为所有人都在努力工作，挖渠、疏浚、引黄河水入海。

很多宫廷艺术家模仿皇帝收藏的名家名作，而其他一些则转而研究耶稣会士所介绍的西方技巧。最著名的耶稣会士是朱塞佩·伽斯底里奥内（1688—1766）和王致诚（Jean Denis Attiret，1702—1768），他们在 1715 年被派往中国以前都接受过宗教主题的绘画训练。到了中国，伽斯底里奥内几乎放弃了他接受的宗教训练，在皇宫工作，被称为郎世宁。他画了很多宫廷肖像，包括静物、马匹、狗和建筑场景，甚至效仿凡尔赛宫设计了法式园林。为乾隆皇帝作的一系列版画歌颂了朝廷对西部省份（今天的新疆）反叛的镇压。本章的这幅版画叫《献上维吾尔俘虏》图，取材源自一幅手卷图《平定西域献俘礼图》，该版画是运用细致的科学透视法体现空间感的一个很好的例子，这种方法在 1700 年以前的中国画中不曾被运用过（图10.22）。这类作品将东方对政治秩序的理解与西方的透视画法结合了起来，郎世宁和王致诚也因此在乾隆的皇宫里颇受欢迎。

然而在皇宫，西方的传统风格并未得到充分体现。整个 18 世纪，在扬州、杭州等港口城市，中国艺术家创造了大量的绘画作品出口至西方和日本。同时，西式陶器也在日益富有的中国商人阶级中广受欢迎。西方贸易公司下了大批订单以满足欧洲人对瓷器的需求，当地的商业艺术家则用欧洲商人提供的形象来装饰陶瓷制品。

图 10.22　王致诚（来华耶稣会传教士，法语名：Jean Denis Attiret），《献上维吾尔俘虏》，取材源自清徐扬作《平定西域献俘礼图》，约 1765—1774 年；蚀刻，尺寸：51 厘米 x87 厘米。克利夫兰艺术图书馆藏。为了表明清朝强大的军事实力，乾隆皇帝给每个蚀刻画都题了诗。

延续与变化　洛可可艺术的结束

洛可可时代最主要的一位天才是玛丽·路易·伊莉莎白·维涅·勒布伦（1755—1842），她的职业生涯跨越了一个世纪。当她才20岁时，她的画作在巴黎就已经卖到了最高价。维涅·勒布伦几乎为所有著名的法国贵族人士都作了画像，曾多次为路易十六的皇后玛丽·安托瓦内特画像，是她的御用画师。

维涅·勒布伦是一个狂热的保皇主义者，坚定地拥护君主制。当她把《穿宽松内衣的玛丽·安托瓦内特》（ *Marie-Antoinette en chemise* ）（图10.23）交给1783年的沙龙时，她却被要求撤掉它，因为委员会的很多人认为画中王后穿的昂贵长袍是女士宽松内衣。但是，皇后本人却很喜欢绘画的柔和曲线和花瓣似的质地，画作将她刻画成理想的洛可可风格的女性，是雅宴画中欲望的对象。

六年时间里，法国深受革命影响，而玛丽·安托瓦内特也完全失宠。1793年10月16日，当皇后被二轮马车送往断头台时，雅克-路易·大卫（1748—

1825）在二楼的窗户口为她画了一幅速写：她穿着一条非常俭朴的宽松衬裙，帽子也简单朴素（图10.24）。她的下巴微向前突，以表示不服或是鄙视，她直立的身姿则体现出曾经的贵族韵味。大卫是当时最伟大的画家之一，而他的职业生涯则像维涅·勒布伦一样，跨越了一个世纪。事实上，正如我们很快就可以看到的，他的巨幅绘画的古典主义构图和平衡感显然不同于法国君主政体下的洛可可价值观。相反，这些画作体现了推翻腐败政府的法国人民的道德权威。

同时，玛丽·安托瓦内特最喜欢的画家维涅·勒布伦逃离了巴黎，第一次去了意大利，然后是维也纳，最后到了圣彼得堡。在所有这些地方，她都继续以在法国运用的洛可可风格为皇室赞助人作画。终于在1802年，255名艺术家朋友集体向政府请愿，她才被允许回到法国。这位曾经狂热的保皇主义者在法国默默无闻地度过了余下的40年人生。

图10.23　维涅·勒布伦，《穿宽松内衣的玛丽·安托瓦内特》，1783年。布面油画，尺寸：90厘米×72厘米。达姆斯塔特城堡博物馆藏。

图10.24　雅克-路易·大卫，《押往断头台路上的皇后》，1793年。钢笔画。法国卢浮宫藏。

发现人文 IV

DISCOVERING THE HUMANITIES
2nd Edition

（美）亨利·M. 塞尔（Henry M. Sayre）　著

陈　萍　李海峰　席仲恩　译

重庆大学出版社

目　录

The BLOODY MASSACRE perpetrated in King — t Street BOSTON on March 5th 1770, by a party of the 29th

Engrav'd Printed & Sold by PAUL REVERE BOSTON

BOSTON! see thy Sons deplore,
w'd Walks besmear'd with guiltless Gore:
thless P——n and his savage Bands,
d'rous Rancour stretch their bloody Hands;
e Barbarians grinning o'er their Prey,
the Carnage, and enjoy the Day.

If scalding drops from Rage from Anguish Wrung,
If speechless Sorrows lab'ring for a Tongue.
Or if a weeping World can ought appease
The plaintive Ghosts of Victims such as these;
The Patriot's copious Tears for each are shed,
A glorious Tribute which embalms the Dead.

But know, FATE summons to that
Where JUSTICE strips the Murd're
Should venal C——ts the scandal
Snatch the relentless Villain fron
Keen Execrations on this Plat
Shall reach a JUDGE who never

unhappy Sufferers were Mess.rs Sam.l GRAY Sam.l MAVERICK, Jam.s CALDWELL, CRISPUS ATTUCKS
Killed. Six wounded, two of them (CHRIST.r MONK & JOHN CLARK) Mortally

革命的时代

从新古典主义到浪漫主义

1770 年 3 月 5 日，一群暴怒的波士顿居民为了保护他们的海关代理人和收税员，袭击了驻扎在波士顿海关的英军小分队。5 年前，即 1765 年，英国人强行推行了《印花税法》，该法名目繁多，从法律文件到纸牌、日历、卖酒执照和报刊，乃至学位样样都要收税，这激起了美国殖民地不断增长的独立意识。恼怒的殖民地居民把这一税法看成英国人意图 "破坏殖民地的权利和自由" 的 "明显的" 例子。英国人同殖民地的矛盾终于在波士顿海关大厦一触即发了。英军向他们开火时，暴民们高喊："杀了他们！杀了他们！" 英军打死了 5 人，其中一个是早在 20 年前就脱离奴隶身份的非洲裔美国人阿塔克斯。银器匠和雕刻师保罗·列维尔（1735—1818），很快创作了一幅版画来刻画这一事件，称之为《国王街的血腥屠杀》（图 11.1）。它描述了英军残酷地镇压了一群手无寸铁的民众，尽管不完全符合事实，却流传甚广，激起了殖民地民众更大规模的抵抗。

18 世纪后半叶，在美国和整个欧洲，对自由的渴望已经成为一种战斗的口号。事实上，在德国，哲学家伊曼努尔·康德（1724—1804）在《什么是启蒙？》（1784 年）一文中指出，自由是启蒙的先决条件：

> 要敢于求知！"要勇于运用你自己的理解"——这是启蒙运动的座右铭……

> 更有可能的是民众应该自我启蒙，的确，只要给予自由，启蒙也大致会随之发生。因为即便是大众已有的保护者中，也不乏一些独立思考的人，他们，在摆脱了自己肩上的枷锁后，也会传播这样的思想，即对自身价值乃至人人为己之天职的理性赞美。然而，更几近可能的是让公众自我启蒙；因为，要是有了自由，启蒙几乎可谓不可避免……

> 但是，对于启蒙而言，除自由外所需无他，即便把自由一词加诸万物，也不太会有伤大雅。因为，自由，让公众每时每刻都可以运用他们自己的理性。

启蒙历史学家彼得·盖伊对这一时期的推动力总结道："反对专制权力的自由、言论自由、贸易自由、实现自身天赋的自由、审美自由，概言之，品行端正之人能立于此世的自由之上。"

人们对这些自由的渴望，首先表现在波士顿海关大厦前的那场暴力事件，而类似的事件又在 1773 年再次上演。那时，英国人又推行了一种法令，该法允许从美洲直接进口茶叶，而且不用按惯例向殖民地缴税。这一法令自然遭到了殖民地居民的抵制，不仅因为英国人未经他们同意就减少了他们的一项重要税收来源，还因为它把殖民地经商者从茶叶贸易中排除在外。同年 12 月，当一群美洲印第安人装扮的男子，把 3 艘轮船上成千上万吨的茶叶都倒入海中，聚集在波士顿海滨的马萨诸塞湾居民顿时欢呼雀跃，因为他们多数人的财政状况都与茶叶交易市场息息相关。这一著名的

◀ **图 11.1** 保罗·列维尔，《国王街的血腥屠杀》，**1770 年**。手工彩绘版画，尺寸：23 厘米 ×26 厘米。纽约大都会艺术博物馆藏。© 马萨诸塞州波士顿历史协会。布里奇曼艺术图书馆。尽管此画激怒了北美殖民地的人民，但列维尔的画有很大的虚假成分。约翰·亚当斯曾在法庭上为英军辩护，认为英军士兵受到了暴民的攻击。他说："事实不容改变，无论我们有什么愿望，无论我们有什么倾向，也无论我们有多大的热情，但它们终究改变不了事实和证据。" 于是陪审团宣布英军司令和其他 8 名士兵中的 6 名无罪。

"波士顿倾茶事件"激怒了英国人，他们很快展开报复，美国独立战争一触即发。

而16年后，即1789年7月14日，在巴黎，一群恼怒的暴民因听到路易十六（1774—1792年在位）将要推翻国民大会的消息后，聚集到了城市东部边缘的巴士底狱外。监狱长十分恐慌，并立即命令他的卫兵向人群开火。作为报复，暴徒们围攻巴士底狱，将监狱长斩首，还杀了6名卫兵。然而，这场斗争带来的实际效果仅仅是释放了几名囚犯，但当路易十六在事发后的第二天问及这起事件是不是暴乱的时候，得到的回答是："不是，亲爱的陛下，这是一场革命。"

两次革命带来的社会变化都深深地影响了世界历史，也鼓舞了19世纪南美洲和法国的革命以及在1848年（即大革命时代进入尾声的时候）整个欧洲的革命运动。新兴的美利坚合众国的缔造者们，效仿古典时期的先辈们，来开创他们这个全新的共和国。他们的社会将是个新古典主义社会，一种可能是效仿了他们公认的理想化的罗马和雅典的稳定、平衡、理性的文化。法国也是如此。当革命快要陷入混乱之时，法国人民在一位年轻指挥官拿破仑·波拿巴（1769—1821）的帮助下，利用他的新古典主义观念得到了拯救。直到19世纪中叶，作为反映这些观点的艺术风格新古典主义，都是欧洲文学艺术的主流，但就在18世纪的最后几年，一种似乎在很多方面都与新古典主义恰好相反的风格悄然涌现。在许多其他新古典主义作品里蕴含强烈的情感，已经预示着我们今天称为浪漫主义的风格即将到来。它看中私人和个人以及它全部的心理复杂性而非社会秩序。它颂扬个人与各种形式的自然之间的关系，从最美的到最野性的，而非个人同国家的关系。它不相信美国宪法的制定者们所信仰的"制衡"可以管理政府，同时担心它本身的制度并不能够解救人类，反而会禁锢了它。总之，新古典主义者把激情视为对社会稳定和健康的威胁，而浪漫主义者却崇尚对感情的膜拜。浪漫主义的目标就是潜入感情世界的内部，并发现人的本来面目。它的许

多发现已经超越了理性可以达到的范围，如爱与恨这样的感情和创造性本身的源泉。

美国和法国资产阶级革命

《美国独立宣言》于1776年7月4日签署（图11.2），而《人权宣言》于1789年8月26日签署。两个文件都是启蒙运动思想的不朽丰碑，并且都受到了约翰·洛克的文章（见第10章）的启发，不仅如此，《人权宣言》也受到了《美国独立宣言》的影响。

《独立宣言》

《美国独立宣言》是启蒙运动时期最大胆的自由宣言。准备这份文件的委员会主席和主要的起草者是来自弗吉尼亚的托马斯·杰斐逊（1743—1826）。杰斐逊的论点来自英国哲学家约翰·洛克对君权神授的有力反驳。在《政府论》（1689年）中，洛克宣称人"生来自由、平等和独立"。随后，卢梭的《社会契约论》（1763）进一步激发了杰斐逊对君主制的谴责，其主要观点是"没有人生来就有凌驾于其同胞的权威"，卢梭还写道："权利绝非来自武力。"（见第10章）杰斐逊也受到了许多大陆议会的同事的影响，这批人对洛克和卢梭的作品也极为熟悉。乔治·梅森写道："所有人生而平等独立，并拥有与生俱来的自然权利……其中包括享受生活和自由的权利。"而杰斐逊更大的灵感则来自他的朋友约翰·亚当斯（1735—1826）的作品，后者在《马萨诸塞州宪法》（1779）的序言就反映了他们共同的思考方式：

> 政府的体制、维护和管理都是为了保证国家政体的存在，来保护它；并且为缔造它们的个人提供安宁地享受自然的权利和幸福生活的权利；无论何时，只要这些伟大的目标没有达成，那么人们都有权更替这个政府，并采取必要的措施来维系自己的安全、幸福和繁荣。

图 11.2 约翰·特朗布尔，《1776 年 7 月 4 日独立宣言》，1786—1789 年。布面油画，尺寸：54 厘米 ×79 厘米。特朗布尔收藏。纽黑文耶鲁大学艺术馆。画布上画了签署《独立宣言》56 位代表中的 47 位，其中 36 位都源于人物的实际面貌。站在约翰·汉考克前面的人物从左至右分别是约翰·亚当斯、罗杰·谢尔曼、罗伯特·列文斯顿、托马斯·杰斐逊和本杰明·富兰克林。

但是，不管梅森和亚当斯的思考如何有力，却没人能够达到杰斐逊的辩论高度（阅读材料 11.1）：

阅读材料 11.1

《独立宣言》（1776 年）选段

在人类事务发展的过程中，当一个民族必须解除同另一个民族的联系，并按照自然法则和上帝的旨意，以独立平等的身份立于世界列国之林时，出于对人类舆论的尊重，必须把驱使他们独立的原因予以宣布。

我们认为下述真理是不言而喻的：人人生而平等，造物主赋予他们若干不可让与的权利，其中包括生存权、自由权和追求幸福的权利。为了保障这些权利，人们才在他们中间建立政府，而政府的正当权利，则是经被统治者同意授予的。任何形式的政府一旦对这些目标的实现起破坏作用时，人民便有权予以更换或废除，以建立一个新的政府。新政府所依据的原则和组织其权利的方式，务使人民认为唯有这样才最有可能使他们获得安全和幸福。

虽然应当感谢约翰·洛克的《政府论》，但杰斐逊的《独立宣言》在许多重要的方面都延伸和模仿了洛克的论点。尽管洛克在他的文章里支持民享的政府，但他并不反对君主制本身。人们可以告诉国王应当怎么做，国王也有义务尊重他们的权利和需要。但是杰斐逊不仅反对君主制，还认为人们应当自治，他认为政府不应当是民享，而应民有和民治。洛克在他的《政府论》里，为"生活、自由和财产"辩护，杰斐逊则为"生活、自由和追求幸福"辩护。洛克所追求的基本权利是用来维护公正，杰斐逊所追求的基本权利则是为了人类的自我实现。而只有当人民能支配他们命运的时候，才能完成自我实现。

在殖民地居民签署《独立宣言》一年之后，他们采纳了《十三州邦联宪法》，把 13 个殖民地联合起来组成一个松散的自治州邦联政府。而独立战争持续到了 18 世纪 80 年代，造成了国际范围的影响。法国、西班牙和荷兰动用财力和海军力量来支持革命者，并以此瓦解英国的势力。军事力量的联合使得美国人于 1781 年在弗吉尼亚的约克镇痛击英军。这次战败使英国意识到失败已成必然之势，同时也为 1783 年 9 月 3 日《巴黎条约》的签订奠定了基础。独立战争也随之结束。

《人权宣言》

在法国，促使《人权宣言》签订的情境在某种程度上更为复杂。事实上，是国债引发了一系列突发事件，并最终促成革命，推翻了王朝，建立了共和国。路易十六于1774年登基，15年后，国债已经增长了3倍。1788年，全国一半的财政税收都用来偿还债务利息，尽管两年前银行家就已经拒绝给政府提供新的贷款。然而维持路易十六宫廷的费用数额巨大，因此，绝望的国王试图对所有治下的财产都增收统一税。但是，贵族和资产阶级领导的暴乱，迫使国王不得不把这一议案交由三级会议讨论，这一议会早已被弃之不用，甚至几乎被人们抛诸脑后（自1614年起该议会便进入了休停状态）。

三级会议于1789年5月5日在凡尔赛召开。第一级成员是牧师，仅占人口的0.5%（130000人），却控制了法国约15%的土地。第二级成员是贵族，仅占人口的2%（大约500000人），但控制了大约30%的土地。第三级成员则是剩下的人口，包括资产阶级（约230万人），控制了大约20%的土地，以及农民（约2100万人），控制了余下的土地，但他们中多数人没有土地。

传统上，每一级成员都要单独商议，并且每一级拥有一个投票权。任何议案要通过，都要在议会里获得两票以上以及国王的认可。牧师和贵族通常一起投票，这就压抑了第三级成员的观点。但是从这时候开始，第三级人士要求更多的权利，国王也无理由拒绝。1788年年末至1789年年初的冬天可能是历史上最冷的时候。12月时，气温已经降到零下19℃（−2°F），塞纳河上结了厚厚一层冰。这层冰使往常为城市运送粮食和面粉的驳船无法开动。城里，失业的农民在努力寻找工作，而早在夏天，一场严酷的冰雹几乎摧毁了所有种植的作物，这让短缺的面粉供应雪上加霜，也使得面包价格几乎翻了一番。三级会议召开后，路易十六被迫无条件安抚第三级成员。首先他"让第三级成员的人数增加了一倍"，使第三级成员的代表人数同另外两个阶级合起来一样多。接着他被要求要把三个级别的成员召集起来进行辩论，并按"人头投票"，每个代表都拥有一个投票权。路易十六对这一要求颇为踌躇，然而在1789年6月17日，第三级成员退出了三级会议，并宣布成立国民大会，同时邀请其他两派加入他们。

许多第一级的成员，特别是与平民联系紧密的教区牧师们接受了第三级成员的邀请，但是贵族们拒绝了。在国王封锁平民通常集会的场所之后，他们就开始在国立网球场进行集会。这一网球场位于凡尔赛，并且保存至今。正是在那里，他们于1789年6月20日宣誓绝不解散，直到他们给法国制定宪法。一年后，雅克-路易·大卫在一幅草图中详细地再现了这一情景，然而他无法完成这幅画，因为随着事件的发展，画中的许多人物都被处决了（图11.3）。正像在特朗布尔对《独立宣言》签署的庆祝那样，大卫想要通过准确的观察（画中的主要人物都是生活中的人），将人们的身姿画在画布上，并且画中每个人都是真人大小（画中的许多人物将很快因为革命退出历史舞台，甚至被判处死刑）。当平民在观望的时候，"自由之风"已经透过窗户吹了进来。在左上方，同样的风把一把雨伞吹翻了，象征着巨变即将到来。在房间的中央，一位即将成为巴黎市长的人正大声朗读宣言。在他下面站着三个人，每个人都代表一个阶级，他们以统一的姿势把手握在一起，并以此表示平等。在真实的场景中，所有的国民大会成员都按照名字首字母顺序入场，并签署《网球场誓言》。然而，只有一个人在自己的名字旁边写了个"反对"。大卫在画中把他描绘成一个可笑之人，他坐在右下方，两只手绝望地交叉在胸前。面对这样的一致表决，路易也被迫妥协。同年6月27日，他命令贵族代表和牧师代表加入国民大会。

但是，麻烦并未结束。尽管收成还不错，干旱却严重地削弱了磨坊将小麦磨成面粉的能力。正当市民排队购买面包之时，一个虚假的谣言通过巴黎各大报纸传开了，谣言称王后玛丽·安托瓦内特听到人们缺少面包时轻率地说："那就让他们吃蛋糕！"

图 11.3 雅克 - 路易·大卫，《网球场宣誓》，1789—1791 年。钢笔棕色画，棕色粉彩纸画，尺寸：66 厘米 × 107 厘米。凡尔赛皇家博物馆藏。注意画中人物正在宣誓，伸出他们的手，这与大卫早期展现的新古典主义风格一致，见图 11.5。

反皇派十分痛恨王后，因此他们总是希望听到任何关于她的负面消息。负责将面包放到餐桌上的千家万户的农民和工人阶级的妇女们，每当饥荒或通货膨胀而面包会变得十分昂贵之时，便会参与政治激进运动，并游行到市政中心从地方法官那里寻求帮助。就在 1789 年的 10 月 5 日，大约 7000 名巴黎妇女，携带着长矛、长枪、刀剑甚至大炮，游行到凡尔赛宫前索要面包（图 11.4）。第二天，他们捆着国王和王后回到了城里。在杜伊勒里宫中，这对皇家夫妇俨然成了人民的囚徒。

妇女们在凡尔赛游行以后，国民大会也搬到了巴黎，并在 1789 年 8 月 26 日通过了《人权宣言》。这是一份深受杰斐逊的《独立宣言》以及约翰·洛克的作品影响的文件。它列举了 17 条"人与公民的权利"，其中头三条恰好呼应了美国的那份宣言的开头文字（阅读材料 11.2）：

> **阅读材料 11.2**
>
> **《人权宣言》选段（1789 年）**
>
> 1. 在权利方面，人们生来是而且始终是自由平等的。除了依据公共利益而出现的社会差别外，其他社会差别，一概不能成立。
>
> 2. 任何政治结合的目的都在于保护人的自然的和不可动摇的权利。这些权利即自由、财产、安全及反抗压迫。
>
> 3. 整个主权的本原，主要是寄托于国民。任何团体、任何个人都不得行使主权所未明白授予的权力。

至此，正当法律程序得到保证，宗教自由得到确认，同时基于经济能力缴税也得以宣布。

在那段时期，国民大会正效仿英国忙于起草一部君主立宪制的宪法，而国王也似乎十分配合。然而，就在 1791 年 6 月，也是新宪法完成前的两三个月，路易设法同家人从法国出逃，这对多数法国人而言是叛

图 11.4 《攻打凡尔赛，1789 年 10 月 5 日》。版画，巴黎市博物馆藏。画面中左边那位贵族妇女的绝望表情与决意攻下凡尔赛宫的工人阶级的妇女们形成了鲜明的对比。

a Versaille a Versaille *du 5 Octobre 1789.*

国罪。皇室也明显计划同已经逃往德国的法国贵族合作，在那里寻求奥地利和沙俄的支持，以谋求反革命运动。

国民大会激进的少数派，即雅各宾派，数月以来一直在游说消除君主制，并建立平等的民主政治。路易的举动巩固了雅各宾派的地位。当制宪会议召开以后，它立即宣称法国为共和国，唯一的问题是这是何种共和国。温和派更偏向于将行政权和立法权分开，并认为法律应当经由人民同意。但是，由马克西米连·罗伯斯庇尔（1758—1794）领导的雅各宾派则支持他所谓的"美德之共和国"，即由 12 人组成的公共安全委员会进行独裁专政，而他正是其中一名成员。同时成立的还有一般安全委员会，其目的在于找出共和国的敌人，并将他们送往新革命法庭。这一委员会在接下来的三年里共处决了 25000 名法国市民，其中既有皇室成员和贵族，也有良好的共和党人，他们温和的姿态正好与罗伯斯庇尔相反。路易十六本人于 1793 年 1 月 21 日接受审问，并作为"公民路易·卡佩"（卡佩王朝的末代国君）被定罪，而他的王后，玛丽·安托瓦内特，则被称为"寡妇卡佩"，并在 10 个月后被处决。罗伯斯庇尔为他的恐怖统治辩称道：

> 如果美德是和平时期全民政府的源泉，那么革命时期这个政府的源泉则是同恐怖结合在一起的美德……恐怖只是即时的、严酷的和不屈的公正；从那以后便散发出美德……
>
> 以前把恐怖说成暴政政府的源泉……在革命时期，政府则是自由对暴政的专制。

制宪会议也进行了许多其他改革。有的改革只是干些傻事，如把国王和王后从纸牌上去掉，并在对话中用非正式的 tu（"you"，你）来代替正式的 vous（"thou"）。而有的改革则具有重要意义。代表们禁止在所有的法国殖民地推行奴隶制度。他们使全国去基督教化，并要求所有的教会都成为"理性的殿堂"。日历也不再以基督的生日纪年，而是以共和国的第一天算起。因此，1792 年的 9 月 21 日成为共和国元年的开始。月份也根据气候和季节，被命名了新的名字。例如，"热月"即炎热的月份，大致在七月末八月初。最后，星期天的安息日也被取消了，此后每十天是一个假日。

恐怖统治时期在 1794 年的夏季突然结束。那时，罗伯斯庇尔推行了一项法律，旨在增加法庭的效率，结果在六周的时间里 1300 人被处死。最后，人们一边喊着"同暴君一起下地狱"一边将他赶出制宪会议，并驱逐到市政厅。在这里他试图开枪自杀，却只打掉了他的下巴。在第二天，他同另外 21 个人被处死。

制宪会议最后的行动是在 1795 年 8 月 17 日通过了宪法。它确立了法国第一个两院制（两体）立法机构，该机构由 5 人组成的执政督政府领导。在接下来的 4 年里，尽管督政府使得公民的数量有所增加，但是它相对的不稳定性却困扰着温和派。因此，在 1799 年，一名成功的年轻军队指挥官，拿破仑·波拿巴，同 5 位执政中的两位密谋了一场政变，并终结了督政府共和国政府的尝试。这场政变让拿破仑取得了对国家的控制。他梦想着他可以领导一个新的古典主义帝国——就像罗马帝国那样。

新古典主义精神

新古典主义具有一定的规则、平衡和比例，而它在法国兴起的原因，正是在法国大革命中推翻贵族统治的理想。希腊和罗马的文明被公认为最接近西方世界的黄金时期，而任何革命的目的都是恢复那些古典文明所体现的知识和艺术价值。但是在法国，有一些更加现代的例子同样能体现秩序的平衡，如在凡尔赛宫那对称的花园（图 9.22）。新古典主义也可以追溯到普桑和帕拉迪奥，无独有偶，这两位也是杰斐逊最喜欢的建筑师（图 6.36）。然而，新古典主义在雅克 - 路易·大卫（1748—1825）的画中第一次得到了完美的表达。

雅克 - 路易·大卫和新古典主义风格

大卫的职业生涯从法国巴黎大革命前开始，历经革命的动荡和它的余波，也历经了拿破仑·波拿巴整个统治时期。毫无疑问，他是当时最有影响力的艺术家。1785—1789 年，托马斯·杰斐逊在任美国驻法公使期间，满腔激情地这样写道："我只对大卫的画笔感兴趣。"不仅如此，当时的艺术家们都蜂拥而至大卫的画室，只为能有幸同他一起学习。事实上，后来许多著名的艺术家都是他的学生。

几十年来，法国的学术历史绘画都以其构图的复杂性著称，而大卫放弃了这一点，代之以有条理的平衡和简洁，这完全体现了新古典主义。他的作品有一种冷峻之感，强调理性，笔画几乎不可见，以此创造清晰的焦点，并强调细节。同时，他的作品富有强烈而复杂的情感。一个典型的例子就是他的作品《贺拉斯兄弟的宣誓》（图 11.5），于 1784—1785 年由皇

图 11.5　雅克 - 路易·大卫，《贺拉斯兄弟的宣誓》，1784—1785 年。布面油画，尺寸：330 厘米 ×426 厘米。巴黎卢浮宫藏。大卫的作品应归因于这样一个事实：他重新启用了自拉斐尔时代以来就几乎被弃不用的"正前一点透视法"。请将此图与第 6 章的"近距观察"中拉斐尔《雅典学院》那幅画进行比较。

家政府委派而作。这幅作品带有些寓意，体现了对国家的忠诚，讲的是贺拉斯统治的早期罗马同邻邦库里亚提斯统治的阿尔巴之间的矛盾。为了避免造成更大伤亡的战争，双方决定各出三个儿子进行决斗：贺拉斯三兄弟与库里亚提三兄弟。大卫原本构思的是双方决斗的结果：贺拉斯兄弟中最小的一位，即决斗中唯一的幸存者，谋害了自己的姐姐卡米拉，因为他发现姐姐在为她的丈夫（库里亚提三兄弟之一）的死伤心。

但是，大卫却选择了展示决斗开始前的时刻，贺拉斯的三个儿子向他们的父亲宣誓，承诺要战斗到死。在画中，左面的三个儿子、中间的父亲、右面的姐姐，每一组人物都清晰利落地分别对应后面三个拱门的框架。除了贺拉斯的长袍外，整幅画的色调都十分柔和简洁，纹理朴素，画面本身也几乎平整无痕。从侧面看，画中的男性人物都站得十分规矩，他们的腿向前伸出并绷紧，同最前面的兄弟手执的长矛一样直并且平行。他们的动作十分有序，正体现了新古典主义，恰好与旁边的妇女们形成了对照，她们是按照传统的巴洛克式的风格处理的。妇女们东倒西歪地坐着，而男人们却站得笔直。她们柔软的曲线和绝望的情感同画中男

性决斗的场景进行了鲜明对照。大卫在这里想传达的信息是公民责任必须凌驾于家庭生活的快乐之上，就像理性要胜于情感、古典秩序要胜于巴洛克的复杂性。牺牲是换取公民权的代价（如果路易十六足够聪明的话，早应该意识到）。

大卫另一幅重要的画是《运送布鲁图斯儿子尸体的军士们》（图 11.6），作于 1789 年大革命爆发的前夕，它是对为国家作出牺牲更为复杂的一种回应。这幅画的主题同《贺拉斯兄弟的宣誓》一样，一位坚忍的父亲为了国家的利益而牺牲自己的儿子，布鲁图斯统治下的军士们（他统治时期军中的军官）在处决了他的儿子后把尸体送还给了他。

此画反映了一则历史故事，其中的英雄是罗马共和国的创立者卢修斯·尤尼乌斯·布鲁特斯（公元前6世纪；不要同刺杀恺撒的布鲁特斯混淆）。在除掉先前的君主塔克文之后，卢修斯统治了罗马并开创了罗马共和国。而塔克文自己也是靠与先前的王后密谋才登上了王位——她杀死了国王，而塔克文杀了自己的妻子，随后两人结合了。布鲁特斯的儿子们也密谋着恢复君主制——他们的母亲同塔克文有联系——根

图 11.6 雅克 - 路易·大卫，《运送布鲁图斯儿子尸体的军士们》，1789 年。布面油画，尺寸：323 厘米 ×422 厘米。巴黎卢浮宫藏。作为一家之长，布鲁图斯应该在桌边恰当的某个位置上，但他的情感却不在那里。这一点是通过桌边的空椅以及桌子底部涡卷形花纹与他脚趾的细微类比而体现出来的。

据罗马的法律，布鲁特斯不仅判处他们死刑，并且还要观刑。

在大卫的画里，布鲁特斯坐在左边阴暗的角落里，而他刚被砍头的儿子被军士们用担架抬着从身后走进来。布鲁特斯羞愧地指着他的头，似乎在表明自己对这件事负有责任，即为了爱国情怀牺牲家庭。与布鲁特斯所处的阴暗角落不同，孩子们的母亲、保姆和姐妹们在一个完全明亮的地方等着这些孩子们的尸体，她们身后是挂有布帘的柱廊。母亲伸出手，让人想起《贺拉斯兄弟们的宣誓》中贺拉斯的姿势。保姆转过头，把头埋在母亲的长袍中。而其中一个姐妹似乎昏倒在母亲的怀里，其他人则挡住了自己的眼睛不敢看这可怕的景象。他们明显地痛苦似乎是在强调因为爱国而付出的巨大代价，而《贺拉斯兄弟的宣誓》则更明显地颂扬了为国牺牲的精神。

尽管大卫能够怀着满腔衷心和热忱，在革命后作为主要的画家为新的法兰西共和国服务，他的画却很少能够像先前那样直率地传递一些信息。在大卫的作品里，新古典主义风格的朴素似乎掩盖了作品中激荡的情感，在这种风格里，情感被抑制了。

拿破仑的新古典主义品位

国内经济秩序的混乱，国际上英国、奥地利、俄国和奥斯曼土耳其成立了新的反法同盟，如果说是这两者因素保证了拿破仑军事政变成功的话，那么，或许正是他认为新古典主义风格能够反映秩序而非混乱，才使他有意为达到宣传的目的而把新古典主义作为国家的形象。秩序是当时的主题，而拿破仑则是顺应历史，决意恢复欧洲的秩序。

为了给巴黎注入一种秩序和理性，他很快下令修建罗马式的凯旋门，以及其他激励人心的纪念碑来纪念他的胜利，同时传递他对自己辉煌统治的政治含义。其中，最具有影响力的作品是一座重新设计的教堂，这座教堂的重建在路易十六统治时期就已经开始了，但拿破仑想重新诠释它，并使其成为夸耀法国陆军荣耀的新殿堂。这座教堂自 1806 年开始由皮埃尔 - 亚历

山大·维诺（1763—1828）所修建。从它的铭文可以看出，在路易时期最初是为了"从皇帝到伟大军队的士兵"而修建；在革命时期，与其他许多巴黎教堂一样，被改成了世俗教堂。具有讽刺意味的是，当拿破仑在莱比锡战斗中失利以及失去西班牙这个盟友后于 1813 年才改变了原有的决定，以此颂扬他那曾经横扫欧洲的伟大军队。尽管这座教堂一直在被修建，但是它原先的名字，即玛德莲教堂，从来没有变过。

到拿破仑倒台时，这座庙宇都没有建好，与维诺原来的设计不同，玛德莲教堂具有皇家罗马式的规格，并且是新古典主义建筑的绝佳实例（图 11.7）。整个教堂由 8 根 19 米高的科林斯式廊柱所支撑，两边则是 18 根同样的柱子。在它外围古典的屋顶轮廓线下，维诺设计了三种较浅的内部圆顶，让光可以从藏在屋顶轮廓线背后的顶部的孔里透进来。光线直接照进一座长长的中殿，中殿中没有通道，底部是一座拥有半圆形屋顶的后殿。这一内部设计呼应了传统的基督教建筑，甚至外围也体现了罗马时期官殿的经典。

拿破仑也模仿了古罗马先辈建立自己的政府。1802 年，他让立法者宣布他为法兰西共和国的终身第一执政官，并赋予他必要之时修改宪法的权力。1804 年，他唆使参议院进一步宣称"共和国的政府将委托

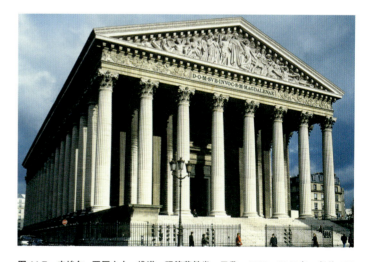

图 11.7　皮埃尔 - 亚历山大·维诺，玛德莲教堂，巴黎，1806—1842 年。长约 107 米，宽约 45 米，基坐高 7 米，柱高 19 米。玛德莲教堂是南北中轴线上最耀眼的建筑，该中轴线始于塞纳河左岸的法国下议院大楼（正面的科林斯柱装饰一新），越过一座新桥，一直到协和广场。

给一个皇帝"。于是，一个非常矛盾的情形产生了：一个"自由"的民族由某一个人的意志来统治。但是，拿破仑的这些举措都很小心地取得了所有选民的同意。当他在修改宪法或是有其他改动时都以公民表决的方式交由选民们投票，他们也以多数通过的方式批准了这些要求。

拿破仑通过武力在整个欧洲建立起的稳定给予了选民们自信。为此，在 1800 年，他举兵进入意大利，并牢牢地控制了皮埃蒙特和伦巴第。尽管拿破仑从未打败过他的主要对手英国人，但在 1805—1807 年，他针对英国的两个同盟奥地利和普鲁士先后发动了一系列的战役，并彻底击败它们。至 1807 年，除英国、葡萄牙和瑞典以外，拿破仑几乎掌控了整个欧洲。所到之处，他无不披靡，他给这些国家带来了改革，同时颠覆了大多旧的政治和社会秩序。

在整个动荡的大革命时代，大卫有幸目睹了许多伟大事件，他将这些事件描绘出来，其中有很多是关于拿破仑生涯中重要的时刻。在《跨越阿尔卑斯山圣伯纳隧道的拿破仑》（图11.8）中，他颂扬了对意大利的战争。画中，他描绘了拿破仑骑在马背上指挥他的军队在阿尔卑斯山脉跨越圣伯纳德山的情景。他清晰地绘制了中心人物，并强调了直角（拿破仑的腿和他指向前方的手臂同身体之间，马的头和颈之间，以及马的后腿的角度），反映出这幅画完全是新古典主义风格。画的背景是典型的大卫式风格，即拿破仑的军队拉着大炮穿过此地时那狂暴的场景。在前面，刻在岩石上的是仅有的从阿尔卑斯山翻过并进入意大利的将领们的名字：汉尼拔，在公元前 3 世纪智取了罗马，也是拿破仑试图效仿的人物；卡拉罗斯·马格努斯

（查理曼）和拿破仑。

实际上，拿破仑并没有带领这次翻越，而是同他的后卫部队一起穿过的，并且骑在一头由一个农民牵着的骡子上。因此，这幅作品完全是用于宣传的，用来创造这位雄心勃勃的领导者的神话。尽管这离他当皇帝还有 4 年，他对神圣罗马帝国法兰克皇帝查理曼的认同反映了这位第一执政官对统一并掌控欧洲的渴望。拿破仑大胆地创造了一个神话，这个神话在德国哲学家黑格尔（1770—1831）于 1806 年 10 月 13 日的一封信中完美地展现了出来："我看到了这个皇帝，他是世界的灵魂，骑在马上穿过街道。看到像他这样的一个人骑在马上，聚焦于一个目标，踏遍世界，支配世界，是多么奇妙的感觉啊！"

图 11.8　雅克 - 路易·大卫，《跨越阿尔卑斯山圣伯纳隧道的拿破仑》，1800—1801 年。布面油画，尺寸：272 厘米 ×231 厘米。法国吕埃 - 马尔迈松国家博物馆藏。大卫可能会向所有人声明"波拿巴是我的英雄！"这一主题的画有 5 个版本，这是其中之一，其色彩运用有很大不同。在法国以及世界各地的许多博物馆都有他人所做的仿品。

美国的新古典主义

像法国的拿破仑一样，新生的美利坚合众国的缔造者们也效仿古典时期的先辈们创立新生的共和国。他们的共和国是一个新古典主义社会——稳定的、平衡的、理性的文化，可以与公认的理想化的罗马和雅典媲美。1787年10月27日，制宪会议向政府提交了一部新的宪法。詹姆斯·麦迪逊（1751—1836）起草宪法，他的灵感来自古希腊和古罗马（他列了一张长长的书单，里面都是他认为对理解美国政治体制非常重要的书籍，其中有爱德华·吉本的《罗马帝国衰亡史》、巴泽尔·肯尼特的《古罗马史》、普鲁塔克的《生活》、柏拉图的《理想国》和亚里士多德的《一篇关于政府的论文》）。

新生的共和国的建筑都是新古典主义风格，也被称为联邦风格。当然，它的先驱就是杰斐逊。像美国殖民地的许多领导者一样，杰斐逊深受古典主义教育的影响，并十分熟悉像斯图亚特和雷维特的《雅典古代史》（1758年）以及亚当的《建筑法》这样的书籍。他对古典主义的兴趣也会影响他的房屋设计、家具，甚至他在弗吉尼亚州夏洛茨维尔市蒙蒂塞洛家里的花园（图6.37）。

杰斐逊的新古典主义趣味不仅限于他的私人生活。他还设计了位于里士满的弗吉尼亚州议会大厦，首先"议会大厦"这个名字取自罗马的卡匹托尔山（图11.9）。这座建筑完全仿照了法国尼姆市建于公元前1世纪时的一座罗马神庙——卡利神庙。为了确保国家有序地发展，杰斐逊于1785年提议国会通过一个土地条例来要求所有的社区必须按网格设计严格有序地发展。这一措施产生了一项在美国全境进行土地勘察的常规制度。它有效地把新古典主义的风格注入了美国的山水之间。

图11.9　本杰明·亨利·拉特罗布，《从华盛顿岛看杰斐逊的州议会大厦之景》，1796年。水彩画、钢笔画和水粉画，尺寸：18厘米×26厘米。巴尔的摩马里兰历史协会藏。18世纪末，美国刚独立不久，那时还没有哪个州的议会大厦之景比它更能够抓住这个新生国家大胆的灵感。

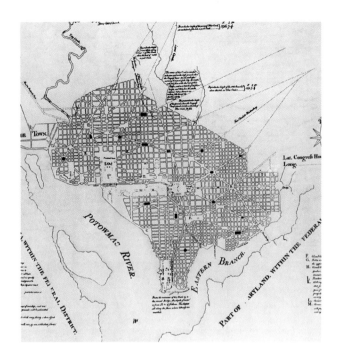

图11.10　皮埃尔·查尔斯·朗方，华盛顿哥伦比亚特区规划图，1791年。出版于1792年1月4日《美国公报》。布里奇曼艺术图书馆藏。根据原作创作的版画珍藏于国会图书馆。朗方在独立革命战争期间是法国志愿军士兵，他还设计了纽约联邦大厅。

美利坚合众国的新国会大厦在华盛顿特区，对杰斐逊直线风格作了一些改变。总统华盛顿认为波托马克河边松软、潮湿的地基需要更宏伟的建筑，因此，聘任皮埃尔·查尔斯·朗方少校（1754—1825）进行更加宏伟的设计。皮埃尔原本是凡尔赛的一名宫廷画师的儿子，于1776年从法国移民至美国，并在大陆军中服役。他计划（图11.10）效仿凡尔赛宫中的对角线通路和花园小径（图9.21），叠加在对杰弗逊的网格形式的设计之上。结果，对角形和直线形相结合后就出现了奇怪的形状，尽管这绝非刻意，却恰好反映了新生的美国复杂的运作方式。半个世纪后，小说家查尔斯·狄更斯于1842年参观了这个城市，并被它的荒谬设计给震惊了："宽阔的街道……不知从何而始，从何而终；1.6千米长的街道，缺少房屋、小道和居民；一个只有有了公众才完整的公共建筑。"他写道，这是个"有着宏伟目标的"但又从未实现的城市。在这座城市之中，新古典主义的文明同乡村风格结合起来，颇为奇特。1812年美英战争期间，国

会大厦被英军焚毁，杰斐逊的弟子拉特罗布（1764—1820）被聘请为重建国会大厦的建筑师，他为参议院侧翼的门厅和圆形大厅的科林斯柱的柱顶设计了一种新风格，以玉米棒子和烟草的形状代替了科林斯式的叶形装饰（图11.11）。

奴隶制问题

从一开始，美国在其艺术和建筑中采用新古典主义所反映出的高尚的理想主义却因奴隶制而蒙上了一层灰。在革命之前，对奴隶制的讨论集中在能否自由贩卖奴隶。美国人不仅抗议对从英国运往美国的日用商品收税，包括玻璃、绘画、铅、纸、茶，他们也同样抗议英国君主拒绝殖民地同世界其他地区进行自由贸易，包括黑奴贸易。

大西洋奴隶买卖的路径呈三角形。欧洲把货物出口到非洲，并交换非洲黑奴，然后将黑奴贩卖至西印度群岛交换糖、棉花和烟草等商品，最后再将这些货物运回非洲或是新英格兰进行销售。由于奴隶为种植

图11.11　本杰明·亨利·拉特罗布，华盛顿哥伦比亚特区美国国会大厦前的烟叶柱，约1815年。尽管造型奇特，拉特罗布在国会大厦的其他建筑区域使用了更为传统的柱顶，如他就为国会大厦中属于美国最高法院的建筑区域设计了多立克式柱，其比例与帕埃斯图姆的赫拉神庙多立克式柱很相似（图2.13）。

园主提供了大量的免费劳动力，因此，当这些货物卖出时，将会带来巨额的利润。尽管波士顿这个港口看起来没有奴隶贩卖，但它的繁荣乃至大西洋沿岸的所有港口的繁荣都得益于奴隶制。韦奇伍德曾这样断言："在北美，一切都再奢华不过了。"而这恰好是美国人对新古典主义艺术品位的缩影，在很大程度上正是奴隶制使这成为可能。

奴隶们在船上的情景被一个在西非贝宁出生的土著人阿罗德·爱克伊诺记录了下来。他于1756年，也就是11岁的时候被拐卖至美国。1766年，在获得自由后，他开始周游各地，接受教育，并掌握了英语。在他1789年出版的自传中，他这样描述跨大西洋的旅行（阅读材料11.3）：

阅读材料 11.3

阿罗德·爱克伊诺《我的自传》或《非洲人居斯塔夫斯·瓦沙》选段（1789 年）

还在[非洲]海岸的时候，船上货舱的恶臭难以忍受，令人作呕，哪怕在那里就多待那么一会儿也是非常危险的，有些人被允许到甲板上呼吸一下新鲜空气，但是由于船上所有的货物都在船的货舱里，所以发生瘟疫是必然的。那个地方污浊的空气与炎热的天气，再加上船上拥挤不堪的人群，几乎没法转身，让每个人都感到非常窒息。这导致人体流出大量的汗，夹杂着其他恶臭的空气很快就变得不能呼吸，很多黑奴染上疾病而亡，沦为毫无远见的贪婪的黑奴贩子的牺牲品。黑奴身上的铁链更加重了这悲惨的情形，这种情形已经无法让人承受。桶里满是污物，小孩子可能一下就栽了进去被呛死。妇女的尖叫、奄奄一息的人的呻吟声使得这个恐怖的场景几乎难以想象。

爱克伊诺曾声称自己生长在非洲，并经历了中间通道（贩奴船横跨大西洋的那条航线的名字），然而近期的一些传记让人们对此产生了怀疑。洗礼和航海记录显示，他实际上于1747年左右出生在南卡罗来纳州。尽管如此，如果说他伪造了自己的早期生活，那么他似乎也是基于那些奴隶同伴们的口述，因为他讲的故事同其他资料相比更为精确。不管情况如何，爱

克伊诺的作品在同年出版的100多本关于奴隶制的书中最为畅销，而且它也是英国和美洲不断推进的废奴运动的重要读物。

这些奴隶们一旦被送往目的地，他们的命运几乎得不到改善。最有趣的记录是《1772—1775年五年间征讨南美荒凉海岸边的圭亚那地区苏里南黑奴起义之纪事》，这部作品由约翰·加布里埃尔·斯特德曼（1747—1797）创作，并由威廉·布莱克（1757—1827）绘制插图（图11.12）。布莱克此时已成了著名的雕刻家，同时也是英国的伟大诗人。斯特德曼原本受荷兰雇用前往圭亚那镇压奴隶起义，

图 11.12　威廉·布莱克，《穿透肋骨被活活吊死在绞刑架上的黑奴》，约翰·加布里埃尔·斯特德曼的《1772—1775年五年间征讨南美荒凉海岸边的圭亚那地区苏里南黑奴起义之纪事》中的版画插图，1796年。国会图书馆，书目号：1835。斯特德曼亲自从原图画好后，再由布莱克处理蚀刻效果。令斯特德曼印象深刻的是，这位年轻的黑奴在遭受折磨的整个过程中沉默而坚忍地忍受着酷刑。

但是到了那里之后，他被奴隶们所处的艰苦条件所震惊。他们不仅居住在恶劣的条件下，更糟糕的是，他们经常遭受鞭打、拳击，或者拷打折磨，而这仅仅是因为他们没能完成那些不可能完成的工作，奴隶主们把这些折磨当作一种慢慢灌输更普遍的纪律的方式。而女性黑奴则要遭受难以置信的性虐待。种植园主们将他们的财产看作自己的后宫，并自由地满足他们的性欲。

萨弗里曾将废奴主义思想同自由思想经济理论作对比。支持自由贸易的经济学家，如亚当·斯密（1723—1790），认为人有权极尽所能实现自我富裕。因此，斯密声称放任主义，即"任其自然"的经济政策是最好的。"这是每一个审慎的一家之主的箴言"，斯密在1776年出版的《国富论》里写道："只要可以买到更便宜的就绝对不要花更多的钱自己去造……在一个伟大的国度里，对每个私人家庭而言，审慎绝对不是愚蠢的。如果有其他国家为我们提供了更为便宜的商品，我们又何必自己生产。"可以说劳动力就是这样一种商品，而奴隶制就是它的自然延伸。

在1776年，对多数人而言，反对和支持奴隶制的争论似乎是相互抵消了。经济学和实用主义青睐奴隶制，而人类的情感，尤其是自由思想则无法接受它。尽管在撰写《独立宣言》时，杰斐逊本人就拥有约200名奴隶，并且他也了解南方代表们支持奴隶制，把它视作农业经济增长的关键，但在他的第一稿中，他还是有力地反对奴隶制。艾比盖尔·亚当斯（1744—1818），像她的丈夫约翰一样，了解并尊重杰斐逊，她同样强烈反对奴隶制。她于1774年给在费城参加第一届大陆会议的丈夫写信说道："我衷心地希望，这儿没有一个奴隶。它对我来说是个邪恶的计划——我们整日都在掠夺那些与我们同样拥有自由权利的人们。"

提起美国独立战争，许多在大西洋对岸的英国人也与艾比盖尔·亚当斯有着同样的想法。只要殖民地能容忍奴隶制，那么，他们要求自己的自由就是虚伪

的。英国诗人托马斯·代（1748—1789）这样描绘虚伪的美国人："一手签署独立的决定，一面又对他恐慌的奴隶施以皮鞭。"

在英国和美国，废除奴隶制的呼声于1771年开始愈演愈烈。那一年，格兰维尔·沙普在首席法官曼斯菲尔德勋爵面前为一名逃跑的美国黑奴詹姆斯·萨默塞特辩护。萨默塞特的美国主人在英国重新抓住了他，但首席法官释放了他，他认为另外一个国家的法律在英国行不通。首当其冲反对奴隶制的是贵格会和月光社的成员（见第10章）。1787年，乔赛亚·韦奇伍德制作了数百个陶制品，都是套着铁链的奴隶，他们跪着、请求着说道："难道我不也是人，不也是你们的同胞吗？"（图11.13）。他到处发放这些作品，使这一形象很快成为整个废奴运动的标志。费城的废奴运动协会主席本杰明·富兰克林就收到了一套。

图11.13　威廉·哈克伍德为乔赛亚·韦奇伍德作，《"难道我不也是人，不也是你们的同胞吗？"》，1787年。黑白碧玉细炻器，直径3.5厘米。韦奇伍德博物馆，英格兰斯塔福德郡巴拉斯顿。这一形象阐释了伊拉斯谟斯·达尔文（进化论创立者查尔斯·达尔文的祖父）的一首诗《植物园》，该诗不仅讴歌了自然界，而且赞扬了工业革命黎明前英国制造业的兴起。不过，这首诗也严厉批评了英国卷入奴隶贸易，称它"违背了人性"。

浪漫主义想象

"浪漫主义"一词最先于1798年由德国作家兼诗人弗里德里希·冯·施莱格尔（1772—1829）创造出来，该词是对18世纪的古典文化和启蒙运动的反映。对施莱格尔而言，随着基于个人文化认同的民族国家在欧洲逐渐形成，浪漫主义主要涉及正在瓦解的欧洲共同的文化背景，这包括它衍生自过去的古典时期以及它的价值观。

施莱格尔的思想深受哲学家伊曼努尔·康德（1724—1804）的影响。在《判断力批判》（1790年）一书里，康德把我们从艺术中获得的快感定义为"无害的满足"。他的意思在于当我们在思考美时，无论是自然界还是艺术作品中的美，我们的大脑都处于一种自由嬉戏的状态，这样看似相对的事物——主体和客体，理性与想象——都形成了统一。施莱格尔同样受到了乔安·温克尔曼（1717—1768）的影响，他在《古代艺术史》（1764年）中阐述了对希腊艺术所持的观点，这也是第一本在题目里把历史和艺术放到一块的书。希腊人提供的不是像新古典主义艺术家所认为的，无休止地用于模仿的艺术作品。对温克尔曼以及施莱格尔来讲，希腊人为浪漫主义艺术家提供了接近自然的一种新方法：希腊人研究自然是为了发现它的本质。自然只是偶尔能达到纯粹美。温克尔曼提出，希腊人给我们的经验便是艺术可能捕捉这些罕有的时刻。

作为一种接近世界的方式，浪漫主义运动成为人的意识上的革命。它的目的在于发现自然中的美，因此浪漫主义者们拒绝接受约翰·洛克以及其他启蒙思想家所拥护的经验观察所获得的真理。客观世界远没有对它的主观体验重要。诗人塞缪尔·泰勒·柯尔律治（1772—1834）是浪漫主义运动的奠基人之一，他在给友人的一封信中对浪漫主义作了简要的总结："我的观点是——只有怀有深厚的感情之人才能进行深思，而所有的真理都是一种对情感的揭示。"了解地球与月亮之间确切的距离远没有看到漆黑夜空中的明月所产生的感情重要。我们需要记住的是，对浪漫主义者而言，黑夜更具有无可比拟的吸引力，因为比起白昼的世界，它更加神秘和不可知。

他们也不相信，人脑就像笛卡尔所指出的那样一定是思维着。笛卡尔曾写道："我思，故我在。"在浪漫主义者看来，大脑是一个情感之物，不像笛卡尔所说的那样与身体极为不同，而是与之有亲密的联系。他们认为情感可以带来真理，19世纪初期，多数重要作家和艺术家都把他们的情感作为表现他们想象力和创造力的重要方式。事实上，因为自然可以像激发想象力一样激发情感，自然世界成了浪漫派诗歌基本的主题，而风景则成了浪漫派画家主要的体裁。浪漫主义者在自然中不仅发现了他们创造力的源泉，还发现了上帝的存在以及地球上神灵的显现。

浪漫主义诗歌

浪漫主义想象在诗歌里最能清晰地得到呈现。诗歌本质上几乎是发自直觉和个人。它能够表达人类最深的情感。它通过声音和韵律的雄辩，呈现出自身的美感，同时它也能够捕捉，甚至模仿出自然本身的美。

威廉·华兹华斯的《丁登寺》 也许浪漫主义想象最有力的表现是威廉·华兹华斯（1770—1850）的一首诗，这首诗通常简称为《丁登寺》。它完整的题目却是"1798年7月13日重游瓦伊河畔，在丁登寺上游几千米的地方所作的诗行"。丁登寺是个废弃了的中世纪修道院，位于英国南威尔士布里斯托尔北部的瓦伊河畔。它已经无顶的建筑往空中敞开，瘦削的哥特式拱门被杂草和小树掩盖（图11.14）。

在18世纪末，英国旅游者经常游览美丽的瓦伊河，而旅行的最终目的地便是丁登寺。实际上，华兹华斯在五年前就已经游览过瓦伊河峡谷，因此，在写这首诗的时候，他开篇便回忆了那次较早的旅行（阅读材料11.4）：

图11.14　约瑟夫·透纳，《丁登寺内景》，1794年。水彩画，尺寸：32厘米×25厘米。伦敦和阿尔伯特博物馆基金藏。1792年，19岁的透纳旅行至南威尔士和瓦伊河谷。这幅水彩画是基于那年他的一幅速写画而作。

这一情景激发的思想比仅有的外观"更为深刻"，在这一境界中，山水和天空——也许还有诗人本身——都相互关联，融为一体。

在进一步描绘了眼前的情景后，诗人又回忆了他住在"孤独的房间里，在丁登寺/在城市与小镇之间"时，这个地方在过去这5年里带给他的安慰。他说，这地方给他的回忆让他"恢复宁静"，甚至更重要的是带给他"另一份礼物"，他"疲惫的重量/在这个难解的世界里/也减轻了"，让他可以"参透万物生灵"。华兹华斯并没有完全理解大脑的力量。大脑此时的情况对他而言仍是个"谜"。但是在他看来，他的呼吸和血液，以及他的肉身——也即他口中那个"肉体的架子"——似乎都悬浮在一股将智慧洒向万物的"和谐的/力量"里。

华兹华斯接下来描述了他孩提时对这一情景的反应。他说，那时这个情景只是"一个嗜好"。但是现在，作为一个成人，他带着迥然不同的眼光看待自然世界。他在自然中找到了山水、天空和诗行里暗示的思想的联系。人类和自然完全和谐地融为了一体：

阅读材料11.4

威廉·华兹华斯，《丁登寺》选段（1798年）

五年过去了，五个夏天，加上
长长的五个冬天！我终于又听见
这水声，这从高山滚流而下的泉水，
带着柔和的内河的潺潺。
　　——我又一次
看到这些陡峭挺拔的山峰，
这里已经是幽静的野地，
它们却使人感到更加清幽，
把眼前景物一直挂上宁静的高天。（王佐良译）

一种动力，一种精神，推动
一切有思想的东西，一切思想的对象，
穿过一切东西而运行。

思考着万物的统一，华兹华斯将自然定义为他的"依靠"和"保姆"，"引导、保护者，我整个道德生命的灵魂"。华兹华斯的幻象不仅通过这幅场景本身表达出来，还通过他对它的回忆表现出来。随着诗歌渐至收尾，华兹华斯转向身旁的妹妹，祈祷她也能知道，像他那样，"自然绝不会背叛/一颗热爱它的心"。事实上，华兹华斯对妹妹多萝西的祈祷实际上是为我们所有的人祈祷。我们每个人都应当像他一样，成为"自然的崇拜者"。

《丁登寺》可以被看成对浪漫主义想象的最完美的表达。这 159 句诗行指出，体验自然美时，想象可以化解一切矛盾。华兹华斯暗示大脑在人的思考过程中是积极的参与者而非一个消极的器皿。这就有一个审美体验的伦理维度，一个立于其上的方式，既具有字面意思，也是更高层次上的比喻意义，否则即是在其之外的"日常生活枯燥烦闷的交流"。也许最重要的是，诗歌给华兹华斯提供了同自然界、他身旁的妹妹乃至同读者交流的机会。由此，华兹华斯以个人的体验，与整个世界都有了联系。

浪漫派山水画

欧洲最著名的山水画出现在 200 年前的意大利和荷兰，甚至"山水"一词都源自荷兰语的"landschap"，意味着一片耕作的土地。尽管受到意大利艺术家光线和色彩使用的影响，17 世纪伟大的山水画家，包括雅各布·范·雷斯达尔（图 9.15），也受到了海岸线开垦出来的成百上千英亩田地所带来的自然地理的急剧变化的启示。尔后，荷兰山水画家又反过来影响了英国山水画家。

约翰·康斯坦布尔：英国乡景画家　自然界的永恒和飞逝深刻地体现在了约翰·康斯坦布尔（1776—1837）的画作之中。康斯坦布尔把大部分精力都花在了他的出生地，即萨福克郡东伯格浩特的司道尔河峡谷的附近区域。像华兹华斯一样，康斯坦布尔认为他的艺术经历可以追溯到童年时期，追溯到司道尔河岸，一个他自童年时期就了解的地方。"我要把属于我自己的地方画到最好"，他 1821 年给朋友写道："我把我'无忧无虑的孩提时代'同司道尔河岸边的一切事物都联系起来。它们让我成了画家（我也充满感激）。"像华兹华斯一样，康斯坦布尔也希望描绘生活中的普通事件和场景，包括村庄、教堂、农家和村舍。但最重要的是，他像华兹华斯一样，是"自然的崇拜者"。

正如康斯坦布尔在 1819 年 5 月写的一封信里所称："每棵树似乎都在绽放着，地表似乎拥有了生命——我每走一步或者我目之所及都是圣经所言'我是生命的复生'的崇高表达，并都为我证实。"事实上，康斯坦布尔山水画中的教堂都象征着自然中上帝的永恒。

从 1819—1825 年，康斯坦布尔忙于创作他所说的"六英尺画"，这幅画作于他伦敦的画室，并从先前的素描和勾勒基础上描绘出司道尔河岸边的风景，《干草车》（图 11.15）就是其一。这幅画不只包含着一种思维状态——从左面黑压压的云可以看出刚刚过境的风暴，这与右面层叠的云下照亮的田地相对照；斯文垂钓者也同辛苦劳作的马车夫形成了对比。农舍则属于威利·洛特的。洛特在这座房子里生活了整整 80 年，在他的一生中只有四个晚上不在这里度过。对康斯坦布尔来讲，房子象征着稳定和永恒，这与天气的不确定性，光与影、太阳与云层的持续流变形成巨大的反差。

当该画 1821 年第一次在皇家学院展出时，伦敦人不能够接受这是一幅已经"完工的"画，因为它是用收敛甚至抽象的笔法画成的。康斯坦布尔使用了简短的、破裂的色彩笔画来画各种各样的阴影和染色，制造一种特定的颜色（如叶子的绿色）。伦敦人也不能够理解这样一个普通的主题为何值得这样大书特书。康斯坦布尔之后对友人抱怨说："伦敦人借着他们艺术家的精巧，完全不能够理解乡村生活的情感（山水画的本质）——他们还不如一匹拉车的马对风景的了解多。"

约瑟夫马洛德·威廉·透纳：一位极富想象力的色彩大师　那一时代另一位伟大的英国山水画家，约瑟夫·马洛德·威廉·透纳（1775—1851）自由地探索他所谓"想象的颜色"，甚至与他同时代的人也意识到，用评论家威廉·黑兹利特（1778—1830）的话说："透纳对物体本身的兴趣不及他对可以看清物体的媒介的兴趣。"在透纳的作品中，地球和植物似乎都溶解成光和水，或是一种特殊的媒介——闪闪发光的油画颜料或晶莹剔透的水彩颜料——他可以用来创作。

图 11.15　约翰·康斯坦布尔，《干草车》，1821 年。画布油画，尺寸：130 厘米 ×185 厘米。伦敦国立美术馆藏。1821 年，在皇家美术学院的画展上，有人出价 70 美元，但他拒绝出售此画。

例如，在《赖兴巴赫瀑布的上游》这幅作品中，透纳对于瑞士阿尔卑斯山最高瀑布的描绘似乎赋予了岩石峭壁以生机（图 11.16）。透纳并未将我们的注意力引向岩石、峭壁和山脉，而是透过它们看到的雾和光。

　　也许，区分康斯坦布尔和透纳作品的最好方法是衡量他们各自视觉的尺度。康斯坦布尔的作品是"近距离的"，让人熟悉的，与人类有着丰富的联系；而透纳的作品是异域的、遥远的，甚至是疏远的。人物在康斯坦布尔的画中是基本的重要元素，人与自然协调统一；而透纳画中的人物却是微小的，几乎与画无关，除非在某种程度上这种微小可以强调自然的冷漠。不仅《赖兴巴赫瀑布的上游》与康斯坦布尔画中触手可及的世界丝毫无关，就连放牛郎和他的狗，在画的左下方也几乎是看不见的，几乎湮没在恢宏磅礴的气势之中。牛群从中下部边吃草边往上爬，另一畜群则位于峡谷对面的山脊上。这个效果同华兹华斯在《丁登寺》里描绘的情景相似：

> 我感到
> 有物令我惊起，它带来了
> 崇高思想的欢乐，一种超脱之感，
> 像是有高度融合的东西
> 来自落日的余晖，
> 来自大洋和清新的空气，
> 来自蓝天和人的心灵，
> 一种动力，一种精神，推动
> 一切有思想的东西，一切思想的对象，
> 穿过一切东西而运行。（王佐良译）

　　但是，我们必须谨记，雄伟壮丽绝不是完全正面的或友善的。观众无处立足，除非站在恢宏展现大自然力量的路径上。像《暴风雪——汽船驶离港口》这幅画（图 11.17）暗示了仅存的"人类希望"的"破灭"——与康斯坦布尔的田园风光或华兹华斯的"大自然的虔诚"大相径庭。这幅画原来的副标题是"阿里尔离开哈里奇之夜，作者穿梭在暴风雪中"，它记录了自我（以及观众）沉浸于大自然的原初力量之中。

　　"我希望展示的是"，透纳说，"这幅场景原

图 11.16 约瑟夫·马洛德·威廉·透纳，《赖兴巴赫瀑布的上游》，约 1810—1815 年。 水彩画，尺寸：28 厘米 ×38 厘米，布里奇曼艺术图书馆藏。从上至下，通过擦洗、留白的技法，透纳展现了彩虹和水雾的透明效果。

图 11.17 约瑟夫·马洛德·威廉·透纳，《暴风雪——汽船驶离港口》，1842 年。 布面油画，尺寸：91 厘米 ×122 厘米，伦敦泰特美术馆核心馆 / 纽约艺术资源藏。透纳把 19049 幅素描和水彩画遗赠给了英国；他以前作的许多画都预示了该画豪迈奔放的特点。

本的样子。我让水手把我绑在桅杆上来观察它……我并不想下来：但我觉得如果有机会就必须把它记录下来。"我们无从考证"阿里尔"这艘船是否存在。透纳极有可能把这一场景想象成：水蒸气和暴风雨形成的巨大漩涡将我们困在中央。我们跌进透纳明与暗的混沌之中，这与启蒙运动时期追求清晰的、有序的、和谐的自然世界的理想截然相反。

德国的浪漫主义者：弗里德里希和康德 尽管康斯坦布尔和透纳的方法全然不同，但二人都认为大自然激发了他们的想象力。在德国浪漫主义的传统里，想象力是基本的出发点。画家卡斯帕·大卫·弗里德里希（1774—1840）通过将孤独的人物置于恢宏壮丽的风景之前来展现浪漫主义思维的想象能力（见本章的"近距观察"）。《海边的僧侣》（图11.18）里，一个人孤独地站着，淹没在广袤的风沙暴雨之间，似乎面对着的是一片虚空。而他所面临的是信仰危机。怎样我才能了解上帝？他似乎在问，

怎样面对如此巨大的虚空？我怎样才能相信？我甚至可以相信吗？

这些情绪启发了哲学家伊曼努尔·康德的《纯粹理性批判》（1781年）一书，书中康德指出大脑不是一个被动的信息接收器——不是洛克所称的一个"空白面板"。对康德而言，大脑是一种创造知识的活化剂。他认为我们理解概念如空间、时间、数量、事物间的联系，尤其是重量的方式是与生俱来的。当与生俱来的心智能认知经验的方方面面时，我们便在运用这些能力逐渐理解这个世界。我们的每一种经验都是与众不同的，因此，每个人的大脑会创造属于自己独特的知识体系、创造属于自己的世界。事实的本质不再是最重要的问题。相反，面对现实的心智才是至高无上的。换言之，康德将哲学的基本问题从"我们知道什么？"转换成"我们怎样知道？"——甚至是"我们怎样才能知道我们知道了？"

"怀疑"是弗里德里希画的永恒主题，但其更多的是一种对想象力的刺激而非一种焦虑和紧张的来

图 11.18　卡斯帕·大卫·弗里德里希，《海边的僧侣》，1809—1910 年。布面油画，德国柏林城市博物馆国家艺术画廊藏。一些艺术历史学家认为这位修士就是画家本人的自画像。

源。在他的作品《云海中的旅行者》中，弗里德里希勾勒了一个孤独的男子，一头被风吹得凌乱的发丝，站立在陡峭的海岬上，这幅画面直接呈现在观众面前（图11.19）。如同那个修道士，我们可将他看成自己的投影。他的视野被云山雾海所阻隔，就像我们的视野被那块突兀的岩石阻碍一样。壮观的场景和磅礴的气势只能通过一个模糊的、以最终展现一切的承诺来暗示。实际上，弗里德里希利用这幅画来阐释模糊不定的意义：

> 要是你缺乏想象力，除了灰色，在薄雾里你什么都看不到，对这种模糊感心生厌恶可以理解。尽管如此，被雾锁着的风景看起来似乎更广、更崇高，在强调悬念的同时也活跃了我们的想象力——就像一个蒙着面纱的女子。眼睛和想象力通常会被云雾缭绕的远方所吸引，而不是触目可及之物。

观众的想象力会进一步被激发：远与近的对比、眼前的岩石和远处缥缈的大气的对比，即仆仆尘世和精神王国之间的对比。

浪漫主义英雄

1798年5月，拿破仑率领一支35000人的军队乘船远征埃及。法军很快攻陷开罗，并将之纳入法国政权管理之下。然而，他们与欧洲的联系被切断了。8月，英国海军在上将霍雷肖·纳尔逊的指挥下一举摧毁了位于亚历山大港和尼罗河口之间阿布基尔海湾的法国舰队。奥斯曼土耳其意识到拿破仑军队的软肋，于1799年年初对法宣战。然而，拿破仑却主动出击，率领13000人的军队北进叙利亚。在雅发港市（今已并入以色列的特拉维夫市，但当时属于奥斯曼叙利亚的一部分），法军迅速突破奥斯曼土耳其帝国的防御，接着对该城进行了无谓的血腥屠戮。因为缺少弹药，他们便用刺刀刺死了试图投降的约2000名土耳其士兵，随后便将枪口对准城里的居民，约3500名男女老幼惨遭屠戮，房子和店铺被洗劫一空，在火光中化为灰烬。三天后，由于要给已向他手下的军官投降的

图11.19　卡斯帕·大卫·弗里德里希，《云海中的旅行者》，1817—1818年。布面油画，尺寸：95厘米×75厘米；汉堡美术馆藏；普鲁士文化遗产图片档案／艺术资源，纽约；画中人物与大自然的联系在于弗里德里希将人物的头与远处右边的岩石进行的类比。

2000~3000名土军提供食物，拿破仑下令在海边将他们集体处决。

短短两三天内，事情就变得更加毛骨悚然。黑死病很快在拿破仑军队里蔓延开来。意识到自己军队的士气受挫，拿破仑决定去看望设在一座清真寺内的战地医院里患病的士兵。五年后，安东尼·让·格罗斯创作了一幅巨大的画来颂扬这件事，目的是转移公众对雅发地区发生的血腥事件的注意力（图11.20）。拿破仑沐浴在画中央的光芒里，像基督一般，将双手搭在一名染病的士兵身上。此幅作品深受大卫《贺拉斯兄弟的宣誓》的启迪（图11.5），其狭小的前景空间设置在一堵拱形门廊墙之前，而拿破仑的手，如同

近距观察：崇高、美丽与如画

哲学家埃德蒙·伯克（1729—1797）在他1756年的著作《论崇高与美丽概念起源的哲学探究》中曾写道："本质上，由伟大和崇高所引发的激情是惊奇。""所谓惊奇，"伯克继续写道："是灵魂的一种状态，在此状态下，灵魂所有的活动将由于某种程度的惊惧而暂停。"崇高，简言之，是对人类还无法完全理解的任何事物的一种期盼。因而"大海之所以崇高，是因为它让人极其惊惧"以及"无边无际使人心生一种愉悦的惊惧，这种惊惧则是对崇高最纯真的检验"。法国艺术史学家让·克雷指出："崇高是由那些太过恢宏而无法窥其全貌，只能理解其片段的丰碑引起的。"正如休伯特·罗伯特的《金字塔》中所描绘的丰碑一样。伯克认为："任何事情，如果它不趋于无穷无尽，即使当我们能够感知到它的界限时，对它也无能为力，那它就无法用其伟大来震撼人的心灵。"

巍峨的山脉，如阿尔卑斯山脉和美国落基山脉，一眼望不到边，它们能够唤起相同的情感。1681年，托马斯·伯内特在其著作《地球神圣论》中谴责山脉时流露出自信：

> 它们[山脉]一座接一座，以尊重"实用"或者"美丽"的角度置于无序之中；如果你逐一考虑它们，它们就并不包含与其任何设计有关的各个组成部分的比例……"大自然"中没有比这更无形或走形的了，它们之中多样性也仅是诸多不同的"无规则风格"……它们就是我们所知的"大自然"中"混乱"的最佳范例。

有序、规则、比例及设计——这些对于伯内特来说是美丽的标记，对于伯克来说也一直是美的标准。美自成一体，可以自我表现为一种严谨的事物——或如帕特农神庙一样的建筑，或如比例完美的身材；但崇高是无极限的，无边无际的。1790年，继伯克创作《论崇高与美丽概念起源的哲学探究》约33年之后，伊曼努尔·康德在其《判断力批判》一书中这样写道："美，本质上是一个关于物体形状的问题，它孕于有限之中；而崇高，可孕于甚至没有任何形状的物体之中，只要其直接包含，或者由于其存在而在心中激起一种无限的再现。"

介于崇高与美丽之间的是"如画"。它源于英国花园运动，深受老普林尼曾对他所生活的那个时代即罗马时代的花园描述的启迪，罗伯特·卡斯特尔在他于1728年出版的《古人别墅画报》中将普林尼的描述翻译了过来。正是伯内特1681年所谴责的无序与无规则，在不到半个世纪后却构成花园魅力

丁登寺，位于南威尔士瓦伊河畔。罗伯特·哈丁图片库。

的本质。对于卡斯特尔来说，理想的花园应该拥有：

> 一个美丽乡村，山丘、岩石、瀑布、溪流、丛林，建筑等（这些）都可能一下子形成一种令人心旷神怡的"无序"，让人享受视觉盛宴，如美丽的山水风景……在那里，尽管"部分"受到了最伟大的艺术处理，"无规则"依旧保留了下来；因此，这种形式被称为一种艺术"混乱"也就不足为过了。

整个18世纪，指导卡斯特尔的原则渐渐地成为"如画"的定义。18世纪晚期，尤夫德尔·普莱斯（1794—1801）在《如画杂谈》中将其定义为"简略和与不

规则相结合的突变"。威廉·华兹华斯在那次瓦伊河谷之旅中参观了丁登寺，实际上，这次旅行得到了威廉·吉尔平《别致之美三论：如画之美、如画之旅与风景写生》（1792年）一书的推荐，更准确地说是《瓦伊河谷之旅》（1783年）的推荐。其他如画的旅行包括《湖之旅》（1786年）、《高地之旅》（1789年），它们都旨在使读者陶醉在如诗如画般的风景里。站在丁登寺之上的山丘上，如诗如画的风景（正是我们眼前所看到的图片中的美景）一定带给了华兹华斯无穷的灵感。

罗伯特·休伯特，《金字塔》，加拿大，约1760年。木板油画，尺寸：61厘米×72厘米。马萨诸塞州北安普顿史密斯学院艺术博物馆藏。

图 11.20　安东尼·让·格罗斯，《拿破仑在雅发鼠疫病院》，1804 年。布面油画，尺寸：531 厘米 ×719 厘米。巴黎卢浮宫藏。格罗斯与拿破仑于 1879 年在意大利战役中并肩作战，此时他已被选拔出来，作为参与由官方主持的战役编年史编写的最重要人物之一。

贺拉斯，是整幅画的焦点。尽管拿破仑将自己（和他的随从）置于危险之中而确确实实值得尊敬，但在离开叙利亚前，他命令毒死那些身体虚弱而不能撤往南方的士兵——大约 50 名病恹恹和奄奄一息的士兵。整个战役，法军总共伤亡情况约为：1200 名阵亡，2500 名病残，2000 名死于黑死病。由于继续遭受英国海军的围困，拿破仑便只身前往法国，把他的军队丢在了埃及。

拿破仑在这么多战争中取得了如此辉煌的胜利，如此有激情地奉献于自由、博爱和平等（在欧洲大部分地区废除农奴制度）的基本原则，如此才华横溢地重设政府、教育制度和城市法律，以至于在 19 世纪的最初几年里，对许多人而言，他似乎是救世主。最终，拿破仑不仅成为法国民族的偶像，而且也成了浪漫主义英雄的化身：完全凭借智慧和韧性，从一介平民崛起，到达控制世界舞台的巅峰。

拿破仑有能力把秩序、管理、理性的古典价值观施加于因大革命和动荡而遭到彻底破坏的法国社会；如今，人们对拿破仑的期望也因他对雅发血腥屠戮这种更为黑暗的事实而产生了动摇。浪漫主义者对个人直觉和创造性的力量如此痴迷以至于将拿破仑奉为神灵；但是，对于 19 世纪上半叶拿破仑最终的惨败以及接踵而至的社会动荡，他们的反应又会是以一种极度悲观的态度来对待人类事件的进程。

对于浪漫主义者的想象力，拿破仑算是个普罗米修斯般的人物。在希腊神话中，普罗米修斯是泰坦巨神族中的一员。他从太阳那里偷取智慧和创造力的火种赠予人类，而众神之王宙斯却拒绝给人类。因犯重罪，宙斯用链子把他拴在岩石上，老鹰每日啄食他的肝脏，然后每个夜晚肝脏又重新长出，这样他每天都

发/现/人/文

得遭受同样的厄运。一方面，浪漫主义者将他敬为饱受苦难却为人类自由而奋斗的高贵勇士。但另一方面，除了他不计后果打破最高权威的规定从而实现宏伟目标的雄心，以及他无休无止的苦难，他们也在普罗米修斯身上看到了某种徒劳和绝望。

英国普罗米修斯式的思想：拜伦和雪莱　诗人乔治·戈登，拜伦勋爵（1788—1824）认为，普罗米修斯是他自己个人主义精神的体现。拜伦是个奇妙的旅行家，他周游列国，风流成性，为受压迫的民族而奋战。在他1816年的一首颂诗《普罗米修斯》中，拜伦排演了埃斯库罗斯《被缚的普罗米修斯》剧中所描绘的神话，然后讲述了自己的神话英雄（阅读材料11.5）：

> **阅读材料 11.5**
>
> **乔治·戈登，拜伦勋爵，《普罗米修斯》选段（1816年）**
>
> 你是一个标记，一个征象，
> 标志着人的命运和力量；
> 和你相同，人也有神的一半，
> 是浊流来自圣洁的源泉；
> 人也能够一半儿预见
>
> 他自己的阴惨的归宿；
> 他那不幸，他的不肯屈服，
> 和他那生存的孤立无援：
> 但这一切反而使他振奋，
> 逆境会唤起顽抗的精神
>
> 使他与灾难力敌相持，
> 坚定的意志，深刻的认识；
> 即使在痛苦中，他能看到
> 其中也有它凝聚的酬报；
> 他骄傲他敢于反抗到底，
> 呵，他会把死亡变为胜利。[查良铮 译]

在拜伦看来，普罗米修斯敢于反抗奥林匹亚诸神，与他在拿破仑身上看到的一样，都是大无畏的精神，拜伦因不顾一切地坚持人类精神的力量平衡了一位诗人绝望的退缩感，从而战胜了一路上遇到的各种艰难险阻，甚至是死亡。

1823年7月，拜伦坐船来到希腊，帮助希腊人民为摆脱奥斯曼土耳其统治而进行的独立战争。对于拜伦来说，希腊是一个普罗米修斯式的国家，渴望"挣脱束缚"。现在，他来拯救它。但他却从未面临任何战斗，1824年的一天，拜伦发了高烧，医生误认为放血可以治愈他，结果就因失血过多而死。他被葬在英格兰的家族地下墓室里，心脏和肺则被葬在米索朗基城。

歌德的《浮士德》和对无穷知识的渴望　浪漫主义发展过程中最大的讽刺之一就是，作为浪漫主义最伟大的英雄之一的浮士德（德语 Faust /faust/，与 oust "驱逐"一词谐音）是具有古典特色的想象力所创造出来的。该英雄人物的创造者约翰·沃尔夫冈·冯·歌德（1749—1832）拥有浓厚的古典品位，也通常被归为"古典派"作家。1775年，他搬到欧洲最大的文化中心之一的魏玛，之后他在家里摆满了希腊和罗马雕塑。实际上，他憎恶浪漫主义。在1829年赠予友人的一封著名的信中，歌德这样说道："我认为古典主义是健康的，而浪漫主义是病态的……（浪漫主义者）是虚弱的、苍白的、病态的，而（古典主义者）则是强壮的、鲜活的、快乐的……"

歌德的《浮士德》也同样体现了模棱两可。《浮士德》是一部12000行的诗剧，它的原型是16世纪德国的一个传说，讲的是一名真实存在的游医，名叫乔安或者乔治·浮士德，他以出卖灵魂换取无穷的知识而闻名。对于歌德而言，这个人似乎是浪漫主义英雄的理想形象——被迫掌控整个世界，却下场悲惨。

像歌德本人一样，浮士德学识渊博，但厌恶目前的生活，渴望更加丰富的体验。其实，浮士德也遭受着浪漫主义英雄人物最大的痛苦之一，即百无聊赖（*ennui*），ennui 是一个法语词汇，意为"无所事事、深深的忧郁"。他渴望能挑战他无穷智慧的极限，这一挑战以靡菲斯特，即"恶魔"的形式出现了，他扮作19世纪优雅体面的花花公子的模样来到浮士德的研究室。

靡菲斯特与浮士德约定：他承诺给浮士德"我的艺术之迷人的范本"来满足他最大的渴望，作为回报，如果浮士德承认自己得到满足，那么靡菲斯特将赢得浮士德的灵魂。当浮士德准备与靡菲斯特一起离开时，撒旦就已经预知了这个医生的未来（阅读材料11.6）：

阅读材料 11.6

约翰·沃尔夫冈·冯·歌德，《浮士德》第一部选段（1808 年）

靡菲斯特……我们说走就走。但是请你这时做好旅行的装扮！[浮士德退场]

尽量蔑视理性和学识，
蔑视人间最高的能力，
尽量在幻术和魔法中
让虚诞的精神加强自己，
我就这样绝对地掌握住你！
命运赋给了他一种精神，
这精神不断向前猛进，
它那过急的努力，
跳越过尘世的欢欣。
我把他拖进狂放的生活，
经历些吃喝玩乐
他将发Ë，拘泥，惊惶失措，
再把饮食在他那贪饿的唇边扬播，
引起他不知餍足的欲火；
他将哀求充饥解渴，
即使不委身于恶魔，
也必彻底堕落！

靡菲斯特意识到浮士德是位纯粹的普罗米修斯式英雄，一个"勇往直前、无法控制"的人，他的贪得无厌、野心勃勃，不可避免地带领他"越过"极限。与一位名为格雷琴的年轻女子谈了一场轰轰烈烈的恋爱后，浮士德当时声称"感情就是一切"，他抛弃了她，使她丧失了理智并杀死了他们的私生子。因此，她被判处死刑，但是她纯洁的爱会在来世为她赢得救赎。

在第二部里，浮士德跟随靡菲斯特进入了充满浪漫主义想象色彩的"其他黑暗世界"，一个梦魇世界，充斥着女巫、女妖、怪物和来自遥远过去的英雄，包括特洛伊的海伦，浮士德与她还发展过一段恋情。但是，歌德的故事最终将以救赎结尾，所以浮士德对这个永无止境的体验并不满意。讽刺的是，真正开始抑制其欲望膨胀的竟然是将知识用于开垦广袤的土地以便为数百万的人提供良田（这让我们想起普罗米修斯

为了造福人类而盗取火种的故事）。他还没来得及实现这个梦想，浮士德就死了，但他从来没有真正地说他是满意的。

最终，歌德所塑造的浮士德是一个极其模糊的人物，一个有着巨大野心和巨大可能的人。然而，就像雪莱笔下的弗兰肯斯坦一样，他对力量的追求是自我毁灭式的。全诗既有高度的严肃性又有粗俗的喜剧，既歌颂浮士德的大善，又谴责他的道德沦丧，这些都说明了浮士德是一个极其模糊的角色。

戈雅的悲剧观　拿破仑的普罗米修斯式的雄心壮志的冲击以及由此引发的人类悲剧，从作曲家路德维希·冯·贝多芬（1770—1827）所在的奥地利一直延伸到画家弗朗西斯科·戈雅（1746—1828）所在的西班牙。一开始，戈雅对拿破仑加冕称帝报以极大热情。然而，戈雅也很快透过理想主义的面纱看穿了拿破仑貌似要在一个与欧洲其他地方隔离开来，低劣而腐败，仍然有封建残余势力的国家建立一个公平而高效的政府而已。事实上，戈雅对拿破仑的情感远不及贝多芬那么矛盾。戈雅与大多数西班牙人一样，只是单纯地憎恨法国皇帝拿破仑。

当拿破仑决定派一支法国军队越过伊比利亚半岛强迫葡萄牙放弃与英国结盟时，他没有预料到一个问题，西班牙自 1796 年以来一直是他的同盟。起初，拿破仑的军队无人能敌，但当军队抵达萨拉戈萨时，西班牙人民以炽热的民族情怀奋起反抗侵略者。在接下来的五年里，西班牙人发明了一种新的战法，使法军陷入数不清的游击战之中。游击战的概念由此衍生。

1808 年 3 月，拿破仑犯了一个致命的错误。他以贿赂的手段操纵了西班牙皇室，并让他的长兄约瑟夫·波拿巴（1808—1814）继承西班牙王位。这一举动使西班牙人民怒火中烧。毕竟，王位属于他们而非拿破仑，甚至当西班牙皇室与拿破仑协商时，就有传言说拿破仑要处决他们。1808 年 5 月 2 日，马德里的市民奋起反抗拿破仑的军队，造成成百上千死伤，第二天数百人被押赴马德里外的山丘上处决。六年后

的 1814 年，拿破仑被罢黜，费迪南德复位为国王，戈雅画了两幅画以纪念 5 月 2 日和 5 月 3 日发生的事件，第一幅展现了马德里街头的那场战斗，第二幅描绘了处决义军。

《1808 年 5 月 3 日夜枪杀起义者》是有史以来描绘战争恐怖最伟大的作品之一（图 11.21）。五二事件那天夜里，拿破仑的军队组织了一个行刑队，几百名私藏武器而被捕的马德里人被处决。唯一的光亮从一个方形的马灯里照了出来，投射在一个囚犯身上，他两臂张开、高举过头，这个姿势一下子看上去似乎在请求慈悲，实则为一种英勇的蔑视。他的姿势投射在身下四肢交错、血淋淋的尸体上。他的左边，在画的正中心，另外一个很快就会被行刑队处死的人，恐惧地蒙上了双眼，在他身后是长长的一排即将被处决的人。在他们的上方，夜空中隐约可见一个孤独、漆黑

的教堂尖塔。这幅画的震撼力在于明与暗的巴洛克式的对比，它还唤起了基督钉在十字架上的痛苦，并通过囚犯十字架式的姿势反映出来。行刑队的士兵们象征着虽忠于国家但违背了良知的残忍现实。

从古典音乐到浪漫主义音乐

对于普罗米修斯英雄的痴迷并非仅限于文学。它也体现在音乐里，尤其是路德维希·冯·贝多芬的音乐，他是音乐从古典主义过渡到浪漫主义时期的关键人物。他的《降 E 大调第三交响曲》，后来被称为《英雄交响曲》——意大利语指"英勇行为"——最初是献给拿破仑的，因为这个作曲家十分崇拜这位法国领导者，认为他是自由斗士。但是，当 1804 年 12 月 2 日拿破

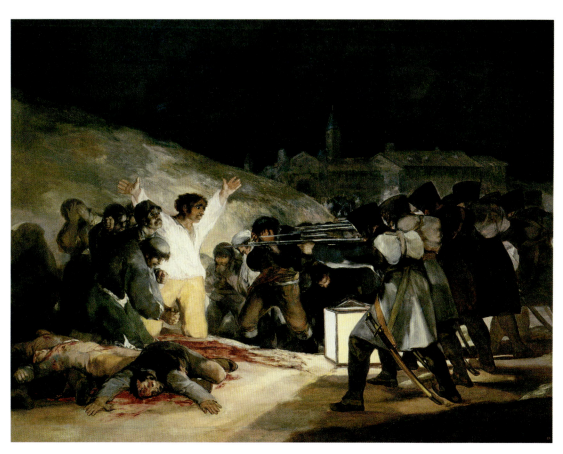

图 11.21　弗朗西斯科·戈雅，《1808 年 5 月 3 日夜枪杀起义者》，1814—1815 年。布面油画，尺寸：268 厘米 ×408 厘米。马德里普拉多美术馆藏。之后当被问及为何把这个场景画得如此形象与现实，戈雅回答得很简单："警告人类不要再做这样的事。"

仑加冕称帝时，贝多芬就改变了主意。他对一个朋友说："当初，他难道不是一个平凡得不能再平凡的普通人吗？现在，他也要践踏所有人的权利，放纵自己的欲望。他将凌驾于万人之上，成为一个暴君！"因此，在交响乐的扉页上，他抹掉了"献给波拿巴"的题名。

古典传统

1792 年，当贝多芬于作为一位年轻的钢琴家开始他的事业时，他沉浸于我们称为"古典音乐"的传统里，它反映了一种对于洛可可风格和与之相关的道德败坏越来越强烈的厌恶之感。古典风格于 1760 年左右在维也纳最先兴起，与古希腊和古罗马艺术有着共同的基本特点：对称、比例、平衡、形式的统一以及最重要的明晰。"明晰"这一特征是应一批新兴音乐听众的出现而直接产生的，这批迅速成长起来的中产阶级要求作曲家创作一种更易理解和辨识的音乐语言，而不是那种巴洛克式的华丽的复杂结构。

这一时期最重要的发展是，专门为新中产阶级听众设计了"交响乐队"。这种音乐合奏的规模要比巴洛克时期作曲家们的合奏大得多。古典乐队根据乐器的类型被分成不同的部分：弦乐器，由小提琴、中提琴、大提琴和低音提琴构成；木管乐器，由长笛、双簧管、单簧管和低音管组成；铜管乐器，由小号和法国号组成（18 世纪末，加入了长号）；打击乐器，主要是半球形铜鼓和其他的节奏乐器。作曲家本人通常站在今天指挥家所站的位置指挥整个乐队，并用钢琴或其他键盘乐器演奏作品的一部分。现代交响乐队正是新古典合奏的超级扩大版。

为了组织一个这样大型的乐队，需要制作一个总谱，标记什么音乐由什么乐器来演奏。因此，这要求作曲家既全盘考虑作品，又重视每一种乐器独立演奏的部分。绝大多数由交响乐队演奏的作品都是"交响乐"。这个词语取自意大利语 *sinfonia* 一词，包含三个乐章，快—慢—快，是意大利歌剧的序曲或前奏曲。基于庄严的小步舞曲的节奏，第四乐章通常可以加到前两个乐章后面。预测到音乐形式的变换便可知晓剧情的发展，当作品随着第三、第四乐章向前推进时，观众便可以预测到作曲家在音乐中的创造性了。

海顿和莫扎特　对交响乐这种音乐形式的发展贡献最大的人之一便是作曲家约瑟夫·海顿（1732—1809）。1761 年，29 岁的他便被匈牙利贵族王子保罗·安东·埃斯特哈齐任命为宫廷音乐指挥。海顿为埃斯特哈齐效力了将近 30 年，生活在位于维也纳南部 48 千米的艾森斯塔特的埃斯特哈齐宫殿里，长期与世隔绝。这个宫殿效仿了凡尔赛宫，内设两个剧院（其中一个是歌剧院）以及两个音乐厅。生活在这样的环境里，海顿创作了数目惊人的音乐作品：歌剧、宗教剧、协奏曲、奏鸣曲、序曲、礼拜乐，以及最重要的，两种他推动了其发展的体裁——古典交响乐和弦乐四重奏（他分别创作了 106 首交响乐和 67 首四重奏）。他也监管维修乐器、训练合唱团，并与 25 位音乐家共同排演一首交响乐。

1790 年埃斯特哈齐死后，他的儿子解散了这个乐队，同时，伦敦的一位创办人，约翰·彼得·萨洛蒙，邀请海顿到英国。在那里海顿为一个接近 60 名音乐家组成的乐队创作了他人生中最后的 12 首交响乐。这批在伦敦创作的音乐中最伟大的作品是《第 94 交响曲》，或所谓的《"惊愕"交响曲》。它如此得名是因为在第二乐章里，弱拍上出现了一阵完全出人意料的、极其嘹亮的敲击乐。这个时刻是精心设计的，据说，目的是唤醒已经睡意绵绵的听众，因为音乐会通常会持续到午夜以后。

古典主义时期最伟大的音乐天才是海顿同时代人兼同事，年轻一些的沃尔夫冈·阿马德乌斯·莫扎特（1756—1791）。1762 年 6 岁的莫扎特创作了人生中第一首原创作品，正是这一年，海顿担任了埃斯特哈齐王子授予的职位。8 岁时，这位天才就创作了他的第一首交响乐。在他 35 年的生命历程中，他写了 40 多首交响乐、70 首弦乐四重奏、20 首歌剧、60 首奏鸣曲，以及 23 首钢琴协奏曲。海顿告诉莫扎特的父亲，这个孩子是"我亲眼所见过、亲耳所闻过最伟大的作曲家"，在 1785 年，莫扎特将 6 首弦乐四重奏献给了这位老作曲家。好几次两个人在聚会时相遇，他们会一起演奏弦乐四重奏，海顿用小提琴，莫扎特用中提琴。

莫扎特的音乐被广泛认为是异常复杂的，太需要情感、太考验智商，所以普通听众很难理解。哈普斯堡皇帝约瑟夫二世曾评论，《唐·乔望尼》这出歌剧很美，"却不是维也纳人的菜"——意为歌剧太精湛了，而他们的欣赏水平有限——据说，莫扎特回答道："那么就给他们足够的时间来咀嚼。"事实上，他的作品大都需要花时间来消化吸收。比起多数写一整首交响乐的作曲家，莫扎特可将不同的旋律糅进一个单独的乐章里，并且每一行都自然地上升、渐进，从开始直到结尾，一气呵成。但约瑟夫二世对他另一处歌剧的反应也十分典型："太多音符了！"讽刺的是，这种丰富性正是我们今天所珍视的。

莫扎特音乐复杂性的一个体现就是《第40交响曲》，由莫扎特在1788年夏用时8周完成。第一乐章的形式对听众来说比较容易听懂，但这一章却满是些小的——偶尔稍大一些的惊奇。作品的跨度很大，高亢到柔和，木管乐器到弦乐器，升句到降句，大调到小调。特别戏剧化的是莫扎特让听众去期待音乐转变到原始的旋律，结果却不让它出现。

莫扎特最伟大的作品中有他最后的四部歌剧——《费加罗的婚礼》《唐·乔望尼》《女人心》和《魔笛》。前三场歌剧是关于将贵族和平民交织在一起的故事，亦庄亦谐。但是他们之间最大的不同在于人物特征的深度——这一部分有意大利剧本作家洛伦佐·达·庞德（1749—1838）的功劳。无论是身份卑微的平民还是位高权重的贵族，他们理顺了彼此之间的激烈关系和感情生活，因此，这一切便让人全然可信。

贝多芬：从古典主义到浪漫主义

贝多芬的音乐直接地反映其生命历程，他的快乐和悲伤，反过来，又暗示了一种转变，即从强调形式结构的古典时期的音乐转变到更注重表达个人感情和情绪体验的浪漫主义音乐。此外，早期的一些作曲家

已经在他们的作品里表达了情感，但不是贝多芬那样以个人化的、自传式的方法表达出来。

1792年11月，贝多芬从德国波恩来到维也纳，十年后，他于1802年完成的《第一交响曲》和《第二交响曲》已经明显带有古典主义传统色彩了，不断地重述、不断地总结，准备着实现令人更为兴奋的突破。他的听力状况每况愈下，也正是这种个人危机在接下来的十年间极大地激发了贝多芬非凡的创作，在这期间，他共创作了6首交响曲，4首协奏曲，5首弦乐四重奏，完全超越了古典主义的传统。

1802年4月，贝多芬离开维也纳来到城市以北一个名叫海利根施塔特的小村庄。尽管他的听力一直在恶化，但随之引起的嗡嗡耳鸣声却愈演愈烈。贝多芬生性喜怒无常，耳疾让他甚为沮丧。强烈的挫败感在10月初达到顶峰，他甚至想要结束自己的生命。人们在他死后从纸堆里发现一封宣泄其情感的信，这封信非常著名，是写给他的兄弟们的，今天称为《海利根施塔特遗书》（阅读材料11.7）：

阅读材料 11.7

路德维希·冯·贝多芬，《海利根遗书》选段（1802 年）

从童年时代起，我就有着一副心肠，来感受出于善意的温情，甚至我还怀着要做一番伟大事业的心愿。但是，请想想，六年来我处在何等绝望的境地。庸医的治疗使我的病情更为恶化，我年复一年怀着好转的希望，但都落了空，最后不得不看出这是一种旷日持久的病症……我生就一个热情活泼的性格，我也爱社交娱乐，但我必须很早就离群索居，过着孤独的生活……我毕竟不能对人大声说：喂，请说大声点！你得向我叫喊，因为我是个聋子！啊，我怎能承认，我身上的一种感官出了毛病。这种感官在于我理应比别人完美。这感官在我身上曾经是高度完美的，完美的程度过去或现在我的同行中很少有人能与之比拟。……我像一个流放者那样生活着。一旦接近人群，我就感到万分害怕，唯恐我的疾病有被人发现的危险。……但是，当别人站在我的身旁，听到了远方的笛声，而我一无所闻；别人听到了牧人的歌唱，而我还是一无所闻，这对我是何等屈辱啊！这类事件已使我濒于绝望，差一点我只用自杀来收场。是艺术，只是艺术留住了我……

对于这种状况，贝多芬很快便想通了，意识到自己与世隔绝的状态也许是激发创造力的必要条件。他的自我满足感与想象力由内而发，由一种几乎纯粹的主观感觉引领，这正是浪漫主义的核心所在。贝多芬的后海利根施塔特作品，通常被称为"英雄曲"，因为它们完完全全唤起了斗争与胜利的情感，标志真正的浪漫主义音乐风格的开端。作曲家兼作家 E.T.A. 霍夫曼曾在 1810 年表示贝多芬的音乐激发了"敬畏、害怕、恐怖和痛苦的体系"——他意指贝多芬的音乐能够唤起"崇高"之感。鉴于此，贝多芬的音乐比一些古典先辈们的音乐更具有情感的表现性。在贝多芬具有突破性的作品里，情感的表达通过以下三种不同的方式展现：较长的、持续的渐强驱使音乐不可阻挡地向前推进；突然的、令人意想不到的变调总是带给人一种和谐之感；同一主题的重复，无论以高亢的方式还是柔和的方式，总是能够相同又不同地直入人心。

贝多芬的《降 E 大调第三交响曲》，即《英雄交响曲》，首次呈现了这种新的音乐风格。它比之前任何交响乐都长得多，与莫扎特《g 小调第 40 交响曲》8 分钟的第一乐章相比，这首 691 个小节的第一乐章就要花大约 19 分钟来演奏。事实上，这首曲子的第一乐章几乎同莫扎特的整首交响乐一样长。这一乐章在一段延长的旋律后戏剧化地引入主题并反复重申，随即在一个巨大的高潮里结束，这完全象征着浪漫主义，即一种普罗米修斯式的情绪。作品的尾声将第一乐章的主题和过程中的所有变化都聚集在一个广阔的、狂欢的结尾，标志着一个庄严的号角。最后，这首交响乐戏剧化地将贝多芬个人的低迷化作对海利根施塔特（第二乐章中的主人公）的绝望、他内心的挣扎，以及他最终通过艺术获得的成功。

贝多芬的《第五交响曲》与《英雄交响曲》一样，将音乐形式注入战胜死亡、恐怖、害怕和痛苦的艺术之中。1808 年 12 月 22 日初演时，交响乐开篇四音符的动机，以及它短—短—短—长的节奏，事实上为整首交响乐奠定了基调。在整首交响乐的四个乐章中，这一节奏单元被反复使用，但每一次使用都不是简单的重复。相反，这个节奏似乎从开篇最轻微的引入逐渐进入一个广阔无边、永垂不朽的主题，直至音乐结尾。

许多令世人震惊的音乐创新都是对这一主题的诠释：开篇主题突然被一个双簧管独奏打断；给木管乐器部加上短笛和两个低音管，在终曲处加上长号的声音；最后两个乐章间不停顿；结尾的调与开篇不同——庄严的 C 大调而非一开始的 C 小调。事实上，《第五交响曲》的结尾是贝多芬写过的最长、最惊心动魄的作品。一遍又一遍，听起来似乎要结束了，但相反它只是变得越来越快，直至最后停在一个单独的 C 音符，随即整个乐队再洪亮地演奏出来。

贝多芬之后的浪漫主义音乐

贝多芬对于个人情感的音乐探索之路极大地影响了之后的浪漫主义作曲家。他们努力想要找到新的方式来传达他们的情感。有些人专注于将交响乐作为最重要的表达工具。而其他人则在钢琴音乐和歌曲里发现了丰富的表现手段。

埃克托·柏辽兹和标题音乐　法国作曲家埃克托·柏辽兹（1803—1869）是贝多芬的后继者里最具有独创性的，不管是从音乐角度还是从个人角度来说。他的作品全部是自传形式的；柏辽兹用新的方法将注意力引向交响乐和乐器法。他创作了 3 首交响曲，都因创新而著名，特别是柏辽兹赞助的那场乐队的规模。整首交响乐的声音震耳欲聋。乐队阵势浩大，叙事结构也纷繁复杂，柏辽兹完全能够通过引入反复出现在各个乐章的主题，从而使整首乐曲实现协调统一、连贯有序。

费利克斯·门德尔松和音乐的意义　标题音乐是继贝多芬之后另一位浪漫主义作曲家作品的重要组成

部分。年轻的费利克斯·门德尔松（1809—1847）和歌德十分要好，他们深厚的友谊说服了这位被视作天才的作曲家于1829—1831年云游欧洲。这一时期的旅行启发了他很多的管弦乐作品，其中包括：《意大利交响曲》（1833年），这首曲子凭借这一标题成为当时家喻户晓的作品；《苏格兰交响曲》（1842年），这是他许可在其有生之年出版的唯一作品；《赫布里底群岛》（1832年），也称为《芬格尔山洞》。最后便是音乐会序曲，这种音乐形式是从18世纪音乐厅里表演歌剧序曲的传统中演变过来的。它由一个单独的乐章组成，在某种程度上，它通常与观众所知晓的叙事情节联系在一起。然而，《赫布里底群岛序曲》并不是在讲述一个故事。相反，它设置了一个情景——西方音乐里首创作品之一——当门德尔松在苏格兰海岸外的一座岛屿上参观玄武岩柱上刻着的巨大的山洞时，那里独特的岩石景观和海浪的波涛汹涌带给了他灵感。

门德尔松擅长演奏钢琴和小提琴。他创作了48首《无词歌》钢琴曲，分别发表于8本不同的书中，这些作品广受欢迎。这些作品向听众提出一种挑战，那就是想象乐曲所能唤起的文字。当一个友人请他给音乐添加描述性的题目时，他回答道：

我认为文字不适合它（这些音乐），如果我发现他们足以胜任，那么我就会完全停止音乐创作……因此如果你问我怎么想，我要说：就按歌本来的样子。如果我心里碰巧有个独特的词或者独特的词汇适合这些歌的一首或某首，我决不会向任何人泄露，因为同样的词对一个人而言是一个意思，对另一个人又是另外一个意思，因为只有歌才能够讲述同样的事情，能够在不同的人之间引起同样的情绪——一种不能用同样的词来表达的情感。

换句话说，音乐的意义，对于门德尔松而言，在于音乐本身。它不能够用言语表达。音乐可以带给每个人感受，然而每个人的感受又是不尽相同的。

歌曲：弗朗兹·舒伯特和舒曼夫妇　并非所有的浪漫主义作曲家都追随贝多芬的脚步，把焦点集中在交响乐这种形式上，以此完成最伟大的创作并且完整地传达他们的个人情感。1815年左右，德国作曲家们开始对把诗谱成曲子的想法饶有兴趣，特别是希勒和歌德的作品。这些歌曲被称为艺术歌曲（"lieder"的单数形式是"lied"），通常为独唱和钢琴所作。这些曲子颇受欢迎，反映了越来越多的中产阶级家庭有渠道、有能力使用钢琴，作曲家们也愿意创作一些非专业钢琴家也可以演奏的作品。早期音乐市场的扩展也解放了一群依靠富贵人家赞助的作曲家们。

弗朗兹·舒伯特（1797—1828）和罗伯特·舒曼（1810—1856）的艺术歌曲特别流行。舒伯特一直同疾病和贫穷斗争，并疯狂地工作。在短暂的事业生涯中，他创作了约1000件作品，其中600首艺术歌曲、9首交响乐和22首钢琴奏鸣曲。舒伯特在有生之年没能够得到国际认可，他过早死于伤寒是一方面的原因。然而，他对于音乐旋律有一种异于常人的天赋，许多人在他死后才发现这个人，他们认为他的音乐旋律似乎在捕捉情感体验和浪漫主义精神的深度。

1849年与克拉拉·舒曼（1819—1896）结婚前，罗伯特·舒曼一年写的作品绝不超过五件。在结婚那一年，他就创作了140首歌曲，包括给克拉拉的新婚礼物，一首诗《你像一朵花儿》，以及另外一首在婚礼上演奏的歌曲《献词》。《献词》开头便是"你是我的灵魂，/你是我的心灵"，结尾是一段舒伯特的简短引语。因此，克拉拉是她丈夫所创作最动人音乐的灵感之源。

20岁时，克拉拉·舒曼就是非常出名的钢琴艺术鉴赏家，维也纳宫廷赐予她"帝国皇家艺术大师"的称号。尽管与罗伯特·舒曼婚姻十分坎坷，她依然是当时最著名、最受尊崇的音乐会钢琴家和作曲家之一。与她的丈夫一样，她擅长演奏名为"独奏曲"的钢琴作品，这些作品的维度相对较小，传达着人物、情感或场景的情绪或"个性特征"。罗伯特最伟大的钢琴曲是由主题相关的微小组曲构成，包括他1835年的《狂欢节》。罗伯特死后，克拉拉通过参加巡回演出维持生计，她也是首次定期这样做的艺术家之一。

钢琴音乐：弗雷德里克·肖邦 钢琴曲独奏的表演形式通常出现在沙龙音乐会上，这些音乐会在一些家境殷实的音乐爱好者家里举办。波兰人弗雷德里克·肖邦（1810—1849）是当时最受欢迎的钢琴作曲家和演奏家之一。他的作品几乎全是钢琴曲。"练习曲"或"学习曲"，是他影响最深远的作品，其强调了钢琴演奏过程中技术方面的难度。《即兴幻想曲》就展示了肖邦所能驾驭的表现维度，甚至在一个极短的作品里。与当时的其他钢琴家一样，肖邦通过运用"自由节拍"（字面意思为"抢时间"）来增强作品的情感，在"自由节拍"中作品的节拍以其学生形容的"近似激情的演讲"的方式加速或减速。"幻想曲"一词意味着创造力、想象力、魔法和超自然，而"即兴曲"一词意味着即兴创作，当然，曲子是要写下来的。集冲动、一时兴起所激发的创造力和想象的、幻想的效果于一体，肖邦的作品完全吻合浪漫主义。

延续与变化 从浪漫主义到现实主义

1815年拿破仑垮台之后，古典主义和浪漫主义之间的争斗在法国内日益激烈，更因政治党派之争而火上浇油。被送上断头台的路易十六的弟弟，即路易十八（1814—1824年在位）登上王位象征着波旁王朝复辟。保皇党主张恢复君主制，拥护更为保守的新古典主义风格。而自由党认同新浪漫主义风格，这种风格从一开始便与法国革命时期自由、独立的激进精神相吻合。

在这种政治背景下，在巴黎受到新古典主义风格熏陶的年轻画家泰奥多尔·席里柯（也译作"籍里柯"，1791—1824）开创了一番事业。席里柯于1815年成为皇家三剑客的一员，并被指派保护以后的路易十八免受拿破仑的迫害。然而，接二连三的事件很快结束了席里柯短暂的保皇党生涯。1816年7月2日，一艘由政府派遣的巡洋舰"梅杜萨号"满携载着士兵和殖民定居者前往塞纳加尔，在距离西非海岸80千米的暗礁处遇险。船长和所有船员成功自救，扔下包括一名妇女在内的150位乘客漂泊在一个临时制成的救生筏之上。接下来每天都是疯狂、残杀、饥饿、口渴，甚至出现嗜食同伴的现象，最终只有15人幸存下来。席里柯听到此消息后勃然大怒。一个经验不足的船长，凭借贵族出身和与国王的关系受到委任，却置其他人于不顾贸然自救，贵族特权受到了强烈的谴责。

席里柯想要做一些事情来弥补。他采访了一些幸存者，还在巴黎的一间停尸房里画出了一些残缺不全的肢体。《梅杜萨之筏》这幅巨作是由两个三角形构成的（图11.22）。一根桅杆和两条绳索支撑着一个三角形的顶端；其中一个人挥向几乎看不见的阿格斯方向，他的躯干和最终会挽救这群漂流者的救生筏架起另一个三角形。相互交叉的对角线形成一个形象的"X"，一个跪着的人位于"X"的中心，他的手臂向上伸直，似乎指向可以得到救援的那股希望。最终，这幅作品的的确确讽刺了所谓的拯救，正如这幅画严格的几何结构就是在仿效古典主义中的理想秩序。席里柯的浪漫精神透过他的艺术呈现了一种政治维度。他成了一个普罗米修斯式的英雄，挑战着皇室的权威。

1819年，当席里柯的这幅画展览在法国美术学院沙龙会上时，它被简单地命名为《沉船景》，在很大程度上是为了避免与波旁政府直接的对抗。保皇党评论家们不承认这幅作品。保皇党新闻报道称这幅作品"与道德社会相违背，它就是为了成贪婪之徒的一己之快"。尽管席里柯在描绘遇难者时对他们的肌肉组织进行了古典化处理，对其真实情况进行了理想化处理，但是从其时效性，即反映时事的一致性来讲，在西方人的想象里，它期待着一次朝着还原真实事件方向的转变，如果不能还原其身体真实，那至少也应该还原其情感真理。

图 11.22　泰奥多尔·席里柯，《梅杜萨之筏》，1818 年。先用油料速写，再画成布面油画，尺寸：490 厘米 ×716 厘米。巴黎卢浮宫藏。

第12章 工人阶级和资产阶级

现代生活的状况

1815 年，拿破仑战败后，路易十八顺理成章地登上法国的王位，但他不能不顾大革命时期和拿破仑本人推行的改革。但他的弟弟阿图瓦伯爵对此却不同意，很快掀起了一场所谓的极端保皇主义运动，其成员主要是一些在革命中遭受损失的家族。这些极端保皇党人主张退回革命期间被没收的财物，废除革命期间和拿破仑时期推行的改革，同时监禁和处决成百上千的革命分子、拿破仑的同情者以及法国南部的清教徒（曾支持过拿破仑的雅克 - 路易·大卫就在这个时期遭到流放）。为了巩固他的统治，路易十八很大程度上解散了由极端保皇党人组成的下院，并号召重新选举，从而选出政见更为温和的下院议员。

随后 4 年里，法国政局相对稳定，然而 1820 年 2 月，阿图瓦伯爵的儿子，波旁王朝最后的王孙和王位继承人被刺杀，由此，法国掀起了长达 10 年的镇压活动。罗马天主教控制着国家教育系统，新闻审查开始实施，"危险的"政治活动被禁止。路易十八死后，阿图瓦伯爵即位，即查理十世（1824—1830 年在位）。

在这场动乱中，一位名叫欧仁·德拉克洛瓦（1798—1863）的年轻画家在 1824 年的一次沙龙展中，展出了他的画作《希俄斯岛大屠杀》（图 12.1）。德拉克洛瓦曾向席里柯学习绘画，实际上席里柯在画《梅杜萨之筏》（图 11.22）最下面正中那个脸部朝下赤裸

上身的人时就是以德拉克洛瓦为模特的。德拉克洛瓦同他老师一样，对保皇派已不抱任何幻想了。德拉克洛瓦这幅画的全名是《希俄斯岛上的屠杀场景；等待死亡或被奴役等命运的希腊家庭——见当前各种不同的新闻报刊和记录》。画名揭示了这幅画与新闻主题的紧密联系，该画描绘了 1822 年 4 月，在希腊人发起了对土耳其的独立战争后，一场由自由欧洲各国所支持的一项事业。作为报复，苏丹派出一支由 1 万人组成的军队前往土耳其西岸几千米外的希属希俄斯岛。这支军队屠杀了 2 万希腊人，抓走了数万妇女儿童，将他们当作奴隶贩卖到东非。在画的左前方，战败的希腊家庭等着他们的命运。在画的右方，一位老妪沮丧地坐在或许是她女儿的尸体边，而她的孙子甚至还在试图努力地吮吸着已然逝去的母亲的乳头。一位希腊俘虏试图徒劳地去保卫一名希腊妇女，这名妇女被绑在一个得意扬扬的土耳其士兵的马匹上。画面上近景和远景之间的距离如此之大令人吃惊，仿佛整个场景就发生在一个绘出的舞台造型之上。

德拉克洛瓦的《希俄斯岛大屠杀》和另一幅几乎同样大小的由让 - 奥古斯特·多米尼克·安格尔（1780—1867）所绘的《路易十三的宣誓》（图 12.2）同时在一次沙龙上展出，它们在绘画风格上形成了鲜明对比。从时代背景角度看，安格尔的画很显然是皇家的作品。该画描述了 1638 年 2 月路易十三

◀ **图 12.1 欧仁·德拉克洛瓦，《希俄斯岛大屠杀》**，1824 年。布面油画，尺寸：419 厘米 ×354 厘米。法国巴黎卢浮宫藏。画面反映的真实性是德拉克洛瓦根据一名参与希腊反对土耳其人压迫的志愿者的证词所作。

把法国置于圣母的保护之下以结束清教叛乱。这幅画被分成了两个不同的区域：宗教与世俗，或者是教会与国家。国王跪在画得细致入微的代表世俗空间的前景中。他的上方是沐浴在灵魂之光中的圣母，她是文艺复兴时期古典主义的丰碑，圣母的造型直接参考了拉斐尔的《圣母玛利亚》中的圣母。不管从哪个方面来看，这幅画都是波旁王朝、天主教和古典艺术传统的不朽之作。

在他的画中，安格尔毫不犹豫地调整了身体的比例，使之适合于整幅作品。一个典型例子就是他1814年的《大宫女》（图12.3）。宫女是指中东国家，特别是土耳其的后宫里的某个女奴或侍妾。当这幅画在1819年的沙龙展出后，参观者很快发现，该画像的背部脊柱过多，以至于她的右臂太长，仿佛肘部都已经脱节，而她的右脚掌与右膝隔得太远，好像被切断了一般。安格尔几乎不可能没有注意到这些东西。但对他而言，该作品是需要背部和手臂有绵长的曲线，这种曲线一直延续到挂着的窗帘的褶皱里，甚至与人物的腿所形成的对角线交叉。同样，吸引画家的是黑色背景与光洁的身体形成的鲜明对比，缎子和丝绸的惊人实感以及孔雀羽毛扇所带来的触觉感，这些东西都未着太多笔墨却又表现得淋漓尽致。

《大宫女》这幅画在安格尔此后的绘画生涯中占

图 12.2　让－奥古斯特·多米尼克·安格尔，《路易十三世的宣誓》，1824年。布面油画，尺寸：421厘米×262厘米。法国蒙特斑大教堂。纽约布里奇曼艺术图书馆藏。图中丘比特手上的牌子写着："法王路易斯十三世在圣女保佑之下，1638年2月。"

图 12.3　让－奥古斯特·多米尼克·安格尔，《大宫女》，1814年。布面油画，尺寸：91厘米×162厘米。法国巴黎卢浮宫藏。此画是受拿破仑一世的妹妹卡洛琳·缪拉之托而创作的。

据了重要的位置，事实上画裸体女图在19世纪的法国艺术界中是群体行为。但是，德拉克洛瓦在1845—1850年的《宫女图》（图12.4）中选取同样的主题时，产生的效果截然不同。但是，两幅作品都采用了标准的肖像画法的后宫类作品中一些程式化的内容——蓬乱的床笫、大麻烟斗或者水烟袋，挂有窗帘的房子。两幅画像都通过眼睛向观赏者传递信息。但是，安格尔冷色调中的蓝色强调了冷静，甚至强调画中宫女的性冷淡，而德拉克洛瓦所用的红色调则让人产生强烈的性亢奋，画中女模特的身子面朝而不是背对着观察者无疑就强调了给观察者的性冲动。事实上，安格尔笔下的宫女似乎是无瑕的，几乎是纯洁的，而德拉克洛瓦笔下的宫女则是淫荡的，而且德拉克洛瓦的笔法狂野有力，而安格尔的则柔和无痕。1854年，德拉克洛瓦在他的日志里这样写道："我同情那些冷静地、

图12.4　德拉克洛瓦，《宫女图》，1845—1850年。布面油画，尺寸：38厘米×46厘米。英国剑桥大学菲茨威廉博物馆，布里奇曼艺术图书馆藏。德拉克洛瓦的油画的尺寸相对较小，给人一种速写素描之感。

安静地工作的人（意为安格尔）。我确信他们所做的一切事情只能是安静且冷静的。"德拉克洛瓦喜欢他所说的"狂怒的笔法"，在这幅图里就特别地体现了出来。当时有人称他的笔法为"像剑一样刺得很深"，他的画作中的笔法的确如此，几乎是充斥着性暴力的。

因此，德拉克洛瓦和安格尔重新上演了一场美学辩论（见第9章），这场辩论从路易十三时期就开始了，它是一场在智力与情感之间，在普桑学派和鲁本斯学派之间的美学辩论。但是，安格尔的新古典主义和德拉克洛瓦的浪漫主义不仅是作为美学趣味的表现方法也是作为政治斗争而进入这场辩论之中的。作为政治斗争，两者已于1830年在德拉克洛瓦里程碑式的绘画《自由引导人民》（图12.5）里所歌颂的革命中表现出来了。

图12.5　德拉克洛瓦，《自由引导人民》，1830年。布面油画，尺寸：259厘米×323厘米。摄影：赫尔夫·莱万多夫斯基。卢浮宫藏，法国国立博物馆联盟（RMN）。SCALA，纽约艺术资源公司。注意背景右侧中的圣母大教堂的塔楼有助于体现人物的现实主义。

三年前，当自由党赢得下议院大多数席位时，国王查理十世放松了对新闻的审查和政府对教育的控制。但是，这些让步却给他带来烦恼，1830年春他再次要求重新选举。自由党仍然赢得多数席位，但查理十世并没有放弃。7月25日，他解散了新议会，重新开始新闻审查，只让法国富人拥有选举权。第二天，暴乱开始，工人们占领了街道、竖起了路障，迎击皇家部队。在接下来的日子里，1800人丧生。很快，查理宣布退位，并流亡英国。下院任命奥尔良公爵路易·菲利普作为接班人，成为法国新宪法君主。持续两百年的波旁王朝就此结束。

德拉克洛瓦记录的事件发生在1830年7月，这幅画用寓言的方式再现真实细节，同时体现了呼吁采取政治行动的情感。胸部裸露的自由女神象征着自由的力量，大步跨过障碍，手中握着大革命时期的三色旗帜，旁边是一位舞动双枪的年轻街头流浪汉。另一边是一名中产阶级的绅士，穿着双排扣长礼服，头戴大礼帽，在他旁边一名男子挥舞着军刀。图中一名工人身着革命颜色的服装，从下面街垒里爬起来。两名法国皇家卫队士兵的鞋子以及其中一个士兵的衣服都被暴乱的工人们扒掉了，整个作品的三角结构可从两名士兵身体得以体现。这些人物让人想起泰奥多尔·席里柯的作品《梅杜萨之筏》底座下的死尸（图11.22）。

对于挑起1830年革命的中产阶级的自由党人士而言，绘画是既恐怖又现实。新即位的国王——路易·菲利普，下令该画由国家购买，然后迅速地将其藏起来，如此一来，就能证明该画对平民的歌颂并非太鼓舞人心。事实上，直到1848年，该画才再次与公众见面，当时，路易·菲利普已在另一场革命中被废黜了，这场革命也永远地结束了法国的君主制。

1800—1848年，巴黎市的面积翻了一番，人口近100万人，城市无序地发展着。街道杂乱无章，如迷宫一般，到处是狭窄压抑的通道，人来车往，行人时常身处危险之境。排水沟里全是垃圾和污水，以至于很快就会在低洼处形成一个污水坑。臭气冲天，令人

作呕。这些水坑产生了很多老鼠和苍蝇，它们身上携带着大量的病菌，如霍乱、痢疾、斑疹伤寒和伤寒热。1848—1849年，巴黎爆发了一场大规模传染病，致使19000多人死亡。更让这种情形复杂化的是，在1853年前连一张精确的街道地图都没有，走进街道简直就是进入了一个未知且危险的境地。

1848年之前，上述这些情况在整个欧洲各地的城市里相当普遍；食物短缺，农业经济混乱，导致情况更加恶化。在爱尔兰发生的土豆歉收就导致100万人死亡，这仅是社会普遍衰退的一个最极端的例子。尤其在工业扩张还未能同新兴市场同步发展的地方，农业的危机反过来引发了银行破产倒闭。在法国，物价暴跌，商业亏损，失业严重。革命的条件成熟了。很快，巴黎的街头到处都是由工人设置的路障和街垒，他们要求获有谋生的权利并决定自己命运。血腥的街道械斗深深困扰着巴黎市民，以至于像欧内斯特·梅森尼埃（1815—1891）这样一位将整个一生几乎都致力于颂扬法国军事历史的传统沙龙画家都开始转向描写真实的战争（图12.6）。这幅画剥去了德拉克洛瓦的《自由引导人民》的所有荣光。

本章探讨一个越来越富裕的资产阶级大众（中产阶级）在欧洲和美国的兴起，他们决心要过一种远离现实的生活方式，那样的现实导致了1848年欧洲革命和1861年美国内战的爆发。如果说德拉克洛瓦和安格尔不仅开始了美学的而且是政治的论辩的话，那么，工人阶级和资产阶级之间的核心冲突则是另外两种经常在明争暗斗的意识形态：自由主义和民族主义。早在启蒙运动时期的价值观念中（即追求最基本的平等和自由的普遍需求），自由的信仰这一观念就已确立。但是，欧洲中部、东部和南部的大部分地区却由以地区自治、文化自豪感，摆脱君主控制，特别是摆脱哈布斯堡家族的控制为核心思想的民族主义思想所控制。自由主义超越国界；民族主义则寄托于不同区域的甚至是本土的、民族的和语言的身份。这些同样的政治主义预示了美国南北之间的紧张局势。

然而，在19世纪，非西方文化的文化身份受到

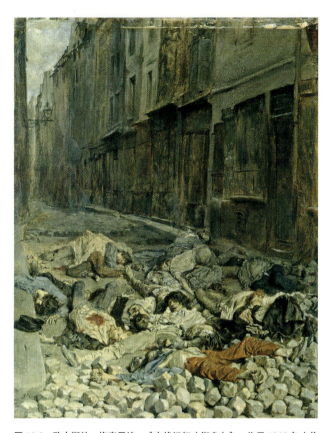

图12.6 欧内斯特·梅森尼埃，《内战记忆（街垒）》，作于 1849 年（首次于 1850—1851 年沙龙展出）。布面油画，尺寸：29 厘米 ×21 厘米。卢浮宫藏。法国国立博物馆联盟（RMN）。SCALA，纽约艺术资源公司。在 1849 年的"六月起义"中，梅森尼埃是共和国卫队的队长，担负起保卫市政厅的重任，目睹了血腥的场面。之后，他创作了这幅画，一位同时代的人称这幅画的惨景为"人肉蛋卷"。

了西方国家的严峻挑战：西方国家因有效的新式军队、新的交通方式、新的海军技术而走上了富国强军的道路，它们跃跃欲试，希图在遥远的亚非拉等地扩大它们的势力范围并获取新的政治经济权力。与西方价值观念大相径庭的其他民族（尤其是中国、印度和日本）同西方文明之间的冲突，暗示了 20 世纪初那些在本土文化中扎根了几百年甚至几千年的传统与中心意识要么受到威胁，要么正在遭受破坏。在世界范围内，非西方文化的民族突然发现，他们成为欧洲人建立的新的殖民帝国的前哨，从而导致遵循了若干世纪的传统文化习俗、政治领导和社会体制方面的日渐式微。

新现实主义

工业化以后，欧洲的劳动大军很快形成了无产阶级，他们是与资产阶级、店主、商人和生意人相对立的阶级，既没有生产资料（工具和设备），又不能掌握自己的命运。服装业和制鞋业曾在富人居住的伦敦西区繁华一时，但像这样的产业已开始为大量的工厂所取代，并为无产阶级自己生产商品。机器生产引入了纺织业，从而导致该行业对熟练工人的需求减少，对无技术工人的需求增加，大多数这样的工人是年轻的单身女性和寡妇，她们的工资低于男性。有些妇女转作妓女来填补她微薄的收入。另外，男性监工对一些低收入、教育水平低的女工人进行性侵也成了家常便饭。

面对工人阶级的这种现实生活，欧洲的改革家和作家开始通过创造思辨的作品对工业社会进行批判。他们攻击的主要对象是工业国家的经济引擎，即为了榨取利润而不顾一切的欲望以及似乎驱动工业主义经济引擎向前移动的某种无节制的物质主义。世界似乎变成一个缺乏生机和破坏灵魂的由机器动力取代心脏跳动的世界。

马克思主义

改革派的作家中最重要的人物是卡尔·马克思（1818—1883）和弗里德里希·恩格斯（1820—1895）。这两位年轻的德国中产阶级人士认为，由于人的生存条件决定了生活中社会的、政治的、文化的等其他各个方面，因此，具有内在的不平等的资本主义必须被消灭。改革毫无意义，只有工人革命才能换来实际的改变。事实上，马克思和恩格斯认为革命是不可避免的。资产阶级与无产阶级之间的斗争，拿德国哲学家黑格尔的哲学术语来讲，实际上就是正题与反题之间的冲突。资产阶级，在恩格斯看来，就是"占有生产资料、雇用劳动工人的现代资本家"。黑格尔认为，历史的前进是辩证的：在任何时候，一整套流行的观念，即"正题"，都存在着与之相反的一套观念，即"反题"。两者之间的冲突在"合题"中得以解决，这将不可避免地要确立新的正题，新的正题又会产生新的反题，通过这个过程不断向前推进。马克思和恩格斯指出，无产阶级（正题）与资产阶级（反题）之间的冲突，其最终的解决办法存在于一个没有阶级的社会这一合题之中，即在"历史的尽头"建立乌托邦式的社会，因为推动历史进程辩证的动力将最终而且也将永远地得到解决。

马克思和恩格斯间的合作有助于19世纪和20世纪全球历史格局的最终形成。1844年，在法国巴黎的一间咖啡馆里，马克思第一次遇见了恩格斯，从此，他们之间就展开了划时代的合作。当时，马克思已经是一家德国报纸的编辑，而恩格斯是他父亲在英国曼彻斯特的纺织工厂的继承人。翌年，恩格斯出版了他的《英国工人阶级状况》一书，他辛辣地控诉了工人生活的状况。1848年年初，他们俩为伦敦新成立的共产主义同盟联合发表了一份宣言，即《共产党宣言》。在宣言中，马克思和恩格斯指出，阶级斗争是有史以来所有社会的特点，而这种阶级对立在工业社会进一步加大了。"整个社会越来越分裂成两大敌对的阵营，两个直接面对的庞大的阶级：资产阶级和无产阶级。"

《共产党宣言》里最富有争议的是号召"用暴力推翻所有现存的社会秩序"，并总结道："无产阶级失去的只是锁链，他们赢得的将是整个世界。全世界无产者，联合起来！"这一让无产阶级拿起武器的号召在随后的数十年赢得了越来越广泛的支持，尽管马克思和恩格斯都低估了资本主义适应变化并慢慢改善无产阶级的命运的能力。但是，《共产党宣言》以及马克思之后的《资本论》都为无产阶级的生活条件提供了最重要的证词，也精辟地阐释了资本主义的运行方式。

现实主义文学

马克思和恩格斯的思想确实反映了欧洲和美国那些关心社会福利的人对工人（在美国则是奴隶）生活困境的广泛关注。他们攻击的主要对象是工业国家的经济引擎：不惜提高工人的劳动强度疯狂榨取利润的欲望以及似乎驱动工业主义经济引擎的无节制的物质主义。

查尔斯·狄更斯和工业城市 查尔斯·狄更斯（1812—1870）的小说，通过其笔下的男女主人公、恶棍和无赖，阐述了19世纪英国存在的极大的阶级不平等，其小说通常极尽讽刺。尽管有时他传达的情感令人濒临崩溃，但是他生动描绘英国现实生活的手法却是前所未有的。运用深深同情的笔触极为详细地描写英国下层社会的生活，狄更斯成了一种新的散文小说和现实主义文学的主要创造者。

在最早出版的小说中，狄更斯使用了鲍兹这一笔名，他描绘了伦敦德鲁里巷最糟糕的一处贫民窟（阅读材料12.1）。一个世纪以前，它还是个不错的地方，但从19世纪之初，便到处都是妓院和杜松子酒馆：

阅读材料 12.1

狄更斯《博兹札记》选段（1836年）

伦敦这一带的肮脏与悲惨之状非亲眼看见者所能想象的，而这种人为数众多。那里尽是些破旧房子，窗玻璃破了就用碎布和纸贴着，每个房间分别租给一家人家，往往还同时租给两家甚至三家——水果"甜食"制造商住在地下室，理发师和熏青鱼的叫卖小贩住在前起居室，补鞋匠们住在后起居室，经营小鸟的商人住在二楼，三家人住在三楼，饥肠辘辘的人住在顶楼，一家爱尔兰人住在走廊里，一个"音乐家"住在前厨房，一个打杂女工和五个挨饿的孩子住在后厨房——到处是脏东西——屋前一条明沟，屋后一条阴沟——窗前晒着衣服，泔水从窗口倒出来；头发缠结在一起的十四五岁的女孩子们光着脚走来走去，除了身上披着的白色大褂子以外几乎一丝不挂；各种年龄的男孩子们穿着各种尺码的上衣，有的还根本没穿上衣；身穿各种单薄的脏衣服的男男女女荡来荡去，有的大声骂人，有的在喝酒，有的在抽烟，有的在吵架，有的在说脏话。

这种写作风格完全是狄更斯风格的。运用长句，描绘堆砌，详尽无余，以至于读者几乎在结尾处都已经无法呼吸，感到震惊，当作者尽力描绘难以想象的事实的时候，他的目的不是简单的娱乐，而是提倡改革。

法国现实主义文学：巴尔扎克和福楼拜 在法国，

像奥诺雷·德·巴尔扎克（1799—1850）、居斯塔夫·福楼拜（1821—1880）这样的现实主义作家致力于科学地检验生活，即不带偏见地、尽可能直接地描绘生活。在1833年，巴尔扎克决定把他的旧小说都集合起来，以便反映整个法国的社会现实。他把这一系列的书称为《人间喜剧》。巴尔扎克的计划最终产生了92部小说，囊括了2000多位人物。代表作有《欧也妮·葛朗台》（1833年）、《高老头》（1834年）、《幻灭三部曲》（1837—1843年）以及《贝蒂表妹》（1846年）。这些作品的主要背景是在巴黎的旧贵族、新财富及不断发展的资产阶级（中产阶级的店主、商人和生意人，与劳动者和工人区别）文化。小说包括了来自社会各个阶层的人物——仆人、工人、职员、罪犯、知识分子、交际花和妓女。某些人物在不同小说中反复出现，如《高老头》的中心人物欧也妮·葛朗台，来自穷困的省份的家庭，独自一人来到巴黎寻求财富，而亨利·德马尔赛这位花花公子则在25部小说中都有出现。

巴尔扎克通过直接的观察来描绘这些人物，他描写在巴黎街道上偶遇的人："我会倾听这些人"，"我去体验他们的生活，觉得自己也穿着和他们一样的褴褛衣衫。我穿着他们破烂的鞋子在街上行走；他们的欲望、希望都深入我的灵魂"。有这样一个故事，曾经有一次，他的一位朋友告诉他自己的姐姐生病了，他打断朋友，说道："哦，那很好啊，但是我们得回到现实：欧也妮·葛朗台得嫁给谁呢？"

居斯塔夫·福楼拜在19世纪中叶所写的《包法利夫人》，其本质是现实主义对浪漫主义情感的一击。但福楼拜也有强烈的浪漫主义倾向，为此，他的巴黎朋友曾强烈谴责过他。他们认为，他应该直接写"实际的"平凡生活的小说，并进一步建议应该以德拉玛真人真事为蓝本来创作。德拉玛是一位乡村医生的妻子，她背着丈夫偷腥，然后跑了，她的丈夫在背叛和欺骗的打击下郁郁而终。福楼拜采用了朋友们的意见，于是，1856年，《包法利夫人》首次以连载方式在杂志上发表。

福楼拜小说中的现实主义来源于他自身要不要写成浪漫主义的心理斗争。之后，他说："包法利夫人就是我！"这句话证明了他对资产阶级以及自己在小说中谴责的浪漫主义情怀的深刻理解。在该部小说的中间部分，爱玛想象她就要死了。自从她和情人鲁道夫结束恋情后，她已经病了两个月。现在，她浪漫地幻想着，这是自己最后的时刻，自己正经历着贝尼尼的画作《圣特蕾莎的狂喜》中的那种狂喜（阅读材料12.2；图9.8）：

阅读材料12.2

福楼拜，《包法利夫人》选段（1856年）

有一天她病得最厉害的时候，要求举行临终前的宗教仪式！人家在她房里作后事的准备，把堆满药瓶的衣柜改成圣坛，费莉西在地上撒大丽花。这时，爱玛觉得有股力量经过她的身上，使她摆脱了痛苦、知觉、感情。她的肉体轻飘飘的，不再想事，新的生命开始了；她觉得她的灵魂飞向上帝，就要融入天国的爱，正如点着的香化为青烟一样。床单上洒了圣水；神父从圣体盒中取出白色的圣体饼，她把嘴唇伸出，领受救世主的圣体时，感到天堂的幸福使她昏迷沉醉。她床上的帐子微微鼓起，好像周围缭绕的祥云，衣柜上点着两支蜡烛发出的光线，在她看来，仿佛成了耀眼的光轮。于是她又让头倒下去，以为听见了天使在天上的歌声琴音，在一片蔚蓝的天空中，看见了光辉灿烂、崇高庄严的天父，在黄金的宝座上坐着，在手拿绿色棕榈枝的圣徒中间，示意长着火焰翅膀的天使下凡，伸出胳膊，把她接上天去。

在1852年的一封信中谈及描写爱玛和利昂一次饭后对话时，福楼拜写道："我在写一个年轻男子和女子进行的关于文学、茶、山水、音乐的对话——简而言之，一切有诗意的东西。本可认真地看待，但是我打算让它看起来滑稽。"也许爱玛昏厥的时候他还会说同一段话，她的宗教经历就像生病一样会再次重现，然后她便会昏厥。"蔚蓝的天空，在金色的宝座上方"这样的词句就是福楼拜所称的"正确的话"的例子，准确使用这些词句能抓住这个场景的本质，在这种情况下使用陈词滥调则能突出爱玛荒诞的经历。福楼拜觉得自己像现代的科学家一样，通过仔细而又系统的观察调查着他笔下人物的生活。

美国的现实主义文学：奴隶制的议题 奴隶制的议题总是美国现实主义作家关心的话题。这些作家很大程度上受到废奴运动的启发。自 18 世纪 70 年代以来，这场运动在欧洲和美洲蓬勃展开，但是，直到 1833 年美国反奴隶协会的建立，美国才从真正意义上开始废奴运动。这个协会组织了一些由废奴主义者进行的巡回演讲，聚集请愿者，印刷和分发反奴隶制的宣传册。直至 1840 年，这个协会已经拥有了 25 万成员，2000 多个地方分会，并出版了 20 多本期刊。

当时，最重要的废奴文学作品之一是弗雷德里克·道格拉斯（1817—1895）在 1845 年出版的自传《美国奴隶弗雷德里克·道格拉斯的人生自述》。这本书首先描写他最清晰的记忆，即他的姨妈海丝特遭受鞭打，该段经历被描述成"进入了奴隶制的地狱"，然后描写文章的转折点，即作为年轻人，道格拉斯决定站起来反抗。他写道："不知从何时起，我产生了一种我不知道的精神。"在总结这场反抗的结果之前，他这样说道："你已经看到一个人是怎样被变为奴隶的；你也会看到一个奴隶怎样会变成人。"（阅读材料 12.3）：

> **阅读材料 12.3**
> **《美国奴隶弗雷德里克·道格拉斯的人生自述》选段（1845 年）**
>
> 　　与主人柯维先生的搏斗是我作为奴隶的人生的转折点。它复燃了我内心几近耗尽的自由的火苗，在我内心，男子的气概又重新复活。它……再一次鼓舞我要获得自由的决心。胜利的喜悦是接下来可能发生的任何事情的补偿，即便是死亡……我有一种从来没有过的感觉。这是一个光荣的苏醒，从奴隶制的坟墓里，到自由的天堂。我长期被压制的精神重新站了起来，胆小已远去，大胆的蔑视占了上风；我现在决定，我作为奴隶的身份在形式上不管会持续多久，但我在事实上成为奴隶的那一天已永远远去。我毫不怀疑，白人期待成功地鞭打我，也必然能够成功地杀了我。

19 世纪五六十年代，发表了 100 多部奴隶自述的文学作品，每一部都差不多如同一本书那么厚。但这一时期最有影响力的废奴文学作品当属哈丽叶特·比切·斯托（1811—1896）的小说《汤姆叔叔的小屋》。它描绘了三个奴隶，即汤姆、伊丽莎和乔治的不同命运，一开始他们都是肯塔基州的奴隶。尽管伊丽莎和乔治结婚了，但拥有不同的主人。为了能共同生活，他们带着小儿子一起逃到了北部的自由州。汤姆则经历了不同的命运。他与妻儿分离，被第一个主人卖给了另一个好心的主人——奥古斯丁·圣克莱尔，然后被卖给邪恶的西蒙列格里，最终被他杀害。该小说于 1851 年在《国家时代》报纸上连载，一年后出版，出版后第一年，就卖出了 30 万本。斯托对像汤姆这样的黑奴困境的描写引起了世界范围的反奴隶制情绪，最终成为 19 世纪最畅销的小说之一。

现实主义艺术：以工人为主题

新现实主义艺术主要的支持者之一是奥诺雷·杜米埃（1808—1879），他是一名因政治讽刺闻名的艺术家，经常在日报和周报发表卡通漫画。平版印刷术这一新媒介的发展让杜米埃的作品能尽可能地经常出现在报纸上。他简直可以在一天之内画出一幅画，然后在同一天发表。他关注平凡人的生活，公开讽刺新古典主义艺术和浪漫主义艺术的理想化。艺术这一事物已不能揭示"更高"真理。相反，倒是日常经历能够揭示真理，但在法国的路易·菲利普，日常经历并非总是能吸人眼球。

杜米埃的《1834 年 4 月 15 日特兰斯诺南街事件》并非一幅漫画，而是一则直接反映了政府军在 1834 年巴黎工人暴动过程中开枪杀人的报道（图 12.7）。当时一名狙击手枪杀了他们的一名官员，警察们声称该狙击手来自特兰斯诺南街 12 号，于是杀光该屋所有人。该画描绘了一名本来还在熟睡的父亲却死在自己的床边，而他的孩子蜷缩在旁边，左面是他的妻子，右面是他年老的父母。该画强烈的对角线将我们扯进画中，让我们感受到一幅由工人阶级重铸的席里柯的《梅杜萨之筏》（图 11.22）。这样的画面对法国公众的影响无疑是巨大的，这点国王很清楚。于是，法王路易·菲利普最终宣布新闻自由仅限于口头，不能付诸图片来表现。

法国现实主义绘画关注的是劳动者和普通的村民，而非巴黎的贵族和资产阶级，这些画作影射政治，反映了1848年几乎震动整个欧洲的社会剧变。但是，杜米埃的画作在尺寸上却相对较小。1850—1851年，居斯塔夫·库尔贝（1819—1877）在沙龙展示了他的画作《采石工》（图12.8），公众着实被该画的巨型尺寸给震惊了。一般，这样一幅大型的绘画是用来记录历史事件，但该作品的主题却是平凡人和日常生活。

一位农民的儿子，自学成才的艺术家，库尔贝的目标就是将他所看到的世界都给画下来，不添加任何浪漫主义或理想主义的色彩。库尔贝在他1885年的《现实主义宣言》中写道："了解是为了能够创造——这就是我的想法。""能够把我们时代的习俗、想法与模样，根据我的评判，用另一种形式表现出来；不仅是一个画家，而且是一个人；简而言之，创造生活的艺术，这就是我的目标。"事实上，他否认传统的现实主义的政治和道德维度，更偏向一个更客观的、非政治的艺术方法。这种新现实主义在以后几代艺术中占据着统治地位。

在《采石工》里，库尔贝描绘了他老家，即位于瑞士边境附近的侏罗山脚下一个叫奥尔南镇旁的两个石工。他们敲打石头，把它们当作铺路的砾石。画中

图12.7 奥诺雷·杜米埃，《1834年4月15日特兰斯诺南街事件》，1834年。石版画，尺寸：29厘米×45厘米。德国德累斯顿国家艺术收藏馆藏。在当地警方屠杀12名特兰斯诺南街居民数日后，奥诺雷·杜米埃在巴黎某一商店橱窗上展示了这一作品，吸引了大量人群。

的一切似乎都因体力劳动产生的力量往下坠落，斜在男孩背部的皮带在往下落，装满石头的箩筐抵在膝盖上以防下掉，年长者手中的铁锤往下敲击，裤子上僵硬的厚布紧紧贴着大腿，就连他们身后的山的影子都倒向他们。只有右上方角落的山脊上还有那么一丁点儿天空，山脊沿铁锤下落的方向往山下倾斜。这位较年长的石工同年轻的助手一起似乎在暗示他们工作永无止境，好像这项让他们腰酸背痛的工作已经折磨了

图12.8 居斯塔夫·库尔贝，《采石工》（展于1850—1851年沙龙）。画布油画，尺寸：160厘米×259厘米。德国德累斯顿现代大师画廊、德国德累斯顿国家艺术收藏馆藏。布里奇曼艺术图书馆。据信，此画于1945年第二次世界大战期间美军轰炸德累斯顿市时被毁。

图 12.9　伊斯特曼·约翰逊，《为自由狂奔——逃跑的奴隶》，约 1863 年。布面油画，尺寸：56 厘米 ×67 厘米。尽管这幅画中有三人而非四人，这一家人的逃亡无疑使观赏者想起《新约》中关于玛丽、约瑟夫带着他们孩子耶稣逃亡埃及的故事（画中隐约可见的是一个躺在母亲怀中的小孩）。美国内战期间，50 多万黑奴逃出南方，但仍有 400 万黑奴留在南方。

一代又一代的库尔贝家乡的同代人，正如库尔贝所说的：“这充分表达人类的苦难。”

再现美国内战

　　欧洲及全球很多人都很惊讶美国会爆发战争，他们觉得南北双方相互妥协而不用诉诸战争就可解决问题。1859 年 10 月 16 日，一位白人废奴主义者约翰·布朗（1800—1859）带领 21 人，其中 5 人是非裔美国人，偷袭并占领了西弗吉尼亚哈珀斯镇的一家联邦兵工厂，白人与黑人的关系骤然发生变化。他们的目的是要引起整个南方黑奴的反抗。但是两天后，中校罗伯特·李（1807—1879）重新占领了兵工厂。布朗手下的 10 名士兵在战斗中阵亡，他和其余的人则被处以绞刑。

　　在废奴主义者的支持和煽动下的大规模奴隶叛乱使许多南方人坚信北方愿意结束奴隶制，亚伯拉罕·林肯（1809—1865）于 1860 年 11 月当选总统似乎更加确认了这一点。像伊斯特曼·约翰逊在他的《黑奴的生活》中所画的满足现状的黑人形象似

乎顷刻消失。1861 年春，战争爆发后，约翰逊亲自同联邦军队来到前线。他在 1862—1863 年完成的作品《为自由狂奔——逃跑的奴隶》是取材于自己亲眼所见的一个事件，该作品在情绪和处理上都同他之前的作品完全不同（图 12.9）。之前的那个夏季，南部同盟军队已经在弗吉尼亚的马纳萨斯附近的布尔溪大败北方军队。从那次战斗后，北方军队和联邦军队都在马纳萨斯和华盛顿特区之间扎营，两支军队间只有小小的冲突。这段时间给予北方联邦军队指挥官乔治·B.麦克莱伦机会得以在波托马克河训练一支新式陆军。他计划于 1862 年春向弗吉尼亚州的里士满进军，进而占领南方的首都。事实上，在 6 月末，在约翰逊的画作完成之前，已由中校升任为将军的罗伯特·李把麦克莱伦的军队赶出里士满，在马纳萨斯的布尔溪，又再一次将他打败，并进抵华盛顿近郊。

　　在约翰逊的画里，乌黑的天空烟雾弥漫。在马的口套下方一闪一闪的是行进中的联邦军队的士兵手中步枪的枪筒。男子策马前行，不顾一切地要把妻子和孩子从战火中救出。约翰逊似乎在说，麦克莱伦的进军使得他们有了追求自由的动力，对自由追求的动力就是战争的全部。

　　美国内战改变了战争的本质，也改变了战争表现的性质。它是一个极其鲜明的现代事件，是机械化的、冷冰冰的现代战争，这是以往任何战争都不具备的。它不是手对手、面对面、刺刀对刺刀的方式，而“在戴着尖顶帽的将军们的带领下，在乐队的音乐中，排着长长的列队向前推进和部署”，这种传统的、壮观的战争场面正如那个时代的一个人所说，已经远去。

摄影：现实主义的光束

　　也许没有任何媒介能像新发现的摄影技术那样把战争带回家里。摄影技术需要的科学原理至少早在 1727 年就已为欧洲人所了解。那时，一位名叫约翰·亨里奇·舒尔兹的德国物理学家表示某些化学物质，特别是卤化银，暴露在光下就会变成黑色。

应用于照相机上的光学原理同应用于早期照相机暗箱上的光学原理本质上是一样的。这种暗箱是一种仪器，让一束光线穿过一个小孔，从而形成倒影。虽然早期照相机暗箱能够抓住某一影像，但却无法保存。但是，1839 年，英国和法国的发明家发现了一种方法可以固定这个影像。它就好像当前用光影所形成的铅笔来勾画世界一样。

在英国，塔尔博特展示了一种方法，就是把负像固定到一张涂了可以感光的化学药品的纸上，他将这种方法称为光绘摄影（碘化银纸照相法）。法国人路易·雅克·曼德·达盖尔（1789—1851）则采用了另一种方法，在一张光滑的金属片上形成一个正像，称为银版照相法。接下来，公众们的反应相当强烈，而法国和英国的报社极其详尽地报道了每一次进展。

美国内战时，照相技术充分发展，照相设备可用于战场。1862 年 9 月 19 日，摄像师马修·布雷迪（1823—1896）手下一位名叫亚历山大·加德纳的雇员，见证了马里兰的安蒂特姆河的战场。在这场没

有什么特别意义也绝非决定性的战役中，南北两军共 2.6 万人阵亡。加德纳为这次战役的场景拍摄了许多照片，但在此之前，还没有人拍摄到战死者的遗体还未体面地掩埋之前的美国战场。战场硝烟弥漫，摄影技术受到限制，为了摄影效果，他甚至重新安排了尸体的姿势。加德纳对拍摄场景的安排是为了更为准确地记录整个场景。同年 10 月，布雷迪在纽约百老汇的展览上展出了加德纳这组照片，但令加德纳沮丧的是，布雷迪声称自己是这组照片的拍摄者。同月，布雷迪以专辑尺寸和立体图像的方式出售了这组照片。

1863 年 7 月，已独自经营摄影的加德纳同一名叫作蒂莫西·奥沙利文的助理去了葛底斯堡战斗营地，在那里，这名助手拍摄出了最著名的战争照片《死神的收获，葛底斯堡，宾夕法尼亚州》（图 12.10）。该照片于 1866 年出现在《加德纳的战争摄影写生簿》一书中，那时战争已经结束，该书也许是第一本专门讲述摄影的书。该书谴责了以葛底斯堡为中心的战争的恐怖。奥沙利文在这张讲述真相的照片下加了这样一段说明：

图 12.10　蒂莫西·奥沙利文（底片）和亚历山大·加德纳（正片）共同完成的照片《死神的收获，葛底斯堡，宾夕法尼亚州》（1863 年 6 月），于 1866 年出现在《加德纳的战争摄影写生簿》。属于蛋白银盐感光照片（又名立体制卡），尺寸：16 厘米 ×20 厘米。纽约公共图书馆藏；纽约艺术资源公司。葛底斯堡战役是美国内战中具有决定性作用的陆上战争。在历时三天的战斗中，伤亡人数达 5.1 万人。

奥沙利文的照片，前景和背景都被刻意地模糊，以吸引观众对照片中心尸体的关注。这种聚焦因使用蛋白相纸而成为可能，这种相纸在其光亮表面可获得高清影像。加德纳写道："这样一张照片，传递了一个有用的道德：与壮观的战争场面相反，它展现了对战争茫然的恐惧和战争残酷的现实。看看可怕的细节吧！让这些照片帮助防止另一场灾难降临到这个民族。"

追求现代性：19世纪五六十年代的巴黎

1848年欧洲革命中一系列的惊人事件发生以后，自称"无政府主义者"的第一人，同时也因说出"财产是赃物"而出名的法国记者皮埃尔（1809—1865）写道："我们已遭受殴打、侮辱……逃窜、囚禁、缴械和打压。欧洲民主的命运已经从我们的指尖溜走。"政治和道德的理想主义似乎被抑制。在他们那里，遗留的只有取得胜利的资产阶级们的乏味的繁荣。事实上，资产阶级在政治、道德和宗教上的空虚成为新现实主义的目标，新现实主义批判蒲鲁东所谓的"淫逸"的资产阶级生活方式。

这种新的生活方式的直接体现是豪斯曼的林荫大道区，在这里，资产阶级沿着其宽阔的人行道悠闲信步。巴黎最大的财富区、最好的购物区都集中在这里。一位名叫爱德华·金的美国人在他关于参观1867年的巴黎博览会的回忆录中描述了那些追求穿着礼服过资产阶级生活的人是如何被这些公共场馆所吸引的：

这些林荫大道是乔治-欧仁·奥斯曼男爵的杰作。1853年，路易·拿破仑任命他监管修建现代化巴黎这一令人惊悚的方案，该方案计划拆除旧城，重建新城。这一方案被称为奥斯曼大改造。这些林荫大道分享着一个梦想：摆脱巴黎的中世纪特点，将它改造成世界上最美丽的城市。到1870年，大部分的改造都已完成，产生了一些改进的住房、卫生系统，车流量有所增加，这些东西促进了城市购物区的增加。但是，这一大规模的革新也有另一重要目标，即防止像1830年和1848年发生的因街头骚乱失控而导致的革命在巴黎重演。

奥斯曼拓宽街道后，闹事的民众如果要修街垒就变得更难了。在整个首都巴黎市区，纵横交错着笔直宽阔的大街，使部队和炮兵很容易快速地在市内调动和部署。迷宫般的古代街道和荒废的建筑是工人阶级叛乱的老巢，在1852年和1859年之间约有2.5万栋建筑，1860年后则有9.2万栋建筑。在拆除这些街道和建筑后，政府在林荫大道下方安装了大规模的排水管道，在这之后才拓宽这些让人印象深刻的林荫大道。大型公园也发展起来。1848年以前，巴黎可能有19万平方米的公园，大多数公园在香榭丽舍大街两旁，但是皇帝路易·拿破仑很快向公众开放之前所有的私人花园，包括巴黎植物园、卢森堡公国以及皇家花园。奥斯曼通过创建一系列的新公园、新广场和新花园来扩大这些公园。其中，还对位于巴黎西区的布洛涅森林进行重新设计，把工人阶级社区的旧采石场改建成一个拥有假山、小溪、瀑布和人工湖的大型公园，人们坐在新建的咖啡店和饭馆里便能俯瞰公园景色。直至1870年，奥斯曼将用于修建公园的土地总面积增加至 18 平方千米，是过去土地总面积的 100 倍。

然而，对整个巴黎市内的工人阶级社区进行大规模拆建这一举措也带来了另一后果。一些供工人居住的相对便宜的房子在城郊建了起来，许多原来住在已拆毁区域的居民则搬到了新的工人阶级郊区。奥斯曼不仅想要改善巴黎这一城市的通风和采光情况，而且还想让它摆脱拥挤、罪恶和政治背叛。他夸耀说：特兰斯诺南街（指的是 1834 年杜米埃著名的平版印刷画中的场所，图 12.7）从城市的地图上消失了。大批工人阶级搬到巴黎郊外后，巴黎市就基本上仅为资产阶级和上层阶级居住了。为了进一步促使工人阶级离开市区，奥斯曼还禁止大型工业（与匠人作坊不同）在城市扎根。到 19 世纪最后 15 年，巴黎已成为一个休闲的、生活美好的城市，周围是工业区和工人阶级居住的郊区，直到今天也是如此。

查尔斯·波德莱尔和现代生活的诗歌

诗人查尔斯·波德莱尔（1821—1867）意识到居住在林荫大道的资产阶级人群是他的读者，但是他们的伪善又经常是他抨击的对象。他的诗歌旨在抨击资产阶级思想，但也因其主题思想非主流而遭受强烈抨击。1856 年，当福楼拜的《包法利夫人》第一次分期刊登在报刊上，福楼拜接到传讯，被指控"冒犯公众和宗教道德及良好品德"。8 个月后，即 1857 年 8 月，福楼拜的好友波德莱尔也因其辑有 100 首诗歌的书《恶之花》而受到同样的指控。但是与福楼拜不同，波德莱尔败诉了，被罚了款，被迫删去六首涉及女同性恋和吸血鬼的诗歌，这六首诗在 20 世纪仍保持被审查状态！（阅读材料 12.4）

阅读材料 12.4
查尔斯·波德莱尔，《恶之花·腐尸》（1857 年）

> 爱人，想想我们曾经见过的东西，
> 在凉夏的美丽的早晨：
> 在小路拐弯处，一具丑恶的腐尸，
> 在铺石子的床上横陈。

两腿翘得很高，像个淫荡的女子，
冒着热腾腾的毒气，
显出随随便便、恬不知耻的样子，
敞开充满恶臭的肚皮。

太阳照射着这具腐败的尸身，
好像要把它烧得熟烂，
要把自然结合在一起的养分，
百倍归还伟大的自然。

天空对着这壮丽的尸体凝望，
好像一朵开放的花苞，
臭气是那样强烈，你在草地之上，
好像被熏得快要昏倒。

这首诗攻击了浪漫主义对死亡的观点，如像爱玛·包法利的狂喜幻想。对波德莱尔来说，睁大眼睛、毫不畏惧地看着这样的现实，就是现代生活的核心要求。

爱德华·马奈：现代生活的画家

1863 年，波德莱尔号召"有着活跃想象力的"艺术家积极地追求一个新的艺术目标：描绘现代城市和文化。爱德华·马奈响应了这个号召。像波德莱尔一样，他是个浪子。浪子没有明显的职业，漫步城市，平心静气地研究、体验城市。波德莱尔在自己一篇文章里明确表示，浪子身着精致时尚的服装，穿行在人群和咖啡馆之间，能够敏锐地理解现代生活的微妙，并创造艺术（阅读材料 12.5）：

阅读材料 12.5
查尔斯·波德莱尔，"现代生活的画家"选段（1863 年）

> 你得确信，像我已描述的那种孤独的男人，他们天生就拥有非凡的想象力，漫步在人性的欲望中，永不止步，他们追求的东西绝非环境带来的短暂快感，他们追求的是某种品质，我必须将这种品质称为"现代情结"……我所谓的这种"现代情结"是短暂的、偶然的。这种短暂易逝且会迅速改变的元素必将遭受他人鄙夷或被用于鄙夷他人。如若忽视这一元素，你定会陷入一个抽象和不确定的美丽的深渊。

图 12.11 马奈，《草地上的午餐》，1863 年。布面油画，尺寸：213 厘米 × 269 厘米。巴黎奥赛美术馆藏。国立博物馆联盟，纽约艺术资源公司。右边那个有点倾斜的年轻男士，似乎同时指向画中两位女性，他是马奈未来的姐夫。

波德莱尔指出，漫游者还有另一个与众不同的特点：他对资产阶级的态度。他蔑视他们粗俗、物质的生活方式，而他最喜爱的就是让他们感到震惊。他说："漫游者必须让资产阶级震惊。"因此，毫不奇怪，马奈的《草地上的午餐》会遭受 1863 年的沙龙评委会的否决（图 12.11）。当然，这幅画不是用来取悦他们的。1863 年的沙龙是世界上最重要的艺术盛事，每天都吸引了上万名参观者来到卢浮宫参观。当马奈的画出现在"落选者沙龙"（因为大批作品的落选引起了诸多抱怨，路易·拿破仑紧急下令设置了这个展览）时，公众们非常愤慨。尽管"落选者沙龙"的许多画相当粗糙，但包括马奈的《草地上的午餐》在内的其他作品则因为评委会所谓的可耻内容或者挑战性的风格而遭到诽谤和中伤。巴黎的报纸把这些作品混在一起："这个展览有些残忍的地方：人们笑着，就像在看一场闹剧。实际上，这幅画只是一幅拙劣的模仿，对素描、色彩和创作的模仿。"

马奈的画让人想起了华多的"雅宴画"（图 10.10）和马康托尼奥·雷蒙迪在拉斐尔一幅名叫《巴黎法官》（1520 年）的画作失传后模仿而成的一幅

特别的版画（图 12.12）。马奈的三个中心人物的姿势同雷蒙迪的作品右下端的树林仙子相同，因此，马奈的画可看成他自己的"巴黎法官"——马奈批评了整个巴黎市繁荣资产阶级都是堕落的。事实上，那个坐着的全裸女人直视着观看者的眼睛，而那两个穿衣男士似乎正在进行一些和这性感的场面完全不同的对话，他们之间的不协调则是让参观这幅绘画的人最感到困惑的地方。然而，1863 年的《奥林匹亚》（图 12.13），马奈再一次对巴黎人的情感进行攻击，尽管这幅画直到 1865 年的沙龙才展示了出来，但它又再一次成为公众诽谤和嘲笑的对象。

马奈的《奥林匹亚》中的奥利匹亚是一个高级妓女，或者，更恰当地说，她又不完全是。因为她的身体略微有些工人阶级般的壮实，在提香眼中，维纳斯象征忠诚。画中的黑猫则象征着滥交，女子弓着背，仿佛嘘声抗议观众的到来。当时的一个批评家称她为"一个工厂的女孩"。她也许是 1863 年因为美国独立战争而失业的众多巴黎工厂女孩中的一个，由于无法从美国南方获取原材料，巴黎的棉花作坊被迫关闭。许多女孩和妇女为了生存，转而卖淫。在 1865 年的沙龙展上，参观者们为她的所属阶级感到困惑，她是个符合上流生活的高级妓女，这是其他妓女不具备的特点，参观者们还因为她左手的姿势，更加因为她的眼神而倍感困惑。她的凝视不仅仅同《草地上的午餐》中的裸体女人一样直接（马奈用了同一个模特）；她自信地直视我们，直视参观者。好像我们刚好到达这个场景，手中捧着要递给这位黑人女仆的鲜花。突然，我们成了奥林匹亚的顾客。如果她的身体用于出卖，那么我们也进入了贩卖人口的经济——黑奴贸易。

图12.12 马康托尼奥·雷蒙迪模仿拉斐尔，《巴黎法官》，约1520年。版画。卢浮宫藏，法国国立博物馆联盟，纽约艺术资源公司。三大巴黎法官是指赫拉、雅典娜和阿佛洛狄忒（也是最美丽的女神），她的决定具有重大影响力，正如她对特洛伊战争的影响。

民族主义和歌剧的政治

拿破仑三世统治下的法兰西第二帝国的流行趣味正好与现实主义相反，人们更偏爱前一代人的浪漫主义，就像爱玛·包法利那样贪婪地阅读着浪漫主义小说。那些处在前沿、被我们称为先锋派的人可以是任何一类人，包括艺术家在内。在法兰西第二帝国期间，这些人和资产阶级的趣味之间的最尖锐的对抗体现在戏剧方面。作为贵族喜爱的一种音乐形式，也越来越得到资产阶级的喜爱，歌剧在巴黎扮演了重要的社会

和音乐角色。1669年，路易十四建立了国家音乐学院，该学院囊括了歌剧、音乐和芭蕾。歌剧院曾经是国家机构、法国文化和君主的象征，让人想起这个国家的皇家遗产。在一个欧洲贵族都失去权力的剧变的世纪中，歌剧院也似乎成了保存保守观念和贵族价值观的绿洲。或者应该这样说，尽管长期以来歌剧院都在贵族的庇护之下，其观众也是新富裕起来的资产阶级，但它也本应如此。

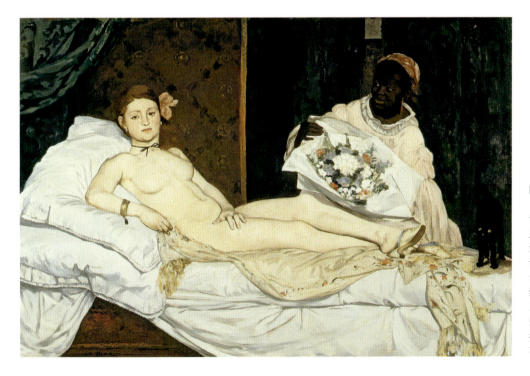

图12.13 爱德华·马奈，《奥林匹亚》，1863年（展于1865年的沙龙）。布面油画，尺寸：130厘米×190厘米。法国巴黎卢浮宫藏，法国国立博物馆联盟，纽约艺术资源公司。在提香的《乌尔比诺的维纳斯》中，有一只狗，代表着忠诚，躺在裸体模特的脚边。这幅画中却是一只黑猫，它象征淫乱。这只猫弓着背，好像不让观察者进入画面空间似的。

然而，这个时期的歌剧也确实发生了变化，这主要是因为一些最具创造力的作曲家。这些作曲家当中许多人都同 1848 年的革命和席卷欧洲大陆的狂热民族主义有些关系。由于贵族和资产阶级都对自由民族主义以及它所提倡的社会平等和个人权利的观点充满敌意，从事歌剧事业的人同他们的观众之间势必会发生激烈的冲突。

朱塞佩·威尔第和大剧院 歌剧作品政治化的领导者是意大利作曲家朱塞佩·威尔第（1813—1901）。威尔第认为，歌剧首先得极具现实意义。歌剧不再只是展示歌手精湛唱功的独唱、二重唱或者四重唱；相反，歌剧应该通过宏大的、持续的旋律极大地表现人物的性情或者状况。威尔第的《里戈莱托》《弄臣》则是个不错的例子。该歌剧是一部由三幕组成的悲剧，1851 年首先在威尼斯上演，玩弄女性的曼图亚公爵，打扮成学生，向吉尔达求爱。而公爵并不知道这是朝廷的一个驼背小丑里戈莱托的女儿。当里戈莱托得知公爵引诱他的女儿后，便密谋让一名职业杀手将公爵杀死，但是计划泡汤，因为杀手的妹妹玛达莲娜为公爵求情。但是，因为杀手需要一个替罪羊来证实他完成了任务，在偷听到他们的谈话之后，吉尔达便牺牲了自己，拯救了公爵。第三幕，威尔第创作了一段四重唱，每个人物都表现出了不同的情绪。两个场景都同时展现出来。当里戈莱托和吉尔达从外往里看，公爵试图在小旅馆里诱引玛达莲娜。里戈莱托向吉尔达展现了公爵道德的败坏，她感到震惊和失望。人类一系列的情感都发生在一个单一的场景之中。

就在意大利努力寻求民族统一之时，威尔第的歌剧开始象征着意大利的民族主义。无论何时，任何领唱他歌剧的女歌手都是渴望自由的，观众就会把她理解成意大利统一的象征，而该部歌剧则会赢得潮水般的掌声，甚至威尔第的名字都被等同为民族主义的政治，他的名字成为 1861 年由维克多伊曼纽尔建立的君主立宪制的首字母缩略词——（V[ictor]，E[manuel]，R[e] d' I[talia]，Victor Emanuel，King of [a unified] Italy）即"维克多伊曼纽尔，统一的意大利的国王"。

因为巴黎人民对民族主义极为敏感，为了让自己的歌剧在巴黎上演，威尔第被迫做了一些修改来规避审查。他也不得不适应法国人的品位。因为所有传统巴黎歌剧都包括了两幕式的芭蕾，于是，他在《游吟诗人》插入了一段舞者在某一适当的场合围绕着篝火跳吉卜赛舞蹈的情景。《游吟诗人》（1853 年在罗马首次公演）的背景设置在西班牙，并主要集中在卢娜伯爵的年轻的哥哥被绑架，并由一个吉卜赛妇女养大，他的母亲被伯爵的父亲作为女巫烧死。两幕式的芭蕾是法国一个贵族的组织——赛马俱乐部提出的要求，他们的成员在晚饭后才到剧院，那时歌剧已经开始很久了，他们则要求有一场芭蕾表演。就像法国记者德尔沃解释说："与时尚的男高音或是首席的女高音的伟大的独唱相比，芭蕾舞舞团出色表演更能吸引观众。"因此，身为当时最受欢迎的歌剧作曲家的威尔第也把自己看成实用主义者，同时还遵循与众不同的巴黎传统。由于威尔第在 19 世纪巴黎的表演场数颇多，因此，他的这种改变必定能获得成功（1856—1857 年，巴黎的意大利剧院提供了 87 场演出，其中 54 场是威尔第的歌剧）。

瓦格纳的音乐剧与赛马俱乐部 英国的赛马总会拥有决定品位和时尚的能力，这一能力也是资产阶级迫切想要拥有的，同时这种能力也渗透到理查德·瓦格纳（1813—1883）在 1861 年的 3 月上演的歌剧《唐怀瑟》当中，使之成为一个臭名昭著的例子。瓦格纳称自己的作品是"未来的艺术"，他于 1859 年到达巴黎，当地报社称他既"傲慢"又"否认所有现有的歌剧音乐"。尽管如此，他还是设法获得了路易·拿破仑的支持，创作了三幕歌剧《唐怀瑟》。因为法国规定外国作品应当以法语进行表演，因此，瓦格纳着手将歌剧翻译成法语。

《唐怀瑟》的主人公是个具有传奇色彩的骑士歌手，骑士歌手在德语里是中世纪的吟游歌手。维纳斯山是唐怀瑟在受到爱情女神维纳斯诅咒后避世的地方，当其他歌手聚集在维纳斯山附近的瓦特堡参加歌唱比赛时，唐怀瑟坚持要返回地面参加比赛。于是，他再一次遇见了他的心爱之人伊丽莎白。伊丽莎白唱着著名的独唱曲"你，钟爱的大厅"，欢迎唐怀瑟回到他曾经唱歌的大厅。她也非常兴奋这个美丽的地方将再次回响着音乐。

从传统上讲，歌剧的声音带有旋律，而管弦乐团则提供伴奏。然而，瓦格纳觉得这样音乐就盖过了歌词。因此，为了让歌词更易理解，瓦格纳把声音中的旋律转移到了乐队。因此，伊丽莎白以介于咏叹调和宣叙调之间的唱法朗诵式演唱，而管弦乐队则紧随着伊丽莎白从欣喜若狂的欢迎到对逝去的一年的感伤的情绪变化来配音乐。这个巨大的转变让管弦乐队在某种程度上接管了歌唱家负责发展一个作品中的人物的旋律的责任，因此，法国观众几乎不认为瓦格纳的音乐是歌剧。

追求性快感和精神之爱之间的冲突是《唐怀瑟》的主题，这完全符合浪漫主义，可能会迎合资产阶级和法国贵族的品位，但它的音乐以及处理歌剧的方法却不受欢迎。像威尔第一样，瓦格纳试图展现现实主义，因此，他的宣叙调、咏叹调和合唱都有巨大的意义。他认为他的作品是一种新的体裁——音乐剧——舞台上的表演都是视觉的，而戏剧的言语表现则由管弦乐队的乐器创造出来，这正如他所提出的"可视化的音乐行为"。他通过主乐调，或者"主导旋律"完成。对瓦格纳而言，这就意味着每当整个音乐剧人物、事件或者概念重复上演时，与之相联系的一个简单概念也会反复出现。但是，因为人物、事件和概念在整个表演中都会发生变化，因此，主乐调也会随之成长、发展和转变。

对法国观众而言，因为音乐太新了而不能充分欣赏，同时，由于情节是直接取材于德国民间文学，因此完全是陌生的。歌剧似乎旨在激起法国和德国之间的敌意。另外，有人告诉瓦格纳，非常有必要在第二幕的开头添加一段芭蕾舞表演。尽管他也觉得很有道理，但是却拒绝这样做。本来赛马俱乐部对这样一部制作昂贵的德国作品在他们的歌剧院表演就已经非常不高兴了，而他的

作者瓦格纳拒绝插入一段传统位置应该有的芭蕾则更是火上浇油。瓦格纳似乎简直就是一个试图故意激怒保守的法国观众的一个自由民族主义者。

随着排练的进行，赛马俱乐部给它的成员分发了刻有"倒唐怀瑟"的银哨子。在1861年的3月13日的开幕式上，他们用这些哨子来捍卫他们的贵族特权。路易·拿破仑坐在包厢里，赛马俱乐部的成员多次打断这出音乐剧，每次足足有15分钟，他们不断发出嘘声、吹着口哨。"皇帝和皇后在侍臣的骚动中只能一声不吭地坐在那里"，瓦格纳在笔记本里如是写道。这出歌剧第二场、第三场表演也受到同样的待遇。巴黎的态度分成两种。作曲家柏辽兹认为其没有可称道的，而波德莱尔非常喜欢它。第三场表演时，现场还发生了几起持续很久的打斗以及俱乐部不断的哨声。之后，瓦格纳要求该戏剧停演。法国政府认可了所遭受的财政损失。

巴黎印象派

1870年7月，普鲁士王国的首相奥托·冯·俾斯麦（1817—1898）用激将法诱使拿破仑三世向德国宣战。两个月后，在色当战役中，德军大败法军。法国皇帝被囚禁，后流亡英国，三年后去世。同时，俾斯麦进军巴黎，围攻这座城市。在长达四个月的被困期间，巴黎各个动物园的动物几乎被宰杀殆尽以缓解饥荒，政府最终不得不于1871年7月被迫投降。

很快，巴黎又再次陷入内战之中，街道上到处都是街垒，爱德华·马奈在这些事件之后不久完成了一幅素描记录了这些场景。普法战争结束后，1871年2月，法国重新选举国民议会，该议会则被君主主义者所控制。议会同俾斯麦签订的条约要求法国向普鲁士支付大量赔款，并割让阿尔萨斯的东部省份以及洛林的部分地区。多数巴黎人认为国民议会背叛了法国的核心利益。3月，他们选举了一个新的市政府，授予"巴黎公社"的称号，旨在与整个国家的其他部分脱离开

来，自治巴黎。作为国内战争的前奏，国民议会很快做出反击，要求勒孔特将军率军占领公社的军械库。这一天下午，愤怒的巴黎群众抓住了勒孔特，并枪毙了他。入夜后，国民议会的部队，包括国民议会，都撤退到了凡尔赛。

但是，国民议会并不打算坐视不管。随后，国民议会的部队包围了巴黎，并于5月8日开始炮击。巴黎丝毫不予理会，甚至举行巴黎公社成立的庆祝活动。一位名为艾德蒙·德·龚古尔（1822—1896）的巴黎生活的记录者回忆道："我走进了香榭丽舍大街一间咖啡馆；炮弹落在街上……男男女女都在极其安静和愉快的氛围中享用他们的啤酒，并听一个老年妇女在小提琴的伴奏下唱着特蕾莎修女的歌。"最后，5月21日，当数百名音乐家还在杜伊勒里宫的花园让人群取乐时，国民议会的7万人的部队对巴黎发起猛攻。不知不觉中，陷入围攻的公社成员开始筑起街垒，却发现奥斯曼式的巴黎布局便于敌军包抄和用大炮清理路障。5月22日，城市陷入一片火海，一系列的处决开始了，对巴黎公社抱有一丝同情心的人都会被逮捕并被处决。在1871年5月21日到28日期间，即后来为人熟知的"血腥的一周"，大约有2万到2.5万名巴黎人丧生。巴黎公社连同建立独立巴黎的梦想一起被压得粉碎。

随后，19世纪70年代伊始，法国弥漫着极度失望的情绪。资产阶级的皇帝已被废黜，国家被普鲁士羞辱，巴黎公社的血液再次填满了巴黎街道的水沟，流进了那些由奥斯曼设计的本来为了让城市变得更美丽宜居而修建的下水道里。在这样的氛围中，很多人，特别是年轻的艺术家不再对巴黎艺术学院设计学院、沙龙、落选者沙龙等法国艺术世界抱有任何希望。他们认为法国艺术世界已经绝望地陷入政治之中，同时它也是最终导致巴黎公社灾难的原因。许多作家号召艺术家带头重建法国的文化："今天，受到我们共同恢复法国之命运的责任的号召"，美术报的编辑写道："我们将更加注意……艺术……在国家的经济、政治和教育领域内的角色。"

被这种壮志豪言所感动，1873年12月，一个由画家、雕塑家和其他艺术家组成的有限公司，即公共公司，在法国成立。每年只需缴纳60法郎（大概12美元，相当于今天的72美元），就可成为这个公司的成员。创立者中有克劳德·莫奈（1840—1926）、卡米耶·毕沙罗（1830—1903）、皮埃尔-奥古斯特·雷诺阿（1841—1919）、埃德加·德加（1834—1917）以及这群人中唯一的女性贝尔特·莫里索（1841—1895）。这里面许多人都当过兵，他们亲密的朋友兼同行画家弗雷德里克·巴齐耶（1841—1870）在法普战争中身亡。1874年4月15日，他们举办了8场展出中的第一场展出。最后一场是在1886年，直到那时，公司永远地改变了法国绘画的面貌。事实上，同时也改变了整个西方的绘画面貌。

莫奈的印象主义

一开始，批评家们就注意到这群新画家的一个显著特点是他们喜欢户外写生，"在户外"。1841—1843年由于颜料已经可以装在金属管子里随身携带，这是促使户外写生得以进行的部分原因。现在，画可以很容易就移到户外，而不用担心干掉。最吸引这些年轻画家的是光的自然效应，他们使用包括明亮的和透明的色彩在内的新的综合颜料来描绘景色。1876年，诗人马拉美（1842—1898）发表了他的文章"印象主义和爱德华·马奈"，自那以后，印象派画家一词就开始广泛使用，但在此之前，这类画家被称为"外光派"（一般而言，马奈被认为是启发了印象派画家对沙龙绘画的弃绝，尽管他反复拒绝同他们一起展览的邀请）。

"外光派"这一术语首先暗示了艺术家对传统的工作室环境的放弃。在所有的印象派画家中间，克劳德·莫奈是最坚持只有在户外才能充分发挥他的艺术能量观点的画家之一。这家有限公司摒弃了过去的一些东西，他们的画家们培养了一种当前时刻，强调即兴创作和自发性。为了抓住在自然背景下光不断变化的、飞逝的效果，每幅画都必须是快速、从容和写意地完成。尽管莫奈习惯于在工作室里修改他的作品，他仍告诉一位年轻的美国艺术家："当你出去写生，就要努力忘掉你之前拥有的一切——树、房子、田野等。只需要想，这里有个蓝色的小方块，这里有个粉红色的椭圆，这里有根黄色的条纹，就按照它看起来的样子画就行，直到你能够对眼前这幅景象有个天真烂漫的印象。"因此，莫奈在《亚尔嘉杜的帆影》里，把风景在水中的倒影分离成了匆匆勾勒的宽色条（图12.14），这一点就丝毫不让人奇怪了。水面上，绿色帆船的桅杆似乎支撑起一张红绿色的风帆，但是，这块风帆实际上是岸上小山上红房子和柏树的映射。莫奈将画与真实风景的关系视为水面同海岸线以上地带的关系。这些表面——帆布和水——反映了感官经验转瞬即逝的特点。

在第一次印象派画展中，莫奈所展出的一幅画使人们对这一种新的艺术方法有了更深刻的理解。尽管印象画早已有之，但正是《印象·日出》（图12.15）这幅画才让这一画派得其"印象派"之名。艺术家运用纯色（偶尔带有杂色）画笔勾勒以引起画中之景本身具有的形式。他用断续的水平线来表示波浪，以漩涡式的橙色线条表现太阳在水面上的倒影，

图12.14 克劳德·莫奈，《亚尔嘉杜的帆影》，约1872年。布面油画，尺寸：48厘米×75厘米。法国巴黎奥赛博物馆藏。美国纽约艺术资源公司。1871年11月，也许是想忘却巴黎公社的记忆，莫奈离开巴黎来到巴黎北部塞纳河的一个名叫亚尔嘉杜的郊区。

并以白色加以烘托。紫色和蓝色与黄色和橙色的对比，仿佛抓住了光透过三棱镜时所产生的五光十色的效果。最重要的是，观察者可以感受到画家正在作画，他的手在晨曦即将过去之前，匆匆地在画布表面作画。尽管莫奈通常会对作品进行反复修改，它们看起来就像是"此时此刻"，就像快照一样。

莫里索和毕沙罗：颜料的效应

莫奈希望用柔软的笔触打破不同颜料间的边缘，这在贝尔特·莫里索的作品里更激进地体现了出来。莫里索出生在一个颇有社会关系网的资产阶级家庭，她是以快速笔法而知名的洛可可画家弗拉戈纳尔（图10.13）的孙女，师从著名的山水画家卡米耶·毕沙罗学习素描和油画，最终成为职业画家，即便在当时的男性艺术家中也获得高度认可。莫里索是马奈的弟媳，而正是她让他坚信要运用自己独特的印象派技巧。但是，没人能比得上他（正如一位评论家所说的）"雾状的、仅仅勾勒出的线条"画风。还有一位艺术评论家对她的作品《夏日》如是评论："某些年轻妇女在船里摇摆着，……从细腻的灰色调，无光泽的白色，浅粉红色，没有影子，以零星的多色彩的涂抹为衬托……"（图12.16）。她给资产阶级的女性人物画

图12.15 克劳德·莫奈，《印象·日出》，1873年。布面油画，尺寸：50厘米×65厘米。法国巴黎马蒙丹-莫奈美术馆藏。此景为位于英吉利海峡的勒阿弗尔港口。

图 12.16　贝尔特·莫里索，《夏日》，1879 年。布面油画，尺寸：46 厘米 ×76 厘米。伦敦国家美术馆藏。注意画家对两位女性所穿的裙子随意性地涂抹，左边那位呈"之"字形，右边这位则是直线笔画，强调了两者之间的距离与差异。

上外出休闲娱乐时穿的衣服，女性的衣服很难与画的背景色区别开来，就像船中的妇女所穿的那样。她极力避开勾勒，水里的每只鸭子都通过几笔宽而急促的笔法体现了出来。

如果说莫里索的绘画似乎是要将一切溶解于统一的白光之中，那么，卡米耶·毕沙罗的山水画给我们的印象是：就连画家本人也未能完全抓住景色的印象。以《红屋顶》为例，红与绿、橙与蓝任意拼缀，映入观察者眼帘的是，稀稀疏疏的树枝将后面的景色弄得

图 12.17　卡米耶·毕沙罗，《红屋顶》或称为《蓬图瓦兹圣丹尼斯海岸果园》，1877 年。布面油画，尺寸：55 厘米 ×66 厘米。巴黎奥赛美术馆藏。当普鲁士国王率军攻打巴黎，毕沙罗不得不离开巴黎郊区卢浮西恩，普军进驻其中。雨天，这些普鲁士军人用毕沙罗的画铺成一条小径以免把脚打湿，因此毕沙罗 1871 年的画鲜有幸存。

支离破碎（图 12.17）。毕沙罗对新的色彩理论颇感兴趣，并特别关注了米歇尔 - 欧仁·谢弗勒尔（1786—1889）于 1864 年出版的论著《论色彩及其在工业艺术中的应用》。谢弗勒尔认为互补色（即传统上两个色环上相反的颜色），如红和绿、黄和紫、蓝和橙在一点点地叠加时会加重彼此色调。毕沙罗采用了后来美国物理学家奥登·鲁德的一个方案，光线的颜色而不是颜料的主要颜色，应是红、绿和蓝紫色。为此，他期待色彩理论能够激发乔治·修拉和保罗·希涅克等新一代印象派画家。

雷诺阿、德加、卡萨特和巴黎人群

当莫奈和毕沙罗专注风景画时，奥古斯特·雷诺阿和埃德加·德加则更喜欢画咖啡馆和饭馆等各种休闲娱乐活动中的人群，还有在周末乘坐不断延伸的铁路去乡间的中产阶级。雷诺阿对塞纳河畔的沙图尤其钟爱，喜爱划船的人们也经常光顾此地。沙图以及沿河城镇已不再只是上层阶级休闲之所，它也成了巴黎众多艺术家、资产阶级甚至工人休养之地，周末的时间可在咖啡馆、舞厅或划船和游泳中度过。雷诺阿特别钟爱在河畔小洲上一个叫弗尔乃斯的旅店，它也是《船上的午宴》的背景（见"近距观察"）。在《沙图的划桨人》（图 12.18）中，这个餐馆就在我们后面。

图 12.18 奥古斯特·雷诺阿，《沙图的划桨人》，1879 年。布面油画，尺寸：81 厘米 ×100 厘米。美国华盛顿国家美术馆藏。船中的人可能是雷诺的兄弟埃德蒙德。

对岸是另外一个著名的旅馆 La Mère Lefranc。一艘帆船，两艘单人双桨和一艘驳船驶往上游。在前景位置，一个桨手坐在一艘双人轻便快艇里，快艇专门为一名桨手和一名乘客设计，乘客可通过连接到舵的两根线改变船的方向。他做出手势，好像是在邀请岸上的人群与他一起划船。白衣男子是画家居斯塔夫·卡耶博特，女子是雷诺阿的未婚妻夏莉歌。伟大的法国印象派历史学家罗伯特·赫伯特对此画的评论："雷诺阿的着色和背景浓郁；橙色饱满，蓝、绿与橙、紫相互衬托……这幅画带有寓言的味道，是没有工作烦扰的休闲理想之地，无须粉饰地带来感官快乐之所。"尽管雷诺阿的调色板色彩丰富，笔法自由，但整幅画和许多他的其他名作一样，都是非常严谨地创作出来的。左面四个人，从两个靠前的人物的脚到帆船的顶部，同正上方的帆船形成一个近乎完美的五角形。几何的对称与随意的水平线和对角线之间的巨大反差构成了画的右面。印象派画家最伟大的一个秘密是：自由和松散的笔法要受有序设计的束缚。

埃德加和雷诺阿一样，一心一意地扑在自己的绘画事业中。《舞蹈课》描绘了 21 个芭蕾舞学员依次等候老师的考核，老师站在场中央，倚靠在一个很高的手杖上，看着芭蕾舞演员向想象中的观众致意（图12.19）。整个氛围一点都不矫揉造作，非常朴实，强调了要在舞台上表演看似不费吹灰之力的艺术杰作所需要的精心准备和艰苦训练。舞蹈学员们形成一个圆弧，把前景和中景连接起来，再把观众的目光快速地吸引到整个绘画空间中。德加将观者的注意力引向了作品的复杂结构上：他也是长时间辛苦地工作后才完成这件作品的。

图 12.19 埃德加·德加，《舞蹈课》，约 1874 年。布面油彩，尺寸：83 厘米 ×77 厘米。大都会艺术博物馆藏。画中的舞蹈老师是朱尔斯·佩罗，19 世纪 40 至 60 年代最著名的男舞蹈家。德加是根据佩罗 1861 年的一张照片来画他的形象的。

近距观察： 雷诺阿的《船上的午宴》

雷诺阿的《船上的午宴》与普通印象派画相比，手法上稍有差别。根据他在沙图的朋友圈，我们很快能认出其中的许多人。这其中包括富尔奈斯一家，此画的背景就是他们的餐厅。为了让观者清晰识别图中人物，除了背景描绘，雷诺阿不得不放弃莫奈和毕沙罗的"手势画法"。他使人物线条坚实硬朗，浅色和深色轻微渐变，这清晰地展现了他们的面部五官。雷诺阿将人群小心翼翼地构成一系列相互交错的三角形，最大的一个三角形里就有他的未婚妻，即桌边抱着小猫的艾琳。许多学者认为《船上的午宴》作于1880 年夏天，是对艾米尔·左拉批评的回击。左拉在1880 年沙龙指责印象派画家们的画作不过是"难以干燥的素描"，并挑战他们应该创作出"经过长时间精心准备"的复杂的绘画。基于这个原因，雷诺阿将风景画和静物画融合在一起，同时还融入了旨在唤起 17 世纪的荷兰和佛兰德斯画派风格的绘画，如鲁本斯的《农民的婚礼》（图 9.26），雷诺阿曾在卢浮宫见过那幅画。

画面中间桌子上的三个瓶子（静物）形成的三角形是整幅画中其他相互交错的三角形的基础。我们根据人物的分组、他们眼神或语言交流的关系勾勒了多个三角形。尽管整个结构以从左至右的角度移入画面空间，但还有一个金字塔形结构，即左下艾琳的帽子与右下卡耶博特的帽子分别与水平基线形成的角度大致相交于画面正中支撑雨篷的那根竿子的最上方。

靠着栏杆看着整个午宴的
人是餐厅业主的儿子。

餐厅业主的女儿，她胳膊
肘靠在围栏上，手撑着
头，正在和雷诺阿的朋
友、臭名昭著的花花公子
巴伦·劳尔进行交谈。

戴高帽的是《美术报》
主编查尔斯·尤弗西，
他也是一位热忱的艺
术品收藏者，他正在和
一名戴水手帽的年轻
男子交谈。此人可能是
诗人拉福格，当时是尤
弗西的私人秘书。

意大利记者马吉奥
罗，画面中唯一没戴
帽子的男人。与他交
谈的是女演员安吉
尔·勒高和画家卡耶
博特。

女星莎玛丽，法兰西喜
剧演员，用手捂着耳
朵。雷诺阿孩提时代起
就认识的两位朋友诺
特和勒斯特宁奎正和
莎玛丽打情骂俏。戴红
色条纹帽的是诺特。

艾琳，雷诺阿的未婚妻，两
人于1890年结婚。画面右上
角两名男子分别是诺特和勒
斯特宁奎，他们与女演员珍
妮·莎玛丽打情骂俏。

女演员艾伦·安德烈，艾琳的密友，
她曾在"自由剧场"先锋派艺术剧中
演出。

卡耶博特，最年轻的印象派画家，在当时他是最富
有的印象派画家，他继承了父亲的遗产，并认为支
持印象派同僚是天职。最后他累积了大量艺术收藏
品，包括德加、塞尚、莫奈、毕沙罗、雷诺阿和西
斯莱的作品，并在1894年死后馈赠给了祖国。雷
诺阿是他遗产的执行人，这些遗产成为印象派主义
伟大的收藏，至今放在巴黎的奥塞美术馆。

事实上，工作是德加主要的主题之一。这位芭蕾舞大师，曾是最知名的舞蹈家，倚靠在一根手杖上是很自然的事，人们知道他因自己的舞蹈事业而伤害了自己的身体。在德加看来，他所描绘的年轻妇女其实是全职儿童工作者，每天的工作单调乏味，千篇一律，重复地安排学员进行舞蹈排练。几乎所有学员都来自下层家庭，一般七八岁时就终止了学业而进入芭蕾舞团，因此大多数都是文盲。就像德加在这里展示的，为了继续舞蹈生涯，她们不得不通过考试。在9~10岁的时候，她们每年可挣到300法郎（在1870年约是60美元，按购买力算是今天的400美元）。如果她们的水平能够达到在芭蕾舞台上进行简短的独舞，就可挣到1500法郎，比她们当收银员、车夫和下体力的父亲的收入都要多。要是在一二十岁时能出演女主角，就可能挣到20000法郎，这个身份就像今天报酬丰厚的职业田径运动员，几乎没人能达到，但所有人都梦寐以求。因此，德加的《舞蹈课》展现了少女们的巨大压力，在生活中挣扎，而只有最有能力的人才能成功。

美国画家玛丽·卡萨特（1844—1926）1874年来到了巴黎，很快得到德加的帮助。1879年、1880年和1881年，卡萨特参与了印象派展览。她是个人物画家，几乎只画家庭以及亲密背景中的妇女。最著名的作品中，有巴黎歌剧院的妇女们的画。《包厢》机智独到地展现了歌剧社团（图12.20）。一位妇女穿着体面，一身素黑，用双筒望远镜凝视着舞台的方向。对面，旁边有位绅士，身体前倾，透过自己的双筒望远镜朝这位黑衣妇女打望。卡萨特笔下的女性非常大胆，与同楼层对面的男性观众一样积极。卡萨特赞赏了这位极具"现代"性的妇女。

美国的自我

1870—1900年，纽约是个纷繁多样的新兴都市。纽约港的货物吞吐量约占整个美国进口货物的一半。作为这个国家的金融中心，不同国度的律师、建筑师、

图12.20　玛丽·史帝文森·卡萨特，《包厢》，1878年。布面油画，尺寸：81厘米×66厘米。波士顿美术博物馆藏。这是卡萨特第一幅在美国展出的印象派油画。美国评论家认为此画只是一张待修改完善的草图，而不是一件印象派画的成品。

工程师和企业家涌向纽约。1892年，美国30%的百万富翁都是住在曼哈顿和布鲁克林，在这个城市还有数百万移民而来的工人阶级。1900年，整整四分之三的人口都是外来移民，他们经由1892年开放的埃利斯岛抵达纽约。意大利人、德国人、波兰人以及来自匈牙利、罗马尼亚、俄罗斯和东欧的犹太移民浪潮来到美国，寻找他们认为的无限多的机会。许多人在纽约停留了下来。20世纪末，这些移民以及他们的后代极大地改变了美国的文化。

事实上，城镇生活的条件相当艰苦。无处不在的骗局、腐败以及工业部门为了片面追求利润导致工人阶级非常贫穷。1890年，1200万户的家庭中，有1100万户的年收入仅380美元（约合今天的7600美元），远远处于贫困线以下。难以预料的事件顷刻间接踵而至，给经济带来了巨大灾难。1873年9月，费城的银贷公司倒闭，给投资者带来极大恐慌，银行被关闭，纽约证券交易所停业10天。19世纪70年代，

数百万美国工人失业了，企业开始削减工资，供大于求的劳动力意味着劳动力非常廉价。当不规范的银行、保险公司和投资公司破产倒闭而联邦政府和州政府又置之不理时，许多人失去积蓄，也失了业。纽约和其他城市失业率超过25%，在这个充满机会的国度里，饥饿和饥荒竟然也终成现实。

在这样艰苦的经济环境中，工人会有新的集体行动的形式就不奇怪了。各种形式的罢工和有组织的工会活动预示经济和社会大环境的好转。1877年，巴尔的摩和俄亥俄铁路公司削减工资，工人自发地进行了罢工，并很快到其他铁路线上。在巴尔的摩，民兵朝罢工者开枪，打死了11人，打伤了40人。

铁路和其他公司的财阀，与他们支持的政治领导人沆瀣一气，维持削减工资。美国陆军部成立了国民自卫队这一快速反应武装力量以平息将来的动乱。这是一个前所未有的政治动荡时期。罗伯特·科勒

（1850—1917）的《罢工》暗示了工人和老板们的情绪以及工业时代的美国严酷的环境（图12.21）。这幅画描绘了一群愤怒的工人面对老板，要求一个头戴大礼帽的人和他身后那位忧心忡忡的年轻人支付工资。画面左侧，一位贫困的妇女和她的孩子们在那儿看着事态的发展。另外一位看上去明显是中产阶级的妇女在同一个工人说着话，一位罢工者弯腰捡起一块石头准备砸向老板。科勒的现实主义在他的人物的多样性中体现得非常明显，每个人都拥有不同的身份。然而，此画的背景却是地平线上烟雾缭绕的工厂，很大程度上体现了印象派的风格。

1886年5月1日，《哈珀周报》期号对这幅画做了专题报道。同一天，一场全国性的罢工要求把12小时工作制改变成8小时制。全国12000家公司的超过34万工人罢工。在芝加哥，当警察驱散秣市广场一场劳工集会时，一颗炸弹爆炸了。一名警官在爆炸中身

图12.21　罗伯特·科勒，《罢工》，1886年。布面油画，尺寸：182厘米×276厘米。德国德意志历史博物馆/纽约布里奇曼艺术图书馆藏。科勒的父亲是商人，但科勒意识到了工人阶级的困苦，此画于1886年陈列在国家设计学院。

亡，警察随即对人群开枪以求报复，打死一名，伤及无数。四名罢工组织者因警官的死亡而受到指控，接着被处以绞刑，这一方面震慑了全国工人运动，而另一方面助长了管理阶层拒绝工人的合理要求。

浪漫主义的自我之歌：爱默生、梭罗和惠特曼

对城市工人阶级的疏远与对自然世界愈合力量的国家信仰形成了鲜明的对比。19世纪上半叶，美国西部广袤的荒地激发了美国人惊叹于自然世界的奇迹，美国作家和艺术家几乎都感到了一种欣喜若狂的与大自然的情感交融。在许多方面，美国对个人主义和个人自由的强调塑造了他们的性格。他们自由地思考，因此，他们的想象力也同样自由地在自然中发现自我。

爱默生、梭罗和先验的自我 1834年，一位31岁的牧师对制度化的宗教不再抱有任何幻想了。他从英国回来，移居到了马萨诸塞州的康科德。在英国他遇到了柯勒律治，也听到华兹华斯朗诵自创的诗歌。接下来的几年里，作为"一位论派"牧师的拉尔夫·瓦尔多·爱默生（1803—1882）写下第一本书《论自然》，并于1836年匿名出版。此书成为"超验俱乐部"知识分子的指路明灯，该俱乐部成员都是康科德本地人，大多数人都是牧师。他们认为，人的精神与自然有一定的统一性，这种态度在最著名的《论自然》中就已有体现。爱默生勾勒了超验主义思想的基本原则——直接体验自然、个人与上帝的统一，因此，先验的知识来自经验主义的观察（阅读材料12.6）：

> **阅读材料12.6**
>
> 爱默生，《论自然》第一章选段（1836年）
>
> 越过空旷公地，逗留雪潭，乌云之下，暮光之中，虽未觉红运当头，却兴奋异常，竟乐而生惧。在树林中也是如此，人们抛落岁月如同蛇蜕蜕皮，人生无论处于何种阶段，总是孩童。树林之中，青春永恒。上帝之庄园内，礼节与神圣主宰一切，节日长年不断，宾客寓此千年不觉厌倦。在树林里，我们回归理性和信仰。那里，无不幸降临我的生命，一无屈辱和灾祸，（请留下我的

> 双眼），此大自然无法修复，仁立荒地，一我脑袋沐浴欢快的空气，并扶摇直上无垠的太空，一所有卑鄙的自高自大消失殆尽。我变成了一只透明的眼球，我虽化乌有，却饱览一切；宇宙之环流穿身而过，我已成为上帝的一部分。
>
> （李景琪译）

自我是体验的中心——"眼睛／我"也是个人主义和自力更生的意识，是超验体验的基础。事实上，在他最著名的一篇文章，"自力更生"，爱默生宣称："不管是谁，都不应当墨守成规……除了你个人心灵的统一，没有什么最终是神圣的。"在爱默生的同时代人中，没有比像亨利·大卫·梭罗（1817—1862）这样的人更适合这种描述了。梭罗在哈佛学习时是相当独立的。因为拒绝体罚学生，他辞去在康科德一所学校任教的第一份工作。他大声疾呼，要求废除黑奴；由于政府允许奴隶制存在，他拒绝上交人头税，结果遭监禁。不过最著名的事情是，1845—1847年，他在属于自己财产的土地上——瓦尔登湖，亲自修建了一所小木屋，并居住了两年。于是，《瓦尔登湖》（也叫《林间的生活》）问世了，此书于1854年出版，旨在教导学会满足、简单生活、明智地与自然交流的美德。梭罗的丛林是爱默生在《论自然》中颂扬的同一处丛林。他写道（阅读材料12.7）：

> **阅读材料12.7**
>
> 亨利·大卫·梭罗，《瓦尔登湖》（或《林间的生活》）第二章选段（1854年）
>
> 我到林中去，因为我希望谨慎地生活，只面对生活的基本事实，看看我是否学得到生活要教育我的东西，免得到了临死的时候，才发现我根本就没有生活过……我要生活得深深地把生命的精髓都吸到，要生活得稳稳当当，生活得斯巴达式的，以便根除一切非生活的东西……时间只是我垂钓的溪，我喝溪水；喝水时候，我看到它那沙底，发现它是多么浅啊。它汩汩地悄无声息地流淌着，永恒永驻于此。
>
> （徐迟译）

梭罗古怪的生活与其散文的创造性是一致的，最终，他认为"自然的纯真与馈赠是无法用词来描绘的"。

尽管自然世界强大而且变幻莫测，但梭罗认为一旦人类入侵了自然，自然就极易招致破坏，这一深刻

的理解使他远远地超越了他那个时代。例如，他担心铁路破坏了旧有的距离尺度，这也是他那个时代许多人所抱怨的。他深知环境的脆弱以及人类在保护或破坏环境中所扮演的角色，这表明了梭罗对美国文学文化的又一持久的影响力：为了环境，他作为发言人呼吁社会良知。

沃尔特·惠特曼和美国的自我　19世纪，可能没有像沃尔特·惠特曼（1819—1892）这样更能体现美国人不安分的、雄心勃勃的自我形象。他把浪漫主义、超验主义和现实主义运动联系在了一起，革新了美国文学。惠特曼是个地地道道的纽约人，因对这个城市的环境和人的刻画而声名鹊起。他颂扬在《横渡布鲁克林渡口》中的城市氛围中所体现的"紧迫感"和"活力感"（阅读材料12.8）：

阅读材料12.8

沃尔特·惠特曼，《横渡布鲁克林渡口》选段（1856年）

　　继续航行吧，从南海湾驶来的船只！南来北往的挂起白帆的多桅船和单桅船，还有驳船！
　　飘扬吧，万国万邦的旗帜！在日落时按时降下！
　　铸造场的烟囱呀，让你的火焰高耸起吧！
　　在夜幕降临时把黑色的影子、把红黄色火光投在屋顶和大街上！
　　……
　　繁荣吧，城市，宽广浩荡的河流，载着你的货物，也展现身姿。

纽约是无奇不有、一切皆有可能的美国的最好体现，惠特曼在他于1855年自费出版的《草叶集》就对之大力颂扬，这部多卷本的庞杂的诗集后来不断被修订，一直持续到1892年。《草叶集》一开始只有12首小诗，但当作者的生活发生变化，并开始自我定义为"美国诗人"而为普通大众说话时，诗集里的诗便增加至400多首。最初几年，《草叶集》并没有受到欢迎，也销售平平。但后来的新版在商业上获得了巨大成功，为他成为美国最重要的民族诗人打下基石。在《草叶集》中最长的一首诗《自我之歌》中，惠特曼谈到了自己以及这个国家人民的不同经历（阅读材料12.9）：

阅读材料12.9

沃尔特·惠特曼的《自我之歌》，《横渡布鲁克林渡口》选段（1867年）

　　我辽阔博大，我包罗万象……
　　我是属于各种肤色和各种阶级的人，我是属于各种地位和各种宗教的人，
　　我是一个农夫、机械师、艺术家、绅士和水手，奎克派教徒、
　　一个囚徒、梦想家、无赖、律师、医生和牧师。
　　我拒绝超出自己的多面性以外的一切，
　　……

惠特曼公开地把所有美国人都包括在《自我之歌》中，从移民和非裔美国人到土著美国人，从男性到女性，从同性恋到异性恋。他也颂扬各种形式的性行为，这让很多读者震惊。一位早期的评论家认为《草叶集》"满是些愚蠢的污言秽语"，其作者就是一头"满脑子都想从腐烂的垃圾中翻拱出淫荡想法"的猪。1865年，惠特曼作为美国内政部的一名职员被他的顶头上司内政大臣给开除了，因为《草叶集》触犯了"基督教文明规定的礼貌和得体原则"。

《自我之歌》由52个诗节组成，每个诗节都标有序号，"我"是叙述者，这种文学手段，借以观察一个能"包罗万象"的代表的个人经历。《草叶集》因此是一部宏大的主观史诗。"记住"，惠特曼在晚年时告诉他的朋友："书中的内容源于我在布鲁克林和纽约的生活……是我在15年的时间里对一百万人的深刻理解的结果。"

1892年，《草叶集》得以最后修订，作品从1855年的96页变为438页。他在"桴鼓集"中替国内战争中士兵的所经所受感到痛苦，也在"丁香花"中悼念亚伯拉罕·林肯的死亡。两篇诗集都添入1867版本。为了庆祝苏伊士运河的开通，1876年版里，他增加了"印度之行"。换句话说，《草叶集》和作者一样，在不断地延伸和扩展。

对文化身份的挑战

惠特曼自我膨胀的精神不是没有代价的。这种精

神，不仅在美国而且也在整个世界点燃了经济和政治帝国主义。19世纪的后半叶，欧洲国家相互竞争掠夺在亚洲、非洲、拉丁美洲和世界其他地区的土地。某些时候，他们对这些地区进行直接管理，由殖民政治体系进行监督管理。另外有些地方则是间接管理，主要是经济控制。无论是哪种方式，即便在一个多世纪以后，世界仍然承受着它们所带来的后果。

美国土著人的命运

17世纪，美洲土著居民印第安人和欧洲人头一回持续性接触，但1790—1860年，非土著美国人从400万人上升到3100万人，其中近一半的人离开大西洋沿岸各州，越过阿巴拉契亚山向西扩展。美国拓荒者去往充满无限可能（自然资源）的地方。"到西部去，年轻人，与国家共同成长"，印第安纳州记者约翰·苏尔1851年如是说。极有影响力的纽约记者霍勒斯·格里利（1811—1872）则直接截取了苏尔那句话的前半部分"到西部去，年轻人"，于是年轻人被号召起来，美国西部很快就成为美国自我身份认同的核心内容。不幸的是，这块土地的原著居民后来才被艺术家们、华盛顿的政治领导以及大多数的定居者想到。印第安人的文化和部落身份在美国年轻人浩大的"西进运动"过程中几乎完全遭到忽略和排斥。

部落的终极命运同美洲野牛的命运难解难分。19世纪70年代，军队施行一种非官方的，但有效地对土著印第安人斩尽杀绝的政策，鼓励以屠杀美洲野牛作为屠戮印第安人的捷径。为了响应40年前安德鲁·杰克逊的做法，菲利普·谢里丹将军（1831—1888）鼓励白人定居者加速屠宰美洲野牛群，以此切断印第安人的食物来源。泛大陆铁路有助于谢里丹的愿望成真，有400多万头水牛死于铁路工程建筑工地上肉食者、皮革商人和旅行者的枪口之下。1873年夏末，铁路建筑商格兰维尔·道奇报道说"广袤的平原，12个月以前还是一片动物成群的生机勃勃的景象，如今变得死一般孤寂"。水牛的灭绝象征着美洲土著居民文化的结束。

1889年，危机初露端倪。派尤特族印第安人中一位名叫瓦沃克的所谓先知宣称，如果印第安人息事宁人，如果他们跳一种被称为鬼魂之舞的圆舞，世界将

会退回到原来的样子：到处都是成群的水牛，死亡的前辈也会死而复生，甚至白人将会连同他们的酒精、疾病和饥饿一起消失。在整个美国西部，瓦沃克的预言被各个印第安部落所接受，与鬼魂舞蹈相关的服装设计得特别漂亮。阿拉帕霍鬼舞裙（图12.22）装饰着很多五角星，这一设计毫无疑问来自美国国旗，而且是美国土著文化关于宇宙的由来已久的标志。舞裙的抵肩上装饰着一位妇女，两边各一只鹰。她一手拿着和平烟斗，另一只手拿着根树枝。衣服较低的位置是关于神话起源的海龟。根据神话，海龟带来了土壤，进而从原始的水域中创造了整个世界。舞裙上的喜鹊，代表精神世界的信使。许多平原地区的印第安人相信，鬼魂舞的裙子能让他们免受任何伤害，而且能经受炮火和其他形式的攻击。

1890年12月29日，这种信仰在南达科他的"伤

图12.22 阿拉帕霍艺术家，鬼魂舞裙，19世纪90年代。19世纪90年代，兽皮十分稀缺，因此许多裙子由布，甚至面粉袋制成。

膝河"上终结。参与跳舞的200多名印第安人在"伤膝河"边遭到美国陆军的第七骑兵团的屠杀，尽管有那种被印第安人认为可以免除一切灾难的舞裙，但大平原上印第安人的文化至少在象征意义上结束了。一名叫"两条腿"的来自乌鸦部族的战士这样写道："之后无了动静。我还活着。皮根人和苏族部落再没主战派，无马可捕，无牛可狩。就是这样。"

英国人在中国和印度

尽管西方国家没有对印度和中国形成实质性的威胁，但它们一方面试图通过军事侵略，另一方面又通过旨在将他国财富据为己有并限制他国主权的经济政策以实现控制他国的目的。18世纪，虽然英国东印度公司和法国东印度公司忙于在欧洲和北美市场的无情竞争，但它们又同时争夺对印度以及亚洲其他地区的贸易控制，而与印度的贸易被看成渗透到更大的中国市场的跳板。中国的丝绸、瓷器和茶叶在整个欧洲和美洲颇受青睐。但这并非互惠互利，与西方的贸易对中印两国本土、地区的乃至整个国家的官僚和统治者都是严重的威胁。19世纪末，两个国家都成为欧洲新殖民开发的前哨，他们的传统文化、政治领导和社会体制都受到了严重的削弱。

欧洲人对中国风的兴趣（见第10章）使中国在18世纪建立起繁荣的出口经济。但在18世纪，对西方人而言，更为重要的不是器皿，而是鸦片贸易。为了弥补购买茶叶、瓷器和丝绸所需金银的不足，英国东印度公司开始在中国大量贩卖鸦片，而鸦片是在印度种植的。鸦片生产成本极低，因此对英国人来说是大有赚头的贸易商品。不幸的是，对中国人而言，鸦片瘾很快成为严重的社会问题。1839年，道光皇帝的一位儿子死于一种与鸦片有关的疾病，中国开始禁烟。

英国承认中国有权禁烟，但他们认为禁止鸦片贸易则是对自由贸易的非法干涉。他们很快宣战，中国大败，多数沿海和水路城镇受到英舰炮击，最终缔结了《南京条约》，清廷被迫割让香港给英国，并赔款白银达2100万两（约合今天20亿美元）。中国被迫向西方开埠通商。到1880年，机械生产的产品大量涌入中国，中国经济崩溃。整整一个世纪，中国经济都未能复苏。

如果英国东印度公司卷入鸦片贸易让中国俯首称臣，它在印度推行的政策同样摧毁了印度经济。18世纪60年代，印度已成为世界产量最大的经济体之一。英国从印度进口最好的浇铸钢铁，成百上千的人都在磨坊和矿场工作。到18世纪末，印度失去了在欧洲的成品市场，当东印度公司以极低的价格在印度购买原材料，并以极低的价格在印度出售纺织品，从而打击了印度的制造商。因为受到英国陆军的支持，工厂机械化而效率更高，英国商人利用印度传统的经济生产大赚了一笔。因此，印度不再生产铸铁，而只生产铁矿；不再生产纺织成品，而是出口原料棉花。在这种经济下，制造业几乎完全被消除，而工作也成了一种稀有商品。19世纪下半叶，印度人口增加，印度经历了一系列巨大的前所未有的饥荒，以及广泛的失业和贫穷。结果，在整个19世纪和20世纪初，大约150万印度人卖身为奴。1750年，印度大约生产了世界25%的工业产品，1900年只占2%。

埃及的兴衰

1798年和1799年拿破仑占领埃及，法国开始研究埃及，在多名学者的努力下，24卷的《埃及记述》于1809—1822年在巴黎出版，这激起了法国官方支持埃及在莫梅特·阿里（1769—1849）的领导下迅速工业化。阿里家族统治埃及一直到1953年。棉花是埃及主要的经济作物。阿里意识到有一种棉花植株能够产生相当长而且结实的纤维，这种棉花以前只由几个开罗当地妇女种植。于是，阿里命令先前种植小麦的农民改种棉花，并从英国运来500台蒸汽织布机。1823年，埃及开始出口棉布，在欧洲颇受青睐，到19世纪30年代，埃及每年要生产120万匹棉布。

但是，英国因自己繁荣的纺织工业（主要依赖美国南方的原棉花进口）与埃及进行了激烈的竞争。1838年，阿里事先通知法国人和英国人，他打算宣布埃及从奥斯曼土耳其帝国独立。一年后，阿里入侵土耳其，希望能够获得法国的援助。但法国人拒绝，英国人强迫埃及屈服并取消棉花工业的保护性关税。不久，埃及像印度和美国南方一样，不再出口棉花制品，而只出口原材料。埃及现代化的努力功亏一篑。

但是阿里的孙子赫迪夫·伊斯梅尔（1863—1879 年在位）再次尝试独立。"我的国家"，他在 1874 年说："不再是在非洲；我们是欧洲的一部分。因此，很自然的，我们要放弃先前的做法，而采用一种新的体制，来适应我们的社会条件。"最后，伊斯梅尔从欧洲银行以高息借贷大量资金。他大幅度地扩建开罗，并在旧城的西边建立一个全新的城市，模仿奥斯曼的巴黎，有着宽阔的街道和现代的旅馆。为了庆祝苏伊士运河的开通，他雇用了意大利的建筑师，修建了一个戏剧馆，模仿米兰的斯卡拉歌剧院，并委派威尔第（本章前面已有介绍）写一部歌剧《阿伊达》，这部歌剧将在新剧院首演。法国的资助和法国的工程师负责挖掘连接地中海和红海的苏伊士运河，法国在这项工程里占有主要股份。但事实是，因为伊斯梅尔的奢华（包括妄图征服埃塞俄比亚的致命算盘），埃及几近破产。1875 年，英国政府购买了埃及在运河的股份，1879 年，欧洲的债权人强迫伊斯梅尔退位。埃及的大部分财政都用来付清外国债务，英国趁埃及军队发生叛乱之际，进一步迅速占领了这个国家。正如 1889—1892 年任埃及财政大臣的米尔纳爵士后来用 19 世纪末的帝国主义者典型的强硬语气说道："请永远记住，是大不列颠将埃及从无政府状态中拯救出来，也将所有对埃及感兴趣的欧洲国家从可能遭受不可估量的生命和财产的损失中拯救出来，更不要说这些损失……可能给文明人类带来的深深的耻辱。"

日本的开放

当印度在英国殖民政权的控制下急剧变化时，日本试图让西方的工业落户，同时维持它最重要的文化传统。到 1853 年 7 月 8 日，美国马修·佩里准将率领舰队驶入东京湾时，日本已经对西方闭关锁国了 250 年。为了获得日本政府对开埠通商的支持及给靠港的水手提供安全庇佑所，佩里作了让步。他的军事远征最终导致了《神奈川条约》（1854 年）以及《日美修好通商条约》（1858 年）的签订。日美两国间开启了外交和通商关系，美国把大量的日本商品首次带往了西方。日本意识到他们不得不迁就佩里这个最直接的

威胁，而且还得应对来自西方国家长期的挑战。他们的目标是既要用西方的生产线使自己的工业现代化，又要维持君主制以及他们古老的文化传统。

起初，日本旨在缩小其陆军和海军同西方军事力量的差距。随佩里远征日本的翻译官塞缪尔·威廉姆斯描述了他于 1853 年 7 月所看到的日本陆军形象："士兵手持步枪，列队有序"，有时也"穿着衬裙和拖鞋，手拿两把剑，毫无章法"。为了让整个社会现代化，日本政府立即着手工业化。到 19 世纪末，日本经济迅猛发展，一种被称为浮世绘（*ukiyo-e*）的木刻版画艺术也繁荣起来，这一传统艺术从德川幕府时代（1603—1868 年）以来一直在稳步发展。版画出口在经济中至关重要，日本版画家所实现的艺术效果让西方艺术家，尤其是印象派画家为之倾倒。自 17 世纪 70 年代以来，浮世绘在江户（东京）的城市阶级中非常流行，并批量生产，因此匠人、商人和其他城市居民都买得起。浮世绘描绘了日本社会和文化活动的方方面面，包括日常礼仪，演员、艺妓、相扑手组成的演艺世界，以及与山水等自然风光为伴的工艺大师。它也涵盖了各种传统主题，从文学到历史，并因引进一些现代趣味和时尚而著名。因此，浮世绘成为了解自这一艺术发展以来的两百多年的时间里日本文化的知识宝库。

很可能日本版画最著名的系列是由葛饰北斋（1760—1849）所创作的《富岳三十六景》。这一组浮世绘中的《神奈川冲浪里》（也称《巨浪》）在艺术世界里已经获得了几乎标志性的地位（图 12.23）。它描绘了两艘船跌入像魔爪一样的惊涛巨浪的波谷之下。远处的地平线上，耸立着象征不朽的富士山，它定格在涡旋波和泡沫之间。尽管视觉上，这个浪比远山要大得多，但观者知道巨浪即将掉下来，而富士山仍将永存，表达了人类经验的短暂和自然世界的永恒。它将短暂的危险（船夫所处的困境）与国民永恒的价值（岿然不动的远山）置于同一幅画面之中。这些价值观可以理解为是要超越此刻的困难和日常生活转瞬即逝的快乐。

非洲和帝国

对那些特别关注 19 世纪末的大的政治气候的知识分子来讲，最大的警钟不是在维也纳、巴黎、伦敦或

者纽约，而是在非洲，特别是欧洲列强对这片大陆实施的帝国政策。1869年苏伊士运河开通后，争夺这个大陆的控制权就已经开始。19世纪80年代，英国占据了整个埃及。接着，为进一步"保护"埃及，英国进驻苏丹。除了非洲重要的战略位置，它广袤的土地和未开发的自然资源对欧洲国家都是难以抗拒的诱惑。

经济财富是一个决定性因素，非洲大陆可开采的资源使欧洲富甲天下。法国从摩洛哥获取磷酸盐；比利时从刚果攫取宝石、象牙和橡胶；而英国则从南非掠夺钻石。这样，与印度一样，非洲殖民地成为主要集中于大量生产原材料的地方——以商品为基础的出口经济致使多数非洲国家极端贫困。

社会的达尔文主义：帝国主义的理论辩护　在开创性的巨著《物种起源》（全称《论借助自然选择（即在生存斗争中保存优良族）的方法的物种起源》）中，查尔斯·达尔文用的"种族"一词，成为19世纪新的意识形态社会达尔文主义发展的一个重要成分。对那些想让帝国主义在非洲和亚洲推行殖民政权合法化的国家来说，社会达尔文主义解释了假定的社会和文化进化，让欧洲（和白人）高于其他民族和种族。社会达尔文主义者认为，欧洲是"更优胜"的民族，因此必定不只是幸存下来，还要控制世界。这样的思想后来成为德国阿道夫·希特勒疯狂野心的典型特征。社会的达尔文主义似乎推翻了传统的犹太教-基督教和启蒙运动的伦理道德，特别是关于怜悯和人类生活的神圣方面。它似乎立即伸开双臂拥抱道德相对主义，相信伦理立场不是由普遍真理决定，而是由社会、政治或者文化条件决定的（如帝国把价值强加给其他文化）。它还支持"适者生存"论和雅利安（或者盎格鲁-撒克逊）的种族优越论。

可是，达尔文自己没有这样的意思。意识到自己的理论正被误用到社会领域，1871年，他出版了《人类的由来》。书中，他

提供了一种良知理论，有着更伦理的观点。达尔文认同人类的祖先生活在狭小的部落群体里，同另外一个部落无情地竞争着，并认识到部落成功繁衍后的优势。经过数代人后，成员表现了无私行为，比起那些自私的、追求个人目的的部落，更有利于群体部落的生存和繁荣。"毫无疑问"，他写道："一个有着众多成员的部落，如果具有爱国主义精神、忠诚、服从、勇气和同情，总是更容易彼此救助，并为了公益而牺牲自我，也会比其他部落都要更优胜，这就是自然选择。"这便不是鼓励帝国主义的伦理哲学。

约瑟夫·康拉德的《黑暗之心》　没有一个小说家能像约瑟夫·康拉德（1857—1924）这样就欧洲对非洲的帝国机制——社会达尔文主义带来的消极后果——如此这般批判的了。约瑟夫·康拉德·特奥多尔·科热尼奥夫斯基出生在波兰，他一开始是水手，1886年加入英国商人船队（那时英国化了他的名字，成了英国公民），一直工作到1894年。他的许多小说和故事很大程度上来自海上的经历。虽然直到20多岁他才能讲流利的英语，并且始终带有口音，但是仍然被认为是用英语写作的伟大的散文家之一。

1889年，康拉德当时在被称为"比（利时）属刚果"的地方任一艘河上轮船的船长，他的这段经历成为小说《黑暗之心》的雏形。故事开始讲道叙述者（大

图12.23　葛饰北斋，《神奈川冲浪里》（也称《巨浪》），选自浮世绘《富岳三十六景》，约1823—1839年。彩色木版画，尺寸：26厘米×36厘米。船夫与自然力量和谐相处，类似于海之武士。

概是作者）同其他五个人坐在泰晤士河的小帆船甲板上，从伦敦顺流而下，等着潮水的转向。其中有个叫"马洛"的人反思 2000 年前罗马帝国来英格兰的冒险，接着给这群人讲述了他到刚果后，接到任务去接替一位名叫库尔兹的人作为比利时政府最成功的象牙贸易商的职位。《黑暗之心》是马洛和他的同伴乘坐小帆船，在落日的余晖中，当夜幕即将降临到伦敦城之际，他所讲述的一个故事。

康拉德故事的主题首先体现在马洛关于罗马的介绍性的语言中。他说，罗马人是"足够有勇气面对黑暗的人"。他想象了一些"身穿罗马托加长袍的体面的年轻人"在泰晤士河上划船，周围都是些土生土长的英国人，他们从来都没有听说过更不用说想过罗马了。康拉德写道（阅读材料 12.10）：

阅读材料 12.10

约瑟夫·康拉德，《黑暗之心》选段（1899 年）

在一片沼泽中登陆，在丛林中穿行，在内地的某座驿站中，他感觉到了蛮荒，一种原始的蛮荒攫住了他，在树林里，在丛林中，在野蛮人的心灵中游荡着一股神秘的力量。面对这种种神秘，他如坠云里雾中，他置身在一个既让他困惑又让他厌恶的世界，这个世界有一种魔力，一种会对他施加影响的魔力。令人深恶痛绝的魔力……

这就相当准确地描述了库尔兹在非洲的经历：最初是一个矢志不渝将文明进步带到非洲的理想主义者，最后却堕落为一个残忍而邪恶的暴君，堕落成一个让非洲土著居民臣服于自己贪婪意志的殖民者。库尔兹的例子让马洛渐渐懂得殖民主义是一种彻彻底底的丧失人性的暴行，也让他懂得正是社会达尔文主义世界观中所建立起来的社会优越感才使这些人厌恶和蔑视所谓的劣等种族的动力所在。在关于有何不祥预感的行为时，马洛认为库尔兹叫嚣"灭绝所有的蛮民"可能会被接受，甚或可能是种族灭绝。就像他在引言里所说："所谓征服地球，多数时候是征服那些有着不同的肤色或鼻子稍扁的人，当你深入思考这一问题，征服就并非一件特别漂亮的东西。"

黑暗之心，顾名思义，在风格上依赖于光与暗、欧洲白人和非洲黑人的对比模式，但绝不是善与恶这种固定的对比模式。而两者的含义是模棱两可的，从来都是不确定的，而且永远存有争议。事实上，模糊不定就是这个故事的核心："黑暗"本身就是一个没有明确的世界的隐喻。书中最有名的一句话出现在库尔兹弥留之际："他在一些幻想中低语哭泣，他号啕过两次，这种号啕不亚于一个呼吸。恐怖！恐怖！"我们并不清楚（这恰恰是小说故意为之）恐怖存在于库尔兹的周围世界呢，还是存在于他的内心世界？或许，正如后来的 20 世纪所表明的那样，两者皆是。

延续与变化 　**迈向新世纪**

1889 年巴黎世界博览会既回眸了 19 世纪的历史印迹，又预演了 20 世纪的未来趋势。它是纪念法国大革命以来一个世纪里的帝国至上、现代技术和民族骄傲的一次盛会。法国总统萨迪·卡诺在开幕式上称，它是 1789 年法国资产阶级大革命事件开创的"人类历史的新纪元"，是自那个时候以来的"努力拼搏与进步的一个世纪"。

2800 多万人参观了 1889 年巴黎世博会。他们非常自豪地欣赏"殖民地"展览厅，会聚于此的有来自世界各地的房屋缩微景观（图 12.24），它证明了像法兰西这样的帝国控制世界资源和劳动力的勃勃雄心和强大实力。埃菲尔铁塔（图 12.25）在这次博览会上揭幕，法国人兴奋地构想着这一建筑与科技的奇迹带给他们对未来的憧憬。埃菲尔铁塔高 300 米，开放式框架结构矗立在博览会门口，雄踞在整个城市之上。它几乎比世界其他任何建筑都要高至少 1 倍，居斯塔夫·埃菲尔本人这样说，塔的意思是"达现代科学之辉煌，登法国工业之荣誉，它堪比凯旋门"。铁塔建成后，

图 12.24　1889 年法国巴黎世博会上"住宅史展"中的日式住宅（左）和中式住宅（右）。美国华盛顿国会图书馆藏。将东西不同元素放在一起表明 19 世纪和 20 世纪之交时文化已逐渐"去中心化"。

会（即 1900 年巴黎世博会）上的照明效果还要好。电使博览会的参观者能乘坐奥的斯电梯有限公司设计的液压电梯，上升近 305 米，来到达塔顶端的瞭望台。

如果说"未来"是巴黎世博会的亮点，那"发明"就是关键词。在机械馆，美国发明家托马斯·爱迪生（1847—1931）展出了 493 个发明，如由许多小电灯组成的碳纤维大电灯。爱迪生的留声机每天都吸引了上万游客列队等候，只求能亲耳听到它发出的声音。其他众多发明也让公众颇为着迷：在电话亭，通过两个可产生立体声效果的耳机就能够收听法兰西喜剧院的现场表演。

聚光灯安放在塔的第三层，照亮了巴黎许多名胜古迹，这比 11 年后的已经全城通电的巴黎举办的另一届世博

然而，尽管当 1889 年时任法国总统萨迪·卡诺宣称这是"人类历史的新纪元"时，博览会给人类带来了美好的憧憬，但是，就连他本人对科学技术和民族主义的负面认识也还相当模糊。民族主义已经激起了欧洲列强在 19 世纪最后二三十年里的明争暗斗，他们在非洲、中东、东亚以及印度等地区争夺势力范围。在接下来的 50 年里，6000 多万人沦为在两次世界大战中被科技带来的"无与伦比的效率"的牺牲品。国与国之间的意识形态在随后的几十年里更加尖锐、更加危险、更加致命。就连法国总统也于 1894 年沦为新意识形态的牺牲品。那一年，几名法国无政府主义者因参与了一起爆炸案而被处死，一位意大利无政府主义者为了报复此事暗杀了他。当民族主义日趋浓厚，非理性同样支配着人的行为，政治理论如无政府主义、后来的法西斯主义都将导致个人和集体根据自己的标准来重塑社会，从而引发暴力和破坏性的行动。全球性对抗的新时代已经来临。

图 12.25　1900 年巴黎世博会之夜景，1900 年。巴黎全城通电。落成于 1889 年世博会的埃菲尔铁塔是巴黎世博会之夜的核心景点。

第13章 现代主义世界

全球对抗时期的艺术

如果说生活的节奏长期以来要受到人类生理机能的制约，无论是骑在马背上还是在航海中，也受变幻莫测的天气（平静、风暴和风向）的制约，1850年以后它主要受机器制约——先是蒸汽机和火车；随后，1891年，汽车；最终是飞机。21世纪之初，整个世界都动了起来。早在1880年，法国一家广告公司夸口说它可以在短短五天时间内在35937个自治市竖起广告牌——用罗伯特·德劳内（1885—1941）所画的《卡迪夫球队》来宣传阿斯特拉建筑公司。在画中，威尔士加迪夫橄榄球队队员在画的中央跳起来争抢一个橄榄球。他们代表了运动的国际化：第一届奥林匹克运动会于1896年在雅典举行，第二届于1900年在法国巴黎与世界博览会同期举行，而橄榄球在前两届奥运会中都是正式比赛项目。广告画面中，橄榄球圆形后面被框上了著名的法国摩天轮（图13.1）。这座摩天轮为1900年的世界博览会而建，高约100米，曾是世界上最高的摩天轮，比原来为1893年芝加哥（哥伦布纪念）博览会修建的摩天轮高20米。尽管它在1920年被拆毁，但法国摩天轮一直是世界最高的，直到20世纪90年代才被三架日本的摩天轮超过。1913年7月1日，德劳内画《卡迪夫球队》的这年，无线信号通过高高耸立于德劳内那幅画之上的埃菲尔铁塔的塔尖发出。1903年，奥维尔·莱特可在空中飞行59秒，1908

年时，他能够飞行91分钟了。一年后，布莱里奥驾驶飞机飞过了英吉利海峡（但在18年后，查尔斯·林德伯格才驾着自己的飞机飞越大西洋）。德劳内画中的飞机是个"盒状的风筝"，于1907年开始由沃森兄弟、加布里埃尔和查尔斯在巴黎郊外所设计，他们也是欧洲最早的商用飞机制造商。广告牌"MAGIC"是指在埃菲尔铁塔附近巨大的舞厅，也叫魔法城。德劳内的《卡迪夫球队》抓住了巴黎在20世纪头几十年的脉搏，以及现代生活的心跳。

德劳内称他的作品为同存主义（Simultanism），取自谢弗勒尔于1839年所作的一本关于颜色的书《色彩和谐与对比法则》（*The Principle of Harmony and Contrast of Colors*），而英文名中的harmony（和谐）一词译自法语里的 *simultanée*，而这个法语词不仅仅意味着色彩理论的方法，还涉及了视觉的即时性，并暗示现代生活中的速度和动作在任何时候都存在无穷的状态。每一事物都是在变动的，包括图画本身。

1895年，经巴黎的卢米埃兄弟之手，静止的照片突然在电影里变得生机勃勃，接着1905年，世界上第一家电影院镍币影院在宾州的匹兹堡开业。1925年，苏俄电影制作者谢尔盖·爱森斯坦已经在电影《战舰波将金号》中可以把155个单独的镜头组合成一个4分钟的连续镜头，即每1.6秒就有一个镜头。1900年，法国生产了3000辆汽车；到1907年，每年能生产

◄ **图 13.1 罗伯特·德劳内，《卡迪夫球队》，1913 年**。布面油画，尺寸：326 厘米 ×208 厘米。法国巴黎国立现代艺术馆藏。画中的一切似乎都升上空中，对德劳内来说，20 世纪是一个如同飞机那般 "腾飞" 的世纪。而建筑公司的名字 "Astra" 意为星星。

30000 辆。以汽车为代表的技术进步同内燃机、气压轮胎的发展以及生产流水线的兴起紧密联系在一起。毕竟一年生产 30000 辆汽车所要求的效率和速度是以前不曾想象过的。亨利·福特（1863—1947），美国汽车制造商，攻下了这一难题。福特让号称"科学管理"的发明家弗雷德里克·泰勒（1856—1915）来决定流水线应当运行的确切速度和每个工人完成其职责所应当使用的准确动作；1908 年，我们所知的生产流水线就诞生了。

在这样的速度和运动中，世界也突然变得不那么稳定和安全了。科学和物理的发现更确证了这一点。1900 年，德国物理学家马克斯·普朗克（1858—1947）提出了物质与能量的理论，即量子力学。在量子力学里，基本的粒子是未知的，只是一些由数学代表的假想事物。另外，测量这些现象的技巧必定改变它们的行为。作为粒子和波，光似乎以完全相反的路径运行，这就取决于怎样去测量它。1913 年，丹麦物理学家尼尔斯·玻尔（1885—1962）以量子物理学为基础，提出了一种新的互补原理：明显矛盾的两种表述或许在任何时候都是同样正确的。19 世纪末，英国剑桥的 J. J. 汤普森在原先的不可分原子里检测到了独立部分的存在。他把它们称为"电子"。到 1911 年，欧内斯特·卢瑟福引入了一种新的原子模型——由一个包含了原子绝大部分质量的带正电荷的原子核，以及在固定轨道上绕着它旋转的电子组成。一时间，人们认识到，物质一直在运动。同时，1905 年，阿尔伯特·爱因斯坦发表了他的相对论，并在 1915 年出版了《广义相对论》，以非欧几里得的、四维的连续时空为模型。1895—1915 年，传统的物理宇宙已经逐渐被改变了——它不再是一个肉眼所观察到的宇宙实体。

现代主义在艺术中的兴起

换句话说，19 世纪的最后 20 年到 20 世纪的前 10 年之间，我们理解物理宇宙的方式从根本上发生了变化。艺术对此作出了反应。在绘画领域，那些遵循着印象派

的画家（后来很快就得名于后印象派画家）认为他们开创了新的画风，可以反映界定现代性的革新精神。在巴黎，西班牙画家巴勃罗·毕加索（1871—1973）的画室很快被艺术家和知识分子看成新世纪的艺术革新中心。整个欧洲和美国的艺术家蜂拥而至，来欣赏他的作品，并把他的精神，通常还有法国绘画的精神，带回意大利、德国和美国。新的艺术运动——新的"主义"，包括德劳内的同存主义此起彼伏。毕加索的作品也鼓励着用激进的方法创作诗歌和音乐，他画中的不和谐，有时甚至是极度的扭曲也在音乐中得到表达。

后印象派画作

后印象派画家有保罗·塞尚，保罗·高更和乔治·修拉，他们的作品在各种不同的印象派画展中展览。与捕捉光与气的光学效果以及创作出具有飞逝感官体验的印象派作品相比，他们试图抓住视觉中某些超然的、能抓住对象本质的东西。

点彩画派：修拉和色彩的和谐 乔治·修拉（1859—1891）是后印象派中最具天分的画家之一。1886 年，27 岁的他展示了他的杰作《大碗岛星期天的下午》（图 13.2）。该画描绘了一群巴黎人在礼拜天来到城市东北部塞纳河中的大碗岛上度假的情景。所画的对象是典型的印象派，但是笔法不够挥洒自如，也不够直抒胸臆。相反，《大碗岛星期天的下午》则由于画面过于精确而显得拘谨，科学地应用了色彩的微点，修拉把它称为"点彩画法"，有人认为他的绘画就是"点描派"，而对另一些人来说则是"新印象派"。

在画布上排出颜色的"点"，修拉认为颜色是能够被混合的，正如他所说，是"高兴、冷静或者是悲伤"混合。向上延伸的线条也反映了同样的情感，他解释道，传递一种愉快的情绪，就像红、橙、黄的暖色和亮色所传递的感觉。水平线平衡亮色与暗色、暖色和冷色，创作出一种冷静之感。向下的线和绿色、蓝色和紫色这样较深的冷色调则会带来一种悲伤的感觉。

记住这个色彩的象征理论，我们就不会觉得修拉的这幅《大碗岛星期天的下午》是在简单地表达一群

人在公园度过周日的场景。画中有48 名不同年纪的人，包括士兵、家人、夫妇，还有单身者，一些人穿着流行的服饰，另一些则着装随意。也展示了一系列的社会阶级，展示了不同的人如何消遣在城市的一天。虽然从总体上来看，绘画平衡了光与影，且以水平结构为主，以此创造出平静的感觉，但在前景的阴影里，共三群人在阴郁的蓝色、紫色和绿色之中。除了少有的例外——一个奔跑的女孩和她后面的一对夫妇——画中的几乎每个人都是要么直接往后看，要么直接往前看，甚至连宠物的尾巴尖都朝下。画面中，各色人等就像玩具士兵那样，身体僵直，使整幅画面显得更加阴沉。修拉的画所暗示的意义比描绘出来的要多得多。就像那一时期的一位批评家所说，

图 13.2　乔治·修拉，《大碗岛星期天的下午》，1884 年。布面油画，尺寸：182 厘米 ×308 厘米。海伦伯诗巴特勒纪念藏品，芝加哥艺术学院版权所有。画面右下角的妇女用皮带拴着一只僧帽猴，这是 19 世纪 80 年代巴黎最流行的宠物。

在《大碗岛星期天的下午》里，"人们可以理解巴黎人娱乐的呆板，疲惫和僵硬，甚至其反应都只是一个摆姿势的问题。"

象征色：梵高　修拉对法国绘画的影响是深远的。荷兰画家文森特·梵高（1853—1890），于 1886—1887 年住在法国期间研究了修拉的画作，并广泛实验了修拉的色彩混合和点彩技巧，甚至将其应用在了他自己的作品里，以给人一种更为丰富的神韵。

梵高经常有着强烈的不能控制的情绪，这造就了他独特的艺术风格。他全身心地投入绘画事业，期望发现宇宙中能将生活的方方面面通过艺术统一起来的普遍和谐。因此，他注意到修拉非常重视对比色的吸引力。它很快成为他的综合技巧中的一个元素。他开始应用补充色，在色彩丰富的绘画区域，使用比修拉的"点彩画法"要大的横杠和笔触。

在梵高的画里，色彩成为象征，充满了情感意义。对当时的欣赏者而言，这些颜色厚重的横杠，被称为厚涂法，似乎就是随意地、未经任何提炼和思考直接涂到画布上去了而已。但是，这些笔法的不连贯的节奏似乎是梵高本人的自传，一笔一画似乎都抓住了他自己飘忽不定的个性。《佩兴斯·埃斯克利耶肖像》不只是一幅肖像画，也是梵高对自然的情感体现（图 13.3）。埃斯

图 13.3　文森特·梵高，《佩兴斯·埃斯克利耶肖像》，1889 年 8 月。布面油画，尺寸：69 厘米 ×56 厘米。私人珍藏 / 图 © 伦敦 Lefevre 画廊 / 布里奇曼艺术图书馆。梵高这样评价法国南部的人民："像左拉笔下的穷农民，质朴而温和。"

图 13.4 文森特·梵高,《星月夜》,1889 年。布面油画,尺寸:73 厘米 ×92 厘米。莉莉·布里斯馈赠。(472.1941)。数字图像 © 现代艺术博物馆 /Scala 授权 / 纽约艺术资源。圣雷米位于阿尔勒和艾克斯之间山脉的山脚下,梵高就在此创作。一到冬天,法国的这部分地区就受密史脱拉风的影响,强冷的空气每天从阿尔卑斯山刮向山下的隆河谷。画中,与和谐的色彩构图相比,猛烈的漩涡和被狂风刮着的柏树似乎是在暗示他是被这风给吹疯的。

克利耶的蓝上衣,尽管是传统的农民打扮,让人想起法国南部深蓝色的天空,而橙色的背景则再现了梵高所描述的"丰收时期的炉子——橙色的笔法像是闪电,像火红的铁一样生动"。他进一步解释道:"……尽管它不是要扮作红色的日落的形象,[它]也能暗示这样的情景。"通过色彩,梵高不仅在大脑中唤起了法国南部的风景,还唤起了居住在那里的农民们长此以往的生活方式和高贵。

梵高明白在类似《佩兴斯·埃斯克利耶肖像》的画作中他正积极地放弃印象主义。这样做,他不仅确立了其独特的风格,还确立了一种强烈的现代的美学意识。在创作这幅画时,他写道:

> 在我了解什么是印象派画家以前,在巴黎的所学已离我而去,而我正在回归自己的认识……要是印象派画家指责我的创作方式我一点也不会惊讶……因为我并不是在完美复制眼前的事物,而是更果断地使用了色彩,更有力地表现自我。

随着时间的推移,尽管他的作品变得越发大胆和新颖,梵高本人却仍然情绪波动,自他成年后,他大多数时间都遭受着忧郁症的折磨。1888 年 12 月,他个人情感极度混乱,几近癫狂,他甚至切下了自己的耳垂,把它作为礼物送给一名阿尔勒妓女。在阿尔勒医院短暂休养了一段时间后,他被放了出来,但在 1 月底,市政厅收到一份 30 多位市民联名的请愿书,要求将他收入医院。5 月初,他进入了离阿尔勒不远的圣雷米的一家精神病医院,在那里,他创作了《星月夜》,这或许是他最著名的作品之一(图 13.4)。旋转的柏树(红绿相间、极为和谐)和高耸的教堂塔尖把天地连为一体。类似地,橙色和黄色的星星月亮与小镇万家灯火融为一体。在给哥哥的一封信中,他这样描述他对这幅画的思考:"难道不正是一个人对自然的那种情感和挚诚深深地牵动着我们吗?"但最终,在 1890 年 7 月,在数家医院和精神病院待了些时日之后,他在奥维尔小镇外的田野里自杀了,那时他正在接受保罗加歇医生的治疗,而后者正是这位伟大的艺术家最后几幅作品中的人物。

色彩的结构：塞尚　在所有的后印象派画家中，保罗·塞尚（1839—1906）可能是唯一继续进行室外写生的一位。在这个意义上，他仍然是一名印象派画家，同时他继续画着他称为"光学"的东西。他认为，画家的责任就是"为我们所看到的事物赋予形象"，而又故作天真地"忘掉先前所出现的一切事物"。自文艺复兴以来，西方的艺术一直致力于按我们眼睛所看到的方式呈现世界，即以透视的维度进行展现。但塞尚意识到我们所看到的世界远比视网膜前所形成的形象要复杂得多。基于我们的生活体验，我们会通过多种视角看待这个世界。视点或者视角的多样性是《爱神石膏像》（图 13.5）的主要特征。作品中没有哪样事物在空间上是稳定的。相反，我们跟着画家的视线，在塞尚画室一角狭小的空间里游走。他的视点不断移动着，一会儿以这个角度，一会儿以那个角度思考着它的作品。这种视觉效果源于他使用了一系列会把他的画作表面变得平坦的色块来展现自然。例如，可以留意到桌上的水果和洋葱是用激进的色彩变化而不是通过（传统明暗法的）光与影的渐变来造型。

塞尚不断重复同样的主题——特别是静物画以及法国南部的圣维克多山，从山顶上可以俯瞰他的家乡艾克斯（图 13.6）。在他生命中的最后十年，这座山成了他的迷恋，他日复一日地爬上画室后面的这座山，通过画作把它表现出来。他特别喜欢在暴风雨过后，当天空变得明净而整个田园风光的色彩最饱满、色度最统一的时候进行创作。塞尚用三种不同的色带来表达山景的空间幻觉：前景是灰黑色块，中景是绿橘相间的色块，远景的山与天空则用紫罗兰色和蓝色。但在每个色块区域，都会重复着另两块区域的

图 13.5　保罗·塞尚，《爱神石膏像》（《有丘比特石膏像的静物》），约 1894 年。板上画纸油画，尺寸：67 厘米 x83 厘米。伦敦考尔萄德艺术学院藏。塞尚对传统的挑战在于其表现空间的激进方式和画中央那个 17 世纪由皮埃尔·普杰（1620—1694）所塑的丘比特石膏像之间所表现出来的张力。

图 13.6　保罗·塞尚，《圣维克多山》，1902—1904 年。布面油画，尺寸：73 厘米 ×92 厘米。费城美术馆：乔治·W. 埃尔金斯藏品，1936。E1936-1-1。塞尚从陡峭的雷洛维斯的山顶开始画，此山位于艾克斯的北部，从市中心步行就可到达。他的画室就在半山腰，从山顶可俯瞰整座城市。

主色——如在画远景中的天空时就运用了绿色笔触。远处与近处的色彩的强度始终如一，没有深浅变化。塞尚每一笔的宽度一样——他的色块在退到天际时并没有变得更小——这样的用色能让观察者注意到塞尚作品的结构与画面的品质。正是空间视角和表面的平整所产生的张力成了20世纪现代画作最主要的特点。

逃到遥远的塔希提岛：高更 1891年，画家保罗·高更（1848—1903）离开法国来到了位于南太平洋法属波利尼西亚的塔希提岛。高更此时生意不济，且育有五个孩子，于是以罕有的执着重新回到十年前对艺术的热爱，同卡米耶·毕沙罗和保罗·塞尚一起学习。高更也是梵高的朋友，他们还在梵高这位荷兰艺术家最高产的时期一起在阿尔勒绘画了好几个月。1889年巴黎世博会有关来自世界各地的土著居民和房屋的展馆给了他很大的启发。"我能买下一座当地的房子"，他在给朋友埃米尔·贝尔纳尔的信中写道："就像你在博览会上看到的那样。用木头和泥做成的茅草房。"他又给其他友人写道："我将去塔希提岛，我希望在那里度过余生……远离在欧洲时为钱奔波的日子……能够在美丽的、寂静的热带之夜，与周围神秘的存在和谐地融为一体，倾听着心跳所发出的温柔、低沉的音乐。"

高更抵达塔希提的第一站不是他所梦想的那样，因为1892年3月时他就身无分文了。当他重回法国，他已经画了66幅作品，却仅得到了4法郎（约合今天的12美元）。接下来的两年里，他竭力地推销自己的作品，并记下了他的塔希提之旅，名为《诺亚·诺亚》（诺亚意为"芬芳"）。这部作品把他的旅行小说化了，跟他在信中所记的经历几乎没有相似之处。但是《诺亚·诺亚》不是为了记录真实，而是为了记录情感，记录了艺术家和一个由家人托付、名叫蒂哈玛娜的塔希提女孩之间一系列撩人的故事。他把自己展示成 primitif（原始人）。在法语里，primitif 意味着原始的、最初的、不可简化的。高更认为"原始的"思考方式能够帮助人找到大脑中原始的力量，并且他认为他的作品有远见地展示了自然的原始力量。

1893年11月和1894年12月，高更先后在巴黎画廊举办了两场展出。他开了一家自己的画室，漆着橄榄绿、明亮的铬黄，并用绘画、热带植物和异国家具进行装点。每周三他都要举办一场沙龙，在沙龙上他讲解自己的画作，给他们讲述旅途中的亲身经历，表演各种乐器，以此盛情款待访客。

1894年，他就在这间画室里创作了《上帝日》（图13.7）。他把逃往塔希提的经历理想化了，将画面分成三个区域：在画面顶部或背景区域，两位身着白裙的人托着食物来到一座神像前，一位音乐家在奏乐，两名身着橙色的妇女在一旁伴奏，而一对恋人在神像的旁边拥抱在一起。在中景的第二块区域，有三个裸着身子的人物：右面的一个似乎保持着胎儿的姿势，象征着生育；左面的一个似乎在做白日梦或者在小憩，可能代表着冥想；中间的这个女人似乎刚从第三块区域的水里沐浴了出来，两眼直视着观赏者，因此，暗示着放荡不羁的性欲。最下方第三块区域，水呈现不规则的色块，是由感性的线条和流动的形状所组成的抽象画面。就像在梵高的作品中一样，颜色摆脱了它的代表功能，纯粹地表现了艺术家的情感。

1895年6月，高更回到了塔希提岛，再也没有回过法国，在他最后的8年生涯里共创作了大约100幅作品，以及400幅木版画。1901年他搬到了马基萨斯群岛一座偏远的希瓦瓦岛，在那儿的阿图奥纳小村庄里，他修建并装饰了一座取名为"快乐之家"的房子。娶了另一个像蒂哈玛娜一样的女子，有了孩子，高更疏远了岛上为数不多的牧师和法国殖民官员，却引起了当地马基萨斯人的兴趣，他们带来了友谊，为他不停的工作习惯和多彩的绘画而着迷。遭受了多年的心脏病和梅毒折磨后，1903年5月，他在希瓦瓦岛平静地去世了。

巴勃罗·毕加索的《巴黎》：现代的中心

毕加索在巴黎的生活以洗衣船（诗人麦克斯·雅各布取的绰号）拉维尼昂 13 号为中心。这是毕加索 1904 年春到 1909 年 10 月之间的画室，他将画作放在这里，一直持续到 1912 年 9 月。任何想看他作品的人都不得不从皮加勒广场开始，爬上蒙马特高地白色的圣心大教堂所在的山顶去看。当参观者沿着梯子爬到一个摇摇欲坠的地方时，他们可以看到墙上满是油画。或者他们也可以去塞纳河左岸的卢森堡花园背后花园街 27 号参加美国侨民作家和艺术收藏家格特鲁德·斯坦因（1874—1946）每周六晚举办的沙龙，以便能参观毕加索的作品。如果你认识的人认识另外某个人，你就足以受到欢迎了。毕加索的许多画，包括 1906 年毕加索给斯坦因画的肖像（图 13.8），都挂在墙上。

在《艾丽斯·托克拉斯自传》（1932）一书中——书名虽假借她终生的朋友之名，实则是斯坦因个人回忆录——斯坦因记述了毕加索于 1906 年冬天创作这幅作品的情景（阅读材料 13.1）：

格特鲁德·斯坦因的《艾丽斯·托克拉斯自传》选段（1932）

在他 16 岁以后，毕加索就从未让任何人给他当模特。而此时，毕加索 24 岁，格特鲁德丝毫没有想过他会画自己的肖像，他们俩谁也不知道这个想法是怎样萌生的。不管怎样，这个想法产生了，而她为这幅画摆了 90 次姿势。格特鲁德·斯坦因坐在一把很大的已坏的手扶椅上摆姿势。画室里还有一个长沙发椅。毕加索则坐在一把厨房里用的椅子上作画。边上有一个大画架和许多油画。她摆好姿势，毕加索稳稳地坐着，离画布很近，面前摆着一个棕灰色的小调色板，里面混杂着许多深棕灰色的颜料，创作就开始了。突然有一天，毕加索画出了整个头。他愤愤地说，我怎么也看不到你，于是这幅画就成了那个样子。

实际上，毕加索早在接下来的秋天就完成了这幅画，他用大团的、像面具一样的色块来描绘她的脸，同这幅画其余的部分明显不一样。没有依赖于眼前这个模特的视觉形象，毕加索画的并不是他所看到的这个她，而是他认识中的她。后来，当艾丽斯·托克拉斯评论说有人认为这幅画不像斯坦因，毕加索回答说："它会像的。"

激进的新现代艺术：《亚维农少女》　某种程度上，格特鲁德·斯坦因的肖像画故事是现代艺术诞生的寓言，它讲述了绘画从光学艺术到想象结构的转变，即从把看到的画下来到把他认为所看到的画下来的转变。绘画对象的转变，换句话说，是从忠实复制到理念创作的转变。最彻底地体现这一转变的画是《亚维农少女》（图 13.9），毕加索完成斯坦因的肖像不久后，便开始创作此画。

《亚维农少女》完成于 1907 年夏，但直到 1916 年才公开展出。因此，如果你想亲眼看一下它，那你还是得翻过山到"洗衣船"去看。许多人也确实这样做了，因为这幅画臭名远扬，像以前一样被认为是对绘画理念的冲击（此观点实乃没错）。在"洗衣船"，毕加索和朋友们相互间常常会挪揄对方："仍然太象征化了！"但没有人用这样的话来评价《亚维农少女》。无论从哪方面来看，它都似乎是全新的。

该画展示了毕加索家乡——巴塞罗那的阿维尼翁街上一家窑子里的五名妓女。左手边的人物把帘子往后一拉，立即将她们搔首弄姿的样子显露出来，她们的姿态就如同马奈之作《奥林匹亚》（图 12.13）中那名女子对观者直白露

图 13.9　巴勃罗·毕加索，《亚维农少女》，巴黎，1907 年 6—7 月。布面油画，尺寸：244 厘米×234 厘米。数字图像 © 现代艺术博物馆／SCALA 授权／纽约艺术资源。艺术 ©2011 毕加索个人财产／纽约艺术家权利协会。毕加索构图的中央呈杏仁状，首次运用是在对斯坦因眼睛的刻画上，随后在这幅画人物眼睛的描绘上以及其他形式上——尤其是大腿和胳膊——得到再次运用。这种形状即圆又略有棱角，加强了画面的张力。

骨的挑逗，毕加索本人对那幅画仰慕不已。事实上，1907 年 1 月，当毕加索正在筹划《亚维农少女》时，《奥林匹亚》在公众如潮的评论和争议中首次在卢浮宫展出。绝非巧合的是，它与安格尔的《大宫女》（图 12.3）放在一起。两幅画中的人物都面向观众，而两位画家在各自所画人物上所展现的扭曲——如马奈画中女子如同工人阶级般那么壮实，安格尔画的宫女的脊背太长了，四肢也好像脱节了——很可能启发了毕加索把艺术表现的局限推得更远。

对毕加索来说，塞尚的例子尤为重要。塞尚死于 1906 年 10 月，在死后一年，1907 年的"秋季艺术沙龙·塞尚"为他举办了一场盛大的回顾展。毕加索可能会说，塞尚"是我们所有人的前辈"。从这层意义上，毕加索从两种不同的视点展现一个对象或人物，《亚维农少女》中压缩和集中的空间很像塞尚的作品（图 13.5）。可以观察前景中央瓜、梨、苹果和葡萄组成的静物群。观者可以很清晰地往下看到桌子的角落，其视角与观者看那位拉开帘子的裸体女性完全不同。同时可以看到左二裸体女性的脚。她是站着的吗？或是事实上，她是倾斜着的以便我们可以从有利的角度把她看成是静止的？

毕加索的画的主题和模棱两可的空间困扰着观者。更让人困惑的是左边和右边共 5 个人物的奇怪的脸。经 X 射线分析，证明了最开始五个人都像中左的两个人一样有着同样的面部特征，都有着杏仁般的眼睛和下拉的鼻子，她们的脸像小孩的侧脸。但是 1907 年 5 月或者 6 月的某个时候，在他参观了埃菲尔铁塔河对面特罗卡德罗宫的人种志博物馆后，毕加索在左侧一个以及右面的两个人物的脸上又作了一些改动，让她们带上了多数学者公认的非洲面具似的特点。但是，与毕加索创造性的过程同样重要的是 1906 年"秋季艺术沙龙"上高更绘画和雕塑的回顾展，还有波利尼西亚人物形象（图 13.7）。无论如何，毕加索的目的很明显。他想要把妓女们同高更在"原始"中所发现的那种看似真实的（实际上是受人的情感的激励）力量联系起来。多年以后，他这样描述非洲和海洋面具对《亚维农少女》的意义：

> 这些面具不只是像其他任何雕塑作品。完全不像！他们是有魔力的东西……他们对抗一切——对抗未知的、威胁人的神明。我总是看着那些盲目地崇拜。我明白；我也反对一切。我也相信一切都是未知的，那一切都是敌人！……所有的盲目崇拜都是为了同一个事情。他们是武器。为了帮助人们避免再被这样的神明影响，帮助他们独立……他们是工具。如果我们给神明一个形式，我们就独立了。我理解了为什么我是位画家。在那个糟糕的博物馆所有戴着面具的、红皮肤的布娃娃和满面尘土的侏儒。《亚维农少女》注定在那天就已经进入我的脑海，但不是因为这个形式；因为这是我第一幅驱魔作品——绝对如此！

那么，《亚维农少女》，就是一种解放的行为，是对过去传统的驱魔，也许还是绘画本身的驱魔。它可以使毕加索继续往前发展出一种全新的绘画模式。

研究毕加索的学者帕特里夏·莱顿令人信服地指出《亚维农少女》中的非洲面具不仅是为了挑战和嘲笑西方的艺术传统，同时也是为了唤起和批判欧洲人对非洲黑人的惨无人道的剥削，特别是在刚果——我们可以看到，这是从约瑟夫·康拉德的《黑暗之心》（见第 12 章）中选出来的一个主题。1905 年，法国政界爆发了一则丑闻：在刚果，法国政府两名官员高德和托克被控犯下了一系列暴行。除了他们的薪水，这些官员们还要分得在他们名下收集的橡胶所获得的额外红利，他们通过掠夺土著人的村庄，强迫土著人为他们提供橡胶，处决"懒惰的"或者不配合的村民，绑架他们的妻子和孩子，并进行一系列令人发指的攻击。这两个人还受到特别指控，他们在庆祝法国国庆日时炸死一名非洲向导，并强迫他们的仆人喝下用一个土著人的头所做成的汤。因此，毕加索的画直击多种理想化的事物：在传统的欧洲艺术中所反映的对世界的理想化，对性和爱的理想化，对欧洲国家的殖民任务的理想化。换句话说，它承认艺术家应面对隐藏的可怕事实并支持资产阶级的自满。

图 13.10 乔治·勃拉克，《埃斯塔克的房子》，1908 年。 布面油画，尺寸：73 厘米 ×60 厘米。彼得·劳里 / 伯尔尼美术馆藏。1908 年夏，勃拉克去埃斯塔克的旅行是对塞尚表达敬意的一种形式，而他也一直致力于向他的风格看齐。

图 13.11 巴勃罗·毕加索，《山上的房子》，1909 年。 布面油画，尺寸：65 厘米 ×81 厘米。这是 1909 年夏天在瓦伦西亚山上的奥尔塔（今奥尔塔 – 德圣胡安）创作的约 15 幅画中的一幅。

立体主义的创造：勃拉克与毕加索的伙伴关系

1907 年 12 月，当法国画家乔治·勃拉克（1882—1963）第一次看见《亚维农少女》时，他说他感到沸腾："仿佛某人在喝汽油并喷火。"像毕加索一样，他对塞尚深深着迷，以至于他计划在法国南部塞尚的乡间描绘接下来的夏季。当他 9 月份回到巴黎时，他带着一系列山水画，其中就有《埃斯塔克的房子》（图 13.10）。毕加索对他们空间的模糊感和立体的形状深深着迷，特别是中间的房子，在两堵墙以直角相交的地方，在两侧的角落应投下阴影，但被（不合逻辑地）同样画成了亮色。屋顶轮廓线的角度也没有在角落处相交，因此让屋顶显得很平。门窗的细节，线脚都被抹去，就像平面之间的线条一样，以至于一个平面似乎与另一个平面合并到一起，很像塞尚的作品。左面耸立的树最顶端的枝丫似乎与远处的房子融合到一起。左面灌木丛的曲线呼应着这棵树，而它掌状的叶子与它身后的房屋间的树木的叶子相同。前景的结构反映着房屋的结构。所有这些都是为了让作品显得平整，甚至都缺少地平线，这使得整个作品似乎是朝着参观者往前滚动而不是在空间上后退。

1908 年 11 月，在画廊看到勃拉克的山水画后，批评家路易·沃克塞尔写道："他 [勃拉克] 鄙视形式，消减一切，把位置、人物、房屋都减为几何图形，减为立体。"但是，被称为立体主义的运动诞生于合作。"几乎每个晚上"，毕加索之后回忆道："要么是我去勃拉克的画室，要么他来我这里。我们两人都不得不看每一天我们都做了什么。" 两个人是创造者，是兄弟——毕加索甚至称勃拉克为"威尔伯"，就像航空学的奥威尔和威尔伯莱特兄弟。1909 年的秋季，毕加索带着他从勃拉克那里学到的不少的山水画作品（图 13.11）从西班牙回到巴黎。

毕加索和勃拉克继续推进，密切合作，以至于他们的作品在大多数观众看来都不知其所以然。他们开始将他们的对象肢解成很多平面，以至于他们似乎是从某个有角的迷宫中浮现到画布的中央，就像《小提

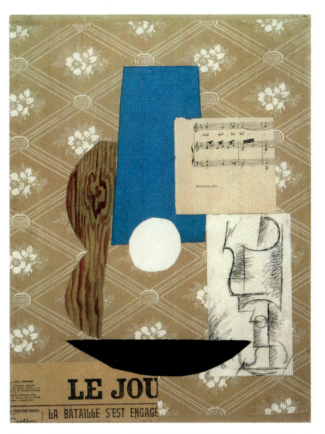

图 13.13 巴勃罗·毕加索，《吉他、乐谱和玻璃酒杯》，1912 年秋。木炭画，水粉画和印有木纹的纸画，尺寸：48 厘米 ×37 厘米。得克萨斯州圣安东尼奥麦克奈艺术博物馆藏。马里恩·库格勒·麦克奈遗赠。艺术 © 毕加索个人资产 / 艺术家权利协会。画面底部的报纸碎片源自 *Le Journal* 1912 年 11 月 18 日的头版。

图 13.12 乔治·勃拉克（1882—1963，法国），《小提琴和调色板》，1909 年。布面油画，尺寸：93 厘米 X41 厘米。所罗门古根海姆博物馆。54.1412。艺术 ©2011 纽约艺术家权利协会 / 法国图像及造型艺术著作人协会。与毕加索的《亚维农少女》一样，画中的圆形和棱角形状构成了原始张力。

琴和调色板》（图 13.12）。渐渐地，观众们开始理解他们是在质询现实的本质以及"真理"本身的本质。这就是一枚障眼法般的钉子投射到勃拉克的画作顶端的画布上。它宣称了自己的诡计，以三维的空间幻想地展现事物。但是，钉子与小提琴一样不真实，似乎都要分解成一堆几何形式。两者都是画出来的幻象，作为艺术同样真实。

从 1910—1912 年，毕加索和勃拉克采取越来越抽象的方式，通过绘画表现现实。事实上，他们是如此具有实验性，所画的对象几近消失。只有少数线索可供观众理解他们看到的是什么——胡子，小提琴的

弦轴，高音谱号。

渐渐地，他们不时在这里或那里添加几个词。毕加索使用像流行歌曲"我最可爱的人"这样的词来鉴定他当时爱人的肖像，或者"Jou"来形容报纸 *Le Journal*。"Jou"也是 *jeu*（"玩"）的双关语，象征着油画作为一个物体的现实同框架外的世界之间的现实的作用。这种模棱两可让勃拉克和毕加索把现实的二维和三维元素引入画布的空间中，他们把这称为"拼贴画"（collage），来自法语词（coller），"粘贴或黏合"。这些元素——纸、织物、绳子以及其他材料——如果他们没有完全消灭的话，至少还挑战着生活和艺术之间的空间。

毕加索 1912 年创作了《吉他、乐谱和玻璃酒杯》（图 13.13），在 *Le Journal* 的大字标题写着 *La bataille s'est engagé*，意为"投入战斗"。字面上，它是指巴尔干半

岛的一场战斗，保加利亚在 11 月 17 日到 19 日之间袭击土耳其。但是"战斗"也是隐喻的，也指艺术和现实之间的战斗（或者是勃拉克和毕加索之间的，在他们探索抽象拼贴画的过程中）。同样，画面背景中的格子和玫瑰的墙纸一点也不比实际的乐谱、假木吉他和立体主义绘画的玻璃杯子真实，他们都与实际现实来源不同，被切割得就像作品中的其他拼贴元素一样。抽象拼贴画就像一个了不起的均衡器，它使所有的元素都在同一平面内连在一起，不仅是在画布的平面上也在现实的象征平面上进行了结合。

未来主义：对速度的崇拜

关于毕加索和勃拉克实验热情的新闻很快通过前卫派圈子传遍整个欧洲，而别的艺术家试图在独立但相关的方式上与他们的努力抗衡。例如，在 1909 年 2 月 20 日，巴黎报纸《费加罗报》的头版发表了《未来主义的建立和宣言》，由意大利的菲利波·马里内蒂（1876—1944）所写。它拒绝过去的政治和艺术传统，号召一种新的艺术。马里内蒂很快吸引了一群画家和雕塑家来进行创造。包括了意大利艺术家贾科莫·巴拉（1871—1958）、翁贝托·波丘尼（1882—1916）、卡洛·卡拉（1881—1966）、路易吉·卢索洛（也是音乐家）（1885—1947）和基诺·塞维里尼（1883—1966）。这种新的形式被称为未来主义。未来派批判静态的艺术，试图把他们所想的通过速度以艺术的形式表现出来，速度是现代城市生活最典型的特征。但是，直到 1911 年秋马里内蒂把波丘尼、卡拉以及卢索洛带到巴黎两周后，安排他们参观毕加索和勃拉克的工作室，这群初出茅庐的未来派艺术家才发现他们可以怎样体现未来主义——通过立体主义的碎片化得以体现。

但是，他们所创造的作品在哲学上却与立体主义相去甚远。它反映了马里内蒂的《未来主义的建立和宣言》，不仅宣扬速度，还有技术和暴力。在宣言中，未来主义诞生于现代工厂满是泥浆的"慈母般的水沟"里的一场高速车祸，这是故意对再生和重生的讽刺。立体主义对传统的否定很大程度上成就了在一个相对隔绝的环境中进行创作的两个人的发明，而未来主义的否定是公众的、爆炸性的和政治性的。1910—1913年，未来主义者遍游欧洲各国，在公共论坛和娱乐场所宣扬他们的哲学思想。无数个夜晚，他们与观众对骂，甚至还相互扭打在一起，时常还会有一两个人被拘捕，还引起媒体的极大关注。事实上，我们可以说马里内蒂是最早懂得用宣传来激发公众兴趣以及创造我们所称的"话题"。

未来派的其中一件伟大作品就是波丘尼的《空间中连续的独特形体》（图 13.14），这件作品让人想起《萨摩特拉斯胜利女神像》（图 2.41）。而马里内蒂在宣言中，认为它不及一辆高速前行的汽车更具有推动力。波丘尼很可能想要呈现一个裸体的、肌肉组织伸展开的女神在空间中移动时的状态。"我们想做的"，他解释道："就是表现在动态成长中的生物。"

图 13.14 翁贝托·波丘尼，《空间中连续的独特形体》，1913 年。铜像，尺寸：111 厘米 ×89 厘米 ×40 厘米。数字图像 © 现代艺术博物馆 / SCALA 授权 / 纽约艺术资源。1912—1914 年，波丘尼共塑造了 12 尊重要的雕像。五个尚留存于世，这就是其中之一。

新的色彩：马蒂斯和表现派画家

当画家亨利·马蒂斯看见《亚维农少女》后，

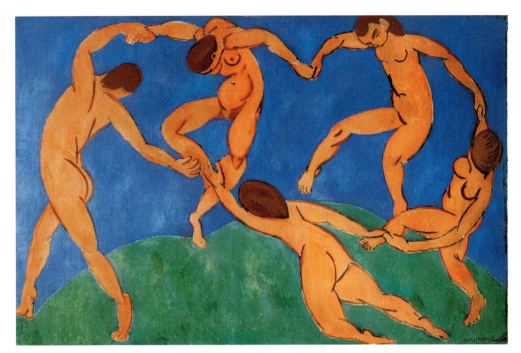

图 13.15　亨利·马蒂斯，《舞蹈》。布面油画，尺寸：260 厘米 ×391 厘米。圣彼得堡艾尔米塔什博物馆藏。这幅作品和另一幅使用了类似色彩的被称为《音乐》的画都由俄国收藏家史楚金委托，装饰他在莫斯科买的房子的楼梯上。

据说他曾考虑它是一个"大胆的骗局"，以及一个"[讽刺]现代运动的侮辱"。毫不奇怪，两位画家的美学观点完全相反。1906 年 4 月，格特鲁德·斯坦因已介绍两人认识。马蒂斯比毕加索年长 12 岁，也是斯坦因哥哥利奥最喜爱的画家。1904 年他在独立者沙龙确立了自己的领导地位，引领着一群被称为野兽派的新的、激进的试验画家。"野兽派"以其武断或对不自然的色彩的激进运用而著称，可以从梵高的几幅画和高更《上帝日》中前景的彩色池中找到痕迹（图 13.7）。毕加索和马蒂斯定期在斯坦因的公寓里见面，但是他们的关系是竞争的。事实上，将马蒂斯的里程碑式的《舞蹈》（图 13.15）看成对自命不凡的毕加索的《亚维农少女》的驳斥是非常有意义的。一方面，在画《生命的喜悦》这幅画时，马蒂斯在远处黄色的田野上画了 6 个人，他们手拉手围成一圈跳着舞。但是，当马蒂斯在《舞蹈》里重复这个主题时，人物数量变成了五个，就像毕加索《亚维农少女》中的五个妓女。马蒂斯也用环形和圆形几何代替了毕加索的方形和有角的作品。毕加索的画看起来是静态的，仿佛要我们在看到眼前的情景时屏息凝视，而马蒂斯的画则是动态的，好像和着一首听不见的音乐在

跳动着。最令人震惊的是马蒂斯的色彩——朱红色（橘红色）、绿色和蓝紫色，光的元色。实际上，马蒂斯的现代主义在白天的光芒中产生，而毕加索的则属于夜晚的黑暗；马蒂斯带着快乐，而毕加索带着恐惧和战栗。

与野兽派一样，德国表现派画家对色彩的兴趣可以追溯到梵高和高更的艺术。但又与野兽派不同，他们的主题通常来自他们的心理构成。他们在画中赤裸裸地展示了他们在生活中所受的折磨。整个欧洲的表现派画家围绕着视觉艺术和其他媒体，但是德国最重要的是基于慕尼黑的"蓝骑士"。

蓝骑士直到 1911 年才形成。它是一场由俄国侨民瓦西里·康定斯基（1866—1944）和特别喜欢绘制动物的艺术家弗兰茨·马尔克（1880—1916）领导的运动，因为后者相信动物拥有很多元素能量。随后很多其他艺术家也加入进来，尽管风格不同，但他们都为色彩而痴迷。1912 年，"色彩"，康定斯基在《蓝骑士年鉴》上发表的《艺术中的精神》中写道："直接影响着灵魂。色彩是按键，眼睛是锤子，灵魂则是有着很多琴弦组成的钢琴。而艺术家则是表演的手……促成灵魂的颤动。"蓝色，康定斯基写道，是"典型的天空的颜色"。

图 13.16　弗兰茨·马尔克，《蓝马》，1911 年。布面油画，尺寸：106 厘米 ×181 厘米（无框）。沃克艺术中心藏品，明尼阿波利斯，托马斯·巴洛沃克基金会，吉尔伯特·沃克基金所赠。这幅画旨在对比未受污染的自然世界的美与现代社会的肮脏，极具高更精神。

马尔克在蓝色中看到了他认为的精神的男性法则。因此，他的《蓝马》有着相当武断的颜色和交错流动的曲线和轮廓，深受马蒂斯的影响，这正是自然世界中精神和谐的生动体现（图 13.16）。

康定斯基主要的主题是圣经的末世，根据拜占庭教堂的传统，莫斯科将会成为新的耶路撒冷。事实上，"骑士"是圣约翰更为流行的名字，是莫斯科的庇护圣徒，以及整个《构图 7 号》（图 13.17）中的色彩

图 13.17　瓦西里·康定斯基，《构图 7 号》，1913 年。布面油画，尺寸：200 厘米 ×303 厘米。俄罗斯莫斯科特列季亚科夫美术馆藏图 © 埃里希莱辛/纽约艺术资源。在所有学习抽象艺术的画家中，康定斯基可能是唯一一个不把他的观点强加给其他画家的。如果他的作品是他口中的"更抽象"，那他们的则"更现实"，都促成了"艺术的精神"。

对比的爆炸表明致命的时刻来到了。大地的黄同天堂的蓝、红和绿交相辉映。他写道，红色"里面回响着坚定的和有力的强度"，而绿色"代表了自我满足的，不动摇的，狭隘的社会中产阶级"。康定斯基觉得，线性的元素等同于舞蹈，而油画可被解释为和着音乐的舞蹈。但是，《构图7号》是"作品"序列中的最后一幅——事实上，题目涉及了音乐——圣经中战争和复生的主题，还有洪水和末世的主题，每幅图都变得越来越抽象。但是，特定的章节，仍然是清晰易辨的，特别在早期作品的光芒之中，如船的左下方有着三把桨，对康定斯基而言，是洪水的徽标。但是总的来说，油画仍是线条和色彩组成的完全抽象的管弦乐编曲。

现代主义音乐和舞蹈

现代绘画中明显的动态性和创新性也体现在音乐和舞蹈里。1913 年 5 月 29 日，团长谢尔盖·狄亚基列夫（1872—1929）指挥的芭蕾舞剧团在巴黎的香榭丽舍剧院首演了芭蕾舞剧《春之祭》。音乐由世界级俄国作曲家伊戈尔·斯特拉文斯基（1882—1971）所作，舞蹈则由他的同胞瓦斯拉夫·尼金斯基（1890—1950）编排。这次表演是个丑闻，它与引发公众对抗未来主义，以及早在 19 世纪 60 年代初点燃公众怒火的马奈的画作《草地上的午餐》和《奥林匹亚》一起，表明现代艺术具有对抗公众认识并冒犯公众价值的鲜明特点。

那个夜晚的事件震惊了每一个人。前一晚，在一群观众前进行的彩排，用斯特拉文斯基的话来说，"在演员、画家、音乐家、编剧以及社会上最有文化的代表面前"，已经证明是平安无事的。但在公开首映之夜上，斯特拉文斯基第一组配乐和弦激起了嘲弄的笑声。紧接而来的是不绝于耳的尖叫声、嘘声、倒彩声，以至于到了舞蹈者听不见音乐的程度。佳吉列夫命令开关电灯，期望平静人群的声音，却进一步激怒了观众。最后，警察来了，而斯特拉文斯基则从后台的窗口爬出逃走。

对斯特拉文斯基的观众来讲，最新、最激进的要数音乐的笨拙、刺耳和时而充满暴力的节奏。芭蕾的故事——冠以《俄罗斯异教徒之画》——围绕着一个欢迎早春到来的基督教仪式，并以活人献祭达到高潮。音乐反映了异教徒仪式的残忍和野蛮的不和谐。作品的第一幕，《大地的崇拜》，在年轻人和少女颂扬大地的繁育能力的热舞中达到高潮。在第二幕《祭献》中，其中一个少女被选作献祭的牺牲品，目的是确保第一幕对繁育力的歌颂。所有人跳起舞来庆祝选中的少女，召唤村庄祖先的祝福，在被选少女自己疯狂的献祭舞蹈中达到高潮。在舞蹈者要倒下和死亡之前，斯特拉文斯基用 12 小节改变了 8 次节拍；男舞者后来抬着被选少女的身体来到圣丘的脚下，并将其献给神灵。

有时，管弦乐队不同的乐器同时奏起不同的节拍，这样的多旋律同其他乐章形成了戏剧性的对照；那些节律只用同样的节奏反复地演奏着，就像芭蕾舞第一幕结尾处管弦乐队连续 32 次奏出同样的八分音符的和弦。这一技术被称为"固定音型"，意大利语称 ostinato，即"顽固"之意。

如果说他的第一批巴黎观众觉得斯特拉文斯基的音乐是冒犯的话，尼金斯基的编舞似乎是对骚乱的直接挑衅："他们重复一个姿势达到 100 次以上。"有位批评家指出："他们的脚胡乱地打着地面，跺着脚、跺着脚、跺着脚、跺着脚……很明显，观众的情绪情有可原；真是上古时期的舞蹈。"当然不能称为是芭蕾。它脱离了传统的芭蕾舞姿——踮起脚尖用芭蕾舞鞋跳出优雅的动作，这是新的竞技运动。尼金斯基的编舞号召舞蹈者表现一个生硬的、扭曲的、模仿古代浅浮雕和立体主义绘画的姿势，并僵硬、静止地保持这些姿势，之后突然变换成疯狂的跳跃和旋转的圆舞。

同时，在德国，观众审美同样受到阿诺尔德·勋伯格（1874—1951）的挑战。勋伯格来自维也纳，他引领着一群作曲家，包括阿尔班·贝尔格和安东·韦伯恩，他们认为长期统治西方音乐的音调与和谐基础的时代结束了。1911年1月2日，蓝骑士画家康定斯基和马尔克出席了勋伯格在慕尼黑的音乐会。马尔克之后给一个朋友写信，"你能想象一首音乐里调性完全中止了吗？我反复想到了康定斯基……勋伯格似乎像我们一样，相信欧洲艺术的法则和和谐会遭受不可抗拒的瓦解"。

事实上，勋伯格确实放弃了调性，即作品围绕一个主调进行组织（以调为中心）。在其上，他创造了一个完全无调性音乐，他讨厌这样的描述（因为它暗示调性的完全缺席），更喜欢被称为"泛调性"。1912年他为比利时诗人吉罗的21首诗组成的组诗《月迷彼埃罗》提供的背景音乐很可能是第一首被广泛赞誉的无调性作品，尽管对很多人而言，它展现了，就像一位批评家所指出的，"不和谐音和音乐无政府状态的最后一句话"。彼埃罗是15世纪首先在意大利发展起来的一种游街即兴戏剧即《即兴喜剧》中的一个人物。他是个耽于幻想的小丑，面具掩盖了他的忧郁，这种忧郁是因生活在一个欲望永远不得报偿的状态所致（毕加索经常把自己描绘成彼埃罗，尤其是在职业生涯的早期）。在《月迷彼埃罗》中，五个表演者演奏着八种乐器，以不同的组合，和着一个没有唱却使用着勋伯格所称的诵唱法的"道白歌"。"唱诵的声音"，勋伯格解释道："没有任何变化，保持在同一个音调；当然，道白歌确实会有（音调），但很快会以一种向上或向下的方向退出。"《月迷彼埃罗》的圣母像部分，是讲给玛丽听的，当圣母哀悼基督时，她对着儿子的尸体哀悼着，歌词集中在基督的伤口的血，"像眼睛，血红色，睁开的"。勋伯格音乐的无调性用这股爆炸性的力量反映出痛苦。

对勋伯格而言，没有调性这个资源，创造长篇作品确实是很有挑战的——在《月迷彼埃罗》系列21幅段作品之后。到1924年，勋伯格已经创造了一个12半音音阶体系，任何一个半音都不会重复，直到其他11个半音都演奏后。这个12音调的系统反映

了他的认识，即每个音调同另外的每一个都是相等的。这12个音符按给定的顺序排列被称为音调行，在勋伯格不断创作的系列作品中，观众们很快就习惯了在一个连续的和音调行的变化中听不到一个调性中心。主调行可以或上或下，向后，或者又上下、向后演奏。运用单一的音调行及其变体来创作一个扩展的作品起初看起来似乎是相当有限的，但通过添加节奏的和动态的变化以及对位，创作大型的作品就显得可行了。

第一次世界大战及其影响

1914年6月28日，波斯尼亚一位年轻的民族主义分子在首都萨拉热窝刺杀了奥匈帝国王储斐迪南大公。欧洲震怒了，除掉了同波斯尼亚交战多年的塞尔维亚。奥匈帝国怀疑塞尔维亚参与其中（事实上确实如此）。在德国的帮助下，奥匈帝国向塞尔维亚宣战，俄国动员起来保护塞尔维亚，而法国则支持它的盟友俄国。德国入侵了卢森堡和比利时，将战争推入法国境内。最终，8月4日，英国也对德宣战，整个欧洲都卷入战争。

尽管德国人在战争的第一个月险些推进至巴黎，但受阻于英法联军。自那以后，沿着法国—比利时边境一线所形成的西线，交战双方都在这里挖掘一排排深而曲折的堑壕，上面布满带倒刺的铁丝网，从英吉利海峡一直延伸至瑞士，长约40000千米。这些堑壕修成三年之后，西线仅仅向东或向西行成了几千米的拉锯战。

双方僵持伴随着屠杀。在多场袭击中，成千上万的生命凋陨，而战线仅仅只能往前推进几百米远。毒气、芥子气广泛运用于战场，旨在打破僵局，但是，除了让千千万万的士兵残废、死亡，什么也没有改变。芥子气让遇到它的人失明，渐渐地从内往外腐烂人体，造成严重的水疱，并破坏支气管，使受害者慢慢窒息

而死。受到毒气影响的人在4~5周内就会死亡。英国军队轮流守卫堑壕，一支部队在后方堑壕待了一周之后，在夜间移动到前线壕沟，在防守一周之后转移到支援堑壕，再战一周之后到预备堑壕，最后撤退休息一周。战斗一般在黎明打响；而在夜间，士兵就会趁黑幕掩护之机构筑和加强堑壕——布线、挖掘和搬动弹药。因为经常下雨，堑壕内常常积满了雨水。部队时常遭受虱子和老鼠的侵扰，它们以死尸和死马为食，在营地里游荡。当多雨的天气以及挥之不去的毒气可以在任何时间袭击过来时，堑壕里的士兵就难以承受。当德军努力往东西两线推进时，人类的代价大得令人吃惊。战争结束时，大约有1000万人在战争中丧生——也不可能精确地计算——大约是当时伤者的两倍。

堑壕战和文学想象

战争开始时，作家们以高涨的热情对这场冲突作出回应。与其他成千上万的人一样，作家的爱国责任就是号召民众拿起武器。堑壕中的生活很快在这新的一代士兵的言论崩溃中显得毫无意义，像“光荣”和“荣誉”突然变得空洞。传统上，人们把战争看成英雄人物展示希腊人所称的美德（areté）的场所（见第2章），即男人可以实现他们人类潜力的竞技场，而如今，人们似乎不再想体验它了。一种有关战争的新文学体裁，即与荷马《伊利亚特》史诗中描写的英雄战争场景相去甚远的一种反战文学很快就出现了。

著名的例子就是25岁的维尔浮莱德·欧文（1893—1918）的诗歌，诗人在1918年停战协定签署前一个星期阵亡。“我的主题是战争，以及战争的可悲”，在一份作为诗集序言的手稿中写道：“该诗集值得同情。”因为欧文对战争中的死伤者的可怕描述，诗歌立即引起了人们的注意，就像在“为国捐躯”中所写的。它的题目摘自罗马诗人贺拉斯的颂歌13：“为国献出生命是甜蜜和适合的。”但是，欧文对贺拉斯的引用完全是辛辣讽刺的（阅读材料13.2）：

阅读材料 13.2

维尔浮莱德·欧文，“为国捐躯”（1918）

弯腰再弯腰，就像麻袋片下的乞丐佬，
迈着八字步，就像咳嗽的女巫，嘴里的淤血封不住
我们的诅咒，
直到遇见鬼魂般的闪光，我们开始却步，
向着我们的憩息点开始漫长乏味的行走。
人入梦乡但脚还在迈步。丢了靴子的人无数
瘸脚走，脚出血。人人跛足；人人如夜游；
累了就喝酒；听不见别人
呵斥，快逃德国人五点九号炮弹就在身后轰。

毒气！毒气！快，兄弟们！一阵疯狂乱找，
终于及时带上笨重的毒气帽；
但有人在呼喊中跌倒
仿佛陷入大火中的呼喊落入石灰浆中的挣扎……
透过毒气帽的模糊的绿色厚镜片
我看到他在绿色的海洋里就要被淹死

像在梦中，我无助的眼神看见，
他冲向我，溺毙在那喉咙里发出下水管般沉闷窒息
声中。

如果你能在令我窒息的梦中跟随着
那辆丢放他尸体的马车
看着他翻着白眼的脸
那张吊死鬼般脸，就像魔鬼遇见了鬼；
如果你能听见那，每次马车摇晃出的流血
从泡沫毁坏的肺中流出并低吟着咕噜声
那是人见人厌的毒瘤，就像呕吐出的食物那样酸苦
——让天真的言语变得卑鄙，患上不能治愈的疼
痛，——
我的朋友，你应该不会充满激情地告诉
那些燃烧着荣耀欲火的孩子们，
那古老的谎言：为国捐躯既正确又美好。

很明显，最后这几行摘自贺拉斯的话被欧文贴上了“谎言”的标签。而事实是，欧文的目的是让读者能够分享他可怕的梦。他描绘了一个无名男人淹没在一汪绿色的毒气之中，其修辞之生动，让我们难以忘记。

逃避绝望：达达主义

有些作家和艺术家，如毕加索，简单地逃避战争。而其他人公开地反对战争，激烈地抗议它带来的除种族

灭绝以外而别无其他的社会秩序,有些人很快掀起一场名为达达主义的运动。罗马尼亚诗人特里斯坦·查拉(1896—1963)称这是他的发明。德国人理查德·胡森贝克(1892—1972)称他和诗人雨果·巴尔(1886—1927)是用一把小刀随意翻开一本词典时发现了这个名字。不管是谁提出的,查拉都最好地总结了它的意思(阅读材料13.3):

达达是否定的国际象征。就像在面对战争一样,生命本身看起来已经毫无意义了一样,它什么意思也没有。但是,它能够证明现代艺术中的一股强大的力量。

达达主义在苏黎世伏尔泰酒馆成型。这个酒馆1916年由一群流亡的知识分子和艺术家在中立国瑞士

图 13.18 汉斯·阿尔普,《花》,1916年。彩绘纸,尺寸: 62厘米×50厘米。法国克拉玛阿尔普基金会藏。荷兰海牙现代博物馆藏。阿尔普流利地讲法语和德语,有时称自己为"让"(法语),有时又称自己为"汉斯"(德语)。

创办,包括查拉、胡森贝克、巴尔、让·阿尔普(1896—1966),以及诗人、舞蹈家和歌唱家的埃米·亨宁斯(1885—1948)。5月底,受到未来主义的启发,巴尔创作了一个"噪声音乐会",为"伏尔泰艺术协会的盛大之夜"创作。巴尔认为,语言被贬损了,其意义不可改变。毕竟,民族主义的词汇——对自己民族和伦理身份的不加批判的庆祝——已经导致了战争的残忍。巴尔用声音来取代语言,它的节奏和声音也可能传递感情,这种感情至少能够在一种情感层面上得以理解。巴尔身着精心设计的服装——蓝纸板做成的圆柱体紧紧裹着双腿,巨大的纸板领子被绑在脖子上,戴着巫师帽——他如此僵硬,无法走动,在黑暗之中被人抬上了舞台,随后他开始唱(阅读材料13.4):

很快,伏尔泰酒馆的所有成员都创作这种有声诗歌,他们称为是对抗传统的一种武器,特别是针对导致了战争的民族主义的空洞的演说。那些相信战争的人——典型的有巴黎的阿波利奈——反过来指责他们虚无主义,无政府主义和懦弱。

1917年3月,这群人创办了达达主义画馆。阿尔普的浮雕墙——介于雕塑和绘画之间——展出了最大胆的作品(图13.18)。他们"根据机会的法则来构建"。他的程序是在纸上任意涂鸦,让他的铅笔在没有任何有意识的干扰之下移动。他可以把这些绘画送给木工,让木工用木头砍制出来。这些碎片画不同样的图案,然后再相当随意地堆砌起来,一个放在另一个上,而且绑在一起。最终,阿尔普非常高兴地给浮雕起了个名字(通常是用两三个没有任何逻辑联系的词拼凑在一起的):《花》。

这样的作品实则蓄意否认了艺术家的审美情感。许多习惯了将艺术认为是严肃而高尚的评论家将达达画派看成"反艺术的"。马歇尔·杜尚（1887—1968）所谓的"现成品"尤其冒犯了这种传统严肃的思想。"现成品"（与"订制的"相对）这一舶来词来自美国。1915 年杜尚抵达纽约后很快就采用了这个词，他参加了一个由欧洲其他流亡者组成的团体，包括他亲密的同事弗朗西斯·毕卡比亚（1879—1953）。那时，美国仍然保持中立，直到 1917 年才加入英法协约国一方作战。此时的杜尚早已因为《下楼的裸女》而名噪一时（图 13.19），在 1913 年 2 月纽约第 69 步兵团军械库的现代艺术国际展览（简称军

图 13.19 马歇尔·杜尚，《下楼的裸女》（第 2 号），1912 年。布面油画，尺寸：147 厘米 ×89 厘米。图片 © 费城艺术博物馆。纽约艺术资源。有趣的是，当杜尚将此画提交给 1912 年独立沙龙时，选画委员会反对它直白的标题和传统的主题。

械库展出）上成了批判辩论的焦点。这场展览共展出了大约 1300 件作品，包括 17 件马蒂斯的、7 件毕加索的、15 件塞尚的（包括石版画）、13 幅高更的（包括许多石版画和版画）、18 幅梵高的、4 幅马奈的、5 幅莫奈的、5 幅雷诺阿的、2 幅修拉的、1 幅德拉克洛瓦的和 1 幅库尔贝的作品。这是美国人第一次能够亲眼看到法国现代艺术家的油画。一个报社撰稿人称杜尚的《下楼的裸女》为"木瓦工厂的爆炸"。《美国的艺术新闻》称它为"挂包的集合"，并提出悬赏：凡能找到此画中的裸体妇女，皆可获得10美元的奖励。总统泰奥多尔·罗斯福将此画比喻成他浴室里的纳瓦霍地毯。总统认为，如果从整体上来看这次西方艺术家的展览，那么他们无疑代表了"极端分子"。但是，如果杜尚的裸体在1913年对美国人似乎颇令人费解，但是今天我们能很轻松地找出这幅作品的成形究竟受何影响。杜尚非常熟悉毕加索和勃拉克的立体主义将物体减少为一些平面（图 13.10 和图 13.11）。他也知道未来主义关于描绘动作的观点，而也许更重要的是，他非常熟悉蓬勃发展的电影行业。

因此，当杜尚把他称为"现成品"艺术作品引入后，纽约的艺术界接下来确实震惊不已。《泉》（图 13.20）也着实让他们震惊。杜尚在纽约的一个水管商店购买了一个男士小便池，签上假名"R. Mutt"之后于 1917 年 4 月提交给纽约独立艺术家协会进行展览。杜尚所在的展览委员会，因为声称所有提交的作品都要给展示出来，因此不能够拒绝这件作品。让杜尚非常感到好笑的是，组委会决定把它藏在一幅帘子后面。在展览的过程中，杜尚渐渐让观者了解他就是"R. Mutt"，并在《盲人》一刊中为这幅作品辩护：

> 不管是不是 Mutt 先生用他自己的手制作了《泉》这件作品并不重要。他选择了它。他选择了一件生活的普通物件，把它展示出来，以至于他的有用性在新的题目和观点下丧失意义——为物体创造了一个新的思想。

但是，杜尚的现成品同样是对整个艺术和文化的攻

图 13.20　马歇尔·杜尚，《泉》，1917 年；复制品，1964 年。瓷器，尺寸（未验证）：360 毫米 ×480 毫米 ×610 毫米。杜尚将男士小便池倒置过来，让人一下子无法判断其用途。

击。如果《泉》确实是一件艺术作品，它也一定是浴室的设备，一件商品。推而广之，杜尚似乎是在辩论，艺术作品渐渐地以它们自己的权力成为商品，物品被任意买卖，而结果被市场贬低。

哈莱姆文艺复兴

美国内战结束后，复兴时期很快到来，南方各州通过了一组法律，有效地确立了种族等级制度，把美国黑人变成二等公民并将种族隔离制度化。在南方，这个体系被称为是 Jim Crow（对黑人的蔑称）。第一次世界大战爆发前，大约有 90% 的美国黑人都住在南方，其中四分之三住在农村。但战争一开始，北方需要大量的劳动力资源，而另一方面南方棉籽橡皮虫害摧毁了棉花植株后，黑人变得更加贫穷，于是逃到北方。20 世纪 20 年代初，在仅 90 天的时间里，就有约 12000 名非裔黑人离开了密西西比州。每天晚上就有大约 200 名黑人离开孟菲斯市。许多人虽遭遇到痛苦，但是巨大的财富在吸引着他们，看起来一切都要比南方的黑人好。从 1915—1918 年，欧洲战事激战正酣之际，20 万 ~35 万南方黑人迁移到北方，史称

黑人大迁移。在纽约，它激发了一个如此富有活力的新文化社区，以至于这个时代被称为是哈莱姆文艺复兴。

"新黑奴"　也许哈莱姆文艺复兴第一个有自我意识的表现是 1924 年 3 月 21 日的一个晚餐聚会，由全国城市联合会的查尔斯·约翰逊（1893—1956）主持。联合会旨在促进公民权利，帮助美国黑人表达他们在城市密集的北方定居下来后所遇到的经济和社会问题。在约翰逊的晚会上，来自哈莱姆的年轻作家们被介绍给纽约白人文学界。一年后，一个专门涉及社会学、社会工作、社会分析的全国性杂志《调查图》专门发布了一期有关哈莱姆的专刊。这一期，冠名为《哈莱姆：新黑人的麦加》，由阿兰·勒罗伊·洛克（1886—1954）主编，他是华盛顿特区霍华德大学的非裔美国教授。他相信属于美国黑人的一个新的时代已经到来，便为新的集子写了一篇有力的序言。在序言（有时被称为新黑人运动的宣言）里，洛克指出，哈莱姆是这个创造性表现艺术的新的竞技场的中心（阅读材料 13.5）：

阅读材料 13.5

阿兰·勒罗伊·洛克，《新黑人》选段，1916

[兴起了] 与 20 世纪文明交往中的非洲人民的先锋意识……认识到有责任去恢复曾经的黑奴贸易强加给他们的悲惨境遇进而失去的尊严。哈莱姆，我们会看到，将会是这两场运动的中心……哈莱姆黑人世界的脉搏已经跳动……新的黑人……已成为美国文明发展进程中的贡献者，不再沦为受援的对象，不再会成为齐心协力参与美国文明建设中的被监护人。其巨大的社会益处在于激发了我们黑人的才能，从辩论或论战这一贫瘠的领域到创造性的表达这一富饶的领域……如果在我们的有生之年，黑人即便不能庆贺全力积极地参与美国的民主，那黑人也能够在民主等的庇佑之下庆贺黑人这一集体所实现的一个意义重大的、令人满意的新局面，与之伴随的是黑人的精神世界已经成熟。

在洛克看来，美国每一个民族都有自己的身份，有权利获得保护和发展，对文化身份的诉求不需要同美国

公民权利相冲突。洛克进一步强调，黑人文学集里的年轻作家的精神世界将会关注黑人艺术和音乐的非洲起源，从而推动以哈莱姆为中心的新的运动，这些黑人文化反过来也能够极大地推动一个新的、更加包容的美国文化的发展。

朗斯顿·休斯和爵士乐的诗歌　正如年轻的诗人朗斯顿·休斯（1902—1967）之后所说，"黑人引领时尚"。休斯是洛克出版的《新黑人》中收集的年轻诗人之一，后来诺普夫出版社于1926年也出版他的诗集《疲惫的蓝调》。1924年，22岁的休斯前往巴黎寻求在国内找不到的自由。他在一家俱乐部当勤杂工和洗碗工，他听到了非裔美国乐队演奏的爵士乐，并很快写下了受到它节奏启发的诗。音乐中的切分音可以在他类似于《巴黎歌舞表演中的爵士乐队》这样的诗里听到（阅读材料13.6）：

阅读材料13.6

朗斯顿·休斯，巴黎歌舞表演中的爵士乐队选段（1925）

> 弹奏着那曲子
> 爵士乐队！
> 为那些贵族和女士，
> 为那些公爵和伯爵，
> 为那些娼妓和舞男，
> 为那些美国的百万富豪们，
> 和学校的老师们而弹，
> 尽情狂欢。
> ……
> 可知那曲调
> 和着哭、笑
> ……
> 我也可以吗？
> 当然，
> 我的老天！
> 帕里西尤娜伦巴
> 弹奏吧，爵士乐队！

因为那些参加过一战的（在所谓的第92、93黑人步兵团）黑人士兵们的讲述，像休斯这样的非洲裔美国人纷纷涌至巴黎。爵士乐也因此由中尉吉米·欧罗巴介绍到法国。他的第815先锋步兵乐队在法国的城市巡回演出。他们经历了在美国从未有过的体验——被白肤色的人的完全接纳。巴黎战后似乎是自由和机会的新大陆。但是哈莱姆，很大程度上是因为约翰逊和洛克的努力，很快取代了非洲裔美国人对巴黎的想象。

在哈莱姆，休斯很快成为最有影响力的一种声音。他的诗歌讲述了自己民族的生活，抓住了他们说话的曲折变化和节奏。事实上，最重要的是，他的诗歌颂了非洲裔美国文化的创造性，特别是这种文化在音乐和语言上的开放性和独创性。休斯开始意识到他的文化身份并不依赖于白人文化的语法和哲学，而是建立于他在美国黑人的音乐（特别是蓝调和爵士乐）和语言中所能听到的方言俗语上。

蓝调音乐和爵士乐

到"大迁徙"（非洲裔美国人从南部乡村到北部城市的大迁徙）的时候，爵士乐作为非洲裔美国人的音乐已经确立了它的地位。这种音乐似乎定义了所有美国特性，以至于小说家弗朗西斯·斯科特·菲茨杰拉德（1896—1940）将他1922年的一本短篇小说集的名字命名为《爵士乐时代的故事》，这一名字相当抢眼。到20世纪20年代末，爵士乐已成了美国的音乐，像在巴黎和柏林那样风靡于纽约、芝加哥和新奥尔良。它起源于19世纪90年代的新奥尔良这个可能是美国种族最多样化的城市，主要开始于斯科特·乔普林和其他一些音乐家的繁音拍子（多切分节奏的一种早期爵士乐）。当然它也深深根植于蓝调音乐。

蓝调　如果说切分音节奏是爵士乐最主要的一个特点，那么，另一个则是蓝调音符。蓝调音符比传统的音高更低或更平。在爵士乐里，蓝调乐器演奏家们或者歌手通常会把一个蓝调音符，通常是一个给定的音阶里的第三、第五或者第七音符揉到一起，以便加强情感效果。这种效果最开始是在蓝调音乐里出现，这是在非洲黑奴和他们的后裔中发展起来的一种歌唱形式。

蓝调按字面意思即挽歌。它哀悼失恋、穷困或者社会的不公，对爵士乐的发展有很大的影响。标准的蓝调形式共三节，每一节又由四个小节组成。这里的每一节都对应着同一谱线的三行诗组成的诗节，其中诗节的头两行是相同的。

芝加哥的迪克西兰爵士乐和路易斯·阿姆斯特朗 在1910—1920年，众多爵士乐队在传说中的斯特利维尔即新奥尔良的红灯区表演，并很快确立了表演的模式。"前排"是小号（或短号）、单簧管和长号，由五弦琴（后来是吉他）、钢琴、低音和鼓伴奏。在迪克西兰的爵士乐中，当它为人熟知后，小号吹奏主旋律和单簧管则同时吹奏更高的复调旋律，长号则吹奏一个更简单的、更低的曲调。迪克西兰爵士乐最受欢迎的一种形式是标准的12小节蓝调和一个32小节的AABA形式。后者由四个章节组成，每章节又由8个小节组成。总的说来，小号为整首音乐的第一组32小节配置基本曲调，而乐队则依据曲调以一系列独奏曲或者是集体即兴曲演奏变奏曲，并始终保持32小节的格式。而这样的每32小节组成的章节被称为"合奏"。

1917年斯特利维尔关闭后（因为美国海军的命令，里面的水手规章被认为受到了这个红灯区的存在的威胁），在这里演出的很多乐队都加入了向北方进发的"大迁徙"的队伍之中。他们中有小号手路易斯·阿姆斯特朗（1900—1971），他于1922年抵达芝加哥，为乔·奥利弗的克里奥尔的爵士乐队演出。钢琴家和作曲家李尔·哈丁（1898—1971）是奥利弗乐队的钢琴手和编曲，而这两个人在1924年结婚。不久，阿姆斯特朗离开了奥利弗乐队并在自己的乐队里演出。他组织了两个工作室乐队热力五人组和热力七人组，成员包括先前在新奥尔良的同事，同他们一起，他创作了一系列开创性的唱片。其中一个是哈丁创作的《比这更热火》，1927年录制，是基于一个32小节的形式，供演奏者们即兴演奏。在第三合奏处，阿姆斯特朗用无意义音节演唱，这个方法被称为拟声唱法。紧随其后的是另一个标准的爵士乐队演出，阿姆斯特朗和吉他手朗尼·约翰逊的应答合唱，两个人尽可能地模仿对方的不同乐器。

摇摆乐：棉花俱乐部的杜克·艾灵顿 阿姆斯特朗录制《比这更热火》的同一年，生于华盛顿特区的杜克·艾灵顿（1899—1974），曾用名爱德华·肯尼迪·埃林顿，在哈莱姆的棉花俱乐部签了五年的协议。棉花俱乐部的老板是位大佬，这个俱乐部是他"马登1#啤酒"的批发商店。像所有酒精饮料一样，这种酒于1920年实施"全国禁酒令"后被禁止销售。而俱乐部的名字意在唤起前来观看主要是黑人艺人表演的白人对悠闲的种植园生活的回忆。

1923年，艾灵顿在纽约创建了自己的第一支乐队。1932年发布的《（不摇不摆）不是事儿》把"摇摆"一词引入了爵士文化（无独有偶，"蓝调音符"的一个特别清晰的例子可以在《不是事儿》的第一组合唱里的"an't"上听到）。摇摆乐通常是15~20位乐师、多达5个萨克斯管（两个中音部，两个男高音和一个男中音）所组成的大型乐队演奏，声音震耳欲聋。它的节奏取决于对强拍的微妙回避，独奏乐器在节拍之前或者之后响起。

艾灵顿开始在棉花俱乐部演出时，商业广播电台已经运行7年之久了，而成千上万的美国家庭都有收音机。来自棉花俱乐部的无线实况直播让艾灵顿声名鹊起，并广为20世纪30年代巡游全国的乐队所效仿。这些乐队就包括不久被称为"摇摆国王"的单簧管手贝尼·古德曼、小号手詹姆斯、长号手格伦·米勒、长号手汤米·多尔西、钢琴家考特·贝西、单簧管手阿蒂·肖。这些乐队也涌现了众多主唱歌手，包括弗兰克·辛纳屈、平·克劳斯贝、佩里·科摩、莎拉·沃恩、比利·哈立德、佩吉·李、多丽丝·戴、萝丝玛莉·克洛妮和艾拉·菲兹杰拉德。

哈莱姆的视觉艺术 20世纪20年代，哈莱姆地区领衔的视觉艺术家是阿伦·道格拉斯（1898—1979）。他是堪萨斯州托皮卡人，1925年抵达哈莱姆，在内布拉斯加州立大学获得美术学士学位，也是所在班上唯一一名黑人学生。"哈莱姆给我的第一印象"，他后来写道："是一个挤满了人的大舞台……

人们这里会发现一个色彩、声音、动作都在极速变化的万花筒——它时而下降、时而肿胀、时而萎缩，一会儿又来去匆匆，一会儿又漫无目的、无休无止、缓慢吃力地拖拽着。然而，就在这个表面看来混乱不堪、毫不连贯的活动里，人们可以感觉到一种内在的和谐以及一只神秘的手把这些不相干的元素混合成一个整体。"

他的第一份重要工作便是为哈莱姆文艺复兴诗人和全国有色人种协进会执行秘书詹姆斯·韦尔登·约翰逊（1871—1938）的一本布道诗集《上帝的长号：七首布道诗》制作插画。像他的朋友兼同事佐拉·尼尔·赫斯顿一样，约翰逊对保护民间的声音，特别是民间布道很感兴趣。"我记起了"，约翰逊在《上帝的长号》的序言里写道："童年时聆听布道的情景……这些布道只是稍加修改，就从一位牧师传给另一位牧师，从一个地方传到另一个地方。"当中的一个便是"回头浪子"的故事，通过加以更改，反映了20世纪20年代哈莱姆街道的生活（阅读材料13.7）：

阅读材料 13.7

詹姆斯·韦尔登·约翰逊，《回头浪子》选段（1927）

> 夜里这座城市依然明如白昼，
> 街道熙熙攘攘、人潮涌动，
> 铜管乐队和管弦乐队正在演奏，
> 每一个转身，小伙子瞧见的，
> 尽是又唱、又笑、又跳的场面，
> 他叫住一位路人，问道：
> 告诉我这是个什么城市？
> 路人笑着说：你还不知道？
> 这是巴比伦，巴比伦，
> 伟大之城巴比伦。
> 来，我的朋友，跟我一起走吧。
> 于是小伙子钻进了人群……

道格拉斯的插图（图13.21）则把约翰逊的诗的时效性表达得非常清楚：哈莱姆是座新的巴比伦。他的二维侧影人物将成为哈莱姆文艺复兴艺术的标志性风格，线条和色块的突然变化，让人感到一种有节奏的动作和声音。

我们可以在雅各布·劳伦斯（1917—2000）的作品里看到他的影响。1924年，劳伦斯7岁时来到哈莱姆。劳伦斯在哈莱姆艺术工厂被训练成画家。"如果没有哈莱姆的黑人社区，我不可能成为一名艺术家"，他之后说。当他还只是23岁的时候，他就已经创造了一系列60幅画组成的组画，叙述了"大迁徙"的历史。这使他声名鹊起。1942年，纽约的现代艺术博物馆以及在华盛顿特区的菲利普斯收藏馆都各买了30幅面板。同一年，劳伦斯成了第一个在颇有声望的纽约陈列馆——市中心画廊展出的黑人艺术家。道格拉斯所引入的形式上的角状和节奏上的重复在劳伦斯为"迁徙"系列所作的很多作品里非常明显，特别是他的一幅三个女孩在学校里的黑板上写字的插图画（图13.22）。就像途中每个人在黑板上都依次升高，女孩们在知识上的进步都体现为一个切分、四拍子的节奏

图13.21　阿伦·道格拉斯，《回头浪子》插图，见詹姆斯·韦尔登·约翰逊的《上帝的长号：七首布道诗》，1921年。北卡罗来纳大学图书馆藏。道格拉斯将一美元钞票、香烟盒上的印花（右下角）、一张纸牌、GIN（左上角）这个单词置于同一幅画中，这体现了他的法国立体主义意识。

图 13.22 雅各布·劳伦斯,《北方黑人有更好的教育设施》,1940—1941 年。"迁徙"系列第 58 号作品。石膏粉上的蛋彩画,尺寸: 30 厘米 ×45 厘米。注意画中每个女孩衣服的颜色为红、黄、蓝这三种基本色,因此强调了基础教育的基本本质。

形式中声音的渐增,其中第一拍根本就没有演奏出来。

俄国:艺术与革命

1914 年,俄国陷入措手不及的战争;不到一年,沙皇尼古拉斯二世(1868—1918)就目睹了自己军队的分崩离析。100 万人战死,接着另 100 万士兵开了小差。饥饿和燃料短缺困扰着这个国家,城市里罢工不断,而乡下的农民也夺取了俄国贵族的土地。1917 年 2 月沙皇被迫退位。

弗拉基米尔·列宁和苏维埃 通过一系列精明的、有时略为暴力的政治策略,马克思主义革命家列宁(1870—1924)于 1917 年 11 月接管了政权。列宁领导了俄罗斯最激进的革命团体布尔什维克。像马克思一样,他梦想建立一个"无产阶级专政",即工人阶级专政的国家。马克思和列宁都相信对大量工人阶级的剥削源于资本主义为了少数特权阶层试图垄断世界原料和市场。他认为所有的财产都应当公有,社会的每一成员都应当为全民而工作,并实行按劳分配的原则。他有句名言:"谁不工作,谁就没有吃的。"

列宁是一位乌托邦理想主义者。依据他自己建立的社会主义国家的发展,他预见国家将逐步消亡,他

图 13.23 卡济米尔·马列维奇,《画家的现实主义:背着背包的男孩——第四维的色块》,1915 年。画布油画,尺寸: 71 厘米 ×45 厘米。纽约现代艺术博物馆。马列维奇坚持认为自己画的不是三维而是四维空间,换句话说,时间在作品创作中发挥了重要作用。后来,他又声称自己的作品为五维空间。所谓第五维,就是指"经济"维度,即最简洁有效的手段。

在《国家与革命》(1917)中指出:当社会实现按劳分配和按需分配时,即当人们已经习惯了遵守社会生活的基本制度,并且劳动生产效率足够高,人们可以根据自身的能力自愿工作时,国家将会彻底消亡。但是,列宁也意识到必须做出一些务实的变化。他强调了国家实现电气化的需要并指出,必须向农民展示基于现代的、先进的电气化技术的工业组织形式;尽其可能提高农村的文化水平,那样即便是在最偏远的角落,也能克服落后、愚昧、贫穷、疾病和野蛮。另外,在政治上,他也是个实用主义者。1918 年,当他的布尔什维克在自由选举中仅得到了不到 0.25% 的选票时,他解散了政府,取缔了其他所有党派,把共产党交到了五个人组成的政治局手里,而他就是政治局首脑。

革命时期的艺术 1917 年 3 月的革命以前，俄国的先锋派艺术家，因与欧洲各大艺术中心（特别是巴黎、阿姆斯特丹和柏林）有直接联系，建立了他们自己品牌的现代艺术。他们中的大多数人都曾到过巴黎并亲自参观了毕加索和勃拉克的立体主义作品，但其中也许最有创造性的卡济米尔·马列维奇（1878—1935）却从未去过。1912 年，他创造了"立体未来主义"风格，把现代的几何图形运用到了俄国民间主题之中。马列维奇很快就投入他自己所说的"拼命想把艺术从客观性的稳定因素之中解放出来"之中去。为达此目的，他说道，"我在正方形里找到了避难之所"，并于 1913 年创造出了一幅非客观性的作品，在一个白色的底面上画上黑色和红色的正方形。他称自己的新艺术为至上艺术，并把它界定为"艺术中情感的至高境界"。

马列维奇所提到的"情感"不是我们通常同德国的表现派联系在一起的个人的或者私人的情感，而是存在于他所认为的对至高真理的揭示之中的那种情感——与列宁的政治理想主义相差无几的乌托邦理想主义——通过最细微的方法予以发现。因此，他的《绘画的现实主义：背着背包的男孩——第四维的色块》（图 13.23）并不是一件真的展现"男孩背着背包"的作品，也非一件"现实主义"的作品。题目是带有相当的讽刺意味的，很可能是为了让那些期待看到这幅代表性作品的参观者们震惊不已。相反，这幅画是关于两种形式的——一个黑色的正方形和一个更小的红色正方形——它们就像是漂浮在一块白色的地面之上，甚至看起来好像是处在不同的高度。这幅画最先于 1915 年 12 月在彼得格勒的一次展览上展出，题为"0.10: 最后的未来派画展"，这可以从反映该画展的一张照片中找到，看看图 13.24 就会发现，它就在椅子的左边。展出的名字提示了参与这场展出的 10 位艺术家都在竭力传达绘画中的"零度"，即不可约减的核心的观念。换句话说，是什么组成了绘画作品的最小成分？在这件特殊的作品里，马列维奇揭示了通过揭示本质，这些明显的静态形式——两个正方形放在一个矩形上——形成一种动态的张力。

马列维奇在"0.10"展览中放置作品顺序的方法也颇有趣，因为在所有 38 件作品中，可能最能体现"零度"概念的是《黑色正方形》，他把它高高地放置在两面墙壁与天花板形成的角落处，而这个地方在传统的俄国房子里通常只挂宗教偶像的画。这件作品部分是戏仿，按他自己的说法就是"用情感世界中的全新的直观的表现形式"来取代旨在激起深深的宗教情感的图像。正如他在论文《非客观世界》中写的那样，"正方形＝情感，白色的底面＝这一情感后面的虚空……至上主义的正方形以及从中发出来的形式可以比作通过它们的组合方式表现一种节奏的情感而非点缀的土著人原始标志（符号）"。

俄国最伟大的具有革新性的革新家之一是导演谢尔盖·爱森斯坦（1898—1948）。十月革命后，他在俄国的宣传火车上工作。这是一种特殊的宣传火车，它在俄国农村运行，为农民带来一些"煽动性的"材料（"煽动性的"，从这个意义上讲，意味着一种政治观点）。宣传火车分发杂志和小册子，介绍政治演说家和戏剧，鉴于俄罗斯农民大多为文盲，也许最重要的是一些有代表性的电影（被称为宣传电影）。这些电影都以快节奏的剪辑风格为特征，旨在一开始就能吸引从未看过电影的观众的注意力。

列维·库里肖夫（1899—1970）是20世纪20年代初莫斯科电影学院的创始人之一，因为他制作宣传电影的经验而发展出了一种蒙太奇理论。他把一名俄国著名演员的特写同其他三种不同的形象结合起来——一碗汤、一个躺在棺材里即将死去的女人以及一个玩着一只泰迪熊的女孩。尽管每个例子里演员的形象都是相同的，但是观众却认为他因饥饿想喝汤，为女人而悲伤，为孩子而开心——这在后来被称为库里肖夫效应。库里肖夫断言，一个镜头总是通过其他镜头的关联获得意义。蒙太奇便是通过这样的镜头构筑电影作品的艺术。

爱森斯坦从库里肖夫处学到很多，尽管他不太赞成蒙太奇的本质。爱森斯坦用蒙太奇不是来建立一个统一的作品，而是认为蒙太奇应当用来创造张力，甚至是一种震惊感，他认为能够给观众造成一种感官上的冲击并且更好地理解电影动作的意义。他计划拍摄7部系列影片，分别讲述导致布尔什维克革命的事件，

其目的是激起观众对革命目标的心理认同。

恐怕再没有比他的《战舰波将金号》更能体现他的成就了，它讲述了1905年俄国的一艘海军舰艇发生的兵变以及沙皇军队随后在敖德萨港口的台阶上对无辜的男女老幼进行屠杀的场景。尤其是著名的"敖德萨阶梯连续镜头"之类的情节，实际上是蒙太奇的一个宣言，撕裂了观众们的心，并在世界范围内赢得了人们对苏维埃政体的尊重（见本章的"近距观察"）。

弗洛伊德和心灵的作用

爱森斯坦强调观众对电影的心理认同很大程度上是受了维也纳神经学家西格蒙德·弗洛伊德的启发。第一次世界大战开始时，弗洛伊德关于人类心理的本质和它的潜意识功能的理论越来越为人们所接受。当医生和其他人开始治疗那些有时受到战争严重创伤的幸存者时，弗洛伊德的精神分析的功效——特别是梦的解析和"自由联想"——越来越为医学界所接受。

但弗洛伊德知道自由联想需要解释，渐渐地，他开始关注无意识的模糊语言。1897年，弗洛伊德基于性冲动和性能力已经存在于婴儿体内这一假说，阐释了幼儿性欲理论。他认为，要理解儿童早期性感觉会对成人以后的神经质行为产生印迹，其中的一个关键就是要对梦进行解释。弗洛伊德得出结论：梦让无意识的祝福、欲望和冲动自我作用，而这些无意识的东西要受大脑审查。他在《梦的解析》（1900年）一书中写道："梦是（压抑了的、约束了的）渴望的（伪装的）实现。"而这种渴望引申开来，总体上是基于性。

第一次世界大战还为弗洛伊德提供了另外的证据，也许让人类心理紊乱的最让人烦扰的因素是社会本身。1920年，在《快乐原则之外》，他推断人类有死的冲动（Thanatos 桑纳托斯）与性冲动（Eros 厄洛斯）相对抗。他认为，它们的对抗有助于解释塑造个人和社会的基本力量；它们的冲突也能够解释斯沃摧毁的或者是向外好斗的行为。1923年的作品《自我与本我》中为人的大脑这幅图添加了一个对所有后续的心理学著作，至少在它们的术语上，产生持久影响的模型。

弗洛伊德认为，人性是由本我、自我和超我的角力所形成的。本我是所有本能的、身体欲望——从营养的需要到性满足的欲望的温床。它的目标是获得即时的满足，它与享乐原则相一致。自我管理着本我。它协调本我潜在的毁灭性冲动以及社会生活的要求，旨在以社会接受的方式来满足本我的需要。对弗洛伊德来说，文明本身就是自我对本我进行控制和调整的无休止的努力的产物。但是弗洛伊德对心理中已经是第三种元素——超我的认识——至关重要。超我是我们通常所称的"良知"所在，是心理的道德基础。良知来自心理对家庭所平衡的批评和指责的认识，而"家"可以宽泛地理解为父母、种族和文化。但是因为超我没有区别思考一个行为和实行一个行为，它也可能给本我灌注巨大的潜在的负罪感。

超现实主义绘画的梦工厂

1924 年，法国作家、诗人、理论家安德烈·布雷顿（1896—1966）在《超现实主义宣言》把他创造性的努力归因于弗洛伊德给予他的鼓舞："人们以前不大关注的智力生活如今又回归到民众中间，这似乎纯属巧合；然而，此功应归于弗洛伊德。基于他一系列发现的证据，最终一种观点开始盛行起来。这种观点将使人类心灵的探索扩大范围，因为人类被赋予了的能力不仅仅只是能够处理概括性的现实。"布雷顿接受的是医生的训练，并运用了弗洛伊德的关于自由联想的技巧来治疗一战时期遭受炮弹休克症的病人。正如他的定义所指出的那样，他起初把超现实主义看成一场文学运动，而布雷顿就是它的中心。所有的超现实主义者都是活跃的达达主义者，但是与达达主义的"反艺术"精神不一样的是，他们新的"超现实主义"运动相信一种"新的艺术"的可能性。尽管如此，超现实主义仍然保留了达达主义的极大的反叛精神。

毕加索的超现实主义　布雷顿认为毕加索在《亚维农少女》（图 13.9）中指出了超现实主义艺术之路，它抛弃了艺术对外部现实的依赖。在布雷顿看来，这位立体主义的伟大创建者拥有"非凡的天资，能够给

纯粹幻想的领域赋予物质实在性"。超现实主义观点深深地吸引了毕加索，因为它提供了新的方向和可能性。20 世纪 20 年代末 30 年代初，毕加索的超现实主义大出风头，在一系列怪物般的、像骷髅一样的图形与他性感的情妇玛丽-特雷莎·沃尔特人物画像交替出现的绘画中体现得尤为明显。1927 年，年仅 17 岁的特雷莎就成为毕加索的情妇，一直到 1935 年，毕加索同奥尔加·柯克洛娃（1891—1955）保持婚姻关系而与特雷莎保持情人关系。

那些年，毕加索实际上对经验的二元性非常着迷，这与弗洛伊德的《快乐原则之外》中的桑纳托斯（死亡冲动）和厄洛斯（性冲动）之间的二元对抗如出一辙。1932 年，毕加索画了特雷莎的双重肖像《镜前的少女》（图 13.25）。这种双重性表现在：在右面，她是月亮或是夜；在左边，她是太阳或光线；她的脸同时出现了侧影和整个脸部的四分之三。她左面突起的腹部象

图 13.25　巴勃罗·毕加索，《镜前的少女》，波舍鲁别墅，1932 年 3 月。布面油画，尺寸：163 厘米 ×130 厘米。现代艺术博物馆藏。右边长长的椭圆形的镜子，两边各有一根细柱支撑，称为"心灵"。因而，毕加索既从直观，又从隐喻的角度描绘他情人的心灵世界。

在《战舰波将金号》影片中，最著名的连续镜头是敖德萨阶梯上的大屠杀。敖德萨公民对波将金战舰上的兵变迅速作出反应，向舰上水兵提供食物。在事先没有警告的情况下，沙皇士兵持枪站在通向港口的大理石阶梯的最高一级台阶上，向手无寸铁的民众开枪，许多人当场倒下。在接下来的混乱中，爱森斯坦的电影镜头的切换越来越快。

这组连续镜头时长 4 分 20 秒，由 155 个单独的镜头组接而成，每个镜头的速度为 1.6 秒，令人称奇。他将整个场景的长镜头与每张脸的特写镜头进行对比，并在群众从下望着阶梯的镜头与沙俄士兵从阶梯顶端向下看的镜头之间不断切换。这组连续镜头的开始是慌乱撤退的人群，接着是一位母亲走向抬着她已经死去的儿子的士兵，此时整个场景几乎没有任何动作，最后是一辆婴儿车从阶梯上七零八落地滚下来。有些镜头持续的时间比另一些要长，移动镜头与静止镜头来回切换。

爱森斯坦知道，声音和图像在蒙太奇手法中可独立处理，或者放在一起处理以相互加强。一段音乐可能会加强一个关键镜头对观众的情感冲击。在蒙太奇手法中，把两段完全不同的音乐节奏放在一起——如将士兵行进步伐的节奏与电影剪辑中完全不同的节奏放在一起可能强化系列镜头的紧张感。爱森斯坦将这种手法称为"节奏蒙太奇"：

> 士兵从台阶上走下来时的步伐所形成的有节奏的鼓点打乱了节律的要求。这些鼓点与剪切的节奏并非同时进行，因而每次都不合拍，镜头溶解于接下来的每一个场景时也完全不同。穿着皮靴的士兵下台阶时脚步的节

谢尔盖·爱森斯坦导演的《战舰波将金号》中"敖德萨阶梯连续镜头"，1925 年。一位母亲抱着被杀害的孩子，面对着从台阶上走下来的沙皇士兵。在她站立的地方，她面前的士兵，是通过阶梯的对角线和两边横陈的尸体进行特写的。士兵继续行进。

> 奏突然转到另一个节奏时，观众会立即有一种紧张感。一种新的向下的动作，婴儿车七零八落地从台阶上滚落下来，同样引发了同种程度的紧张。

爱森斯坦在导演该片时把注意力放在节奏上，因而也就放弃了严格的时间性。以婴儿车场景为例，音乐的节奏一开始就戏剧性地慢了下来，"实时"的步伐通过一系列的慢镜头被延长了。母亲紧紧抓住自己，婴儿车在阶梯边缘晃晃悠悠，母亲晕厥，婴儿车慢慢朝前挪动，母亲痛苦地跌倒。这就是我们通常所说的"实时"性而不是"适时"性。

另一位母亲，也被沙皇士兵射杀，倒在血泊之中。横躺着的尸体使婴儿车失去控制，滚下台阶。注意右图中台阶的斜线与上一页中怀抱着死去的孩子的母亲的斜线相似。

事实上，在敖德萨石梯上并没有发生沙皇士兵对平民的屠杀事件，但在该市的其他地方却有无辜平民被杀。爱森斯坦用电影艺术来重现实际上是一个隐喻，它抓住了事件的精髓，刻画得如此逼真以至于许多观众认为它就是真实的新闻图像。

在这组连续镜头的最后，当婴儿车向石梯倾斜而下时，一位戴着夹鼻眼镜的老年妇女看起来非常惊恐，一位沙皇俄国的哥萨克骑兵挥着马刀朝她猛砍。

征着她的生育能力（事实上，她在 1935 年给他生下了玛雅，不久毕加索同奥尔加分开了）。尽管这属于典型的毕加索风格——镜子中，但我们看不到她的腹部，而只能看到她的臀部，即她原始的性欲。左面，她是有意识的自我，而镜前展示的是潜意识的自我。毕加索的作品表达了超现实主义最基本的主题——所有的复杂性自我。而后他又添加了一个重要的主题——与他者相关的自我，因为毕加索不仅仅作为画家存在于画中，而且也存在于墙纸的滑稽设计这一象征意义之中。但是绘画也表明了意识和无意识的自我之间动态的相互影响，可能实际上是它本身的他者。

萨尔瓦多·达利的恐怖幻觉 自我异化的意识对西班牙画家萨尔瓦多·达利（1904—1989）的作品至关重要。1928 年，他 24 岁的时候被介绍给超现实主义画家胡安·米罗。1926 年，他被圣费尔南多美术学院开除，理由是他性情古怪、恣意张扬，且拒绝参加期末考试，甚至还声称比考核他的教授知道得还要多。他把这种同样大胆的自信注入了超现实主义运动。

达利自己声称，他遵循着一种"偏执狂的批判方法"，这种自我催眠的品牌能使他自由地幻想。"我认为这个时刻就要到来"，他在描述自己的方法时写道："大脑处于偏执、积极活动时，就可能（同时是自动性的……）让困惑系统化，因此有助于怀疑现实世界。"他称他的形象是"新的和恐吓的"，而像1931 年著名的《记忆的永恒》（图 13.26）这样的作

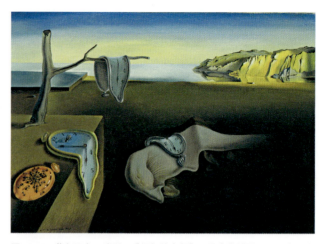

图 13.26　萨尔瓦多·达利，《记忆的永恒》，波舍鲁别墅，1931 年。布面油画，尺寸：24 厘米 ×33 厘米。现代艺术博物馆藏。达利将这样的画称为"手绘梦境照片"。

品就完全是这样。这是一个睡着的达利的自画像，他在画中像鼻涕虫一样躺着，用布帘覆盖着放在时间的床单下。象征死亡的蚂蚁在左面的一个表壳里爬动着。一只苍蝇停歇在从壁架滴落的表上，而另一只柔软的表悬挂在一颗指向睡着的达利的枯树上。

20 世纪 30 年代中期，当达利开始对阿道夫·希特勒崇拜并不愿支持西班牙内战中的共和国时，布雷顿和超现实主义者就与达利分道扬镳了。还有可能是因为达利太爱钱了，因此布雷顿将它的名字 Salvador Dali 的字母重新组合，戏谑地称他为 Avida Dollars（即"贪婪的美元"）。1938 年，他正式被赶出了超现实主义运动。

延续与变化　《格尔尼卡》和战争的幽灵

1936 年 2 月，共和党人、共产主义者和无政府主义者组成的西班牙人民阵线联盟，承诺大赦所有先前被囚禁的人，因而在西班牙赢得选举，并执掌政权。这使长枪党大为沮丧，长枪党属右翼法西斯组织，拥有一支驻扎在摩洛哥的殖民军队。7 月，长枪党进行报复，摩洛哥军队发动叛乱，军队在将军弗朗西斯科·佛朗哥（1892—1975）的带领下从摩洛哥进入西班牙，发动军事政变以对抗人民阵线政府。

内战随之爆发，德国和意大利都支持佛朗哥的右翼国民党，而苏联和墨西哥则给左翼的共和党提供设备和顾问。美国则保持中立，但是来自欧洲和美国的自由人士，包括欧内斯特·海明威，都加入了共和党

阵营，与他们并肩战斗。

希特勒把这场冲突看成他已经准备好的在欧洲的更大冲突的彩排。他尤其迷恋于检验纳粹德国空军的实力。飞机很快在西班牙全国发动突袭，开始了德国军方所说的"全面战争"，不仅是军队与军队之间的，而且是整个民族之间的一场战争，平民也遭受了滥炸。

1937 年 4 月 26 日，一支由第一次世界大战空战王牌"红男爵"里希特霍芬的表弟沃尔弗拉姆·冯·里希特霍芬所带领的德国空军中队，轰炸了西班牙北部格尔尼卡的巴斯克镇。这场空袭运用了德国后来在第二次世界大战中对进攻英国中起了重要作用的协作式空中打击，即闪电战。这次空袭持续了 3 小时 15 分钟。预定的目标是地处小镇北部边缘、共和国军用于撤退的桥梁，但是格尔尼卡的整个中心地带——大约有 15 个广场街区——都被夷为平地，721 户民居（大约小镇房屋的四分之三）完全被毁，大量平民丧生。

在巴黎，巴勃罗·毕加索一天后也听到了这个消息。整个新闻报道直到 4 月 29 日的星期四才出现在媒体上，现场的相关照片也是 4 月 30 日（周五）和 5 月 1（周六）才出现的。毕加索刚好已经受托为 1937 年在巴黎举行的世界博览会上的西班牙馆绘制壁画，而在那个周六，他创作了一系列草图。此时离博览会开幕只剩下 24 天。

在最后一幅画中，毕加索把《格尔尼卡》的悲剧同仪式化的斗牛联系在一起。斗牛发源于西班牙，公牛的注定死亡象征着死亡本身时时存在的本质（图 13.27）。作品描绘了一个充满暴力的、无助的、痛苦的场景。毕加索选择黑白两色而非彩色是为了让人们产生一种由报刊图片引起的紧迫与激动。博览会闭幕后，该画被送去巡回展，并用来为共和国事业筹款。《格尔尼卡》将成为战争恐怖的国际象征，也是对抗极权主义的国际性象征。1981 年，当毕加索的祖国终于恢复自由时，这幅画最终被送回了西班牙。

图 13.27　巴勃罗·毕加索，《格尔尼卡》，1937 年。布面油画，尺寸：350 厘米 ×782 厘米。西班牙马德里索菲亚皇后艺术中心博物馆藏。

第二世界大战后，欧洲的城市景观满目疮痍，从德累斯顿到伦敦，所有城市都被夷为平地，欧洲人的精神世界则遭受了更为严重的摧残。同样，广岛和长崎原子弹爆炸，几十年来一直是日本人心中的梦魇。当然，比起废墟的阴霾，人类的损失更多的则是情感创伤。战争结束时，约 1700 万士兵战死；战争期间，还有同样多的平民被抓，战争直接针对手无寸铁的平民。希特勒残杀了 600 万犹太人，还有成百上千万的人死于疾病、饥饿或其他原因。最后伤亡人数达 4000 万人。

美国反应可谓百感交集。毕竟，这是一场胜仗，且在很大程度上，要庆祝它带来了前所未有的经济繁荣。但是，欧洲和日本人对战争所表现出来的深切的悲观主义，在美国国内，如马克·罗斯科（1903—1970）的作品中也得以体现。罗斯科早在 20 世纪 40 年代初开始在大型朦胧、半透明的单色板上绘画出原型人物。到了 20 世纪 50 年代初，他放弃了这些人物形象，只留下背景色域。

这些色域绘画尺幅被刻意放大，如《蓝色中的绿色》高达 2 米多（图 14.1）。马克·罗斯科曾在 1951 年这样说：

> 我画"大尺幅画"，正是因为我想变得极友好亲切而又富有人性。画小幅画作是把你自己置于体验之外，把体验作为一种投影放大器的景象或戴上缩小透镜而加以考察。然而画较大的作品时，你则置身其中。它就不再是某种你所能控制的事物了。

观画者发现他们往往被罗斯科极为昏暗忧郁的色场所笼罩。从这一层面上讲，一幕幕戏剧就发生在人类的眼前，这些由颜色形成的广阔区域就成了人类戏剧的舞台布景。罗斯科进一步解释道：

> 我唯一感兴趣的是表达人的基本情绪，悲剧的、狂喜的、毁灭的等。许多人能在我的画前悲极而泣的事实表明，我的确传达出了人类的基本感情，能在我的画前落泪的人就会有和我在作画时所具有的同样的宗教体验。如果你只是被画上的色彩关系感动的话，你就没有抓住我艺术的核心。

这种绘画情感以夺走罗斯科的生命为代价。整个 20 世纪 60 年代，他的风格越来越黑暗，1970 年，他在自己的工作室自杀。

但是，并非所有都充斥着悲观低迷情绪。20 世纪 50 年代也是美国史无前例的繁荣时期，这一事实反映在大量的新事物和产品上，杜安·汉森 1970 年高度写实主义的雕刻《超市购物者》的推车中放了上百种东西（图 14.2）：康宁餐具、早餐玉米片、卡夫便当（1950 年）；无糖口香糖、从德意志留声机公司引进的首张 33 转速慢转唱片（1951 年）；家乐氏糖霜麦片、索尼袖珍晶体管收音机、玻璃纤维丝和尼龙（1952 年）；加糖谷物、汽水瓶装水（1953 年）；佳洁士牙膏、滚珠除臭剂（1955 年）；彗星清洁剂、杀虫剂、帝王牌人造黄油和迈达斯消声器（1956 年）；

◀ 图 14.1 马克·罗斯科（1903—1970），《蓝色中的绿色》（《蓝色中的绿色和白色》），1956 年。布面油画，尺寸：232 厘米 x164 厘米。美国亚利桑那州图森市亚利桑那大学艺术博物馆 & 视觉艺术档案馆藏品，爱德华·J. 加拉赫馈赠。编号：1964.001.001。艺术 c1998 艺术版权：凯特·罗斯科和克里斯托弗·罗斯科 / 艺术家权利协会（ARS），纽约。1964 年，罗斯科画作里的宗教情感使得他被任命为得克萨斯州休斯敦的一家天主教礼拜堂作一套壁画。

图 14.2 　杜安·汉森，《超市购物者》，1970 年（人物由聚酯树脂材料雕刻而成，还包括其他各种材料），1925—1996 年。德国亚琛路德维希收藏。汉森的雕刻如此地逼真，以至于博物馆里的游客经常把他们当作真人而与他们攀谈。

惠姆奥玩具公司的飞盘（1957 年）和呼啦圈（1958 年）；代糖、绿巨人豆类罐头、特氟龙平底锅（1958 年）。保鲜盒 1945 年被引进，1949 年其下压盖申请专利后，每家每户厨房都在使用保鲜盒。1955 年 7 月，华特·迪士尼在加利福尼亚的阿纳海姆创办了美国最大规模的主题公园——迪士尼乐园。同年，其中两家最大的快餐连锁店——桑德斯上校的肯德基和麦当劳开始营业。1953 年，第一期《花花公子》发行，玛丽莲·梦露成为该杂志首位裸体插页面女郎，到了 1956 年，该杂志发行量已达到 60 万册。家用电器销量暴增，那些仍大量忙于家庭琐事的妇女们突然发现自己有了闲暇时间。大来卡和运通卡分别在 1951 年和 1958 年发行了其信用卡。这两种卡都要求每月全额付款，但是它们为 1959 年推行的美国银行卡（最终演变为 VISA 信用卡）创造了条件，使得个人借贷和购买达到前所未有的水平。

自从广告商通过购买时段承包娱乐和新型节目来插播商业广告后，电视就在这些产品和服务的推销中发挥着重要作用。在电视广告中，人们可以直接看到产品。虽然早在第二次世界大战前，电视节目就开始播放，但战争期间不得不停播，直到 1948 年才重新开播。到 1950 年，4 个电视网在 310 万台电视上播送节目，十年后，数量暴增至 6700 万台，甚至食品产业也响应媒介宣传。斯汪森在 1951 年推行了冷冻肉馅饼，1953 年开始销售冷冻"电视餐"。在密封铝盘里的首份餐点主要是火鸡、面包调料汁、肉汁、奶香味的豌豆、红薯。因它只售 98 美分，斯汪森在那年卖出了 1000 万份套餐。消费文化全速发展。

然而，罗斯科的悲观主义并非毫无根据。在这种繁荣和富裕，或者说消费主义大行其道的背景下，发生了更多的麻烦事。战后，纳粹控制的领土遭到瓜分，苏联加紧对东欧的控制，继续占领。苏联控制东德，柏林遭到全面包围，一分为二，通往该城市的陆路和水路在 1948 年遭到苏联封锁，使其很快成为紧张局势的焦点。杜鲁门总统则采取应对措施，通过空运补给西柏林 200 万公民赖以生存的物资，但是危机仍在继续，直到 1961 年，随着柏林墙的修建，危机才得以解除。

诸多艺术家和作家通过创作出反叛且个人主义的艺术加以回应。20 世纪 60 年代，对现状的日渐不满激发了正义感，这种正义感不仅表现在反越南战争运动中，也表现在民权运动、蓬勃发展的女权主义运动中，甚至表现在摇滚音乐里及音乐家和听众使用的迷幻药这种青春叛逆的气息中。在这个世界上，找到当今紧迫问题的确切答案似乎越来越不可能。一切事物似乎都存在被阐释的可能性，但"意义"本身则依情况且具有开放性。在世纪之交，世界文化日趋全球化，对本土文化的完整性构成威胁，但更为复杂的问题也开始出现。投身于世界文化的艺术家却发现自己身处两难境地，他们提出疑问，怎样才能忠于自己本国或本民族认同，同时还能参与更大的世界市场？当他们的作品到了其出处几乎不或者根本不被理解的境况时，会如何？那么，全球文化到底是如何威胁本土文化的呢？在全球媒介中，如动画片、像 CNN 这样的电视频道、谷歌这样的互联网搜索引擎都是通过科技及技术革新这样的"自我"理念来威胁本土文化的吗？

战后欧洲：对存在主义的探索

自 20 世纪初以来，两次世界大战的大屠杀及广岛和长崎原子弹爆炸造成的巨大破坏极大地加剧了悲观主义，而这种深切的悲观主义影响着有才智的欧洲人。在人们不仅能进行种族灭绝，而且也有能力消灭他们自己时，怎能有人谎称人类竞争有理有据，而技术和科学的进步是为了获取更多的食物呢？

萨特哲学：存在主义

第二次世界大战期间及战后，法国哲学家让·保罗·萨特（1905—1980）主张其命名的"存在主义"。萨特的基本前提是"存在先于本质"，即人类必须通过他们的存在（采取何种行动）来决定自己的本质（他们是谁）。萨特解释道："总之，人必须创造其自身本质，只有将自己置身于世界之中，经历着，奋斗着，然后才能慢慢地定义自己。"生活既不是弗洛伊德认为的受潜意识冲动所界定，也不是取决于社会经济情况，人是由自己创造的。这正是存在主义的第一原理。

对萨特来说，存在没有意义，也没有我们要去探索的永恒的真理。唯一能确定的就是死亡。萨特的主要哲学作品——1943 年出版的《存在与虚无》，概述了这种状况的本质，但在他的剧本《禁闭》（《间隔》或《密室》）中，更易理解其主张。正如剧本开场：加尔散先生走进房间（永恒的地狱），一名侍从谦卑迎接（阅读材料 14.1）：

阅读材料 14.1

让·保罗·萨特，《禁闭》选段（1944 年）

加尔散（男仆跟着进门，四周环顾）：哦，就是这儿啦。

侍从：是的，就是这儿，加尔散先生。

加尔散：原来是这个样子……

侍从：是这个样子。

加尔散：第二帝国的家具，我想……额，我想时间长了，肯定对家具就会习惯了。

侍从：那要看什么人了。

加尔散：所有的房间都是一个样吗？

侍从：亏您想得出。上我们这儿来的有中国人，有印度人，您想他们要这第二帝国时代式样的椅子干什么？

加尔散：那我呢，你要我拿它干什么呢？你知道我是谁？不谈了！这无关紧要。总之，我房间总是摆设着不合我胃口的家具，我是生活在一个虚假的环境里；我倒喜欢这样。在路易·菲利普式的餐厅里，你知道这种风格吗？置身在一个虚假的环境里，你懂的，虚假中的虚假，只能这么说。

侍从：往后您就知道了，在第二帝国时代的客厅里过日子也挺不错呢。

加尔散：啊！真的？好，好，好，好。（环顾四周）不过，我也许没有料想到……你不会不知道世上的人在谈论些什么吧？

侍从：谈论些什么？

加尔散：喏……（做了个用意不明的大幅度手势）谈所有这一切呀。

侍从：您怎么可以相信这些蠢话？那些人从来没有跨进过这个地方。因为，说到头，要是他们来过这儿的话……

加尔散：对。但是尖桩刑具在哪儿？

侍从：什么东西？

加尔散：尖桩刑具，烤刑架，皮革漏斗。

侍从：您在开玩笑吗，先生？

加尔散：玩笑？啊？啊，好。不，我不想开玩笑。当然喽，我发现这儿没有镜子，没有窗户，没有任何容易打碎的东西。该死，他们为什么要把我的牙刷拿走？

侍从：太好啦，您的人类尊严又死灰复燃了，请原谅我这样笑。

1944 年 5 月，在巴黎解放之前，这部戏首次公演。如果存在主义术语里的存在是创造人未来的能力，那么，加尔散和两个妇女（将和他一起很快占用房间）

无疑会在地狱里，因为他们对此无能为力。加尔散的"言而无信"包括他的坚持，即他自己是他人的创造物。他的自我感知源于他人对他的认知。因此，这部戏最著名的一句台词："他人即地狱。"客厅里，并不需要拷问者，因为每个人都在折磨着另外的两个人。

荒诞派戏剧

萨特的《间隔》是20世纪60年代第一部著名的荒诞派戏剧，在荒诞派戏剧里，无意义的存在是中心主题。萨特的《间隔》是第一部，但之后也有很多其他类似戏剧纷纷效仿，如20世纪50年代居住在巴黎的爱尔兰人塞缪尔·贝克特（1906—1989），罗马尼亚的尤涅斯库（1909—1994），法国的让·热内；英国的哈罗德·品特（1930—2008），美国的爱德华·阿尔比（1928—2016），出生在捷克的英国人汤姆·斯托帕德（1937—）。所有的这些戏剧家也都具有相同的存在主义荒诞感，讽刺的是，这种存在主义荒诞感即语言是交流的障碍，而言语几乎是无用的，我们注定要被孤立和疏远。

最受欢迎的一部荒诞派戏剧是塞缪尔·贝克特的《等待戈多》，于1953年在法国首演，其副标题是"两幕悲喜剧"。这部戏剧给观众呈现的是一种新型的舞台场景，从原本光秃秃的布景（只有棵枯树装饰舞台）到两个小丑一样的人物角色，弗拉季米尔和爱斯特拉冈，他俩废话连篇，甚至说不清楚自己的处境。这部戏要求观众像中心人物一样去感知一个什么都没有发生又难能理解的世界。事实上，在这部戏的开场白中，爱斯特拉冈想脱掉靴子却没能脱掉，说了句："毫无办法。"在第一幕中，弗拉季米尔和爱斯特拉冈等着一个名叫戈多的人的到来（阅读材料14.2a）：

阅读材料 14.2 a
塞缪尔·贝克特，《等待戈多》选段（1953年），第一幕

弗拉季米尔：我们现在做点什么？
爱斯特拉冈：等待。

这其实也是观众同样要做的一件事——等待。然而什么事都没有发生。戈多也没有来。绝望中的弗拉季米尔和爱斯特拉冈想上吊，却没办法。之后想走，却又站着不动。第二幕，到了第二天。但一切照旧，弗拉季米尔和爱斯特拉冈仍在等待着戈多，而戈多还是没来，他们又寻思着自杀。故事没有发展，情节也没有一丝改变，没有转折，也没有解决办法。第二幕继续重复着第一幕一样无谓的结局表明（阅读材料14.2b）：

阅读材料 14.2b
塞缪尔·贝克特，《等待戈多》选段（1953年），第一幕

弗拉季米尔：唔？我们要走吗？
爱斯特拉冈：嗯，我们走吧。
（但他们还是没有走）
（剧终，谢幕）

情节给人以希望，现实却给人以失望——这就是荒诞派戏剧。

战后美国：胜利和疑惑

第二次世界大战结束后，在美国国务院的赞助下，美国当代艺术家将他们的画作和雕塑在欧洲（集中在法国）举办了大型展览，主要是为了彰显美国艺术（进一步说，整个美国文化）中的自由和创新精神。这些艺术家的作品被贴上了抽象表现主义的标签，他们的个人主义精神，被视为公共主义的对立面，而他们的作品意要传达一种信息，即美国不仅取得了战争胜利，还在艺术和文化方面取得了巨大成就。现在，世界艺术的中心是纽约，而不是巴黎。这些艺术大家不仅包括一些移民，如马克·罗斯科、阿希尔戈·尔基（1904—1948）、汉斯·霍夫曼（1880—1966）、米尔顿·雷尼斯克（1917—2004）、威廉·德·库宁（1904—1997），还包括像弗朗茨·克莱恩（1910—1962）和杰克逊·波洛克（1912—1956）这种土生土长的

图14.3 杰克逊·波洛克（1912—1956），《编号27》，1950年。油画，釉质，铝涂料，整体（画板）尺寸：125厘米×269厘米。纽约惠特尼美国艺术博物馆藏。《编号27》问世的那一年，《生活》杂志大量篇幅讲述波洛克，进行问卷调查："波洛克是美国在世最伟大的画家吗？"令人惊讶的是，编者收到了532封信，对这一问题的回答，大部分的答案是绝对的"不是"。

美国年轻艺术家。他们都坦率地表达了对以下事件或者主义的感激之情：立体主义对传统表现形式的挞伐、德国表现主义转向内心世界、康定斯基的几近抽象主义、超现实主义对偶然行为和心理自动主义的强调。结合抽象表现主义来看，他们处于未知的边缘，正打算通过萨特的研究来定义它们，在空白的画布通过涂画的实际行动抗衡，以此显露每一绘画动作的最后精神。美国国务院坚信，这些艺术家的作品表明了美国艺术乃至美国文化的自由和创新精神。这些艺术家的个人主义精神与公共主义相对立，他们在欧洲特别是法国巴黎的展览，旨在向世人传达，美国不仅取得战争胜利，还在艺术和文化方面取得巨大成就。现在，纽约取代巴黎，成为世界艺术的中心。

行动派绘画：波洛克和德·库宁

1956年，威廉·德·库宁曾这样评论道："有时，画家不得不破坏他的作品，塞尚是这样，毕加索的立体主义是这样。波洛克也是这样，他先完全打破我们对一幅画的理解，然后又展现出新的画作。"1940年前后，为了探索超现实主义者的心理自动主义，并且

在画布上展示出潜意识的最深层面，波洛克研究了精神分析学。批评家哈罗德·罗森柏格曾于1942年称，这种对精神世界的描绘很快发展成大尺幅的"行动派绘画"（图14.3）。他说："画布已成为行动的场所，它不再是一幅画作，而是一个事件。"波洛克将颜料、房屋涂料及船漆滴落、倾泻、泼洒，并在画布上涂上磁漆，只有在这个过程完成之后，才能确定这幅作品的上端和底部。这样的成果极具空间感，也就是罗森伯格所说的"满幅"，观众几乎可以在画作周围感受到波洛克节奏分明的手指舞动。

德·库宁比波洛克年长12岁，在20世纪30年代末及40年代初开始了更富形象的风格。比起波洛克线条交织的画作，德·库宁的绘画空间包含更多的形状。但到了1950年，在德·库宁的一些画作中，如《挖掘》（图14.4），他的画作表面上是密密麻麻的自由浮体，一些零零碎碎的部分隐隐约约地放置在皱褶垃圾中，如推土设备、混凝土砖还有工字梁。所有这些元素不是绝对可见的，仅仅只是有所暗示。《挖掘》是开放和封闭并存的米黄色形状循序渐进，它们黑色的轮廓却相互重叠着、交错着、消失在整

图 14.4　威廉·德·库宁（1904—1997），美国人，生于荷兰，《挖掘》，1950 年。油画，尺寸：206 厘米 ×255 厘米，非成帧。弗兰克·G. 罗根夫妇购买奖励基金。这是德·库宁最大尺幅画作之一。他解释道："我的画作太复杂了，我不用大尺寸的画布是因为对我来说太难走出来了。"

个画面中。小范围的明亮色彩画法来打破整个界面。

　　1951 年，《挖掘》在纽约现代艺术博物馆抽象绘画和雕塑的展览中展出，此时，德·库宁就"抽象艺术，对我意味着什么"这一主题进行演讲。他对自己与环境间关系的描述恰好能解释我们在绘画中所看到的："虽然，从我身边经过万事万物，我只能看见一部分，但我总是在观察着，有时，我也能看到很多。"德·库宁的抽象主义和波洛克在很大程度上就不同于此。相对于对灵魂深处的探索，他则代表着灵魂与世界的碰撞。德·库宁最在乎的是个人对环境的关系。他作品的焦点就是两者之间的冲突。

女性抽象表现主义者

　　虽然被排除在内部圈子之外，但多数与抽象表现主义相关联的女性都是能力出众的画家。伊莱恩·德·库宁于 1943 年嫁给威廉，她以其性感男人

画像而出名。李·克拉丝纳（1908—1984）于 1945 年嫁给了杰克逊·波洛克，开创了她自己的独特的"满幅"风格，采用浓密书法线条油漆图画。受德·库宁的影响，琼·米切尔于 20 世纪 50 年代初期开始在纽约绘画，但 1955 年以后，她在巴黎和纽约两地居住，而到了 1959 年，米切尔在巴黎定居。十年后，她从塞纳河畔搬到维特尼，住在莫奈曾在 1878 到 1881 年期间居住过的房子里。尽管她一再否认莫奈的影响，但她的画作却与莫奈的《睡莲》有着相似之处，而她的笔法也在很大程度上体现了莫奈在细节部分所展现的手法。与莫奈一样，她十分痴迷于水，特别是密歇根湖，在她小时候，就经常在芝加哥的公寓里静静地看着密歇根湖。"我所创作的画都来源于记忆里的风景，记忆中的感觉，当然，也有些改变。"与米切尔大多数的作品一样，《钢琴机械》以未加渲染的白色基调营造一种空气或水的特点，一个几乎可触碰的半透明的空间来渲染出天气、时间和光线（图 14.5）。

　　1952 年，直接受到波洛克滴色画的启发，24 岁的海伦·弗兰肯特尔（1928—）将颜料稀释成近乎水彩的浓度，然后泼洒在未涂底漆的棉质画布上，以此来为风景着色（图 14.6）。她在控制色彩方面所承担的风险及其创作的纪念性很快激发了一大群艺术家。与马克·罗斯科的色域绘画相比，其作品更加统一、更加自然，不过它们与罗斯科的作品也有很多相似之处。二者都唤起了一些景观——罗斯科唤起了地平线，而弗兰肯特尔则是类似于地球航拍照片。

垮掉的一代

　　从某个角度来看，抽象表现主义似乎就是放纵自己，沉醉于自我深处，以此排斥整个世界，一群被我们称为"垮掉的一代"或者是"嬉皮士"的美国诗人、作家、艺术家，很快就挑战了抽象表现主义的支配地位。"垮掉"，最初是俚语，意为"穷困潦倒"或"贫穷疲惫"，

图14.5 琼·米切尔，《钢琴机械》，1958年。油画，尺寸：198厘米×325厘米。艾迪·叶慈和辛迪·叶慈馈赠。版权 2009：华盛顿国家艺术馆管理委员会。自米切尔 1959 年搬到巴黎后，塞缪尔·贝克特是其最好的朋友。

图 14.6 海伦·弗兰肯特尔，《港湾》，1963 年。布面丙烯，尺寸：205 厘米 × 208 厘米。底特律艺术学院，美国 / 版权 DACS/ 购买协会创始人，希尔伯特·H. 特拉华博士及夫人基金会 / 伯明翰国际艺术图书馆 / 艺术家权利协会，纽约。这是弗兰肯特尔采用丙烯而非油画颜料所作的第一幅画，结果表面更加稳固。

但它现在特指 20 世纪 50 年代被剥夺权利的美国艺术家，这些艺术家鄙弃了他们所认为的具有欺骗性的价值观。垮掉的一代在寻求一个他们认为高端且更加真实的生活方式，即情感疏离、不遵从传统规范、纵欲、吸毒、酗酒这样的生活。

罗伯特·弗兰克和杰克·凯鲁亚克　在这个世界上，垮掉的一代所需素材无处不在，因为他们试图揭露隐藏在假想富裕社会下的矛盾。当代英雄代表之一就是瑞士摄影家罗伯特·弗兰克（1924—），他拿着申请的古根海姆奖金，在美国游历了两年，并于 1958 年，从 2800 张照片中选出了 83 张，出版了摄影集《美国人》。这本摄影集激起了一群人的愤怒，他们习惯了像 1955 年《家庭成员》这样的摄影展，《家庭成员》每天吸引 3000 名参观者来到现代艺术博物馆来庆祝其世界希望和统一的寓意。弗兰克的照片里却带来了不同感觉。这些人凭借着令人欣羡的自发意识，率性而为，每天都捕捉些平凡的却又易被人忽视的事物，特别是作家杰克·凯鲁亚克（1922—1969），在 1957 年《在路上》一书中记载了自己横越美国的冒险旅行。

《在路上》讲述的是凯鲁亚克和他的朋友尼尔·卡萨迪（1926—1968）真实的冒险生活。尼尔·卡萨迪就是凯鲁亚克"写实小说"中迪恩·莫里亚蒂的原型。正如在写给凯鲁亚克的信中提到的，卡萨迪提倡的创作手法是"达到一系列连续不间断的打破常规的思潮"。事实上，凯鲁亚克大约用三个星期在一卷打字纸上完成了这部小说，他感觉自己像个爵士音乐家，只通过文字和叙述进行即兴创作。但就像爵士音乐家，凯鲁亚克是一个娴熟的工匠，如果《在路上》是一种本能的爆发，然而它折射出与罗伯特·弗兰克在《美国人》所表达的一样的技巧。毕竟，弗兰克拍摄了 2800 张照片，但只发表了其中的 83 张。人们会觉得在看凯鲁亚克散漫的冒险时，会有同样的编辑控制感。

金斯伯格和他的《嚎叫》　刻画"垮掉的一代"性格特征最典型的作品是《嚎叫》，是艾伦·金斯伯格（1926—1997）创作的一首诗。这首长诗分为三部分，它的脚注部分还有一个令人难以忘记的开始（阅读材料 14.3）：

阅读材料 14.3

艾伦·金斯伯格，《嚎叫》选段（1956 年）

　　我看见我这一代的精英，被疯狂毁灭，饥肠辘辘赤身露体歇斯底里，

　　拖着疲惫的身子，黎明十分晃过黑人街区，寻求痛快地注射一针，

　　天使般圣洁的西卜斯特在夜的机械中为了古老而神圣的交合，

　　在向星光闪耀的发电机燃烧，

　　他们衣衫破旧，双眼深陷，昏昏然在冷水公寓那超越自然的黑暗中吸着烟，

　　飘浮过城市上空冥思爵士乐章彻夜不眠，

　　……

　　他们睁着闪亮的冷眼进出大学，在研究战争的学者群中幻遇阿肯色和布莱克启示的悲剧，

　　他们被逐出学校因为疯狂因为在骷髅般的窗玻璃上发表猥亵的颂诗，

　　……

金斯伯格的包容精神，不仅允许艺术中出现毒品、酒精，还有形象的色情语言，更不要说他直白地谈及同性恋。《嚎叫》于 1956 年在旧金山劳伦斯·弗林盖蒂的"城市之光"书店出版，但不久，联邦当局就以猥亵罪起诉弗林盖蒂。他最终被无罪释放。不管公众作何想法，这首诗对其他"垮掉的一代"的影响力从未消失。金斯伯格于 1955 年在旧金山的"六号艺廊"第一次朗诵这首诗，那天晚上诗人迈克尔·麦克卢尔（1932—）也在场：

　　一开始，艾伦朗诵声音很小但很清晰。朗诵到某个时候，杰克·凯鲁亚克就开始富有节奏地喊着"Go（继续）"。在我们的记忆中，还没有人把诗歌写得如此直白，我们早已走上不归路，我们也为此做好了准备。我们都不愿意回到灰色、寒冷的和军国主义压制的日子里，不愿再感受智力空虚，不愿再回到没有诗歌的地方，不愿再精神乏味。我们想要革新，想要重新创造诗歌。我们想要发声，想要想象……

事实上，这是 20 世纪 50 年代中期出现第一股反叛力量，会在未来的 10 年里席卷美国乃至整个世界。

凯奇和偶然美学

金斯伯格表示，任何事物都可以引入艺术领域。这一观点对作曲家约翰·凯奇（1912—1992）产生了影响，他在 20 世纪 50 年代中期提出是时候"放弃控制声音的欲望……开始寻找让声音成为其原本模样的途径"。凯奇著名的 4′33″（4 分 33 秒）就是个例子。这首曲子首次由钢琴家大卫·都铎于 1952 年 8 月 29 日在纽约伍德斯托克音乐节上演出，由三个无言的乐章组成，每个乐章时间长度不同，加在一起是 4′33″。这首作品就是安静，但是，其间可加入周围一切形式的声音，包括窃窃私语声、咳嗽声、路过的车辆声以及风声。表演期间不管出现什么声音都是偶然，无法预测。凯奇的艺术跟弗兰克一样，具有包容性。

那年夏天，凯奇在北卡罗来纳州阿什维尔附近的黑山学院组织了一场多媒体的盛会，他之前偶尔会在黑山学院授课。其中一位参与者是 27 岁的艺术家罗伯特·劳森伯格（1925—2008）。20 世纪 50 年代，劳森伯格已经开始创作他所谓的"结合绘画"，将各种各样的物品，包括明信片、广告、罐头、名人海报结合在一起进行创作。如果劳森伯格的作品创作时并非简单地依赖机会物品的话，它确实把一系列不同的物品整合到一起来创造一种氛围，代表着劳森伯格同周围世界的机遇。不过，它确实反映了凯奇的包容万物的思想。《床》只不过包括一条床单、枕头和被子，它们都被立起来，然后不仅在上面滴上颜料，还有牙膏、指甲油，这等于是对抽象表现主义艺术家反思的一件戏仿作品（图 14.7）。即便它将高雅的艺术创作与常见的枕头结合，将抽象与现实主义结合，

图 14.7　罗伯特·劳森伯格，《床》，1955 年。尺寸：191 厘米 × 80 厘米 × 20 厘米，组合绘画．纽约现代艺术博物馆藏。床垫、枕头、被子、床单都被认为是劳森伯格曾经用过的物品，因而正体现了他的名言："绘画是艺术也是生活，两者都不是做出来的东西，我要做的正处在两者之间。"

《床》也是由超现实主义唤起的对梦空间的讽刺性视觉改变。

合作的艺术 劳森伯格自 1952 年夏天就认识了凯奇，当时在《4′33″》于纽约州首演前不久，凯奇在黑山学院的餐厅组织了一场后来称为《戏剧作品 1#》的"活动"。尽管几乎参与此次活动的每个人记忆点都有所不同，但似乎确定的是诗人 M.C. 理查兹（1916—1999）和查尔斯·奥尔森（1910—1970）在梯子上朗诵诗歌，罗伯特·劳森伯格在一台旧的发条式留声机上播放《伊迪丝·琵雅芙》，而他几乎完全"白色的绘画"挂在整个屋子里，而摩斯·康宁汉（1919—2009）在观众中间跳舞，一条狗在他的脚旁，而凯奇本人则坐在一把折梯上，时而读读关于禅宗佛学的演讲，时而侧耳倾听。凯奇在活动的某个时刻称，"音乐，不是去听莫扎特，而是去听一些如街上的车或是大叫的婴孩儿发出的声音"。

这场活动就开启了康宁汉（舞蹈），凯奇（音乐）和劳森伯格（装饰和服装）之间的合作，并将延续很多年。他们的合作在艺术里是独一无二的，因为他们对舞蹈呈现的每个部分坚持相互独立，而不是相互依赖。康宁汉解释道：

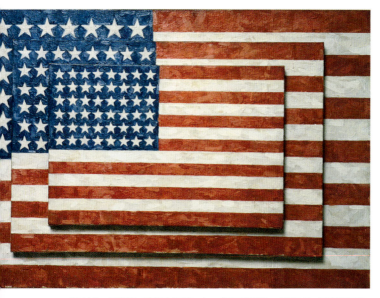

图 14.8 贾斯培·琼斯（1930— ），《三面旗帜》，1958 年。画布腊画法，尺寸：78 厘米 ×116 厘米 ×13 厘米。美国惠特尼艺术博物馆藏。三面旗帜从最底层往上，每一面的尺寸减小 25%。由于旗帜外凸，而且变得越来越小，所以旗帜没有采用绘画透视深度错觉这一技巧，而是将观者的注意力吸引到绘画本身的表面上。

> 在绝大多数传统舞蹈里，总是有一个紧紧围绕的中心想法。舞蹈被看作音乐的一部分，音乐支撑着舞蹈，装饰则提供一个框架。中心想法在这几样艺术里的都予以强调。我们在我们的作品里所做的就是把独立的三种要素——音乐、舞蹈和装饰，在时间和空间中集合起来，并且让每部分都能相互独立。

因此，康宁汉的舞蹈设计独立于凯奇的乐谱，而劳森伯格的装饰只是基于康宁汉和凯奇提供的最少信息。当然，顾名思义，最终的舞蹈则是音乐、编舞和装饰的结合（也可能不）而成为一种偶然行为。

凯奇为康宁汉所作的曲也通常依赖于偶然行为。例如，1959 年，凯奇录制了一首 89 分钟的作品，名为《不确定性》。它由凯奇叙述的简短而幽默的故事组成，而在听力范围以外的另一间房里，钢琴家大卫·都铎演奏了凯奇 1958 年《钢琴和管弦乐队音乐会》的选段，而且也表演了凯奇《钢琴和管弦乐队音乐会》和其 1958 年的另一作品《方塔纳混合曲》预制录音带曲目。之后的合作曲目——《第五变动曲》里，凯奇的乐谱由康宁汉的舞者的运动反应感应器上任意促发的声音组成。这就产生了康宁汉艺术团成员之一戈登·穆玛所谓的"超强多元素组合：多色的、多基因的、多声音的、多形态的、多篇章的、多技术的、多价的、多环的戏团"。

琼斯和明显的形象 然而康宁汉、凯奇和劳森伯格的主要观点就是作品不需中心焦点，劳森伯格的密友和同行画家贾斯培·琼斯（1930— ）则采取相反做法。整个 20 世纪 50 年代，他都专注于最普遍的、看似最明显的材料——数字、靶子、地图和旗帜，通过一种方式传达出在他同事的作品里绝不会表现出来的多样性意义。琼斯的画作《三面旗帜》能够唤起其观看者的情感，从爱国敬意到同样的爱国愤怒，从生气到大笑（图 14.8）。但是，琼斯指出意象太过明显，以至于观者只专注在蜡画本身以及画布表面几近弯曲的油漆。在这个意义上，尽管这部作品完全可辨别，但像其他任何抽象的表现主义绘画一样抽象，却没有抽象表现主义主观体验至上的主张。

图 14.9　路德维希·密斯·范·德·罗，范斯沃斯住宅，伊利诺伊州，此处被设计成周末安乐窝。卫生间和储藏室在非承重隔墙的后面。

20 世纪 50 年代的建筑

如果垮掉的一代在情感上是反正统的，那么 20 世纪 50 年代的建筑则恰恰相反。著名的"国际派"主导着建筑品位，其特点是结构纯粹、表面平坦简单，

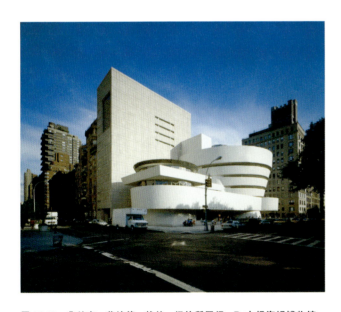

图 14.10　弗兰克·劳埃德·赖特，纽约所罗门·R.古根海姆博物馆，1957—1959 年。大卫·希尔德/所罗门·R.古根海姆博物馆赞助。FL#7. 版权 2011：艺术家权利协会，纽约。莱特的原来建筑后面的塔是由格瓦德梅·希格尔建筑公司及其合伙人联合设计。它覆盖 4738 平方米后来新建及翻新的美术馆空间，1394 平方米新办公面积，一座修复的场馆，一个新餐厅，翻修的支持和储存地。莱特原本提议这样的一个附属建筑来安置艺术家工作室和办公室，但是该计划最终因经济原因而放弃。

不用装饰。其中一个主要的实践者便是路德维希·密斯·范·德·罗（1886—1969）。他在美学上的精简，可以由一个短语概括，即"少即是多"，在他 20 世纪 50 年代的范斯沃斯住宅这一作品中相当明显（图 14.9），他坚持垂直和水平要素。

美国建筑学家弗兰克·劳埃德·赖特（1867—1959），为纽约的所罗门·R.古根海姆博物馆所做的设计就是对密斯的严格的理性主义几何的一次有意识的反驳，事实上，赖特极为藐视这种理性主义几何（图 14.10）。这座博物馆坐落在第五大道，正对中央公园，其有机机构反映出了自然世界。整个设计是反向螺旋式金字塔形，或者说阶梯式塔形，放弃了标准的城市建筑的直角几何形状和传统的博物馆设计方法，带领参观者通过一系列相互连接的房间。但是，赖特通过电梯将参观者迅速送到建筑顶层，让他们在一个个连续的螺旋形坡道前进，穿过中间开放的圆形大厅，这样他们既能够回想已经看过的展品，又能预期即将看到的。斜坡是悬臂式的，长度太长，以至于几个承包商都被赖特的计划吓走了。设计图完成于 1943 年，但因第二次世界大战期间禁止修建新建筑，所以直到 1956 年才动工；又因设计的激进特质而要求推迟建造，所以到 1959 年赖特去世时尚未完工。赖特的古根海姆

图 14.11 安迪·沃霍尔，《坎贝尔浓汤罐头》装置视图，菲尔斯画廊装置，1962 年。藏品，匹兹堡安迪·沃霍尔博物馆。版权 2011：安迪·沃霍尔基金会视觉艺术有限公司 / 纽约艺术家权利协会。为了让我们有种看到食品杂货店架子上的坎贝尔浓汤罐头的感觉，沃霍尔将这些罐子放在画馆墙壁上的窄板上。

博物馆在很多方面象征着建筑革新精神，这种精神直到今天还应用在建筑实践中。

波普艺术

20 世纪 60 年代初，尤其是在纽约，很多艺术家创造了一种"现实主义"艺术，反映广告、电视和连环画等媒介中大众文化的现实情况。由安迪·沃霍尔（1928—1987）创作的著名的《坎贝尔浓汤罐头》是其中最早进入画廊的作品（图 14.11）。1962 年秋天，他的 32 幅统一 51 厘米 ×41 厘米的画作在洛杉矶的费若斯画廊展出。每一幅都表现了坎贝尔汤 32 种不同"口味"的其中一种。即便这些画作揭露了原创性观点的真相——是坎贝尔的罐头还是沃霍尔的画？但它们的直白重新定义了美国社会这样一幅图景：这些画就是美国超市通道上的视觉等价物。这些作品有意与抽象表现主义家的自觉主观性相对立。事实上，这好似画家没有一点儿个性。正如沃霍尔本人所说："如果你想完全了解安迪·沃霍尔，只看看我的画、我的电影，还有我，那就是我，毫无隐藏。"

"波普艺术"一词很快就属于沃霍尔这样的作品。这个术语于 20 世纪 50 年代在英国提出，不久后，它就用来特指那些主题本质上是文化商品化的艺术，即

市场是"文化"创造的主导力量。汤姆·韦塞尔曼（1931—2004）的《平静生活 #20》（图 14.12）与沃霍尔的《坎贝尔浓汤罐头》是同时期作品，尽管两位直到 1962 年年末才知道彼此，但是两部作品都属于"波普艺术"。陈列柜上有着星星模板，既可打开，又可关闭，柜子里面都是实际生活用品，包括一个 SOS 百洁布包裹和一瓶阿贾克斯清洁剂。右面蓝色桌子上，放着多种多样大众化的食物和饮品。桌子上方，是荷兰艺术家皮特·蒙德里安的一幅高度形式主义绘画的复制品。当然，这里的隐含意义是：艺术曾如此远离日常生活，在这种情况下，艺术本身就已成为商品，与可口可乐或一块清淡饮食面包一样。事实上，韦塞尔曼的拼贴画的结构和色彩微妙地反映了蒙德里安的绘画的结构和色彩，似乎两者只不过是具有相同特点的两个个体。

到了 1962 年年末，沃霍尔已经不再手绘，而是通过丝网印刷手法来机械复制影像，并雇用其他人在其工作室——纽约影楼里做这样的工作。其中这一系列肖像画中，第一幅就是玛丽莲·梦露（图 14.13）。同年 8 月，玛丽莲·梦露自杀身亡，这幅画成为对她的一种纪念，也是对那些让她绝望的环境的一种注脚。

图 14.12 汤姆·韦塞尔曼，《平静生活 #20》，1962 年。混合画法，尺寸：104 厘米 ×122 厘米 ×14 厘米。奥尔布赖特 - 诺克斯美术馆，布法罗，纽约。西摩·H. 诺恩馈赠。版权：姆·韦塞尔曼资产 /VAGA 批准，纽约。一个真正的水龙头和香皂放在这个作品中。它的荧光灯可以关掉。

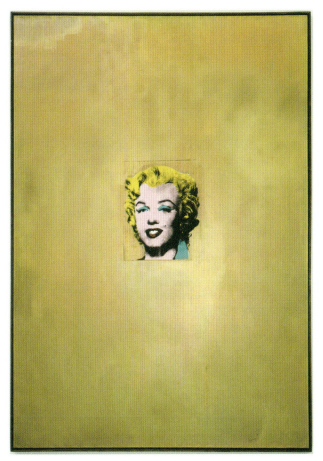

图 14.13　安迪·沃霍尔，《金色的玛丽莲·梦露》，1962 年。人工聚合颜料，丝网印刷，布上油墨，尺寸：211 厘米 ×145 厘米。现代艺术博物馆藏。玛丽莲·梦露的形象实际上就是 1953 年电影《飞瀑怒潮》的宣传画。

图 14.14　罗伊·利希滕斯坦，《哦，杰夫……我也爱你，但……》。尺寸：122 厘米 ×122 厘米。私人收藏，罗伊·利希滕斯坦财产。这些画的尺寸相当大，反映了好莱坞荧屏的规模，也反映了普通广告牌的组织结构。

与其说她是个人，不如说她是个名人，一个好莱坞工作室的创造物，而她的宣传照沃霍尔会不断拿来影印。作为一个人，她当然是独一无二的，但是作为一张图片，却可以无限复制。

罗伊·利希滕斯坦（1923—1997）的大型连环漫画满是深色粗线条和大圆点，这种工艺是在世纪之交由本杰明·戴伊创造出来的，以便在机械绘画时产生阴影效果。利希滕斯坦在连环漫画中广泛使用圆点，对他而言，这些点是对修拉的点画法的有意识的戏仿（见第 13 章）。但是他们也揭露在某种程度上，流行文化中的"感情"同"坎贝尔的浓汤"一样是"罐装的"。在《哦，杰夫……我也爱你，但……》（图14.14）中，"爱"毫无真正意义，真正重要的信息负载在最后的"但是……"里，甚至连抽象表现艺术家笔法中内在的感情也遭到了利希滕斯坦的攻击（图14.15）。事实上，利希滕斯坦教大学生绘画，他发现抽象表现主义的"真正的"手法很容易教，并可不带任何情感地作为学术研究进行复制。

最有创意的波普艺术家之一就是克拉斯·奥登堡（1929—），他出生在瑞典，自七岁开始就生长在芝加哥。1961 年，他在纽约的下东区租了个店面，然后赶在圣诞前开始营业，店里放满了实物大小，甚至超过真实比例的搪瓷石膏雕塑，从加冰激凌的馅饼到汉堡、帽子、便帽、七喜瓶、衬衫和领带以及一块块蛋糕。"我是为了一种艺术"，他在一次展览的声明中写道：

> 我追求一种艺术，它包含了政治、色情和神秘，不同于那些陈列在博物馆里的作品。
> 我追求一种艺术，在它逐渐成熟的过程中，我却全然不知它是一种艺术，它有一个从零开始的机会。
> 我追求一种艺术，它牵扯到每天的废话和日用品，并因此而出类拔萃。
> 我追求一种艺术，它模仿人类，很滑稽，需要的话也可以是暴力，或者任何必要的。

图14.15 罗伊·利希滕斯坦（1923—1997），1965年。丙烯颜料，画布油墨，边框尺寸：178厘米×208厘米×6厘米，画布尺寸：173厘米×203厘米。纽约惠特尼美国艺术博物馆藏。

我追求一种艺术，它从生活本身的轨迹中寻找形式，曲折、舒展、积累、唾弃、坠落、沉重、粗糙、生硬、甜蜜或愚蠢，一如生活。

因为极其欣赏汽车填满汽车展厅空间的方式，奥登堡很快把他的绘画物体放大到车辆大小，开始用塞满了泡沫橡胶乙烯来制作。这些玩具在感官看来，不仅体积大—— 一个巨大的电灯插头，而且有一种让柔软的东西变硬的紧张感（图14.16）。另外，它们几乎以超现实主义时尚体现出来，也带有性观念——把电灯插头插入插座比喻成性交，这不可能不引起奥登堡的注意，他甚至对他的这个"软的"灯插头所暗示的文化无能的形象感到高兴。

变革之风

1954年，美国最高法院判定，种族隔离学校违背宪法。在布朗诉教育局案中法庭认为，为黑人提供"独立但平等的"学校还远远不够。法庭称"隔离的教育设施从产生之日起就是不平等的"，并且违背了宪法第14条对平等保护权的保证。法官们号召有种族隔

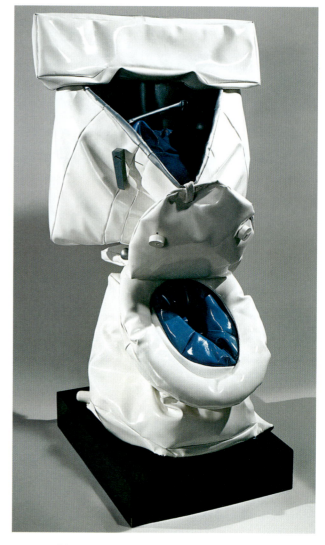

图14.16 克拉斯·奥登堡（1929年），《软马桶》，1966年。金属架构上用木材、乙烯基、红棉、线圈、树脂玻璃等，尺寸：141厘米×72厘米×76厘米。纽约惠特尼美国艺术博物馆藏。奥登堡的艺术浓缩在他略显粗俗的幽默感之中。

离学校的州"以十分谨慎的速度"废除种族隔离。

一周内，阿肯色州宣布它将设法执行法院的裁决。该州政府已经废除了其州立大学和法律学校的种族隔离并认为现在在该是废除中小学种族隔离的时候。该计划准备让小石城中心高中于1957年秋季招收非洲裔美国学生。但是9月2日，在学校开学前一晚上，州长奥尔瓦·福伯斯命令国民警卫队包围了整个高中，阻止任何黑人学生进入。福伯斯声称他是为了阻止暴力。准备那天入学的9名黑人学生中有8名决定9月4日一起前去。但是因为不知道这个计划，伊丽莎

白·埃克福德就独自去了学校（图 14.17）。其他人也跟了过来，但都被警卫队赶走了。大约三周后，一项联邦命令要求福伯斯撤走警卫队，这九名学生最终进入了中心高中。之后小石城的市民们发起了一场语言暴力和恐吓运动，阻止黑人学生继续留在该校。最后，总统艾森豪威尔不得不派遣1000名伞兵和1万名国家警卫队队员前往该地，9月25日，中心高中正式废除了种族隔离。然而，尽管受到国民警卫队整整一年的监护，这九名黑人学生还是每天都会遭受唾骂，于是接下来的一年，他们就再也没有回到学校。

但是，1963年4月，美国的种族矛盾和冲突的焦点转移到了亚拉巴马州的伯明翰。为了抗议种族隔离法案，这座城市关闭了公园和公共的高尔夫球场。作为报复，黑人社区号召联合抵制伯明翰的商店。而该市则中心高

图 14.17　"九名成绩优异的黑人学子"之一伊丽莎白·埃克福德于1957年9月4日勇敢地面对嘲笑的人群。1957年开学之际，在阿肯色州小石城，一些白人不顾高等法院的裁决，仍然嘲弄迈入中央中学的伊丽莎白·埃克福德。这幅画完美地捕捉到了仇恨与民权运动所激励的决心的神态。

中暂停对贫困家庭的食物的正常派发来回应。在这样一个越来越白热化的氛围下，由马丁·路德·金（1929—1968）领导的南方基督教领导会议，决定将伯明翰作为其战场。1963年春，一群群的抗议者，首先聚集在当地教堂，涌入城市中心，抗议继续推行"隔离但平等的"政策的企业，如服装店供黑人和白人使用的不同的试衣间，便餐馆"仅限白人"就座。伯明翰市的警察局局长布尔·康纳，扬言要逮捕任何一个在市中心游行的人。4月6日，50名游行者被逮捕。第二天，600名游行者聚集在一起，而警察们则用棍棒、警犬以及新型高压喷水管加以对抗。但是日复一日，游行者们坚持游行，队伍不断壮大。一名当地法官颁布了一项法令，禁止游行，但是4月12日，马丁·路德·金带领50名游行者无视禁令。人群聚集期待被逮捕，事实上，金很快被拘留，并单独关押在伯明翰监狱。

金下狱不久，伯明翰的状况更加糟糕。一名唱片节目主持人要求市里的非洲裔美国年轻人在第16街浸礼会教堂对面的凯莉英格拉姆公园参加一个"大型聚会"。很明显，这次聚会将会变成一场大规模的游行。至少有1000名年轻人聚集起来对抗警察，他们大多数是青少年，有的甚至才七八岁。当人群中响起"自由，现在就要自由！"的圣歌时，伯明翰的警察带着警犬逼近人群，下令追咬那些不愿离开的示威者。

警车很快装满被抓的少年，随着逮捕的继续，警察用校车装了大约600名孩子和青少年送往监狱。但是第二天，整个国家，事实上整个世界已经知道了伯明翰的警察局长布尔·康纳，因为电视上的画面显示他的警犬攻击孩子，他的消防水栓把这些孩子逐个冲到在街上。

接下来的几天，警察带着增援卷土重来。到5月

6 日，大约 2000 名游行示威者被投进监狱，警察的巡逻车一旦进入黑人社区，都将遭到雨点般的石头和瓶子的攻击。随着危机愈演愈烈，市政当局和抗议者进行了秘密谈判，最终也带来了一些变化：90 天以内，所有的便餐馆、卫生间、百货商店的试衣间、自动饮水机都将对所有人——白人和黑人开放；两千名被捕的示威者被释放。

这是一场胜利，但伯明翰仍不安定。9 月 15 日星期日，一枚炸弹在第 16 街的浸礼会地下室爆炸了，这个地方是许多民权集会和会议的中心，造成 4 名女孩死亡——一名 11 岁，另外三名 14 岁。悲剧的消息不胫而走，骚乱和纵火很快在城市爆发，又有两个青少年丧生。

这场悲剧把很多温和的白人也拉进了民权运动中。大众文化已经为之准备就绪。1963 年 6 月，摇滚民谣三重唱彼得、保罗和玛丽发布了鲍勃·迪伦（1941—）于 1962 年 4 月写的《答案在风中飘扬》这首歌的翻唱。他们的唱片在两周内就售出了 30 万张。这首歌的结尾极为著名：

> 有些人要生存多少年，
> 才能获得自由？
> 一个人要转多少次头，
> 才能假装视而不见？
> 我的朋友，答案，就在风中吹动
> 答案就在风中吹动

不久后的当年夏天，在华盛顿的一场游行中——由大约 20 年前为了促使《民权法案》的通过也组织过相似活动的 A. 菲利普伦道夫组织，彼得、保罗和玛丽在 25 万人前现场演唱了这首歌，这是美国历史上最大的一场集会。数分钟后，马丁·路德·金对这群人发表了他著名的演讲《我有一个梦》。三重唱的唱片集《答案在风中飘扬》于当年 10 月发布，很快居于音乐排行榜榜首。而改革之风吹遍了整个国家。

黑人身份

客观地说，非裔美国人不断增长的种族认同意识是推动民权运动的一个重要因素。种族认同意识最早可以追溯到哈莱姆文艺复兴时期（见第 13 章），但自 20 世纪 40 年代至 50 年代这短短 10 年中，不断增长的文化自我意识、自我界定意识蔚然成风。尽管战后美国文化日渐繁荣，人们幸福感增强，但非裔美国人却未能享受其中的好处。

萨特的《黑色俄耳甫斯》　存在主义是促进这场运动最重要的因素之一。存在主义强调人类的痛苦是不可避免的，个人有必要积极地采取措施面对这种窘境。让 - 保罗·萨特 1948 年的文章《黑色俄耳甫斯》影响巨大。文章把"黑"界定为真实性的标志：

> 犹太人，白人中的白人，可以否认自己是一名犹太人，并宣称自己是人类中的一员。黑人却无法否认自己是一名黑人，或宣称自己是抽象、无色的人类：因为黑色的皮肤，他被迫寻求真相：被侮辱、被奴役，自我成长。白人将"黑（黑鬼）"的称呼如石头般地向他丢去，但他坦然接受自己的肤色，自豪地面对白人。

如果，黑人也像犹太人一样，经历了全球范围内的大离散或驱逐，原始的非洲足迹显然会遍布世界的每一个事物——从美国蓝调及爵士乐到加勒比海地区中起源于非洲的宗教、仪式和习俗，如伏都教（vodun）、萨泰里阿教（Santeria）及坎东布莱教（Condomblé）。对萨特来说，这些是"俄耳甫斯"最初呼唤的所有明证。就像希腊神话里的音乐大师兼诗人俄耳甫斯一样，去地狱拯救其挚爱欧律狄刻，这些呼唤已深入非洲文化遗产的"黑暗底层"，发掘出真实的、革命性的呼声。

拉尔夫·埃里森的《隐形人》　对美国读者而言，最有助于了解存在主义观点的一本书莫过于 1952 年出版的《隐形人》。这本书由拉尔夫·瓦尔多·埃里森（1913—1984）于 20 世纪 40 年代末到 50 年代初花费大约 7 年时间创作而成。从某种程度上说，该小说是对拉尔夫·埃里森同名的拉尔夫·瓦尔多·爱默生著名比喻的讽刺性大逆转，后者在他的《自然》（见第 12 章）中写道："我成为一个透明的眼球。我什么都不是。我看见所有……""我是个隐形人"，埃里森的小说序言这样开始了（阅读材料 14.4a）：

拉尔夫·埃里森，《隐形人》选段（1952 年）

> 可我并不是缠磨着埃德加·爱伦·坡的那种幽灵，也不是你以为常的好莱坞电影中虚无缥缈的幻影。我是一个有形体的人，有血有肉，有骨骼有纤维组织——甚至可以说我还有头脑。请弄明白，别人看不见我，那只是因为人们对我不屑一顾……我成了隐形人也绝不是因为我的表皮在生化上有什么变异，而是因为我所接触到的人眼睛古怪。问题出在他们眼睛的内在构造。他们透过内在的肉眼观察现实的世界。

埃里森的故事是由一个住在哈莱姆郊区"地洞"里的人讲述的。小说以骚乱结尾，而他无意中身陷这场骚乱。作为一名"地下人"，他给自己的任务是通过自己的叙述（小说本身），认识美国黑人的现实生活和经历。在地铁站看到三个男孩后，小说达到了最重要的转折点。这三个男孩身穿"熨烫平整的西装但他们的衣服过厚，显然不适合在夏天穿……他们慢慢地走着，摇摆着肩膀，他们的裤子长及脚踝，迈着步子，他们的上衣很长，紧紧裹住臀部。他们肩膀宽大，完全不像一般的西方人"，他若有所思（阅读材料14.4b）：

拉尔夫·埃里森，《隐形人》选段（1952 年）

> 从 125 大街的人群中走出，我痛苦地留意到其他人的穿着，要么穿得像那些男孩子一样，要么像那些女孩子，双脚套上异国情调浓厚的深色长筒袜、身上穿着流行于市井的各类超现实主义服饰。他们一直在那儿，但不知怎么的我却一直未曾留意……他们独立于历史的洪流外，而我的工作则是把他们全部都带到历史中去。我打量着他们的脸庞，发现他们与我在南方看到的任何人无异。早已忘却的名字，犹如梦中消逝场景一般，在我的脑海里唱响。我在人群中走着，汗如雨下，听着来往车辆的呼啸声，音像店的喇叭嘟嘟地响起慵懒的蓝调，乐声越来越大，我停了下来。这一切都该载入历史吗？难道这就是这个时代唯一真实的历史，喇叭、长号、鼓和萨克斯管拨动情绪，歌声浮华而空洞？

蓝调还不够。他为自己设定的新的任务是为这个时代的历史寻找恰当的语言。至此，就像他的族人置于他

是隐形的，他对他们也一样视而不见。他已睁开自己的眼睛，就像他此时必须打开其他人的眼睛一样。在小说的结尾，他决定从自己的"黑洞"中走出来。"我正抖去我的旧皮囊"，他说道："我打算把它丢在这个洞里。我将走出去，虽然脱掉这层皮我也一样不为人所见，但无论如何我还是要出去。我想这时机正好……也许这是我最大的社会罪行——我冬眠得太久，因为即使是隐形人，也要承担自己的社会责任。"

文学和艺术中宣扬的黑色 埃里森的叙述者最深刻的一个认识是，首先，他必须宣扬他的黑色皮肤而不是试图躲避。他断然不能让自己淹没于白人社会。"我必须要为无色而奋斗吗？"他问。

> 但严肃地、毫不势利地想象一下，如果发生那样的事情，世界将会失去什么。美国是由多种线条交织在一起的；我能认出他们，并让它保持原样……我们同命运，共呼吸——这不是预言，而是描述。

再没有比罗马勒·比尔登（1911—1988）的拼贴画更能描述这点了。他以几乎完全抽象的风格画了将近 20 年。从 20 世纪 60 年代开始，他把《乌木》《Look》和《生活》这些杂志中的图片剪下来，拼凑在一起，形象地描述出黑人的经历。《鸽子》（图14.18）——因停在中间大门上方的白色鸽子得名，象征和平与和谐——把不同的比例的图形和不同顺序的碎片结合在一起。例如，右方一个头戴帽子的花花公子，手里夹着一支巨大的香烟，伸向前方。左上方一个女人伸出硕大的手指，跨过窗台的顶部。最终的效果几乎是万花筒似的，穿着保守的老一代和潮流时尚的年轻人，融入同一个画面中，迸发出活力，勾画出一幅都市图景，即"同呼吸，共命运"。就像埃里森在 1968 年提及比尔登的艺术时所说：

> 比尔登的本意与他所采用的方法一样。他综合运用各种技巧，凸显惊人而急剧的破裂、意识的跳跃、扭曲，矛盾，逆转，时间的压缩，超现实地糅合了大体上代表着（非洲）美国历史的风格、价值观、希望和梦想。

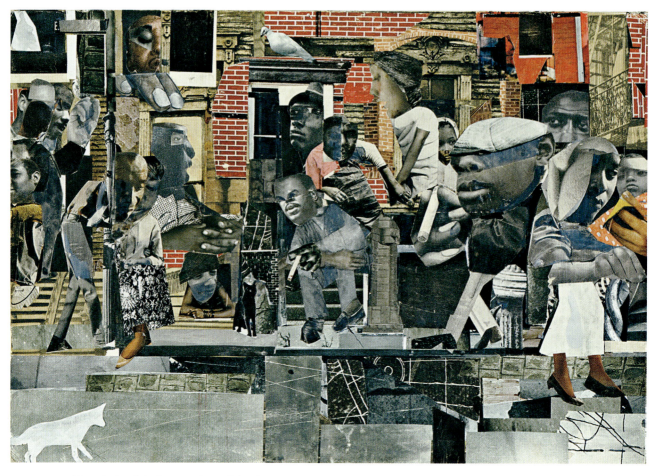

图 14.18 罗马勒·比尔登，《鸽子》，1964 年。可剪贴粘贴印色纸、水粉画、铅笔及地板上的彩色铅笔，尺寸：34 厘米 ×46 厘米。数字图像 © 现代艺术博物馆 纽约艺术 SCALA/ 艺术资源授权 © 罗马勒·比尔登基金会 / 纽约 VAGA 授权，左下方出现的白犬，与门上鸽子的视线相对，正跟踪着台阶中间的黑猫。

一个美国黑人的身份意识，包含着比尔登作品中呈现的多样的黑人文化。在诗人兼剧作家阿米里·巴拉卡（1934—）的作品中，同样也可以找到这种身份意识。激进的黑人穆斯林牧师马尔科姆 X 在 1965 年被刺杀后，他于 1968 年将自己的名字勒鲁瓦·琼斯改为巴拉卡。马尔科姆认为黑人应当以尽可能的方式与白人分隔开来，并认为黑人应将不与白人相互融为一体作为目标，创造一个属于黑人的国家。与马丁·路德·金提出的非暴力抗议不同，马尔科姆 X 提倡必要时诉诸暴力："你在密西西比怎么可能采取非暴力手段"，1963 年他向底特律的一名听众问道："在这个暴力的地方？当你的教堂被炸毁，你的爱女被杀害，你怎么还能在密西西比州和亚拉巴马州采取非暴力抗议？……如果诉诸暴力在美国是一种错误的行为，那么在外国也是一种错误行为。"

巴拉卡为自己选取了一个伊斯兰教徒名字——依玛莫·阿米里·巴拉卡，意指来自伊斯兰教徒圣人的神圣祝福。因为祝福可从物体传递到人身上，所以从麦加朝圣归来便成了巴拉卡 1969 年所写的诗歌《巴拉卡》的载体。"Ka'Ba"（卡巴）似乎要将《巴拉卡》灌输入诗人曾居住的新泽西州纽瓦克市的每一个居民脑中（阅读材料 14.5）：

我们的世界充满声音
我们的世界比其他任何世界更可爱
尽管我们蒙受苦难，彼此屠戮，
甚至有时不能自由走动。

我们是美丽的民族
带着非洲人无限的想象
满是面具、舞蹈和空灵的圣歌
非洲人的眼睛、鼻子和臂膀
尽管我们被灰色的锁链束缚在一个
冬天弥漫，渴望阳光而不得的地方。

我们不幸被抓
但我们尽力逃脱，
逃进古老的形象，逃进
新的自我
逃进黑人的大家庭。
我们需要魔力
现在我们需要咒语，成长
回归，破坏，创造。
何为神圣之词语？

这首诗的名字暗示，这一神圣的词语就是"Ka'Ba"。尽管这首诗富于宗教情怀，巴拉卡在 20 世纪 60 年代越来越富于战斗精神。1967 年，他创作了两部抗议警察暴力的戏剧。一年后，他又创作戏剧《牧场是我家》，主人公克里米诺闯入一个白人家庭，发现他们竟如此沉浸于电视，以致无法与他们交流。这出戏剧是为黑豹党领袖举办的义演。黑豹党是由修伊·P. 牛顿（1942—1989）和博比·西尔（1936—）于 1966 年创建的黑人革命性政党，致力于为社会主义革命组织支援力量。

其他事件也反映出非裔美国人社区中愈演愈烈的战斗形势。1965 年 8 月，洛杉矶中南部瓦兹区的暴力骚乱持续了 6 天，造成 34 人死亡，1000 余人受伤，将近 4000 人被捕，数百建筑被毁。1967 年 7 月，纽瓦克和底特律也爆发了骚乱。在纽瓦克，持续 6 天的骚乱导致 23 人死亡，700 余人受伤，将近 1500 人被捕。在底特律，为时 5 天的骚乱导致 43 人死亡，1189 人受伤，超过 7000 人被捕，2509 家商店被洗劫一空或被烧毁。最后，似乎许多人认为当马丁·路德·金在 1968 年 4 月 4 日遇刺时，他的和平主义又

重新萦绕在人们的脑海里，挥之不去。

正是在这种氛围中，流行诗歌 / 音乐 / 表演 / 舞蹈现象（又称说唱或嘻哈）应运而生。马丁·路德·金去世后不久，在 1968 年 5 月 19 日即马尔科姆 X 生日当天，大卫·纳尔逊、吉兰·凯因和阿比欧顿·奥耶沃勒以南非诗人威利·考斯尔（1938—）创作的一首诗命名，组建了"最后的诗人"协会。诗中，考斯尔宣称不久人们将把诗歌放在一旁，在即将爆发的革命中拿起武器。"因此我们是世界上最后的诗人"，考斯尔总结道。在实际中，"最后的诗人"深受阿米里·巴拉卡诗歌中乐句的影响。他们进行个人即兴创作，反复交换词语，就像爵士音乐家彼此即兴创作乐曲一样，直到他们的声音相互融为一体，形成韵律优美的诗歌，一首诗歌的创作才宣告完成。最重要的是，他们热衷于政治，攻击白人种族主义，抨击自鸣得意的黑人中产阶级，批评政府和警察——打击任何一个涉嫌阻碍非裔美国人取得重大进步的人。正如阿比欧顿·奥耶沃勒所说："我们满腔怒火，心中的愤懑必须一吐为快。"

同样影响深远的是说唱教父吉尔·斯科特·赫伦（1949—2011），他录制的诗歌《革命不会上电视》出现在他 1970 年的唱片集《在第 125 街及莱诺克斯的闲聊》中（阅读材料 14.6）：

阅读材料 14.6

吉尔·斯科特·赫伦，《革命不会上电视》选段（1970 年）

你将不会留在家里，兄弟，
你将不会收看"审视内心，退出世俗"*栏目。
你将不会沉迷海洛因，更不会
在广告播出期间偷偷溜去喝啤酒，
因为革命不会上电视。

革命不会上电视。
施乐公司将不会为你播报革命，
即使在四个黄金档中没有插播广告……
也不会在 11 点钟的头条新闻里
奉上头发飘逸、全副武装的女性解放主义者的图片
抑或出现杰奎琳·肯尼迪擦鼻子的消息
主题曲将不会由吉姆·韦布或弗兰西斯·斯考特·基

斯科特·赫伦的诗歌对音乐，尤其是对嘻哈文化发展的影响力更甚于"最后的诗人"，而且他的作品常被后来的嘻哈唱片骑师奉为"典范"。唱片骑师将小部分已录制的歌曲刻录在唱机中的两个转盘上，从而创作出韵律感强的音乐作品。对嘻哈音乐同样重要的是霹雳舞和涂鸦。尽管人们广泛地认为涂鸦有损公共及私人财产，但到了 20 世纪 80 年代初期，涂鸦已经进入了主流艺术市场，特别是出现在让 - 米切尔·巴斯奎特的作品中（见本章的"近距观察"）。

越南战争：反抗与艺术

正当民权运动如火如荼之际，美苏之间的冷战也因美国卷入越南战争而愈演愈烈。到 20 世 60 年代中期，由胡志明领导的北越共产主义与亲西方的前法国殖民地南越爆发了一场战争，美国于是往该地区集结了大批军队。美国的一份军事草案更是疏远了大批美国年轻人，这使糟糕的形势雪上加霜。20 世纪 60 年代，15~24 岁的青年人从 2450 万骤升至 3600 万。

在全国，反叛精神不仅推动民权运动的发展，而且迅速蔓延至各大高校校园及迅速发展的反战社区。在许多人看来，在加利福尼亚大学伯克利分校开展的运动与反战运动及争取公民权利息息相关。1964 年，该大学管理部门想方设法禁止学生在校为两个致力于结束种族歧视的团体招募人员或筹集资金。为了抗议校方的限制，一群学生组织了言论自由运动，在伯克利分校发起了一系列的集会、静坐及罢课运动。校方最终做出了让步，伯克利学生的策略很快就被反战群体采用。这一群体致力于将后备军官训练团驱逐出校，并协助组织全国范围内的反战游行、宣讲会和集会。1969 年，抗议者情绪高涨，约 50 万的抗议者采用了 1963 年民权运动的策略到华盛顿游行示威。

库尔特·冯内古特的《第五号屠宰场》

反战情绪体现在主要涉及早期战争、第二次世界大战及朝鲜战争有关作品的艺术中。发生在东南亚的这些事件，每晚都出现在新闻报道里，但却似乎无法得到直截了当的解决。约瑟夫·海勒的小说《第 22 条军规》吸引了大量读者，而罗伯特·奥特曼（1925—2006）将其拍摄成《陆军野战医院》。该部名声大噪的讽刺喜剧，是关于在朝鲜的第 4077 陆军流动外科医院。影片 1970 年开拍，1972 年公演后通过电视连续播放了 11 年。但也许最为人称道的反战作品是库尔特·冯内古特（1922—2007）于 1969 年创作的小说《第五号屠宰场》。这本小说以奇特的方式描述了第二次世界大战美国士兵毕勒·皮尔格林的故事。他与作者本人一样，同为德累斯顿大轰炸的幸存者（在大轰炸中，13.5 万名德国国民众遇难，死亡人数超过长崎及广岛死亡的人数之和 [原文如此]）。皮尔格林号称自己被来自特拉法马铎星球（Trafalmadore）的外星人劫持。在小说的开头，叙述者（或多或少是作者本人）正与朋友讲述自己要写的战争小说（《第五号屠宰场》），就被朋友的妻子打断（阅读材料 14.7）：

阅读材料 14.7

库尔特·冯内古特，《第五号屠宰场》（1969 年）

"你们要假装自己是男人而不是孩子，你们将在由……约翰·韦恩……导演的影片中扮演角色。战争看起来妙不可言，因此我们经历了许多战争。但战争将由孩子来打……"她不愿意自己的孩子或是其他人的孩子在战斗中死亡。她认为战争部分是受到了书和电影的蛊惑。

作为回应，冯内古特在皮尔格林身上刻画了天真无邪英雄的本性，并将小说的副标题写成《孩子们的十字军：与死亡共舞的天职》。皮尔格林对随处可见的死亡的回应是——"就这么一回事"——这一句成了20世纪60年代末期对成年人的诅咒。小说的宿命论反映了在越南战争中，大多数人面临的空虚无力感和听天由命的心态。

反战艺术家

至1969年秋，大批艺术家组织起来，反对战争。在一次公开演讲后，一个反对战争的艺术工作者联合会建立了。在演讲中，艺术批评家兼编辑戈莱格里·巴特科克概述了艺术世界如何与反战相互联系：

> 博物馆的董事指挥着美国全国广播公司(NBC)和哥伦比亚广播公司（CBS）、《纽约时报》、美国联合通讯社以及现代最伟大的文化中心——林肯中心。这些董事除了在彼此的博物馆占据董事席位外，还拥有美国电话电报公司（AT&T）、福特、通用、数十亿美元的基金会、哥伦比亚大学、美国铝业公司（Alcoa）、明尼苏达矿业公司、联合果品公司和AMK。这些事实具有多重含意。你是否意识到，正是这些身处大都会及现代艺术博物馆，热爱艺术、投身文化事业的董事们挑起了越南战争？

换句话说，在很多人看来，博物馆是政治制度的体现，正是这一政治制度首先挑起了战争。1969年10月15日是第一个越南停战纪念日，现代艺术博物馆、惠特尼博物馆和犹太博物馆当日均成功闭馆，但大都会艺术博物馆及古根海姆博物馆却拒绝闭馆。

1968年3月16日美国C连（Charlie Company）士兵在越南美莱村屠杀男女老幼，艺术工作者联合会很快对该报道作出回应。一年多后，即1969年11月，当时军队在调查C连排长小威廉·卡莱中尉，战地摄影师罗恩·海伯尔在美莱村拍摄的照片出现在了《克利夫兰老实人报》上。四天后，CBS电视节目主持人迈克·华莱士采访了曾经在美莱村的保罗·米德罗，米德罗说卡莱中尉聚集了大约40或者45名村民，然后命令手下士兵射杀他们。华莱士问："包括男人、妇女和孩子？"米德罗回答："包括男人、妇女和孩子。""也包括婴儿？""也包括婴儿。"这段采访文稿连同照片第二天被发表在《纽约时报》上。很快，艺术工作者联合会就把华莱士的问题和米德罗的回答加入图片中（图14.19），印成海报发往全世界。

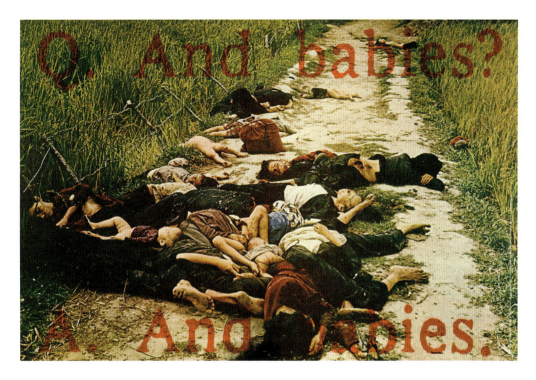

图14.19　罗恩·海伯尔、彼得·布兰特及艺术工作者联合会，提问：也包括婴儿？回答：也包括婴儿。1970年。平板胶印，尺寸：61厘米 × 97厘米。纽约现代艺术博物馆藏。承蒙阿提卡防御基金会提供。海报设计者为布兰特。

近距观察： 让 - 米切尔 · 巴斯奎特之《查理一世》

　　让－米切尔·巴斯奎特（1960—1988）的作品《查理一世》表达了对伟大的爵士乐萨克斯风管演奏家查理·帕克的崇高敬意，涂鸦艺术家巴斯奎特认为查理·帕克是众多黑人文化英雄中的一员。巴斯奎特来自布鲁克林的一个中产阶级家庭（父亲是一名在海地出生的会计师，母亲是一名波多黎各黑人）。1977 年，年仅 17 岁的巴斯奎特离开学校，其后几年混迹于纽约街头。在此期间，他采用了这样一个标签或涂鸦笔名——SAMO，意为"黑人混血儿"和"老掉牙的臭狗屎"。SAMO 与一个三尖皇冠（自封为涂鸦艺术家之王）紧密相关，也与引起种族歧视联想的单词"TAR"（柏油孩子，对黑人的一种侮辱性称呼）、暴力（tar and feather，柏油和羽毛，即给人涂一层柏油再粘上羽毛的暴力惩罚行为。1982 年，他将其中一幅画命名为"柏油和羽毛"）和相同字母的异序词 ART（艺术）密切相关。1981 年，在曼哈顿第 59 街区桥的另类艺术画廊举办的纽约新浪潮艺术作品展展出了他的大量绘画，吸引了数名艺术品经纪人。自此，他的事业蒸蒸日上。

　　皇冠是个人肖像画的中心，不仅象征着他的成功，同时也象征着他画作中的众多非裔美国人英雄——如爵士艺术家、拳王舒格·雷·伦纳德及全垒打王汉克·阿伦等"著名"黑人运动员。

皇冠的价格为 59 欧元，意味着在巴斯奎特的世界中"苦难"是可出售的。

巴斯奎特多年来采用 SAMO 标志，在皇冠的下方，是一个"Thor "的标志，指代挪威雷神托尔。在 Thor 标志的下方，是超人的标志。上方指代惊奇漫画 X 战警英雄。托尔实际上是另一个 X 战警英雄。惊奇漫画这样描述 X 战警："天生具有特殊的力量，异种战士，也称 X 战警，用惊人的能力保护憎恨惧怕他们的世人。"巴斯奎特明显是将 X 战警比喻成非裔美国人英雄。

"X"这一词在巴斯奎特看来并不是完全消极的。巴斯奎特在亨利·德雷夫斯的《符号大全：国际图形符号的权威指南》的一个章节中发现有关"流浪汉符号"的内容。流浪汉留下这些涂鸦般的符号，以便告知同伴当地的风土人情。在这种图形语言中，"X"表示"还行"，"不错"。

这个词语指代在 1649 年英国内战中被新教徒处死的英格兰国王查理一世。但被有意划去的词——"young"也暗示巴斯奎特感知到自己的末日。事实上，根据法医报告，巴斯奎特在 1978 年，他 28 岁生日的四个月前，可能已经成为急性混合药物中毒患者（镇静剂 - 可卡因）。

有意划去的"S"暗示美元符号"$"。

在单词"Opera"下的一个圆圈里是萨克斯大宗师查理·帕克著名乐曲《彻罗基族人》的名字。在乐曲名的上方是四片羽毛，以纪念绰号为"大鸟"的查理·帕克。羽毛和乐曲让人联想起 1838 年彻罗基印第安人被迫从佐治亚州迁往俄克拉荷马州的悲惨经历。美国逼迫印第安人西迁的过程被称为灾难的"血泪之路"。

作品中的手很可能代表音乐家或画家本人强有力的大手。

中间面板顶部清晰的版权符号 © 在巴斯奎特作品中重复出现，不仅指代所有权，还指代美国实行的产权和控制。巴斯奎特认为这是奴隶制的根源（对彻罗基人被迫迁往俄克拉荷马州只字不提）。

让 - 米切尔·巴斯奎特《查理一世》，1982 年。丙烯酸、油画笔 、画布及三块面板，尺寸：198 厘米 × 158 厘米。© 让 - 米切尔·巴斯奎特所有 / 法国图像及造型艺术著作人协会（ADAGP），巴黎 /ARS，纽约。

女权运动

同时，反战运动与民权运动也刺激了男性与女性的政治意识。20 世纪 60 年代初"口服避孕药"问世，随着妇女掌控自己的生殖意愿，她们开始追求性自由权，这是男人一直认为的理所当然的权利。整个 20 世纪 60 年代，美国追求性别平等的呼声日渐高涨。20 世纪 70 年代初，一个女权主义的时代全面开启了。

理论框架：贝蒂·弗莱顿和全国妇女组织（NOW）

贝蒂·弗莱顿（1921—2006）是一个自由撰稿人，有三个孩子的母亲，她于 1963 年出版了《女性的奥秘》一书。在许多方面，这本书与《弗洛伊德》有颇多争议之处，至少这本书能让《弗洛伊德》被人理解或被人误解。虽然她承认"弗洛伊德心理学强调把人从道德压抑中解放出来，获得性满足，是妇女解放思想的一部分"，但她意识到《弗洛伊德》的某些篇章被误用作压制女性的工具。贝蒂·弗莱顿的理解潜藏在对弗洛伊德的分析中，但又对女权运动至关重要：在《弗洛伊德》一书中，就像在整个西方话语体系中，"女人"（woman）一词（在中世纪词根是"wifman"或者说是"wife of man"，"男人的妻子"），按照其构词形式，与"男人"联结在一起。因而"女人"一词颇具争议，因为它无法指代生物学意义上的女性，而是指代父权社会对女性各种期望的总和，包括行为、穿着、态度和举止。女权主义者认为"女人"一词是一个文化意义上的建构而非一个生物意义上的建构。在《女性的奥秘》一书中，弗莱顿摒弃了美国现代社会中女人的文化建构。但最终，她无法摒弃"女人"这一词本身。后来，弗莱顿被称为美国全国妇女组织（NOW）的奠基人之一。这一组织的首要目的是提高女性在职场上的权利，促进性别平等。在此，她致力于改变在美国文化中整个社会对"女人"的理解。

女性主义诗歌 在父权社会之外确定"女人"身份的过程中，女性所面临的困难是 20 世纪 60 年代女性创作诗歌的重要主题之一。这一主题尤其见于安妮·塞克斯顿（1928—1974）、西尔维亚·普拉斯（1932—1963）和艾德丽安·里奇（1929—）的作品中。塞克斯顿的作品堪称典范。她是个富裕的家庭主妇和母亲，住在马萨诸塞州波士顿郊外的韦士顿。她家的起居室为凹型结构，后院建有游泳池。但她本人厌恶当时的生活，当她的丈夫看到之前依赖别人的她一跃成为名人后，他们的婚姻便充斥恶意、不和和家庭暴力。人们多以读她的一首诙谐风趣的《她的同类》的诗开始。该诗最初于 1960 年出版在她的第一本诗集《精神病院来去录》里，从一开始就抓住了她独有的独立意识（阅读材料 14.8）：

阅读材料 14.8

安妮·塞克斯顿，《她的同类》（1960 年）

我跑出去，像着了魔的巫婆，
在黑空气里游荡，夜里胆更大；
梦着邪念，我在普通的房子里
一间一间屋地找，一盏一盏灯地寻：
孤独的人儿，十二个手指，疯疯癫癫。
这样的女人不是女人，不完全是的。
我一向是她的同类。

我在树林里找到了温暖的洞穴，
装满锅瓢、刀叉、架子、
橱柜、丝绸、数不清的东西；
为小爬虫和小精灵做晚餐：
唠唠叨叨，重新整理被搅乱的一切。
这样的女人常被误解。
我一向是她的同类。

驾驶者，我乘着你的车，
向飞过去的村庄挥舞我赤裸的手臂，
幸存者，我学会辨别最后的光明之道，
在那里你的烈焰穿透我的大腿，
我的肋骨在你的轮子转弯处断裂。
这样的女人不会为死感到羞愧。
我一向是她的同类。

女性主义艺术 20 世纪 60 年代，虽然妇女们在艺术中取得不少进展，但真正的变化却来得很慢。

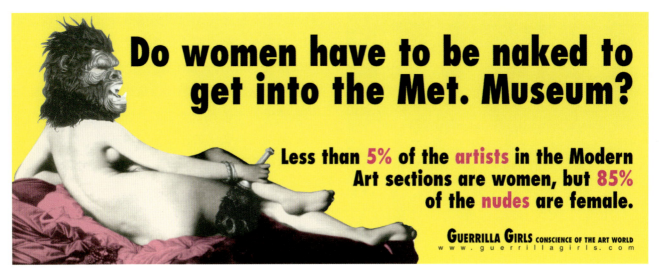

图 14.20　游击队女孩，女人必须赤身裸体才能进入大都会艺术博物馆吗？ 1989 年。海报 ©989，1995 年游击队女孩公司。该图模仿让·奥古斯特·多米尼克·安格尔 1814 年新古典主义画作《大宫女》。《大宫女》现藏于巴黎卢浮宫。图中文字的大意是：现代艺术流派中，女性艺术家比例不足 5%，而在裸体画中，85% 却是女性。

1976 年，尽管将近 50% 的美国职业艺术家为女性，但是在纽约著名美术馆举办的一百场个人展出中，仅有 15 场专门展示女性艺术家的作品。8 年后，现代艺术博物馆重新开放其大型展出设备，并举办了一场名为《国际绘画和雕塑展》的展出。在参展的 168 名艺术家中，只有 13 位是女性。

面对这样的统计数据，1985 年，一个自称"游击队女孩"的匿名妇女组织开始在纽约市张贴海报（图 14.20）。他们列举出那些女性艺术家参展人数不足男性艺术家参展人数十分之一的美术馆。另外一张海报则问道："去年在纽约市各大博物馆中，有多少女性艺术家举办过个人展览呢？"答案是：

古根海姆博物馆　　　0
大都会艺术博物馆　　0
现代艺术博物馆　　　1
惠特尼博物馆　　　　0

"游击队女孩"最大胆的海报之一是在 1989 年张贴的。它问道："当种族主义和性别歧视都不受欢迎的时候，你的艺术藏品有多少价值？"它列举了 67 名女性艺术家，并指出她们所有人的收藏品价值加起来还没有一位健在的男性艺术家任何一幅画作的拍卖价格高。这幅海报暗示男性艺术家作品的价值可能过于虚高，引起了许多人的共鸣。

至 20 世纪 90 年代末，情况在某种程度上发生了改变。许多妇女定期在纽约美术馆展出，而许多重要的回顾展也展出她们的作品。但在国际上，妇女仍然受到冷遇。著名男性艺术家举办的回顾展，如罗伯特·劳森伯格，可能会从纽约的古根海姆博物馆开始，巡回展出至全球的国际场馆，而大多数女艺术家的回顾展却相对寒碜——如在纽约的新博物馆或洛杉矶县艺术博物馆举办单场展览而非巡回展览。

后现代时代

很难精确地界定"现代主义"是什么时候结束的，"后现代主义"是什么时候开始的，但可以确定，两者之间的转折点出现在 20 世纪 70 年代和 80 年代。建筑师开始摒弃以路德维希·密斯·范·德·罗作品为代表的，纯粹、洁净、统一的国际性风格（图 14.9），继而青睐更为兼容并蓄但绝不单一纯粹的建筑风格。一栋建筑可能整合了复古的柱廊和齐本德尔式家具的屋顶线；一栋建筑也可能看起来像在布拉格的葡萄干建筑（图 14.21）。"跳舞的房子"建在第二

图 14.21　法兰克·盖瑞及弗拉多·米卢尼克，奇异的房子，也称"跳舞的房子"或"琴吉与弗雷德"，捷克共和国，布拉格，1992—1996 年。

瓦茨拉夫·哈维尔（1936—），捷克剧作家，后来成为捷克斯洛伐克的第一任总统，苏联 1989 年解体后接任捷克共和国总统直到 2003 年，哈维尔公开支持这项设计，在这栋建筑隔壁居住了十年之久。

次世界大战期间被毁的一个文艺复兴建筑遗址上，该建筑崩塌摇晃的感觉让人想起战后的城市景象：扭曲的 I 型梁、断裂的墙面、露天的房间、凹陷的地基。所有的一切都紧挨一栋在轰炸中毫发无损的建筑。但即便如此，相比其他事物，这个建筑仍称得上是现代工程奇迹的、好玩的、近乎古怪的标志——看似处于灾难边缘实则稳当坚固的一幢建筑物。这栋建筑看起来轻松有趣，又被人称为"弗雷德与琴吉的房子"，以美国电影明星琴吉·罗杰斯和弗雷德·阿斯泰尔命名。街角上那座坚实的建筑，挽着身旁那栋透明的楼（琴吉）的腰部，似乎在引领着后者，共同在街角翩翩起舞。

这栋建筑出自捷克建筑师弗拉多·米卢尼克（1941—）的构想，他与美国建筑师法兰克·盖瑞（1929—）通力合作建设该项目。在许多布拉格人的眼里，一座城市因其古建筑而闻名于世，但这栋"跳

舞的房子"似乎完全是将美国的异域元素移植到他们的城市中。米卢尼克认为，尽管这栋建筑展现城市的过去，但他将此建筑视为对现代布拉格的展现。他认为，这栋建筑由两部分组成："像一个忘记了极权主义过去的社会——这是静态的部分——但同时也迈向充满变化的世界。这就是他构想的主要部分。这两个不同的部分在对话，相互对立，就像加和减，阳和阴，男人和女人。"盖瑞取其名为弗雷德与"琴吉"。

使用不同的甚至是相互矛盾的设计元素是后现代建筑的特点。英国批评家彼德·福勒这样解释后现代建筑师的任务：

> 威尔斯大教堂的西面，帕特农神庙的山形墙，拉斯维加斯的恺撒宫的塑料和霓虹灯，密斯玻璃幕墙隐秘的精细之处，所有种种都极为"有趣"。因此，后现代设计师须根据不同的目标人群、建筑类型和环境，采用不同的设计策略，替换不同的编码和设备。

但也许后现代美学中最清晰、影响最为深远的观点来自建筑师罗伯特·文丘里（1925—）。他于 1966 年提出"温和的宣言"，描述了有关建筑的、更为包容的新方法和原则，抛弃了现代建筑中清晰且简单的几何图形。在宣言中，文丘里赞成"集复杂性与矛盾性于一体的建筑……建筑物必须体现包容性的复杂统一而不是体现排斥性的简单结合"。

当时的后现代美学将不同的风格和文化融合在一起，以创造出一个新的、更复杂的整体。尤其是在日本，西方影响直接地挑战了日本的传统观念，即日本是个独特的、独立的文化。文化融合现象随处可见，甚至在数码技术时代，日本文化也极易被渗透。例如，肖像画《双胞胎》（图 14.22）是森村泰昌（1951—）创作的自画像，森村泰昌不仅模仿了马奈《奥林匹亚》（图 12.13）中的奥林匹亚，还模仿了她的女仆。森村泰昌在用电脑在工作室中绘制该图片的同时，更加尖锐地颠覆了日本孤立的观念。他一方面模仿西方的文化象征，但同时又对这些象征加以弱化，把注意力

图 14.22 森村泰昌，《双胞胎》，1988 年。彩色照片，透明介质，尺寸：210 厘米 ×305 厘米。NW 房间，东京，艺术家本人提供，纽约卢赫灵·奥古斯汀画廊。森村泰昌画中的女性常身着男式服装，他想借此挑战日本男性的性别认同，但此幅画中的女性仍然穿着女性服饰。

引向了这样一个事实：图中的名妓与女仆有着相同的身份——她们是"双胞胎"——是西方社会的主导力量（男性）的奴隶。他将日本文化视为一个整体——尤其日本男性，与西方的妓女和奴隶一样，处在同样的位置上。

在森村泰昌的照片中，跨文化交流也是一种跨性别的展示。东方和西方，男人和女人之间的所有界限，似乎都瓦解了。在多重身份、多种文化相互碰撞的条件下，这种模糊的界限集中体现在克里斯·奥菲利（1968—）颇受争议的画作《圣母玛利亚》（图14.23）中。克里斯·奥菲利是一名生于英国的尼日利亚画家，奥菲利把圣母绘成了一名黑人妇女，围绕着她的是臀部裸露的丘比特裸像（带着翅膀的天使）及从色情杂志上剪下来的生殖器官。绘画作品使用了从伦敦动物园取来的两坨大象粪便，上面刻着"圣母"和"玛利亚"字样，第三块牛粪代表着她的一个乳房。奥菲利的父母均为非洲黑人，信奉天主教，两人出生在尼日利亚首都拉各斯，母语为约鲁巴语。奥菲利把这种西非文化作为自己进行艺术创作的灵感来源。

展示性器官，特别是在描绘女性神灵时展示性器官，在约鲁巴文化中习以为常。而奥菲利使用裸露的臀部意在以现代的手法描绘这一本土的传统，象征着圣母玛利亚的生育能力。至于大象粪便，1992 年奥菲利在前往津巴布韦的途中，待牛粪晾干，上漆后，也被

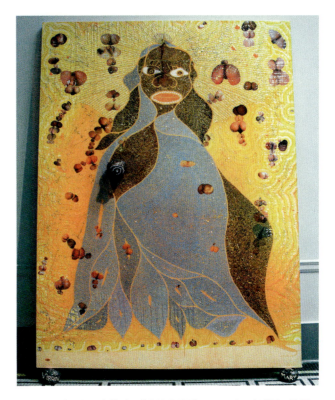

图 14.23 克里斯·奥菲利，《圣母玛利亚》，1996 年。纸拼贴，油画，发光聚酯树脂，图钉，亚麻布上的大象粪便，尺寸：244 厘米 ×183 厘米。伦敦萨奇画廊，照片：黛安·邦达尔夫 / 美联社世界照片。在布鲁克林展出时，该画作被一名愤怒的 72 岁观众用白色涂料弄脏。

它的美丽所震惊。他也开始理解，在津巴布韦，大象粪便被视为生育能力的象征，并开始将他的绘画作品裱在象粪上，他认为这种方法"能将画作从地面挂起，让人感觉到画作来自地面，而不是简单地挂在墙上"。

因此，《圣母玛利亚》这幅艺术作品反映了奥菲利的非洲传统。但他意识到将生殖器、粪便这样的非洲传统与生殖能力、女性神灵相互联系在一起可能会失宠于西方观众。事实确实如此。1999 年年底，该画作在布鲁克林博物馆展出时，曾引起了很大的争议。纽约天主教红衣主教认为该画作是对宗教的亵渎，而天主教联盟则号召在布鲁克林博物馆进行示威抗议。纽约市长鲁道夫·W. 朱利亚尼威胁切断对布鲁克林博物馆的资金补助，并将它驱逐出所租用的城市建筑。迫于法庭的压力，朱利亚尼最终做出了让步。对奥菲利而言，该画作引起的纷争本身就是在文化冲突中界定自己身份的象征。同时，也可以说，这一争议让奥菲利更加引人注目，丝毫没有损坏其艺术作品的市

场价值。在 2003 年，经选拔，他代表英国参加当代最为杰出的全球艺术展览——威尼斯双年展。

同样，巴基斯坦画家沙兹亚·西茲达通过融合多种风格改造袖珍画的体裁，在画作《快乐的柱子》（图14.24）中，展现其异质的背景。沙兹亚·西茲达在巴基斯坦接受过袖珍艺术家训练，她将这些训练与自己在罗得岛设计学院学习时对现代艺术的关注结合起来，探索伊斯兰教与西方世界的内在冲突，探索基督教以及邻里南亚地区的印度教传统。在画作《快乐的柱子》的中部，西茲达用一只强壮的公羊的一对卷曲的羊角描绘自己。在她头部的下方是两副躯干：一副是西方女神维纳斯的躯干，一副是印度女神提毗的躯干。提毗是掌管生育、雨水、健康和自然的女神，据说，她用子宫将整个宇宙包含在内。在两副躯干中间两颗心在相互抽血，意指东方和西方是她获得灵感的两大来源。东西方的力量形象也表现为左下方一头狮子杀死了一头小鹿的形象。这一形象直接引用了伊朗萨非王朝（1501—1736）的一幅袖珍画。而在上方，一架现代战斗机呼啸着划过天空。

西茲达作品中凸显的传统文化融合，最终将出现于美国的拉美艺术和西班牙文化相互融合。从 16 世纪初开始，印度文化西班牙化及拉美和南美西班牙文化印度化创造了独特的文化多元性。20 世纪后半叶，拉丁文化日益美国化，大量涌入的西班牙移民也使得美国文化拉丁化。出生在波多黎各的诗人奥萝拉·莱文斯·莫拉莱斯（1954—）在其作品《美洲之子》里概括了这一情形（阅读材料 14.9）：

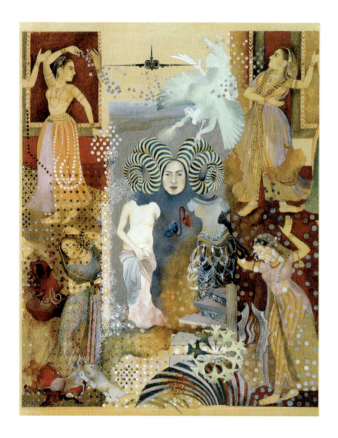

图 14.24　沙兹亚·西茲达，《快乐的柱子》，2001 年。 水彩，植物颜料，尺寸：31 厘米 × 25 厘米。阿米达及普南杜·查特吉收藏，承蒙纽约西柯玛·简肯斯提供，作为对自己身份的进一步探索，西茲达喜欢在公众场合戴上面纱，这是她搬到美国前从来没有做过的，她认为这是对她巴基斯坦传统的一种"展示"。

阅读材料 14.9

奥萝拉·莱文斯·莫拉莱斯，《美洲之子》（1986 年）

我是美洲之子，
加勒比海的一个浅肤色女混血儿，
许多侨民的孩子，生在这十字路口般的大洲上。
我是名美国波多黎各的犹太人，
来自从未得知的纽约犹太贫民区。
我也是个移民，是移民的女儿和孙女。
我满怀激情地讲着英语：它是我意识之舌，
一个闪闪发亮的水晶刀片，我的工具，我的手艺。
我是加勒比海人，在岛屿成长。西班牙是我的血肉，
舌尖产生涟漪在我的臀部停歇：
大蒜和芒果的语言，
诗歌的咏唱，我手舞足蹈的姿势。

我是个拉丁美洲人，根植于这片陆地的历史：
我从那片陆地上说话。

我不是非洲人，但非洲却深入我心，可我无法回去。
我不是泰诺人，但泰诺却深入我心，可我却无路
　　可回。
我也不是欧洲人，但欧洲却深植我心，可在那里我
　　却无家可归。

我初来乍到，是历史造就了我。西班牙语是我的母语。
我生在十字路口，
我是完整无缺的。

延续与演变　环境与人文传统

艺术在今天扮演何种角色？博物馆能给我们带来什么？文学、书籍、诗歌又能给我们带来什么？博物馆只是文化产品的储藏库吗？诗歌是知识自恋的一种老套而放纵的形式吗？歌剧比流行音乐更有意义，更能打动我们吗？艺术怎样才能帮助我们不仅了解过去，更了解现在和未来？这些都是艺术家、作家和音乐家不断自我询问的问题，也是人文学科学生在读完本书后，可能会问自己的问题。

可以看看丹麦艺术家奥拉维尔·埃利亚松（1967—）对《天气计划》的装置（图14.25）。2003年的冬天，他在一个巨大的泰特现代美术馆的涡轮大厅里安装《天气计划》时，它被严厉地批评为"纯粹"娱乐，很大程度上是因为它吸引了超过200万名参观者。在这个152米长的展厅末端，一个巨大的黄球悬挂在距地板上方27米的地方。天花板本身由镜子覆盖，使展示空间增大了一倍。"太阳"实际上是由200多盏黄色的钠灯组成的半球体，但映照在天花板的镜子中时，形成了球体。人工造雾机让整个大厅弥漫着沉闷的冬日大雾。那么，它的迷人之处在哪里？

他们似乎为人工营造的环境所吸引，到陈列馆顶层参观的人可以清楚地看到支撑着整个天花板玻璃的衍架以及太阳形状的构造。埃利亚松作品中创造出来的非凡的视觉效果，最终是由相当普通的方法获得的。这些普通的事物反过来却深刻地反映出困扰着我们的这个世界和环境。如果埃利亚松能用如此简单的方式创造出几近诡异的环境——沉闷无热的太阳、永恒的大雾及冷冰冰的石头地面——那么，我们随手可得的先进科技又会创造出什么呢？换句话说，参观者躺在博物馆的地板上时，他可以看见天花板上的自己，他们看到的是现在的自

己，还是未来的自己呢？人类可以创造出什么？

那么，《天气计划》无论是在字面上还是在形象上，都给人一种寒冷的感觉。"我认为……博物馆"，埃利亚松说："是我们更进一步步入社会的空间，从这里我们可以更细致地看清社会"。而你将这本书看成这样一种空间也十分恰当。总的说来，当你更深刻地理解并深入地欣赏你所在的世界时，会是一番什么样子呢？

图14.25　奥拉维尔·埃利亚松，《天气计划》，伦敦特现代美术馆装置展示场面，2003年。单频率灯光、全投影、薄雾机、镜面精油、脚手架。承蒙作者提供，纽约塔尼亚·伯纳克达画廊及柏林诺加林施耐德画廊。

译后记

引领读者探索人类文明的进程，探究自身所处的人文环境，理解人类文明进程中不同阶段人类思维和创造力的形成及其对文学、绘画、雕刻、哲学、宗教、音乐和意识形态等诸多领域的相关影响，这是《发现人文》一书的初衷。历时数个春秋，译本终于与读者见面了，我们多么希望它就像本书中某件艺术品一样，值得读者去细细品味。

原书以叙事的方式讲述了人类文明的进程。我们经常问自己这样一个问题：译文能给中国的读者同样娓娓动听的感受吗？本书内容如此广泛，时间跨度如此之大，涉及的地理空间如此广阔，其中重大事件的片段又是如此精彩，译者不免感到心有余而力不足。

翻译过程中，我们面临许多问题。

第一，原文错误。原书共 45 万英文单词，包罗万象，错误在所难免。译者不应该"愚忠"于原文，对原文知识性的东西应异常敏感，并查阅与之相关的文献进行佐证，最终将正确的信息传递给读者。例如，原书在第 102 页上将秦灭（东）周的时间误写成公元前 221 年，而历史事实是东周早在公元前 256 年就被秦所灭。又如，原书在第 382 页将托马斯·杰斐逊任驻法公使的时间误写成 1885—1889，而正确的时间应为 1785—1789。除此之外，这部书在讲述中国王朝变迁的时候，往往由于高度概括而将某些事件和人物混为一谈。译者对此也作了一定的弥补，以帮助读者梳理历史轨迹。例如，原书第 294 页讲到两宋时，就将中国北方的两支部族蒙古族和女真族混为一谈，认为是成吉思汗迫使宋迁都临安，但真实的历史是女真族人建立的金使北宋遭受"靖康之耻"而被迫迁都。

第二，英美制度量衡换算成公制单位带来的困惑。原书是由美国培生集团出版，计量单位全部采用英美制。根据国家有关出版物的法律规定，在涉及度量衡时，英美制要折算成国际度量标准单位。我们注意到，关于绘画、雕刻等艺术品的尺寸，度量换算过后存在一定的误差。例如，郭熙的《早春图》，根据计量单位换算后，尺幅的长与宽都分别小了 1 厘米，但我们仍然采用官方数据；对于其他画作，在换算成公制单位后，尽量再查阅相关文献进行核对和校正。

第三，人名和地名的翻译。翻译地理名词时，采用两个基本原则：对于常见的人名和地名，遵循约定俗成的原则。对于不常见的地名和人名，按就近源语的发音进行音译，用字就简，弃用繁字。由于现在自媒体发达，同一个地名或人名在网络上有多种不同的译法，我们一律参照《世界人名翻译大辞典》（2007）和《世界地名翻译大辞典》（2008），同时也结合约定俗成的原则进行翻译。

第四，艺术品名的翻译。在翻译艺术品的名字时，考虑国内有相关的西方艺术史书，因此，首先根据约定俗成的原则来译，鉴于本书有许多新的发现，以及学界对这些艺术成就的主题和内容各持己见，译者尊重原作内容。例如，国内的西方艺术史书将出土于尼尼微的公元前 2300 年的头像称为"萨尔贡头像"，但原书表明，史学界对此还没有形成定论，因此将它称为 Head of an Akkadian Man，我们结合头像的材质将它翻译为"阿卡德人铜头"。又如，伦布朗·凡·莱因 1642 年的那幅群体肖像画，一直以来，人们认为它的主题是一支连队在夜晚巡视阿姆斯特丹街道。但后来人们在清洗这幅画以后，才发现它的主题是科克队长在检阅连队，这幅画在当代西方被称为 Capitan Frans Banning Cocq Mustering His Company，我们在翻译时，按新的名称将其译为《科克队长检阅连队》，同时附上原译《夜巡》。再如，维杰·勒布伦的名画 Marie-Antoinette en chemise，国内译名也是千奇百怪，我们将它译为《穿宽松内衣的玛丽·安托瓦内特》，主要考虑原画名和画师作画的意图，而且还考虑文本内容的衔接性，因为原文此时刻意将勒布伦画作中的皇后的穿着打扮与雅克‐路易·大卫所描绘的送上断头台时的皇后进行一番对比，画中人物被突显的主题一定要反映在译名上，这才能让读者深刻领会画作的基本内容与主旨。另外，根据法语的语法和词法也可知，*en* 相当于英语中的 *on*，而且 *chemise* 的意思是 A chemise is a long, loose piece of underwear worn by women in former times，即"旧时的女式宽松内衣"。

第五，有关文学名著选段和重要文献选段的翻译，也是一大难点。在可能的情况下，我们参考现成的译文，有时会根据情况对其中的一些字词的情修改。有些文学作品现在已有新的解读，原作者通过注释加以说明。在这种情况下，译者结合现成的译文和原著的新解进行翻译，但有时又要兼顾文学作品中的隐喻给读者带来理解上的不便。如《吉尔伽美什史书》泥板六中的一句：Come along, Gilgamesh, be you my husband, to me grant your lusciousness. 在本选段的后面，原书对 lusciousness 的注释为：literally fruit。如果根据原书提供的注释来翻译，译文应为：来吧，吉尔伽美什，做我的夫君吧，请赐给我您的水果。这里的"水果"，应该指男性的生殖器睾丸，但又不便直接译出，但译成"水果"似乎又令中国读者费解。译者思忖再三，将其隐喻意义翻译出来：请赐给我您男性的阳刚。

有时，面对一些重要文献选段的翻译，三言两语可能让读者不知所云。如在讲到未来主义的时候，有这样一句话："在宣言中，未来主义诞生于现代工厂满是泥浆的'慈母般的水沟'里的一场高速车祸。"读者就需要了解马里内蒂在《未来主义的建立和宣言》的内容，才会理解这句话的内涵。在那份宣言中，马里内蒂谈到他骑车时遇到另外两个骑车的人，双方为追求速度互不相让，从而发生事故，摔倒在一家工厂的废水沟里，但他感受到那是"慈母般的水沟"，他"贪婪地品尝到含有养料的泥土"。因此，当他从车底爬出来时，感到非常愉快，心情就像"被烙铁熨过一样舒坦"。马里内蒂追求速度、技术、暴力，宣扬现代工厂机器文明，主张扫荡古罗马时代以来的一切文化遗产，摧毁博物馆和图书馆。

第六，帮助读者消除原有的错误认识，也是我们的责任。为了保持源语文本和文化的真实性，我们在译本书时，尽力还原世界上伟大的思想家、艺术家和文艺理论家的哲学、艺术和美学思想。许多中国读者，尤其是学英语的，认为中华文化中的"中庸"与 Mean 完全对应。如果将 Golden Mean 一词粗暴地翻译成"中庸之道"，势必会给中国读者造成文化错位。其实，Golden Mean 是罗马诗人贺拉斯发明的哲学用语。为了避免中国读者的误解，我们将之翻译为"黄金中道"，特地在后面加上一句"大体相当于中国人所说的'中庸之道'"，这与简单粗暴地译成"中庸之道"相比，有以下好处：一是保留了源语文化的特色；二是简单比较了中西文明的相似点；三是让中国读者意识到不同的民族有相似的文明成果，对世界有相似的认知视角。

另外，本书有大量的外来语，包括从希腊语、拉丁语、西班牙语、梵语、日语、法语、德语、荷兰语及波斯语等，还包括一些少数民族语种（如阿卡德语和一些印第安土著语）音译过来的外来词。我们在翻译时，首先根据原文提供的音标，用音译的方法翻译出来之后，然后根据原文将概念或者意义翻译出来，让汉语读者对相应的概念有更好的理解。有些外来语，虽然有约定俗成的译法，但与原有概念表达的意义并不完全吻合，甚至差别甚远。此时，我们仍然给出约定俗成的翻译，但同时又根据原作者对概念的认识尽量把准确的意义翻译出来。如果后文再次提到那一概念时，我们尽量不使用中文，而采用源语，目的是使读者抛弃原有错误的认识，接受原作者的重新解读。如 *areté*，通常被翻译为"美德"，但实际上更接近于"尽最大的努力做最好的你"或者"激发人类最大的潜能"。公元前 6 世纪时希腊的一个双耳瓶上的彩绘对 *areté* 进行了详细注解，彩绘上的两位武士都要坚定不移地誓与对方战斗到底，如果将 *areté* 译为"美德"，似乎这与"美德"毫无关联。我们在后文中没有将它译成"美德"而仍然保留源语词 *areté*，因为译语读者已经对这个词的概念有了一定程度的认识，再通过对艺术的鉴赏，对它的深层含义或许理解得更深了。

"痛并快乐着"，也许是翻译这本书的心路历程的最真实的写照。一方面，译者经常纠结于如何以优美、准确、简洁的语言表达出来，心头所想的文字虽已经化成白纸黑字而刊印出来了，但对于某些措辞仍然不甚满意。另一方面，在翻译这部宏大的史书过程中，我们快乐地获得了许多新的知识，这些知识使我们能更好地认识人类的过去并畅想人类的未来。

由于译者水平有限，书中疏漏在所难免，恳请广大读者批评匡正。同时，对重庆大学出版社的副总编雷少波、责任编辑李定群、策划编辑陈曦和陈康多年来对译者提出的意见表示衷心的感谢。

译 者

2019 年 7 月

图书在版编目（CIP）数据

发现人文 /（美）亨利·M.塞尔（Henry M. Sayre）
著；陈萍，李海峰，席仲恩译.--重庆：重庆大学出
版社，2020.3
（欧美名校通识课）
书名原文：Discovering the Humanities
（2nd Edition）
ISBN 978-7-5689-1491-8

Ⅰ.①发⋯　Ⅱ.①亨⋯②陈⋯③李⋯④席⋯　Ⅲ.
①文化史—世界—高等学校—教材　Ⅳ.①K103

中国版本图书馆CIP数据核字（2019）第024836号

发现人文
FAXIAN RENWEN

（美）亨利·M. 塞尔（Henry M.Sayre）　著
陈　萍　李海峰　席仲恩　译
策划编辑：陈　曦
责任编辑：李定群　　版式设计：陈　曦
责任校对：张红梅　　责任印制：张　策

＊

重庆大学出版社出版发行
出版人：饶帮华
社址：重庆市沙坪坝区大学城西路21号
邮编：401331
电话：（023）88617190　88617185（中小学）
传真：（023）88617186　88617166
网址：http://www.cqup.com.cn
邮箱：fxk@cqup.com.cn（营销中心）
全国新华书店经销
重庆俊蒲印务有限公司印刷

＊

开本：889 mm×1194 mm　1/16　印张：33　字数：944千
2020年3月 第1版　2020年3月第1次印刷
ISBN 978-7-5689-1491-8　定价：198.00元

本书封面贴有 Pearson Education（培生教育出版集团）激光防伪标签。无标签者不得销售。
版贸核渝字（2018）第 261 号